U0505529

小城镇发展新论

朱建江　著

中国财经出版传媒集团

经济科学出版社

Economic Science Press

图书在版编目（CIP）数据

小城镇发展新论 / 朱建江著 . —北京：经济科学
出版社，2021.9
ISBN 978 - 7 - 5218 - 2909 - 9

Ⅰ. ①小… Ⅱ. ①朱… Ⅲ. ①小城镇 - 城市建设 - 研
究 - 中国 Ⅳ. ①F299.21

中国版本图书馆 CIP 数据核字（2021）第 193036 号

责任编辑：张　蕾
责任校对：齐　杰
责任印制：王世伟

小城镇发展新论

XIAOCHENGZHEN FAZHAN XINLUN

朱建江　著

经济科学出版社出版、发行　新华书店经销
社址：北京市海淀区阜成路甲 28 号　邮编：100142
应用经济分社电话：010 - 88191375　发行部电话：010 - 88191522
网址：www. esp. com. cn
电子邮箱：esp@ esp. com. cn
天猫网店：经济科学出版社旗舰店
网址：http：//jjkxcbs. tmall. com
北京时捷印刷有限公司印刷
787×1092　16 开　31.5 印张　750000 字
2021 年 9 月第 1 版　2021 年 9 月第 1 次印刷
ISBN 978 - 7 - 5218 - 2909 - 9　定价：120.00 元
（图书出现印装问题，本社负责调换。电话：010 - 88191510）
（版权所有　侵权必究　打击盗版　举报热线：010 - 88191661
QQ：2242791300　营销中心电话：010 - 88191537
电子邮箱：dbts@ esp. com. cn）

作者简介

　　朱建江,现任上海社会科学院城市与人口发展研究所所长、研究员、博士生导师。历任上海市长宁区人民政府规划办主任,经济体制改革办公室主任,统计局局长,物价局局长,发展改革委主任和党组书记,崇明县副县长,嘉定区副区长。目前,主要从事区域发展、城市发展、小城镇发展、乡村发展研究。著有《企业经营管理规章制度初探》《负债经营与债务清偿》《乡村发展导论》,主编《城市学概论》《区域发展导论》《乡村振兴与中小城市小城镇发展》《长三角一体化:养老产业合作与发展》等著作。主持国家发展改革委员会、国务院研究室、财政部、中央两办、国家高端智库、上海哲学社会科学基金等部门课题 30 多项。在《社会科学》《上海经济研究》《华东师范大学学报》《毛泽东邓小平理论研究》《南京社会科学》《统计与决策》等刊物发表论文 60 多篇。曾获上海科学技术进步等奖项。

谨以此书献给：

中国新型城镇化和农业农村现代化进程！

前　言

本书之所以称"小城镇发展新论"，其原因是本书将我国 31925 个建制乡镇（含乡 11081 个，镇 20844 个）①，和其他 4 万～5 万个非建制服务型集镇或功能型集镇，按经济社会发展规模划分为特大镇（含中心镇、重点镇）、一般建制镇和集镇、特色小镇等。这是因为，不同规模的小城镇其空间、经济、社会发展特征和发展阶段是不一样的。实践表明，常住人口 5 万人以上小城镇镇区其区位往往更紧邻大中小城市或紧邻区域交通枢纽，其规划内容和规划手法更适合城市规划体系，其聚落和产业规模、类型和布局更接近于城市聚落和城市经济，其各类公共配套类型、等级和建设标准与中小城市相差无几，其管理或治理体制机制更适用于城市专业化等。2021 年中央一号文件提出，推进以县城为重要载体的城镇化建设，有条件的地区按照小城市标准建设县城。所指的就是上述经济社会发展规模较大的特大镇、中心镇或重点镇。常住人口 5 万人以下的一般建制乡镇和服务型集镇镇区，除极少数受周边大中小城市功能扩散或区域交通条件改变而不稳定外，绝大多数一般建制乡镇和非建制服务型集镇都比较稳定，并且这类小城镇经济社会发展依托的基础主要是周边乡村，乡村与其构成区域经济社会发展共同体，乡村衰退这类小城镇也衰退，乡村繁荣这类小城镇也同时繁荣。2021 年中央一号文件提出，强化县城综合服务能力，把乡镇建设成为服务农民的区域中心，实现县乡村功能衔接互补。指的就是上述经济社会规模较小的一般建制镇和非建制服务型集镇、特色小镇。已经发布的《中华人民共和国乡村振兴促进法》中提出，"地方各级人民政府加强乡镇社会管理和服务能力建设，把乡镇建成乡村治理中心，农村服务中心，乡村经济中心"，指的也是小城镇中的一般建制乡镇。本书特意将近几年来各地方兴未艾、蓬勃发展并争议较多的"特色小镇"作为小城镇中的一种特殊类型的功能型集镇或功能区来研究，其用意正如 2019 年 5 月，中共中央国务院发布的《关于建立健全城乡融合发展体制机制和政策体系的意见》中所指出的"把特色小镇作为城乡要素融合重要载体，打造集聚特色产业的创新创业生态圈。"需要说明的是，随着我国工业化、城镇化、农业现代化的发展及其产业梯度转移和功能外溢，特

---

① 国家统计局：《第三次全国农业普查主要数据公报（第一号）》，2017 年 12 月 14 日。

色小镇这种产业与社区融合在一起的经济社会"极化"发展方式,在我国城镇化中后期和返乡下乡回乡潮流下,使我国小城镇及其乡村找到了振兴的抓手和"极化"发展平台。功能型的特色小镇,服务型的非建制集镇和一般建制镇乡镇,在远离中小城市的小城镇镇域范围内,依托小城镇和乡村内的特色资源,在城乡要素双向流动、平等交换、全面推进乡村振兴等政策驱动下,就有可能使我国小城镇和乡村全面振兴、如期振兴,在全面建设社会主义现代化国家新征程中实现"民族复兴,乡村振兴"。因此,本书"特色小镇"的研究主要侧重于"特色小镇"中的"特色产业与资源集赋"的研究,这也是我国近几年"特色小镇"发展研究中的薄弱环节。2021年3月13日发布的《中华人民共和国国民经济和社会发展第十四个五年规划和2035年远景目标纲要》中提出"稳步有序推动符合条件的县和镇区常住人口20万以上的特大镇设市。按照区位条件、资源禀赋和发展基础,因地制宜发展小城镇,促进特色小镇规范健康发展"。从实践看,小城镇总体上可分为两大类:一类作为城市的后备军,参与城市结构优化;另一类是服务乡村,与乡村形成经济社会发展的命运共同体。2021年2月22日发布的中央一号文件中提到的"发挥小城镇连接城市,服务乡村作用"就具有这两方面的含义。而本书所说的特大镇改市总体上是参与我国城市结构优化的,而一般建制乡镇、服务型集镇、特色小镇总体上是发挥服务乡村作用的。因此,本书最主要的特色是将我国新型城镇化与乡村振兴连接起来去写。本书提出当前及未来一段时间里,完善我国新型城镇化最重要的举措之一是将我国已有的镇区常住人口5万人以上的1123个小城镇改制为小城市;除了将1123个小城镇改制为小城市外,我国还应将剩余的2万个左右的建制镇和1.1万个左右的建制乡和4万~5万个非建制服务型镇及其特色小镇,建设成为乡村经济、服务、治理的区域中心;促进我国大中小城市结构优化和协调发展,促进我国小城镇与乡村的结构优化和协同发展,实现我国地区、城乡之间的平衡充分发展和共同富裕。

需要着重说明的是,虽然本书根据我国小城镇规模和小城镇成长规律,将我国小城镇进行分类研究,但并不影响本书将各类小城镇作为一个整体理论体系来阐述和把握。例如,本书的第一篇小城镇发展的基础理论,第五篇小城镇的规划与建设,其阐述的内容、知识点和基本原理是覆盖贯穿到本书第一~第五篇的。而本书的第二~第四篇所阐述的内容、知识点和基本原理也是覆盖贯穿本书第二~第四篇中各章的。例如,本书第二篇中特大镇改市的有关内容也可以为本书第三~第四篇各章理论应用时借鉴,本书第三篇一般建制镇和集镇发展和本书第四篇特色小镇发展中的内容、知识点和基本原理更需要相互借鉴和运用。可以这样说,本书第一~第五篇及其各章间是个整体的理论体系,相互之间既不重复,又是互相联系、互相支撑和互相依赖的。只有通览各篇各章,才能真正理解本书要义和合理科学的运用本书的理论成果,望请读者系统把握，这样才可能较好地理解本书各篇各章之间的逻辑联系和承接关系。

另外，尽管本书主要讨论的内容是小城镇，涉及乡村发展的内容较少，但据国家住建部2016年对镇区2万人以下的小城镇的调查，我国大部分小城镇都建立在一个或几个大村庄的基础上，镇区内有行政村的小城镇占比高达64%，近三成的小城镇镇区全部由行政村构成；镇区中1/3就业人口从事农业生产，小城镇第一产业增加值占国内生产总值的比重为1/3左右①。因此，读者阅读本书时，涉及乡村发展的内容、知识点和基本原理，可参考笔者2019年9月由经济科学出版社出版的《乡村发展导论》一书。从某种角度讲，《小城镇发展新论》与《乡村发展导论》两书也属姐妹书。

然而，本书体系比较庞大，并且还有许多内容因实践不够丰富，理论概括还未到时候，因此有些内容还没有充分展开。尽管笔者已经投入了近两年的全天候写作时间，颇为辛苦和劳累，但仍觉得投入时间不够。再加上笔者水平有限，故本书肯定还有许多不完善之处，乃至缺点、错误，望读者多多批评指正，不吝赐教，以便笔者今后可进一步修改更正。

本书适用于与本书命题有关的政府管理者、教育科研机构工作者、城乡工作者、相关企业工作者等阅读参考，如对你们的工作和研究有点滴启示，对笔者而言将是最大的欣慰！

作　者
2021年2月23日

---

① 赵晖等：《说清小城镇》，中国建筑工业出版社2017年版，第18、76和147页。

目 录
Contents

第四篇　特色小镇发展

第五篇　小城镇的规划与建设

第一篇
小城镇发展的基础理论

　　本篇由小城镇研究对象和小城镇发展方向两章构成。重点讨论了小城镇的概念和特征，小城镇的设置标准，小城镇的规模结构和数量结构，小城镇研究方法及学科体系；小城镇的数量与规模的演进，小城镇公共设施发展现状，小城镇与集市和企业的关系，近几十年来国家和地方小城镇发展方式的探索，经济社会发展水平不均质的小城镇发展趋向，城镇化中后期我国小城镇发展需要区域协调发展环境、大城市与中小城市协调发展环境、效率与公平均衡发展环境的优化与配合等。

|第一章|
小城镇的概念及本书的研究对象

本章将小城镇的含义和设置标准放到城、镇、村的含义和设置标准中去辨析，在此基础上，讨论了小城镇规模结构和数量结构、小城镇发展类型和小城镇发展研究对象，目的是更好地实现城、镇、村三者之间的对接和融合。

第一节 城镇村的概念及特征

城镇是相对乡村而言的，城镇与乡村两者都是人类的聚居形式，其不同点是在特定的空间上聚落的人口规模和产业类型或土地利用类型存在较大差异，试图从管理上区别城乡是比较困难的。将小城镇放到城市和乡村辨析中去考察也许有助于更好理解小城镇。

一、城镇的概念及特征

在中国，迄今为止，城镇至少有两个含义：空间意义上的城镇和行政管理意义上的城镇。① 例如，在我国，现在常用的并作为统计基本依据的直辖市、省会城市、地级市、县级市、建制镇等，讲的都是行政管理意义上的城镇，这种行政管理意义上的城镇在我国的显著特点是等级制和广域制。等级制是指不同行政管理等级的城镇其职权是不一样的，如地级市是县级市的上级城市；广域制是指这些行政管理意义上的城镇既管市区、镇区事务，还管其行政所辖的乡村地域事务。当前，在我国，空间意义上的城镇，如我国2014年由国务院公布的《关于调整城镇规模划分标准的通知》中所述的超大城市、特大城市、大城市、中等城市、小城市等，目前大多在城市科学研究中使用，在实践中还没有建立和形成相应的统计体系。

（一）城镇的概念

城镇是指一个连片成块的居住和生产空间内集中居住人口规模较大和主要从事第

---

① 事实上，行政管理意义上的城镇是一种制度概念，学名称"市制"，属行政建制范畴，与省制、县制、乡制、村制相对应；空间意义上的城镇是一种空间概念，属行政区划范畴，与乡村相对应。

二三产业的地方，其物理空间包括市区、城区、镇区中的居住区、工业区、商业区、商务区、运输区、大学校区、城市公园等，而不包括城镇所辖的乡村地区。一是城镇是个有物理边界的空间，这个空间范围内集中居住人口规模较大且主要从事第二三产业生产经营，农业生产经营很少，有些小城镇居住的人口中也许含有少量从事第一产业的就业人员，中等以上城市几乎没有从事第一产业人员。没有物理边界的城镇，城乡功能、业态、形态一定会混淆。二是连片成块是一个计算单位，即城镇计算单位的范围是那个连片成块的范围，中间被乡村地区隔断的若干片或块就应分成若干个城镇计量。三是一个连片成块居住人口应全部计入这个城镇集中居住的人口规模中，我国规定一个连片成块的地区集中居住人口超过一定数量的称城市，城市分超大、特大、大城市、中等城市、小城市五类，七个等级。城镇包括城市和小城镇。小城镇又包括建制镇和集镇，① 但以多少人口集中居住才计入小城镇目前国家没有最新的规定。国外一个连片成块居住空间集中居住多少人口规模才算城镇也规定不一。四是这里讲的居住人口指居住在城镇中半年以上的常住人口，不局限于户籍人口，不包括半年以下的短期居住人口。

需要说明的，一是不能以城镇中居住有无从事农业的人员，作为划分城乡的界限，在农业机械化的条件下，农业从业人员可以居住在附近城镇，工作可以在乡村；反过来，居住在乡村，工作可以在城镇第二三产业就业。人口统计在城镇还是乡村，应以居住地为原则而不应以就业地为原则，更不能以户籍地为原则。二是不能说有第二三产业的一定是城镇，因为中国的乡村一直从事一些第二三产业经营。在第一二三产业融合情况下现代农业也具有第二三产业特征。三是规模较大的农业或耕地一定在乡村，城镇中一定没有规模较大的农业或耕地。从这里也可以看出城镇不应包括广大乡村地区，城镇只指市区、城区、镇区空间范围。城乡是个物理空间概念，不是管理概念，否则城乡一定是无法分清的。同样，也进一步说明城镇主要从事第二三产业，是指城镇中一般没有规模较大的第一产业和耕地，即使有也可以忽略不计。所以，城镇的概念也可以表达为一个成片连块的居住和生产空间内集中居住人口规模较大和没有较大规模农业耕地的地方。

（二）城镇的特征

城镇有三个特征：一是城镇是人造的。② 城镇中你所看到的绝大部分部件都是经过人们意志而建设起来的，包括建筑、各种地下管线乃至绿化、水体、假山等，地形大部分也是人造；城镇中的定位、布局、建设、营造、管理都充斥着人的意志和痕

---

① 叶堂林：《小城镇建设：规划与管理》，中国时代经济出版社 2015 年版，第 4 页。
② 谭纵波：《城市规划》，清华大学出版社 2016 年版，第 6 页。

迹，纯粹自然的部分很少。二是城镇是集中的。这里的集中主要包括居住集中、产业布置集中、市政基础设施集中三大类。城镇中人口居住、产业布局的集聚性，带来了人的接近性和产业链条的连贯性，从而提高了城镇的创新能力和产出能力；供排水、垃圾处理、能源供应等市政基础设施的集中配置，可以降低设施配置的成本和可能。故集中或集聚是城镇的主要特征。三是城镇主要是从事第二三产业的。乡村的农产品除了自给外，其余部分大多进入市场交易，正是这种农产品非经常和经常的交易，逐步形成了非固定或固定的交易点或街市、庙会等，以及与这些交易点相应的运输、客栈、仓库及加工店、定居点，从而形成了集市、市镇乃至城市。需要指出的是，城镇中的防御功能只是城镇中产业、居住功能的派生功能，防御不是城镇产生的原因。从产业类型角度讲，城镇自产生以来到现在主要是从事第二三产业的，城内大多没有农业农田，城外才有农业农田。

二、乡村的概念及特征

（一）乡村的概念

乡村是指集中居住人口规模比较小和拥有一定耕地规模的地方，其物理空间包括乡村所属的居民点、山水田林湖草等自然元素和农业生产等。乡村与城镇在物理空间上最主要的区别是乡村空间范围不仅是人居空间和生产空间，还包括自然空间，而城镇空间范围一般没有自然空间或不包括自然空间。建在山上的城镇其自然空间也是被人居空间和生产空间所覆盖的，袒裸在人居和生产空间处，最多也只有少量的自然河流、少片森林、田地等。所以乡村和城镇概念不应该是一个观念概念，而应该是一个实体概念，是通过"眼看"而不是抽象来界定城乡的。目前，国内外学界讨论乡村概念时，大多站在各自学科研究角度对乡村下定义，管理学、社会学、文化学、规划学、地理学等，因需求和角度不同所下的乡村概念也不同，故大家难以形成共识，而实际部门又站在精准管理角度形成乡村认知及制定与认知相关的公共政策。

乡村概念中涉及的集中居住人口规模比较少，有几个问题是需要说明的。一是乡村中的大部分居住点是集中居住的，几户和独户的居住点比较少，只是乡村居住点集中居住人口规模与城镇相比仍比较少。现实中，在我国，乡村单个居住点超千人的是比较少的，几个乡村的居住点连在一起，超千人乃至几千人往往发生在集镇和建制镇，按照居住地原则，这种几个乡村居住地集中在一起的区域就应划入城镇空间而非乡村空间。在美国，凡2500人集中居住一个居住空间的，[①] 这样的居中空间就划入城市空

---

① 孙兵、王翠文：《城市管理学》，天津大学出版社2013年版，第6页。

间内；欧洲的瑞典、丹麦、冰岛 200 人以下集中居住点划为乡村空间内，[①] 以上为城镇；而欧洲的挪威、芬兰则将 20000 人以下集中居住空间划为乡村空间内，以上划为城镇空间内。我国也有专家提出 1000 人以下居住点划为乡村空间，[②] 以上划为城镇空间。二是拥有一定规模的耕地。目前，我国农村撤村撤队规定，人均耕地低于 0.2 分耕地的可以撤销村队实行"村改居"。这里讲的人均耕地是指拥有村队的村的总人口与村队所有的耕地的比例。一般来讲，一个村或队的耕地是恒定的，除少部分沿江、沿海、沿湖地区围垦扩大的耕地和有些山区开垦山地扩大的耕地。另外，我国农村户籍制度改革前，村或队的人口是指登记在村或队的农业户口。随着户籍制度改革，农业户口的边界模糊了，需通过第二轮承包地确权登记颁证、宅基地的确权登记颁证和集体经济组织财产分配权确认来界定村或队的人口。

区分城乡概念还有几个认知需进一步厘清。一是用人口密度来区别城乡空间。人口密度是指区域总人口除以区域总面积。在我国由于各地人口集中程度和区域面积大小相差甚远，如北京、上海、广州人口多但面积小，而中国许多中小城市和小城镇面积大、人口少，这样用人口密度区别城乡，其结果是北上广人多面积少的地区，其全境都可算为城镇，反之，我国广大中小城市和小城镇因人少面积大，其全境都可算为乡村。二是用"乡土性"或"乡愁"区别城乡。费孝通先生说的"乡土性"事实上在中国乡村存在，城镇里也存在，如差序格局；[③] 同样"乡愁"在农村里有"乡愁"，在城镇里也有"乡愁"。不过，习近平总书记说的"望得见山，看得见水，记得住乡愁"[④]，倒是仅指在乡村中的"乡愁"。中国有许多在农村有生活经历的人，即使长驻城镇几十年，他已算地地道道的城镇人了，但其还有许多"乡土性"和"乡愁"，所以用"乡土性"和"乡愁"是难以界定城乡的。三是以从事职业来界定城乡。在我国，居住在城镇中的人口，因户籍或从事农业划为乡村人口；居住在乡村的人口，因从事第二三产业划为城镇人口的情况非常多，这种用从事职业来划分城乡人口是混淆城乡概念的。四是用管理关系来划分城乡。凡市管范围划为城镇，县管范围划为乡村。事实上，在我国，市管理范围既有城镇，也有农村；市辖城区范围只有城区，没有农村，而市辖郊区范围既有城区，也有农村；县管范围，既有城镇，也有农村。不能按管理隶属或管理机构称谓来界定城乡概念。

（二）乡村的特征

与城镇相比，乡村具有以下特征：一是自然的。凡乡村放眼所见的大山、江河、

---

① 牛建农：《村庄、产业、文脉、人》，中国建筑工业出版社 2016 年版，第 175 页。

② 肖敦余、胡德瑞：《小城镇规划与景观构成》，天津科学技术出版社，1992 年版，第 18 页。

③ 费孝通：《乡土中国》，上海世纪出版集团 2008 年版，第 23 页；洪亮平、乔杰：《规划视角下乡村认知的逻辑与框架》，载于《城市发展研究》2016 年第 1 期。

④ 习近平：《在中央城镇化工作会议上的重要讲话》，新华社，2013 年 12 月 14 日。

大海、草原、湿地、农田乃至乡村居住村落，大多是沿山脉、沿江河、沿农田布置，顺其自然状态。自然是乡村独有风貌，城镇不具备这一点。二是农业的。人类赖以生存的食物其根本都来源于乡村，如乡村自然状态下自然生长的河里的鱼虾、山上的野果；农民劳动生产的粮食、蔬菜、花卉、水果、烟草、菜油等。三是分散的。首先，集中居住规模较少或居住分散。这是农业生产中运输需要和庄稼看护需要所致。有人测算，即使农业机械化条件下，乡村居住点离农业生产的最长距离也不能超过半小时，乡村居住地与生产地超过半小时，能解决农产品运输，但不能解决农产品看护。其次，公共设施配置较分散。如道路交通、水电通信、能源供应、教文卫体养老设施、垃圾厕所等环卫设施配置，由于居住相对分散，故与之相关的公共设施配置也相对分散。最后，生产相对分散。主要是农林牧副渔生产的分布相对分散，这是乡村的山水田林湖草等自然元素的分布和居住村落与自然元素的距离造成的。

如前所述，城乡各有特征，且这些特征几乎是完全不一样的，由这些特征延伸出来的优点和缺点也是完全不一样的，各自无法替代。

三、小城镇的概念及特征

（一）小城镇的概念

我国叶堂林先生将小城镇分为广义和狭义两个范围，广义小城镇包括 20 万人以下的小城市、建制镇和集镇（包括乡政府所在地集镇和集市贸易集镇），狭义的小城镇只包括建制镇和集镇。建制镇是指按国家建制镇标准设立并确认的"镇"。根据 1989 年《国务院批转民政部关于调整建镇标准的通知》规定，我国现行建制镇设镇标准为：（1）凡县级地方国家机关所在地，均应设置镇的建制；（2）总人口在二万人以下的乡，乡政府驻地非农业人口超过二千人的，可以建镇；总人口在二万人以上的乡，乡政府驻地非农业人口占全乡人口 10% 以上的可建镇。（3）少数民族地区、人口稀少的边远地区、山区和小型工矿区、小港口、风景旅游、边境口岸等地，非农业人口虽不足二千人，如确有必要，也可以设置镇的建制。1993 年国务院发布的《村庄和集镇规划建设管理条例》第三条规定："本条例所称集镇，是指乡、民族乡人民政府所在地和经县级人民政府确认由集市发展而成的作为农村一定区域经济、文化和生活服务中心的非建制镇。"随着我国近十多年的经济社会发展，尤其是 2014 年以来我国各地的"特色小镇"的发展，我国"集镇"的内涵和空间形态已有很大变化。在我国，目前集镇包括乡人民政府所在地，乡镇合并后目前仍在运行的原乡镇驻地，经县级人民政府确认由集市发展而来的作为农村一定区域经济、文化和生活服务的中心，还有经县级以上人民政府确认的国家、省、地、县（市、区）确认的在小城镇地域范围内的"特色小镇""田园综合体""休闲农业园区"

"风景名胜区""创新创业园区""现代化农业园区"等。并且随着我国农业农村现代化的发展，我国集镇功能、规模、形态将会越来越多样化。需要说明的是，在近几年，各地"特色小镇"创建过程中，把许多城市地域内的"特色产业功能区"也列入"特色小镇"，这些城市地域内的"特色产业功能区"应该属于城市"特色功能区"，不属于小城镇地域内的"特色功能区"，故不属小城镇的研究范围，而属于城市研究范围。另外，还需要说明的是，随着工业化、城镇化、农业现代化乃至信息化的发展，集镇不一定是从集市发展而成。在农业社会下，农村集镇一般是由集市发展而成，但在工业社会、城市社会背景下，农村集镇可以从工业发展、创新创业、旅游业、第一二三产业融合乃至居住、度假、康养等业态或形态中发展而成。还需要说明的是，在城乡一体化社会里，集镇可以作为农村一定区域人居、经济、文化、服务的中心，集镇还可以作为城市居民贴近自然、放松身心乃至创新创业的区域人居、经济、文化和服务的中心。在上述新形势下，从建制镇和集镇内涵和外延的辨析过程中可见，在我国地域制小城镇概念下，小城镇的研究既有建制镇和集镇研究，包括建制镇镇区、乡政府驻地、乡镇合并后的原驻地，还有乡（镇）所属的其他达到一定空间规模的特色功能集聚区（如小城镇地域内的经认定的特色小镇、创新创业园等），也有特大镇小城市培育和改市研究。顾名思义，小城镇不应该包括小城市，而我国2014年国务院发布的《关于调整城市规模划分标准的通知》中对20万人以下Ⅱ型小城市并没有规定下限标准。而资料表明，镇区常住人口超过5万人以上的小城镇稳定性小，进入高一级城镇等级的趋势更为明显；而镇区常住人口5万人以下的小城镇，其自然环境、经济结构和人口结构等更趋于稳定。根据浙江省的实践，一般镇到中心镇的培育需要10年左右的时间，中心镇到特大镇小城市的培育也需要10年左右的时间，而小城市培育到小城市改市完成也需要10年左右的时间。正是由于小城镇—中心镇培育—特大镇小城市培育—小城市设立时间周期较长、工作量较大，故小城镇到小城市转型的整个过程应该列入小城镇的研究范围。在我国绝大部分各个等级的城市其最终源头均来自小城镇，小城镇演变为城市既有市场力量，也有人为培育的作用。从这个角度讲，小城镇培育壮大为小城市也属于小城镇的研究范围。同样，小城镇也不应该包括乡村，根据我国《镇规划标准》（GB 50188—2007），特大型村庄常住人口标准是大于1000人，因此，小于1000人的人类聚居点总体上应列入乡村研究范围。同时，还需强调的是小城镇镇区不属乡村范畴，而属城镇范畴，理论界所述的既不像城市，也不像农村的所谓"灰色区域"或称"蔓延的都市区"，在我国可称为"城乡接合部"地区，这类地区正如费孝通所说"新型的正从乡村性的社区变成多种产业并存向着现代化城市社区转变中的过渡性社区，它基本上脱离了乡村社区的性质，但还没有完成城市化的过程。"① 综上所述，当前，在我国，小城镇可包括特大镇小城市培育及改市、特大镇以外的建制镇和集镇。小城市规划建设本身不属于小城镇范围，而属于城市范围。

（二）小城镇的特征

1. 具有城镇的一般特征

一是符合城镇是人造的、集中的、主要从事第二三产业的一般特征。无论是建制镇或集镇镇区都是人造环境而非自然环境，其居住、产业、公共设施都是相对集中布置的，产业类型大多属第二三产业，农业、自然环境是小城镇镇区空间以外的乡村环境和业态。二是在我国，当前小城镇的城镇化水平一般比中小城市低，但随着一国和一个地区经济社会发展，城镇化水平会不断提高。从国外发达国家情况看，中小城市和小城镇城镇化水平是相当的，差距是比较少的，也就是说，小城镇城镇化水平低是城镇化过程中的现象。三是经济结构、人口结构等具有城乡接合部特征。如人口密度较大、经济活动多样化、土地利用类型多样、城乡联系密切、交通比较便捷等。

2. 空间布局和空间范围的自然性

根据中国人民大学 2012 年开展的"千人百村"抽样调查，我国东部、中部、西部各省（区、市）集镇离村庄最近的平均距离为 5 千米左右，离最近的城市平均距离为 25 千米左右（见表 1 – 1）。根据第二次全国农业普查发布数据，到 2006 年底，全国能在 1 小时内到达县城的乡镇占全国乡镇的 78.1%，其中，东部地区、中部地区、西部地区、东北地区分别为 91.7%、85%、64.5%、87.1%。②

表 1 – 1　　　　　村庄离最近集镇的距离（2012"千人百村"村庄调查）　　　　单位：千米

省（区、市）	离最近集镇的距离		离最远城市的距离	
	平均数	标准偏差	平均数	标准偏差
福建	5.3	3.6	28.8	16.1
山东	3.9	2.2	18.4	11.4
辽宁	10.6	7.2	27.6	14.4
河南	5.5	7.3	29.6	31.5
河北	3.6	3.3	12.4	10.4
湖北	5.6	5.7	39.2	20.1
广西	6	3.8	39.9	24.8

---

① 费孝通：《论中国小城镇发展》，载于《中国农村经济》1996 年第 3 期，第 3 页。
② 国家统计局：《第二次全国农业普查主要数据公报（第三号）》，2008 年 2 月 25 日。

省（区、市）	离最近集镇的距离		离最远城市的距离	
	平均数	标准偏差	平均数	标准偏差
重庆	5	4.2	46.6	33.1
宁夏	4.4	3.0	25.1	32.7
总体	5.1	4.9	28.5	24.7

资料来源：陆益龙：《后乡土中国》，商务印书馆2017年版，第53页。

上述这个村镇空间距离也许是城镇为乡村提供基本教育、体育、文化、医疗、养老等公共服务，农产品交易和工业品交易等市场服务，火车、码头、高铁等交通服务，自来水、天然气、电力、网络通信、有线电视等市政基础设施接口的最经济距离，同时也是垃圾、污水集中处理的最经济距离，乃至也是乡村人口转移城镇和镇村基层管理的最经济距离。似乎国内外都差不多。20世纪初中心地理论提出者，德国地理学家克里斯塔勒对德国南部的调查也得出德国村镇级中心地服务半径为4千米的结论①。可见，在我国，小城镇的形成、功能结构和空间布局也许不是一个主观人为可计划领域，更多受乡村服务需求、市场交易需求、乡村治理需求以及交通条件的约束，是乡村发展的自然选择。在人类聚落体系中，世界各国普遍存在村庄—镇—城市系列，根据我国有关规定，我国城乡聚落由"村庄（主要指自然村落）—集镇—建制镇—中小城市—大城市—特大城市—超大城市"组成。而这些聚落中，唯村庄、集镇、建制镇其空间和空间范围布局具有较强的自然形成的特征，聚落等级越高其空间布局和空间范围人为因素越多，而自然特征却越来越少。正是因为乡村乃其小城镇空间布局和空间范围形成的自然性，实践中，我们经常看见，建制乡镇可以主观进行合并，但小城镇镇区很难主观进行合并。

3. 小城镇的经济社会发展水平非均质性

从实践看，城区常住人口5万人以上的城市其发展、规划、建设、管理的原则和方法大多是相似的。说明城区常住人口5万人以上的城市其经济社会发展的均质性程度较高。因此，城区常住人口5万人以上的城市，可以作为一个理论体系来研究。而目前，乡村在我国经济社会发展的均质性也很高，我国乡村自然村落普遍分散，社会结构也普遍相似，经济社会发展水平普遍相当，因此，我国乡村可以作为一个理论体系来研究。而唯有小城镇，经济社会发展水平类型多样，不同规模的小城镇经济社会发展水平的差距较大。仅从小城镇的发展规模看，就有集镇、一般建制镇、中心镇、特大镇等。因此，不同规模、不同功能、不同特点的小城镇很难用一个手法、一个标

① 张忠国：《区域研究理论与区域规划编制》，中国建筑工业出版社2017年版，第43－52页。

准来建设。因此，小城镇必须分门别类来研究。

第二节　城镇村的设置标准

将小城镇的设置标准放到城市与乡村中去辨析，也许更有助于理解小城镇设置标准。

一、我国城市的设置标准

2014年10月，由国务院发布的《关于调整城市规模划分标准的通知》，以城区常住人口为统计口径，将我国城市划分为五类七档。城区常住人口50万人以下的城市为小城市，其中20万人以上50万人以下的城市为Ⅰ型小城市，20万人以下城市为Ⅱ型小城市；城区常住人口50万人以上100万人以下的城市为中等城市；城区常住人口100万人以上500万人以下的城市为大城市，其中300万人以上500万人以下的城市为Ⅰ型大城市，100万人以上300万人以下的城市为Ⅱ型大城市；城区常住人口500万人以上1000万人以下的城市为特大城市；城区常住人口1000万人以上的城市为超大城市（以上包括本数，以下不包括本数）。

1993年2月，由国务院发布的《国务院批转民政部关于调整设市标准的报告》，规定了常住人口20万人以下人口规模的小城市划分标准，一是每平方千米人口密度400人以上，县政府驻地所在镇从事非农产业人口不低于12万人，可设市撤县；二是每平方千米人口密度100~400人，县政府驻地所在镇从事非农产业人口不低于10万人，可设市撤县；三是每平方千米人口密度100人以上，县政府驻地所在镇从事非农产业人口不低于8万人，可设市撤县；四是具备特别条件的，包括自治州政府或地区（盟）行政公署所在地，重要港口，贸易口岸，国家重大骨干工程所在地，具有政治、军事、外交等特殊需要的地方，少数经济发达地区经济中心镇，从事非农产业人口最低不低于4万人的，也可以设市。

1986年4月，由国务院发布的《国务院批转民政部关于调整设市标准和市领导县条件报告的通知》中明确规定，非农业人口6万人以上，可以设置市的建制。

1963年12月，由中共中央、国务院发布的《关于调整市镇建制，缩小城市郊区的指示》中明确，聚居人口10万人以上，一般可以保留市的建制；聚居人口不足10万的，必须是省级国家机关所在地、重要工矿基地、规模较大的物资集散地或者是边疆地区的重要城镇，确有必要，经批准可以保留市的建制。

1955年6月，由国务院发布的《关于设置市、镇建制的决定》中也明确，聚居人口10万人以上城镇，可以设置市的建制。聚居人口不足10万人的城镇，必须是重要工矿基地、省级地方国家机关所在地，规模较大的物资集散地或者边远地区的重要城镇，确有必要时方可设置市的建制。

综合我国历年城市地区规定，可将 2014 年 10 月国务院发布的《关于调整城市规模划分标准的通知》中的城区常住人口 20 万人以下的 Ⅱ 型小城市具体为：城区常住人口 5 万人以上 20 万人以下均可划为 Ⅱ 型小城市地区。这样，我国按人口规模划分的城市地区标准如表 1 - 2 所示。

表 1 - 2　　　　　　　我国按城区人口常住规模标准划分的城市分类

城市分类	档次	城区常住人口规模	规划集建区人口密度（万人/平方千米）
超大城市	1	1000 万人以上	1.8
特大城市	2	500 万人以上 1000 万人以下	1.6
大城市	3（Ⅰ型）	300 万人以上 500 万人以下	1.4
	4（Ⅱ型）	100 万人以上 300 万人以下	1.2
中等城市	5	50 万人以上 100 万人以下	1.1
小城市	6（Ⅰ型）	20 万人以上 50 万人以下	1.0
	7（Ⅱ型）	10 万人以上 20 万人以下	0.9
	8（Ⅲ型）	5 万人以上 10 万人以下	0.8

资料来源：笔者编制。

二、我国小城镇的设置标准

1955 年 6 月，国务院发布的《关于设置市、镇建制的决定》中明确，县级或县级以上地方国家机关所在地，可以设置镇的建制。不是县级或者县级以上地方国家机关所在地，必须是聚居人口在 2000 人以上，有相当的工商业居民，并确有必要时可以设置镇的建制。少数民族地区如有相当数量的工商业居民，聚居人口虽不及 2000 人，确有必要时，亦可设置镇的建制。工矿基地，规模较小，聚居人口不多，由县领导的，可设置镇的建制。

1963 年 12 月，由中共中央、国务院发布的《关于调整市镇建制、缩小城市郊区的指示》中明确，工商业和手工业相当集中，聚居人口在 3000 人以上，其中非农业人口占 70% 以上，或者聚居人口在 2500 人以上不足 3000 人，其中非农业人口占 85% 以上，确有必要，由县级国家机关领导的地方，可以设置镇的建制。少数民族地区的工商业和手工业集中地，聚居人口虽然不足 3000 人，或者非农业人口不足 70%，但是确有必要，由县级国家机关领导的，可以设置镇的建制。

1984 年 10 月，由国务院批转民政部《关于调整建制镇标准的报告的通知》中明确，"凡县级地方国家机关所在地，均应设置镇的建制；总人口在 20000 人以下的乡，乡政府驻地非农业人口超过 2000 人的，可以建镇；总人口在 20000 人以上的乡，乡政府驻地非农业人口占全乡人口 10% 以上的可建镇。少数民族地区、人口稀少的边远地区、山区和小型工矿区、小港口、风景旅游、边境口岸等地,非农业人口虽不足 2000 人的,如确有必要,也可以设置镇的建制。"

此后,国家层面就再也没有发布过关于建制镇设置标准的有关规定,同时,国家也没有集镇的设置标准。但根据上述 1955 年、1963 年和 1984 年我国三个涉及小城镇建制的设置规定,我国建制镇的设置有三类:一是达不到设市标准,但属县级或县级以上地方国家所在地,可以设置镇的建制;二是工商业和手工业比较集中,非农人口超 2000 人以上的镇区可以设置镇的建制;三是非农人口不足 2000 人,但确有必要,可以设置镇的建制。而在我国,从行政管理角度讲,与建制镇并行的还有乡建制。到 2016 年末,我国共有建制镇 20844 个,乡 11081 个。[①] 而从集聚集约空间区域角度讲,建制镇镇区之外,还有农村集镇,从实践看,随着我国经济社会的发展,我国农村集镇的数量将越来越多,功能将越来越多元化。从我国城乡经济社会统筹发展角度看,应当将其划入我国小城镇范围。

2020 年 12 月 30 日,山东省人民政府发布的《山东省设立镇标准和山东省设立街道标准的通知》中提出,"设立镇的乡辖区常住人口不低于 3 万人,建成区常住人口不低于 0.5 万人;设立镇的乡建成区面积不低于 1.5 平方千米。"

综上所述,按照"城镇人口半数递减"理论和我国实际情况考虑,按小城镇镇区聚居的常住人口规模划分的小城镇如表 1-3 所示。

表 1-3 我国按镇区常住人口规模划分的小城镇分类

小城镇分类	等级	镇区常住人口规模	规划集建区人口密度(万人/平方千米)
建制镇	1(Ⅰ型)	2.5 万人以上 5 万人以下	0.7
	2(Ⅱ型)	1.2 万人以上 2.5 万人以下	0.6
	3(Ⅲ型)	0.6 万人以上 1.2 万人以下	0.5
集镇	4(Ⅰ型)	0.3 万人以上 0.6 万人以下	0.4
	5(Ⅱ型)	0.15 万人以上 0.3 万人以下	0.3

资料来源:笔者编制。

三、我国乡村的设置标准

根据我国《镇规划标准(GB 50188—2007)》,按常住人口规模,把村庄分为:特大型村庄,人口大于 1000 人;大型村庄,人口为 601~1000 人;中型村庄,人口为

---

① 国家统计局:《第三次全国农业普查主要数据公报(第一号)》,2017 年 12 月 14 日。

201~600 人；小型村庄，人口小于等于 200 人。[①] 需要说明的是，这里讲的村庄指的是乡村中的自然村落，不是指行政村（也叫建制村）或中心村。而按照行政村与周边城镇区的空间距离又可分为城中村、城边村和独立村。城中村是指城镇集建区规划范围内的行政村，城边村是指部分地域在城镇规划集建区范围内的行政村，独立村是指全部地域均在城镇规划集建区外的行政村。行政村是我国农村的自治机构，一个行政村往往包括若干个自然村落。自然村是指行政村范围内居民定居点。到 2016 年末，我国共有行政村 596450 万个，自然村 317 万个，新建的农村居民定居点 15 万个。[②] 中心村是功能概念，是指为若干自然村或行政村服务的乡村区域功能中心。根据我国乡村聚落实际，我国乡村按自然村规模和行政村规模分类如表 1-4、表 1-5 所示。

表 1-4   **我国乡村按自然村落常住人口规模分类**

乡村类型	等级	常住人口规模（人或户）/自然村落（个）
自然村落	特大型村落	1000 人以上（300 户以上）
	大型村落	601~1000 人（200~300 户）
	中型村落	201~600 人（60~200 户）
	小型村落	100~200 人（30~60 户）
	散落型村落	100 人以下（30 户以下）
	独居型	5~20 人（1~5 户）

资料来源：笔者编制。

表 1-5   **我国乡村按行政村常住人口规模分类**

乡村类型		等级	常住人口规模（人）/行政村（个）
行政村（建制村）	城中村	特大型	10000 人以上
		大型	8000 人以上
		中型	6000 人以上
		小型	4000 人以上
	城边村	特大型	6000 人以上
		大型	5000 人以上
		中型	4000 人以上
		小型	3000 人以上
	独立村	特大型	3000 人以上
		大型	2000 人以上
		中型	1000 人以上
		小型	1000 人以下

资料来源：笔者编制。

---

① 李伟国：《村庄规划设计实务》，机械工业出版社 2013 年版，第 2 页。

② 顾朝林、盛明洁：《县辖镇级市研究》，清华大学出版社 2017 年版，第 6 页。

第三节　城镇村结构

一、城市规模结构和数量结构

（一）城市规模结构和数量结构的发展现状

1. 行政建制市的城市规模结构和数量结构

根据《2018 年中国城市城市建设统计年鉴》，到 2018 年底，不包含港澳台地区，我国共有 673 个建制城市，其中有 4 个直辖市，298 个地级市，375 个县级市。在 298 个地级及以上城市中，超大城市有 5 个，特大城市有 5 个，大城市Ⅰ型有 10 个，大城市Ⅱ型有 62 个，中等城市有 96 个，小城市Ⅰ型有 98 个，小城市Ⅱ型有 22 个。在 375 个县级市中，中等城市有 2 个，小城市Ⅰ型有 147 个，小城市Ⅱ型有 226 个（见表 1-6）。

表 1-6　　　　　　　　　　**2018 年 673 个行政建制市城市数量分类**　　　　　　　单位：个

城市类别	超大城市	特大城市	Ⅰ型大城市	Ⅱ型大城市	中等城市	Ⅰ型小城市	Ⅱ型小城市	总计
地级及以上城市	5	5	10	62	96	98	22	298
县级市	0	0	0	0	2	147	226	375
合计	5	5	10	62	98	245	248	673

资料来源：笔者根据《2018 年中国城市建设统计年鉴》整理。

2. 按 2014 年城市标准划分城市规模结构和数量结构

根据《2018 年中国城市城市建设统计年鉴》，到 2018 年底，不包含港澳台地区在我国 673 个建制城市中，按城区常住人口统计，1000 万人以上的超大城市有 5 个，500 万人以上 1000 万人以下的特大城市有 5 个，300 万人以上 500 万人以下的Ⅰ型大城市有 10 个，100 万人以上 300 万人以下的Ⅱ型大城市有 62 个，50 万人以上 100 万人以下的中等城市有 98 个，20 万人以上 50 万人以下的Ⅰ型小城市有 245 个，20 万人以下小城市的Ⅱ型有 248 个（见图 1-1）。

从图 1-1 中的城市规模结构和数量结构现状看，各个等级的城市规模是半数递减设置的，而实际执行结果中，各个等级城市数量都不是半数递减的。产生这个问题的原因是，当前我国的城市是地域制的，行政建制的城市人口既包括行政建制城市的城区人口，也包括行政建制城市范围内的乡村人口。2014 年城市规模划分标准是以城区人口为基准的，从而造成城市规模结构和数量结构的不一致。

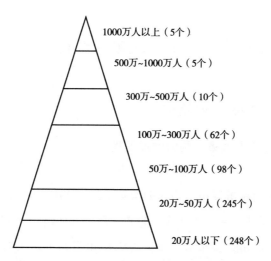

图1-1 2018年中国城市规模结构和数量结构

注：不包含港澳台地区。

资料来源：根据《2018年中国城市建设统计年鉴》数据整理。

3. 按《中国统计年鉴》划分城市规模结构和数量结构

根据《2018年中国城市城市建设统计年鉴》，按国家国家统计局《中国统计年鉴》城市划分标准，到2018年底，在我国673个建制城市中，按城市市辖区年末总人口数量统计，400万人以上大城市为13个，200万~400万人的大城市为21个，100万~200万人的大城市为48个，50万~100万人的中等城市为98个，20万~50万人Ⅰ型小城市245个，20万人以下Ⅱ型小城市为248个（见图1-2）。需要说明的是，按照城市规模半数递减划分标准，在248个20万人以下Ⅱ型小城市中，10万~20万人的

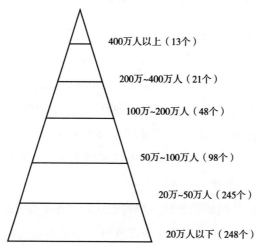

图1-2 2018年中国城市规模结构和数量结构

注：不包含港澳台地区。

资料来源：根据《2018年中国城市建设统计年鉴》数据整理。

小城市有 178 个，5 万～10 万人的小城市有 54 个，2.5 万～5 万人的小城市有 15 个，2.5 万以下的小城市有 8 个。

从图 1-2 城市规模结构和数量结构现状图可看出，按照行政建制城市地域范围内的城市市辖区年末总人口来确定的城市规模结构是半数递减的，与之相关的城市数量结构也基本是半数递减的。图 1-2 中的小城市Ⅰ型和小城市Ⅱ型不是半数递减的。原因有：一是我国常住人口 20 万人以下的Ⅱ型小城市，在城市规模划分标准上没有继续划分为 10 万～20 万人，5 万～10 万人的城市半数递减设置标准；二是长期以来我国没有把镇区常住人口 5 万人以上的小城镇改制为小城市；三是在我国城市市辖郊区一般也包含了许多农村人口，因此，按照城市市辖区年末总人口规模得出来的城市规模结构与城市数量结构是基本一致的。

（二）城市规模结构和数量结构的发展目标

按照"城市规模半数递减"和"城市数量倍数递增"计算，到 2018 年底，城区常住人口，在 400 万人以上的大城市应该有 13 个，在 200 万人以上 400 万人以下的大城市应该有 26 个，在 100 万人以上 200 万人以下的大城市应该有 52 个，在 50 万人以上 100 万人以下的中等城市应该有 104 个，在 25 万人以上 50 万人以下的小城市应该有 208 个，在 10 万人以上 20 万人以上的小城市应该有 416 个，在 5 万人以上 10 万人以下的小城市应该有 832 个（见图 1-3）。按照上述 7 类我国城市发展类型，我国城市数量发展目标大约应当有 1600 个左右。而到 2018 年末，按国家统计局《中国统计年鉴》城市划分标准，在我国 673 个城市中，城区常住人口 50 万人以上的大中城市为

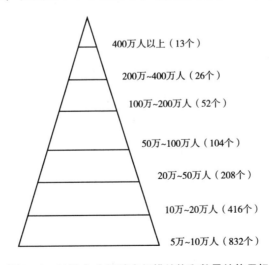

图 1-3　2018 年中国城市规模结构和数量结构目标

注：不包含港澳台地区。

资料来源：笔者绘制（以 2018 年城市规模划分数为基数）。

180 个，50 万人以下的小城市为 493 个。按照"城市规模半数递减"和"城市数量倍数递增"计算，我国城区常住人口 50 万人以上的大中城市应该为 195 个左右，50 万人以下的小城市应该为 1400 个左右。可见，从我国城市发展的数量角度讲，未来我国城市发展的重点是城区常住人口 50 万人以下的小城市，在 2018 年 493 个小城市的基础上需要再增加 900 个左右。需要特别说明的是，城市数量结构优化是城市空间结构优化的基础，一般而言，城市数量结构合理，意味着城市空间结构也合理。

二、小城镇规模结构和数量结构

（一）小城镇规模结构和数量结构的发展现状

根据第三次全国农业普查，到 2016 年底，我国建制镇有 20844 个，乡有 11081 个。根据国家新型城镇化报告，到 2015 年底，我国镇区人口 10 万人以上的镇有 238 个，5 万人以上镇有 875 个，共计 1113 个①，20844 个建制镇减去 1113 个特大镇还剩 19731 个一般建制镇。根据 2016 年住建部全国小城镇抽样调查（不包括城关镇），到 2015 年底，镇区人口 0.5 万人以下的一般建制镇占小城镇的 33.1%，0.5 万人以上 1 万人以下的一般建制镇占小城镇的 35.5%，1 万人以上 2 万人以下一般建制镇占小城镇的 22.3%，2 万人以上一般建制镇占小城镇的 9.1%。根据国家新型城镇化报告，镇区人口 10 万人以上的有 238 个，5 万人以上 10 万人以下有 875 个，由此可推算出，镇区人口 2.5 万人以上 5 万人以下的约 1795 个，1.2 万人以上 2.5 万人以下的约 4400 个，0.6 万人以上 1.2 万人以下的约 7005 个，0.3 万人以上 0.6 万人以下的约 17612 个。另外，到 2015 年底，全国 0.1 万人以上 0.3 万人以下的集镇（包括非建制镇镇区、服务性集镇、特色小镇等）约 40000 个（见图 1-4）。

（二）小城镇规模结构和数量结构的发展目标

根据"城镇规模半数递减"和"城镇数量半数递增"计算，在镇区常住人口 5 万人以上的特大镇镇区经改制列入小城市后，镇区常住人口 5 万人以下和 0.1 万人以上的一般建制镇和集镇的体系结构预计为：镇区常住人口 2.5 万人以上 5 万人以下的建制镇应该有 1920 个，1.2 万人以上 2.5 万人以下的一般建制镇应该有 3840 个，0.6 万人以上 1.2 万人以下一般建制镇应该有 7680 个；0.3 万人以上 0.6 万人以下的集镇应该有 15360 个，0.1 万人以上 0.3 万人以下的集镇应该有 30720 个（见图 1-5）。上述 5 类小城镇合计一共为 59520 个。到 2016 年末，我国共有建制乡镇 31925 个，扣除镇区常住人口 5 万人以上的建制镇 1123 个，我国一般建制乡镇共有 30802 个。将上述 5 类 59520 个小城镇减去 30802 个一般建制乡镇，到 2016 年末，我国还有 28718 个非建

---

① 国家发展和改革委员会：《国家新型城镇化报告2015》，中国计划出版社 2016 年版，第 101 页。

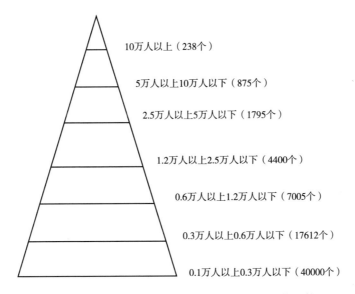

10万人以上（238个）

5万人以上10万人以下（875个）

2.5万人以上5万人以下（1795个）

1.2万人以上2.5万人以下（4400个）

0.6万人以上1.2万人以下（7005个）

0.3万人以上0.6万人以下（17612个）

0.1万人以上0.3万人以下（40000个）

图1-4　2015年中国小城镇规模结构和数量结构现状

注：不包含港澳台地区。

资料来源：笔者整理。

制的集镇，一般建制乡镇除乡镇区外平均不到一个非建制集镇。由于我国一般建制乡镇都有成百平方千米的区域面积，并且在一般建制乡镇区域范围内资源禀赋的地域差异也较大，因此，在一般建制乡镇区域范围内，根据资源禀赋划分4～5个"极化"发展功能区，大力发展非建制集镇是我国小城镇发展的重点和方向。从小城镇地域内镇村统筹发展角度说，按照每个建制乡镇1个政府驻地镇区和3～4个非建制集镇计

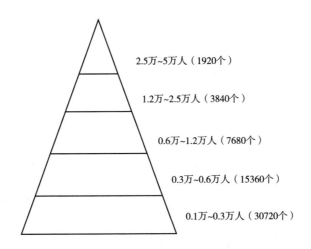

2.5万～5万人（1920个）

1.2万～2.5万人（3840个）

0.6万～1.2万人（7680个）

0.3万～0.6万人（15360个）

0.1万～0.3万人（30720个）

图1-5　2016年中国一般建制镇和集镇的规模和数量结构目标

注：不包含港澳台地区。

资料来源：笔者整理。

算，我国应该有 3 万个左右的建制乡镇镇区和 9 万~12 万个非建制集镇镇区（或者称一般建制镇和集镇地域范围内的经济社会发展特色功能区）。

三、乡村聚落规模结构和数量结构

根据第三次全国农业普查国家统计局发布的数据，到 2016 年末，我国共有行政村 59.65 万个，自然村 317 万个（平均每个行政村有 5.31 个自然村），15 万个新建农村居民定居点。[①] 中心村，是指建制村中较大的自然村落或居民点，一般是建制村民委员会所在地；自然村落，也叫基层村，是指建制村内村民委员会所在地以外的自然村落，是乡村居民生产生活最基本的居民点；建制村或者行政村是个管理概念，不是居住点概念，一个建制村或行政村一般包括若干个自然村落。

（一）乡村自然村落规模结构和数量结构的发展现状

因自然、习惯、经济社会发展水平等原因，各地自然村落人口规模差异较大。例如，据浙北平原 H 县 Y、D、C 三个乡共计 541 个自然村的统计调查，10 户以下的村落占 6.8%，10~19 户的村落占 16%，20~29 户的村落占 30%，30~39 户的村落占 19%，40~49 户的村落占 14.6%，50~59 户的村落占 6.2%，60~100 户的村落占 7.4%[②]。通过对上海市嘉定区以农业为主的华亭镇的调查显示，到 2013 年底，华亭镇镇域内共有农居点 273 个，其中农户为 0~9 户的占农居点的 19%，农户为 10~19 户的占农居点的 11%，农户为 20~29 户的占 15%，农户为 30~39 户的占 9%，农户为 40~49 户的占 25%，农户在 50 户以上的占 21%[③]。从上述两地村落的实际调查情况看，我国南方平原村落，农户在 10 户以下的农居点占 10%~15% 左右，20 户以下的占 25%~30% 左右；30 户以下的占 40%~45% 左右。然而，在我国华北大平原上，那里没有南方泽国那样密布的河网，那样高的地下水位，那里的村民饮用水主要来源于开凿代价高昂的深位水井，加之华北平原历来是中国兵家争战之地，出于村落的自保以及其饮一井的生活需要，华北平原的村落规模一般要比南方平原的村落规模大得多。在华北平原二三百户的村落极为常见，有的自然村落有五六百户人家，甚至有的超过一两千户[④]。笔者小时候生活过的一个依山傍水的古镇，镇区面对的万亩良田中的 5 个生产大队、几十个生产队、一万多居民都集中在镇区居住，而万亩良田中没有一户人家居住，几百年下来逐步成为远近闻名的古镇。综上所述，乡村自然村落人口规模

---

① 国家统计局：《第三次全国农业普查主要数据公报（第一号）》，2017 年 12 月 14 日。

② 曹锦清等：《当代浙北乡村的社会文化变迁》，上海人民出版社 2014 年版，第 3 页。

③ 上海市嘉定区规划和土地管理局等：《嘉定区村庄布点规划（2014—2040 年）》，2014 年 11 月 11 日，第 16 页。

④ 曹锦清等：《当代浙北乡村的社会文化变迁》，上海人民出版社 2014 年版，第 3 页。

可以划分为，农户在 10 户以下的村落占自然村落的 10% ~ 13%，10 户以上 20 户以下的占 13% ~ 15%，20 户以上 30 户以下的占 15% ~ 25%，30 户以上 50 户以下的占 10% ~ 20%，50 户以上 100 户以下的占 10% ~ 15%，100 户以上 200 户以下的占 10% ~ 20%，200 户以上 400 户以下的约占 8%，400 户以上 800 户以下的约占 4%，800 户以上 1600 户以下的约占 2%，1600 户以上的约占 1%（见图 1 - 6）。

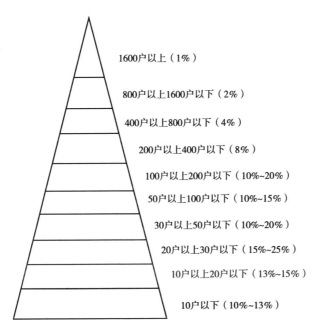

图 1 - 6 我国乡村自然村落发展现状预测

资料来源：笔者整理。

（二）农村居民新村规模结构和数量结构的发展现状

山东诸城市自 2007 年开始，按照地域相邻、习俗相近、规模适度、利于发展的原则，以 2 千米为半径，把诸城市 1249 个村庄及有关单位规划建设为 208 个农村社区。每个社区涵盖村庄 5 个左右、农户 1500 户左右。每个农村社区在中心村设立提供医疗卫生、社区警务、文化体育、计划生育、超市餐厅等服务的社区服务中心。2008 年 6 月，8 个农村社区服务中心全部建成运行，设立 3 个社区文体活动广场、文化活动室、农家书屋、电子阅览室、农民教育培训中心、文化信息资源共享工程服务点以及建设标准幼儿园等；同时还优化了小学、初中向社区中心村集中居住。同时通过完善基础设施建设，实现"五化"、"八通"、集中供暖、污水处理以及垃圾无害化处理等。2010 年 6 月，诸城市进一步按照程序撤销了行政村，选举产生了 208 个社区党委（党总支）和社区居委会。2013 年，诸城市又在 208 个农村社区中重点选取了 30 个中心社区，按照现代小城镇目标进行重点建设。[①]

2004 年 11 月，上海市人民政府《关于切实推进'三个集中'加快上海郊区发展的规划纲要》中指出，"加快归并农村居民点，建设居民新村。……居民新村总量为 300 个左右，居民新村人口规模在 300～1000 人左右，有潜力的可达到 3000 人。"经调查，2004～2015 年底，上海在其郊区的村域内按照村落平移归并集中居住的共有 9.6 万户，总用地面积约 3028.7 公顷。据上海市嘉定区的详细调查，该区 2004～2015 年底，按照并移归并到中心村的农民集中区共建成 56 个，用地总面积 13750 亩。房屋建筑总面积为 582.19 万平方米，其中住房建筑总面积 451.8 万平方米，其他建筑总面积 130.61 万平方米；在住房建筑总面积中，住房总套数为 22306 套，平均每套住宅为 202.54 平方米。在 22306 套住宅中单体别墅 9349 套，建筑总面积 228.13 万套，占总套数的 42%；联排别墅 5744 套，建筑总面积 114.20 万平方米，占总套数的 26%；复式公寓 4516 套，建筑总面积 79.31 万平方米，占总套数的 20%，多层公寓 12697 套，建筑总面积 29.94 万平方米，占总套数的 12%。在已建的 22306 套农民集中居住房中，17191 套为集体统一建房，占集中居住房的 77%；5115 套为农民自建房，占集中居住房的 33%。到 2015 年 6 月，在并移归并农民集中居住房中，共居住人口 86581 人，其中上海户籍居民 61247 人，占居住人口的 71%；来沪人员 24834，占居住人口的 29%。在上述并移归并农民集中居住房中，污水纳管达 22246 套，纳管率达 99.73%；天然气安装 21799 套，安装率为 97.7%。在 56 个农民集中居住区中，20 套以上 40 套以下的居住区有 6 个，40 套以上 80 套以下的居住区有 6 个，160 套以上 320 套以下的居住区有 15 个，320 套以上 640 套以下的居住区有 10 个，640 套以上 1280 套以下的居住区有 6 个，1280 套以上 2560 套以下的居住区有 2 个，2560 套以上 5000 套以下的居住区有 1 个（见图 1－7）。

（三）乡村聚落规模结构和数量结构的发展目标

1. 乡村自然村落的发展目标

一是城镇规划建区范围内的自然村落应该归并到城镇区建设中。二是城镇规划集中建设区范围外的自然村落，10 户以下的应该归并到规模较大的自然村落当中（见图 1－8）；有条件的地方，10 户以上 20 户以下的自然村落也应该归并到规模较大的自然村落中。三是 300 人以上或者 1000 人以下的自然村落的公共设施配置标准是否应该参照集镇公共配置标准（见图 1－8）。到 2016 年末，全国有 317 万个自然村落，如果将 10 户以下的自然村落应该归并到规模较大的自然村落当中，这样全国可减少 37 万～41 万个自然村落；如果将 10 户以上 20 户以下的自然村落也归并到规模较大的自然村落中，这样全国可减少 73 万～89 万个自然村落（见图 1－8）。

---

① 杨传开：《中国多尺度城镇化的人口集聚与动力机制》，经济科学出版社 2019 年版，第 155 页。

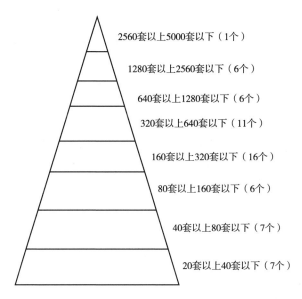

图1-7 上海嘉定区21世纪初以来新建的农民集中居住区规模结构现状

资料来源：笔者整理。

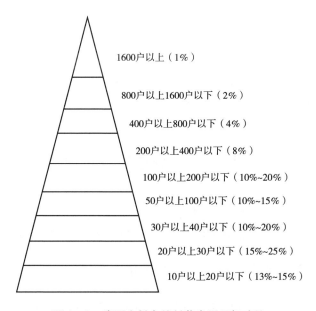

图1-8 我国乡村自然村落发展目标建议

资料来源：笔者整理。

2. 农村居民新村发展的目标建议

一是农村居住新村建设的选址，应该在城镇集中建设区范围内或者紧邻城镇集中建设区，以便于降低公共设施的配套成本；二是农村居民新村的最低建设规模应该在100～300户，其公共设施的配置标准应该参照集镇公共设施配置标准（见图1-9）。当然，2016 年第 3 次全国农业普查统计的全国 15 万个农村居民新村（新建农村居民定居点）和"十三五"期间全国易地扶贫搬迁中建成的约 3.5 万个集中安置区（包含建成安置住房 266 万余套，总建筑面积 2.1 亿平方米，户均住房累计 80.6 平方米，全国累计投入各类资金约 6000 亿元，配套新建或改扩建中小学和幼儿园 6100 多所，医院和社区服务中心 1.2 万多所，养老服务设施 3000 余个，文化活动场所 4 万余个①）也许并不存在聚落规模结构和数量结构优化的概念，但是，未来在新建农村居民集中居住点规划时，在可能的条件下，提高新建农村居民集中居住点规模是必要的。

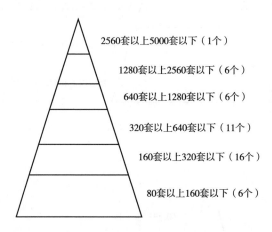

2560套以上5000套以下（1个）

1280套以上2560套以下（6个）

640套以上1280套以下（6个）

320套以上640套以下（11个）

160套以上320套以下（16个）

80套以上160套以下（6个）

图 1-9　新建农民集中居住区规模结构目标建议

资料来源：笔者整理。

第四节　小城镇发展类型

小城镇发展类型可按小城镇服务的空间范围、小城镇发展的规模、小城镇发展的驱动因素、小城镇经济社会发展的特色功能、小城镇发展的主导产业分为下列五大类。

一、按小城镇发展的服务空间范围分类

小城镇可分为城关镇（包括地区驻地建制镇、县城驻地建制镇）、中心镇、一般小城镇三大类。城关镇是指为地区和县域服务的建制镇。到 2018 年底，我国地级区划共有 334 个，其中地区驻地属中小城市的有 190 个，占地区驻地的 56%；属建制镇的有 144 个，占地区驻地的 44%；到 2017 年底，我国共有 363 个县级建制市，1526 个非建制市行政区划，含乡镇的市辖区为 753 个，另外地级区划 40 个，这些县级建制市

---

① 任欢：《"十三五"易地扶贫搬迁任务全面完成》，载于《光明日报》2020 年 12 月 4 日，第 1 版。

驻地、县级非建制市驻地、地级区划驻地、含乡镇的市辖区驻地①极大部分属建制镇，故目前也可归入小城镇研究范围（见表1-6）。中心镇是指人口规模和经济规模较大，能带动周边乡镇发展的建制镇，包括未列入地区、县城、含乡镇的市辖区驻地的建制镇。一般小城镇包括除城关镇、中心镇以外的建制镇和乡政府驻地的集镇以及非乡镇驻地的集镇。根据第三次全国农业普查，到2016年来，建制镇有20844个，扣除144个地区驻地建制镇和1889个县城驻地建制镇，还剩18811个；乡政府驻地有11081个集镇，为建制镇所辖和乡所辖达到一定建设面积的集镇，包括集市、特色小镇、创新创业园、乡镇产业区块（含产业园、风景区、旅游区、田园综合体等），全国有多少个，目前国内还缺乏统一权威的统计数据，但从历史上的乡镇所辖纯属集市贸易集镇和当下建制乡镇范围内尚存的非建制集镇及乡镇特色小镇、创新创业园、产业区块推算，预测乡地区县域内达到一定规模的具有集镇功能的集镇数量与现建制乡镇个数基本相当，全国大约还有4万个左右（见表1-7、表1-8）。

表1-7 　　　　　**中国建制镇构成及其数量（截至2017年底）** 　　　单位：个

项目	地级驻地建制镇	地级区划驻地建制镇	县级市驻地建制镇	非县级市行政区划驻地建制镇	含乡镇的市辖区建制镇	其他建制镇	合计
数量	114	40	363	1526	753	18242	20844

资料来源：笔者根据有关资料整理。

表1-8 　　　　　**中国集镇构成及其数量（截至2017年底）** 　　　单位：个

项目	现乡政府驻地集镇	镇乡所辖集镇：包括原乡镇政府驻地集镇和特色小镇等集镇	合计
数量	11081	40000左右	50000左右*

注：*肖敦余、胡德瑞：《小城镇规划与景观构成》，天津出版社1992年版，第302页。
资料来源：笔者根据有关资料整理。

需要说明的是，到2015年末，我国20844个建制中，镇区人口10万人以上的特大镇有238个，5万人以上的镇有885个，5万人以上人口建制镇合计1123个②。这1123个建制镇大多属于上述提到的地级驻地建制镇、地级区划驻地建制镇、县级市驻地建制镇、非县级市行政区划驻地建制镇。而这部分建制镇的发展方向，根据我国各地近几年的改革探索，属特大镇、经济强镇、中心镇、重点镇范围。

---

① 中国经济学会中小城市发展经济发展委员会等：《中国中小城市发展报告（2018）》，社会科学文献出版社2018年版，第447页。

② 国家发展和改革委员会：《国家新型城镇化报告》，中国计划出版社2016年版，第101页。

二、按小城镇发展的规模分类

按小城镇的人口规模和经济规模分类，从大到小，小城镇一般可以分为特大镇（包括经济强镇、中心镇、重点镇，以下同）、一般建制镇（除特大镇、经济强镇、中心镇、重点镇以外的建制镇）和集镇三大类。按中央文件和地方有关文件看，特大镇是指人口规模较大和经济规模较大的建制镇，中心镇一般是指能带动周边乡镇发展的建制镇，集镇是指为所辖村或者几个村服务的镇。具体可包括镇区常住人口5万人以上10万人以下的建制镇，镇区常住人口2.5万人以上5万人以下的建制镇，镇区常住人口1.2万人以上2.5万人以下的建制镇；镇区常住人口0.6万人以上1.2万人以下的建制镇，镇区常住人口0.3万人以上0.6万人以下的集镇，镇区常住人口0.1万~0.3万人的集镇。

三、按小城镇发展的驱动因素分类

小城镇发展与小城镇所在区位、资源禀赋及发展基础有关，按小城镇发展主要利用自身资源和自身资源加城市功能可分为内生型小城镇和外生型小城镇。内生型小城镇也叫自中心发展小城镇或内源型小城镇，是指小城镇的经济社会发展主要利用当地资源、发展基础和条件，乃至当地市场进行发展的小城镇。这类小城镇在我国一般远离超大、特大城市，不位于城市连绵带发展范围或城乡"灰色区域"发展范围以及不在超大、特大、大城市间沿铁路、高速公路的交通走廊地带，离超大、特大、大城市市区距离50千米以上的纯农地区。这些远离城市"独立型"或称"孤点分布型"小城镇往往需要充分利用自身的资源和市场进行经济社会发展，实践中比较典型的类型有旅游型小城镇、康养型小城镇、矿业型小城镇、集贸型小城镇、文体型小城镇、渔港型小城镇等。外生型小城镇，这类小城镇一般位于超大、特大、大中城市周边50千米范围内或大中城市沿线的铁路、高速公路交通走廊地带或大都市区的蔓延地区，即国外通常讲的"灰色区域"。外生型小城镇不但可以利用紧邻大都市距离近和交通经济走廊的区位优势，同时也可以利用自身的资源优势和发展基础，这类紧邻大中城市的交通经济廊道也叫城市依托型和网络节点型小城镇，其典型类型有工业型小城镇、科技型小城镇、金融型小城镇、商贸型小城镇、多职能小城镇等。据国外小城镇发展类型分析，内生型和外生型大约各占一半。需要说明的是城镇"集聚"与"扩散"是个过程，并且是梯度进行的。根据国内化城镇经验，一般来讲，城镇化前中期，城镇化率为20%~50%，主要表现为"集聚"为主；城镇化中后期，城镇化率为50%~75%，有可能形成城镇功能的"扩散"，但城镇化的功能扩散，需要通过区域协调发展政策来驱动，不是自然而然实现的。另外，城镇功能"集聚"和"扩散"的传导不同，"集聚"是跳跃性的传导，偏重于"规模大的城市"；而扩散一般是逐次传导的，按超大城市、特大城市、大城市、中等城市、小城市、小城镇、乡村逐级传递，且小城镇和乡村是城市功能传递的末梢。因此，小城镇的发展更需要国家和地方适时给予更多更好的区域政策支持。随着我国城乡交通运输和通信网络等条件的改善以及大城市生产的专业化、标准化、自动化水平的提高，小城镇发展的外生型因素将逐步加大，这有助于我国小城镇发展。

四、按小城镇经济社会发展的特色功能分类

由于小城镇镇区区域单元空间规模比较小，以及小城镇空间布局及范围形成的自然性，再加上人类社会的经济社会物质生产本质上是对其地域范围内的自然资源和人文资源进行转化，因此，小城镇与乡村一样，就可能形成基于地域性和传统性的经济社会发展特色功能，不像空间范围较大的城市难以摆脱"千城一面"的结局。因此，小城镇发展的特色功能本质上是小城镇本身的"自然、经济、社会"发展所延伸出来的环境、产业、文化的独特个性。基于这一逻辑，结合国内外对小城镇的特色功能的划分，总体上可将小城镇自然经济社会发展内容的特色功能分为以下三大类。

（一）宜居型小镇

这类宜居型小城镇，一般要求生态环境，包括空气质量、气温舒适度、绿化覆盖率较好；居住环境，包括购买或租赁住房或酒店房价、食物和餐饮特色、价格和服务水平；基础设施和公共服务完善程度和服务水平；健康和安全状况，包括人均预期寿命和犯罪率等。

这类宜居型小城镇又可分为三个分支：一是居住型小城镇，这类小城镇一般位于城市周边，其居民就业由附近的城市配套，而这些居住型小镇是城市上班人员居住的地方，小镇一般位于城市周边 1 个小时车程左右的区间。例如，我国大中城市周边具有居住功能的小城镇，美国郊区化过程中的远郊小镇（exurban small town）其居住的居民有城市和郊区的白领阶层，还有一部原住民及蓝领阶层。如上海嘉定安亭的德国小镇等属这一类。二是康养型小城镇，这类小城镇一般也位于城市周边半小时到 1 小时左右车程范围内，退休安度晚年、迁居养老的活力老人基本可在这一单元，如上海周边江苏启东地区的恒大威尼斯小镇等属这一类。三是度假型小城镇，这类小城镇其区位往往离城市较远，但环境、交通、饮食、住宿等条件总体较好，周边配套旅游观光设施也较多，如上海崇明绿华小镇、浙江德清莫干山小镇、瑞士达沃斯小镇等属这一类。

（二）宜业型小镇

这类宜业型小镇可以从两个维度进行评价：首先从企业投资或创业者角度，如生

产要素水平，包括土地、资金、技术、运输、劳动力、人才等成本；基础设施条件，包括公路、铁路、航空和高铁等便利程度；制度环境，包括企业的便利度和政策等。其次从就业者角度，如就业岗位与就业需求的匹配性、就业收入和社会保障水平、就业培训和职业介绍服务等。这类宜业型小镇在实践中又可分为四个分支：一是工业小城镇，这类小城镇一般离大城市较近，距大城市 50 千米左右，接受城市的工业产业转移和技术转移或大城市工业布局而形成。如上海嘉定的安亭镇、外冈镇、浙江嘉善的巧克力小镇、黄岩智能模具小镇、山东临沂费县探沂镇。二是科技小镇，这类小镇一般紧邻大城市，离大城市车程 1~2 小时范围内，依托大城市人才外溢和小镇良好环境建设特色小镇。如上海青浦的华为金泽小镇、英国剑桥小镇、美国普林斯顿小镇等。三是金融小镇，这类小镇依托大城市金融集聚功能和小镇良好环境，较低成本发展。如宁波柏山海洋金融小镇、美国格林威治小镇等。四是历史经典产业小镇，这类小镇主要是基于传统手工业和非物质文化遗产发展而来的小城镇。如浙江龙游的红木小镇、定海远洋渔业镇。

（三）宜游小城镇

宜游小城镇的一般要求具有旅游吸引物特色，包括自然、产业、人文特色；具有旅游活动特色，包括吃、住、游、购、娱、行等特色；具有旅游管理特色，包括环境、安全、景点设施、服务设施等。宜游小城镇在实践中可分五个分支：一是历史文化名镇，这类小城镇是指保存文物特别丰富，具有重大历史价值或纪念意义，较完整地反映一些历史时期传统风貌和地方民族特色的镇。如江苏周庄古镇、浙江乌镇古镇、上海朱家角古镇、北京古北水镇等。二是艺术小镇，这类小镇具有特色的瓷器、画、字等，如浙江龙泉青瓷小镇、加拿大倩美纳斯壁画小镇、荷兰贝享小镇等。三是自然景观小镇，这类小镇凭借独特的自然景观发展而来，如湖北神农架小镇、荷兰的维恩科文小镇等。四是休闲农业小镇，这类小镇是基于特色农业发展而来的小镇，包括上海嘉定沥江果园小镇、马陆葡萄园小镇、美国的纳帕谷小镇等。五是体育运动小镇，这类小镇是基于独特自然资源延伸而来的体育运动而形成的小镇。如北京丰台的足球小镇、浙江海宁马拉松小镇、平湖九龙山航空小镇等。

五、按小城镇发展的主导产业分类

产业是小城镇发展的基础动力。主导产业是指在小城镇发展的产业结构中处于主要地位，起决定、影响、支撑小城镇发展的产业。从小城镇发展产业的大类看，小城镇发展的主导产业主要包括第一产业主导型产业、第二产业主导型产业和第三产业主导型产业。第一产业主导型小城镇，包括农业小城镇、渔业小城镇、林业小城镇、牧业小城镇、自然景观小城镇、休闲农业小城镇、乡村旅游业小城镇，是指以小城镇利用农、林、牧、副、渔等特色资源和特色优势发展起来的小城镇,其特征是客人一般来自小城镇外面。第二产业主导型小城镇,包括工业小城镇、科技小城镇、矿业小城镇、交通运输业小城镇等,其特征是市场在外、生产在小城镇内,如小城镇的近现代工业产业和科技产业,这类产业主要依托城市和小城镇的资源发展;传统经典工业产业,这类产业主要依托传统的手工业和非物质文化遗产发展。第三产业主导型小城镇,包括商业小城镇、金融业小城镇、康养型小镇、度假型小城镇、历史文化名镇、艺术小城镇、体育运动小城镇等,是指小城镇是利用其特色资源和特色优势发展起来的,其特征是市场一般在小城镇外面。

六、按小城镇的服务对象分类

按小城镇的服务对象可分为城市居民和企业服务的小城镇和为村镇居民和企业服务的小城镇。为城市居民和企业服务的小城镇,也称卫星镇。这类小城镇,主要是为周边大城市疏解人口且和大城市产业配套的小城镇。最为典型的是第二次世界大战后,英国伦敦为疏解过剩的人口和工业,在 1944 年的大伦敦规划中提出了在伦敦周边 48 千米范围内建设 8 个卫星城镇。直到 1974 年,英国共设立了 33 个卫星镇,容纳了 180 万人,迁入了 2009 个企业[①]。在我国一些大城市的周边也有类似职能的小城镇,如上海中心城周边郊区嘉定区的江桥镇、南翔镇、马陆镇等都具有这个特点。为村镇居民和企业服务的小城镇,这类小城镇的主要特征是小城镇内的居民大多是来源于本乡镇镇区和本乡镇范围内的农村以及本乡镇的周边乡镇及其所属的农村;小城镇内的企业大部分是内生型的,依托小城镇自身的资源禀赋、发展基础和条件发展起来的企业。

七、按小城镇与城市的距离分类

按小城镇与城市的距离可分为城中镇、城边镇和独立镇。城中镇是指在城市集中建设规划范围内的小城镇,是城市化过程中的小城镇。这类小城镇将逐步予以撤销,转变为街道和居委会。如上海市长宁区在 20 世纪 90 年代的北新泾镇,到 21 世纪初就改为北新泾街道。城边镇是指离城市边缘半小时以内车程的小城镇,这类小城镇不属于城市规划集建区范围,但可以吸纳城市内的居民和企业入驻小城镇。如上海嘉定区的徐行镇,这类小城镇的特点是可以配套一些为城市居民购买的商品房和为城市企业迁进的工业园区。独立镇是指离最近的城市距离半小时车程以上的小城镇,这类小城镇一般都是农业镇,小城镇中的居民大多属于本乡镇镇区和本乡镇区域内农村地区居民,其企业也都是与本乡镇资源禀赋、发展基础和条件有关的内生型企业。

---

① 袁中金、王勇:《小城镇发展规划》,东南大学出版社 2001 年版,第 28 页。

第五节　小城镇研究方法和研究体系

一、小城镇发展的研究视角

根据本章前述内容，尤其是本章第三节小城镇发展类型所述内容，面向我国城市发展需要，乡村振兴需要和小城镇自身发展需要，基于我国当前区域、城乡发展现状，本书小城镇发展研究主要从三个维度展开。一是面向城市，对小城镇镇区常住人口已达到 5 万人以上的特大型建制镇，根据我国各地近几年开展的特大镇"扩权强镇"和小城市培育及改市研究，从而顺应特大镇进一步发展需要，且达到我国大中小城市数量结构和规模结构的进一步合理化，促其我国大中小城市协调发展。二是面向我国乡村振兴，对小城镇镇区常住人口规模 5 万人以下的建制镇镇区、乡政府驻地以及乡镇合并后形成的原乡镇政府驻地，带有服务乡村功能的集镇，开展乡村人居、经济、服务、治理四中心研究，以实现村镇一体，促其小城镇服务乡村发展的目标实现。三是依托小城镇资源禀赋、发展基础和条件，开展以增强小城镇吸引力和市场竞争力为出发点的小城镇特色功能区研究，包括建制乡（镇）镇区，乡镇所属集市、特色小镇、创新创业园、工业园区、旅游景区等。

我国关于小城镇的研究大多是"城之尾，村之首"维度的研究，比较多侧重于面向乡村的小城镇研究。例如，小城镇能为农村商品生产、流通提供集散和交换条件，小城镇能为农村吸纳和转移剩余劳动力，小城镇能满足农村日益增长的物质文化生活需要；发展小城镇有助于加快城镇化，有助于改变小城镇落后状态，有助于带动农村经济。[1] 建设小城镇有助于转移农村人口和农业劳动力，可以促进农村产业结构调整和新的农村人口聚居点建设，可以促进现代科技文化和生活方式向农村扩散，可以促进经济增长方式转变和经济体制转化，可以促进城乡融合，可以促进乡镇企业发展和完善城市化建设网络，可以促进农村现代化建设等[2]。近几年，我国实践中和理论界开展了特大镇的小城市培育及改市、特色小镇及小城镇的特色化的理论和实践。在传统研究基础，本书重点在以下三个方面进行拓展。

（一）把小城镇放到区域角度去研究

一是把小城镇放到所在的区域中去研究。小城镇所处的东中西区域或都市圈城市群区域发展水平影响着小城镇的发展水平。我国东中西地区或不同都市圈城市群内的

---

[1] 肖敦余、胡德瑞：《小城镇规划与景观构成》，天津科学技术出版社 1992 年版，第 1 - 3 页和第 11 - 13 页。
[2] 叶堂林：《小城镇建设：规划与管理》，中国时代经济出版社 2015 年版，第 10 - 13 页。

小城镇，无论是小城镇规模，还是数量乃至经济发展水平是不一样的。因此，要改善或提高我国东中西区域或不同的都市圈城市群内的小城镇规模、数量和发展水平，一是要改善小城镇所在区域的发展方式和发展水平。二是把小城镇放到所在的大城市与中小城市区域中去研究。小城镇所处的大城市与中小城市区域协调发展水平影响小城镇的发展。当小城镇所处的区域其大中小城市规模结构和数量结构比较合理时，意味着各个等级的城镇要素配置比较均衡，在这样的大中小城市区域中的小城镇，能获得更多的要素配置和更好的发展。三是把小城镇放到区域城市体系中去研究。小城镇，尤其是特大镇是小城市的后备军，要小城镇中的特大镇通过"扩权强镇"等政策和完善我国小城市设置标准将其培养和发展成小城市，这不但对完善区域城镇体系有重要意义，并对培育县域经济社会发展增长极，促进县域内小城市周边的小城镇及乡村发展也具有重要作用。因此，特大镇培育和发展小城市属小城镇研究范围和任务。当特大镇培育为小城市任务完成后，该特大镇将按小城市规划建设标准进行发展。四是强化小城镇的特色功能区研究。一般而言，在我国一个小城镇小则 10 多平方千米，大则几十平方千米，乃至上百平方千米，村庄离最近的集镇平均距离 5 千米左右，村庄离最近的城市 28 千米左右。因此，在小城镇地域内，根据居住居民的就业和服务距离和小城镇地域内资源禀赋；在交通和通信条件改善情况下，发展一些特色功能区域平台，对小城镇地域内各区域的均衡发展，以及服务市民和当地居民都是非常重要的。因此，加强小城镇地域内的特色功能区布局和发展是小城镇范围内的区域发展方式创新，对促进小城镇地域内的区域、城乡均衡发展和特色资源开发是十分重要的。

（二）把小城镇放到增强吸引力和市场竞争力角度去研究

小城镇吸引力是指小城镇对企业投资、建设用地、人口、人才等要素的集聚能力，是形成小城镇市场竞争力的基础。在全球化和区域化资源配置条件下，集聚要素，一是靠规模，二是靠特色。在城乡发展体系中，城乡发展的规模偏好和乡村地区的衰退已被西方国家 20 世纪的城镇化进程所证实，如日本在第二次世界大战后经济腾飞阶段，小城镇不仅没有得到发展反而呈萎缩之势。随着城乡交通和通信条件的均衡度提高，分散和多中心发展已成为可能，但在短期内实现还有所困难。[①] 小城镇无论从人口规模，还是建设规模、经济规模角度都难以与中小城市竞争，更谈不上与大城市竞争。而小城镇发展仅靠自身的资源禀赋、发展基础和市场，在比较完善的市场体系中，要素吸引力增强和竞争能力提高，唯有依靠自身贴近乡村的自然资源和人文资源特色，构建特色优势和特色功能，以满足小城镇地域外市场需求，才有可能吸引小城镇地域外的要素向小城镇地域集聚，并与自身的特色资源和特色优势结合，才有可能在市场

---

① 张晓明：《高速城市化时期的村镇区域规划》，中国发展出版社 2016 年版，第 43 - 52 页。

竞争中取胜。"小的是美好的""民族的是特色的""特色的就是全球的"国内外有许多特色小城镇能够吸引镇外投资、客流、人口、人才源于其特色功能,包括特色产业、文化、生态等。所以,在当下成熟的市场下加强小城镇的特色资源、特色优势和特色功能研究是十分关键的。

(三)把小城镇放到城镇化中后期发展阶段中去研究

从国内外的城镇化或工业化发展趋势看,在城镇化或工业化前中期,一般是乡村支撑城市。新中国成立初,我国就是通过工农业产品剪刀差,农产品统购统销体制,乃至知青下乡、城乡隔离户籍制度等支持我国重工业和城市发展的。改革开放后,尤其是1984年城市体制改革,我国实际上实施的是大城市发展战略,国家在市场经济体制和政策两个方面双向支持了大城市发展。随着我国经济社会的发展,我国已经到了工业反哺农业,城市支持农村,东部支持中西部,效率与公平协调,经济发展与社会发展协调的阶段。按照邓小平20世纪80年代所讲的"两个大局"和21世纪初胡锦涛所讲的"两个趋向",我国已经到了强化大城市要素扩散发展阶段,大城市与中小城市协调发展阶段,东中西协调发展阶段,经济效率与社会发展协调发展阶段。根据国内外经验,在城镇化或工业化的中后期,我国地区、城乡、工农只有实现了上述转型后,我国小城镇及其乡村才可能从上述大环境中获得较好、较多的要素配置,从而使小城镇获得更好、更快的发展。

二、小城镇发展的研究体系

基于上述考虑,本书的研究体系如图1-10所示。

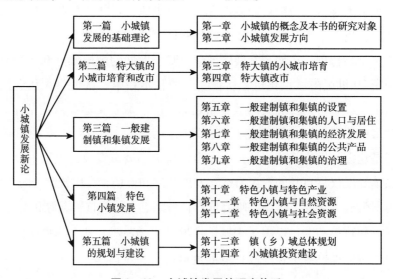

图1-10 小城镇发展的研究体系

资料来源:笔者绘制。

三、小城镇发展的研究方法

对小城镇的发展研究主要站在平衡发展的角度开展。从宏观尺度说，既站在区域平衡发展角度开展研究，也站在大城市与中小城市、小城镇平衡发展角度开展研究，还站在经济与社会平衡发展角度开展研究；从微观尺度说，本书的小城镇研究，既面向小城镇与城市平衡发展角度的研究，也面向小城镇与乡村发展平衡发展角度的研究，还面向小城镇自身特色资源与特色功能平衡发展角度的研究。本书是由笔者主编的上海社会科学院出版社于 2018 年 7 月出版的《城市学概论》的补充，同时也是笔者独自完成的经济科学出版社于 2019 年 9 月出版的《乡村发展导论》的补充。这三本书共同构成我国城市、小城镇、乡村三个不同空间尺度的理论体系。具体研究方法如下。

（一）历史的研究方法

本书将比较系统地总结我国小城镇发展，尤其是 1978 年改革开放以来我国小城镇的发展。将我国小城镇放到改革开放以来工业化、城镇化和农业现代化整个历史进程中去考察，既要分析我国改革开放前的小城镇发展，又要分析乡镇企业时代小城镇发展，以及近几年特色小镇中的小城镇化发展和当前返乡下乡中小城镇发展等。在我国小城镇的发展的进程中找到小城镇发展的基本规律。

（二）比较的研究方法

既要研究我国小城镇发展，也要研究国外小城镇发展，比较国内外小城镇发展的时序、空间、内容和政策等。既要结合中国实际研究我国小城镇发展，又要借鉴国外小城镇发展的好经验，乃至教训，促进我国小城镇健康发展。

（三）调查与文献结合的研究方法

我国小城镇发展植根于我国经济社会发展实践，近几年来，我国各地正在推进特大镇"扩权强镇"改革，各地的乡村振兴也在全面开展，并且国家正在推进区域协调发展战略、乡村振兴战略、新型城镇化战略。这既需要有丰富的实践探索，也需要有系统的理论总结。因此，就实践探索而言，需要小城镇研究开展相关内容的社会调查，就理论而言需要收集实践和理论的文献资料。因此，在小城镇研究中既要运用社会调查方法，确保来自实践的第一手资料的正确性，同时也要重视文献资料的梳理，通过社会调查和文献整理更客观地开展小城镇研究。

（四）前瞻性的研究方法

实践证明，客观地梳理过去和现在，正确地判断经济社会发展未来走向，在工业化、城镇化和农业现代化整个历史进程中来判断我国小城镇发展的未来走向和发展环境，可以尽可能正确地制定小城镇发展的规划、政策等。20 世纪 80 年代由于我国乡镇企业的发展，我国小城镇曾经有过辉煌的发展阶段，但这个发展阶段总体上是短暂的，以至于当时发展状况下的总结以及相关的小城镇发展规划、政策及其理论著作没有能够经得起时间的考验。小城镇研究中要总结这一教训，客观和正确地判断未来，从未来发展时势中把握当下及其未来我国小城镇的发展方向、路径等。

本章参考文献

［1］叶堂林：《小城镇：规划与管理》，中国时代经济出版社 2015 年版。

［2］谭纵波：《城市规划》，清华大学出版社 2016 年版。

［3］孙兵、王翠文：《城市管理学》，天津大学出版社 2013 年版。

［4］牛建农等：《村庄、产业、文脉、人》，中国建筑工业出版社 2016 年版。

［5］费孝通：《乡土中国》，上海世纪出版集团 2008 年版。

［6］洪亮平、乔杰：《规划视角下乡村认知的逻辑与框架》，载于《城市发展研究》2016 年第 1 期。

［7］费孝通：《论中国小城镇发展》，群言出版社 2000 年版。

［8］国家统计局：《第二次全国农业普查主要数据公报（第三号）》，2008 年 2 月 25 日。

［9］张忠国：《区域研究理论与区域规划编制》，中国建筑工业出版社 2017 年版。

［10］国家统计局：《第三次全国农业普查主要数据公报（第一号）》，2017 年 12 月 14 日。

［11］肖敦余、胡德瑞：《小城镇规划与景观构成》，天津科学技术出版社 1992 年版。

［12］李伟国：《村庄规划设计实务》，机械工业出版社 2013 年版。

［13］顾朝林、盛明洁：《县辖镇级市研究》，清华大学出版社 2017 年版。

［14］《中国中小城市发展报告》编纂委员会等：《中国中小城市发展报告（2018）》，社科文献出版社 2018 年版。

［15］张晓明：《高速城市化时期的村镇区域规划》，中国发展出版社 2016 年版。

［16］任欢：《"十三五"易地扶贫搬迁任务全面完成》，载于《光明日报》2020 年 12 月 4 日第 1 版。

| 第二章 |

小城镇发展方向

本章从我国近几十年小城镇发展历程中详细梳理其运行轨迹，试图寻找我国小城镇发展的基本规律以及在未来发展中的基本方向和所需的外部环境。本章由小城镇发展状况、发展趋向和发展环境三节构成。

第一节　小城镇发展状况

一、小城镇数量和规模的演变

根据第一次全国农业普查公布的数据，截至 1996 年，全国共有乡镇 43000 多个，其中镇有 161249 个（不包括城关镇），占全部乡镇个数的 37.4%，每个建制镇镇区，平均占地面积为 2.42 平方千米，平均总人口数为 4520 人，平均非农业人口 2072 人；镇区非农业人口占总人口的比重为 45.8%。东、中、西部地区建制镇个数分数为 7478 个、4873 个、3773 个，占东、中、西部地区乡镇个数的比重分别是 54.5%、33.7%、25.3%。镇区占地面积、总人口、非农业人口从东到西呈减少趋势（见表 2-1）。

表 2-1　　　　　　　东中西部地区镇区占地面积和人口数量

区域	镇区占地面积（平方千米）		镇区总人口（人）		其中非农业人口（人）	
	总量	平均每镇	总量	平均每镇	总量	平均每镇
全国	38978	2.42	72881766	4520	33401692	2072
东部地区	19318	2.58	37461698	5010	16302048	2180
中部地区	13231	2.72	23113762	4743	11067975	2271
西部地区	6428	1.70	12306306	3262	6031669	1599

资料来源：全国农业普查办公室：《关于第一次全国农业普查快速汇总结果公报》，2001 年 8 月 30 日。

第二次全国农业普查公开的数据，截至 2006 年末，不含港澳台地区，全国共有 40656 个乡镇，其中镇有 19391 个，乡有 15365 个。第三次全国农业普查公开的数据，到 2016 年末，全国共有 31925 个乡镇，其中镇 20844 个，乡 11081 个。据"中国村镇建设 70 年成就收集整理课题组"统计，1986 年，我国共有乡镇 49185 个，其中镇 11985 个，乡 37200 个。到 2018 年底，全国乡镇数为 3.2 万个，其中镇 21300 个，乡 10400 个。到 2017 年底，据不完全统计，乡镇建成区面积 456 万公顷，建成区户籍人口 1.8 亿人，其中建制镇建成区面积 392.6 万公顷（合 26.17 平方千米），建成区户籍人口 1.55 亿人，镇均建成区面积 218 公顷，户籍人口 0.86 万人。1978 年全国建制镇为 2851 个，建制镇户籍人口 4039 万人。[①] 总体看，自 1978 年我国改革开放以来，我国镇数量增加，乡数量减少，镇区规模扩大，农村城镇化水平提高（见表 2-2、表 2-3）。据顾朝林教授统计，至 2015 年底，全国共有建制镇 20515 个，乡（含苏木、民族乡、民族苏木）11315 个，643 个镇乡级特别区域。村镇户籍人口 9.57 亿人，其中建制镇建成区 1.6 亿人，占村镇户籍人口的 16.73%；乡建成区 0.29 亿人，占村镇户籍人口的 3.02%；镇乡特别区域建成区 0.03 亿人，占村镇总人口的 0.33%。全国建成区面积 390.8 万公顷，平均每个建制镇建成区占地 219 公顷，人口密度 4899 人/平方千米（含暂住人口）；乡建成区 70.0 万公顷，平均每个乡建成区占地 61 公顷，人口密度 4419 人/平方千米（含暂住人口）；乡特殊行政区域建成区 9.4 万公顷，平均每个镇乡级特别区域建成区占地 146 公顷，人口密度 3906 人/平方千米（含暂住人口）。[②] 在乡镇数量和规模方面，全国第 1~3 次全国农业普查，"中国村镇建设 70 年成就收集整理"课题，顾朝林教授统计的数据比较接近。

表 2-2 　　　　　　　　　1986~2018 年中国乡镇数量变化

年份	镇（个）	乡（个）	乡镇合计（个）	乡镇增减（%）
1986	11985	37200	49185	—
1996	18124（含城关镇居民）*	25000 左右	43000	-14
2006	19391	15365	40656	-7
2016	20844	11081	31925	-27
2018	21300	10400	31700	0

注：* 截至 2018 年，我国有县级市 363 个，县级行政区 1526 个。为便于可比，在 1996 年全国农业普查的 16124 个镇加进 2000 个城关镇。

资料来源："中国村镇建设 70 年成就收集整理"课题组：《新中国 70 周年村镇建设发展历史回顾》，载于《小城镇建设》2019 年第 9 期，第 5-17 页；国家统计局：《第 1~3 次全国农业普查》。

[①] "中国村镇建设 70 年成就收集整理"课题组：《新中国 70 周年村镇建设发展历史回顾》《新中国村镇建设 70 年的辉煌成就》，载于《小城镇建设》2019 年第 9 期，第 5-17 页。

[②] 顾朝林，盛明洁：《县辖镇级市研究》，清华大学出版社 2017 年版，第 6 页。

表 2 - 3   1978 ～ 2018 年中国建制镇数量和规模变化

年份	镇数量		镇户籍人口	
	绝对值（个）	增减（%）	绝对值（亿人）	增减（%）
1978	2851	—	5316	—
2018	21300	747	15500	284

资料来源：邹兵：《小城镇的制度变迁与政策分析》，中国建筑工业出版社 2003 年版，第 67 页；"中国村镇建设 70 年成就收集整理"课题组：《新中国村镇建设 70 年的辉煌成就》，载于《小城镇建设》2019 年第 9 期，第 5 - 17 页。

从上述数据看，1986 ～ 2018 年，我国乡镇数减少 17485 个，减少率为 36%。乡镇数量减少，既有升格为城市、整建制被城市建成区吸收、改为街道所致，但更多的是乡镇合并减少乡镇建制数，从我国实践看，乡镇合并减少乡镇数量的比重相对大。建制镇数量在扩大，1986 ～ 2018 年，镇数量增加 9315 个，增加率为 77%；1978 ～ 2018 年，镇数量增加 18449 个，增加率为 77%。1996 ～ 2017 年，镇区平均占地面积为 2.42 平方千米，平均人口数为 4520 人，到 2017 年，镇区平均占地面积为 3.27 平方千米，平均人口数为 8600 人，1996 ～ 2017 年镇平均占地面积和平均人均分别增长 35% 和 90%。乡数量在减少，1986 ～ 2018 年，乡数量减少 26800 个，减少率为 35%；乡建成区面积为 63.40 万公顷（合 9.51 平方千米），建成区户籍人口为 0.3 亿人，乡均户籍人口 3000 人左右，乡均建成区面积 60.96 公顷（合 0.91 平方千米）。1990 ～ 2017 年底建制镇建成区户籍人口和平均人口规模如图 2 - 1 所示。

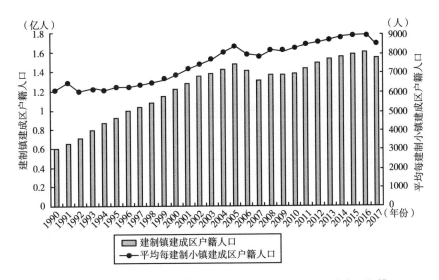

图 2 - 1   1990 ～ 2017 年底建制镇建成区户籍人口与平均人口规模

资料来源："中国村镇建设 70 周年成就收集整理"课题组：《新中国村镇建设 70 年的辉煌成就》，载于《小城镇建设》2019 年 9 月，第 17 页。

二、小城镇的基础设施和公共服务设施

(一) 市政基础设施

截至 2016 年末，全国乡镇区域内，在交通方面，有火车站的乡镇占全部乡镇的 8.6%，有码头的乡镇占 7.7%，有高速公路入口的乡镇占 21.5%，通公路的村占全部村的 99.3%。在电信方面，通电的村占全部村的 99.7%，通电话的村占 99.5%，安装有线电视的村占 82.8%，通宽带互联网的村占 89.9%，有电子商务配送站的村占 25.1%。在环卫设施方面，集中或部分集中供水的乡镇占 91.3%，生活垃圾集中处理或部分集中处理的乡镇占全部乡镇的 90.8%，生活污水集中处理或部分集中处理的村占全部村的 17.4%。完成或部分完成改厕的村占全部村的 53.5% (见表 2-4)。

表 2-4　　　　　　2016 年末中国镇村主要基础设施覆盖率　　　　　　单位:%

设施类型	指标	全国	东部地区	中部地区	西部地区	东北地区
交通设施	有火车站的乡镇	8.6	7.6	8.3	7.7	18.0
	有码头的乡镇	7.7	10.0	8.5	6.7	3.3
	有高速公路入口的乡镇	21.5	28.9	22.6	17.0	19.9
	通公路的村	99.3	99.9	99.5	98.3	99.7
电信设施	通电的村	99.7	100.0	99.9	99.2	100.0
	通电话的村	99.5	100.0	99.7	98.7	100.0
	安装有线电视的村	82.8	94.7	82.9	65.5	95.7
	通宽带互联网的村	89.9	97.1	92.7	77.3	96.5
	有电子商务配送站的村	25.1	29.4	22.9	21.9	24.1
环卫设施	集中或部分集中供水的乡镇	91.3	96.1	93.1	87.1	93.6
	生活垃圾集中或部分集中处理的乡镇	90.8	94.6	92.8	89.0	82.3
	生活污水集中或部分集中处理的村	17.4	27.1	12.5	11.6	7.8
	完成或部分完成改厕的村	50.35	64.5	49.1	49.1	23.7

资料来源：根据第三次全国农业普查公报数据整理。

(二) 公共服务设施

截至 2016 年，有幼儿园、托儿所的乡镇占全部乡镇的 96.5%，有小学的乡镇占 98%，有图书馆、文化站的乡镇占 96.8%，有剧场、影剧院的乡镇占 11.9%，有体育场馆的乡镇占 16.6%，有公园及休闲健身广场的乡镇占 70.6%，有医疗卫生机构的乡镇占 99.9%，有职业 (助理) 医师的乡镇占 98.4%，有社会福利收养性单位的乡镇占 66.8%，有本级政府创办的养老院的乡镇占 56.4% (见表 2-5)。

表 2-5　　　　　　　2016 年来中国乡镇基本公共服务设施覆盖率　　　　单位:%

设施类型	指标	全国	东部地区	中部地区	西部地区	东北地区
教育设施	有托儿所、幼儿园的乡镇	96.5	98.7	98.3	94.6	96.9
	有小学的乡镇	98	98.7	99.5	97.3	95.2
文化设施	有图书馆、文化站的乡镇	96.8	96.2	98.0	96.6	95.2
	有剧场、影剧院的乡镇	11.9	18.5	14.4	7.9	5.9
体育设施	有体育场馆的乡镇	16.6	20.5	19.9	13.5	12.1
	有公园及休闲广场的乡镇	70.6	83.2	73.9	59.4	84.0
医疗设施	有医疗卫生机构的乡镇	99.9	99.9	100.0	99.8	99.7
	有执业(助理)医师的乡镇	98.4	99.6	99.8	96.7	99.3
福利设施	有福利收养性单位的乡镇	66.8	71.7	87.7	53.3	57.0
	有政府办养老院的乡镇	56.4	61.9	78.0	43.3	40.8

资料来源：根据全国第三次农业普查公报数据整理。

三、小城镇的集市发展和乡镇企业发展

(一) 小城镇与集市发展

纵观国内外城镇的形成，其最初的雏形是农村的集市。随着人类生产方式的改进，生产力的提高，农产品和劳动力有了剩余，为剩余农产品的交换和非农生产创造了条件，于是商业与手工业从农业中分离出来。在农产品和手工业品非固定及固定交易点逐步形成了集市，在固定交易点逐步形成了仓储、居住、农产品和手工业品加工及其材料、产品等相应的运输、储存。至此，形成了最初的城市聚落，即最早的城市。[1] 我国农村农产品和手工业品交易的非固定场所，也叫临时性交易场所，是农村集市发展的早期阶段，学界称为"草市"。随着交易的发展，有的临时性"草市"交易点逐渐发展为相对固定交易点，在固定交易点逐步形成了交易的配套功能，如居住、产品加工、仓储等，之后称为集镇或城镇。集市是早期城镇形成和发展的基础动力。[2] 至今，我国城镇的扩大和衰退也能看到"市场"在其中的作用。原浙江义乌县委书记、改革先锋谢高华，在 1982 年，让当时的义乌廿三里镇和稠城镇内的临时性路边摊贩"草市"允许改为固定交易的集市，从而催生培养了现在的"义乌小商品市场"，并使当年只有 2.8 平方千米的义乌县城发展到现在近 120 平方千米的义乌市区，常住人口

---

[1]　朱建江：《城乡本质特征与未来发展图景》，载于《社会科学》2018 年第 5 期，第 53-54 页。

[2]　关于城镇的形成，除了商品交易以外，还有近现代的工业生产，古代的军事据点和边境戍守，以及各级政府驻地等说法。

超过 100 万人,从一个小城镇演变为一个 Ⅱ 型的大城市。可见,集市在农村小城镇发展中的重要性。然而,由于当时特定的历史条件和国家工业化发展的需要,从 1953 年 12 月开始,我国大部分农产品实行了"农产品统购与统销体制"。"国家对粮食的管制以及大部分农产品品种的统购派购,价格也由国家统一规定,使得农民本可能向市场自由销售这些产品。而这实际上就是关闭了农产品的市场……"[①] 同时,农村合作运动和人民公社体制,城乡二元结构的户籍制度使农村人口被严格地禁锢在土地上和农业生产经营中,农村劳动力使用效率极不充分,从而也扼制了手工业生产及手工业品的交易。农村集市从 1961 年的 4 万多个降到 1978 年底的 3.33 万个,直到 1978 年农业生产责任制的改革突破和农产品市场机制的逐步恢复,我国农村的集市才慢慢恢复。1979 年 3 月,国家对粮食、棉花、油脂油料 18 种主要农产品收购价格平均提高了 24.8%,到 1982 年,全国农产品收购价格总水平比 1978 年提高了 41.6%。从 1985 年开始,国家不再向农民下达农产品统购派购任务,实行合同订购和市场收购,在订购以外的粮食可以自由上市。1985 年 1 月,国家发布的《关于进一步活跃农村经济的十项政策》提出,从当年起,除个别品种外,国家不再向农民下达农产品统购派购任务,按照不同情况,分别实行合同订购和市场收购。至此,除少数商品外,长达 30 余年的农产品统购派购制度取消,中国农村也开始从自给半自给经济向市场经济转化,到 1993 年,全国宣布放开粮价的县(市)已超过总数的 98%,并在全国范围内取消实行了 40 年的口粮定量办法,价格随行入市。根据第一次全国农业普查,到 1996 年末,在乡镇的所辖范围内,1978~1987 年,农村的集市数量从 3.33 万个增加到 6.97 万个,集市贸易额从 125 亿元增加到 810.8 亿元,到 1994 年达到 4412.5 亿元,1998 年增加到 8793 亿元。[②] 根据第一次全国农业普查到 1996 年末,在乡镇管辖范围内,由乡镇直接管理,经工商部门批准的具有固定场所的集贸市场为 30850 个,其中,综合市场 20917 个,占 67.8%;专业市场 9933 个,占 32%。[③] 根据第二次全国农业普查,到 2006 年末,68.4% 的乡镇有综合市场,28.2% 的乡镇有专业市场,23% 的乡镇有农产品专业市场,7.6% 的乡镇存在交易额超过 1000 万元以上的农产品专业市场。[④] 根据第三次全国农业普查,到 2016 年末,68.1% 的乡镇有商品交易市场,39.4% 的乡镇有以粮油、蔬菜、水果为主的专业市场,10.8% 的乡镇有以畜禽为主的专业市场,4.3% 的乡镇有以水产为主的专业市场。[⑤]

---

① 陈锡文:《读懂中国农业农村农民》,外文出版社 2019 年版,第 54 – 62 页。
② 陈锡文:《读懂中国农业农村农民》,外文出版社 2019 年版,第 92 – 103 页。
③ 全国农业普查办公室:《关于第一次全国农业普查快速汇总结果的公报(第 2 号)》,2001 年 8 月 30 日。
④ 国家统计局:《第二次全国农业普查主要数据公报(第三号)》,2008 年 2 月 25 日。
⑤ 国家统计局《第三次全国农业普查主要数据公报(第三号)》,2017 年 12 月 15 日。

集镇的发展与小城镇的发展紧密相关。1961 年我国建制镇为 4429 个，到 1978 年降为 2851 个。而期间集市从 1961 年的 4 万个降到 1976 年底的 2.92 万个。到 1987 年，集市从 1978 年的 3.3 万个增加到 6.97 万个，而我国的建制镇则从 1978 年的 2851 个增加到 1986 年的 11985 个（见表 2 - 6）。

表 2 - 6　　　　　　　　1961～1986 年集市数与建制镇数统计表　　　　　单位：个

年份	集市	建制镇	备注
1961	40000	4429	—
1978	33000	2851	—
1987	69700	11985	本格中的建制镇是 1986 年数

资料来源：笔者整理。

（二）小城镇与乡镇企业发展

根据 1996 年颁布的《中华人民共和国乡镇企业法》第二条规定："本法所称乡镇企业，是农村集体经济组织或者农民投资为主，在乡镇（包括所辖村）举办的承担支援农业义务的各类企业。"乡镇企业的前身是人民公社时"公社工业"和"社队企业"。1958 年《关于人民公社若干问题的决议》中提出了人民公社必须大办工业而形成的"公社工业"，此后，人民公社实行了"三级所有、队为基础"的管理体制后，公社工业转变为社队工业，加上社队办的种养殖场等企业，从而形成了"社队企业"的称谓。1979 年 7 月，国务院颁布的《关于发展社队企业若干问题的规定》提出"凡是符合经济合理的原则，宜于农村加工的农副产品，要逐步由社队企业加工。城市工厂要把一部分宜于在农村加工的产品和零部件，有计划扩散给社队企业经营，支援设备，指导技术。"人民公社撤销及乡镇政府建立后，1984 年 3 月在中央转发的农牧渔业部《关于开创社队企业新局面报告》中，将"社队企业"更名为"乡镇企业"。规定乡镇企业包括镇村两级集体企业、部分农民经营的合作社企业以及农民家庭经营的个体企业，明确了乡镇企业的范围，并且要求各级党委和政府"对乡镇企业要和国营企业一样，一视同仁，给予必要的支持"。1985 年的中央一号文件明确"对饲料工业、食品工业、小能源工业的投资和其他乡镇企业的技术改造费，在贷款数额和利率上给予优惠，期满后仍有困难的可以继续免息。乡镇企业用于补助社会性开支的费用，可按利润的 10% 在税前支付。""1983～1986 年，农村集体企业单位数、从业人员和总产值分别从 134.64 万个、3234.64 万人、1019.31 亿元增加到 156.90 万个、4152.10 万人和 2605.49 亿元，3 年间增幅分别达到 28.32% 、40.40% 、155.61% 。""到 1987 年，……乡镇企业中的第二三产业值合计增加到 4854 亿元，这相当于农业总产值的 104% ，首次超过农业总产值。"[1] 到 1996 年末，

---

① 陈锡文：《读懂中国农业农村农民》，外文出版社 2019 年版，第 105 - 109 页。

全国非农乡镇企业总个数达 139.77 万个，其中，乡镇办 31.02 万个，村办 51.18 万个，联户办和户办 57.57 万个，乡镇企业从业人数 5298.45 万人，平均每个企业从业人数为 37.91 人。从业类别看，全国非农乡镇企业中，工业企业最多，批零贸易业、建筑业也占一定的比重，交通运输业、社会服务业和其他第三产业较少（见表 2-7）。

表 2-7　　　　　　　　　　　1996 年末全国非农乡镇企业行业结构

行业	数量（个）	比重（%）
合计	1397725	100
工业	1128158	80.71
建筑业	88029	6.30
交通运输业	24333	1.74
批零贸易餐饮业	112752	8.07
社会服务和其他业	44453	3.17

资料来源：全国农业普查办公室：《关于第一次全国农业普查快速汇总结果公报（第2号）》，2001 年 8 月 26 日。

1984 年城市经济体制改革以及外资企业、民营企业、国营企业的发展，市场竞争逐渐加剧。乡镇企业由于自身的产品结构、产权关系、治理结构等因素，自 1986 年起，乡镇企业发展速度逐步放慢，不少企业出现亏损，吸纳就业人数减少，并逐步实行了改制。我国农村乡镇企业的发展是特定国内国际经济环境下的产物，既有当时国内优先发展的重工业，人民生活、日用消费，工业品短缺结构失衡的机遇，也有国内国营企业、民营企业没有充分发展的机遇，还有西方发达国家产业转型机遇，同时也有乡镇企业自身土地、劳动力等优势。尽管乡镇企业是我国农村经济特定阶段的现象，但其对我国农村经济结构的优化，小城镇规模扩大和空间结构优化，乃至对我国工业体系的完善，都有十分积极的推动作用。同样，乡镇企业的发展与小城镇发展其关联性也十分紧密。1986 年，我国乡镇企业从业人员为 3234.64 万人，到 1996 年达到 5298.45 万人，同期，1986 年我国建制镇为 11985 个到 1996 年达到 18171 个，建制镇数量增长率达到 14%（见表 2-8）。

表 2-8　　　　　　　　　1986~1996 年乡镇企业就业人数与建制镇个数

年份	乡镇企业从业人员（万人）	建制镇（个）
1986	3234.64	11985
1996	5298.45	18171

资料来源：陈锡文：《读懂中国农业农村农民》，外文出版社 2019 年版，第 107-108 页；刘君德、范今朝：《中国市制的历史演变与当代改革》，东南大学出版社 2015 年版，第 353 页。

四、小城镇的发展方式探索

1984 年 10 月 20 日，中国共产党十二届三中全会在北京召开，会议通过了《中共中央关于经济体制改革的决定》（以下简称《决定》），将改革的重点由农村转向城市。《决定》比较系统地提出和阐明了加快以城市为重点的经济体制改革，确认了我国社会主义经济的商品经济属性，强调了商品经济的充分发展是社会主义经济发展的不可逾越的阶段，是实现我国经济现代化的必要条件，肯定了市场调节的作用等。此后，我国农村的劳动力、土地、资金等发展要素逐步流向城市，尤其是集聚流向我国区位条件、发展基础、规模较大的城市，特别是东部地区的城市，我国的大城市得到快速发展。例如，1984 年底，上海常住人口总数为 1217 万人；到 2018 年底，已达到 2423.78 万人；1984～2018 年 34 年间，共增加常住人口 1206.78 万人。而 1978 年上海常住人口是 1104 万人，1978～1984 年上海常住人口只增加 113 万人，年均增加 14.12 万人，常住人口年增加的绝对值是 1984 年城市经济体制改革以来的 1/3。人口数是经济社会发展的基础变量，人口数增加，城市建设用地规模和经济社会发展规模也相应扩大。与此同时，与城市发展相适应的农村户籍政策和城市就业政策也相应发生改变，1989 年的中央一号文件就开始允许农民自带口粮到集镇落户和务工，经商办服务业，1986 年国家开始允许国有企业招收农村劳动力。到 1986 年底，全国登记在册的进城农民工已达 480 万人，加上未登记的统计有 1500 多万人。1989 年出现了第一次"民工潮"，全国农民工"流动大军"达 3000 万人。1992 年邓小平南方谈话后，紧接着中国共产党召开了党的十四大，正式确立了在中国建立社会主义市场经济体制的改革目标，城市发展进入了一个新的历史阶段，外商投资大举进入，个体私人企业迅速发展，大批国有小企业和城市集体小企业实行了改制，我国城市发展继续提速，劳动力需求再次迅速增加，"民工潮"愈来愈猛，"离土又离乡"的农民工跨地区流动越来越普遍，外出就业的农村劳动力，1993 年达到 6200 万人，1994 年达到 7000 万人，1997 年突破了 1 亿大关。[①] 到 2008 年，国家统计局建立了农民工统计调查制度，2008 年度全国农民工总量已达 22542 万人，其中外出农民工 14041 万人，本地农民工 8501 万人。[②] 我国农村居民居住地移动和就业地移动，带来相应的城市建设用地扩大，人口规模扩大和经济社会发展，与此相应的是农村地区小城镇和乡村发展的逐步衰退。1986～1996 年，乡镇企业数从 172.77 万个减少到 139.77 万个，到 1997 年乡镇企业面临的局面已非常严峻，出现明显滑坡的现象。到 1995 年，乡镇企业从业人数为 6034 万人，

---

① 陈锡文：《读懂中国农业农村农民》，外文出版社 2019 年版，第 112－113 页。
② 国家统计局：《2009 年农民工监测调查报告》，2010 年 3 月 19 日。

据全国农业普查办公室公布的第一次全国农业普查报告，到 1996 年全国非农乡镇企业的从业人数为 5298.45 人，不管这两个数据的正确度如何，但总体可以判断该阶段的乡镇企业已出现明显的滑坡。尽管这样，1998 年 10 月 14 日通过的《中共中央关于农业农村工作若干重大问题的决定》中仍然提出"乡镇企业是推动国民经济新高涨的一支重要力量，在技术进步、产品更新换代和开拓国内外市场等方面蕴藏着巨大的潜力。当前乡镇企业正处于结构调整和体制创新的重要时期，各级党委和政府要站在全局和战略的高度，对乡镇企业积极扶持，合理规划，分类指导，依法管理""发展小城镇，是带动农村经济和社会发展的一个大战略，有利于乡镇企业相对集中，更大规模地转移农业富余劳动力，避免向大中城市盲目流动，有利于提高农民素质，改善生活质量，也有利于扩大内需，推动国民经济更快增长。要制定和完善促进小城镇健康发展的政策措施，进一步改革小城镇户籍管理制度。小城镇要合理布局，科学规划，重视基础设施建设，节约用地和保护环境。"在这一背景下，2000 年 6 月 13 日，中共中央国务院发布了《关于促进小城镇健康发展的若干意见》；2001 年 8 月 28 日，农业部、建设部、国土资源部发布了《关于促进乡镇企业向小城镇集中发展的通知》；2000 年 11 月 30 日，国土资源部发布了《关于加强土地管理促进小城镇健康发展的通知》；2000 年 8 月 30 日，建设部发布了《关于贯彻中共中央、国务院关于促进小城镇健康发展的若干意见的通知》等。此后，我国小城镇进入了重点发展形势的探索试点阶段。主要探索试点的方式有以下几点。

1. 中国历史文化名镇的保护与开发探索

中国历史文化名镇名村，是 2003 年由国家建设部和国家文物局共同牵头推进的中国小城镇发展方式，旨在保存文物特别丰富且具有重大历史价值或纪念意义，较能完整反映一些历史时期传统风貌和地方民族特色的镇和村。中国历史文化名镇，2003 ~ 2016 年评选了七批，共 312 个。按时间分布，2003 年 10 月 8 日批准的第一批共 10 个，2005 年 9 月 16 日批准的第二批共 34 个，2007 年 5 月 31 日批准的第三批共 41 个，2008 年 10 月 14 日批准的第四批共 58 个，2010 年 12 月 13 日批准的第五批共 38 个，2014 年 3 月 11 日批准的第六批共 71 个，2019 年 1 月 21 日批准的第七批共 60 个，目前，国内比较著名的江苏周庄镇和浙江乌镇均在 2003 年的第一批。从空间分布看，国内 31 个省（区、市）的历史文化名镇中，江苏和四川并列，为 31 个，其次是浙江为 27 个，再次是重庆为 23 个，福建为 19 个等（见表 2 - 9）。

表 2 - 9　　　　　　　　2003 ~ 2019 年中国传统文化名镇分布　　　　　　　　单位：个

省（区、市）	名村	名镇	合计
山西	96	15	111
福建	54	19	76

省（区、市）	名村	名镇	合计
浙江	44	27	71
江西	37	13	50
江苏	12	31	43
广东	25	15	40
河北	32	8	40
广西	29	9	38
四川	6	31	37
湖南	25	10	35
安徽	24	11	35
湖北	15	13	28
重庆	1	23	24
贵州	16	8	24
云南	11	11	22
河南	9	10	19
山东	11	4	15
上海	2	11	13
甘肃	5	8	13
山西	3	7	10
西藏	4	5	9
新疆	4	3	7
海南	3	4	7
内蒙古	2	5	7
北京	5	1	6
青海	5	1	6
辽宁	1	4	5
吉林	1	2	3
天津	1	1	2
黑龙江		2	2
宁夏	1		1
合计	487	312	799

资料来源：笔者根据国家公布的中国历史文化名镇名村整理。

2. 发展改革试点镇探索

2004 年 8 月 25 日，国家发改委、办公厅发布了《关于开展全国小城镇发展改革工作的通知》（以下简称《通知》）。《通知》中明确改革的主要内容是小城镇政府的职能改变（即将工作重心从直接干预经济、兴办产业、完成达标考核转变到管理社会和提供公共服务上来），加强小城镇经济社会发展规划的编制，发展小城镇经济和扩大就业，完善小城镇的投资、就业和人居环境，深化农村土地制度和小城镇户籍制度改革等。全国发展改革试点镇认定了三批，共642个，其中，2005年认定的第一批为113个，2008年5月25日认定的第二批为160个，2012年3月8日认定的第三批为369个。就上海所言，崇明县的陈家镇、嘉定区的安亭镇、青浦区的金泽镇、金山区的廊下镇、松江区的小昆山镇均在国家发改委2008年发布的发展改革第二批试点镇之列。到2014年国家提出新型城镇化后，此项改革试点已扩大到城镇，且试点内容也有较多改变。总之，我国小城镇如何发展改革一直在试点探索中。

3. 小城镇建设示范镇探索

国家建设部于1996年和1999年发布了"评选全国小城镇示范镇通知"和"全国小城镇建设评选标准"，并由1997年命名的17个全国小城镇和1999年命名的58个全国小城镇建设示范镇。其中上海松江区的小昆山镇、嘉定南翔镇、安亭镇、江苏昆山的周庄镇、浙江温州的龙港镇等均在建设部认定的第二批全国示范镇之列。其间，2004年建设部还对1997年和1999年已公布的25个全国小城镇建设示范镇进行了检查评估，并要求各地对拟增补的示范镇提出申报。在国家新型城镇化过程中，2014年12月，由财政部、发改委，住房城乡建设部发布了《关于开展建制镇示范试点工作的通知》；2015年3月，国务院农村综合改革工作小组办公室发布了《关于指导地方做好建制镇示范试点实施方案制定工作的函》。总之，小城镇如何建设，我国采用示范方式一直在试点探索中。

4. 重点镇探索

全国重点镇一般具有人口规模较大、经济较发达、配套设施较完善等特点。国家在2004年公布了全国重点镇1887个，在2013年开展了增补，增补条件是人口达到一定规模、区位优势明显、经济发展潜力大、服务功能较完善、规划管理水平较高等，2014年7月，由国家住房和城乡建设部、国家发改委等7部门公布了3675个全国重点镇名单。其中，北京21个，天津10个，河北191个，山西138个，内蒙古143个，辽宁88个，吉林81个，黑龙江115个，上海22个，江苏96个，浙江137个，安徽127个，福建91个，江西124个，山东207个，河南203个，湖北140个，湖南170个，广东123个，广西116个，海南34个，重庆89个，四川277个，贵州136个，云南184个，西藏138个，陕西128个，青海65个，宁夏28个，新疆111个。全国重点镇筛选探索，其目的是有重点地发展小城镇，坚持城镇协调发展，促进全国重点镇数量发展与城市布局相协调，形成合理的城镇结构，防止低水平分散建设。

5. 绿色低碳重点小城镇探索

2011年6月，财政部与住房和城乡建设部发布了《关于绿色重点小城镇试点示范的实施意见》，提出对小城镇的人均建设用地，污水处理率，绿化面积，垃圾无害化处理率，镇容镇貌，工业园区土地利用，水资源利用，环境噪声，空气质量等设定指标进行评价考核。2011 年 9 月 26 日，财政部、住房和城乡建设部、国家发改委发布了《关于开展第一批绿色低碳重点小城镇试点示范地的通知》，在全国明确了 6 个绿色低碳试点的重点小城镇，包括北京的古北水镇、天津的大邱庄镇、江苏的泊虞镇、安徽的三河镇、福建的灌口镇、广东的西樵镇、重庆的木洞镇。并要求试点镇要编制推广应用"可再生能源和新能源""建筑节能和绿色建筑""城镇污水管网建设""环境污染防治""商贸流通服务业发展"五个专项方案。

6. 全国特色景观旅游名镇探索

2013 年 5 月，住房和城乡建设部、国家旅游局发布了《关于开展全国特色景观旅游名镇（村）示范工作的通知》，提出依据具有特色自然风光、历史文化遗产、田园风光、传统村落格局和形态、民间工艺、特色餐饮、民俗节庆、戏曲曲艺资源和人文资源，发展特色旅游小城镇。住房和城乡建设部和国家旅游局，2010 年 3 月 10 日公布了第一批特色景观旅游镇村，共 105 个；2011 年 7 月 15 日公布了第二批特色景观旅游镇村，共 111 个，2015 年 7 月 13 日公布了第三批特色景观旅游镇村，共 337 个，三批合计特色景观旅游镇村共 553 个，其中特色景观旅游镇有 338 个。

7. 美丽宜居小镇探索

从 2013 年开始，住房和城乡建设部开展了"美丽宜居小镇和美丽宜居村庄"示范创建工作。美丽宜居小镇和村庄的主要条件是自然景观和田园风光美丽宜人，村镇风貌和基本格局特色鲜明，居住环境和公共设施配套完善，传统文化和乡村要素保护良好，经济发展水平较高且当地居民（村民）安居乐业。2013 年 11 月 21 日，住建部公布了第一批全国美丽宜居小镇和美丽宜居村庄示范名单，其中镇 8 个，村 12 个；2015 年 1 月 20 日，住建部公布了第二批美丽宜居小镇和美丽宜居村庄示范名单，其中镇 45 个，村 61 个；2016 年 1 月 12 日，住建部公布了第三批美丽宜居小镇和美丽宜居村庄，其中镇 42 个，村 79 个；2017 年 1 月 11 日，住建部公布了第四批美丽宜居小镇和美丽宜居村庄名单，其中镇 95 个，村 413 个。上述住建部公布的四批全国美丽宜居小镇和美丽宜居村共 755 个，其中镇 190 个。

8. 特色小镇的探索

根据国家发改委《关于加快美丽特色小城镇建设的指导意见》，特色小镇主要指聚焦特色产业和新兴产业，集聚发展要素，不同于行政建制镇和产业园区的创新创业平台。浙江《特色小镇评定规范》明确特色小镇是"具有明确的产业定位，文化内涵，旅游生态和一定社区功能的创新创业发展平台，相对独立城市和乡镇建成区中心，原则上布局在城乡接合部。规划面积一般控制在 3 平方千米左右，建设面积一般控制在 1 平方千米左右。"2016 年 10 月，住建部公布了第一批全国特色小镇共 127 个；2017 年 8 月，住建部公布了第二批全国特色小镇共 276 个。从近几年国内各地创建的特色小镇看，这一轮特色小镇总体上都属一定空间范围的产业集聚区，其中，发展的产业门类各地不一，浙江特色小镇主要发展"信息经济，环保，健康，时尚，旅游，金融，高端装备和历史经典等八个产业门类"，而特色小镇的空间规模，浙江规定特色小镇规划范围为 3 平方千米左右，建设面积为 1 平方千米左右。2017 年 12 月，由国家发改委等四部委发布的《关于规范推进特色小镇和特色小城镇建设的若干意见》，特色小镇的空间范围也与浙江基本一致。然而，目前我国特色小镇发展中争议较多的：一是特色小镇的空间位置是在小城镇区域范围内，还是可以在城市建设区或规划建设区范围内，浙江一些特色小镇是在城市建成区或城市规范区范围内的，而住建部基本倾向于特色小镇空间位置应在小城镇的空间范围内；二是特色小镇是产业发展平台还是居住发展平台，即是产业区块还是城镇区块，总体看，近几年发展的特色小镇，其本质是产业发展区块，尽管有些特色小镇具有一定的居住功能配套，但其主要发展内容是产业而非居住。近几年，国内发展的特色小镇，本质上是有一定规模的产业发展集聚区，是国内近几年经济转型的催生物。

第二节　小城镇发展趋向

通过上一节对我国近 40 年小城镇发展状况的梳理，结合我国的城市发展、乡村发展和小城镇发展方式的探索，以及我国小城镇面广量大、发展参差不齐的特点，未来若干年，我国小城镇发展总体上可以沿以下三个方向进行探索。

一、特大镇的小城市培育和改市

国家发改委 2016 年发布的《关于加快美丽特色小城镇建设的指导意见》中提出"……推动小（城）镇发展与疏解大城市中心城区功能结合、与特色产业发展相结合，与服务'三农'相结合。大城市周边的重点镇，要加强与城市发展的统筹规划与功能配套，逐步发展成为卫星城。具有特色资源、区位优势的小城镇，要通过规划引导、市场运作，培育成为休闲旅游、商贸物流、智能制造、科技教育、民俗文化传承的专业特色镇。远离中心城市的小城镇，要完善基础设施和公共服务，发展成为服务农村，带动周边的综合性小城镇。统筹地域、功能、特色三个重点，以镇区常住人口 5 万人以上的特大镇、镇区常住人口 3 万人以上的专业特色镇为重点，兼顾多类型多形态的特色小镇，因地制宜建设美丽特色小（城）镇"。"深入推进了强镇扩权，赋予镇区人口 10 万人以上的特大镇县级管理职能和权限，强化事权、财权、人事权和土地指标等保障。推动具备条件的特大镇有序设市。"根据国家发改委发布的《国家新型城镇化报告（2015）》，截至 2015 年，我国建制镇镇区常住人口在 10 万人以上的特大镇有 238 个，5 万人常住人口以上的特大镇有 885 个，两项合计共 1123 个。通过特大镇改市，可以优化我国大中小城市数量结构，可以借助合理的大中小城市数量结构，推进大城市功能向小中城市扩散，发挥大城市功能扩散和辐射带动作用，促进中小城市合理规模结构形成。从而实现要素从大城市向中小城市小城镇流动，这一些不仅有利于特大镇发展，也有利于一般镇（一般建制镇和集镇）和乡村发展。

二、一般建制镇和集镇的乡村（区域）中心建设

2020 年中央一号文件提出"把乡镇建设成为服务农民的区域中心，实现县乡村功能衔接互补"。2019 年 6 月 10 日，在浙江省宁波市召开的"全国加强乡村治理体系建设工作会议"上，国务院强调"要强化乡镇管理服务能力，切实把乡镇建成乡村治理中心，农村服务中心和乡村经济中心，使乡镇成为带动乡村的龙头"。[1]《中华人民共和国乡村促进法（草案）》在第 39 章第 2 款明确规定，"地方各级人民政府应当加强乡镇社会管理和服务能力建设，把乡镇建成乡村治理中心，农村服务中心，乡村经济中心。"根据第三次全国农业普查，到 2016 年末，我国建制乡有 11081 个，建制镇有 20844 个，若扣除前面所述的 1123 个特大镇，还剩 19721 个一般建制镇，一般建制镇和建制乡合计为 30802 个。同时，在乡镇合并后还留存的原建制乡和原建制镇政府驻地，仍然发挥着服务周边乡村功能，也应进行乡村中心或分中心建设，这部分还在发挥乡村中心功能的原建制乡或建制镇驻地，全国大约也有 1 万个左右。这样，在全国而言，现建制乡镇驻地加上原建制乡镇驻地大约有 4 万个左右，这 4 万个左右的现建制乡镇驻地和原建制乡镇驻地，应该面向乡村振兴开展居住、经济、服务、治理等功能的乡村中心建设。

面向乡村，面广量大的一般建制镇和集镇小城镇乡村（区域）中心建设对我国乡村振兴至关重要。小城镇的前身是"草市"和"集市"，其产生是由于乡村发展中的农产品剩余和农村劳动力剩余。换言之，如果没有"草市"和"集市"及其小城镇农产品和剩余劳动力交换平台的存在，乡村中农业及其相关产业的快速发展也就不存在，就可能使许多农村生产力难以得到有效发挥。特别是我国经济社会发展到今天，镇村已不仅仅停留在剩余农产品和剩余劳动力交换的单一需求上，镇村还存在为村镇居民提供居住地、基础设施、公共服务、生态环境等公共产品的互为需求以及村镇社会治理的互为需求等，而这一切都基于小城镇的乡村居住、经济、服务、治理等功能及其

---

① 胡春华：《大力推进乡村治理体系和治理能力现代化》，载于《人民日报》2019 年 6 月 11 日第 4 版。

平台建设。

三、小城镇的特色功能区建设

小城镇的特色功能区是指在小城镇地域范围内的，依托小城镇特色资源和特色优势发展的，具有一定特色功能的空间范围。由于小城镇地域贴近自然环境和乡土社会，具有一些独特的自然资源和人文资源，例如，广阔平原、山地丘陵、原始森林、人工树林、大江大河、草原牧场、自然遗产、文化遗产、古镇古村等。小城镇地域内这些独特自然资源和人文资源对其他地域可能是唯一的或者是独特的。"物以稀为贵"，小城镇地域中这些特色资源在不同阶段和不同地域会形成发展的相对优势，小城镇利用这些相对优势就可以发展小城镇特色功能，而这些特色功能若能满足城乡乃至国内外居民某些方面的需求，就能形成要素流和价值流。因此，从某种角度讲，小城镇特色功能建设就是小城镇的独特吸引力建设或竞争力建设，以及小城镇吸引要素流入的能力建设。需要说明的是，近几年我国特色小镇建设也是一种小城镇特色功能区建设，但小城镇特色功能区的空间范围和类型要比特色小镇广得多，包括小城镇地域内达到一定空间规模的小城镇镇区特色功能区和非建制镇区特色功能区。需要指出的是，一般情况，即使自然和人文资源最富集的小城镇，由于我国实行的是小城镇地域制设置，因此实践中，不存在小城镇地域内自然资源和人文资源是均等分布的，从这个角度讲，小城镇的吸引力或竞争力建设，只能通过在小城镇地域内自然资源和人文资源特别富集的较小空间范围建设特色功能区的做法才有可能成功。

第三节　小城镇发展环境

小城镇能否发展，不完全是基于本身的区位、资源禀赋、发展基础，更多的是基于其所处的区域平衡发展环境、大城市与中小城市协调发展环境以及效率与公平均衡发展的社会环境。

一、区域协调发展环境

在现代经济社会发展水平，区域平衡发展环境更多的是受生产关系的影响，而不是生产力因素影响。小城镇发展与国家在特定时期实施的区域发展政策关联性很大，当国家实施区域平衡发展政策时，位于该区域内的小城镇也将获得较好的政策支持，反之则相反。在我国，新中国成立到1978年，在当时特定的背景下，国家实施了内陆区域发展政策，通过规划、项目、投资等政策，"一五"（1953~1955年）时期，当时苏联援助的156个项目基本布局在我国中西部地区，即使在"三五"（1966~1970年）

和"四五"（1970～1974年）时期，沿海地区的基本建设投资最低年份占全国比例也不足30%，而中西部地区高达70%。[①] 我国中西部地区许多大中小城市和小城镇就是在当时国家内陆发展政策中发展起来的。例如，攀枝花市在没有攀钢之前，这里只有7户人家一棵大树，如今已拥有100多万常住人口，建成区10多千米的现代城市。改革开放前，我国内陆区域发展政策，很大程度上改变了地区工业布局东中西不平衡状态。同时也为我国改革开放后推进沿海地区优先发展的区域不平衡发展政策奠定了一定的物质基础。

随着外部条件的宽松和我国已有的发展基础，改革开放以后，我国开始实施区域不平衡发展政策。1978年以后，尤其是1981年开始实施"六五"规划以后，我国沿海地区在市场和政策两方面得到国家的大力支持。在经济体制上，国家实行了从社会主义商品经济到社会主义市场经济，同时还逐步放松了农村户籍管制和农民工流动等，使东部地区以及区位、初始发展条件较好的地区获得国内外要素的快速集聚，同时，国家还在城乡管理体制、土地资源配置、财政、金融、项目、投资等政策上向东部地区及优先发展地区叠加，从而使得我国东部地区及区位、初始条件较好地区在近30年里获得了长足的发展，但也带来了地区、城乡、工农之间的发展失衡。"'九五'计划和2010年远景目标纲要"首次提出了将地区间协调发展作为国民经济和社会发展的方针之一，随后分别在2000年、2003年、2006年国家开始逐步关注西部大开发，中部崛起，东北老工业区振兴等。党的十九大提出了新时代我国社会主要矛盾是人民日益增长的美好生活和不平衡不充分的发展之间的矛盾和区域协调发展战略，目前还较多停留在战略方向层面，还没转化为规划、项目、投资向欠发达地区或落后地区倾斜的区域平衡发展政策。

区域平衡发展政策本质上是区域发展中的补短板概念。区域平衡发展战略及其政策与区域不平衡发展战略及其政策的区别界线在于，前者是在地区间补短板，即促进落后地区加快发展；后者是在地区间拉长板，即促进先进地区再先进。不同尺度的城市、小城镇、乡村都是区域发展的一个具体空间载体或物质运行平台。要实现地区、城乡差距缩小，首先要实现区域差距缩小。离开区域或地区平衡来讨论城乡平衡或大城市与中小城市小城镇平衡，就如只见树木不见树林的意思。小城镇就像若大树林中的一棵树，小城镇能否发展基于区域能否发展。不同区域的小城镇发展状况是不太一样的，在我国东部地区、中部地区和西部地区小城镇发展水平总体上与其所处的东、中、西地区发展水平相当。在我国，由于东、中、西地区的自然条件及其发展基础存在较大差异，因此，讨论小城镇发展，既要将其放到大城市与中小城市小城镇框架中

---

① 蔡恒：《中国都市圈发展之路》，经济科学出版社2017年版，第20页。

去讨论，还要将小城镇放到东、中、西区域框架中去讨论。当然，区域对小城镇发展的影响，不仅是东、中、西区域，与小城镇发展不同尺度的区域，如县城、省城对小城镇发展都是有影响的。大尺度区域发展好，对小尺度区域有利，反之亦然，各个区域尺度平衡度好，既对大尺度区域有利，更对小尺度区域有利。对区域发展而言，不是"小河有水，大河一定有水，而是大河有水，小河才有水。"这就是区域平衡发展对小城镇的重要意义，尤其是工业化和城镇化中后期，这一重要意义更值得予以重视和发挥，这就是研究小城镇发展，必经研究区域平衡发展的目的所在。从某种角度讲，区域平衡发展是小城镇得以又好又快发展的前提或条件。

二、大城市与中小城市协调发展环境

不同尺度的城镇是区域发展的物质运行载体。区域平衡发展既需要通过区域之间的平衡来实现，更需要通过不同尺度的城乡聚落来实现。在我国，城乡聚落划分为"超大城市—特大城市—大城市—中等城市—小城市—小城镇—乡村"。

按照 2014 年 10 月国务院颁布的《关于调整城市规模划分标准的通知》，城市规模按地区常住人口划分，大城市Ⅱ型为地区常住人口 100 万人以上 300 万人以下，Ⅰ型为 300 万人以上 500 万人以下；特大城市城区常住人口为 500 万人以上 1000 万人以下；超大城市城区常住人口为 1000 万人以上，为便于分析，上述城市可以框入大城市范畴。中等城市，城区常住人口 50 万人以上 100 万人以下；小城市为 20 万人以上 50 万人以下，而小城市中的城区常住人口 20 万人以下的下限是多少并没有明确，上述城市可以框入中小城市。小城镇规模划分标准有 1955 年的《国务院关于设置市、镇建制的决定》，1963 年的中共中央、国务院《关于调整市镇建制，缩小城市地区的指示》，1984 年的国务院批准民政部《关于调整建镇标准的报告的通知》等，此后就没有新增的关于小城镇的规模划分标准。根据专家提出的"高一级城市人口的数量比上一级的缩减一半"，即"城市半数递减"理论，则 20 万人以下的下一级城镇区常住人口应该为 10 万人，但根据"超过 5 万人的城镇稳定性小，进入高一级城市范畴的趋势非常明显"，"苏联 1959～1970 年，有 4690 个的'中等城市'（即 5 万～10 万人）进入'大城市范畴'（即 10 万～25 万人），它高于 1 万～2 万人的小城镇发展速度的 6 倍"。[①] 基于上述理论，根据我国城市规模结构优化需要，本书将镇区常住人口 5 万人以上的小城镇列入 20 万以下小城市范围。而小城镇从镇区 5 万人以下开始起算，又划为建制镇，Ⅰ型镇区常住人口 2.5 万人以上 5 万人以下；Ⅱ型镇区常住人口 1.2 万人以上 2.5 万人以下；Ⅲ型镇区常住人口 0.6 万人以上 1.2 万人以下；集镇，Ⅰ型镇区常住人口

---

① 肖敦余、胡德瑞：《小城镇规划与景观构成》，天津科学技术出版社 1992 年版，第 19 页。

0.3 万人以上 0.6 万人以下；Ⅱ型镇区常住人口 0.1 万人以上 0.3 万人以下。

20 世纪 80 年代初，费孝通先生提出"小城镇、大问题"，到 1998 年中央提出"发展小城镇是个大战略。"其内涵是指我国传统农业社会庞大的农村人口和劳动力可以通过"离土不离乡"方式在小城镇范围内转移，中国的城镇化道路与西方城镇化农业人口和就业向城市转移有着不一样的路径，中国的城镇化可以避免乡村衰落的代价。从这个角度讲，的确"小城镇的发展是个大战略"。然而，从 20 世纪 80 年代初到现在，中国的城镇化已进行了 30 多年，当年预估的小城镇发展可以实现的目标并没有实现，自 1984 年我国城市经济体制改革以来，我国农业社会转型还是走的"离土又离乡"的道路。1986 年底，全国登记在册的进城农民工已达 480 万人，加上未登记入册的共计有 1500 多万人。① 根据国家统计局《2015 年全国农民工监测调查报告》，2015 年全国农民工总量为 27747 万人，其中本地农民工为 10863 万人，占农民工总量的 39.2%，外出农民工 16884 万人，占农民工总量的 61.8%。在 16884 万外出农民工中，流入直辖市的有 1452.02 万人，占外出农民工总量的 8.6%；流入省会城市的有 3815.78 万人，占 22.6%；流入地级市的有 5926.98 万人，占 35.1%；流入乡镇地域内的本地农民工有 10863 万人，占农民工总量的 39.2%②。参照"中国中小城市发展战略研究院"的《2017 年中国中小城市科学发展指数研究》，至 2016 年底，在 293 个地级市中，178 个属中小城市，占比 60.7%。③ 假定到 2015 年底，流入地级市的 5926.98 万人以外出农民工中有近 40% 为流入大城市的农民工，则为 2370.79 万人，这样，2015 年，流入大城市农民工（包括流入直辖市的农民工、流入省会城市的农民工、流入地级大城市的农民工）合计为 7638.59 万人，占 2015 年全国全部农民工（包括外出农民工和本地农民工）的 27%；而流入中小城市小城镇的农民工为 73%。根据中南大学公共管理学院陈文琼老师对我国中西部一地级市下辖的 4 个普通农村型村庄的 7 个村民小组进城购房情况的详细调查，发现村民在地级市、县城和乡镇购房的比例分别为 62.11%、17.89% 和 7.89%④。同上述所述，假定地级市中的中小城市、小城镇占比按 60.7% 计算，则在中小城市的地级市买房比例为 37.7%，加上县城和乡镇买房比例，合计为 63.48% 左右，也就是说，农村居民在中小城市买房的比例大约为 63% 左右。上述从农民工和村民 2015 年在我国城镇务工和买房两方面数据测算，预估我国大城市（包括超大、特大、大城市）和我国中小城市、小城镇各自在农民工就业

① 陈锡文：《读懂中国农业农村农民》，外文出版社 2019 年版，第 112 页。
② 国家统计局：《2015 年全国农民工监测调查报告》，2016 年 4 月 28 日。
③ 中国城市经济学会中小城市经济发展委员会：《中国中小城市发展报告（2017）》，社会科学文献出版社 2017 年版，第 359 页。
④ 陈文琼：《城市化，镇该扮演什么角色》，载于《环球时报》2019 年 1 月 16 日第 14 版。

和买房方面的贡献度为3∶7左右。2000～2010年，特大城市城镇人口占全国比重由9.2%下降到8.5%，大城市城镇人口占全国比重由22.2%下降到21.0%；中等城市城镇人口占全国比重由15.8%下降到14.2%，小城市城镇人口占全国比重由19.3%下降到16.7%，县城与镇城镇人口占全国比重由22.2%提升至27.6%。[①] 需要指出的，自2011年以来，在全部农民工中，外出农民工占全国农民工比例逐渐下降，本地农民工占全国农民工的比例逐渐上升，如2011～2016年，外出农民工占全部农民工总量的比重2000年占62.8%，到2016年占比逐渐下降到60.1%。[②] 可见中小城市、小城镇在我国城镇体系中吸收就业增长速度快于大城市（包括直辖市、省会城市、地级大城市）和中小城市。因此，从吸收农民工就业和农村转移人口角度来讲，在我国大城市与中小城市、小城镇之间的贡献比为3∶7也是比较可靠的。

由此可见，自20世纪90年代中期以来的中国城市化发展道路中的大城市战略和小城镇战略之争，在实践中已经可以终结。中国城市化发展道路或协调平台既不是大城市战略或大城市平台，也不是小城镇战略或小城镇平台，而是"大城市（包括超大、特大、大城市）和中小城市、小城镇协调战略或协调平台"，两类城镇协调或平衡的数量比应为3∶7左右。从全球化和区域化角度，结合我国改革开放以来城镇化实践，从价值取向或历史使命上，可以将我国城镇划为两大类：即大城市（包括超大、特大、大城市）和中小城市小城镇（包括中等城市、小城市和小城镇）。大城市的主要历史使命是代表国家参与国际竞争，其价值取向是国际化。由于城市其内涵主要是聚落制而非地域制的，故国际上的城市大多不包括其国内的农村地区。在国外，随着城市，尤其是中心城市的发展，为了疏解中心城市规模过大而引发的"规模不经济"或"城市病"而产生了中心城市与周边中小城市、小城镇乃至乡村协同发展及其统筹需求，产生了城市群或都市圈的城镇化发展形态，但城市群或都市圈发展形态并没有改变城市群或都市圈地域范围内的协调或平衡载体，仍然是大城市、中小城市、小城镇、乡村。城市群或都市圈城镇化发展形态是城镇化发展的高级阶段，是城市发展到了功能外溢扩散辐射阶段，是西方国家城镇化发展形态从聚落制到地域制的形态再造、体制再造以及理论再造。而我国城市其内涵本身就是地域制而非聚落制，我国城市包括其行政所辖的大量农村地区。只是随着我城镇发展和经济社会发展，在城镇，尤其是中心城市的功能外溢、扩散辐射已跨越城镇行政管理边界，而需要在城市行政区外进行资源要素优化配置和功能分工情况时，才需要引入城市群或都市圈城镇化形态，

---

① 李晓江、郑德高：《从人口城镇化特征与国家城镇体系构建》，载于《城市规划学刊》2017年第1期，第2页。

② 国家统计局：《2016年农民工监测调查报告》，2017年4月28日。

但这并不改变城镇化的协调或平衡载体仍然是大城市与中小城市、小城镇。从某种角度讲，在我国城市群或都市圈是指一个地缘相近、人文相亲、文化相同的一个跨城镇行政区的经济社会发展的协同和统计范围，其中的自然、经济、社会协调或平衡的载体仍是大城市、中小城市、小城镇和乡村。因此，部分学者提出的城市群或都市圈是当前我国城镇化的主体形态，也许并不完全符合中国实际，同时也缺乏实际的操作性。而在我国，统筹城乡不平衡不充分发展的平台仍然是大城市与中小城市、小城镇这个平台。

在全球化和区域化的背景下，由于超大、特大、大城市与中小城市、小城镇在全球化和区域化中的分工不同，前者是代表国家参与国际竞争，后者是为前者参与国际竞争配套服务，同时更多地参与国内地级以下区域协调发展。因此，发挥大城市和中小城市、小城镇的各自作用，促进大城市与中小城市、小城镇平衡发展，对我国小城镇的发展，乃至乡村振兴都是至关重要的。实践表明，大城市与中小城市、小城镇协调发展是促进城乡要素双向流动，实现规模较大的城镇要素向规模较小的城镇乃至乡村流动是十分关键的。而要实现大尺度城镇向小尺度城镇乃至乡村导出要素，根据要素流动基本规律，一般而言，城乡要素往上流动时总体是跳跃式的，且城镇规模越大要素吸纳能力越强；往下流动时，总体上是逐渐梯度传导的，聚落规模越小，要素吸纳能力越弱。而小城镇乃至乡村，在我国城乡聚落中基本处于末梢，因此，如果城乡各个层级的聚落没有达到平衡发展时，小城镇乃至乡村的发展或吸纳要素是困难的。

事实上，新中国成立以后，尤其在1953年国家第一个五年规划开始，根据当时新中国面临的国内外环境，国家实施了重工业优先发展的工业化战略。为了保证重工业优先发展战略的落地，国家相应实施了工农业产品剪刀差、农产品统购与统销体制、限制农村人口和劳动力向城市流动制度、城市知青上山下乡插队落户等，都是国家从项目、资金、物资、城市就业等各个方面支持城市发展。尤其是20世纪80年代中期以来，根据邓小平"两个大局"精神，我国事实上是从规划、政策、项目、资金、土地、劳动力等多方面推进大城市发展。即使现在国家在实施的超大、特大城市非核心功能疏解和人口规模控制，事实上也是推进和保护大城市发展。国家在改革开放前提过的加强中小城市发展和20世纪八九十年代提出的小城镇发展战略，本质上也是支持大城市发展。2010年中央一号文件提出"积极稳妥推进城镇化，提高城镇规划水平和发展质量，当前要把加强中小城市和小城镇发展作为重点。"党的十九大提出的"以城市群为主体构建大中小城市和小城镇协调发展的城镇格局"可视作大城市与中小城市、小城镇协调发展战略，但中央提出的大中小城市、小城镇协调发展到目前还主要停留在战略层面，还没有进入规划、项目等落地层面。

三、效率与公平均衡发展的社会环境

我国东部地区与中西部地区平衡发展，大城市与中小城市、小城镇平衡发展，乃至地区、城乡、工农等领域的均衡或平衡发展，都碰到我国中西部地区、中小城市及小城镇地区、乡村地区以及农业行业与我国东部地区、大城市地区以及第二三产业相比，区位差、发展基础差、运输成本高、投入产出效率低、占 GDP 比重低等经济效率问题，以及主张区域、城乡、工农之间的非均衡发展的理念冲突。事实上，从国内外工业化、城镇化的发展规模看，学界一般认为，工业化、城镇化前期，一般在城镇化率 20% 之前，地区和城乡发展总体上是均衡的，我国 1978 年城镇化率为 17.92%，1980 年为 19.3%，1981 年为 20.16%；工业化、城镇化前中期，一般城镇化率为 20%～50%，地区和城乡的发展逐步失衡，我国 2010 年城镇化率为 49.95%，2011 年城镇化率为 51.27%，2010 年人均国内生产总值 30876 元（折合为 4561 美元）；工业化、城镇化中后期，一般城镇化率为 50%～75%，地区和城乡的发展又逐渐趋向均衡，2018 年我国城镇化率为 59.5%。据国家人口发展规划（2016～2030 年）预测，到 2030 年我国城镇化率为 70%。"国际经验表明，当一个国家和地区的城市化水平超过 50% 以后，区域社会由传统社会步入现代社会，开始向城乡融合即城乡一体化方向迈进，而当一个国家人均 GDP 达到 3000 美元左右的经济发展水平以后，就有条件更大规模地支持农业和农村建设，实现工业反哺农业，通过基础设施，文化教育和制度等方面的建设，逐步缩小工农差别，城乡差别和地区间差别，最终实现城乡融合，协调发展和全面现代化的目标。"[1] 1988 年，当改革开放和现代化建设全面展开之后，邓小平提出了两个大局的重要思想。即沿海地区要加快对外开放，使这个拥有两亿人口的广大地带较快优先发展起来，从而带动内地更好地发展，这是一个事关大局的问题。内地要顾全这个大局，反过来，发展到一定的时候又要求沿海拿出更多的力量来帮助内地发展，这也是个大局，那时候，沿海要服从这个大局。[2] 我国内地与沿海的均衡发展问题何时解决，邓小平在 1992 年的南方谈话中指出，什么时候突出地提出和解决这个问题，在什么基础上提出和解决这个问题，要研究。可以设想，在本世纪末达到小康水平的时候，就要突出地提出和解决这个问题。[3] 与此相关的问题，邓小平在南方谈话中还指出："共同富裕的构想是这样提出的，一部分地区有条件先发展起来，一部分地区发展慢点，先发展起来的地区带动后发展的地区，最终达到共同富裕。"[4]

---

[1] 新玉言：《国外城镇化比较研究与经验启示》，国家行政学院出版社 2013 年版，第 133 页。
[2] 邓小平：《邓小平文选（第三卷）》，人民出版社 1993 年版，第 277－278 页。
[3] 邓小平：《邓小平文选（第三卷）》，人民出版社 1993 年版，第 374 页。
[4] 邓小平：《邓小平文选（第三卷）》，人民出版社 1993 年版，第 373－374 页。

2004 年 1 月 12 日，胡锦涛在全党"大力弘扬求真务实精神，大兴求真务实之风"会议上指出"坚持以人为本，树立和落实全面、协调、可持续的发展观，做到统筹城乡发展、统筹区域发展、统筹经济社会发展、统筹人与自然和谐发展、统筹国内发展和对外开放，是我国二十多年改革开放和现代化建设实践经验的总结，是全面建成小康社会的必然要求，符合社会发展的客观规律"。[①] 2004 年 9 月 9 日，在中共十六届四中全会上，胡锦涛指出"综观一些工业化国家的发展历程，在工业化初始阶段，农业支持工业，为工业提供积累，是带有普遍性的趋向；但在工业化发展到相当程度以后，工业反哺农业，城市反哺农村，实现工业与农业，城市与农村的协调发展，也是带有普遍性的趋向。"[②] 2004 年，联合国秘书长安南在世界人居日献辞中指出："尽管在城市和农村的发展中存在着明显的差别，需要采取不同的干预方法，但是最终可持续发展不会也不应该偏重于一方，而忽视另一方……让我们在理解的基础上去寻求一条整体发展之路。"[③]

当前，在地区、城乡、工农等发展领域，唯经济效率论在自然资源分配，尤其是建设用地指标分配上，比较偏重于大城市地区，而中小城市、小城镇地区以及乡村地区相对配置不足。在我国地域型市制下，中小城市、小城镇和乡村仅有的一点建设用地指标主要配置在地级市区、县级城区，经济发达的特大镇还能分到一些。而一般乡镇区和乡村在生产生活中必需的一些建设用地指标也难以获得。我国一般乡镇区和农村地区由于建设用地来源困难，从而第二、三产业中的国民经济初次分配份额也就非常小，许多一般乡镇和乡村依靠上级政府的国民收入二次分配中的财政转移支付或支持来维持政府和村委会的日常运营。在公共设施投资方面，无论是道路交通、通信等基础设施，还是教科文卫体等公共服务设施以及垃圾、污水处理等环卫设施，投资均在东部地区、大城市地区，而中西部地区、中小城市及小城镇地区、乡村地区相对薄弱。到 2015 年底，我国城市污水处理率为 90%，而县城污水处理率为 70%，小城镇污水处理率为 30%，[④] 到 2016 年末，我国通火车站的乡镇为 8.6%，有高速公路入口的乡镇为 21.5%。[⑤] 我国的习惯是将绝大部分大学布置在大城市内，并且集中布置在城市中的局部区域。而发达国家许多著名大学都布置在城市周边的小镇上，如英国的剑桥大学、美国的普林斯顿大学等。我国三级以上的医院也基本布置在大城市。地区、

---

① 胡锦涛：《在全党大力弘扬求真务实精神，大兴求真务实之风》，载于《科学发展观重要论述摘编》，中央文献出版社 2008 年版，第 2 页。

② 胡锦涛：《关于工农城乡关系的两个趋向》，载于《胡锦涛文选》，人民出版社 2016 年版，第 247 页。

③ 陈锡文：《读懂中国农业农村农民》，外文出版社 2019 年版，第 174 页。

④ 国家发展和改革委员会：《国家新型城镇化报告 2015》，中国计划出版社 2016 年版，第 113 页。

⑤ 国家统计局：《第三次全国农业普查主要数据公报（第三号）》，2017 年 12 月 15 日。

城乡、工农就区位、资源、发展基础而言，其初始阶段差距并不是很大，在发展的进程中差距的扩大，其中一个重要原因是人类社会的产业布局和公共设施布局造成的，而这种人为的产业布局和公共设施布局，在一国或一个地区工业化、城镇化前期，就比较经济效率而言具有一定合理性，但当一国或一个地区经济发展进入工业化、城镇化中后期时，其布局和投资方向一直沿着惯性或固化利益方向走，其结果是地区、城乡、工农差距不降反升，其最终是社会公平环境乃至社会稳定环境的损害。况且，现行工农业产品的定价体系和国民经济核算体系是近代工业化的产物，小城镇和乡村地域内出产的食用农产品、生态环境、洁净的饮用水、石化矿产资源乃至传统文化等，在许多方面是未纳入计量计价和核算范围，大多数被全民免费使用或低价使用。也就是说中小城市、小城镇以及乡村的许多供人们享有的产品具有公益属性，属社会产品，这些产品本质上属社会公共福利范畴，属社会发展必不可少的内容。因此，讨论"经济效率"和"社会公平"的平衡发展，其本质是在讨论经济与社会的平衡发展或协调发展。进一步说，一国或一个地区的经济与社会协调问题，源于效率和公平的认识和时空上的把握，现阶段我国已经到了需要认真把握和谨慎处理区域协调发展、大城市与中小城市、小城镇协调发展、"经济效率"与"社会公平"协调发展的时候了。

本章参考文献

[1] "中国村镇建设70年成就收集整理"课题组：《新中国70周年村镇建设发展历史回顾》《新中国村镇建设70年的辉煌成就》，载于《小城镇建设》2019年第9期。

[2] 顾朝林、盛明洁：《县辖镇级市研究》，清华大学出版社2017年版。

[3] 朱建江：《城乡本质特征与未来发展图景》，载于《社会科学》2018年第5期。

[4] 陈锡文：《读懂中国农业农村农民》，外文出版社2019年版。

[5] 全国农业普查办公室：《关于第一次全国农业普查快速汇总结果的公报（第2号）》，2001年8月30日。

[6] 国家统计局：《第二次全国农业普查主要数据公报（第三号）》，2008年2月25日。

[7] 国家统计局：《第三次全国农业普查主要数据公报（第三号）》，2017年12月15日。

[8] 国家统计局：《2009年农民工监测调查报告》，2010年3月19日。

[9] 胡春华：《大力推进乡村治理体系和治理能力现代化》，载于《人民日报》2019年6月11日第4版。

[10] 蔡恒：《中国都市圈发展之路》，经济科学出版社2017年版。

［11］肖敦余、胡德瑞：《小城镇规划与景观构成》，天津科学技术出版社 1992 年版。

［12］国家统计局：《2015 年全国农民工监测调查报告》，2016 年 4 月 28 日。

［13］中国城市经济学会中小城市经济发展委员会：《中国中小城市发展报告（2017）》，社会科学文献出版社 2017 年版。

［14］陈文琼：《城市化，镇该扮演什么角色》，载于《环球时报》2019 年 1 月 16 日第 14 版。

［15］李晓江、郑德高：《从人口城镇化特征与国家城镇体系构建》，载于《城市规划学刊》2017 年第 1 期。

［16］国家统计局：《2016 年农民工检测调查报告》，2017 年 4 月 28 日。

［17］新玉言：《国外城镇化比较研究与经验启示》，国家行政学院出版社 2013 年版。

［18］邓小平：《邓小平文选（第三卷）》，人民出版社 1993 年版。

［19］胡锦涛：《在全党大力弘扬求真务实精神，大兴求真务实之风》，载于《科学发展观重要论述摘编》，中央文献出版社 2008 年版。

［20］胡锦涛：《关于工农城乡关系的两个趋向》，载于《胡锦涛文选》，人民出版社 2016 年版。

［21］国家发展和改革委员会：《国家新型城镇化报告 2015》，中国计划出版社 2016 年版。

第二篇

特大镇的小城市培育和改市

　　本篇由特大镇的小城市培育和特大镇改市两章构成。重点讨论了特大镇内涵及成长中的烦恼，国家中小城市设置标准，小城市设置标准，中心镇培育，小城市培育，小城市培育的主要意义；浙江温州龙港撤镇设市的基本进程，龙港撤镇设市与母体县发展，我国行政区域管理，建立区域型政区下的城镇型市制的必要性，建立区域型政区下的城镇型市制的基本内容，建立区域型政区下的城镇型市制的基本原则和意义，特大镇改市的程序，特大镇改市的政府职能和职权，特大镇改市的政府机构设置，特大镇改市的政府人员编制，特大镇改市的公共设施配置和财政体制，特大镇改市的隶属领导关系确定等。

| 第三章 |

特大镇的小城市培育

在我国大城市发展战略下，推进特大镇的小城市培育，对落实党的十九大提出的中国特色社会主义进入新时代，我国社会主要矛盾的解决具有极其重要的作用。本章由特大镇内涵和成长烦恼、小城市设置标准、小城市培育的政策与措施及小城市培育的成效和意义四部分构成。

第一节　特大镇内涵和成长烦恼

一、特大镇内涵

国家发展改革委员会《关于加快美丽特色小（城）镇建设的指导意见》中提到"统筹地域，功能特色三大重点，以镇区常住人口 5 万人以上的特大镇，镇区常住人口 3 万人以上的专业特色镇为重点，兼顾多类型多形态特色小镇因地制宜建设美丽特色小城镇。""镇区人口 10 万人以上的特大镇要按同等城市标准配置教育和医疗资源……参照县级医院水平提高硬件设施和诊疗水平，鼓励有条件的小城镇布局三级医院"。"赋予镇区 10 万人以上的特大镇县级管理职能和权限，强化事权，财权、人事权和用地指标等保障。推动其条件的特大镇有序设市"。2016 年 12 月 19 日，由中共中央办公厅、国务院办公厅印发的《关于深入推进经济发达镇行政管理体制改革的指导意见》中提出"充分考虑地区发展水平差异和主体功能区布局，合理确定经济发达镇认定标准。东部地区经济发达镇建成区常住人口一般在 10 万人左右，中部和东北地区一般在 5 万人左右，西部地区一般在 3 万人左右；常住人口城镇化率、公共财政收入等指标连续 2 年位居本省（自治区、直辖市）所辖乡镇的前 10% 以内"。浙江省人民政府办公厅发布的《关于开展小城市培养试点的通知》提出，"实施'中心镇培育工程'以来，我省涌现出一批人口多、规模大、经济实力强、设施功能全、具有小城市形态的特大镇。这些镇在我省推进新型城市化、建设社会主义新农村、促进城乡一体化发展中发挥了重要的作用。但是，由于受现行管理体制等因素的制约，这些特大镇的进一步发展面临着一些困难和问题。开展小城市培育试点，着力破解这些困难和问题，加快实现特大镇向小城市转型发展，有利于基础设施、公共服务、现代文明向农村延伸、覆盖和辐射，促进城乡一体化发展；有利于优化城乡空间布局，缓解大中城市发展压力，实现大中小城市协调发展；有利于探索建立权责一致的乡镇管理体制和运作机制，提升基层社会管理和公共服务水平"。

从上述国家发改委、中共中央办公厅和国务院办公厅、浙江省人民政府办公厅发布的三个文件，就涉及了特大镇、中心镇、经济发达镇、小城市四个相关概念。根据浙江省 2007 年 10 月 31 日发布的《浙江省中心镇发展规划（2006—2020 年）》指出，"中心镇是指城镇体系中介于城市与一般小城镇之间、区位较优、实力较强、潜力较大，既能有效承接周围大中城市辐射，又能带动周边乡镇和农村发展的城镇"。国家发改委相关文件中所指的特大镇是"镇区常住人口 5 万人以上。"浙江省有关文件中所指的特大镇指"人口多、规模大、经济实力强，设施功能全、具有小城市形态。"经济发达镇在中央和国务院办公厅有关文件中是指"吸纳人口多、经济实力强的镇。"根据国务院《关于调整城市规模划分标准的通知》规定："城区常住人口 50 万人以下的城市为小城市，其中 20 万人以上 50 万人以下的城市为 I 型小城市，20 万人以下的城市为 II 型小城市。"与特大镇、中心镇、经济发达镇、小城市有关的，从我国国家有关部委文件和实践看，还涉及全国重点镇、示范镇。在 2004 年 2 月 4 日由国家建设部等部门发布的"全国重点镇名单"中，全国重点镇是指"当地县域经济中心"，其建设目标是"成为规模适当、布局合理、功能健全、环境整洁、具有较强辐射能力的农村区域性经济文化中心，其中小数具备条件要发展成为带动能力更强的小城市，……"2004 年 8 月国家公布的全国重点镇为 1887 个，2014 年 7 月国家有关部委公布了全国重点镇有 3675 个。可见，重点镇具有中心镇、特大镇、经济发达镇的特质和小城市发展潜质。示范镇，一般是指已发展到一定水平，可以用于对外宣传和作为其他小城镇学习借鉴的样板，国家建设部 1997 年和 1999 年公布了两批全国示范镇。

总体看，特大镇包含了中心镇、经济发达镇的内容，凡特大镇肯定是中心镇、经济发达镇，但中心镇、经济发达镇不一定是特大镇；特大镇一般也是重点镇、示范镇，但重点镇和示范镇不一定是特大镇；特大镇不一定是小城市，而小城市一定是从特大镇延伸发展而来的。小城镇到小城市，按照其发展阶段，一般可以有集镇—建制镇—中心镇（经济发达镇，重点镇，示范镇）—特大镇—小城市等若干发展阶段，各个阶段都有特定的生产力发展水平并与之相适应的生产关系或管理体制。

二、特大镇成长中的烦恼

特大镇如一个即将进入"成人礼"的青少年，步入青春"逆反期"，渴望挣脱父母、师长的约束，长大成人，独立打开自己的一片新天地。从实践中，特大镇成长壮大中也会碰到青少年成长中类似的烦恼，主要有以下五个方面。

（一）规划空间问题

我国改革开放初期的小城镇产业主要为农业及其延伸产业。小城镇中的集市主要是农村剩余农产品和手工业品交易的集散地，此时小城镇中存在的农村运输业、建筑业、农产品加工业规模也相对小。随着我国改革开放，小城镇中的产业发展，尤其是一切区位较好、发展基础条件较好的小城镇，逐步融入城市产业体系乃至与世界市场衔接的产业体系中。小城镇中离开当地资源禀赋和市场需求的产业逐步发展壮大，从而吸收了周边地区更多的就业和居住，小城镇的经济规模和人口规模日益扩大。在这种背景下，我国小城镇的空间大多适应不了日益扩大的经济规模和人口规模。例如，浙江温州苍南县的龙港镇，1984年设立之初，全镇只有5个小渔村，常住人口也只有5000多人，是苍南县最小的一个乡镇。随着发展，到20世纪90年代初，龙港用了不到7年时间，就由原来路不平、灯不明、水不清、人不多的小渔村迅速演变成一座常住人口达5万人的小城镇。到21世纪初，龙港已经遇到了发展瓶颈，其主要是镇区空间严重不足，23.5万余人挤在16平方千米的老镇区，镇区人口密度每平方千米达到近1.5万人，超过了我国大部分大中城市人口密度。产业用地、公共设施用地、居住用地，乃至环境建设都被大幅缩减，此时龙港已难以进一步发展。到了2005年，温州市提出《鳌江流域中心城市沿江地区发展协调规划》，统筹了龙港鳌江四镇规划空间；2007年4月，随着龙港与古镇鳌江的区瓯南大桥通车；从而使龙港获得了新一轮发展。小城镇由于有乡村腹地的推力，又有城市的拉力，当前，我国绝大多数小城镇发展首当其冲地碰到镇区规划空间的约束或限制，从而造成小城镇镇区既无法吸引乡村人口进入小城镇镇区就业、居住，又限制了小城镇承接城市功能、产业的转移或辐射。小城镇规划空间是小城镇发展中面临的第一个普遍问题，并且无论城市周边小城镇还是远离城市的独立镇几乎都这样，当然最严重的还是那些中心镇、经济强镇、特大镇等。

（二）要素配置问题

小城镇，由于贴近农村，故劳动力不是问题。从目前看，我国小城镇发展，尤其是特大镇碰到的要素配置问题主要有土地、资金两个问题。"土地首先即指空间[①]"，这是美国著名区域经济学家埃德加·M.胡佛在其《区域经济学导论》第五章"土地利用"开宗明义提出来的。前面讲到，小城镇发展碰到的第一问题是规划空间问题，而土地即空间，因此，小城镇要素配置首要问题是建设用地的配置。在我国，土地属国有和集体的，而土地所有者对土地用途的确定，尤其是建设用地的确定和使用都需要上级政府审批同意。因此，即使小城镇政府想使用农村集体土地，其用途的确定，

---

① ［美］埃德加·M.胡佛著，王翼龙译：《区域经济学导论》，商务印书馆1990年版，第108页。

尤其是建设用地范围或面积的确定，也需要上级政府审批同意。在我国人地关系偏紧，且在大城市战略下，地方政府获批的建设用地往往侧重安排在等级较高的城市，而小城镇的建设用地供给指标，往往是基于当政领导的认识，而缺乏常态的规范保障。因素探索小城镇，尤其是特大镇建设用地的规范化配置，对小城镇尤其是特大镇发展具有特殊意义。小城镇投资资金来源包括财政资金、金融资金和社会资金。财政资金涉及上级政府和小城镇政府的财政收入分成，以及上级政府财政资金的投向；金融资金，现在的实际情况是国内各类金融机构，包括涉农金融机构，目前在县城内总体上还是吸纳存款多而贷款少。据重庆市调查，至 2013 年 3 月末，全市存款余额为 18934.83 亿元，贷款余额为 15131.22 亿元，存贷比平均为 79.91%。主城存贷比平均为 93.07%，主城以外的县域存贷比平均为 54.33%，县城低于主城区 38.74%。并且越是农业大县，粮食主产县存贷比越低，如重庆农业大县开县、云阳、忠县存贷比分别为 35.00%、32.6%、27.64%，粮食主产县潼南、染平分别为 37.85%、23.49%[①]。至于，社会投资资金，如果小城镇建设中的建设用地配置问题没有解决，引入社会投资是困难的。

（三）公共设施建设问题

在现代工业社会里，大中小城市、小城镇拉开发展差距的主要原因不在区位、资源禀赋、发展基础，而主要在公共设施的投入。所谓极化地区、优先发展地区、重点发展地区的快速发展或要素吸引能力强，从实践看，其根本原因是该地区得到了公共设施的优先投入或强投入，这种案例在我国近几十年的城镇发展中普遍存在。公共设施投入包括道路交通、通信、电力等基础设施；大学、重点中学、高等级医院和文化设施等社会事业设施；垃圾处理、污水处理等环境卫生设施等。这些设施一般是公共财政投入，并且一般上述公共设施投到哪里，哪里就可能获得人口集中和产业集中。而小城镇发展，尤其是特大镇发展，加强优质、高端、基础的公共设施投入是十分关键的，这方面一般小城镇往往难以企及，特大镇还有可能。

（四）产业发展问题

小城镇产业发展总体上有两大类：一类是基于小城镇本地的区位、资源禀赋、经济发展基础而形成的内生性产业，这主要是城镇地域内的农业及其延伸产业，包括农业、农产品加工业、手工业、建筑业、运输业、集市贸易、旅游业、合作金融等；另一类是融入城市产业体系或世界市场的外生性产业，包括工业、商贸、电商、现代服务业、科技产业等。对大部分小城镇而言，主要是内生性产业较多，只有大城市附近的小城镇可以比较多地发展外生性产业。一般情况下，特大镇不仅需要内生性产业发

---

① 重庆市人大常委会：《关于重庆市农村金融改革发展情况的调研报告》，https://www.bidcfy.com/baogao/2015.10/156360.html。

展，更重要的是发展外生性产业，融入周边城市和市场，为其进行产业配套和市场配套。然而小城镇尤其是特大镇的产业发展，无论工业园区开发或者产业项目投资，都需要建设用地和权益清晰的土地权属、空间规划支持，以及良好的公共设施条件和金融环境。因此，小城镇要素配置仍然是小城镇产业发展的基本前提和基础。在市场经济条件下，总体而言，小城镇尤其是特大镇的产业发展不是主要问题，而主要问题还是小城镇发展中的要素配置条件和公共设施条件。

（五）行政管理体制问题

我国现行的乡镇行政管理体制，总体上是适应农业社会的。我国农业社会中的村镇总体上建设水平较低，比较自给自足，村镇建设规划概念淡薄，土地使用随意，自治因素较多。随着我国经济社会的发展，城乡人口流动，对农村土地管理，包括农用地和农村建设用地的管理的要求也越来越高，而土地管理的前提是规划，因此，乡镇农业、农村领域的规划任务较重。由于农业农村规划任务的确定涉及农村建房、农村非农项目建设的审批，按现行乡镇职能，除了乡村居民自建房规划许可证可以由乡镇政府颁发外，其他项目审批大多要报到县市一级。随着村镇非农经济发展，小城镇尤其是特大镇，还有涉及外来人口管理、违法用地、违法经营、违法排污、安全生产、食品卫生、违法建筑、消防安全、道路交通等行政管理，根据现行乡镇政府职能，一般都需上一层级县市有关政府职能配合或支持才能完成。

第二节　小城市设置标准

一、国家中小城市设置标准

我国已公布的中小城市设置标准，主要有 1986 年 4 月 17 日，国务院批转民政部《关于调整设市标准和市领导县条件报告的通知》，1993 年 5 月 17 日，国务院批转民政部《关于调整设市标准报告的通知》和 2014 年 10 月 29 日国务院发布的《关于调整城市规模划分标准的通知》。

（一）中等城市或地级市设置标准

1. 1986 年的中等城市设置标准和市领导县的条件

在 1986 年的设市标准中，国家规定中等城市设市标准是市区非农业人口 25 万人以上、年国民生产总值 10 亿元以上的中等城市（即设区的市），已成为该地区政治、经济、科学和文化中心，并对周围各县有较强的辐射力和吸引力，可实行市领导县的体制。一个市领导多少县，要从实际出发，主要应根据城乡之间的经济联系状况以及城市经济实力大小决定。

2. 1993 年的地级市设置标准

在 1993 年的设市标准中，国家规定地级市的设市标准是"市区从事非农产业的人口 25 万人以上，其中市政府驻地具有非农业户口的从事非农产业的人口 20 万人以上；工农业总产值 30 亿元以上，其中工业产值占 80% 以上；国内生产总值在 25 亿元以上，第三产业发达，产值超过第一产业，在国内生产总值中的比例达 35% 以上；地方本级预算内财政收入 2 亿元以上，已成为若干市县范围内中心城市的县级市，方可升格为地级市。"

3. 2014 年的中等城市设置标准

2014 年国家规定，中等城市设置标准是城区常住人口 50 万人以上 100 万人以下。

（二）县级市和地级市设置标准

1. 1986 年县级市和地级市的设置标准

非农业人口（含县属企事业单位聘用的农民合同工、长年临时工，经工商行政管理部门批准登记的有固定经营场所的镇、街、村和农民集资或独资兴办的第二、三产业从业人员，城镇中等以上学校招收的农村学生，以及驻镇部队等单位的人员，下同）6 万人以上，年国民生产总值 2 亿元以上，已成为该地经济中心的镇，可以设置市的建制。少数民族地区和边远地区的重要城镇，重要工矿科研基地、著名风景名胜区、交通枢纽、边境口岸，虽然非农业人口不足 6 万人、年国民生产总值不足 2 亿元，如确有必要，也可设置市的建制。

总人口 50 万人以下的县，县人民政府驻地所在镇的非农业人口 10 万人以上、常住人口中农业人口不超过 40%、年国民生产总值 3 亿元以上，可以设市撤县。设市撤县后，原由县管辖的乡、镇由市管辖。总人口 50 万人以上的县，县人民政府驻地所在镇的非农业人口一般在 12 万人以上，年国民生产总值 4 亿元以上，可以设市撤县。自治州人民政府或地区（盟）行政公署驻地所在镇，非农业人口虽然不足 10 万人、年国民生产总值不足 3 亿元，如确有必要，也可以设市撤县。

2. 1993 年县级市的设置标准

（1）每平方千米人口密度 400 人以上的县，达到下列指标，可设市撤县：①县人民政府驻地所在镇从事非农产业的人口（含县属企事业单位聘用的农民合同工、长年临时工、经工商行政管理部门批准登记的有固定经营场所的镇、街、村和农民集资或独资兴办的第二、三产业从业人，城镇中等以上学校招收的农村学生，以及驻镇部队等单位的人员，下同）不低于 12 万人，其中具有非农业户口的从事非农产业的人口不低于 8 万人。县总人口中从事非农产业的人口不低于 30%，并不少于 15 万人。②全县乡镇以上工业产值在工农业总产值中不低于 80%，并不低于 15 亿元（经济指标均以 1990 年不变价格为准，按年度计算，下同）；国内生产总值不低于 10 亿元，第三产业产值在国内生产总值中的比例达到 2 以上；地方本级预算内财政收入不低于人均 100 元，总收入不少于 6000 万元，并承担一定的上解支出任务。③地区公共基础设施较为完善。其中自来水普及率不低于 65%，道路铺装率不低于 60%，有较好的排水系统。

（2）每平方千米人口密度 100~400 人的县，达到下列指标，可设市撤县：①县人民政府驻地镇从事非农产业的人口不低于 10 万人，其中具有非农业户口的从事非农产业的人口不低于 7 万人。县总人口中从事蜇农产业的人口不低于 25%，并不少 12 万人。②全县乡镇以上工业产值在工农业总产值中不低于 70%，并不低于 12 亿元；国内生产总值不低于 8 亿元，第三产业产值在国内生产总值中的比例达到 20% 以上；地方本级预算内财政收入不低于人均 80 元，总收入不少于 5000 万元，并承担一定的上解支出任务。③城区公共基础设施较为完善。其中自来水普及率不低于 60%，道路铺装率不低于 55%，有较好的排水系统。

（3）每平方千米人口密度 100 人以下的县，达到下列指标，可设市撤县：①县人民政府驻地镇从事非农产业的人口不低于 8 万人，其中具有非农业户口的从事非农产业的人口不低于 6 万人。县总人口中从事非农产业的人口不低于 20%，并不少于 10 万人。②全县乡镇以上工业产值在工农业总产值中不低于 60%，并不低于 8 亿元；国内生产总值不低于 6 亿元，第三产业产值在国内生产总值中的比例达到 20% 以上；地方本级预算内财政收入不低于人均 60 元，总收入不少于 4000 万元，并承担一定的上解支出任务。③城区公共基础设施较为完善。其中来自水普及率不低于 55%，道路铺装率不低于 50%，有较好的排水系统。

（4）具备下列条件之一者，设市时条件可以适当放宽：①自治州人民政府或地区（盟）行政公署驻地。②乡、镇以上工业产值超过 40 亿元，国内生产总值不低于 25 亿元，地方本级预算内财政收入超过 1 亿元，上解支出超过 50%，经济发达，布局合理的县。③沿海、沿江、沿边境重要的港口和贸易口岸，以及国家重点骨干工程所在地。④具有政治、军事、外交等特殊需要的地方。具备上述条件之一的地方设市时，州（盟、县）驻地镇非农业人口不低于 6 万人，其中具有非农业户口的从事非农产业的人口不低于 4 万人。

（5）少数经济发达，已成为该地区经济中心的镇，如确有必要，可撤销设市。设市时，非农业人口不低于 10 万人，其中具有非农业户口的从事非农产业的人口不低于 8 万人，地方本级预算内财政收入不低于人均 500 元，上解支出不低于财政收入 60%，工农业总值中工业产值高于 90%。

3. 2014 年小城市的设置标准

2014 年根据国家规定，小城市的设置标准为：城区常住人口 20 万人以上 50 万人以下的城市为 Ⅰ 型小城市，20 万人以下的城市为 Ⅱ 型小城市。

1986～2014 年我国的城市设置标准具有以下三个特点：一是我国城市设置标准始终在按规模设置城市和按等级设置城市两种标准中徘徊，1986 年和 2014 年城市设置标准是按规模设置城市，1993 年是按等级设置城市；二是城市设置条件不断调整，1986 年设市条件，既有人口规模条件也有经济规模条件；1993 年设市条件，除了保留人口规模和经济规模为设市条件外，还加了城区公共基础设施作为设市的条件；2014 年城市设置条件规模仅按城区常住人口规模来划分；三是我国 1986 年的城市设置标准中提出了城市之间的隶属关系，即地级市领导县。

二、小城市设置标准

理解城市设置标准需要从两个维度中去把握：一是城市设置标准，国内外一般讲的是按照城市规模设置城市标准，而不是按照城市等级设置城市标准；二是理解小城市设置标准先要理解城镇化内涵，按照城市规模设置城市标准，前面已经讲过，这里重点从城镇化角度理解城市设置标准。关于城镇化（也称城市化）概念，目前学术界仍无统一完整的解释。据初步统计，关于城镇化的定义有 30 多种。城镇化是一个发展的和多学科概念，不同发展阶段和不同学者对其理解不同。据研究，最早提出城镇化概念的是西班牙城市规划设计师赛达（A. Se Lua），其在 1867 年发表的《城市化原理》一书中首次使用"城市化"概念，其内涵主要是指城市形态的发展及其城市化过程中的建筑景观[①]。第十三届全国人民代表大会农业与农村委员会主任委员陈锡文在其《读懂中国农业农村农民》一书中提出城镇化是生产力发展到一定阶段的必然产物，其核心是以产业结构升级和提高经济效率带动人口分布和劳动力就业结构在城乡间转换。在计划经济体制时期，中国城镇化主要是依托国家的工业项目布局带动劳动力和居民的集中居住而发展起来的。[②] 辜胜阻教授在其《发展培育小城镇，推进城镇化均衡发展》一文中提出，"完全意义上的城镇化要实现进城人口的'三维转换'：从农业到非农业的职业转换、从农村到城镇的地域转移以及从农民到市民的身份转换。"[③] 蔡之兵老师在其《中国都市圈发展之路》一书中提出，"城镇化的最终目的是将农村居民转为城市居民。""中国的小城市（该书小城市概念包括中等城市、小城市和小城镇）缺乏足够的就业能力，很难成为城市化的主体，单一鼓励优先发展小城市和限制大城市发展的思路并不科学。"[④] "关于城市化（城镇化）概念……即'化为城

---

① 郁鸿胜：《城市化研究国际理论前沿》，上海社会科学院出版社 2017 年版，第 5 页。
② 陈锡文：《读懂中国农业农村农民》，外文出版社 2019 年版，第 175 页。
③ 翁建荣等：《小城市，大未来》，红旗出版社 2018 年版，"前言"第 3 页。
④ 蔡之兵：《中国都市圈发展之路》，经济科学出版社 2017 年版，第 29－39 页。文中的大城市包括超大、特大、大城市，小城市包括中等城市、小城市和小城镇。

市（城镇）的过程'。"[1] 国际人口科学联盟城市化工作组提出，城市化是指人口居住自由分散到集中，第一产业逐步向第二三产业转型，公共设施集中配置不断完善的过程。[2] 城镇化中还有就近城镇化和就地城镇化概念。就近城镇化是指"农民转移到本区域多极（地、县、镇）城镇体系中就业、落户定居。"[3] 就地城镇化是指"农民居住在村域内，无须迁徙和改变户籍性质，其生活方式与社区基本公共服务，都达到中小城镇标准，有的甚至超过城市水平，成为农民就地城镇化案例。"[4] "就地城镇化是指发生在城镇地区设置标准以外的乡村地区，随着城镇因素在乡村地区的产生、累积和发展，其城镇化水平达到国家的设置标准。其特征：第一，发生在城镇规划红线以外的乡村地区；第二，设有发生乡村——城镇的人口居住空间转移；第三，城镇化因素或城镇化水平达到国家设置标准。"[5]

综上所述，城镇化既是一个过程概念，也是一个水平概念。城镇化发展过程和水平是由城镇发展过程和水平决定的，不同的城镇化发展阶段对城镇发展要求是不一样的。在我国 1993 年前的城镇设置标准主要侧重于人口规模和经济规模的要求，1993年以后城镇设置标准除了人口规模和经济规模外，还增加了城区公共基础设施的要求。随着我国城镇化进入中后期，我国的城市设置标准有待进一步完善。根据 1993 ~ 2014 年我国设市标准和城市规模划分标准，在设市条件方面的确除了人口规模和经济规模指标外，还应该加大城乡人口集聚度要求以及公共基础设施要求等指标，促进新设市，提高设市质量。同时，基于我国东中西区域发展的不平衡，设市条件在我国东中西区域应有所区别，以促进东中西地区在城镇设置上逐步取得相对均衡。根据各地小城市培育实践和国家有关规定，当前我国小城市的设置标准如表 3 - 1 所示。

表 3 - 1　　　　　　　　　　　　小城市设置标准

	指标	东部地区	中部和东北地区	西部地区
人口	城区人口规模（万人）	10	5	3
	城区常住人口集聚率（%）*	80	70	60
	城区人口密度（万人/平方千米）	0.9 ~ 1.0	0.8 ~ 0.9	0.7 ~ 0.8
经济	第二、三产业国内生产总值比重（%）	90	80	70
	财政收入（亿元）	10	8	6
	第二、三产业从业人员比重（%）	90	80	70

---

[1] 刘君须、范今朝：《中国市制的历史演变与当代改革》，东南大学出版社 2015 年版，第 26 页。
[2] 朱建江：《乡村发展导论》，经济科学出版社 2019 年版，第 13 页。
[3] 王景新、庞波：《就地城镇化研究》，中国社会科学院出版社 2015 年版，第 2 - 3 页。
[4] 朱宇等：《中国的就地城镇化理论与实施》，科学出版社 2012 年版，第 13 - 14 页。
[5] 朱建江：《乡村发展导论》，经济科学出版社 2019 年版，第 15 页。

续表

指标		东部地区	中部和东北地区	西部地区
公共基础设施	城区道路网密度（千米/平方千米）	6～9	5～8	4～7
	城区污水集中处理率（%）	100	90	80
	生活垃圾无害化处理率（%）	100	100	100
	城区宽带入户率（%）	90	80	70

注：＊城区常住人口集聚率是指小城市培育试点镇镇域内常住人口在建成区集中的比率。

资料来源：笔者整理。

第三节　小城市培育的政策与措施

2019年8月16日，浙江省温州地区的苍南县龙港镇经国家批准"撤镇设市"，9月25日召开了龙港市成立大会。龙港镇设立于1984年，1995年列入国家发改委"综合改革试点镇"，2007年列入浙江省省级中心镇，2010年底列入浙江省小城市试点镇，2019年9月完成"撤镇改市"。从温州龙港镇的发展历程可看到，即使在我国改革开放进程中，市场经济较发达的温州，从一般村到一般镇经过了5年时间，从一般镇到中心镇经过了10年左右的时间，从中心镇到特大镇经过了10年左右的时间，从特大镇到小城市设立经过了10年左右的时间。龙港从1984年5个小渔村到2019年的小城市，也花了近35年的时间。由此，也提示小城市的成长，应当从村——一般集镇—建制镇—中心镇培育—特大镇培育—小城市培育—小城市改市整个链条中去把握。特大镇改市，从实践看最起码从中心镇培育开始。

一、中心镇培育

小城镇培育源于"中心镇培育"。1992年开始，浙江就开展了以综合改革为重点的中心镇培育工作。1995年4月国家体改委等11个部委联合下发了小城镇综合改革试点意见，提出了以扩权、户籍、投融资、财政体制等12项改革促进小城镇加快发展的意见，浙江选择了114个镇开展综合改革试点。1999年浙江根据小城镇综合改革实际，浙江省委省政府在《浙江省城市化发展纲要》中提出"着力培育100个中心镇"。2000年，浙江公布了重点培育的136个省级中心镇名单[①]。"中心镇培育"，且比较系统地开展是国内各地，尤其是我国东部发展地区，是基于2003年底国家提出的"科学发展观"要求和2005年底国家提出的"社会主义新农村建设"要求而产生的。科学发展观要求"坚持以人为本，树立和落实全面、协调、可持续的发展观，做到统筹城

[①] 翁建荣等：《小城市　大未来》，红旗出版社2018年版，第16－17页。

乡发展、统筹区域发展、统筹经济社会发展、统筹人与自然和谐发展、统筹国内发展和对外开放。"① 社会主义新农村建设要求"统筹城乡经济社会发展，实行工业反哺农业、城市支持农村和多于少取放活"的方针，按照"生产发展、生活富裕、乡村文明、村容整洁、管理民主"的要求，协调推进农村经济建设、政治建设、文化建设、社会建设和党的建设。② 2003 年 7 月 9 日，广东省人民政府发布了《关于加快中心镇发展意见的通知》，2004 年 2 月 4 日，国家建设部等六部委发布了 1887 个全国重点镇名单；2007 年 4 月 3 日，浙江省人民政府发布了《关于加快推进中心镇培育工程的若干意见》等。

广东省在《关于加快中心镇发展意见的通知》中提出，"加快中心镇的发展，是中国特色城市化发展道路，是我省增创新优势，全面建成小康社会，率先基本实现社会主义现代化的迫切需要和重要任务。各级政府要高度重视，把加快中心镇发展作为加速农村工业化、农业产业化和城镇化的战略措施，……"并提出了六大方面的政策措施：抓好规划编制和管理，切实提高中心镇的规划管理水平；积极引导村镇二三产业向中心镇集中，形成集约发展优势；大力拓展中心镇建设资金渠道，加快中心镇建设步伐；对中心镇实行用地倾斜政策，优化土地资源开发利用；深化户籍制度改革，逐步消除城乡二元管理体制；建立适应中心镇发展需要的管理体制。

浙江省在《加快推进中心镇培育工程的若干意见》中提出，中心镇的建设目标为"努力把中心镇培育建设成为产业集聚区、人口的集中区、体制机制的创新区、社会主义新农村建设的示范区。"中心镇的培育目标为"有重点地选择 200 个左右中心镇，分期分批进行全方位培育，形成一批布局合理、特色明显、经济发达、功能齐全、环境优美、生活富裕、体制机制活、辐射能力强、带动效益好、集聚集约水平高的现代化小城市。"中心镇培育的主要任务"一是加强规划编制和管理；二是加快特色产业培育和集聚；三是加快社会事业发展；四是加快基础设施建设。"中心镇培育的政策措施是"建立和完善中心镇财政体制，实施规范优惠政策，加大对中心镇的投入，加大用地支持力度，扩大中心镇经济社会管理权限，深化投资体制改革，加快推进户籍制度改革，加快集体非农建设用地使用年度改革，深化农村集体资产管理体制改革，加快建立统筹城乡的就业和社会保障制度。"2010 年 10 月 11 日，由中共浙江省委办公厅、浙江省人民政府办公厅发布的《关于进一步加快中心镇发展和改革的若干意见》中提出，"改革开放以来，小城镇建设一直是我省区域和城乡发展的一大特色和优

---

① 胡锦涛：《在全党大力弘扬求真务实精神，大兴求真务实之风》（2004 年 1 月 12 日），载于《深入学习实践科学发展观活动领导干部学习文件选编》，中央文献出版社 2008 年版，第 6 - 20 页。

② 中共中央、国务院：《关于推进社会主义新农村建设的若干意见》，2005 年 12 月 21 日。

势。""……，把培育发展中心镇作为推进新型城市化，促进城乡一体化发展的重要战略支点和亮点，以促进中心镇转型升级为目标，以改革创新为动力，加快推进中心镇，人口集中、产业集聚、功能集成、要素集约、走特色发展之路，使中心镇建设在推进经济发展环境改善和人民生活质量提高中发挥更加重要作用，促进县域经济和社会各项事业实现科学发展。"并提出"……在全省范围内选择一批人口数量多、产业基础好、发展潜力大、区位条件优、带动能力强的中心镇，积极开展小城市培育试点。通过试点，推动试点镇加快构建比较完备的基础设施网络，比较完善的社会事业发展网、比较健全的社会保障网络、比较繁荣的商贸服务网络、便民利民的社会服务网络、和谐有序的社会管理网络，成为人口集中、产业集聚、宜居宜业的城市化发展新平台。"由于浙江省于 2010 年发布了"开展小城市培育试点"的有关规定，故从 2011 年起浙江就将原来每年发布的"中心镇发展和改革若干意见"改为"中心镇发展改革和小城市培育试点工作"，到 2013 年又改为"小城市培育试点和中心镇发展改革工作"。

在国家建设部等五部委 2004 年 2 月 4 日发布的全国重点镇名单中提出，"全国重点镇是当地县域经济的中心，承担着加快城镇化进程和带动周围农村地区发展的任务，全国重点镇 1887 个，是建设部、国家发展改革委、民政部、国土资源部、农业部、科技部于二〇〇四年二月四日批准确定的。并要求：力争经过五到十年的努力，将全国重点镇建设成为规模适度、布局合理、功能健全、环境整洁、具有较强辐射能力的农村区域性经济文化中心，其中少数具备条件的要发展成为带动能力更强的小城市，使全国城镇化水平有一个明显的提高。"到 2014 年 7 月 21 日，国家住建部等七部委公布 3675 个全国重点镇名单，并强调"全国重点镇是小城镇建设发展的重点和龙头。各地各有关部门要按照提高质量、节约用地、体现特色等要求，在政策、土地等项目安排上对全国重点镇建设发展予以扶持"。

从上述对广东和浙江的中心镇以及国家有关部委重点镇的培育梳理看，具有共性的两个要点：一是中心镇或重点镇是县域经济社会发展的中心，但不一定是县级政府驻地。建设发展中心镇有助于新型工业化进程的推进，优化县域第一、二、三产业结构；有助于新型城镇化进程的推进，促进大中小城市小城镇协调发展；有助于城乡一体化或城乡融合发展进程的推进，促进农村第二、三产业和人口向城镇集中，土地向规模经营集中，基础设施向农村延伸，公共服务向农村覆盖，城市文明向农村辐射。因此，发展中心镇是当前县域发展的重要抓手和工作平台。二是中心镇站在统筹城乡发展角度，任何一个中心镇都应该成为农村区域性经济、文化、政治的中心，这是中心镇乃至所有我国小城镇的基础功能；站在统筹区域发展角度，一部分区位条件和发展基础较好、规模较大的中心镇应该成为我国城市体系中的小城市，促进我国大中小城市协调发展，这是中心镇培育的更高功能。所以，中心镇培育和小城市培育既是县域发展的核心问题，也是城乡统筹、区域统筹的核心议题。站在全国角度讲，还是统筹经济社会发展、统筹人与自然和谐发展、统筹国内发展的核心议题。这是因为县域、中心镇、一般小城镇、乡村等更多地体现社会发展、自然发展、国内发展的内容，随着我国经济社会发展水平的提高，其发展内容在一个地区或一国发展中显得越来越重要。

二、小城市培育

2010 年 12 月底，浙江率先在全国开展了特大镇的小城市培育试点，首期发布的试点镇为 27 个，并且浙江省政府办公厅发布了《关于开展小城市培育试点的通知》。此新闻一经公布，全国各省就纷纷跟进。山东青岛于 2011 年 1 月，由分管副市长带领青岛市建委、农委、财政、民政等部门负责人，赴浙江杭州、绍兴、宁波等地学习考察。据不完全统计，到目前为止，已有浙江、山东、河南、陕西、福建、湖南、安徽、湖北、广东、江苏、四川、河北等省份开展了中心镇或特大镇的小城市培育工作。从这里看，浙江特大镇小城市培育试点工作早于浙江"特色小镇"试点工作。浙江特色小镇提出是在 2014 年，其正式发文在 2015 年的 4 月 22 日，即《浙江省人民政府关于加快特色小镇规划建设的指导意见》。然而，前面已讲到，浙江特大镇的小城市培育的历史逻辑其实还可以向前推至 20 世纪 90 年代中叶，国家各部委推出的一系列小城镇改革发展的探索试点，包括 1995 年的国家 11 个部委联合推进的全国小城镇综合改革试点。例如，2019 年 8 月 16 日由国家批准撤镇改市的温州市龙港镇，也位于 1995 年的全国 57 个小城镇综合改革试点之列。此后，国家有关部委于 2003 年开展了中国历史文化名镇、各村的评选，2004 年开展了全国小城镇建设示范镇试点、小城镇发展改革试点、全国重点镇评选，2010 年开展了全国特色景观旅游名镇（村）示范等，国家各部委的一系列小城镇试点工作具有一定的积极意义。另外，在开展特大镇小城市培育试点之前，浙江和广东等省份已开展中心镇培育工程。而浙江温州市委、市政府已在 2009 年 6 月 30 日下发了《关于推进强镇扩权改革的意见》，把温州的龙港镇、瓯北镇、柳市镇、鳌江镇、塘下镇等 5 个镇确定为温州强镇扩权的试点镇。

（一）浙江的小城市培育

1. 浙江的小城市培育名单

浙江的小城市培育试点工作自 2010 年底开始，每 3 年为 1 轮，现在已经开展了 3 轮。首批小城市培育试点镇是 27 个，其中，杭州 4 个、宁波 4 个、湖州 2 个、嘉兴 3 个、绍兴 2 个、金华 2 个、台州 3 个、衢州 1 个、舟山 1 个、丽水 1 个。浙江第二轮小城市培育试点名单发布于 2014 年 3 月，共 16 个（由 9 个中心镇和 7 个省级生态功能区范围内的县域城关镇组成），其中，杭州 2 个、宁波 2 个、温州 2 个、湖州 1

个、嘉兴1个、绍兴1个、金华1个、衢州1个、舟山1个、台州1个、丽水3个。浙江第三轮小城市培育试点名单发布于2016年12月，共26个（由24个中心镇和2个省级重点生态功能区内的县城城关镇组成），其中，杭州3个、宁波3个、温州3个、湖州2个、嘉兴3个、绍兴2个、金华3个、衢州2个、舟山1个、台州2个、丽水1个。三批合计69个，包括60个中心镇和9个省级生态功能区内的县城城关镇（见表3-2）。

表3-2   浙江2010~2016年三轮小城市培育名单

地区	第一轮名单（2010年）	第二轮名单（2014年）	第三轮名单（2016年）
杭州市（9个）	萧山区凤凰镇、余杭区塘栖镇、桐庐县分水镇、富阳市新登镇	淳安县千岛湖镇（小县城）、建德市乾潭镇	萧山区临浦镇、余杭区瓶窑镇、富阳区场口镇
宁波市（9个）	象山县石浦镇、慈溪市周巷镇、奉化市溪口镇、余姚市泗门镇	江北区慈城镇、宁海县西店镇	海曙区集士港镇、慈溪市观海卫镇、象山县西周镇
温州市（9个）	苍南县龙港镇、瑞安市塘下镇、乐清市柳市镇、丰阳县鳌江镇	文成县大峃镇（县城）、泰顺县罗阳镇（县城）	乐清市虹桥镇、瑞安市马屿镇、永嘉县桥头镇
湖州市（5个）	吴兴区织里镇、德清县新市镇	南浔区练市镇	长兴县泗安镇、安吉县梅溪镇
嘉兴市（7个）	桐乡市崇福镇、秀洲区王江泾镇、嘉善县姚庄镇	海宁市长安镇	南湖区凤桥镇、嘉善县西塘镇、平湖市新埭镇
绍兴市（5个）	诸暨市店口镇、绍兴县钱清镇	上虞区崧厦镇	诸暨市桐桥镇、嵊州市甘霖镇
金华市	东阳市横店镇、义乌市佛堂镇	永康市古山镇	金东区孝顺镇、武义县桐琴镇、磐安县县城
衢州市（4个）	江山市贺村镇		柯城区航埠镇、龙游县湖镇镇、开化县城关镇（县城）
舟山市（3个）	普陀区六横镇	定海区金塘镇	岱山县衢山镇
台州市（6个）	温岭市泽国镇、玉环县楚门镇、临沂市杜桥镇	路桥区金清镇	温岭市大溪镇、天台县平桥镇
丽水市（6个）	缙云县壶镇镇	云和县县城、庆云县县城、景宁畲族自治县县城	青田县温溪镇、遂昌县县城

资料来源：笔者根据有关资料整理。

2. 浙江的小城市培育要求

浙江《关于开展小城市培育试点通知》指出，"坚持以科学发展观为统领，深入实施'八八战略'和'创业富民、创新强省'总战略，以加快推进人口集中、产业集聚、功能集成、要素集约为着力点，加大改革创新力度，加快培育一批经济繁荣、社会进步、功能完备、生态文明、宜居宜业、社会和谐的小城市，构筑集聚能力强、带动效应好、体制机制活、管理水平高的城市化发展新平台，走出一条具有浙江特色的城乡一体化发展新路子。"从上述这段话中可以体会到浙江小城镇培育的要求：

一是集聚发展。产业集聚是就业和人口集聚的前提，产业集聚和人口集聚又是公共设施（功能设施）集中和利用效率提高的前提，而产业集聚、人口集聚和功能集成都基于要素集聚和集约使用。集聚发展是城镇地区发展的基本准则，尤其是在工业化、城镇化初中期阶段，更是普遍使用的发展准则。一国或一个地区，在工业化、城镇化的初中期，由于资本和技术积累有限，尤其在我国人地关系较为紧张的情况，建设用地也比较稀缺。因此，在工业化、城镇化的初中期，将有限的资本、技术、建设用地投放在初始发展条件较好的地区进行重点发展或集聚发展是必要的。但集聚发展具有阶段性，当工业化、城镇化发展到一定阶段时，要适时地将集聚发展策略转化为扩散发展或均衡发展，否则，集聚发展也会带来副作用。在集聚发展中另一个问题必须同时指出，就是小城镇培育中有些经济社会发展的内容是可以集聚发展的，而有些不能进行集聚发展。例如，就产业设施而言，小城市中的工业区不能与商业区、商务区、住宅区集聚在一起，而商业区和商务区集聚发展也有其特定要求；就基础设施而言，要求划分等级，将小城市与社区的道路交通、市政设施分开配置，有些基础设施只能按城区配置，而有些基础设施只能按社区配置；就公共服务而言，也要求划分等级，大中专和高中教育设施，小城市大型文体场馆，二三级医院等可以按城区配置；而托儿所、幼儿园、小学、初中、养老、菜场只能按社区配置。因此，集聚发展本身就包含着均衡发展的要求，不是简单地将同类或不同类的经济社会发展内容在某个区域上聚集的含义，乃至是同类或不同类的经济社会发展内容在空间集聚中是浪费的和有害的。例如，在我国习惯于将大中专教育资源集聚布局在同一区域发展，实际上是大大浪费了教育资源。大中等学校由于专业不一，不存在专业的关联性，另外，一个大中专学校就是一个发展引擎，将其与城区、小镇，乃至乡村结合，既有助于教学环境的改善，也有助于利用教育资源带动地区发展的积极作用；再例如，将工业设施与居住设施集聚在一起，就产生了工业扰民的结局，我国乡镇企业衰退既有分散布局原因，也有"村企混住"的原因。因此，集聚发展是小城市培育的重要理念，但应该科学用之。那种认为"不论是相同的生产部门在某一地点的聚集，还是不同类型的生产部门在同一地点的聚集，都能产生相当的经济效益。"① 的提法是不符合当代城镇经济社会科学发展要求的。

二是改革创新发展。前面所述的集聚发展属生产方式层面的，其涉及内容大多属生产力范畴，而改革创新发展属生产关系层面的。创新包括技术创新，文化创新和制度创新等，这里讨论的改革创新侧重于文化创新（即观念创新）和制度创新范畴。小

---

① 张忠国：《区域研究理论与区域规划编制》，中国建筑工业出版社 2017 年版，第 57 页。

城镇培育的对象是中心镇或特大镇。由于我国传统上是一个农业社会，中心镇或特大镇管理体制总体属传统农业社会的管理体制。随着小城镇发展为中心镇或特大镇，由于镇区人口集聚和产业集聚，且规模大，由此引发了镇区发展空间和公共设施配置供需矛盾突出，以及人口管理、规划建设管理、投资项目管理、道路交通管理、司法管理等一系列体制机制上的成长烦恼，陷入"小马拉大车"的困境。小城市培育的提出，从某种角度讲，可以说是地方政府应对中心镇或特大镇发展中体制机制不顺的一种对策，是在传统乡镇管理体制下无法解决的无奈之举。很大成分上，小城市培育除了必须加强集聚发展等生产力层面内容外，更多是要探索与集聚发展要求相适应的现代小城市的管理体制。而现代城市管理体制，本质上是建立在近现代工业基础上的市制。西方发达国家的"市制"也是工业革命以后建立的。城市管理体制与乡村管理体制主要区别在于：在产业上，城市里主要管理工业和服务业，而乡村主要管理农业；工业和服务业都要求集中组织生产，而农业在我国至今大多数仍是家庭生产；不同产业的生产组织方式不同，决定着管理方法以及对管理者的要求不同。在公共设施上，城市里的道路交通、市政设施、公共服务等比乡村公共设施内容要多得多、复杂得多，因此，城市里有膨大的公共设施规划建设管理部门，而乡村在这方面要简单得多。在人口管理和服务上，城市特定空间范围内人口规模大，这就涉及复杂的为人服务的生活组织和其服务配套，而乡村人口的生活服务一般是自我服务，公共服务相对简单。由于产业、公共设施、人口管理等城乡管理差异很大，因此，城市与乡村在管理机构、职能、人员配置上是很不一样的。而随着城镇向中心镇、特大镇乃至小城市迈进，用乡镇管理体制进行管理肯定不适应中心镇、特大镇、小城市的发展需求，这就产生中心镇、特大镇成长中的烦恼。在实践中看，各地在中心镇或特大镇的小城市培育中所采取的措施大多属于现代城市发展和管理措施。

3. 浙江的小城市培育目标

根据浙江省《关于开展小城市培育试点的通知》，浙江省小城市培育目标包括："到 2015 年，纳入小城市培育试点的中心镇要实现以下主要目标：（1）建设规模。建成区面积 8 平方千米以上，形成布局合理的居住、工业、商贸、生态等功能分区。建成区户籍人口 6 万人以上或常住人口 10 万人以上，建成区户籍人口集聚率 60%以上。形成比较完备的水、电、路、气、环保等基础设施网络。（2）经济实力。年财政总收入 10 亿元以上，农村居民人均纯收入 2 万元以上。工业功能区工业增加值占全镇工业增加值 80%以上，第三产业增加值占 GDP 比重 40%以上，第二、三产业从业人员比重 90%以上。（3）服务水平。科技教育、文化体育、卫生计生等设施完备，形成比较完善的社会事业发展网络。商业、金融等服务业网点布局合理，形成比较繁荣的商贸金融服务网络。社会保障体系逐步健全，保障水平稳步提高。基本公共服务、居民互助服务、市场商业服务三结合的社区服务体系进一步健全，形成便民利民的社区服务网络。（4）管理体制。建立与小城市发展相适应、权责一致、运作顺畅、便民高效的行政管理体制。建立权责明确、行为规范、监督有效、保障有力的行政执法体制，推进县（市、区）综合行政执法试点和相对集中行政处罚权工作，并向试点镇延伸。健全社区党组织领导的充满活力的社区自治机制，形成管理民主、运作规范、服务完善、文明祥和的社区管理服务体系"。

4. 浙江的小城市培育任务

根据浙江省《关于开展小城市培育试点的通知》，浙江省小城市培育任务包括："（1）制订完善小城市规划。根据城市规划、土地利用总体规划的相关技术规范和标准，编制小城市总体规划和控制性详细规划，并与城镇体系规划、生态环境功能区规划、土地利用总体规划、农村土地综合整治规划等相衔接。按照彰显特色、集聚发展的要求，完善主城区城市设计，科学编制小城市基础设施等专项规划和以中心村为重点的村庄布局规划。（2）着力提升小城市功能。大力推进市政基础设施、环保基础设施、教育医疗设施、文化体育设施和商贸综合设施建设，努力提高基础设施的网络化水平和综合承载能力。加快行政执法、土地储备、公共资源交易、行政审批服务等平台建设，不断提升小城市公共管理和服务水平。（3）大力开展小城市经济。按照城市经济的特点，大力发展现代物流、商务、金融等生产性服务业，因地制宜发展旅游、商贸、文化娱乐等面向民生的服务业。坚持错位发展、集约发展的原则，主动承接大中城市产业转移，加快共性技术服务平台建设，因地制宜大力发展高新技术产业和战略性新兴产业，着力推进特色产业集群发展。大力发展城郊农业、设施农业、旅游观光农业，提升现代农业发展水平。（4）加快集聚小城市人口。坚持集约节约用地的原则，努力改善生产生活条件。大力推进农村土地综合整治和农村住房改造建设。大力推进小城市社区建设，积极推进住房制度改革和住房保障出台低门槛落户、享受与当地城镇居民同等待遇的农民进城激励政策，加快推进农民市民化。（5）全面提升小城市管理水平。按照城市管理职能和小城市建设发展的需要，积极推进保留镇级建制、赋予县级经济社会管理权限的体制改革，加快推进行政执法体制改革、根据管理服务标准不断提高、任务日益繁重的实际，积极整合公共管理资源，完善机构设置和人员编制配备，切实提高小城市管理的能力和水平"。

5. 浙江小城市培育政策和措施

根据浙江《关于开展小城市培育试点的通知》，浙江小城市培育政策具体包括："（1）实施强镇扩权改革。根据小城市管理需求，在保持镇级建制不变的前提下，明确试点镇的职能定位，在符合法律法规的前提下，通过委托、交办、延伸机构等方式和途径，赋予试点镇与县级政府基本相同的经济社会管理权限。（2）完善小城市机构设置。根据试点镇的人口规模、经济总量和管理任务，允许试点镇在核定的编制总数内统筹安排机构设置和人员配备；县（市、区）政府部门派驻试点镇的机构，业务上接受上级职能部门的指导，日常管理以试点镇为主，其负责人的任用、调整及工作人员的调动，应书面征得试点镇党委的同意。垂直管理部门可以在试点镇设派驻机构。（3）合理调整行政区划。按照小城市总体规划，根据试点镇的经济社会发展实际和生产要素流向，结合小城市的管理服务水平和实际承载能力，允许适度调整试点镇的行政区划，拓展发展空间，增强集聚辐射能力，提升集约发展水平。（4）强化要素保障机制。建立试点镇建设用地支持保障制度，各地在省下达的年度城镇建设用地切块指标中优先予以安排。加强对试点镇的金融服务，加大对试点镇的信贷支持。鼓励金融机构到试点镇设立分支机构，支持有条件的试点镇设立村镇银行和小额贷款公司。建立完善市县两级建设、规划、环保、交通等部门专业人才到试点镇挂职的制度，缓解小城市管理人才紧缺的压力。（5）完善财政管理体制。按照分税制财政体制的总体要求，合理划分县（市、区）与试点镇的事权。按照财权与事权相匹配的原则，进一步理顺县（市、区）与试点镇的财力分配关系，建立试点镇政策倾斜、设有金库的一级财政体制，实现财力分配向试点镇倾斜，促进小城市培育。（6）加大税费支持力度。鼓励县（市、区）政府对在试点镇新办的大型商贸企业、自营业当年度起，实行房产税、城镇土地使用税、企业所得税地方分成部分按收入级次三年内予以全额拨补；对在试点镇新办的金融保险企业，自营业当年度起，实行交纳的营业税按收入级次三年内予以拨补50%。试点镇土地出让净收益市、县（市、区）留成部分和在试点镇征收的城镇基础设施配套费，全额返还用于试点镇建设。（7）建立试点专项资金。省政府从2010年起建立每年10亿元的省小城市培育试点专项资金（暂定三年），用于试点镇的基础设施、社会事业、产业功能区、技术创新和人才集聚服务平台、公共服务平台、规划编制及体制机制创新等项目的补助。各市、县（市、区）也应建立小城市培育试点专项资金，支持试点镇加快建设发展。"

浙江小城市培育的主要措施：（1）在人口集聚方面。主要是改革户籍制度。鼓励本地农民和符合落户条件的进城落户，保留农民原有的土地承包权，完善宅基地使用权，集体财产分配权，进城落户农村居民与当地城镇居民享有同等公共服务。（2）在产业集聚方面。主要是建设或完善工业功能区，搭建共性技术平台，加强招商引资，鼓励企业"退二进三"发展第三产业。（3）在要素集约方面。提高土地使用效率，提高建筑密度和容积率，建设高层建筑、城市社区和农民集中居住区建设，开发地下空间，建设和改造标准厂房；建立"核定基数，划分税种，一定三年超收分成"的一级财政体制，推进投融资体制改革等。（4）在功能集成方面，完善道路交通、市政设施、垃圾及水处理、现代信息网络建设；建设城市核心区、工业商贸区、优美住宅区、生态休闲区建设；推进行政审批服务中心、社会保障服务中心、综合执法中心、应急维稳中心建设。（5）在完善规划方面。根据小城市培育需要进行区划调整，编制小城市总体规划和控制性详细规划，以及小城市的基础设施，产业发展等专项规划。

（二）山东的小城市培育

2016 年 9 月山东省人民政府办公厅发布的《山东省设立新的中小城市试点方案的通知》提出，"选择部分非农就业达到 75% 的镇，培育设立 10 个以上镇区人口超 10万人，地方财政收入超过 10 亿元的新生小城市；培育 30 个以上镇区人口超 5 万人，地方财政收入超过 5 亿元的重点示范镇，进行小城市试点。"试点城市的主要任务是编制完善各类规划，强化特色产业支撑，完善城镇基础设施，健全公共服务设施，加快推进人口市民化，提升城镇管理水平。试点主要政策：一是用地支持，盘活存量土地资源，用足用好城乡建设用地增减挂钩政策，鼓励新生小城市和重点示范镇开展旧城镇、旧厂房、旧村庄改造和工矿废弃地复垦利用；省每年安排一定数量新增建设用地指标给予奖励，优先支持新生小城市和重点示范镇。二是资金扶持。按照分税制的要求，合理划分各级收支范围，有条件的要求建立镇级财政金库，实现财力分配向新生小城市和重点示范镇倾斜；在镇辖区内产生的土地出让金净收益，城镇基础设施配套费等非税收入，现属设区市以下部分，除按国家和省规定有明确用途外，重点用于新生小城镇和重点示范镇建设。三是调整区划。按照国家新的设市标准，发展潜力大的县撤县设市，推进有条件的试点镇设置为市；将城区、镇区周边具备一体化发展条件的乡镇或村庄，合并划入中小城市或重点示范镇，拓展发展空间。四是简政放权。按照"权责一致、依法下放"的原则，通过委托、交办等方式，赋予新生小城市县级管理权限和重点示范镇相应县级管理权限，推进相对集中行政执法权向新生中小城市和重点示范镇延伸，提高规划建设水平。

山东青岛的小城市培育在山东起步较早，2012 年的 2 月 21 日青岛市政府下发的《关于推进小城镇建设和发展的意见》就提出了"选择 2 个人口数量多、产业基础好、发展潜力大、区位条件优、带动能力强的省示范镇，开展小城市培育试点，力争建成地区生产总值过 150 亿元，地方财政收入过 5 亿元，建成区人口过 10 亿的小城市"。2013 年，青岛市委、市政府下发了《关于开展小城市培育试点工作的意见》并将胶州的李哥庄镇、平度市的南村镇、莱西市的姜山镇、即墨市的蓝村镇、黄岛区的泊里镇等 5 个镇列为首批试点镇。试点小城市的目标是："扩大建设规模、建成区面积 10 平方千米以上，建成区常住人口 10 万人以上，居住、服务、产业、生态等各功能区布局科学合理、环境基础设施完善"，"壮大经济实力。年地区生产总值达到 100 亿元以上，年地方财政收入达到 6 亿元以上，农村居民人均纯收入达到 2.5 万元以上，第三产业增加值占生产总值比重达到 30% 以上"，"提升服务水平。科教文卫等设施完善、商贸、金融服务网点布局合理。社保体系基本健全，基本公共服务、居民互助服务、市场商业服务三结合的社区服务体系完善"，"完善管理体制。建立与小城市发展相适应、权责一致、运作顺畅、便民高效的行政管理体制。建立权责明确、行为规范、监督有效、保障有力的行政执法体制"。试点政策措施：一是按时编制完成试点小城市的总体规划、专项规划、详细规划、城镇和土地利用总体规划由青岛市政府审批，专项规划和详细规划由试点小城市市（区、县）审批，规划编制费用在小城市试点专项资金中解决。二是财政资金支持。以 2012 年为基数，自 2013 年起，四年内新增镇级公共财政收入市（区、县）留成部分全额留镇，小城市试点镇土地出让净收益市（区、县）留成部分，在小城市试点镇征收的城镇基础设施配套费，全额返还给小城市试点镇；2013 ~ 2016 年，青岛市财政整合各类财政专项资金，确保每年财政投入不少于 3 亿元，支持小城市建设，市政财政每年单列 5000 万元用于小城市试点镇的考核奖励，各小城市试点市（区、县）按 1：1 比例配套资金。三是建设用地扶持。2013 ~ 2016 年，青岛市每年为试点小城市各计划单列 500 亩建设用地指标，切块下达到试点小城市，试点小城市 500 亩项目建设用地指标当年未用完部分，可留下一年度累计继续使用；重大产业发展项目建设用地指标不足部分，由青岛市统筹解决；试点小城市通过农村土地整理形成的城镇建设用地指标，返还试点小城市，使用增减挂钩的建设用地不再征收耕地开垦费和新增建设用地土地有偿使用费；试点小城市土地增减挂钩腾出的建设用地指标以及试点小城市节余的建设用地指标可在市（区、县）流转使用。四是产业扶持。每个试点小城市配套一个市级以上工业园区；引导产业向试点小城市产业园区集聚，市（区）两级招商引资项目应优先安排到试点小城市产业园区，老城区搬迁企业向试点小城市产业园区转移，市（区）劳动密集型和资源加工型产业向试点小城市产业园区转移享受老城区企业搬迁改造转移的扶持政策；对试点小城市范围内新创建的旅游特色镇、特色村（社区）、特色点分别给 30 万元、20 万元、10 万元奖励，对创新创建的乡村旅游合作社给予 10 万元奖励。五是基础设施建设扶持。将试点小城市的国省干线公路纳入青岛市道路建设计划统筹安排，视情进行升级改造；对纳入农村公路规划并按国家和省农村公路标准修建的农村公路，按适当比例给予专项建设资金补助，将未实现集中供水的试点小城市供水工程加快进行改造；支持试点小城市建成区污水垃圾集中收处理和农村环境连片整治；支持试点小城市变电站等电力设施建设；支持供热、供气、供水、污水处理、垃圾处理等企业进入试点小城市开展特许经营等。六是公共服务设施建设扶持。支持大学、重点中学和职业院校在试点小城镇设分校；力争每个试点小城市按要求新建高中、初中和职业技术学校各 1 所，小学、幼儿园若干所；引导支持青岛市和相关市（区）两级公立医疗卫生机构，采取托管、建立医疗联合体，促其优质医疗卫生资源向试点小城市集聚；到 2016 年，试点小城市各拥有一所二级综合医院，并同步建设妇幼保健、院前急救、采供血等公共卫生机构；鼓励和引导社会资本在试点小城市举办康复、护士生、中医等医养结合和特色专科医疗机构；力争试点小城市均建有 1 座较大规模的养老院，将试点小城市图书馆纳入青岛市"通借通还"的借阅系统，将试点小城市文化馆纳入青岛市群众文化辅导系统，支持试点小城市公共体育基础设施建设等。八是鼓励企业参与试点小城市建设，企业依法在试点小城市从事国家重点扶持的公共基础设施项目，其投资经营所得和经营所得，自项目取得第一笔生产经营收入纳稳年度起，前三年免征企业所得税，第四年至第六年减半征收企业所得税；企业参与农村集聚型社区建设；在原旧村址上建设农民安置房和公共设施的，免收区、市征收的行政事业性收费、经营服务性收费或降低收费标准；在原旧村址上进行商业开发的，免收基础设施配套费，由建设单位上缴的营业税、土地增值税、企业所得税、土地使用税、印花税和土地契税等属于地方留成的部分，全部用于新型农村社区建设；对试点小城市的旧城和村庄改造项目，规划红线外市政基础设施配套项目，由区、市政府负责配建。九是投融资扶持。建立试点小城市投融资本后，赋予其资金筹措、项目建设资金管理和债务偿还职能；支持小额贷款公司发展，按其上年小微企业、"三农"贷款年平均余额 1% 的标准给予补助，对上年年均贷款利率低于全市同业平均水平小微企业，"三农"贷款余额 1% 的标准给予奖励；支持融资性担保公司发展，对平均年担保率不超过同期贷款利率 5% 的融资性担保公司，其发生的单笔担保金额不超过 100 万元的中小企业和农户融资担保业务，区市财政给予不高 15% 的补助；鼓励国有商业银行在试点小城市设立机构、下放业务，对支农、支小（小企业）比例高的金融机构、区市财政给予一定的奖励补助。十是户籍改革支持。放宽落户条件，在试点小城市拥有合法稳定职业并有合法稳定住所（含租赁）的人员本人及父母、配偶、子女均可在当地申请登记常住人口完善保障机制，使农民既享受市民待遇，又享受原有村庄的优惠政策。十一是扩权改革支持。自小城市试点到 2016 年来，青岛市通过委托、界定、授权、代办等方式下放给试点小城市行政审批、监督服务事项管理权限 178 项，各试点小城市建设启用小城市公共服务中心优化行政审批事项，实行流程再造和效能提升；合理设置机构和配置人员，允许试点小城市在核定的编制总数内统筹安排机构和人员配置。

（三）福建的小城市培育

2014 年 11 月 1 日，福建省人民政府办公厅发布了《关于促进中小城市和城镇改革发展重点任务分工方案的通知》，文件第一条就提出大力培育小城市，并明确"第一批选择水头、金井、角美、湖头、太姥山、榜头、龙门（安溪）、江阴、宽岐、杜浔（古雷）、仙阳、洋中（龙溪）、高陂等 15 个中心镇开展'小城市'培育试点，条件具备的可以设立'镇级小城市'；允许在核定的编制总数内和不膨胀机构的前提下，优化机构设置和人员配置，探索建立行政成本降低的设市模式。扩大管理权限；强化财政职能，建立镇级财政金库，土地出让纯收入实行全留，财政采取确定基数，超收按比例留成的办法。"2015 年 8 月 16 日，福建省人民政府办公厅发布的《关于开展小城市培育试点的指导意见》，明确了福建第一批"小城市培育试点镇名单"，涉及福建的 8 个地级市，包括福州市的福清市江阴镇、闽侯县青口镇，漳州市的龙泊市角关镇、漳浦县杜浔镇（古留），泉州市的晋江市、金林镇和角美镇、南安市水头镇、安溪县湖头镇和龙门镇，三明市的龙溪县洋中镇，莆田市的仙游县榜头镇，南平市的浦城县仙阳镇，龙岩市的永定区高陂镇，宁德市的福安市赛岐镇、福鼎市太姥山镇。

根据福建省人民政府办公厅发布的《关于开展小城市培育试点的指导意见》，福建"小城市培育试点"的总体要求和目标是"坚持以人为本，不脱离群众、不劳民伤财、不搞大拆大建、不做形象工程；坚持因地制宜、宜居则居、探索有竞争力和生命力、各具特色的新型城镇化路径、坚持自然与文化相融，减少对自然的干扰和损害，延续历史记忆和文化传承，强化环境保护和生态修复，让居民望得见山、看得见水、记得住乡愁。力争用三到五年，把试点镇建成城市功能基本完善、特色鲜明、空间布局合理、治理体系健全、产业和人口吸纳能力强、以城带乡和就近就地城镇化成效显著的宜业宜居小城市。争取 5 个试点镇实现财政总收入超过 10 亿元，5 个以上试点镇达到 5 亿~10 亿元；试点镇镇域内常住人口在建成区集聚率达 60% 以上；教育、医疗、社会保障等基本公共服务进一步健全，城镇治理体系进一步优化，行政成本逐步降低"。

试点的主要任务是："一是提高规划和建设品质。根据城市总体规划、土地利用总体规划的相关技术规范标准，编制或修编小城市城乡总体规划，抓好控制性详细规划、城市设计、合理划定城市开发边界。永久基本农田红线、生态功能红线和海洋生态红线，推动'多规合一'，形成一张规划一本蓝图，持之以恒加以落实。规划编制或修编要因地制宜，加强与上位规划的衔接，加强景观设计，保持地域特色、文化特色、民俗特色、传统建筑风貌、凸显建筑景观风格，在方向、布局、功能和任务上各有侧重、重点突出。统筹城乡发展，突出乡土气息，加快推进美丽乡村和特色景观带建设，加强历史文化名镇名村和传统村落的保护与发展，探索休闲旅游、宜居宜业、历史文化等各具特色的小城市建设发展模式。二是促进农业转移人口集聚、全面开落户限制，探索各种有效办法和提供优惠条件，鼓励急需人才和大中专毕业生、技术工人等常住人口在就业居住地落户。抓紧出台保留农村土地及集体资产收益分配权益、继续享受计生优惠、社会保险转移接续、同等享受公共服务等一系列优惠政策，吸引周边农村人口向小城市集聚。推动小城市常住人口同等享受城镇基本公共服务。三是强化小城市产业支撑。充分发挥比较优势，根据区位、资源、交通和产业基础条件，制定完善并推动落实小城市产业发展规划，积极谋划、对接、落地一批大项目、好项目，加强产业协作、配套，积极发展小城市特色产业，加快发展高新技术产业和战略性新兴产业，优先发展旅游休闲、文化创意、现代物流、电子商务、健康养老、社区服务等现代服务业，鼓励发展现代特色农业。完善产业园区基础设施和基本公共服务设施建设，推进产业集聚和布局优先。四是提升小城市综合承载能力。按小城市标准建设道路交通、供水、供气、绿道、防洪排涝、污水垃圾处理、市政管网等基础设施和学校、医疗卫生、文化、体育、养老、旅游等公共服务设施，有条件的试点镇要积极推进地下综合管廊建设。合理规划建设保障性住房，加快推进现代信息网络建设。强化环境保护和修复，注重文化遗产保护利用，强化'两违'综合治理，打造舒适宜居环境，全面提升小城市经济承载和人口容纳的能力。五是优化小城市治理机制。探索实行强基层、扁平化的行政管理制度，优化机构设置、职能配置、工作流程，推进小城市管理法治化、属地化、数字化、精细化。发挥各类社会组织作用，逐步形成以社区自治为原则、以网格化管理为手段的小城市基层治理机制，全面提升小城市管理和服务水平，建立健全人民调解、行政调解、司法调解相互衔接、相互联动的预防矛盾纠纷综合机制。六是实施强镇扩权改革。根据小城市管理需求，在保持镇级建制不变的前提下，试点所在县（市）政府要结合实际，通过直接放权、依法委托管理、延伸机构等方式，在行政管理、行政执法、公共服务、维护社会稳定、促进经济社会发展、市政建设融资、人事管理等方面，赋予试点镇与人口和经济社会发展规模相适应的管理权限。进一步规范试点镇便民服务中心建设，明确和落实进驻中心的行政审批和公共服务事项，强化进驻人员管理，简化工作流程，缩短办事时限。整合试点镇有关执法职能、执法机构和执法队伍，全面实行综合执法。允许试点镇根据人口规模、经济总量和管理任务等情况，在规定的机构限额和核定的编制总数内统筹设置机构，合理配备人员。创新县级部门与其派驻试点镇机构管理制度。七是适时推动区划调整。发挥市场对资源配置的决定性作用，按照小城市城乡总体规划，根据试点镇经济社会发展实际和生产要素流动需要，结合小城市的管理服务水平和综合承载能力，鼓励试点镇进行撤并、整合周边乡镇和开发区，在管理体制机制等方面积极探索，拓展试点镇发展空间，增强集聚辐射能力，提升集约发展水平。因撤乡并镇空出的编制资源，按规定程序报批后在县（市）域内调剂使用。适时推进村改居和社区重划工作。八是强化要素保障机制。鼓励试点所在县（市）政府出台优惠政策。吸引急需人才。省政府对试点镇用地、用林、用海给予重点倾斜，并每年各安排100亩用地指标，用于工业用地储备，所在市、县（市）政府要优先保障试点镇用地需求。要在试点镇大力推进低效用地再开发和'三旧改造'，盘活存量用地；探索小城市新增建设用地和新增农业转移人口数量挂钩，探索城市生态用地差异化管理。积极推行政府和社会资本合作机制（PPP），支持通过特许经营、投资补助、政府购买服务等方式，吸引社会资本参与基础设施投资建设和运营。积极探索发行债券、推动股权融资、发挥政策性金融和开发性金融作用等多种措施，多渠道拓宽资金来源。鼓励政策性银行和其他金融机构加大对试点镇融资支持，支持金融机构到试点镇设立分支机构，完善金融服务。九是完善财政管理体制。强化财政职能，建立镇级财政金库，土地出让纯收入实行全留，财政收入采取确定基数、超收按比例留成的办法。探索建立财政转移支付同农业转移人口市民化挂钩机制。创新公共服务供给方式，引入社会力量发展各类教育、医疗、养老服务，建立健全公共服务购买机制。从我省发行的地方政府债券资金中安排一定数额用于试点镇建设。小城市培育试点镇享受省级小城镇综合改革建设试点镇的税费优惠政策。现有省级各部门牵头管理的专项资金应优先向试点镇倾斜，用于试点镇的基础设施、社会事业、产业功能区、技术创新和人才集聚服务平台、公共服务平台、规划编制及体制机制创新等项目的补助。"

第四节　小城市培育的成效和意义

一、小城市培育成效

（一）浙江小城市培育的成效

从浙江第一批和第二批 36 个小城市培育试点镇的实际运行情况看，2011~2013 年，地区生产总值年均增长 16%，固定资产投资年均增长 32.6%，城镇化率年均增加 2.53 个百分点。2014~2016 年，地区生产总值年均增长 9.9%，固定资产投资年均增长 17.3%，财政收入年均增长 11.0%，城镇化率年均增加 1.13 个百分点。试点地区因地制宜并入了 16 个乡镇，扩大面积 482 平方千米，小城市试点镇建成区人口密度已由试点前的每平方千米 5600 人提高到 7945 人。36 个试点镇常住人口规模已有 9 个超过 20 万人，有 17 个人口超过 10 万人；已有 17 个试点镇地区生产总值已超过 100 亿元，有 14 个试点镇地区生产总值已超过 50 亿元；平均财政总收入已达 17.44 亿元。7 个重点生态功能区县城，2014~2016 年地区生产总值年均增长 8.7%，固定资产投资年均增长 12.6%，地方财政年均增长 11.2%，到 2016 年县城常住人口城镇化率已达到 43.1%，3 年提高了 3.7 个百分点，年均提高 1.23 个百分点。而在 2010 年，第一批 27 个小城市试点镇镇均财政总收入为 8.5 亿元，镇区镇均常住人口为 6.7 万人。36 个小城镇培育试点镇平均拥有审批服务权 203 项，综合执法权 357 项；7 个重点生态功能县城平均拥有审批服务权 555 项[1]。如表 3-3 所示。

---

[1]　翁建荣等：《小城市　大未来》，红旗出版社 2018 年版，第 18-105 页。

表 3 - 3 浙江 36 个小城市培育试点镇 2011～2016 年主要经济指标

指标名称	2010 年基础	2013 年	2016 年
地区生产总值（亿元）	1544	2411	3147
地区生产总值增速（%）	—	16（三年平均）	9.7
地区生产总值占全省生产总值的比重（%）	5.88	6.42	6.82
固定资产投资增速（%）	—	32.6（三年平均）	20.2
固定资产投资占全省比重（%）	4.65	6.64	6.91
财政收入占全省比重（%）	3.77	4.44	4.53
城市化率（%）	57.2	64.8	68.2
建成区镇均常住人口（万人）	9.3	10.5	11.3

资料来源：翁建荣等：《小城市 大未来》，红旗出版社 2018 年版，第 24 页。

（二）山东青岛的小城市培育成效

山东青岛 2012 年确定了 5 个小城市培育试点镇，到 2016 年底，胶州市李哥庄镇、平度市南村镇、莱西市姜山镇、即墨市蓝村镇、西海岸泊里镇等 5 个小城市试点镇，建成区人口平均 8.5 万人，地区生产总值平均 124 亿元，地方财政收入平均 5.63 亿元。小城市培育 5 年来，一是实施扩权强镇。青岛市通过委托、界定、授权、代办等方式下放给各试点镇行政审批、监督服务事项管理权限 178 项，各试点镇建设启用小城市公共服务中心，优化行政审批事项，设立多个综合窗口、业务窗口，实现流程再造与效能提升，确保下放权力的运行通畅。合理确定人员配备，根据小城市试点镇的人口规模、经济总量和管理任务，允许试点镇在核定的编制总数内统筹安排机构设置和人员配备，二是推动户籍改革。在深入落实户籍管理制度改革方面，各试点镇加快公共服务全面覆盖，新市民公平享有与原户籍人口同等的基本公共教育、医疗卫生、公共文化等服务。泊里镇给予农民进城或留乡自主选择权，在制度设计上提供保留、流转、退出等多种选择，有序推进农村产权制度改革和推动新型城镇化建设。李哥庄镇成立了镇级人力资源市场，与胶州市级平台联网运行，依托"镇、社区、村庄"就业平台，加强农村转移劳动力技能培训。三是强化要素保障。青岛市每年给试点镇安排 500 亩的项目建设用地指标，切块到镇。重大产业发展项目用地指标不足部分，由青岛市统筹解决。优先支持试点镇农村土地整治、节余的建设用地指标可在本区（市）流转使用。财政支持方面，各试点镇以 2012 年为基数，自 2013 年起四年内新增镇级公共财政预算收入区（市）留成部分全额留镇。试点镇的土地出让净收益留成部分全额留镇、城镇基础设施配套费全额返还。市财政整合各类财政专项资金，确保每年财政投入不少于 3 亿元用来支持试点镇建设。另外，市财政还每年单列 5000 万元用于试点镇的考核奖励。四是明确空间布局。2012 年小城市培育试点名单公布后，秉承

"一张蓝图绘到底"的原则，5个试点镇全部聘请甲级规划设计资质的规划部门，高起点对小城镇基础设施、产业布局、公共服务、生态环境进行规划，并通过专家评审。李哥庄镇结合青岛市城市空间战略布局和临空经济区的规划，抢抓胶东国际机场建设，科学确立了建设"空港小镇、生态新城"的奋斗目标；姜山镇的定位是莱西次中心城市、青岛北部高端产业新城、生态新城、旅游新城和全国规模最大的新能源汽车产业基地、南村将建设青岛临空经济区北区，通过机场带动和产业集聚，打造青岛临空经济向北辐射发展的重要节点和门户。五是强化整体开发。探讨"政府引导、企业参与、市场运作"的模式，引导有实力的企业参与小城市培育试点的整体开发。坚持城市建设与产业发展并重，坚持新区开发与村庄改造并重，坚持大企业参建与整体开发并重。引进中国铁建股份有限公司、中建集团，全面参与即墨蓝村镇、莱西市姜山镇的小城镇整体开发。青岛市的5个试点镇成立小城镇融资平台，吸纳各级资本负责土地开发、产业园和生活区建设。李哥庄镇专门成立了小城市投融资平台，与青岛城投、青岛国投等合作，引导社会资本参与基础设施建设，通过平台融资，对学校、医院、村庄等公共设施进行扩建改造；南村镇通过PPP方式，建立小城市集中供热体系和城乡供水一体化体系，并引进民间燃气公司，使建成区燃气普及率达到100%。六是加快产业培育。试点镇围绕自身的规划定位大力发展新兴产业，不断升级传统产业，培育了高端服务业、航空装备制造、新能源等优势产业，发展了现代物流、商贸、金融等生产性服务业，产业结构不断优化升级。泊里镇依托董家口港区和产业区两大平台，大力引进培育了一批新材料、装备制造、现代物流等特色产业，成为泊里小城市发展的强力引擎。小城市各试点镇因地制宜，发展旅游、文化、现代农业等迎合现代人物质精神文明需求的产业，注重生态文明和城镇化建设同步提升。各试点镇都打造了一批特色乡村和现代农业项目。如李哥庄的纪家庄村，凭借完善的基础设施和"民宿+民俗"的发展模式等上榜中国美丽休闲乡村；蓝村镇打造了占地2.6万亩的现代农业示范区，集种植、观光、旅游、科研、生产于一体，加快了农业转型升级。

二、小城市培育的主要意义

2010年12月21日，浙江省政府办公厅出台的《关于开展小城市培育试点的通知》中开宗明义提出"开展小城市培育试点，有利于基础设施、公共服务、现代文明向农村延伸、覆盖和辐射，促进城乡一体化发展；有利于优化城乡空间布局，缓解大中城市发展压力，实现大中小城市协调发展；有利于探索建立权责一致的乡镇管理体制和运作机制，提升基层社会管理和公共服务水平。各级政府各有关部门要从全局和战略的高度，充分认识开展小城市培育试点的重要意义，积极主动深化改革、推进创新、扎实做好各项工作"。可见开展小城市培育：

一是可以促进大中小城市和小城镇协调发展。2021年2月22日发布的中央一号文件中提出，推进以人为核心的新型城镇化，促进大中小城市和小城镇协调发展。党的十九大报告提出，"中国特色社会主义进入新时代，我国社会主要矛盾已经转化为人民日益增长的美好生活需要和不平衡不充分的发展之间的矛盾。"不平衡不充分发展矛盾，在我国城市化过程中突出表现在城镇规模结构和数量结构上。城镇规模结构反应在超大、特大、大城市与中小城市、小城镇的位序比例上。城镇规模的不平衡其本质是不同等级的城镇要素配置的不平衡。我国超大、特大、大城市的强大虹吸作用，使其集聚了全国大量生产要素，包括建设用地、人口、劳动力、资金、信息、管理等；而相反，我国中小城市、小城镇发展要素配置不足，尤其是小城镇和乡村生产要素的大量流失，从而导致中小城市发展动力不足，小城镇和乡村衰退。城镇数量结构反应在超大、特大、大城市和中小城市、小城镇倍数比例上。城镇数量结构不平衡的本质是不同等级的城镇在空间布局上不平衡。不同等级的城镇要素配置不平衡和空间布局不平衡是我国城镇化发展中的主要问题。我国学术界提出的我国城镇化中的"半城市化"和"土地城市化快于人口城市化"两个问题，归根到底是从我国不同等级城镇要素配置不平衡和空间布局不平衡延伸出来的。从城镇规模结构角度讲，在我国，由于大城市规模过大，中小城市、小城镇规模过小，因此，超大、特大、大城市落户难，享受同城公共服务待遇难；而中小城市、小城镇落户吸引力不足，从而产生外来务工人员的"半城市化"现象。从城镇数量结构角度讲，由于我国中小城市，尤其是小城市数量少，发展不充分，从而导致我国绝大多数流动人员向大中城市流动，以及小城市和小城镇吸引力不足，从而产生"土地城市化快于人口城市化"现象。因此，要解决我国城镇化中的两个主要问题，唯有优化我国当前不同等级城镇的规模结构和数量结构。因此，在当前我国城镇化发展背景下，浙江提出的构筑城市化发展新平台的小城市，既应当从小城市的规模角度去衡量，还应当从小城市的数量角度去衡量，前者包括小城市的人口规模、经济规模和市政基础等，后者包括小城市、中等城市和小城镇的数量和空间分布。本书第一章详细讨论了城市规模结构和数量结构，这里将不再予以展开。

二是可以促进城乡一体化发展。浙江的城乡一体化发展是我国的样板。自20世纪80年代初期，我国开始实行"市管县"体制，1983年3月浙江也全面推行了"市管县"。到20世纪80年代末90年代初，"市管县"体制所固有的弊端日益显现，阻碍了县域经济发展。而自改革开放以来，浙江经济发展一直呈现出以县域为主导的"块状经济"特征，比较典型的有萧山机械汽配、镇海炼化、绍兴纺织、永康五金、慈溪家电、义乌小商品市场等。根据浙江1980年数据，全省生产总值的62.4%，财政收入的

54.3%，就业岗位的 70.5% 由县域创造。① 市管县期间，市县经济之间更多的是竞争，产业层次上没有明显的递进关系。20 世纪 80 年代中期推行"市管县"体制的初衷是借助城市优势以及经济实力带动所辖县的经济发展，实现城乡一体共同发展。然而，浙江部分"市管县"中的"地级市"，由于县域"块状经济"原因，有些"地级市"的经济实力还不如所辖县的经济实力，从而造成"市卡县""市挤县"的问题。1992 年，浙江省政府下发了《关于扩大十三县市部分经济管理权限的通知》，进行了第一次强县扩县。1997 年开始，浙江省政府决定，在萧山和余杭等县（市）试点，将地级市的部分经济管理权下放给县级政府，推行了第二次强县扩权。2002 年，在萧山、余杭第二轮扩权试点基础上，浙江省下发了《关于扩大部分县（市）经济管理权限的通知》，将引 313 项原本属于地级市经济管理权下放给 17 个县（市）和三个区。2006 年，浙江以义乌市为试点单位，进行第四次"强县扩权"，浙江省委和省政府办公厅联合下发了《关于开展扩大义乌市经济社会管理权限改革试点工作意见》。由此相应的浙江从 1995 年开展了选择 114 个小城镇进行综合改革试点，2002 年公布了 136 个省级中心镇培育名单，2007 年出台了《关于加快推进中心镇培育工程的若干意见》，2010 年出台了《关于开展小城市培育试点的通知》，2015 年省政府出台了《关于加快特色小镇规划建设指导意见》。2006 年全国"千强镇"评选中，浙江占 268 席，位居全国第一，2016 年全国综合实力百强镇，浙江占 20 席，位居全国第一。浙江省从 2003 年开始了"千村示范万村整治"农村人居环境建设，一直到现在的"美丽乡村"建设，具有浙江特色的城乡一体化发展路子，事实上就是一条以县域为平台的城、镇、村的城乡融合发展一体化路子。在我国工业化、城镇化的中后期，浙江城乡融合发展一体化路子，也许也是全国城乡融合发展一体化路子。到 2016 年底，浙江全省农村居民人均可支配收入已达到 22866 元，已连续 32 年位居全国各省区榜首。浙江城乡居民收入比已从 2017 年的 2.49：1 缩小到 2016 年的 2.07：1。② 城乡统筹、城乡融合、城乡一体的根本标志是城乡差距的缩小，在基本公共服务均等化后，农村居民有关财产权的确权登记和互联网电商消费模式下，城乡居民收入差距的缩小是城乡一体化最为重要的衡量尺度。在都市圈、城市群，尤其是 2015 年住建部、发改委等中央部委联合启动全国城镇体系规划中选择了 15 个国家中心城市、81 个区域中心城市时，浙江开始犹豫其具有特色的县域发展道路或城乡一体发展道路，开始转向大都市、大湾区、大交通，提出了重点发展大城市战略，规划了杭州、宁波、温州、金华（义乌）四大都市区，实行了"撤县设区"行政建制方式，但至今仍未放弃浙江独特的城乡差距较

① 金雪梅：《中国"省管县体制研究"——以浙江省为例》，西南政法大学硕士学位论文，第 25 页。
② 翁建荣等：《小城市　大未来》，红旗出版社 2018 年版，第 1－25 页。

小的优势。《浙江省 2019 年新型城镇化建设重点任务》中仍然明确，推动大中小城市协调发展，支持特色小镇有序发展，推进城乡要素合理配置，缩小城乡基本公共服务差距，扎实推进美丽村镇建设，促进农民收入持续增长等。

三是可以促进城乡管理体制现代化。近代工业革命以前，政府实行城乡不分的管理体制，其原因是城市与乡村的经济同质性很高，城乡经济的基础均为自然经济，城乡之间分工不明显，城乡之间没有明确的界线，正如马克思所说"亚细亚的历史是城市和乡村无差别的统一。"① 近代工业与传统农业生产的主要差别是，前者是集中的，必须联合组织起来生产；后者是分散的，可以由小农生产者完成。由于城市与乡村的行业和生产方式不同，从而产生了城市与乡村的居住方式和生活方式不同，前者是集中居住和集中共享生产生活服务设施，后者是分散居住和自我提供服务，从而产生了城乡居住空间的人口规模差异和公共设施差异。相比乡村，城市对其特定空间内的人口管理和生产生活公共服务提供难度相对大。在这上述情况，如果城乡采取同样的管理机构、职能和人员配置，其结果要么乱，要么阻碍发展。一般小城镇发展到中心镇再发展到特大镇，其中碰到的种种"烦恼"，究其本质而言，是原有小城镇的乡村管理体制不适应小城镇已成长为"小城市"的"烦恼"。倘若不能尽快、妥善将目前中心镇或特大镇的"乡村管理体制"转化为"城市管理体制"，这势必阻碍中心镇或特大镇继续前行的步伐，是典型的生产关系阻碍生产力发展的实践案例。解决之道正如浙江小城市培育试点提出的"要让一些人口规模较大，经济实力很强的试点镇实现由'镇'到'市'的改变，'名正'则'言顺'"②。通过特大镇的小城市培育和特大镇的改市，不但能促进我国城市管理体制适应我国工业化，城镇化发展需要，还能促进我国乡村管理体制适应我国工业化、城镇化、农业农村现代化的发展需要，从而实现我国城乡管理体制的现代化。我国城乡管理体制现代化是我国国家治理体系和治理能力现代化中的一个重要组成部分，在工业社会或城市社会中，城乡关系及其管理体制是一国或一个地区中的最重要关系及最重要管理体制，当前，根据我国工业化、城镇化、农业现代化发展阶段，优化城乡关系及城乡管理体制是我国迈向 2035 年基本实现社会主义现代化和 2050 年建成社会主义现代化强国的重要任务。

本章参考文献

[1]　[美] 埃德加·M. 胡佛著，王翼龙译：《区域经济学导论》，商务印书馆 1990 年版。

---

① 《马克思、恩格斯全集（上册）》，人民出版社 1961 年版。
② 翁建荣等：《小城市　大未来》，红旗出版社 2018 年版，第 105 页。

［2］重庆市人大常委会：《关于重庆市农村金融改革发展情况的调研报告》，ht-tps：/www. bidcfy. com/baogao/2015. 10/156360. html。

［3］郁鸿胜：《城市化研究国际理论前沿》，上海社会科学院出版社 2017 年版。

［4］陈锡文：《读懂中国农业农村农民》，外文出版社 2019 年版。

［5］翁建荣等：《小城市　大未来》，红旗出版社 2018 年版。

［6］蔡之兵：《中国都市圈发展之路》，经济科学出版社 2017 年版。

［7］刘君须、范今朝：《中国市制的历史演变与当代改革》，东南大学出版社 2015 年版。

［8］朱建江：《乡村发展导论》，经济科学出版社 2019 年版。

［9］王景新、庞波：《就地城镇化研究》，中国社会科学院出版社 2015 年版。

［10］朱宇等：《中国的就地城镇化理论与实施》，科学出版社 2012 年版。

［11］胡锦涛：《在全党大力弘扬求真务实精神，大兴求真务实之风》（2004 年 1 月 12 日），载于《深入学习实践科学发展观活动领导干部学习文件选编》，中央文献出版社 2008 年版。

［12］中共中央、国务院：《关于推进社会主义新农村建设的若干意见》，2005 年 12 月 21 日。

［13］张忠国：《区域研究理论与区域规划编制》，中国建筑工业出版社 2017 年版。

［14］肖敦余、胡德瑞：《小城镇规划与景观构成》，天津科学技术出版社 1992 年版。

［15］陈锡文：《读懂中国农业农村农民》，外文出版社 2019 年版。

［16］《马克思、恩格斯全集（上册）》，人民出版社 1961 年版。

| 第四章 |
特大镇改市

特大镇改市,应以不损害"母体"县"内生"的城乡统筹功能为底线。因此,特大镇改市不能按照我国现行的广域型市制进行改市,而应当按照狭域型市制进行改市。本章由龙港撤镇设市与"母体县"发展,我国现行广域型市制的优点和不足,建立区域型政区下的城镇型市制,特大镇改市的体制机制等四节构成。

第一节 龙港撤镇设市与"母体县"发展

一、龙港撤镇设市的基本进程

龙港镇属于浙江温州市的苍南县,苍南县是 1980 年 3 月由原温州丰阳县沿鳌江一拆为二而来的。龙港镇设立于 1984 年,建镇之初全镇只有 5 个小渔村,常住人口只有5000 多人,是苍南县最小的一个乡镇,借助 1984 年中央一号文件"允许农民自理口粮到集镇落户"的东风,将镇区土地按地段优劣分为若干区域,向进城农民出售土地使用权,允许其自建房,售地所得费用称为"公共设施费",并许诺只要龙港买地,即可得到城镇户籍。74 岁来自钱库的老人说,我是第一批随着龙港"招商"政策,自带口粮,靠着手工印刷积攒的第一桶金,跑到龙港花了 2400 元买了一间地基,开始艰苦创业。"那时很多怀揣梦想的人都来了龙港,大家在这里谋生创业,也帮助龙港建设发展。"[1] 就这样,龙港走出一条由"农民集资建城"的新路子,被誉为"中国第一农民城"。截至 2018 年底,龙港镇镇面积已从乡镇初期的 5.2 平方千米,扩大至 183.99平方千米,常住人口增加到 38.2 万人,城镇化率达到 63.29%,位列全国百强镇的第13 位;地区生产总值达到 299.5 亿元,占苍南县的 53.4%(2018 年苍南县地区生产总值为 560.6 亿元);人均地区生产总值 7.86 万元;财政总收入达 24.6 亿元,占苍南县的 40%。[2] 2019 年 8 月 16 日,经国务院批准,国家民政部函浙江省人民政府,同意撤

---

① 《浙江龙江市将挂牌成立市民到镇政府门前留影纪念》,http://www.txdyyy.com/difis/32116.html。
② 李斌等:《中国多了个龙港市竟然是这么来的》,http://zjnews.china.com.cn/yuanchuan/2019-08-30/186320.html,2019 年 8 月 30 日。

销苍南县龙港镇，设立县级龙港市，以原龙港镇的行政区域为龙港市的行政区域，市政府驻地为镇前路 195 号。龙港市由浙江省直辖，温州市代管。8 月 30 日下午，浙江省政府新闻办举办了温州龙港撤镇设市的新闻发布会。9 月 25 日下午，龙港市成立大会在当地举行。

龙港从 1989 年成立之初的 5 个小渔村到 2019 撤镇设立县级市，在此 30 年间经历了，1992 年的龙港和柳市两镇确定为温州市城乡一体化试点，1995 年被国家体改委列入全国 57 个城镇综合改革试点，2007 年被列入浙江省重点培育的中心镇工程，2009 年被列入"强镇扩权"试点，2010 年被列入浙江省小城市培育试点，2014 年底浙江省温州市龙港镇和吉村省延边二道白河镇一道列入全国首批两个镇的撤镇设市试点。在这 30 年里，龙港经历了从小渔村——一般小城镇——中心镇培育——小城市培育——撤镇设市。浙江县域发展呈递进式，其起点是"扩权强县"，其过程是"扩权强镇"，其结果是撤镇建市。浙江的县域发展，是生产力与生产关系协同发展的过程，是生产方式创新与体制机制创新协同配合的过程。"扩权强镇"和撤镇建市是小城镇发展不同阶段的两种选择，这种选择符合小城镇发展的基本成长规律。

二、龙港撤镇设市与母体县发展

梳理有关媒体报道，对龙港撤镇设县级市有着三个方面的讨论：即我国是发展大城市还是发展大中小城市、小城镇；是按区域设市还是按城区设市；县域中的中心镇或特大镇与"母体"县之间的关系如何处理。在这里，作者重点讨论我国发展大城市还是发展中小城市、小城镇的城镇化发展战略问题和特大镇设市与母体县发展关系。其余按区域设市还是按城区设市，在本章后几节中逐步展开。

（一）小城市的成长规律

从市场情况，城镇发展极大部分源于乡村，极小部分小城市乃至大中城市没有经过乡村发展阶段。例如，位于阿巴拉契亚山脉以西约占美国国土 4/5 的中西部地区的城市，大多数是在 1830 ~ 1850 年发生的大规模西进过程中从无到有建立和发展起来。[①] 我国国内近几年各地创建的"特色小镇"，有许多也是没有经历村庄到小城镇的传统发展阶段的。但我国极大部分小城镇、城市都来自村庄，而村庄、小城镇、城市都有各自的发展、成长过程。从近几年我国各地小城镇的培育情况看，小城镇本身也有一个从一般小城镇到中心镇，再到特大镇，再到小城市逐步壮大的过程。在这个小城镇不断壮大的过程中，随着特定空间人口集聚规模的扩大和经济规模的扩大，小城镇的

---

① 邹兵：《小城镇的制度变迁与政策分析》，中国建筑工业出版社 2003 年版，第 272 页。

社会角色也不断变化，从农业社会的乡村角色逐步演变为乡镇角色以及工业社会的小城市角色乃至大中城市角色。而小城镇这种因其生产力发展而产生的社会角色变更已不属于生产力范畴，而属于生产关系范畴。这种生产关系对小城镇而言，是由各种管理制度、机构设置、职责划分、人员管理以及政策设置、项目审批等一系列与小城镇生产力发展相关的内容构成，正是这些与小城镇生产力发展相关的生产关系不相适应，构成了小城镇生产力与生产关系的冲突，阻碍着小城镇生产力的进一步发展。在我国各地小城镇发展不同阶段中的扩权强镇，其扩权中的内容在现行管理体系中，是通过上级单位的授权、委托、交办等方式行使的，其扩权的稳定性、规范性都随时势的变化或上级单位领导更替而变化，因此，小城镇借助这种不规范和不稳定的扩权来维持发展也是不可持续的。所以"扩权强镇"是小城镇发展培育中的路径选择，而不是小城镇已发展到小城市乃至中等城市的建设和管理的路径选择。小城镇逐步向小城市发展过程中，除充分利用市场机制作用外，还需要发挥"扩权强镇"的推动作用。但当小城镇已达到国家设定的小城市设置标准，进一步推动小城市建设和管理，就要适时地进行撤镇设市，使小城镇在此阶段获得的与其生产力发展相适应的生产关系配置，不是上级单位的不稳定、不规范的授权、委托、交办，而是依法独立行使自身制度赋予的权力。

（二）现阶段我国应当实施的城镇化发展战略

至于发展大城市还是发展大中小城市的城市化发展路径之争。城市化（城镇化）内涵众说纷纭，但从宏观上城镇化是指"化为城市（城镇）的过程"的认知大体是一致的。如果说前述的"扩权强镇"和"撤镇设市"是小城镇"化为城市"的城镇化过程，那么发展大城市还是发展大中小城市就是小城镇"化为城市"的结果。关于我国城镇化道路素来就有发展大城市、发展中小城市、发展小城镇、大中小城市协调发展四方面的命题之争。"截至 2017 年底，从狭义上看，中小城市直接影响和辐射的区域，行政区面积 876 平方千米，占国土面积的 91.3%；总人口达 10.30 亿人，占全国总人口的 74.1%；2017 年，中小城市及其影响和辐射区域经济总量达到 46.07 万亿，占全国经济总量的 55.7%。"[①] 2017 年末，全国（不含港澳台地区）总人口为 139538 万人，扣除上述中小城市 2017 年末的 10.30 亿人，则 104 个大城市（包括超大、特大、大城市）人口为 3.65 亿人，占全国总人口的 25.9%。假定上述 2017 年末的中小城市人口已包含了我国乡村人口，而 2017 年，我国城镇常住人口为 83137 万人，常住人口

---

① 这里讲的中小城市包括 191 号中小城市的地级市，40 个非建制市的地级行政区划中的中心城镇（地区、自治州、盟），363 个县级市，1526 个非建制市的县级行政区划中的中心城镇（县、镇、林区、特区）。载于中小城市发展战略研究等编：《中国中小城市发展报告（2018）》，社会科学文献出版社 2018 年版，第 448 页。

城镇化率为 59.58%，而 2017 年末我国乡村常住人口为 56401 万人，从而可推出，2017 年底我国中小城市城镇城区镇区常住人口为 4.66 亿人。假定上述所说的 2017 年底大城市 3.65 亿人全为城镇人口（事实上，因我国大城市也是一个行政管理概念，而这 104 个大城市 3.65 亿常住人口也包括了这 104 个大城市行政区域内的乡村人口，在此暂忽略不计），2017 年末，我国 139538 万总人口中，大城市区域常住人口为 3.65 亿人，占 25.9%；中小城市小城镇城区镇区常住人口为 4.66 亿人，占 33%；乡村区域为 5.64 亿人，占 46.61%。从上述分析中可以得出以下结论，随着我国城镇化的进一步发展，乡村人口向城镇的进一转移，从城镇体系角度讲，我国既要继续发展超大、特大、大城市，更要发展中小城市、小城镇，我国的城镇化发展道路既不是大城市发展重点论，也不是小城镇发展重点论、中小城市发展重点论，乃至也不是笼统的大中小城市和小城镇协调发展论，而是大城市与中小城市、小城镇协调发展论更符合我国城乡、地区平衡充分发展需要。这与本书前面分析的我国流动农民工在大城市与中小城市、小城镇中的分布也比较吻合。因此，当前在我国，既要高度重视大城市的发展，更要高度重视中小城市、小城镇的发展。重视小城市发展的思想基础需要大城市与中小城市、小城镇协调发展的理论支撑。

（三）城镇与区域的匹配关系

根据城市的生产力水平和生产关系理论以及我国按区域（地域）设置城镇的现状，一般而言，超大、特大城市应当与直辖市管理区域相匹配，大城市应当与省会城市或计划单列市管理区域相匹配，中等城市应当与地区管理区域相匹配，小城市、小城镇应当与县管理区域相匹配。小城市是中等城市和小城镇的中间媒介，中等城市需要小城市支撑，小城镇需要小城市支撑。从浙江的实践看，小城市和小城镇又是县域实现城乡统筹发展、城乡融合发展、城乡一体化发展、缩小城乡差距的主要支柱力量。如果小城镇发展为小城市，小城市就要与母体县脱离，其真正要害是切断了母体县实现其区域内城乡统筹、城乡融合发展、城乡一体发展的内生动力。按照 2014 年 10 月国务院《关于调整城市规模划分标准的通知》，到 2018 年底，浙江温州龙港常住人口为 38.2 万人，因此浙江温州龙港还是属于小城市。城市行政管理等级的升迁应该基于城市规模的扩大，从而使城市行政管理等级与城市规模相一致。城市规模与城市管理等级相一致，本质上是指城市的生产力水平和生产关系相一致。因此，城市与区域的匹配关系，本质上是在讨论城市生产力与生产关系适应关系，同时也是在讨论城市与其区域的关系。特大镇改市与"母体"县关系的处理，需要城市与区域匹配理论的支撑。

第二节 我国现行广域型市制的优点和不足

一、我国行政区域管理

(一) 行政区域

行政中的"行"是指行使权力,行政中的"政"是指国家管理权或机关、团体、企业的管理权。因此,行政是指行使国家管理力或机关、团体、企业行使管理权[1]。

"区域"(region)一词在学界没有一个统一的概念。我国《辞海》解释为"土地的界限""界线、范围"[2]。《简明不列颠百科全书》将区域解释为"区域是指有内聚力的地区。根据一定标准,区域本身具有同质性,并以同样的标准与相邻诸地区、诸区域相区别。"英国地理学家迪金森(R. Dickinson)认为,"区域概念是用来研究各种现象在地表特定地区结合或复合体的趋向的。"美国地理学家惠特尔西(D. whittlesey)主持的国际区域地理学委员会研究小组在探讨了区域研究的历史及其哲学基础后,对区域做了比较全面和本质化的界定,提出"区域是选取并研究地球上存在的复杂现象的地区分类的一种方法",认为"地球表面的任何部分,如果在某种指标的地区分类中是均质的话,即为一个区域",并认为"这种分类指标,是选取出来阐明一系列在地区上紧密结合的多种因素的特殊组合"[3]。在张忠国主编的《区域研究理论与区域规划编制》一书中,将区域定义为"区域是一个空间概念,是地球表面上占有一定空间的,以不同物质条件为对象的地域结构形式"[4]。

综上所述,将地球表面上的一个空间,人类社会赋予其管理内涵就构成行政区域,而行政区域是指行政机构或行政单位权力行使的空间范围或边界。需要说明的是行政区域与行政区划两个概念是有一定差别的,行政区域是指一个管理空间,行政区划是指划分行政区域的方法。实践中,人们经常把行政区域和行政区划两者混用,是不完全正确的。

(二) 行政区域管理制度

行政区域管理制度,也可简称为行政区管理制度,是指一国或一个地区对其行政机构或行政单位行使行政区域管理权的制度总和。例如,2002 年 5 月国务院颁布的

---

① 中国社科院语言研究所编辑室:《现代汉语词典》,商务印书馆 1983 年版,第 1291 页。

② 夏征农、陈至立主编:《辞海》,上海辞书出版社 2009 年版,第 1848 页。

③ 吴志强、李德华:《城市规划原理》,中国建筑工业出版社 2010 年版,第 19 页。

④ 张忠国主编,孙莉、郑文丹、曹传新副主编:《区域研究理论与区域规划编制》,中国建筑工业出版社 2017 年版,第 2 页。

《行政区域界线管理条例》的第二条第一款就明确，"本条例所称的行政区域界线，是指国务院或省、自治区、直辖市、人民政府批准的行政区域毗邻的各有关人民政府行使行政区域管理权的分界线。"再例如，2018 年 10 月国务院颁布的《行政区划管理条例》第三条规定，"行政区划的设立、撤销以及变更隶属关系或行政区域界线时，应当考虑经济发展、资源环境、人文历史、地形地貌、治理能力等情况；变更人民政府驻地时，应当优化资源配置，便于提供公共服务；变更行政区域名称时，应当体现当地历史、文化和地理特征。"从上述我国国务院颁布的《行政区域界线管理条例》和《行政区划管理条例》两个条例看，前者是指各有关人民政府行使区域管理权的空间范围或空间边界，后者是指国务院和省、自治区、直辖市人民政府划分行政区域的方式方法；前者是目标后者是手段，后者是为前者服务的。行政区域和行政区域划分都是行政区域管理制度，但上述的《行政区域界线管理条例》和《行政区划管理条例》中的行政管理权行使的空间范围都是泛指的，未分城乡，没有明确我国城乡空间范围及其城乡空间范围如何划分。2008 年 7 月国务院批复的国家统计局《统计上划分城乡的规定》中提出，"城镇包括城区和镇区。城区是指在市辖区和不设区的市、区、市政府驻地的实际建设连接到的居民委员会和其他区域。镇区是指在城区以外的县人民政府驻地和其他镇，政府驻地的实际建设连接到的居民委员会和其他区域。与政府驻地的实际建设不连接，且常住人口在 3000 人以上的独立的工矿区、开发区、科研单位、大专院校等特殊区域及农场、林场的场部驻地视为镇区，乡村是指本规定划定的城镇以外的区域。"但上述城乡区域划分仅作为统计上的依据，并不作为"城乡行政管理区域"设定的依据。我国城镇化实践中，为避免城镇建设中的无序蔓延，也提出了划分城镇空间边界的要求，但这个城镇空间边界要求如何确定或划分，如何成为一个具有操作性和刚性的约束制度，至今在我国并没有进一步细化。因此，到目前为止，我国并没有城乡区域管理制度或城乡区域管理制度还不够完善。

（三）行政管理区分类

行政管理区，也称行政区，是国家用制度明确的行政管理权行使的空间范围。从国内外行政管理区的设置看，总体上可分为两大类：一类是混合功能政区，即同质性区域和异质性区域合一的区域型政区。区域型政区也称为地域型政区、广域型政区，是指其行政管理权行使的空间范围包括城和乡，是站在城乡统筹发展、城乡融合发展、城乡一体发展、区域协调发展、人与自然和谐发展角度设置的行政区域管理体制，是城乡合一的行政管理体制。区域型政区设置历史非常久远、并非常稳定。在我国最为典型的是自春秋战国到秦代以来就稳定下来的"郡县制"，生生不息，两千多年来，不论朝代如何更迭，郡县制至今是我国最基础、最稳定、最有生命力的区域型政区。第二类是特定功能政区，即具有同质性区域的城镇型政区。城镇型政区也称聚落型政区、狭域型政区，其行政管理权行使的空间一般仅限于城区、镇区，最多是按城区、镇区发展需要，按城市确定的城区、镇区规划集建区空间范围。城镇型政区从严格角度讲，是近代工业化的产物。在近代工业化以前，行政区域管理并没有城乡区域之分，前面讲到，在那时，一个国家或一个地区总体上以自然经济为基础，近代工业革命前夕，居住在"城堡"中财主首先是农村庄园的庄主或乡村中的大小封建主，乃至近代工业革命前夕的原工业化阶段，也是兴起于乡村，故原工业化也称乡村工业化。[①] 所以，近代工业革命前，并没有明显的城乡界线和城乡差距，也不存在城乡概念。城乡概念、城乡差异、城乡差距、城乡关系等一系列学术范畴或话语范畴都是近代工业革命后产生的。由于现代工业集中的生产方式，使城市人口大量集中，并由此带来乡村衰退、小城镇衰退，大城市、巨型城市形成，随之城乡界线、城乡差异、城乡差距、城乡矛盾等概念接踵产生，并延伸出城乡统筹、城乡融合、城乡一体等话题。因此，城乡是后人用现代话语去套用近代工业革命前的说辞，并不存在近代工业化前就有城乡的概念。随着工业化、城镇化、全球化的发展，国内外实践证明，城乡统筹或城乡一体的使命，依靠城镇型政区的治理是做不到的。在我国，大多数城乡统筹比较好的、城乡差距比较小的都不是城镇型政区范围，而是区域型政区范围。国外城乡差距较小的发达国家大多实施的是区域型政区下的城镇型政区，城镇型政区受区域型政区的节制，由区域型政区授权[②]。城镇是区域内的城镇，城镇只有放到区域范围内才得到更好的规划和发展。因此，在区域型政区和城镇型政区中，区域型政区是基础性、统筹性、主导性的，而城镇型政区应当是从属于区域型政区的。站在城乡统筹和区域协调发展角度，城镇型政区应当受区域型政区节制，归区域型政区领导。

二、我国城镇型政区管理体制

市制有广义和狭义之分，广义的市制是指城镇的管理制度；狭义的市制是指城镇的建制制度。

（一）1909～1949 年我国的狭域型市制

近代工业革命以后，随着城镇化发展，西方国家纷纷设立城镇型政区，对城区、镇区实行专业化管理。1909 年 1 月，我国清政府颁布了《城镇乡地方自治章程》，第一次将城镇地区从区域中单列出来实行专业化管理。该章程明确，凡府、州、县所在的城乡地方皆称为"城"，其余地方人口满 5 万人以上的称为"镇"，不足 5 万人的称为"乡"。城、镇、乡为自治机关，受府、州、县节制，府、州、县地方官有权对城、

---

① 刘景华：《欧洲历史上城乡关系的演变》，载于《光明日报》2018 年 8 月 13 日第 14 版。
② 孙兵、王翠文：《城市管理学》，天津大学出版社 2013 年版，第 38－39 页。

镇、乡进行监督，解散。城、镇自治机构设议事会和董事会，办公处称自治公所；自治机构主要有教育、卫生、救济、市政工程、工商管理及其他公共事业。城、镇以固有的空间范围为准，若范围不明确，应在地方政府监督下重新划分；城、镇区域扩大或人口满 10 万人以上者，可划分为若干个区进行管理。1911 年 11 月，江苏召开临时省议会通过了以清政府《城镇乡地方自治章程》为蓝本的《江苏暂行市乡制》，把《章程》里城镇统称为市，规定凡县治城乡和人口 5 万人以上的市镇村庄屯集为市，不满 5 万人则为乡，第一次提出了市制的概念。1921 年 7 月，北洋政府内务部以"大总统敕令"形式颁布了《市治制》，这是中国第一部从国家意义上开创了中国市制正式文件，也是狭域型市制。1928 年 7 月，南京国民政府颁布了《特别市组织法》和《普通市组织法》。特别市设置须经国民政府批准，隶属于中央政府，与所在的省有明确的行政区域界线，其设置必须符合下列条件之一：①首都；②人口在 100 万人以上的城市；③其他有特殊情形者。普通市设置由所属的省政府呈报，经国民政府批准，隶属于省政府，与所在的县有明确的行政区域界线，其设置条件为人口在 20 万人以上的城镇。1930 年 5 月，国民政府废止了《特别市组织法》和《普通市组织法》，另颁布《市组织法》，按隶属关系将市分为（行政）院辖市和省辖市两种。院辖市设置应符合下列条件之一：①首都；②人口在 100 万人以上城市；③在政治和经济上有特殊情形者。省辖市设置应符合下列条件之一：①满足院辖市②和③两款条件之一并为省政府所在地；②人口在 30 万人以上城市；③人口在 20 万人以上城市，其所收营业税、牌照土地税每年合计占该地总收入 1/2 以上者。1943 年 5 月，国民政府对《市组织法》进行了较大修正，把省辖市的设置条件改为：①省会；②人口在 20 万人以上城市；③在政治、经济、文化上的地位重要，其人口在 10 万人以上者。为解决设置市建制中存在的问题，国民政府内务部曾于 1947 年 12 月拟定了《直辖市自治通则》和《市自治通则》，将市分为直辖市、省辖市和县辖市三种。首都划为特别行政区。直辖市设置须满足下列条件之一：①人口在 50 万人以上者；②在军事、政治、经济、文化、历史上有特殊情形者。直辖市置废及区域变更报中央政府核准，由内政部指挥。省辖市设置须满足下列条件之一：①人口在 10 万人以上者；②在军事、政治、经济、文化、历史上地位重要者。省辖市置废及区域变更报中央政府核准，由省政府指挥。县辖市设置须满足下列条件之一：①人口在 1 万人以上者；②在军事、经济有重要作用者。县辖市置废及区域变更报省政府核准，内政部备案，由县政府指挥①。

（二）1949～1984 年我国的狭域型市制

1949～1954 年，新中国最初的市制曾一度延续民国时期的体制，均为城镇型（狭

---

① 刘君德、范今朝：《中国市制的历史演变与当代改革》，东南大学出版社 2015 年版，第 103－109 页。

域型）政区形态，包括直辖市，省辖市，少数县辖市①。与西方国家的同类政区在形态上几乎完全一致。直辖市在 1957 年底前仍是城镇型或狭域型的，其他省辖市、县辖市在 20 世纪 80 年代之前绝大多数也是城镇型的或狭域型的。例如，上海到 1957 年底其市域面积仍然为 617.95 平方千米，大约现上海市市区外环线以内范围。基于副食品供给和上海发展，1958 年 1 月到 11 月，国家将毗邻江苏的上海、南汇、川沙、松江、宝山、奉贤、金山、崇明、青浦、嘉定 10 个县划入上海，使上海陆域面积从原来的617.95 平方千米扩展到 6360 平方千米，才形成了上海现在的广域型政区，既包括上海城区，又包括上海域内的广大乡村地区。

1955 年 6 月由国务院发布的《关于设置市、镇建制的决定》中提出，"市、镇是工商业和手工业的集中地"，"有些市的郊区划的太大或者区设的过多"，"聚居人口 10万人以上的城镇，可以设置市的建制"，"市的郊区不宜过大"，"县级或者县级以上地方国家机关所在地，可以设置镇的建制"。上述这些都说明 1955 年的国务院设市和设镇条件还是城镇型的或狭域型的。1963 年 12 月，中共中央国务院发布的《关于市镇建制，缩小城市郊区的指示》中提出，"市镇是工商业和手工业的集中地。由于这种地区的经济条件和生活方式都不同于农村地区。国家需要设置市镇建制，来对它进行专门的管理。""市的郊区是指这样的地区：（1）当前城市建设所必需的地区；（2）紧靠市区的集聚区；（3）设在市区附近的必需的蔬菜等主要副食品生产基地；（4）无法从市区划出的插花性质的农业区；（5）受地形限制，划归市比较有利的地区；（6）群众经济生活与城市关系密切的地区。凡是不符合上述原则的地区，都不应该划为郊区。市辖县应当按县的建制进行领导和管理，不得划为远郊区。市的郊区应该尽量缩小。市总人口中农业人口所占比重一般不应当超过 20%，不及 20% 的，一般不动；超过 20%的，应当压缩；确定有必要超过 20% 的，必须由省、自治区人委报国务院批准。""设置镇的建制，应该是工商业和手工业相当集中，绝大多数居民从事这些行业，确定有必要由县领导才有利于经济发展和物资交流的地方。"从 1955 年和 1963 年国家两个市、镇设置条件看，我国还是实施城镇型市制或狭域型市制。

（三）1984 年至现在我国的广域型市制

1. 我国广域型市制的特征与本质

1984 年 10 月，在国务院批转民政部《关于调整建镇标准的报告的通知》中，对1955 年和 1963 年国家关于设镇规定作了调整，总人口在 2 万人以下的乡，乡政府驻地非农业人口超过 2 千人的，可以建制；总人口在 2 万人以上的乡、乡政府驻地非农业人口占全乡人口 10% 以上的，也可以建镇。少数民族地区、人口稀少的边远地区、山

---

① 刘君德、范今朝：《中国市制的历史演变与当代改革》，东南大学出版社 2015 年版，第 116 – 118 页。

区和小型工矿区、小港口、风景旅游、边境口岸等地，非农业人口不足 2000，如确有必要，也可以建镇。具备建镇条件的乡，撤乡建镇后，实行镇管村的体制。1986 年 4 月，国务院转发民政部《关于调整设市标准和市领导县条件的报告》中规定，总人口 50 万人以上的县，县人民政府驻地所在镇的非农业人口 10 万人以上，常住人口中农业人口不超过 40%，……就可以撤县设市。撤县撤市后，原由县管辖的乡、镇由市管辖。1993 年 5 月，国务院批转民政部的《关于调整设市标准的报告》中规定，每平方千米人口密度 400 人以上的县，县人民政府驻地从事非农业产业人口不低于 12 万人，其中具有非农业户口的从事非农产业的人口不低于 8 万人，县总人口中从事非农产业的人口不低于 30%，并不少于 15 万人，可以撤县设市；每平方千米人口密度 100～400 人的县，县人民政府驻地镇，从事非农产业的人口不低于 10 万人，其中具有非农业户口的从事非农产业的人口不低于 7 万人。县总人口中从事非农产业人口不低于 25%。目前不少于 12 万人，可以撤县设市；每平方千米人口密度 100 人以下市，县人民政府驻地镇从事非农产业人口不低于 8 万人，其中具有非农业人口的人事非农产业的人口不低于 6 万人，县总人口从事非农产业人口不低于 20% 并不少于 10 万人，可以撤县设市（见表 4-1）。

表 4-1　　　　　　1986 年前与 1986 年后非农业产业人口占市、镇总人口比重

年份	地区	非农业人口占市、镇总人口比重
1963	市	非农业人口占市人口比重大于 80%
	镇	聚居人口在 3000 人以上，非农业人口占镇总人口比重大于 70% 聚居人口在 2500 人以上不足 3000 人，非常农业人口占镇总人口大于 85%
1986	市	总人口 50 万人以上县，县人民政府驻地常住人口中非农业人口大于 40%，可以设市撤县
1993	市	每平方千米人口密度 400 人以上县，县总人口中从事非农业产业人口大于 30%；每平方千米人口密度 100～400 人的县，县总人口中从事，非农业产业人口大于 25%；每平方千米人口密度 100 人以上县，县总人口中从事非农业产业人口大于 20%

资料来源：笔者根据有关规定整理。

另外，在 1986 年 4 月国务院批转民政部的《关于调整设市标准和市领导县条件报告通知》中还规定，"市区非农业人口 25 万以上，年国民生产总值 10 亿元以上的中等城市（即设区的市），已成为该地区政治、经济和科学、文化中心，并对周围各县有较强的辐射力和吸引力，可实行市领导县的体制。一个市领导多少县，要从实际出发，主要应根据城乡之间的经济联系状况，以及城市经济实力大小决定。"1999 年《中共中央、国务院关于地方政府机构改革的意见》指出，要调整地区建制，减少行政层次，避免重复设置。与地级市并存一地的地区，实行地市合并；与县级市并存一地的地区、

所在市（县）达到设立地级市标准的，撤销地区建制，设立地级市，实行市领导县体制；其余地区建制也要逐步撤销，原地区所辖县改由附近地级市领导或省直辖，县级市由省委托地级市代管。

综上所述，1984 年以来直到现在，我国城镇型政区一直采用广域型的市制。广域型市制基本特征有两个：一是广域型市制中的城镇，其城区、镇区以外的郊区比重特别大，形成城乡不分的空间结构格局。前面讲到，1958 年 1 到 11 月，国家将江苏的 10 个县列入上海后，当时上海的市域陆地面积就从 1957 年底的 617.95 平方千米到 1958 年的 6340 平方千米，此时上海城区、镇区大约只占上海市域陆地面积的 10% 左右，其余 90% 左右的市域面积均为上海的农村地区，城乡区域比约为 1∶9。上海姑且这样，从 1984 年以来的其他直辖市、地级市、县级市其市域面积中的城乡区域比更是如此。从而产生城乡区域不分的后果。二是广域型市制是市领导县，乡、镇由市管辖，形成了城镇空间统筹区域空间的格局。从实践看，城镇是具有明确边界的点状空间，按照国家《城市用地分类与规划建设用地标准》，城市建设用地是指城市内的居住用地、公共管理与公共服务用地、商业服务业设施用地、工业用地、物流仓储用地、道路与交通设施用地、绿地与广场用地。由上述建设用地构成的城市空间本质上是个聚落空间或狭域型空间。因此，城镇是区域中的城镇，城镇离开区域是不存在的，正是因为城镇的这种狭域型空间或聚落型空间的特征，城镇是隶属于区域的，应由城镇空间所在的区域空间来统筹和统辖。从分级治理角度讲，就是要由国家来统辖直辖市，由省来统辖省会城市、计划单列市、地级市，由县来统筹县内市等。因此，我国广域型市制本质上属"以城治乡"的城镇行政管理制度，既不是"城乡分治"行政管理制度，也不是"城乡合治"行政管理制度，而是"以城治乡"行政管理制度。理解这一点对正确认识我国广域型市制的本质是非常重要的。

2. 我国广域型市制的优点和不足

广域型市制也可称区域型市制、地域型市制，是指城市以其行政管理机构的名义，统筹管理其辖区范围内的城区、郊区、镇区和广大乡村地区的一种"以城治乡"的行政管理体制。这种行政管理体制在一个地区范围内既管城镇区域，又管乡村区域，因其管理区域广，在学理上称广域型市制或区域型市制或地域型市制。在我国，这种体制设计的根本动因是更好更快地推进城市化，是为加快我国城市化而构建创设的一种"以城治乡"的行政管理体制。目前，我国有 4 个直辖市，25 个副省级市，290 余个地级市，360 个县级市，以及上述市辖区也属这四个等级市制中的同类机构。我国其他非市制行政管理机构还有省、自治区、自治州、县、自治县以及乡、民族乡。这两类行政机构在我国是并行的，都是区域型镇区政区或地域型政区行政管理体制。省、自治区、直辖市同一层级，自治州、地级市同一层级，县级市、自治县、县同一层级，乡、民族乡、镇是同一层级。从目前情况看，自1984年以来，我国并没有实施世界大多数国家通称的狭域型市制。

我国广域型市制的优点和不足。广域型市制执行前提是城乡商品、劳动力、土地等要素基本自由流动，在这些要素基本自由流动条件下，根据我国两种土地所有制的实际，设计了集体土地征用、拍卖交易制度，政府制定发布规划制度，城镇企业自由招工制度以及拨改贷为基础的现代金融制度等。大大加快了我国的工业化和城镇化步伐，使我国城镇尤其是超大城市、特大城市、大城市获得了长足的发展，这种发展是建立在以农补工、以乡补城基础上的。因此，广域型市制最大优点是有助于我国城镇的发展，特别有助于行政等级较高的城市发展，这种现象在我国近几十年的城镇化浪潮中表现得淋漓尽致。例如，城市中心地区并入郊区几个乡镇，整建制郊区并入城市建成区，县改区等。其根本动因都是为了城市发展能够统一规划和征用集体土地。

另外，我国的广域型市制还具有行政等级色彩。从目前已有的规定看，我国把市分为五个等级，包括直辖市、副省级市、地级市、县级市、镇级市（根据国发〔1986〕46号批转民政部《关于调整市标准和市领导条件的报告》规定是可以的，但目前国内还没有，2019年8月刚成立的温州龙港是县级市，也不算镇级市）①。而这些等级市其职权是不一样的，其等级越高的市其配置要素的能力和争取中央政策的能力就越大。从发展结果看，我国行政等级越高的城市产业和人口就越集中，而等级越低的城市产业和人口集中能力就相对差。所以，我国当前的广域型市制更有利于超大、特大、大城市的发展，而对中小城市及小城镇的发展相对不利，对广大乡村更不利。这也许就是我们现在看得到的"北上广"房价飞涨，而三四线城市商品房库存又很大的原因之一。同时，也是我国大城市与中小城市、小城镇及城乡不协调、不平衡的重要原因。

同时，体制也会改变人们的心理意识和行为方式，在省、县制体制下，其行政管理机构及人员会认为城乡统筹是他们应该的意识和行为，而省改直辖市、地区改地级市、县改市或区后，他们在意识上会认为城镇是他们建设和管理的主要任务，而不去理会所辖的广大乡村。笔者与这些县改区、市辖区的行政机构及干部一起工作多年，深深体会到他们的思想变化、行为变化和工作重心的变化。由于我国农村社会的历史原因，国有土地很少，基本都是集体土地。一方面，在城镇化推进中，通过集体土地的征用、拍卖，腾出了大量的土地财政，而这些来之于集体土地的土地财政基本投向城区，镇区还能分到一点，而其广大乡村基本没有获得土地财政的投资；另一方面，在这些被征用、拍卖的集体土地上建起的住宅、商业商务设施、工业厂房及其入驻企业所产生的一般公共财政的建设财力也基本投在城区，少部分投在镇区，广大乡村也

---

① 解万玉：《城市规划》，机械工业出版社2010年版，第5页。

没有分到；甚至一般公共财政供养的政府部门、公用事业和公益事业单位的工作对象和管理范围也只是城区、镇区，对广大乡村地区的规划、土地、建设、运营、住房等基本是不管的。于是，我国经济社会发展的结果是"城区有点像欧洲，乡村基本像非洲，镇界于乡村和城区之间"。区域内的城乡经济社会发展极度不协调、不平衡，这种情况，在我国市制管理区域表现得比较普遍，从某种角度说与广域型市制有很大关系。以往，学界把我国城乡二元结构普遍归咎于城乡户籍和土地制度。事实上，我国农村人口和土地自由流动已实施很多年，城乡二元结构中的农村户籍和土地制度已得到很大程度的改革，但城乡差距不降反升，笔者认为与我国广域型市制及其运作有关。实践证明，广域型市制若运作不好对城乡统筹是不利的。

另外，广域型市制还带来了城乡管理上的诸多混乱。一是广域型市制模糊了城乡概念和城乡地区划分。城镇是人口集中规模较大、主要从事第二三产业的聚落型点状区域，而广域型市制范围包括的广大乡村地区是地域型面状地域，广域型市制既包括了真正意义上的聚落型点状"市"，又包括了非真正"市"含义的地域型面状"乡"，从而造成城与乡不分，致使我国现在的"市"既不像"城"也不像"乡"。二是难以开展城乡分别统计。随着经济社会的发展，城乡的异质性越来越大，同样一块绿地，城市叫公共绿地，乡村称林地；同样人口统计，城镇以城区、镇区每平方千米人口规模为统计单位，乡村以建制村地域的人口密度为统计单位等。实践上，笔者曾与一个市的统计局领导说，应该建立城乡分类统计，这位领导说，我们已经是市，哪有乡村可言，还需要什么城乡分类统计。由我国西南财经大学和天津南开大学专家主持的，基于 2009～2017 年全国 70 万个社区人口开展的调查研究发现，有 33% 的人被划为城镇人口，但他们实际生活并没有发生明显变化。"2014 年，北京设定了到 2020 年实现 1 亿人在城镇落户的目标。但研究人员发现，在这一过程中，只是把农村地区重新划分，这意味着数百万农村居民变成了城镇人口，但其实并未离开原来的家园。"[1] 三是不利城乡分类精准管理和城乡分类科学研究。城镇的管理主要是专业化管理，城镇管辖范围的居民利益共同性较高；乡村的管理主要是综合性管理，乡村管辖范围的居民利益共同性较低，往往同一建制村不同的自然村居民的利益是不一样的，因此，村下往往再设组或队建制；因此，城乡管理应当进行精准分类，有针对性地开展。同样，城乡概念、城乡地区划分和城乡统计不分，势必造成城乡在科学研究上无法分开，从而形成现在许多乡村规划编制套用城市规划编制手法，乡村土地使用套用城市土地供给方法等笑话。四是难以有效正确地调整城乡关系和改善城乡差距。由于城乡概念模

---

① 西德尼·冷著，陈俊安译：《研究：1/3 城镇居民仍生活在农村》（原题：《中国的新城市民居共实仍生活在农村》），载于《环球时报》2020 年 1 月 7 日第 6 版。

糊，城乡地区划分模糊以及城乡统计模糊，就难以正确评估城乡发展现状、问题，难以制定正确的城乡统筹工作方案，也难以根据我国工业化和城镇化发展阶段的变化，正确建立健全城乡融合发展的体制机制和政策体制。

至于，有些学者提出的广域型市制，有利于城乡一体化，有利于市县争驻地，有利于精简机构，从实践角度看是不存在的。例如，浙江衢州，1986 年撤衢县设衢州市，原衢县县城改为衢州市驻地，衢县县城改为衢州市下辖柯城区，原衢县改为衢江区，迁址于衢江区境内的樟树坛镇重建衢江区所在地，故市县乡驻地仍存在。相应的衢州市地级机构、衢江区县级机构以及柯城区县级机构也一个未减少，相应的行政编制、经费开支也未减。从实践看，广域型市制唯一的作用是有利于上级城市的发展和建设，浙江衢州成立后 20 多年的结果也能证明这一点。但一个地域里的各种要素，包括规划空间、建设用地、财政资金以及项目、技术、管理、原料在一定时期内总是一定的，在"以城治乡"的广域型市制下，市级多了，其所辖的县（市）和区就相对少，所以广域制市制有助于城乡一体发展这一说法也难以成立。自 20 世纪 80 年代我国实行广域型市制以来，城乡居民收入差是不断扩大的，自 2010 年以后才有所缓和，但仍没有回到 1980 年前（见表 4 - 2）。

表 4 - 2　　　　　　　　　　1980 ~ 2020 年我国城乡居民收入对比

年份	城镇居民（元）	农村居民（元）	相对差距
1980	477.6	191.3	2.49：1
1985	739.1	397.6	1.85：1
1990	1510.2	686.3	2.20：1
1995	4283.0	1577.7	2.71：1
2000	6280.0	2253.4	2.78：1
2005	10493.0	3254.9	3.22：1
2010	19109.4	5919.0	3.22：1
2011	21809.8	6977.3	3.12：1
2012	24564.7	7916.6	3.10：1
2013	26955.1	8895.9	3.03：1
2014	29381.0	9892.0	2.97：1
2015	31790.3	10772.0	2.95：1
2016	33616.0	12363.0	2.71：1
2017	36396.0	13432.0	2.70：1
2018	39251.0	14617.0	2.68：1
2019	42359.0	16021.0	2.64：1
2020	43834.0	17131.0	2.55：1

资料来源：国家统计局：《1980—2020 年国民经济和社会发展统计公报》。

从实际看，我国超大、特大城市周边的小城市、小城镇、乡村的衰退远比我国省制、县制内的小城市、小城镇、乡村衰退快。上海市域内的小城镇和乡村远不如浙江县域内的小城镇和乡村繁荣。在 2014 年，上海市委二号课题"推进城乡一体化发展"的《统筹城乡规划，优化完善郊区城镇结构和功能布局》分报告中提出，"在区域一体化的大背景下，上海市的新市镇在城镇群网络中的职能不突出，难以发挥跨区域辐射带动作用。据统计，上海郊区人均 GDP 仅为临沪县级市平均值的 2/3，在临沪边界地区形成了经济断裂带和价值洼地。新市镇在支撑新城，服务农村的作用尚未凸显，一批撤制镇存在很多历史遗留问题。"我国北京、天津周边也有类似情况。"2005 年 8 月 17 日，亚洲开发银行资助的一份调查报告首次提出'环京津贫困带'概念：在国际大都市北京和天津周围，环绕着河北的 3798 个贫困村、32 个贫困县，年均收入不足 625 元的 272.6 万贫困人口。如果以 150 千米的直线距离计算，与北京接壤的河北省张家口、承德、保定三市就有 25 个国家级和省级贫困县，谓之'环首都贫困带。'"[①]

第三节　建立区域型政区下的城镇型市制

一、建立区域型政区下的城镇型市制的必要性

从上一节论述的我国当前广域型市制的优点和缺点中看到，我国 1984 年以来实行至今的"广域型市制"将区域型政区与城镇型政区颠倒过来，即城镇型政区本质上是一种区域型政区或地域型政区。当今学术界归纳的"切块设市""整县设市"等都属区域型政区或地域型政区，构成"以城治乡"的城乡行政管理体制。在这种"以城治乡"的行政管理体制下，城市依托其虹吸作用将乡村的土地、资金、劳动力、人才等吸纳，小城镇和乡村出现"空心化"、污染和衰退。可见，我国当前的"切块设市""整县设市"等广域型市制远没有达到"城乡合治"的状态。也许人类发展历史可能存在"城乡合治""以乡治城""以城治乡""城乡合治"这么一个循环往复的过程。人类历史"城乡合治"状态下，城乡差距应该是很小的，例如，马克思描述的"亚细亚的历史是城市与乡村无差别的统一"[②]，也许就是"城乡合治"的状态。从我国广域型制市制实施的结果看，广域型市制或者我国的"切块设市""整县设市"等还不能称为是一种"城乡合治"模式，而是一种"以城治乡"的模式。但从"城乡无差别"发展时期看，"城乡合治"实施的是区域型政区下的城镇型政区行政管理体制，这一

---

① 蔡之兵：《中国都市圈发展之路》，经济科学出版社 2017 年版，第 4 页。

② 《马克思恩格斯全集（上册）》，人民出版社 1961 年版。

点似乎已能肯定。人类社会既要考虑提高生产效率，同时也要考虑社会公平。近代工业革命以来，人类社会发展证明，工业化与城镇化是一对孪生兄弟，工业革命创造了人类社会至今前所未有的财富增长，城镇作为近代工业革命的空间载体，与工业革命一道成为人类社会生产力发展的进步生产方式，相对传统的农业社会及其相应的农业生产方式有其积极的一面。因此，人类社会为了维持自身的可持续运行，需要发挥区域型政区统筹城乡的社会公平作用，同时，最大限度地发挥"城镇型政区"的效率作用。需要说明的是，在当代社会，所谓"城市自治"已经不是"市制"初始的"市民自治"概念，而是指"城镇政府专业化治理"概念。因此，"城镇型政区"比较偏重于"效率"的考量，生产力发展的考量；而区域型政区或地域型政区比较偏重于"公平"的考虑，社会和谐的考量。人类社会其主体是人，物质生产的效率最终需要服从于社会的和谐，这就是我们平时常讲的"稳定、改革、发展"之间的关系，社会稳定是改革和发展的前提，没有稳定的社会环境，一切改革和发展都难以进行。我国工业化、城镇化发展到今天，把上述观念放在我国城乡行政管理体制下，就更加需要建立以城乡统筹或城乡合治的区域型政区或地域型政区为前提的城镇型市制或狭域型市制或聚落型市制。

二、建立区域型政区下城镇型市制的基本内容

（一）明确区域型政区和城镇型政区的权能

凡属城乡统筹的权能由区域型政区行使，包括政区内的主体功能区规划、与本政区相关的区域规划、政区内的城镇村聚落布局规划（含城镇体系规划）、政区内的城乡总体规划、政区内的城乡土地利用规划（十五年）、政区内国民经济社会发展规划（五年）、政区内的乡镇域总体规划、村庄规划等，以及与上述规划相应的区域型经济社会发展战略、各类规划的实施政策、政区内的道路交通设施项目安排和政区内具有重大影响的产业布局等。凡属城镇型政区内专业管理的权能由城镇型政区行使，包括城市总体规划、城市分区及单元规划、城市详细规划、城市专项规划、城市内各类控制性详细规划、修建性详细规划，以及与这些规划实施相关的项目安排、审批、土地出让、政策和管理制度等。

（二）明确区域型政区和城镇型政区的行政建制

根据我国历史传统和发展实际，我国以城乡统筹为着力点的区域型政区行政建制规范形式应该有：省制：省、自治区、特别区（直辖市）；地区州府制：地区行署、自治州；县制：县、自治县；乡镇制：乡、民族乡、镇；特别行政区：香港、澳门等。需要说明的是，为便于区域型政区与城镇型政区的通名规范，我国直辖市可以更名为特别区或其他名，便于特别区设市，可能造成的直辖市与直辖市下辖市的政区行政建

制名冲突或产生歧义。根据我国城镇型政区行政建制的名称规范，我国以专业化管理为着力点的城镇型政区的行政建制应该有省辖市（含直辖市）、地区州府辖市、县辖市以及与上述三类市有关的城区、郊区等行政建制。省辖市主要包括省会城市和计划单列市，省辖市（含直辖市）、地辖市根据行政管理需要可设城区和郊区，但为避免以往的城乡不分，城镇型政区下的郊区应该缩小农村范围或者制定县改区标准并且严格控制县改区。县辖市一般不需要市下设城区和郊区，这是因为县辖市一般均属小城市，城市规模不会太大，一般市下不需要设城区也能有效管理；县辖市下不需要设乡镇、村，因为县辖市一般在县域内，且紧邻乡镇村，故县辖市域在发展需要扩张空间范围时，在县域内可按规划调整。

（三）明确区域型政区和城镇型政区的管理关系

政区管理关系，也称政区统辖关系，包括区域型政区与城镇型政区的统辖关系，区域型政区内部各层级的领导与被领导关系。城市从社会角度讲是一定空间范围内的居民和单位组成的共同体或自治体，因此，城市与城市之间不论规模大小，不存在城市与城市之间的统辖关系或领导与被领导关系。所以，研究区域型政区和城镇型管理关系主要是研究区域型政区与城镇型政区的管理关系和不同层级的区域型政区之间的管理关系。前面讲到区域型政区管理的出发点、归缩点、着力点是区域内的城乡统筹，其城乡统筹的原则是兼顾公平和效率，且比较侧重社会发展；而城镇型政区的出发点、归缩点、着力点是城镇内的专业管理，其专业管理的原则是效率，且比较侧重经济发展。由于人类社会经济发展的目的是为社会发展，生产的目的是为了更好的生活，所以，在区域型政区与城镇型政区的管理关系中，区域型政区应该统辖或领导城镇型政区。区域型政区的空间范围包括城镇型政区的空间范围，区域型政区的权能也应包括城镇型政区权能，城镇型政区权能从区域型政区中折出并受其节制。从上述角度讲，区域型政区的行政建制应该领导城镇型政区的行政建制。同理，区域型政区其空间范围不仅包括城镇型政区，还包括下一层级的区域型政区。例如，省级行政区不仅包括地级行政区，还包括县级行政区乃至乡镇村行政区。因此，不同层级的区域型政区其管理关系是上级政区统辖或领导下级政区。综上所述，市不应该存在行政层级，即不同规模的市不存在统辖关系，因此，我国20世纪80年代初推出的地级市领导县是难以从行政区域管理逻辑中推导出来的。但不管规模大小的市，都可以构建其内部的行政管理关系，如市可以统辖区、区可以统辖街道等。

（四）明确区域型政区和城镇型政区的行政等级

中国是一个传统等级十分严密的国家，而行政管理又具有行使国家权力的特征，从某种角度讲，行政管理是依托行政等级制度来实施的，日常中的"官大一级压死人"就是行政管理等级制的典型说法。前面从管理角度讲到，不同规模的城市，因城市的共同体或自治体特性不存在统辖关系，但在我国，城市也是有行政等级的。例如，我国现在的直辖市人口规模和经济总量比较大，都达到超大、特大城市标准，并且其区位一般比较特殊，其行政等级与省、自治区是平级的；省会城市或计划单列市人口规模和经济规模一般都达到特大或大城市标准，且区位一般也比较特殊，一般都是副省级；到 2017 年底，我国 294 个行政建制地级市中，也有 104 个达到大城市，还有 190 个属中小城市，故这类地级市在我国行政等级一般为正局级；同样，2017 年底，我国的 363 个县级市其行政等级为正处级。尽管城市的行政等级设置，国内有些专家持反对意见，认为这是制约中国城市发展的顽疾，要破除约束城市发展的种种不合理的行政限制，让市场在城市发展中起到主要作用①，但在我国去除城市等级设置估计还要相当时日。不过在我国的确需要讨论，城市行政等级设置是按城市规模设置，还是按行政等级反套城市，而不问城市规模。一般而言，城市规模越大，其专业管理复杂性和难度就越高，而所需要配置的权能要求就越大，从这个角度讲，城市即便要设置等级，也应与城市规模关联。而区域型政区，全世界都一样，都是设置行政等级实施行政管理的。例如，我国区域型政区中的省、自治区是省级，地区行署、自治州是地级，县、自治县是处级，乡、民族乡、镇是科级。而区域型行政等级的设置依据主要是地域空间规模，当然从行政管理难度而言，也与其人口规模、经济规模等人类社会的发展内容有关。

（五）明确区域型政区和城镇型政区行政官员的行政级别

政区的行政等级主要指某一政区行政单位在政区层级体系中的等级和地位高低，而行政官员的行政级别是指地方官员在国家公务员体系中的等级和地位高低。一般而言，同一政区层级行政单位的行政等级与行政官员的行政级别是一致的，这是政区行政层级、行政单位的行政等级和行政官员的行政等级的常态。但我国因不仅仅是区域型政区设置等级的，城镇型政区也是设置等级，故产生省级市（如直辖市）、副省级市（如省会城市）等，从而产生政区行政层级、行政单位的行政等级、行政官员的行政级别不一致现象。例如，上海和北京的郊区县其行政单位和行政官员的行政级别都是正局级，而省辖县其行政单位和行政官员的行政级别是正处级；再例如，上海和北京的城区和郊区范围内的街道是正处级，而地辖区的街道是正科级等。还有行政单位的行政等级不变，但因工作需要，该行政单位的行政官员行政级别改变，例如，浙江特大镇、小城市培育中的镇书记，其镇仍是正科级单位，而镇书记因任县委常委，其行政级别是副处级。

综上所述，我国区域型政区下城镇型政区结构表述如图 4 - 1 所示。需要说明的

---

① 《龙港撤镇建市的前世今生》，http：//Finace. sina. com. cn/china/2019 - 10 - 15/doc-iicezuev2196233. shtml。

是，在当前，我国直辖市和省辖市下的郊区因其农村面积大，故直辖市和省辖市下的郊区本质上是县的性质，故可以设置市，但市下不可再设置区和街道，市下可以设置居委会。同样，县下可以设置市，但市下不可再设置区和街道，可以设置居委会。

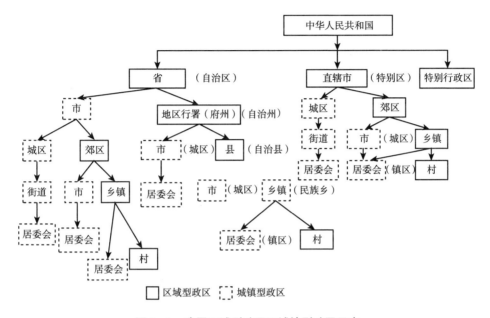

图 4-1 我国区域型政区下城镇型政区示意

资料来源：笔者绘制。

三、建立区域型政区下城镇型市制基本原则和意义

（一）基本原则

1. 严格限制市辖城区的农村地区范围

建立区域型政区下城镇型市制除上述论证的关键问题外，还需特别强调的是严格限制市辖城区的乡村地区范围。因为到 2020 年我国城镇化率还只有 63.89%，据《国家人口发展规划（2016—2030 年）》，预计到 2030 年我国常住人口城镇化率可达到 70% 左右，到 2035 年我国基本实现社会主义现代化时，我国城镇化还有较大增长空间。故在这期间，我国城区发展还未定型，城区还需要扩大空间。解决我国城区发展空间有两个方案：一是通过长远规划为城区发展预留发展空间；二是采取 1963 年 12 月中共中央国务院发布的《关于调整市镇建制，缩小城市郊区的意见》文件中提出的"六条原则"来确定城区的空间范围。从而使我国真正实现城镇型政区的管理，防止城市的无序蔓延。

2. 严格控制撤县设区

如果说建立区域型政区下城镇型市制，严格限制市辖城区的农村地区范围是必需的基本原则，那么制定撤县设区标准，严格控制撤县设区就成为我国城市设置需要遵循的又一个基本原则。从目前情况看，在我国，至今还没有一个各级政府可遵循的撤县设区的标准。而目前我国市辖郊区农村地区范围都比较大，如果不能做到按照标准严格控制撤县设区，那么严格限制市辖城区的农村地区范围这个原则就得不到保障，是空的。目前，国内大多数学者考虑的是按照人口规模、经济规模、地域规模建立撤县设区标准。笔者认为，应该按照县域内农村地区范围占县域空间范围达到一定比例时，就应当严格禁止撤县设区，以保障狭域型市制的实现。也有部分专家提出，在严格控制城市郊区范围时，应该撤销城市郊区，只保留城市城区。这也说明，我国当前城市包含大量农村地区，应该严格控制撤县设区。

3. 完善城市设置标准

由于我国从 1986 年以来实施的是广域型市制，所以我国城市事实上是没有空间边界的。尽管近几年国家三令五申要求划定城市边界线、永久基本农田保护线等，但由于城市辖区本身包括了大量农村地区，而城市的规划编制是由城市政府主导的，城市规划审划也没有城市边界红线的要求，只有城市建设用地总量要求，这样城市规划审划只要在其规定的建设用地总量范围内即可，与其辖区的某一具体城市的城市边界并无直接关系。从而造成城市政府在其建设用地总量内牺牲中小城市、小城镇、乡村的建设用地来满足超大、特大、大城市乃至中等城市的建设用地需求，于此形成我国超大、特大、大城市中心城区规模过大，而市域内的中小城市、小城镇规模过小，乃至乡村基本建设用地都难以保证的局面。从某种角度讲，我国当前大中小城市、小城镇、乡村之间发展的规模结构和空间结构不合理，于此形成大中小城市、小城镇、乡村之间发展差距过大，与我国不是限定城市本身建设边界或城市边界，而是在广域型市制前提下只限定行政管理意义上的城市建设用地规模总量有关。因此，在工业化、城镇化、农业农村现代化后期，建立以城乡统筹和城市专业化管理为着力点的区域型政区下的城镇型市制，必须改变广域型市制下的城市建设用地总量控制办法，而改为具体城市划定城市边界的控制办法，而要做到这一点，在我国首先要修改 1986 年以来的城市设置标准，即狭域型城市设置标准，而不是广域型城市设置标准。

4. 完善有关法律和有关制度

在我国当前，不仅是城市设置标准，上到《中华人民共和国宪法》（以下简称《宪法》）、下到《中华人民共和国土地管理法》《中华人民共和国城乡规划法》以及大量的行政管理规章制度都与广域型市制配套。例如，我国现行《宪法》第三十条第一款第一项规定，省、自治区分为自治州、县、自治县、市，并没有地级市的规定，而我国到 2017 年底就有 294 个地级建制市；第三项县、自治县分为乡、民族乡、镇，但并没有规定可以设置县辖市，从而造成温州龙港只能切块设置县级市的困惑；第二款规定直辖市和较大的市分为区、县，并没有规定直辖市和较大的市下属的郊区可以设市。而由于我国实行的是广域型市制，故在我国直辖市和较大的市下的郊区内含独立的中小城市比比皆是，由于不能设市，故都分割为若干街道管理，也存在诸多的行政边界，缺乏城区统筹。同样，《宪法》三十条中的直辖市、县级市，加上实践中的地级市，三者都叫市，也存在"市"名的通名规范等，避免行文和日常交往中都要强调自己是哪一级"市"的麻烦。另外，自1986年，我国实施市领导县，在实施过程中也凸显出诸多弊端，"一是没有达到城市带动县（市）经济发展的初衷，一定程度上阻碍了县（市）的经济发展，导致城乡差距扩大；二是财政资源配置上，过多地向地级市倾斜，导致县（市）发展没有足够的财政资源的支持；三是有些地级市自身经济发展水平不高，辐射能力弱，没有能力带动县（市）经济的发展，出现了'小牛拉大车'状况；四是市管县体制的运行框架，尤其是市为了管理区县的事务增设机构，会导致行政管理层级的增多，操作流程复杂化，从而降低行政效率，进一步增加行政成本。"[1] 20世纪80~90年代初"市管县"体制弊端日益显现后，1992~2007年浙江进行了四轮的"强县扩权"改革。从2002年起，湖南、河南、安徽、海南、黑龙江、四川、山西、辽宁、河北、江苏等省份纷纷开展"强县扩权"改革。国家从2005~2010年发布多项中央、国务院文件支持省直管县财政管理体制和扩权强县改革试点等。以上这一些，归根到底都需要国家在城乡统筹、城乡融合、城乡一体的新形势和制度要求下，进一步明确到底是城市型政区领导区域型政区，还是区域型政区领导城镇型政区的根本问题，也涉及国内现行的许多法律、法规以及有关政策文件的修订和完善。

（二）主要意义

1. 有利于城乡统筹发展

区域型政区空间管理范围内人类社会的"城、镇、村"聚落类型都具有。就像一个家庭一对夫妻有三个孩子，不管男或女、大或小、聪明或愚蠢都应一视同仁，公平对待。实践中，绝大多数区域型政区领导都能公正、公平地对待"城、镇、村"各个类型聚落的发展。通过区域内规划空间的统筹、生产要素的统筹、公共服务设施均等化的统筹、第一二三产业发展的统筹、管理资源的统筹，实现区域内城乡、地区协调发展或平衡充分发展。区域型政区这种城乡统筹的行为取向，还需要行政管理目标考核等制度予以保障。从实践看，区域型政区的领导大多能自觉地实施城乡统筹职能，这是因为区域型政区领导在"城、镇、村"发展方面，没有特殊的利益偏好。而由城市政府实施城乡统筹职能就不具有这种对待"城、镇、村"的公正特质，因为城市经

---

① 金雪梅：《中国"省管县体制研究"——以浙江省为例》，https：//max. book118. com/html/2018/1110/8063022076001132. shtm。

济效率高，故城市政府有发展城市的偏好。

2. 有利于城市专业化发展

区域型政区下城镇型市制，城市政府就可以专注于城市发展，而不需要为"镇、村"发展而分散精力。通过城市经济社会、城市规划、城市建设、城市治理等方面的专业化发展，提高城市的经济效率，促进城市发展的现代化。城市政府利用自身的区位优势、发展基础和条件，提高吸引力和竞争力，获得的经济利益可以通过财政税收制度，由区域型政府实施国民经济的初次分配和再分配，促进城乡、地区差距的缩小，从而实现城乡、地区的共同富裕及现代化。"所谓现代化，概括地说，就是借助最新的技术与生产方式创造财富，并通过日益合理的体制分配财富的过程。"①

第四节　特大镇改市的体制机制

根据本章前面几节的论证，特大镇改市的最优方案既不是县级市，即在原来县中"切块设市"，也不是镇级市，即"县辖镇级市"；而应当是在原有县域内增设一个行政层级，该层级享受副县级行政等级。该行政层级的地方主要负责人，无论是书记还是市长其行政级别均为副处级，市委市政府内设机构是正科级；该副县级市由原有县管理或委托县管理；城乡统筹职能由县行使，城市专业管理职能由市行使。具体需要设置的体制机制是特大镇改市的程序，副县级市的职能职权、机构设置、人员编制、公共设施配置、财政体制、隶属领导关系等问题。

一、特大镇改市的程序

根据 2019 年 1 月 1 日起施行的国务院令《行政区划管理条例》（以下简称《条例》），特大镇改市程序主要由审批、报审材料、报审材料要求、批准后实施几部分构成。

（一）特大镇改市审批

《条例》第七条第二项规定："自治州、县、自治县、市、市辖区的设立、撤销、更名和隶属关系的变更……由国务院审批。"例如，2019 年 8 月 16 日，经国务院批准，民政部复函浙江省人民政府，同意撤销苍南县龙港镇，设立县级龙港市，原龙港镇的行政区域为龙港市的行政区域，市政府驻地为镇前路 195 号。龙港市由省直辖，温州市代管。

---

① 李庆余、周桂银等：《美国现代化道路》，人民出版社 1994 年版，第 1 页。

（二）特大镇改市报送材料

《条例》第十三条规定："申请特大镇改市应当向国务院报送的材料包括：（1）申请书；（2）与行政区划变更有关的历史、地理、民族、经济、人口、资源环境、行政区域面积和隶属关系的基本情况；（3）风险评估报告；（4）专家论证报告；（5）征求社会公众等意见的情况；（6）变更前的行政区划图和变更方案示意图；（7）国务院民政部门规定应当提交的其他材料。"

（三）报送材料的要求

《条例》第十四条规定："县级以上人民政府民政部门在承办行政区划变更的工作时，应当根据情况分别征求有关机构编制部门和本级人民政府的外事、发展改革、民族、财政、自然资源、住房城乡建设、城乡规划等有关部门的意见；在承办民族自治地方的行政区划变更的工作时，消退同民族自治地方的自治机关和有关民族的代表充分协商。"实践中，上报的材料中应该附上听取意见的情况报告。

（四）审批后的实施

《条例》第十五条规定："有关地方人民政府应当自审批机关批准行政区划变更之日起 12 个月内完成变更；情况复杂，12 个月不能完成变更的，经审批机关批准，可以延长 6 个月。变更实施的主要内容包括：依照法律、行政法规和国家有关规定勘定行政区域界线，并更新行政区划图；需要变更行政区划代码的，由行政部门于行政区划变更后 1 个月内确定，公布其行政区划代码，行政区划变更后，有关地方人民政府应当向社会公告；行政区划管理中形成的请示、报告、图表、批准文件以及行政区划管理工作有关的材料，应当依法整理归档，妥善保管；完成行政区划变更时，应向何行政区划审批机关报告等。"

二、特大镇改市的政府职能和职权

（一）特大镇改市的政府职能

在区域型政区的城镇型市制视角下，特大镇改市的政府职能是指小城市政府管辖空间范围内应承担法律规定的各项行政事务。小城市政府所辖的行政事务一般不涉及外交、国防、立法、司法。小城市政府职能具体有：小城市的规划计划职能，包括小城市发展战略制定、各类规划计划制定和执行、实现规划计划的项目审批，以及政策制定和执行等；小城市的经济发展职能，包括小城市第一二三产业发展、财政、税务、金融、统计、审计、招商引资、劳动就业等；小城市的社会发展职能，包括小城市的教育、医疗、科技、文化体育、社会保障、民政福利等事务；小城市的建设职能，包括小城市的道路交通，水、电、燃气、通信等市政设施，垃圾、公共厕所等环卫设施，教育、医疗、文体、科技、养老等公共服务设施，以及住房建设等；小城市的公共安全职能，包括小城市社会治安、交通安全、消防安全，乃至是食品安全等。然而，特别需要强调的是，除中央政府独有的外交、国防、立法、司法等职能外，中央政府其他职能和地方政府职能就其内容而言往往是相似的，省级政府与县级政府、大城市政府与小城市政府的职能内容也往往是一样的，乃至国内地方政府与国外地方政府职能往往也非常相似。因此，仅从职能中界定是很难区别上级政府和下级政府、区域型政府和城镇型政府的职能边界，通常各级、各类政府的职能界定是通过职权界定来确定的。

（二）特大镇改市的政府职权

特大镇改市的政府职权也称小城市政府事权，是指小城市政府在其行政区域内履行行政职能时的权力。通过对小城市政府职权的界定，使小城市政府与其上级政府履行行政职能的边界明确起来。上级政府与下级政府事权划分主要有正面清单和负面清单。正面权力清单是指通过法律列举政府可以行使的权力，故正面权力清单也称权力的列举式清单，清单中未明确的权力不可以行使；负面权力清单是指法律明确禁止行使的权力，清单中未禁止的权力可以行使，故负面权力清单也称禁止性清单。如美国的宪法和其他法律规定，美国联邦中央和州的权力清单为：明确授予美国联邦中央的权力包括：征税、借款和发行货币，管理对外贸易和洲际贸易，制定统一的归化法和破产法等；禁止联邦中央行使的权力包括：不得允许奴隶制，不得授予贵族爵位，不得把新接纳州置于低于创始州地位等。保留给各州的权力包括：管理州内的工商业、建立和监督州以下的地方政府，保护健康、维护安全和道德，保护生命、财产和维持秩序等；禁止州行使的权力包括：不得铸造货币，在和平的时期不得保持军队和兵舰，不得缔结条约，不得违反联邦宪法或阻挠联邦法律实施，不得允许奴隶制，不得授予贵族爵位等[①]。

我国《宪法》和相关法律对各级、各类政府职权范围作了原则的规定，并没有详细列举上级政府和下级政府履行其职能的权力范围。例如，2015 年 8 月 29 日第十二届人民代表大会常务委员会会议通过的《中华人民共和国地方各级人民代表大会和地方各级人民政府组织法》第七十三条规定，县级以上地方政府（包括自治区、直辖市、自治州、设区的市、县、自治县、不设区的市、市辖区）行使下列职权"执行本级人民代表大会及其常务委员会的决议，以及上级国家行政机关的决定和命令，规定行政措施，发布决定和命令；领导所属各工作部门和下级人民政府的工作；改变或者撤销所属各工作部门的不适当的命令、批示和下级人民政府的不适当的决定、命令；依照法律的规定任免、培训、考核和奖惩国家行政机关工作人员；执行国民经济和社会发

---

① 薄贵利：《近现代地方政府比较》，光明日报出版社 1988 年版，第 148 - 150 页。

展计划、预算、处理本行政区域内的经济、教育、科学、文化、卫生、体育事业、环境和资源保护、城乡建设事业和财政、民政、公安、民族事务、司法行政、监察、计划生育等行政工作；保护社会主义的全民所有的财产和劳动群众集体所有的财产，保护公民私人所有的合法财产，维护社会秩序，保障公民的人身权利、民主权利和其他权利；保护各地经济组织的合法权益；保障少数民族的权利和尊重少数民族的风俗习惯，帮助本行政区域内各少数民族聚居的地方依照宪法和法律实行区域自治，帮助各少数民族发展政治、经济和文化的建设事业；保障宪法和法律赋予妇女的男女平等、同工同酬和婚姻自由等各项权利；办理上级国家行政机关交办的其他事项。"第六十一条规定，乡、民族乡、镇的人民政府行使下列职权："执行本级人民代表大会的决议和上级国家行政机关的决定和命令，发布决定和命令；执行本行政区域内的经济和社会发展计划、预算、管理本行政区域内的经济、教育、科学、文化、卫生、体育事业和财政、民政、公安、司法行政、计划生育等行政工作；保护社会主义的全民所有的财产和劳动群众集体所有的财产、保护公民私人所有的合法财产、维护社会秩序，保障公民的人身权利、民主权利和其他权利；保护种种经济组织的合法权益；保障少数民族的权利和尊重少数民族的风俗习惯；保障宪法和法律赋予妇女的男女平等、同工同酬和婚姻自由等各项权利；办理上级人民政府交办的其他事项。"

从以上我国地方各级人民政府规定的职权看，一是并没有区域型政府和城镇型政府的职权划分；二是县以上人民政府，并没有省、地、县上下级政府的职权划分；三是由于各级、各类政府没有职权划分，故也没有办法明确同一职能下各级各类政府的履职边界。因此，特大镇改市，在区域型政区的城镇型市制视角下，还需建立小城市与其上级县或市、区之间的职权划分。笔者认为，可以考虑采用负面权力清单方法列举县辖市禁止行使的职权，如未经上一级政府同意改变小城市空间范围或边界，未经上一级政府同意改变县（市、区）依法通过的城（乡）各类规划等。在小城市负面权力清单以外，小城市享有县级以上地方政府同等职权。

三、特大镇改市的机构设置

（一）依法设置政府机构的重要性

特大镇小城市培育和特大镇改市两者的主要区别在于：前者仍属"扩权强镇"阶段，其重要特征之一是在该阶段，扩大特大镇的行政权限，一般由特大镇上级政府、上级政府组成部门通过其派往特大镇的机构行使，其权力主体和执法主体仍由上级政府组织部门担任。其实质是上级政府职能部门通过其在特大镇分支机构执法或办事的空间场所改变，使特大镇内的居民和单位办事更便利。例如，《浙江省强镇扩权改革指导意见》规定，"赋予小城市培育试点镇必需的县级经济社会管理权。其他中心镇原则上赋予镇域范围内的经济类项目核准、备案权；着重赋予市政设施、市容交通、社会治安、就业社保、户籍管理等方面的社会管理权，通过实施综合执法等方式，加快赋予城市建设管理等方面的行政执法权。扩权方式，主要采取依法委托、交办，确属需要延伸机构，深化综合执法试点，开展相对集中行政处罚权工作等方式下放。非行政许可审批事项由县级有关部门直接交给中心镇行使；依据法律、法规、规章的规定可以委托的行政许可事项，由县级有关部门委托中心镇办理；其他行政执法类事项由县（市、区）政府按照有关规定和程序，通过深化综合执法试点或开展相对集中行政处罚权工作实行综合执法。垂直管理部门和派驻机构审批管理的事项须进入行政审批服务中心，集中办理。"

在我国行政管理中的行政许可事项，非行政许可事项，行政执法事项大多是由具体的县（市、区）政府职能部门为实施主体的。因此，扩权强镇的权限即便是赋予、委托、交办特大镇、中心镇，其实施主体仍然是县级以上政府职能部门。近年来，尽管我国各地都在各个层面（包括乡镇）探索综合执法，这种乡镇层面的综合执法，本质上只是一个牵头、召集、协同作用，而真正执法还是各职能部门依法分头进行，只是县级以上职能部门派员或派驻机构就地办事而宜。因此，特大镇改市真正需要解决的核心问题是依法设置特大镇改市的政府机构。我国特大镇的小城市培育之所以要进一步推进到特大镇改市，其原因是仅靠"扩权强镇"解决不了特大镇小城市培育中的政府职能机构设置及其依法授权问题。

（二）机构设置基本原则

1. 小政府

小政府就是要处理好政府与市场关系，凡是市场主体愿意或有能够承担的职能均应让位于市场，只有市场不愿意或无法公正承担的职能才需要设置政府机构来承担。例如，在产业领域，产业基础设施包括农田水利、农田整治等职能，农业生产经营主体不愿或难以承担的农业基础设施就应由政府机构及其政府财力来承担；第二、三产业凡具有盈利条件或者能够盈亏平衡的行业都应由市场主体承担，而那些市场主体不愿或难以承担的城市大众菜场高昂的摊位租赁费、基本养老服务费等就应该由政府机构来承担。其他小城市职能中，如小城市发展战略和规划的研究，人口、土地、环境等要素管理和服务，基础设施和公共服务设施建设与管理，社会治理等这一些大多难以由市场主体承担的小城市领域，也应设置小城市政府承担。

2. 综合性

在政府的实践运作中，政府官员许多工作时间和精力都忙于协调或开会，很大的原因是将同一工作中的不同工作环节分设于不同的政府机构，从而造成了政府机构之间的职能交叉和摩擦，从而降低了政府工作效率和质量。例如，在某一个市的郊区，农田归农业委员会管，而农田中的灌溉沟渠都归水务局管；葡萄园的土地归农业委员会管，而农田中的葡萄藤归绿化管理局管；三个政府职能部门是三个机关行政法人，是分别单设的，从而造成高水平粮田工程中，需要由政府分管领导时时来协调农委与水务局的工作；在葡萄园的生产和工程中也时时需要分管领导来协调农委与绿化管理局的工作。再例如，20 世纪 80 年代末和 90 年代初，政府机构中的计划经济委员会，该机构内部既包括工业和商业，又涵盖内贸与外贸，还涵盖规划、政策和招商等，但从 20 世纪 90 年代中下期政府多轮机构改革中，将计划经济委员会分设为发展改革计划委、经济与信息委员会、对外经济贸易委、商务委员会、招商局、对外合作交流办等 6 个独立运作的政府行政法人，而这 6 个政府机构共同职能是发展经济，因同一经济发展职能分设不同政府机构行使，从那以后这些经济部门之间摩擦不断，协调会不断增加，政府分管领导越来越忙，而经济工作效率却越来越低。可见，小城市政府机构不在于其名称，而在于同一功能由同一机构行使。

3. 扁平化

小城市政府机构设置很重要的一个原则是减少机构层次，拓宽机构管理幅度。从管理学角度讲，在一个给定的管理空间和管理主体，机构层次越多管理效率将越低，且管理幅度越窄，管理成本越高。例如，2019 年 8 月 16 日经国务院批准刚成立的温州龙港市，市下不设街道和乡镇，而在市辖范围内，除市政府职能部门外，划分 9 个片区，每个片区设置"一委一中心"社区治理机构，从而使龙港市只保留二个管理层次，扩大了 9 个片区的每个"一委一中心"管理幅度，这有助于提高龙港市基层治理的效率和降低成本。

（三）特大镇改市的政府机构

顾朝林教授在其《县辖镇级市研究》一书中提出，依据"小政府"指导思想，小城市机构建议设"一办五局一大队"，即办公室、市民生活局、经济发展局、规划建设局、公共安全局、文化教育局和城市管理综合执法大队，下设社区居委会。刚设置的温州龙港市沿用了原龙港镇的 15 部门，包括党政人大办公室、监察审计局、组织人事局、宣传统战事务局、社会治安综合治理服务局、财政局、经济发展局、社会事业发展局、国土资源与城乡规划建设局、农村发展服务局、环境保护局、市场监督管理局、安全生产监督管理局、城市管理和综合行政执法局、行政审批与公共资源交易管理局。市下不设乡镇、街道，划分 9 个片区，各片区设立非独立法人、无固定编制的"一委一中心"，"一委"即片区党工委，开展区域化党建工作，实施对所在片区干部的管理考核；"一中心"即基层治理中心，中心设置基层党建、社会管理、社会服务、社会事务、其他事项等"4 + x"工作模块。

根据上述小城市政府机构设置基本原则，特大镇改市的小城市职能部门可以考虑

"一办五局"，即党政人大办公室、资源与规划局、经济发展局、社会发展局、城市建设局、公共安全局保障局。党政人大办公室，可以将党政人大的政务和服务、法律监督和服务、后勤保障和服务、信访接待和服务、宣传统战、监察审计、机构与人事等内设机构归入其中；资源与规划局，可以将自然资源与环境保护，城市发展战略、规划、政策，行政审批与公共资源交易、不动产登记与颁证等设机构归入其中；经济发展局，可以将第一、二、三产业，财政、税务、金融、劳动就业与分配、招商引资等经济发展机构归入其中；社会发展局，可以将教育、医疗、科技、文化、社会保障、民政福利等机构归入其中；城市建设局，可以将城市基础设施、公共服务设施、环卫设施、道路交通、住房建设等公共工程建设与管理机构归入其中；公共安全保障局，可以将社会治安、安全生产、市场监督、消防等机构归入其中。在缩小郊区空间面积前提下，特大镇改为小城市，下面可不设乡镇、街道，划为若干社区管理，以缩小管理层次。另外，小城市执法仍按内容归入上述有关职能部门中，不需单设立综合执法机构。

四、特大镇改市的人员编制

（一）制定小城市人员编制标准

城市与乡村在经济社会发展中承担的职能是不同的，因此其机构的设置和人员编制也是不同的。城市政府尽管其所辖空间面积不大，但在所辖面积内所管理的人口规模和经济规模往往较大。实践中，行政机关（包括公安）人员编制数往往与辖区内所管的常住人口规模有关，司法机关人员编制数往往与辖区内的案件数有关，教育医疗等事业单位其人员编制数总体上也与所服务区域的常住人口数有关。因此，小城市各类人员标准设定，一是依据辖区常住人口规模和经济规模；二是按行政机关、司法机关、事业单位分类设置。

（二）核定各类机构的人员编制总额

根据小城市各类机构人员编制标准，核定小城市需要财政供养的各类机构人员的编制额度。在编制额度内，由用人单位制定用人年度计划，报小城市政府人事管理机构并听取财政和发改委等部门意见后审批，由政府人事管理部门统一对外进行人员招聘。

（三）确定各个机构的人员编制结构

在核定各个机构人员编制总额时，需要明确该机构领导与非领导职数，业务人员和辅助人员比例。用人单位还需要根据本单位实际情况，明确本单位不同年龄、不同性别、不同专业、不同学历的比例，形成良好的可持续的人员结构。

在我国特大镇改市中，小城市是从乡镇体制转型过来的，我国现行的乡镇体制其职能配置、机构设置和人员编制主要是围绕农业、农村职能来设定的。实践中的大部分经济强镇、中心镇或特大镇因人口规模和经济规模大，不仅现有乡镇机构和职能不能适应其发展需要，而且其人员编制更不能适应其工作的开展。因此，往往存在除核定的人员编制外，聘请大量编外人员应对其工作，在编制上看起来没有突破，而在经费支出上大大突破其人员编制，这种不规范的用人方式是我国当前现行编制管理办法不适应而造成的，应当正本清源、实事求是地完善特大镇改市的人员编制管理办法。

五、特大镇改市的公共设施配置和财政体制

按照事权与财政相匹配原则，在前面已研究小城市的机构设置、职能配置、人员编制后，还需研究小城市的公共设施配置，以进一步明确小城市政府的职能及事权，在此基础上，方可进一步明晰和确定小城市政府所需的财政体制，以实现小城市政府事权与财政的匹配。

（一）小城市高等级公共设施配置标准

目前，关于城市公共设施配置大多散布在一些专业建设规范中，并且没有统一的说法。笔者根据近年来国内各地小城市培育试点的零散要求，按工程性基础设施、社会性基础设施、生态性基础设施进行归类。由于这三类设施涉及面很广，面面俱到逐项描述反而不着重点，故对小城市公共设施配置，笔者重点从高等级角度进行描述，其他基本的公共设施一般小城市都具备，在此不予展开（见表 4 - 3）。

表 4 - 3　　　　　　　　　小城市高等级公共设施配置标准

公共设施类型	项目名称	硬件设施配建要求	软件内容配置要求	备注
工程性基础设施	高速公路入口	离城区 10～20 分钟车程	双向配置	可以有多个出入口
	高铁站	离城区半小时左右车程	不一定冠小城市名称	可以与周边地区合配
	民用机场	离城区 1 小时左右车程	可以客货两用	可以与周边地区合配
	货物港口	可以江、河、海码头	应配置自动装卸设备	可以与周边地区合配
	饮用水	应配建饮用水水厂	饮用水水源水质达到国家二级标准	供水管网建设应符合 GB 50268 要求
	排水方式	排水应采取雨污分流方式	试点雨水收集循环使用	排水管网布局和建设应符合 CJT 123 - 124 要求
	天然气	建设城区天然气管网系统	逐步减少瓶装液化石油气	天然气安装设计应符合 GB/T 2885 要求
	邮政局	城区常住人口 5 万人以上的应设置邮政局	10 万人以上的可设置一等邮政局，5 万～10 万人可设二等邮政局等级	应在交通便利处和人口集中处设置
	消防站	城区常住人口 5 万人以上的因配置一级普通消防站或者二级普通消防站	一级普通消防站建设面积 2700～4000 平方米，二级普通消防站，建筑面积 1800～2700 平方米	应独立设置

公共设施类型	项目名称		硬件设施配建要求	软件内容配置要求	备注
社会性基础设施	教育	示范高中	1~2所	达到县级重点	必配
		大、中专学校	1~2所	本科和专科	可配
		技工、职业学校	1~2所	中等职业	必配
		社会教育机构	城区常住人口5万人以上可设置	包括学历非学历教育,成人教育等	可以与其他教育设施综合设置
		特殊教育学校	城区常住人口5万人以上可设置	包括弱智、盲、聋教育	可与其他教育设施,综合设置
	医疗	二级综合医院	1~2所	应服务整个城区	必配
		三级乙等医院	1所	可以是专科三级乙等	可与周边地区配合
		妇幼保健院	1所	妇女儿童门诊和住院治疗	可以独立设置
		老年护理院	1~2所	老人治病护理等	可以与医疗机构和福利院综合设置
		精神卫生中心	1所	精神病人门诊和住院治疗	可以独立设置
	科研	食药监检验检测中心	建筑面积5000平方米	配齐相应检验检测设备	可用于政府和企业服务
		特种设备、计量所	建筑面积5000平方米	配齐相应检验检测设备	可用于政府和企业服务
		其他产业研究所	按产业专业化需要建设	对小城市内重要产业门类有研发能力	按企业化运作
	文化	文化馆	城区常住人口5万人以上的,应当设置	可设置多功能厅、展厅,可结合传统文化建设	可以其他设施综合设置
		公共图书馆	建筑面积1万~1.5万平方米	配置智能借书系统	应与有关图书馆联网
		公共影剧院	建筑面积2万~3万平方米	可多功能配置	应配置在便民地区
		档案馆	建筑面积1万~1.5万平方米	配置电子档案查询系统	应面向社会
		博物馆	建筑面积1万~1.5万平方米	可以综合展览,收藏等核心功能以及创意、教育、文化等服务功能	镇区常住人口10万人以上的,应当设置

续表

公共设施类型	项目名称		硬件设施配建要求	软件内容配置要求	备注
社会性基础设施	体育	公共体育场馆	建筑面积5万~6万平方米	可竞技体育与大众体育共享	可配建室外体育场地
		游泳馆	城区常住人口5万人以上应当配置	建设规模应该按照人口和赛事	可以与其他体育场馆综合配置
		足球场	城区常住人口10万人以上的可配置	7人制或者5人制的最大用地规模2800平方米/处,最小用地规模,800平方米/处	可以独立设置
	福利	福利院	城区常住人口5万人以上的至少有1处	养老、护理、康复等	可以独立设置
		日间服务照料中心	每1.5万人设置1处	服务半径为500~1000米	可以与其他设施综合设置
生态性基础设施	农业面源污染		农业废弃物和畜禽粪便资源化利用率100%,病死畜禽无害化处理100%	无害化处理率100%,农作物秸秆综合利用率100%	农药瓶、废弃塑料薄膜收集
	污水集中处理		建设覆盖辖区的城镇污水管网系统	辖区内生产生活污水集中处理率100%	其郊区部分也要覆盖
	垃圾集中处理		建设生活垃圾焚烧场和垃圾收集中转站、压缩站	生活垃圾分类收集、收集频次每天一次	其郊区部分也要覆盖
	厕所		公共厕所服务保障半径宜500米左右,户用厕用进行卫生改造	公共厕所建设与保洁应符合GB 19379要求	可结合商业设施和其他公共设施合建
	河道整治		辖区露天河道应根据需要建设硬驳岸和生态驳岸	河湖塘沟要定期清淤疏浚,河道水系保持水清岸洁	清除水面垃圾、岸边杂物
	绿化		城区绿地率达到30%~35%,绿化覆盖率达到40%~45%	保障辖区的古树名木、高大乔木、公益片林	选择当地特色的乡土树种作为城区行道树
	景观		在城区重要视点、公共场所建设景观小品、公共绿地	辖区内绿化景观建设应符合CECS285要求	应参与生态城市或绿化城市创建

资料来源:笔者根据国内各地小城市培育实践整理。

(二)小城市财政体制

小城市财政体制是保证小城市各类公共机构供养人员和公共设施及服务正常运作的前提或基础。由于从乡村到一般小城镇再到中心镇、特大镇及其小城市,其小城市所在的区域,在规划空间、建设用地、财政资金等方面,一般均给予倾斜或重点保障,由此也牺牲了区域内一些其他机构和人员的利益。因此,小城市的财政体制应进行分阶段研究，而不能一成不变。在中心镇或特大镇培育阶段，一般情况是区域型政区对中心镇或特大镇是扶持、支持的；在特大镇改市后的一段时间，因小城市建设标准或管理标准提高，可能还有一个扶上马、送一程的阶段；待小城市建设标准或治理标准初步实现时，小城市应反哺区域型政区内为其贡献或做出牺牲的地区，包括与小城市同一区域型内的一般乡镇和农村。正是上述原因，特大镇改市不能"切块设市"脱离母体，而让原先为其牺牲的区域型政区内的其他还不够发达的一般乡镇和农村无以回报，又回到初始发展阶段。

例如，浙江在中心镇的小城市培育阶段，中心镇镇域内所收的地方财政收入按照"确定基础、超额全返"原则返还给培育试点镇；并且浙江省政府在 2011～2013 年，每年以 10 亿资金用于浙江第一批 27 个试点镇的奖励；同时，浙江省政府还规定在试点阶段，基础设施配套费、城市维护建设税和部分土地出让收入等税费收入也返还给试点镇。山东青岛每年每个试点镇给予 500 亩建设用地奖励等。广东在 2003 年发布的《关于加快中心镇发展的意见》中明确中心镇培育的 10 项扶持政策："凡在中心镇范围内收取的基础设施配套费全额返还，用于中心镇建设；在中心镇征收的城市维护建设税全额返还，用于中心镇基础设施和公共服务设施建设；中心镇在旧城改造中盘活存量土地的有偿使用收入及对原划拨土地收取的租金，全部留给中心镇，用于中心镇基础设施、公共服务设施建设和耕地开发；中心镇新增非农业建设用地的土地有偿使用收入除上缴国家部分外，其余返还中心镇，用于中心镇耕地开发和基础设施建设；中心镇镇区规划范围内集体非农业建设用地流转的土地收益，70% 返还农村集体经济组织，30% 留给中心镇，专款用于配套设施建设；全省中心镇国有土地有偿使用费上缴省、市部分，每年安排 30% 以上用于支持中心镇耕地开发和基础设施建设；从中心镇收取的耕地开垦费（或垦复金）上缴省、市部分及县留成部分全部由财政返还中心镇使用；环保部门从中心镇收取的排污费，除上缴国家部分外，应返还给中心镇按环保资金有关使用规定，全部专项用于中心镇环境污染治理；在中心镇收取的水资源费，除按国家规定上缴部分外，其余应主要用于中心镇水资源规划、保护、法规宣传及相关水利设施建设；县城或县级市市区可以收取的费用，中心镇报经县（市）人民政府同意后，也可按同样的标准和范围收取。"2019 年 8 月 16 日国务院批复的温州龙港市，温州市政府也提出进一步支持。例如，龙港设市后，温州市提出"将建立常态化的统筹协调机制，做好过渡期相关工作，依法履行程序，保证苍南、龙港两地经济社会平衡有序。"

对城市建设稳定状态下的地方财政收入分成，各地也视实际情况进行分别处理。例如，上海崇明区由于其承担着崇明生态岛建设定位，故其各类建设的公共设施（包括农业基础设施）经费的 90% 由上海市政府公共财政安排，崇明区自身形成的地方财政收入全额返还，且上海市政府每年还给予一定数额的财政转移支付收入。而上海市几个中心城区和上海几个近郊区，其区内地方财政收入（扣除市税务局直接征求的税款以外部分）实行35：65分成。在这种情况下，上海近郊几个区对其乡镇的财政分配体制，按乡镇地方财政收入65%分成的部分的80%切块给具体乡镇。而市里在中心城区和近郊区提成35%的地方财政收入，除用于市级财政支出外，还用于上海远郊区，如崇明区、金山区、奉贤区的财政转移支付，以回报这些远郊区承担较多农业发展任务，且经济不够发达的财政平衡。上海中心城区和近郊区其街镇所提成的65%中的20%的地方财政收入也用于区级财政支出和相对困难街镇的财政转移支付。可见，特大镇改市的财政体制必须分阶段建立，与时俱进，逐步调整。同时，始终注意公共财政因不同财政预算主体承担不同职能而形成的财政收入差距之间的平衡，以发挥财政收入在二次分配中的积极作用。在此也进一步说明了，特大镇改市不能进行脱离母体的"切块设市"。

六、特大镇改市的隶属领导关系确定

综上所述，特大镇改市以后对其原"母体"区域中的城乡、地区统筹平衡非常重要。因此，除特大镇改市不能脱离"母体"区域进行"切块改市"外，还需建立原"母体"区域型政区对已实行改制的小城市进行领导的隶属关系，才能实现原"母体"区域对该小城市从中心镇、特大镇期间所付出的经济社会回报，使已改制小城市在其自身建设和治理达到一定阶段时，对其"母体"区域内的乡镇和农村进行反哺，以实现"母体"区域经济社会的持续发展和平衡充分发展。从这个角度讲，新设置的温州龙港市不但不能"切块设市"，而且在隶属领导关系上，倘若该新设市要实行省直管市的话，其委托管理主体应该是原温州苍南县，而不是温州市政府。由苍南县与龙港市根据划定的各自事权和财权，依法依规进行地区管理。

本章参考文献

[1]《浙江龙江市将挂牌成立市民到镇政府门前留影纪念》，http：//www.tx-dyyy.com/difis/32116.html。

[2]邹兵：《小城镇的制度变迁与政策分析》，中国建筑工业出版社2003年版。

[3]中国社科院语言研究所编辑室：《现代汉语词典》，商务印书馆1983年版。

[4]夏征农、陈至立：《辞海》，上海辞书出版社2009年版。

[5]吴志强、李德华：《城市规划原理》，中国建筑工业出版社2010年版。

[6]张忠国主编，孙莉、郑文丹、曹传新副主编：《区域研究理论与区域规划编制》，中国建筑工业出版社2017年版。

［7］ 刘景华:《欧洲历史上城乡关系的演变》，载于《光明日报》2018 年 8 月 13 日。

［8］ 孙兵、王翠文:《城市管理学》，天津大学出版社 2013 年版。

［9］ 刘君德、范今朝:《中国市制的历史演变与当代改革》，东南大学出版社 2015 年版。

［10］ 解万玉:《城市规划》，机械工业出版社 2010 年版。

［11］ 西德尼·冷，陈俊安译:《研究:1/3 城镇居民仍生活在农村》（原题:《中国的新城市民居共实仍生活在农村》），载于《环球时报》2020 年 1 月 7 日。

［12］ 蔡之兵:《中国都市圈发展之路》，经济科学出版社 2017 年版。

［13］《龙港撤镇建市的前世今生》，http：//Finace. sina. com、cn/china/2019 - 10 - 15/doc-iicezuev2196233. shtml。

［14］ 金雪梅:《中国"省管县体制研究"——以浙江省为例》，http：//www. wan fang data. com. cn/details/dutail. do？ type = degree8lid = D334933。

［15］ 李庆余、周桂银等:《美国现代化道路》，人民出版社 1994 年版。

［16］ 薄贵利:《近现代地方政府比较》，光明日报出版社 1988 年版。

第三篇

一般建制镇和集镇发展

　　本篇由一般建制镇和集镇的设置、人口与居住、经济发展、公共产品和治理五章构成。重点讨论了，一般建制镇的概念，集镇的概念，一般建制镇和集镇的属性，一般建制镇和集镇镇域规模的设置、镇区规模的设置，镇区与镇域的协同，一般建制镇和集镇的设置标准、统计、体系结构、职能；一般建制镇和集镇的人口规模、人口结构和人口分布，一般建制镇和集镇人口相对集中居住的内涵与形式，各种人口相对集中居住形式的资金平衡和适用范围，人口相对集中居住的住房建筑风貌、住房建设方式、住房建设格局、住房建设政策；一般建制镇和集镇的主导产业、"内生型"经济特征、经济发展新动力，一般建制镇和集镇的现代农业、工业、商业、旅游业，一般建制镇和集镇的就业和居民收入；一般建制镇和集镇的道路交通、饮用水、通信、能源、防灾减灾，农业基础设施，一般建制镇和集镇的社区政务、教育、医疗、公共文化体育、电商、农业服务，一般建制镇和集镇的水环境、生活垃圾、土壤、大气、生物多样性；地域型政区与城市型政区的构成、行政建制、行政机构、行政层级、行政等级、行政级别，一般建制镇和集镇的主要职能和职能演变，一般建制镇和集镇的政权机构的构成、内设机构的设置、集体经济组织、上级政府的派驻机构，一般建制镇和集镇的领导班子建设、干部队伍建设、财政保障等。

第五章

一般建制镇和集镇的设置

将经济社会发展不均质的一般建制镇和集镇，通过某类指标设置为经济社会发展均质形态，以便各施其策是本章的主要任务。本章由一般建制镇和集镇的概念及属性，一般建制镇和集镇规模，一般建制镇和集镇的设置标准及统计，一般建制镇和集镇的结构和职能四节组成。

第一节　一般建制镇和集镇的概念及属性

一、一般建制镇概念

根据第三次全国农业普查公布的数据，到 2016 年底，我国共有 20844 个建制镇，本书第一章讲到，建制镇扣除地区驻地、地级区划驻地、县级市驻地、非县级市行政区划驻地建制镇外，还剩 18242 个建制镇。于 2016 年由我国住房建设部牵头，中国建筑设计院城镇规划院等 13 个科研单位参加的，对全国 121 个小城镇进行抽样调查而形成的《说清小城镇》中所说的除县域城关镇外，我国还有 1.8 多个[①]建制镇口径基本一致。因此，除县城城关镇以外的建制镇与除地区驻地、地级区划驻地、县级市驻地、非县级市驻地建制镇和含乡镇市辖区建制镇以外的建制镇两个口径涵盖的建制镇在数量和概念上是基本一致的，同属从管理角度讨论的一般建制镇数量和概念。然而本书小城镇研究的标准是从小城镇镇区人口规模角度划分的，是从生产力角度进行小城镇划分，而不是从管理角度或生产关系角度进行小城镇划分。因此，本节讲的一般建制镇是从建制镇镇区人口规模或经济规模角度讲的，是相对于中心镇、经济强镇、重点镇、特大镇而言的。因此，本节讲的一般建制镇是指除中心镇、经济强镇、重点镇、特大镇以外的建制镇。在本书中，笔者将中心镇、经济强镇、重点镇、特大镇，在镇区规模角度视作等量的，因此，本书所讲的一般建制镇数量范围是指某个时点上国家已有的建制镇减去镇区人口规模达到一定标准的建制镇。到 2015 年底，我国镇区常住

[①]　赵晖等：《说清小城镇》，中国建筑工业出版社 2017 年版，第 3 页。

人口 5 万人以上的建制镇有 1123 个，因此，按照第三次全国农业普查发布的 20844 个建制镇，我国一般建制镇还有 19761 个[①]。因此，本节讲的一般建制镇概念及范围接近于"除县城城关镇以外的建制镇"。因国内关于小城镇的官方统计可用数据比较稀缺，故本书在一般建制镇研究中，会比较多地运用 2016 年我国住房和城乡建设部牵头的，对全国"建成区人口规模 2 万人以下，建制镇为主"[②] 的 121 个全国建制镇调查的数据。

在实践和研究中也有一般镇的提法。如已公开发布的《上海市城市总体规划（2016—2035 年）》中把小城镇分为核心镇、中心镇和一般镇，在这份规划里，核心镇相当于城关镇，而到目前，上海域内只有两个乡，其余还有 108 个建制镇，故这里讲的一般镇总体上是指核心镇和中心镇以外的建制镇。[③] 在我国刘君德老师所著的《中国市制的历史演变与当代改革》一书中也提出，中心镇或重点镇、一般镇的分类，这里讲的"一般镇，即设置镇建制的政区"，[④] 是相对于中心镇、重点镇而言的建制镇。

二、集镇的概念

在肖敦余、胡德瑞两位学者所著的《小城镇规划与景观构成》一书中，作者提出："农村集镇，由于其规模较小，已不属于小城镇的研究范畴。但它同地方性的小城镇网络有着密切的联系"，"集镇一般是乡村基层政权——乡人民政府的所在地，有的虽不是乡政府所在地，但人口聚集要多，商业活动和集市贸易规模较大者，也是集镇"；"集镇的规模，目前的情况一般为 2000 人左右，有的 3000~5000 人，个别的达 8000 人左右"；"农村集镇是乡村工副业相对集中的基地；是农副业产品进行贸易的中心和集散地；是乡村文化和生活服务中心；也是防止大中城市人口膨胀，就地吸收农村剩余劳动力的场所"；"农村集镇，一般是乡范围内的行政、文化、商业商贸、工副业中心。大的农村集镇多为乡政府所在地。集镇并非一乡一个。在交通方便，经济发达地区，集镇的密度限高，一乡范围内可有 2~3 个集镇，有些集镇为乡所属，有些则不属于乡，而是更大范围的中心"。[⑤] 在叶堂林先生所著的《小城镇建设：规划与管理》一书中提出，集镇是乡人民政府驻地以及经县人民政府确认，由集市发展而来的成为农村一定区域范围的经济、文化和服务中心的非建制镇。[⑥] 集镇，大多是乡人民

① 国家发展和改革委员会：《国家新型城镇化报告》，中国计划出版社 2016 年版，第 101 页。
② 赵晖等：《说清小城镇》，中国建筑工业出版社 2017 年版，第 7 页。
③ 上海市人民政府：《上海市城市总体规划（2016—2035 年）》，2017 年版，第 68 页。
④ 刘君德、范今朝：《中国市制的历史演变与当代改革》，东南大学出版社 2015 年版，第 150 页。
⑤ 肖敦余、胡德瑞：《小城镇规划与景观构成》，天津科学技术出版社 1992 年版，第 21–22 页和 302 页。
⑥ 叶堂林：《小城镇建设：规划与管理》，中国时代经济出版社 2015 年版，第 6 页。

政府所在地，或居于若干中心村的中心，集镇是农村中工农结合、城乡结合，有利生产、方便生活的社会和生产活动中心。集镇是今后中国农村城市化的重点。[1] 在凌岩老师著的《乡愁钩沉》一书中，县城是归为城市范畴的，而将集镇分为县属镇（即老建制镇）、乡镇（公社镇）、村镇（含曾经设小乡的镇）三类。"所谓建制镇（当时也称县属镇），大多是 20 世纪五六十年代县下设区时的区政府所在地，是民政部备案的，是县辖的一级人民政府，是介于县与乡之间的一级行政建制。一般指居民人口 3000 人以上，有一批传统的工商，有独立的财政预算。"1986 年我国有建制镇 10718 个。乡镇（公社镇）是指 1985～1986 年人民公社解体后形成的乡政府驻地集镇，到 1986 年我国有乡政府驻地集镇有 61353 个。村镇是指曾经设小乡的镇，是服务周边几个行政村的袖珍小镇，也是周边几个行政村商品交易的集市。1950 年 12 月，我国政务院颁布了《乡（行政村）人民政府组织通则》（俗称小乡制），此时的乡略大于现在的行政村，到 1952 年底，全国共有 218042 个乡；经过 1955～1956 年的调整，到 1957 年底，我国还有 99843 个乡。[2] 这里讲的村镇主要指这类镇。按照凌岩老师讲法，这类村镇有三条标准：一是镇区聚居着 10 户以上的非农人口居民；二是有一定数量的商业、服务业或作坊、工厂；三是有一定的"乡脚"，即服务半径或指集市的辐射范围[3]。

按照曹锦清等老师著的《当代浙北乡村的社会文化变迁》一书，农村集镇是有等级结构的，按乡村集镇的规模、功能及其辐射（服务）范围，集镇可分为县属镇、乡级镇、乡以下镇，并且这类镇的个数是层级越高个数最少，层级越低个数越多。例如，浙江某一个县，在 20 世纪 90 年代末，县城面积为 681.5 平方千米，下辖县属镇 5 个，乡级集镇为 23 个，村级集镇为 43 个[4]。从我国集镇的演化角度讲，曹老师讲的三类集镇，与凌老师讲的三类集镇内涵是相似的，即县属相当于建制镇，乡级镇相对于乡镇（公社镇），而乡以下镇相当于村镇（即为周边行政村服务的小乡镇）。县城和上述三类镇的服务范围或辐射范围如图 5-1 所示。

1993 年国务院发布的《村庄和集镇规划建设管理条例》第三条规定，"本条例所称集镇，是指乡、民族乡人民政府所在地和经县级人民政府确认由集市发展而成的作为农村一定区域经济、文化和生活服务中心的非建制镇。"随着我国近几十年的经济社会发展，尤其是 2014 年以来我国各地"特色小镇"的发展，我国"集镇"的内涵和类型已有很大变化。在我国，目前集镇包括乡人民政府所在地，乡镇合并后目前仍在

① 金兆森等：《村镇规划》，东南大学出版社 2019 年版，第 7 页。
② 刘君德、范今朝：《中国市制的历史演变与当代改革》，东南大学出版社 2015 年版，第 255 - 256 页。
③ 凌岩：《乡愁钩沉》，上海社会科学院出版社 2014 年版，第 163 - 173 页。
④ 曹锦清、张乐天、陈中亚：《当代浙北乡村的社会变化变迁》，上海人民出版社 2014 年版，第 357 - 359 页。

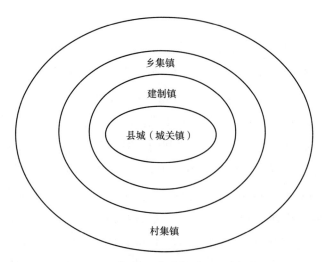

图 5 - 1　一般建制镇和集镇的服务范围示意

资料来源：笔者整理。

运行的原乡镇驻地，经县级以上人民政府确认为周边农村服务的一定区域经济、文化和生活服务中心，还有经县级以上人民政府确认在小城镇地域范围内的"特色小镇""田园综合体""休闲农业园""创新创业园区""现代农业园区"等。并且，随着我国农业农村现代化发展，我国集镇的功能、规模将会越来越多样化，空间布局将越来越均衡化（见图 5 - 2）。

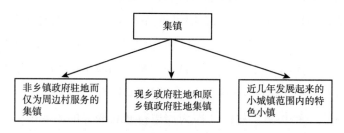

图 5 - 2　我国农村集镇范围示意

资料来源：笔者整理。

三、一般建制镇和集镇的属性

根据住建部 2016 年全国抽样调查，一般建制镇镇区的常住居民中 72% 是世居家庭，28% 是近 20 年多年内迁入的家庭，其中 6% 属 20 世纪 90 年代迁入的家庭，15% 属 21 世纪迁入家庭，迁入镇区的家庭中 51% 来自本镇农村，26% 来自周边的其他乡镇及农村，17% 来自外地①。从上述一般建制镇人口服务和管理对象看，一般建制镇区

---

① 赵晖等：《说清小城镇》，中国建筑工业出版社 2019 年版，第 27 - 28 页。

世居居民和本镇农村及周边镇村迁入居民，两者合计高达近94%。从上述一般建制镇镇区居民来源角度讲，一般建制镇中现代城镇的成分还比较少，这是因为，现在我们通称的城镇是近代工业革命后的产物，其突出特点是城镇常住人口绝大部分是由外地迁入，而这外地迁入的居民可能是本代，也可能是上代或上上代。城市正是因为大部分居民由外地迁入，从而才形成城市的多元文化、移民文化以及城市的市民社会。从某种角度，不同来源地的市民组成的市民社会是现代工业社会的文化形态，这种城市文化形态是相对传统的，以世居居民组成的熟人社会或称农业社会而言的。因此，以世居居民为主构成的聚落具有很强的乡村型聚落性质，仅从其从事的产业类型或人口规模来归为城镇聚落，也许还不够正确。这也许就是美国"市与镇之间的区别并非体现在面积规模和人口规模，而是更多体现在管理体制和管理形式方面。"①

另外，根据住建部2016年对全国小城镇的抽查结果，到2015年底，我国一般建制镇三次产业比为32：41：27，与我国1984年改革开放初期的产业结构31.5：42.9：25.5基本相似。与全国城市地区三次产业比3：46：51差异较大②。这也说明了，一般建制镇从经济角度讲，一是一般建制镇镇区和城市狭域型城区尽管采用同样的口径比，但一般建制镇的产业结构仍具有农业社会成分；二是从2015年与1984年一般建制镇同口径产业结构比来看，30多年来一般建制镇的产业结构几乎没有什么变化，呈现超稳定经济形态。工业社会的产业和服务，因技术原因更新换代的速率比较快；而农业社会其产品和服务是建立在自然资源基础上的，因自然资源一般变化速率很慢，故由自然资源直接延伸而来的农业产品和服务变化速率也很慢。而一般建制镇其产业结构紧贴农村，故一般建制镇产业结构才呈现超稳定性，30多年不变，这也说明一般建制镇，从经济角度讲也比较偏重于农业社会。物质资料的生产决定上层建筑和意识形态，从某种角度讲，物质资料生产类型也决定社会形态及其管理形态，因此，从一般建制镇产业结构角度讲，一般建制镇也不完全属现代城镇性质。当然，一般建制镇产业结构近几十年不变，也证明了近几十年我国中小城市发展不够，一般建制镇没有能够获得城市的功能扩散和辐射。

上述分析的一般建制镇经济、社会、文化形态尚且如此，而经济社会发展水平比一般建制镇还低的集镇其属性更难以归入现代城镇型。故当前在我国一般建制镇和集镇不能完全按照现代城镇型政区中的狭域型来构建。正是由于一般建制镇乃至集镇中居住居民的来源及其延伸的文化特征以及产业结构中延伸的经济特征，所以在中心镇、经济强镇、重点镇、特大镇划入城镇型政区后，一般建制镇和集镇也许划入区域型政

① 刘君德、范今朝：《中国市制的历史演变与当代改革》，东南大学出版社2015年版，第45页。
② 赵晖等：《说清小城镇》，中国建筑工业出版社2017年版，第76-77页。

区或广域型政区，可能更符合我国小城镇治理实际。同时，正是由于我国现有一般建制镇和集镇的经济、社会、文化特征，所以我国一般建制镇和集镇在产业结构上必须同时兼顾第一二三产业，在社会结构上必须同时兼顾镇区居民和镇域所辖农村居民，在文化上仍然需要重视当地民俗民风以及熟人社会的自治。可见，现阶段，我国一般建制镇和集镇仍然具有镇村统筹、城乡统筹的使命，既要考虑一般建制镇的镇区发展，也要考虑镇域的农村发展。

第二节　一般建制镇和集镇规模

基于我国当前一般建制镇和集镇属性及其职能，一般建制镇和集镇规模在空间上包括两部分：镇域空间规模和镇区空间规模。

一、一般建制镇和集镇的镇域规模

（一）镇域规模的设置

在我国，集镇来源于集市，集市在中国历史上的农业社会，一般与若干村庄相对应。在隋代末期，集市的辐射半径，平原地区一般为 3～5 千米，山区则为 5～7 千米，也就说，小农往返集市一般可在半日内完成。[①] 根据中国人民大学 2012 年启动的"千人百村"的抽样调查，就总体情况而言，村庄离最近的集镇平均距离为 5.1 千米，村庄离县域或最近的城市平均距离为 28.5 千米[②]。由于一般建制镇来源于人口达到建制镇设置标准的乡，而集镇是许多乡政府驻地，故空间上一般建制镇和集镇属同一地域。而城关镇、中心镇、经济强镇、重点镇、特大镇等建制镇往往是县域内区位较好，能带动周边一般建制镇和集镇的建制镇。因此，村庄离集镇的距离也是村庄离一般建制镇的距离；村庄离县城的距离也是村庄离城关镇（中心镇、经济强镇、重点镇、特大镇）的距离。根据 2012 年中国人民大学"千人百村"的调查结果，结合已经在现在交通条件下形成的结论，参照我国历史上村庄与集市的距离，可以考虑，我国一般建制镇和集镇与所辖村庄距离，平原地区可考虑 5～7 千米，山区可考虑 7～9 千米。以此为半径，这样平原地区的镇域空间面积为 100～140 平方千米，山区地区的镇域空间面积为 140～180 平方千米。上述根据现行交通条件设计的镇域规模，实践中有些地区已经达到或接近。例如，平原地区的上海远郊区崇明区镇域面积已有超过或接近100～140 平方千米的，崇明区的陈家镇镇域面积规划为 186.6 平方千米，新海镇镇域

---

① 陈锡文：《读懂中国农业农村农民》，外文出版社 2019 年版，第 102－103 页。
② 陆益龙：《后乡土中国》，商务印书馆 2017 年版，第 52－53 页。

面积已达 100.2 平方千米，庙镇镇域面积也达到了 96.4 平方千米；上海近郊嘉定区的安亭镇镇域面积已达 85.4 平方千米，朱桥镇镇域面积也达到了 85.4 平方千米。^① 就山区而言，一般建制镇和乡集镇镇域面积一般也达到了 140～180 平方千米，例如，毗邻江西的福建××镇，1993 年撤乡设镇，其镇域面积达到 152 平方千米，全镇总人口达到 16438 人。江西省德兴县的皈大乡乡域面积为 137 平方千米，2013 年总人口为 10250 人。

我国在现有交通下有关镇域范围的讨论，在德国地理学家克里斯诺《德国南部中心地理论》一书中曾提出，按市场原则设置的中心地系统为 K=3，即 A 级中心地为 1，B 级中心地为 2，C 级中心地为 6，以此类推为 1，2，6，18，64，……；按交通原则设置中心地系统为 K=4，即 A 级中心地为 1，B 及中心地为 3，C 级中心地为 12，以此类推为 1，3，12，48，193，256，……；按行政原则设置中心地系统为 K=7，即 A 级中心地为 1，B 级中心地为 6，C 级中心地为 42，以此 1，6，42，294，2058，……^②。尽管克里斯诺提出的"中心理论理论"是基于德国南部的情况，但其中提出的按市场原则设置、按交通原则设置、按行政原则设置的基本思路和数量框定与我国前面提到的我国传统的村庄与集市距离，以及现在村庄与集镇、一般建制镇、县城的距离还是比较接近的。

关于一般建制镇镇域规模我国实践中也有一些应用。例如，江苏在其辖区内的乡镇合并中，将江苏全省按沿江和淮海两区分别制定小城镇镇域规模标准，规定沿江区的建制镇人口规模为 4 万人，平均用地规模为 50 平方千米；淮海区建制镇人口规模为 5 万人，平均用地规模为 70 平方千米。中心镇的腹地人口规模为 20 万～25 万人，腹地面积为 250～350 平方千米；中心镇镇区常住人口规模，沿江区为 2.5 万人，淮海区为 2 万～5 万人；中心镇镇区人均建设用地面积，沿江区为 110～130 平方米，淮海区为 120 平方米；一般建制镇镇区人口均按 1 万～2 万人控制，人均建设用地为 110 平方米。中心村人口规模为 1000～3500 人，人均建设用地不超过 80 平方米^③。

（二）乡镇合并的局限性

从实践看，小城镇镇域规模的扩大可以通过行政性的乡镇合并来解决，但小城镇镇区规模的扩大难以通过行政性的乡镇合并来解决。我国各地从 20 世纪 90 年代到 21 世纪初开展的乡镇合并，近 20 年过去，从实践结果看，小城镇镇域规模扩大是可以通过乡镇合并行政性手段做到的，但小城镇镇区规模扩大很难或没有办法通过乡镇合并

---

① 上海市崇明区人民政府：《上海市崇明区总体规划（2017—2035 年）》和嘉定区人民政府：《上海市嘉定区人民总体规划（2017—2035 年）》。
② 张忠国：《区域研究理论与区域规划编制》，中国建筑工业出版社 2017 年版，第 43－52 页。
③ 邹兵：《小城镇的制度变迁与政策分析》，中国建筑工业出版社 2003 年版，第 244 页。

行政性手段做到。例如，上海 1999 年有 212 个建制乡镇，经 20 世纪末到 21 世纪初的一轮乡镇合并，到目前，为 108 个建制镇和 2 个建制乡。除了上海中心城区 5 个建制镇及其所属的集镇外，至今 7 个郊区还有 103 个建制镇和 2 个乡、82 个非建制镇[①]。这 82 个非建制乡镇区至今仍存在，并在使用中（见表 5 - 1）。

表 5 - 1　　　　　　　　上海市嘉定区 2013 年底建制镇和非建制镇规模

建制镇和集镇	面积规模（平方千米）		常住人口规模（人）		户籍人口规模（平方千米）	
	镇域	镇区	镇域	镇区	镇域	镇区
华亭镇	39.5		53362		24627	
其中：华亭集镇		2		3793		1893
唐行集镇（撤制）		0.16		1504		554
徐行镇	40		06131			
其中：徐行集镇		4.3		11884		7897
曹王集镇（撤制）		0.9		7093		1588
外冈镇	50.95		101901		31231	
其中：外冈集镇				18846		9268
望新集镇（撤制）		4.95		3000		
朱桥镇	85.4		171000		63000	
其中：朱桥集镇	42.1			23500		12000
娄塘集镇（撤制）	43.3			15400		3400
安亭镇	89.07		272000		88000	
其中：安宁集镇	31.25			90719	40669	
方泰集镇（撤制）	27.82		75730		18911	
黄渡集镇（撤制）	30.00		105553		28420	
马陆镇	64.53		195127		54701	
其中：马陆镇				184166		
戬浜集镇（撤制）			10961			
南翔镇	33.3		150000		48000	
江桥镇	42.47		288095		73907	
其中：江桥集镇			199989		56708	
封浜集镇（撤制）			88106		17199	

注：上面讲的撤制镇是该区 2000 年以来乡镇合并时撤销建制的镇，但目前已撤销建制的镇区仍然还在使用，未注明撤制镇的是现建制镇政府驻地。

资料来源：笔者根据嘉定区 2014 年城乡一体化课题调研成果整理。

2014 年，上海开展"推进城乡一体化发展"调研，上海市规划和国土资源管理局在其《统筹城乡规划，优化完善郊区城镇结构和功能布局研究报告》中提出，"部分

---

① 上海市统计局：《2016 上海统计年鉴》，中国统计出版社 2016 年版，第 3 页。这里的非建制镇是指乡镇合并前，原来的建制乡镇所在地或镇区。

撤制镇由于政策聚焦等因素，使原有的公共设施得不到应有的重视和投入，处于闲置和衰败状态。不能适应本地以及周边居住和外来人口需要。"乡镇建制镇合并带来的是乡镇镇域合并，这种建制合并或镇域合并是乡镇行政区划的内容，本质上属乡镇生产关系调整范围；而乡镇镇区合并是物质空间合并，本质上属于生产力调整范围。产生乡镇镇域合并而镇区难以合并的原因有以下几点：一是空间距离。合并后的乡镇，各个镇区一般都有 2~3 千米的空间距离，在这种距离下，一般乡镇区，即便是中心镇镇区达到小城市规模时，其建成区的空间一般也难与其合并进来的另一个镇区连接。因此，若干年后，合并后的乡镇镇区还是"天各一方，各自为政"，只有当乡镇合并后，某一镇建成区规模达到中等城市规模时，也许间隔 2~3 千米距离的原乡镇镇区在空间上才能完全连接或"合二为一"。二是镇区居民的"乡愁"。"乡愁"的核心内容是"老地方、老房子和老人。"从住建部 2015 年小城镇抽样调查发布的数据看，一般建制镇现有世居居民家庭为 72%，近 20 多年迁入的家庭为 28%，并且这近几十年迁入的居民家庭又有 83% 为本乡镇和周边乡镇的。因此，由此构成的小城镇居民对其所居住的小城镇环境及其住房乃至左邻右舍社会关系都有不舍的情结，这种情结不仅具有历史沉淀，而且还有许多现实意义，乃至心理满足。所以，镇域合并是公权力的作用，而镇区合并却是乡镇居民的心理合并，这不是一年半载，条件好坏，政府要求就能做到的。三是乡镇合并后，镇政府驻地镇区，一般既有较好的区位、发展基础和条件，又得到了镇及其他政府的特殊"政策倾斜"，因此，与合并进来其他非建制镇区而言，一般发展都相对快，例如，到 2008 年户籍人口 20 万人以上的 38 个特大型乡镇中，县级政府驻地为 31 个，非县级政府驻地为 7 个[①]。乡镇镇区合并后的乡镇镇区兴衰道理也是这样，特别是在乡镇发展的前中期更是这样，有限的建设用地指标、财政资金、产业项目、公共设施建设往往都向镇驻地镇区倾斜。上述这一些，都是乡镇合并中镇区难以合并，且产生乡镇合并一些负面作用的原因，包括乡镇合并后非建制镇的衰败和非建制镇镇区群众办事不便利等问题。

二、镇区规模的设置

（一）一般建制镇镇区规模

由住建部牵头的 2016 年全国一般建制镇抽样调查指出，"从平面看，镇区建设用地规模平均为 1.8 平方千米，均相当于所属县城规模的 1/70，90% 的小城镇建成区规模在 3 平方千米内，各类建筑与场地的规模与尺度也相应较小。"小城镇建成区中，建设用地平均约占 73%，非建设用地约占 22%，其余为水域。在抽样调查数的

---

① 刘君德、范今朝：《中国市制的历史演变与当代改革》，东南大学出版社 2015 年版，第 286 页。

1/4 左右小城镇 "……镇区建设用地布局分散，建成区由若干片组成，各片区之间为大片的农用地，林地等生态空间或农业空间，建设用地与非建设用地犬牙交错，融合渗透……"[1] "中国村镇建设 70 年成就收集整理" 课题组提出，到 2017 年底，全国 3.2 万个乡镇，建制镇建成区面积 392.6 万公顷，镇均建成区面积为 218 公顷[2]。

在第一次全国农业普查公布的数据中，1996 年末，全国农村镇有（不包括城关镇）16124 个，占全部乡镇个数的 37.4%；每个镇镇区平均占地面积为 2.42 平方千米，平均总人口 4520 人，平均非农业人口 2072 人，镇区非农业人口占总人口的比重为 45.8%。从东中西部地区看，东部地区农村小城镇发展水平大大快于中、西部地区。根据快速汇总结果，东、中、西部地区镇个数分别为 7478 个、4873 个、3773 个，占东、中、西部地区乡镇个数的比重分别为 54.5%、33.7%、25.3%；镇区占地面积、总人口、非农业人口在问题上，从东到西都呈减少趋（见表 5 - 2）。

表 5 - 2   1996 年末我国一般建制镇规模

区域	镇区占地面积（平方千米）		镇区总人口（人）		其中非农业人口（人）	
	总量	平均每镇	总量	平均每镇	总量	平均每镇
全国	38978	2.42	72881766	4520	32401692	2072
东部地区	19318	2.58	37461698	5010	16302048	2180
中部地区	13231	2.72	23113762	4743	11067975	2271
西部地区	6428	1.70	12306306	3262	6031669	1599

资料来源：全国农业办公室：《关于第一次全国农业普查快速汇总结果的公报（第 4 号）》。

1996 年至今，已 20 多年过去，无论按照住建部 2016 年全国一般建制镇抽样调查的 2015 年数据，还是 "中国村镇建设 70 年成就" 收集整理课题组发布的 2017 年全国建制镇数据，20 多年来，我国一般建制镇镇区扩大的空间规模非常有限。就 "村镇建设 70 年成就" 课题组发布的建制镇镇区到 2017 年建成区面积为 218 公顷讲，我国一般建制镇镇区 20 多年来镇区规模几乎没有变化。就住建部牵头抽样调查发布的 2015 年一般建制镇镇区平均面积为 3 平方千米看，则 2015 年比 1996 年扩大 0.6 平方千米，扩大率为 23%；与住建部抽样调查的近 20 多年迁入一般建制镇镇区人口占一般建制镇常住人口的 28%[3]比较接近。

根据住建部 2016 年调查，到 2015 年底，我国一般建制镇建成区（镇区）常住人口 1 万人以下的约占 72%，2 万人以下的约占 90%，3 万人以上的仅占 5%。常住人口

---

[1] 赵晖等：《说清小城镇》，中国建筑工业出版社 2017 年版，第 129 页和 150 页。

[2] "中国村镇建设 70 年成就收集整理" 课题组：《新中国成立 70 周年城镇建设发展历史回顾》，载于《小城镇建设》2019 年第 9 期，第 5 页。

[3] 赵晖等：《说清小城镇》，中国建筑工业出版社 2017 年版，第 27 页。

0.5 万人以下的占 33.1%，0.5 万~1 万人的占 35.5%，1 万~2 万人的占 22.3%，大于 2 万人的占 9.1%（见表 5-3）。平均每个镇的镇区常住人口规模为 9012 人，中位数为 6500 人。

表 5-3   2015 年一般建制镇常住人口规模

项目	常住人口规模				
	少于 0.5 万人	0.5 万以上到 1 万人以下	1 万人以上 2 万人以下	大于 2 万人	合计
建制镇数量（个）	40	43	27	11	121
占建制镇比例（%）	33.1	35.5	22.3	9.1	100

资料来源：根据赵晖等著的《说清小城镇》，中国建筑工业出版社 2017 年版，第 9 页整理。

从现在已设置的建制镇看，我国除县域城关镇以外的 1.8 万个建制镇镇区常住人口仍有 1/3 近 6000 个为 5000 人以下。因此，如果维持现在建制镇数量不变，我国建制镇镇区常住人口设置标准就要划定在 5000 人以下，否则，这 6000 个全国已设立的建制镇就要降低等级，退回到集镇序列去。根据本书第一章讲到的按照"城镇规模半数递减"理论，城区常住人口 20 万人以下和 5 万人以上列入小城市类型。小城市下一等级的建制镇镇区常住人口可以划为 2.5 万人以上 5 万人以下，1.2 万人以上 2.5 万人以下，0.6 万人以上 1.2 万人以下，0.3 万人以上 0.6 万人以下四种类型，才能满足我国现有已设立的建制镇设置要求，其显然不符合我国城镇化发展方向。所以，笔者认为，为确保我国城镇发展质量，需要提高我国 1955 年、1963 年和 1984 年建制镇设置标准。根据住建部 2016 年对我国已设立建制镇的抽样调查，我国建制镇设置标准，仅镇区常住人口规模这个指标起码要确定在 0.5 万人以上这一档。这样，到 2016 年底，我国已设立的 20844 个建制中，就有 6000 多个，近 1/3 是"假性建制镇"，即不符合建制镇设置标准的"建制镇"。还需要通过这部分"假性建制镇"镇区扩大建设，增加吸引力，待镇区常住人口规模达到建制镇设置标准，才能成为符合设置标准的建制镇。

（二）乡政府驻地集镇镇区规模

在上面一般建制镇镇区规模设置中讲到，根据我国城镇人口高质量发展，建议建制镇镇区常住人口 0.5 万人以上的才列入建制镇。而住建部 2015 年抽样调查中，现有的一般建制镇中镇区常住人口 0.5 万人的列入集镇范围，约 6000 个左右。"中国村镇建设 70 年成就收集整理"课题组提出，到 2017 年底，全国 3.2 万个乡镇，乡政府驻地的建成区面积为 63.40 万公顷，平均每个乡政府驻地建成区面积为 63.40 万公顷，平均每个乡政府驻地建成区面积为 57 公顷[①]。在顾朝林老师编著的《县辖镇级市研

---

① "中国村镇建设 70 年成就收集整理"课题组：《新中国成立 70 周年深圳建设发展历程回顾》，载于《小城镇建设》2019 年第 9 期，第 5 页。

究》一书中提及，2015 年底，乡政府驻地建成区面积为 70.02 万顷，平均每个乡政府驻地建成区占地 61 公顷①。

按照"城镇规模半数递减"理论，如果集镇上一个等级一般建制镇分为 2.5 万人以上 5 万人以下，1.2 万人以上 2.5 万人以下，0.6 万人以上 1.2 万人以下的话，那么集镇镇区常住人口规模就应 0.3 万人以上 0.6 万人以下，0.15 万人以上 0.3 万人以下。集镇镇区常住人口再往下降的话，那么集镇镇区规模与大型村落定居点常住人口规模就重叠了。这是因为出于对村落的自保以及其饮一井水的生活需要，华北平原的村落规模一般要比江南地区的村落规模大得多，在华北平原二三百户的村落极为常见，有的自然村落有五六百户人家，甚至有的超过一二千户②。21 世纪初，江苏对中心村的建设规模也要求 1000~3500 人③。在现实中，我国乡政府驻地往往就位于其辖区内的一个规模比较大的中心村；在形态景观上，我国乡政府驻地集镇与中心村落也比较相似，没有太大区别。因此，乡政府驻地集镇的镇区规模常住人口底线从 1500 人或 1000 人起，是比较符合现在我国乡政府驻地集镇规模实际的。

从第二次全国农业普查公布的数据，到 1996 年末我国共有 43000 多个乡镇，其中建制镇约 18124 个（包括城关镇），乡政府驻地集镇约有 25000 个。由于我国乡镇合并在全国总体上是从 20 世纪 90 年代末开始，加上实践中，原乡镇镇区至今依然存在和使用，我国现乡政府驻地集镇和原乡镇政府驻地集镇大约仍接近 25000 个。

三、镇区与镇域的发展协同

2012 年 12 月 21 日浙江省发布的《关于开展小城市培育试点的通知》，在其小城市培育试点中心镇建设规模目标中提出了一个镇区集聚的户籍人口占镇域户籍人口的比重指标称"建成区户籍人口集聚率"，并提出小城市培育试点中心镇镇区户籍人口集聚率到 2015 年底应达到 60% 以上。笔者认为，一般建制镇以及乡政府驻地集镇也可以借鉴此指标，建立镇区与镇域的"集聚"与"腹地"的相互关系。镇区相对镇域而言，镇区是其镇域的"集聚"区域或称"极化"区域，镇域相对镇区而言，镇域是镇区的发展"腹地"或镇域是镇区的辐射范围。只有当镇区达到一定建成区规模和常住人口规模时，才形成镇区对镇域发展的带动作用或辐射作用。按照"极化"与"扩散"发展规律，在一般建制镇或乡政府驻地集镇发展前中期，有限的建设用地指标、资金、项目等要素应投放到镇区，促进镇区加快发展，形成一定的镇区规模。镇域范

① 顾朝林、盛明洁：《县辖镇级市研究》，清华大学出版社 2017 年版，第 6 页。
② 曹锦清、张乐天、陈中直：《当代浙北乡村的社会文化变迁》，上海人民出版社 2014 年版，第 3 页。
③ 邹兵：《小城镇的制度变迁与政策分析》，中国建筑工业出版社 2003 年版，第 244 页。

围是镇区发展所需要素的最近注入地，要使镇域成为镇区发展的支撑"腹地"。当镇区发展达到一定规模时，适时发挥镇区对镇域的带动作用，促进镇区人才、资金、项目等流入镇域，形成镇区与镇域协调均衡发展态势。上海市崇明区在编制 2035 规划时，从镇区常住人口规模占镇域常住人口规模比重角度，确定了镇区与镇域发展协同关系，值得借鉴（见表 5-4）。

表 5-4 　　　　　　　上海崇明区*2035 年规划乡镇规模规划表

乡镇名称	面积规模（平方千米）		常住人口规模（万人）	
	镇域面积	镇区面积	镇域常住人口	镇区常住人口
城镇	58.4	12.6	15.3	14
庙镇	96.4	0.6	2.3	1.2
建设镇	43.9	0.4	1.3	0.8
港西镇	46.9	0.5	1.7	1
新河镇	66.1	10.8	2.6	1.8
港沿镇	77.4	0.5	2.1	1
堡镇	61.3	2.45	4.5	3.5
竖新镇	63.4	0.6	1.5	1.2
陈家镇	186.6	6.4	10	8
中兴镇	45.9	0.4	1.6	0.8
向化镇	46.9	0.35	1.5	0.7
三星镇	68.4	0.9	2.5	1.5
绿华镇	37.2	0.09	0.4	0.3
新海镇	100.2	0.96	1.6	1.6
新村乡	34.7	0.09	0.4	0.3
东平镇	119.6	1.08	1.8	1.8
长兴镇	85.7	14.4	18	16
横沙乡	52.1	0.2	0.9	0.5

注：*上海崇明区，2015 年由崇明县改制而来，陆域总面积 1411 平方千米，其功能定位为世界级生态岛，在 2035 年规划中，辖区城乡体系由 1 个核心镇（即城关镇），6 个中心镇（即陈家镇、长兴镇、东平镇、三星镇、堡镇、新河镇组成），11 个一般镇（除核心镇和 6 个中心镇以外的一般建制镇）和 2 个乡，26 个村集镇和 X 个保留村组成。表中的镇区面积按照建制镇和集镇设置标准计算。

资料来源：由笔者根据"上海崇明区 2035 规划"整理。

　　需要说明的是，由于我国各地地域差异和经济社会发展差异太大，因此，在镇域规模设置中，通过镇域人口规模来框定镇域空间规模是非常困难，况且镇域人口规模即便比较大，但分布很散也不一定能促进小城镇的服务业发展。反之，镇域人口规模不是很大，但空间的集聚度比较高，对小城镇人口集聚区域服务业发展具有重要作用。因此，研究小城镇镇域与镇区关系，本质上是要研究小城镇集聚"发展"与"扩散"发展的关系，从目前看，用镇区常住人口规模占镇域总人口比重这个指标来衡量具有一定合理性。事实上，镇区人口规模和镇区建成区规模两者是一致的，一般而言，小城镇镇区建成区面积越大，其常住人口规模也越大，当然两者之间还有个人口密度与人口规模的关系，即镇区建设"紧凑度"问题。

四、镇区与镇域的研究意义

（一）有助于交通、市场、行政三要素的协调

德国地理学家克里斯诺勒提出的设立中心地系统应遵循的交通、市场、行政三原则对我国一般建制镇和集镇的规模设置仍具有指导意义。一般建制镇和集镇的规模研究主要作用有以下几点：一是在现有交通条件下，可以适当扩大我国一般建制镇和乡集镇的镇域规模，这样有助于一般建制镇和乡集镇镇区支撑"腹地"的扩大，乡镇建制数的减少，乡镇行政管理幅度的扩大，降低乡镇的行政管理成本。可见，镇域的扩大是中心地设置系统交通条件为前提的。同时也要遵循中心地设置系统的行政管理原则，小城镇的管理幅度不能无限扩大，在特定交通条件和行政管理能力下，镇域范围的扩大是有上下限的。二是由于乡镇行政合并的局限性，镇域合并和镇区合并不能同时进行，并且间隔的时间可能会很长，乃至几十年，乃至永远难以合并。正是基于此，在乡镇合并或在一般建制镇和乡集镇扩大镇域时，仍然需要以辖区内居民和单位生产生活的便利性和生产生活质量逐步提高为前提。因此，按照中心地系统设置的市场服务原则，原来乡镇镇区虽建制撤销，但其服务内容和质量的配套仍不能下降，而是要逐步提高。只有这样才能把小城镇镇域扩大或乡镇合并的正效应发挥更大，负效应降到最低。

（二）有助于镇区与镇域的协调平衡

不能正确地处理镇区与镇域的协调发展，本质上是不能正确处理城乡、地区的协调发展的。在我国，当前，一方面大城市"人满为患"、物价飞涨；另一方面中小城市忙于降库存、消化"存量商品房"等，这是我国没有处理好"集聚"和"扩散"，"极化"与"辐射"，"中心"与"外围"，"吸引力"与"带动力"等关系引起的。一般建制镇和乡集镇是我国"城乡统筹"的第一线，它们主要是面向乡村，面向欠发达地区。优化正确处理好镇区与镇域的先发展和后发展，重点发展和同时发展，错位发展和同质发展，有助于镇区规模和镇域规模的效率提高和能量释放，从而促进镇区

与镇域的协调平衡发展。

第三节　一般建制镇和集镇的设置标准及统计

一、一般建制镇设置标准

建制镇设置在我国有两类体制：一是 1984 年以前的狭域型或城镇型镇制，即建制镇的设置标准主要依据镇区的人口规模。例如，1955 年 6 月《国务院关于设置市、镇建制的决定》中规定，"不是县级或者县级以上地方国家机关所在地，必须是聚居人口在 2000 人以上，……可设置镇的建制"。1963 年 12 月中共中央、国务院《关于调整市镇建制、缩小城市郊区的指示》中规定，"聚居人口在 3000 人以上；其中非农业人口占 70% 以上，……可设置镇的建制"。二是 1984 年以后的广域型或区域型镇制，即建制镇的设置标准既要考虑乡域范围内的总人口规模，也要考虑乡政府驻地人口规模。例如，1984 年 11 月国务院批转民政部《关于调整建镇标准的报告的通知》规定，"总人口在 20000 人以下的乡，乡政府驻地非农业人口超过 2000 人的，可以建镇；总人口在 20000 人以上的乡，乡政府驻地非农业人口 10% 以上的，也可以建镇。"此后，国家就没有发布过设镇的新标准。但从以上国家已发布的设镇标准看，建制镇是乡政府驻地或乡政府驻地和乡政府管辖范围达到一定人口规模，按设镇标准进行申报并经有关政府部门批准确认的行政管理区域。

根据本章第一节对一般建制镇和集镇属性、职能的讨论，本节将镇区常住人口 5 万人以上的特大镇（城关镇、中心镇、重点镇、经济强镇）列入特大镇设市的小城市范围去设置标准。故在这里笔者将我国一般建制镇列入区域型镇制设置标准，故在一般建制镇设置指标中，在人口指标方面，除了镇区常住人口规模和人口密度以外，在镇域人口方面设置的指标主要是镇区常住人口占镇域常住人口的比重，即镇区常住人口集聚率；在经济指标方面，主要强调不同人口规模的镇区其财政收入总量和第二三产业占国内生产总值比重应该更高。这是因为，一般而言，镇区人口集聚规模越大，一般建制镇的第二三产业比重就应该更高，从而财政收入也应该更高；在基础设施指标方面，根据目前我国一般建制镇基础设施建设水平，对一般建制镇的镇区生产生活污水的集中处理应有一定要求，而对镇域乡村地区的污水集中处理暂没有提出要求，但根据我国现在全国各地正在实施的乡村振兴或美丽乡村建设看，许多地方的污水集中处理既包括了镇区，也包括了镇域乡村地区，而生活垃圾无害化处理标准这里不分城乡，具体如表 5-5 所示。

表 5 - 5   一般建制镇设置标准

建制镇类型	指标		最低标准值
镇区常住人口 2.5 万人以上 5 万人以下	人口	镇区常住人口集聚率	60
		镇区人口密度（万人/平方千米）	0.7
	经济	财政收入（亿元）	5
		二三产业国内生产总值占比（%）	70
	基础设施	镇区污水集中处理率（%）	90
		生活垃圾无害化处理率	100
镇区常住人口 1.2 万人以上 2.5 万人以下	人口	镇区常住人口集聚率	50
		镇区人口密度（万人/平方千米）	0.6
	经济	财政收入（亿元）	4
		二三产业国内生产总值占比（%）	60
	基础设施	镇区污水集中处理率（%）	80
		生活垃圾无害化处理率（%）	100
镇区常住人口 0.6 万人以上 1.2 万人以下	人口	镇区常住人口集聚率	40
		镇区人口密度（万人/平方千米）	0.5
	经济	财政收入（亿元）	3
		二三产业国内生产总值占比（%）	50
	基础设施	镇区污水集中处理率（%）	70
		生活垃圾无害化处理率（%）	100

资料来源：笔者整理。

2020 年 12 月 30 日，山东省人民政府发布的《山东省设立镇标准的通知》规定：在人口与面积方面，设立镇的乡辖区常住人口不低于 3 万人，乡建成区面积不低于 1.5 平方千米；在经济发展方面，设立镇的乡连续两年一般公共财政收入或人均一般公共财政收入位居所在设区的市所辖乡的前 30%，同等条件下人均值高的乡优先调整；在基础设施方面，镇政府驻地的道路硬化率应达到 100%，污水处理率不低于 70%，生活垃圾无害化处理率保持在 98% 以上，地名标志设置率应达到 100%，饮水安全达到国家标准，电力通信广播电视设备完备；在公共服务方面，镇政府驻地配置的幼儿园、小学和初中设施配置和办学条件应达到国家和省规定的二类标准以上，建有符合国家和省规划设置原则与建设标准的卫生院（村卫生室），社区综合服务设施每百户居民应当达到 30 平方米，文化、体育、养老及社会福利设施较为完善，建有成规模的集贸市场。

二、乡驻地集镇设置标准

我国到现在没有乡设置标准，最低等级也只有建制镇设置标准，建制镇的设置标准是由"乡"升格为"镇"。但一般认为似乎不存在由"村"升格为"乡",故"乡"也不存在制定设置标准,也许这就是我国1950年末起实行"小乡制"留下的习惯认识,似乎"乡"与"村"的发展水平应该是等值的,故没有必要设置"乡"的设置标准。在我国无论是"小乡制",还是"中乡制""大乡制",乡乃至建制镇都是一个行政管理概念,比较少考虑建制镇和乡的规模,于是就不存在乡的设置标准。在物质规模层面把"乡"与"村"区别开来,而不仅是从管理层面把乡与村区别开来,应该是"小乡制"到"中乡制"乃至"大乡制"的本质区别。况且在乡村振兴要求下,如果乡与村物质规模是等量的,乡村振兴中的人口转移、就业转移、公共服务均等化,加强乡村治理都是没有更广阔的区域空间和内容支撑的,因此,从物质规模角度设置乡的标准不仅有助于明确乡的发展方向,也有助于通过提高乡的发展水平来促进村的振兴或发展。正是因为,长期以来我国对乡一级行政区只有管理的建制,而没有发展的要求,因此,到目前为止,我国绝大部分地区的乡驻地,无论其人口规模、非农就业、景观风貌等都与村相似,从而造成乡辖区域发展缺乏"极化区块"带动和示范,这样既降低了乡的发展水平,同时也降低了村的发展水平,从上述角度,乡辖空间,相对村和建制镇,从物质规模角度,设置乡的标准是必要且重要的(见表5-6)。

表5-6 乡政府驻地集镇设置标准

乡政府驻地类型	指标		最低标准值
镇区常住人口0.3万人以上0.6万人以下	人口	镇区常住人口集聚率(%)	20
		镇区人口密度(万人/平方千米)	0.3
	经济	财政收入(亿元)	1
		二三产业国内生产总值占比(%)	50
	基础设施	镇区污水集中处理率(%)	80
		生活垃圾无害化处理率(%)	90
镇区常住人口0.15万人以上0.3万人以下	人口	镇区常住人口集聚率(%)	10
		镇区人口密度(万人/平方千米)	0.15
	经济	财政收入(亿元)	0.5
		二三产业国内生产总值占比(%)	40
	基础设施	镇区污水集中处理率(%)	70
		生活垃圾无害化处理率(%)	80

注:乡政府驻地集镇,包括现乡政府驻地集镇和原乡镇政府驻地集镇。
资料来源:笔者编制。

三、服务性集镇设置标准

西方发达国家在区域管理中一个重要经验就是将行政区与服务区相区别。例如,美国为数众多，承担大量社会服务性职能的区域，如学校区、消防区、卫生区、公园区、水区等。[1] 事实上，我国集镇区域也有类似的政区与服务区相分离的区域。例如，前面讲的"村镇"，即为周边村服务的集镇，我国近几年出现的"特色小镇"等。这部分非现在乡政府驻地和非过去乡镇政府驻地的集镇的特点有：一是集镇区域范围可以跨村、跨镇。例如，上海市嘉定区的朱桥镇丽江休闲园和徐行镇的万金观赏鱼休闲园其区域范围都是跨几个村的。二是区域管理主体可以是市场主体企业，其管理经费不一定需要财政资金。三是服务功能比较单一，大多偏重于商业行为，涉及人口、公共服务、社会管理职能的，仍由乡镇政府或村自治组织行使。这类集镇最大的优点是服务功能明确、区域功能均质、不受村和镇等行政区划限制、节约行政成本、规模效益显著、区际利益矛盾较低小，在工业化、城镇化和农业现代化的中后期，在我国小城镇区域应该大大设置这类集镇（见表5-7、表5-8）。

表5-7　　　　　　　　　　　　　村集镇设置标准

指　标		最低标准值
人口	非农业人口占集镇人口（%）	50
	服务范围（平方千米）	1.5~3
经济	固定商店（个）	30 左右
	流动摊位（个）	40 左右
基础设施	污水集中处理率（%）	80
	垃圾无害化处理率（%）	100

资料来源：笔者编制。

表5-8　　　　　　　　　　　　　特色小镇设置标准

指　标		最低标准值
实际规模	规划面积	3 平方千米左右
	建设面积	1 平方千米左右
产业投资	新兴工业投资（亿元）	50
	传统工业和手工业投资（亿元）	30
	服务业（含旅游、金融、健康、时尚）投资（亿元）	20
社区建设	商品住宅建设（套）	500
	商业设施建设（万平方米）	3
基础设施	污水集中处理率（%）	100
	垃圾无害化处理率（%）	100

资料来源：笔者编制。

[1]　刘君德、范今朝：《中国市制的历史演变与当代改革》，东南大学出版社2015年版，第347页。

四、一般建制镇和集镇的统计

（一）统计对象

根据前面所述情况，一般建制和集镇镇区的统计比较复杂，包括现一般建制镇和乡驻地集镇的镇区，乡镇合并中留存的现仍在使用的原乡镇镇区，传统上为周边几个村服务的集市类镇区，近几年乡镇域范围非农产业发展形成的特色功能类镇区，这些功能各异、指标多样的镇区，凡达到一般建制镇和集镇设置标准的，都要纳入统计范围。除镇区统计外，一般建制镇和集镇还有一类统计对象是村。目前在我国，村从经济社会发展中看，均质性较强，"麻雀虽小，五脏俱全"，涉及各类统计指标设定及统计。需要说明的是，在我国，一般建制和集镇的镇区是多个镇区组成的，而镇区空间大多与村域空间相重叠，且镇区空间与村域空间也很难适用国家统计局现行使用的《统计上划分城乡的规定》。在统计技术角度讲，采用 2001 年英国在进行人口普查时的"聚落形式"统计分析法[①]，即在一般建制镇和集镇统计范围，根据设置标准按亩、公顷或平方千米打上方格网，把乡镇地域内的空间分为镇区和村，也许能够适应（见图 5 - 3）。

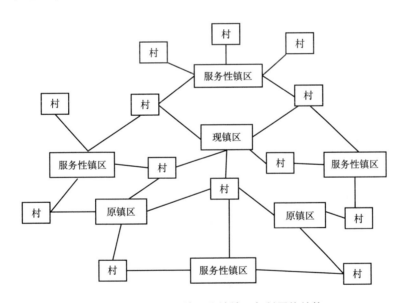

图 5 - 3　一般建制镇和集镇镇区与村网络结构

资料来源：笔者绘制。

（二）统计指标

根据一般建制镇和集镇的设置标准，统计指标起码包括以下几大类：一是反映一

---

① ［英］尼克·盖伦特、梅丽·云蒂等著，闫琳译：《乡村规划导论》，中国建筑工业出版社 2015 年版，第10 页。

般建制镇和集镇地域指标，包括镇域面积和镇区面积等。二是人口指标，包括镇域常住人口、户籍人口、人户分离人口，镇区常住人口、户籍人口、人户分离人口、外来人口，镇区常住人口占镇域常住人口比重、镇区人口密度等。三是经济指标，包括一般建制镇和乡的地方财政收入、转移支付财政收入、人均财政收入等，镇域内第一二三产业产值和地区生产总值，第二三产业地区生产总值占全镇国内生产总值的比重，社会商品销售额，产业投资、商品房投资、公共设施投资额等。四是基础设施指标，包括水、电、通信、能源使用等指标，尤其是镇域镇区生活污水集中处理率和生活垃圾无害化处理率，镇区人均公共绿地、绿化覆盖率、镇域森林覆盖率等。

第四节　一般建制镇和集镇的结构与职能

一、我国一般建制镇和集镇的体系结构

1950 年 12 月，政务院颁布了《乡（行政村）人民政府组织通则》，此时的乡与现在的行政村相当，每个乡下辖若干自然村，面积和人口规模均较小，每个县有近百个乡（行政村），县下设区，区下设乡；1952 年底，全国共有 18144 个区，218642 乡（行政村）和 5000 个左右镇（1953 年为 5402 个建制镇）。1954 年《宪法》规定我国县辖政区为乡、民族乡和镇，到 1955 年底，全国共有县辖政区 199345 个，其中，乡和民族乡政区为 194858 个，镇政区为 4487 个。1955 年 2 月，国务院在"关于进一步做好国家精简工作的指示"中指出，"小区、小乡制已经不能适应农业合作化运动迅速发展的新形势，区乡行政区域应当适当调整。"到 1957 年底，全国（不包括西藏和港澳台地区）县辖政区减少到 99515 个，其中区为 8505 个，乡为 95843 个，镇为 3672 个。1958 年 9 月中共中央政治局通过了《关于在农村建立人民公社的决议》，在全国兴起了乡镇改人民公社热潮，到 1958 年底，1957 年的 9.6 万多个乡镇合并为 1958 年的 26593 个公社和 3621 个镇。1982 年《宪法》再次确定我国县辖政区为乡、民族乡、镇。1983 年 10 月中共中央国务院发布的《关于实行政社分开建立乡政府的通知》提出，"当前的首要任务是政社分开，建立乡政府。同时按乡建立乡党委，并根据生产需要和群众的意愿逐步建立经济组织。"全国将人民公社改办乡镇，到 1985 年底，全国共有 79306 个乡，3144 个民族乡和 9140 个镇。到 1986 年底，全国县辖镇区有：6165 个县辖区，58417 个乡，2936 个民族乡和 10718 个镇。2000 年中共中央国务院发布《关于转发〈国家计划委员会关于当前农村经济发展中几个主要问题和对策措施意见〉的通知》，2000 年 12 月中共中央办公厅、国务院办公厅发布了《关于市县乡人员编制精简的意见》，2001 年 7 月 21 日经国务院同意，由民政部、中央编办、国务院体

改办、建设部、财政部、国土资源部、农业部等七部门发布了《关于乡镇行政区划调整工作的指导意见》。根据第二次全国农业普查，到 2006 年底，全国镇为 9391 个，乡为 15365 个（含民族乡），到 2012 年底，全国共有县辖区 2 个，乡 58417 个，民族乡 2936 个、镇 10718 个，根据第三次全国农业普查，到 2016 年底，全国镇为 20844 个，乡为 11081 个（含民族乡）[①]（见表 5-9）。

表 5-9　　　　　　　　　1947~2016 年我国县辖政区变化　　　　　　单位：个

年份	区	镇	乡	备注
1947	941		41140	为 1947 年 6 月底数据，此时的乡称乡镇（公所）
1952	18144	5000 左右	218642	1953 年镇为 5402 个
1955		4487	194858	此时为小乡制，乡为行政村
1957	8505	3672	95843	此时的乡为几个行政村合并
1958		3621	26593	通过乡镇合并为人民公社
1985		9140	82450	其中民族乡为 3144 个，人民公社分解为乡镇
1986	6165	10718	61353	其中民族乡为 2936 个
2006		19391	15365	第 2 次全国农业普查数
2012	2	19249	15120	其民族乡（含苏木）1192 个
2016		20844	11081	第 3 次全国农业普查数

资料来源：根据刘君德、范今朝著的《中国市制历史演变与当代改革》（东南大学出版社 2015 年版，第 255-261 页）和全国第二次和第三次农业普查国家统计局发布的数据整理。

从表 5-9 可以看出，1947~2016 年底，我国乡镇数量有几次大的变化：一是 1950 年~1952 年底我国实行的是"小乡制"。即乡是行政村的概念，使我国从 1947 年 41140 个乡镇扩展到 1955 年的 194858 个乡和 4487 个镇，乡镇数大大增加，在国土面积不变的前提下，意味着乡镇所辖空间规模大大地降低，即 1955 年底我国平均每个乡镇镇域规模是 1947 年平均每个乡镇镇域面积的 1/5 左右。到 1957 年，在国家机关精简和农业合作化浪潮中，我国乡镇数在 1956 年基础上减少一半，仍有 95843 个乡和 3621 个镇，此时的乡仍是"小乡制"，只是从 1956 年的乡就是行政村，扩展为一个乡管几个行政村。二是 1958~2000 年前，我国实行的是"人民公社制"——"中乡制"。1958 年起我国开始实行"人民公社制"，我国将乡镇改为人民公社，据刘君德、范今朝两位老师所著的《中国市制的历史演变与当代改革》，1958 年底我国人民公社为 26593 个，到 1982 年底我国人民公社为 54352 个。1983 年 10 月起我国依照 1982 年《宪法》将人民公社改为乡镇，到 1985 年底我国有 82450 个乡和 9140 个镇，到 1986

①　根据刘君德、范今朝著的《中国市制的历史演变与当代改革》（东南大学出版社 2015 年版，第 255-261 页）和全国第二次和第三次农业普查国家统计局发布的数据整理。

年有 61353 个乡和 10718 个镇。从上述数据看，1958～1986 年底，我国乡镇镇域规模实行的是"中乡制"，即比 1957 年前"小乡制"规模要大，而与 2000 年以后比，乡镇镇域规模又要小，故称为"中乡制"。三是自 2000 年起到现在，我国乡镇镇域规模基本上实行的是"大乡制"。从 2006 年和 2016 年全国第二次和第三次农业普查发布的乡镇数看，我国乡镇数一直保持在 3.5 万个左右到 3.2 万个左右。不过这其中镇数量扩大较多，乡数量减少，这与《国务院批转民政部关于调整建制标准的报告的通知》设镇标准过低有关。2000～2016 年是我国快速城镇化阶段，其中减少的 0.3 万个左右的乡镇更多的是被城市建成区覆盖，而乡镇建制改为街道居多，通过乡镇合并减少的可能较小。这是因为 2002 年 8 月 11 日，国务院根据 2000 年后我国各地撤并乡镇中个别地方出现由于调整方案不合理、政策措施不配套、组织不严密、宣传和思想工作不到位而产生的种种问题，甚至引发群众集体上访，在一定程度上影响了当地社会稳定，国务院办公厅发布了《关于暂停撤乡设镇工作的通知》，在全国暂停了撤并乡镇和撤乡设镇[①]。四是自 2014 年起到现在，在我国乡镇地域内实行了种种类型的"专业功能区块"建设，这些镇乡范围内的种种类型"专业功能区块"，有"特色小镇""田园综合体""风景名胜区""休闲农业园""现代农业园""创新创业园区"等，这些小城镇地域内的新型集镇，与传统意义上的集市贸易集镇相比，其第二三产业层级更高，吸收周边村居民非农就业和增加收入的带动能力更强，是现代版的"乡脚"。十分有利于进一步发挥小城镇地域的特色资源和特色优势，优化小城镇地域的产业布局和功能布局，以及形成小城镇地域内的"多点极化区域"带动周边均衡发展。因此，这一类新型集镇是我国一般建制镇和集镇的新样式、新领域、新空间，也属于我国小城镇体系结构的一部分，而这部分新型集镇，其总量在我国不在少数。综上所述，根据"城镇规模半数递减""城镇倍数递增"理论，在镇区常住人口达到 5 万人以上的列入小城市后，镇区常住人口 0.1 万人以上 5 万人以下的一般建制镇和集镇的体系结构。

二、一般建制镇和集镇的职能

本章第一节中讲到，一般建制镇和集镇总体上的职能是"城乡统筹"，但具体到"城乡统筹"总体职能的分解和行使，一般建制镇和集镇是不一样的。另外在本章中作者已将一般建制镇的尺度定在镇区常住人口 0.5 万人以上 5 万人以下这个空间范围，同时将集镇镇区的尺度定在其镇区常住人口 0.1 万人以上 0.5 万人以下这个空间范围。这样大体上使一般建制镇和集镇在设定的尺度内趋于均质性，这样就便于在同一均质空间内界定其职能及其行使方法，避免"文不对题"或"纸上谈兵"等不切合实际的

---

① 刘君德、范今朝：《中国市制的历史演变与当代改革》，东南大学出版社 2015 年版，第 140－141 页。

职能界定和职能行使。另外，在 2019 年 6 月，在浙江宁波召开的"全国加强乡村治理体系建设工作会"上，中央农村工作领导小组组长、国务院副总理胡春华强调，"要强化乡镇管理服务能力，切实把乡镇建成乡村治理中心、农村服务中心和乡村经济中心，使乡镇成为带动乡村的龙头。"[①] 2019 年 9 月 16 日发布的《中华人民共和国乡村振兴促进法草案》（征求意见稿）第三十九条第二款也明确，"地方各级人民政府应当加强乡镇社会管理和服务能力建设，把乡镇建成乡村治理中心、农村服务中心、乡村经济中心。"第十九条第一款提出，"国家支持特色农产品优势区、现代农业园区、乡村旅游重点村和特色小镇的建设，统筹农产品产地、集散地、销地批发市场建设，加强农产品物流骨干网络和冷链物流体系建设"，等等。这一些都要通过分解到一般建制镇和集镇的职能中，才可能得以实现。

（一）集聚人口职能

住建部在 2016 年一般建制镇的抽样调查中提出，"居住在 1.8 万个小城镇上的人口占城镇人口的比例为 24%，占全国人口比例仅为 12%。"[②] 并且，小城镇建成区常住居民中近 20 年内迁入的占 28%，其中 2000 年以后迁入的占 15%，20 世纪 90 年代迁入的占 6%，本镇农村迁入的占 51%，周边其他乡镇迁入的占 23%，周边其他农村迁入的占 13%[③]，也就是说，小城镇在近几年迁入人口中，吸收本镇农村和周边农村人口占 84%。说明一般建制镇具有集聚周边农村人口的能力。中南大学公共管理学院讲师陈文琼，对 2014 年以来中西部一地级市下辖的 4 个普通农村型村庄随机选择 7 个村民小组进城建房的情况进行详细统计发现，"在该地级市辖区内购房的比例高达 87.89%，其中地级市县城和乡镇购房的比例分别为 62.11%、17.89% 和 7.89%。"[④]上海自 2004 年开展农民宅基地置换试点以来，到 2018 年累计实现进城镇集中的总户数为 4 万户左右，按每户 3 人计，也达到 12 万农村居民迁入城镇居住。近几年，各地异地扶贫搬迁的农村居民中也有许多是搬入村庄或者周边小城镇的，因此，一般建制镇和集镇在我国城镇化和农业现代化进程中具有集聚本镇农村和周边乡镇及农村常住人口的职能。通过吸纳周边农村人口进镇居住，减少农村常住人口，加快周边农村现代化进程。

（二）吸收非农就业职能

从国家统计局农民工监测调查报告情况看，2018 年，在乡镇地域以内从事非农产

---

① 胡春华：《大力推进乡村治理体系和治理能力现代化》，载于《人民日报》2019 年 6 月 11 日第 4 版。
② 赵晖等：《说清小城镇》中国建筑工业出版社 2017 年版，第 3 页。
③ 赵晖等：《说清小城镇》，中国建筑工业出版社 2017 年版，第 27—28 页。
④ 陈文琼：《城市化，镇该扮演什么角色》，载于《环球时报》2019 年 1 月 16 日第 14 版。

业的农民工①占当年全部农民工的40%，而2008年国家统计局农民工监测调查报告公布的数据，在乡镇地域内从事非农产业的农民占当年全部农民工的37%，说明我国乡镇地域内吸收农村剩余劳动力的能力是不断增强的（见表5－10）。通过吸纳镇区和周边农村居民在乡镇地域内就业，提高了镇区和镇域非农就业居民的收入，消化了农村剩余劳动力，促进了农业适度规模经营。

表5－10　　　　　　　　　2008～2020年农民工数量及变化

年份	外出农民工			本地农民工		
	数量（万人）	增长（%）	增减（万人）	数量（万人）	增长（%）	增减（万人）
2008	14041	—	—	8501	—	—
2009	14533	3.5	492	8445	－0.7	－56
2010	15335	5	802	8888	5.2	443
2011	15863	3.4	528	9415	5.9	527
2012	15863	3	528	9415	5	527
2013	16336	2	473	9925	5	510
2014	16610	1	274	10284	3	359
2015	16821	1.3	211	10574	2.8	290
2016	16884	0.4	63	10863	2.7	289
2017	17185	1.5	251	11467	2	230
2018	17266	0.5	81	11570	0.9	103
2019	17425	0.9	159	11652	0.7	82
2020	16959	－2.7	－466	11601	－0.4	－51

资料来源：笔者根据国家统计局发布的农民工监测报告整理。

（三）提供公共服务职能

根据第三次全国农业普查公布的数据，在基础设施方面，2016年末，在交通设施方面，乡镇地域范围内有火车站的乡镇占全部乡镇的8.6%，有码头的占7.7%，有高速公路出入口的占21.5%；在其他基础设施方面，2016年末，91.3%的乡镇集中或部分集中供水，90.8%的乡镇生活垃圾集中处理或部分集中处理（见表5－11）。

---

① 农民工是指户籍仍在农村，本地从事非农产业或外出从业6个月以上的劳动者。本地农民工是指在户籍所在乡镇地域以内从事非农产业的农民工。外出农民工是指在户籍所在乡镇地域以外从业（包括农业）的农民工。

表 5-11 　　　　　　　　2016 年末我国乡镇基础设施覆盖率 　　　　　　　　单位:%

指标	全国	东部地区	中部地区	西部地区	东北地区
有火车站的乡镇	7.6	7.6	8.3	7.7	18.0
有码头的乡镇	7.7	10.0	8.5	6.7	3.3
有高速公路出入口的乡镇	21.5	28.9	22.6	17.0	19.9
集中或部分集中供水的乡镇	91.3	96.1	93.1	87.1	93.6
生活垃圾集中处理或部分集中处理的乡镇	90.8	94.6	92.8	89.0	82.3

注:不含港澳台地区。

资料来源:国家统计局:《第三次全国农业普查主要数据公报(第三号)》,2017 年 12 月 15 日。

在公共服务方面,2016 年末,96.5%的乡镇有幼儿园、托儿所,98.0%的乡镇有小学;96.8%的乡镇有图书馆、文化站,11.9%的乡镇有剧场、影剧院,16.6%的乡镇有体育场馆;70.6%的乡镇有公园及休闲健身广场;99.9%的乡镇有医疗卫生机构,98.4%的乡镇有执业(助理)医师;66.8%的乡镇有社会福利收养性单位,56.4%的乡镇有本级政府创办的敬老院(见表 5-12)。

表 5-12 　　　　　　　　2016 年末我国乡镇公共服务设施覆盖率 　　　　　　　　单位:%

指标	全国	东部地区	中部地区	西部地区	东北地区
有幼儿园、托儿所的乡镇	96.5	98.7	98.3	94.0	96.9
有小学的乡镇	98.0	98.7	99.5	97.3	95.2
有图书馆、文化站的乡镇	96.8	96.2	98.0	96.6	95.2
有剧场、影剧院的乡镇	11.9	18.5	14.4	7.9	5.9
有体育场馆的乡镇	16.6	20.5	19.4	13.5	12.1
有公园及休闲健身广场的乡镇	70.6	83.2	73.9	59.4	84.0
有医疗卫生机构的乡镇	99.9	99.9	100.0	99.8	99.7
有执业(助理)医师的乡镇	98.4	99.6	99.8	96.7	99.3
有社会福利收养性单位的乡镇	66.8	71.7	87.7	53.3	57.0
有本级政府创办的敬老院的乡镇	56.4	61.9	78.0	43.3	40.8

注:不含港澳台地区。

资料来源:国家统计局:《第三次全国农业普查主要数据公报(第三号)》,2017 年 12 月 15 日。

我国乡镇,尤其是一般建制镇镇区和集镇镇区基础设施、公共服务设施薄弱,从而也影响到其镇域范围内广大乡村地区基本公共设施的配置。例如,在第三次全国农业普查公布的数据中,全国自然村落到村委会距离 6~10 千米的占全国的近村落的 6.6%,11~20 千米的自然村落占全国村落的 2%,20 千米以上的自然村落占全国自然村落的 0.6%;另外,只有 11.9%的村通天然气,25.1%的村有电子商务配送;只有 17.4%的村生活污水集中处理和部分集中处理,53.5%的村完成或部分完成改厕等。在基本公共服务设施方面，到 2016 年末，全国只有 32.3% 的村有幼儿园、托儿所，只有 54.9% 的村有执业（助理）医师等。我国乡村生活的交通设施、能源设施、信息基础设施、生活污水处理设施、教育卫生设施等基础设施和公共服务设施薄弱，有待于一般建制镇和集镇镇区公共设施配套水平提高和城乡统筹职能的发挥才能解决。

（四）加强社会治理职能

前面讲到，1950 年 12 月，政务院颁布了《乡（行政村）人民政府组织通则》（以下简称《通则》），根据《通则》，乡就是行政村，村就是乡。可见"小乡制"中的行政村属国家行政建制范畴。1954 年《宪法》规定，我国县辖政区为乡、民族乡、镇，此时的乡仍然是"小乡制"，乡仍旧是行政村。1958 年我国乡镇改人民公社，人民公社实行"政社合一""队为基本核算单位，生产资料属于人民公社、生产大队、生产队三级所有"，此时的村（含大队和生产队）仍然是国家行政建制范围。1980 年 2 月 5 日，广西合寨村，村民以无记名和差额投票方式成立了我国首个农村村民组织，参照"居委会"将其命名为"村委会"①。1982 年 12 月颁布的《宪法》第一百一十一条明确，村是基层群众自治组织，从而村才不具有国家行政建制的内涵。1998 年 11 月九届全国人大常委会第五次会议通过的新的《中华人民共和国村民委员会组织法》明确规定，"村民委员会是村民自我管理、自我教育、自我服务的基层群众性自治组织，实行民主选举、民主决策、民主管理、民主监督。"正是我国村的性质变化，使得村除在其日常管理中通过制定一些"乡规民约"规范乡村地域内村民和单位行为外，村域范围内村民和单位的许多行为，例如，违章搭建拆除、村民住房建设以及村内的许多公共事项，必须依靠所在乡镇政府才能解决。也就是说，我国村内绝大部分经济社会事项的管理主体是乡镇政府，如现在乡村的住房建设规划许可证就是由乡镇人民政府发放的。因此，当前体制下的乡村治理中许多事项没有乡镇政府介入是无法实现的。况且，乡镇镇区有许多事项还不属村域事项。例如，2015 年由住建部牵头抽样调查的一般建制镇镇区，"小城镇镇区建设用地中集体土地占比高，平均为 62%，一半以上小城镇镇区建设用地中集体土地占比超 70%。集体土地在北方小城镇镇区中的比例更高，达到 72%，南方小城镇集体土地的比例相对低一些，但也达到了 56%。"②这说明，我国乡镇政府管辖的镇域和镇区也有一定量的非集体土地及其地上物等事务的管理。

上述职能涉及一般建制镇和集镇时，由于规模尺度不同，可以再结合实际情况细化分解。总体而言，上述四方面职能对镇区常住人口 0.6 万人以上的一般建制镇都可

---

① 朱建江：《乡村发展导论》，经济科学出版社 2019 年版，第 516 页。
② 赵晖等：《说清小城镇》，中国建筑工业出版社 2017 年版，第 147 - 148 页。

能涉及，由于一般建制镇镇区也有不同规模尺度，故在职能分解中对不同规模尺度的一般建制镇还可能有不同轻重。对于集镇，总体看，集镇镇区集聚镇域人口职能行使可能会比较少，这是因为集镇的规模尺度大多以中心村落为依托，镇域人口相对分散，但随着集镇经济社会发展，总体上也要逐步强化集镇镇区的人口集聚。吸收乡村非农就业，提供乡村公共服务，加强乡村社会治理，对集镇尤其是乡政府驻地集镇和原乡镇政府驻地集镇都具有重要意义。至于集市贸易类型的集镇和特色功能区类型集镇，更多是侧重吸收乡村非农就业职能的发挥，当然这部分集镇也需要加强一些人口集聚、公共服务提供和社会治理职能的行使。如浙江"特色小镇"在强调产业功能时，也比较强调文化和社区功能。

本章参考文献

［1］赵晖等：《说清小城镇》，中国建筑工业出版社 2017 年版。

［2］国家发展和改革委员会：《国家新型城镇化报告》，中国计划出版社 2016 年版。

［3］上海市人民政府：《上海市城市总体规划（2016—2035 年）》，2017 年 11 月版。

［4］刘君德、范今朝：《中国市制的历史演变与当代改革》，东南大学出版社 2015 年版。

［5］肖敦余、胡德瑞：《小城镇规划与景观构成》，天津科学技术出版社 1992 年版。

［6］叶堂林：《小城镇建设：规划与管理》，中国时代经济出版社 2015 年版。

［7］金兆森等：《村镇规划》，东南大学出版社 2019 年版。

［8］凌岩：《乡愁钩沉》，上海社会科学院出版社 2014 年版。

［9］曹锦清、张乐天、陈中亚：《当代浙北乡村的社会变化变迁》，上海人民出版社 2014 年版。

［10］陈锡文：《读懂农业农村农民》，外文出版社 2019 年版。

［11］陆益龙：《后乡土中国》，商务印书馆 2017 年版。

［12］张忠国：《区域研究理论与区域规划编制》，中国建筑工业出版社 2017 年版。

［13］邹兵：《小城镇的制度变迁与政策分析》，中国建筑工业出版社 2003 年版。

［14］"中国村镇建设 70 年成就收集整理"课题组：《新中国成立 70 周年村镇建设发展历史回顾》，载于《小城镇建设》2019 年第 9 期。

［15］顾朝林、盛明洁：《县辖镇级市研究》，清华大学出版社 2017 年版。

［16］［英］尼克·盖伦特、梅丽·云蒂等著，闫琳译：《乡村规划导论》，中国建筑工业出版社 2015 年版。

［17］胡春华：《大力推进乡村治理体系和治理能力现代化》，载于《人民日报》2019 年 6 月 11 日第 4 版。

［18］陈文琼：《城市化，镇该扮演什么角色》，载于《环球时报》2019 年 1 月 16 日第 14 版。

［19］朱建江：《乡村发展导论》，经济科学出版社 2019 年版。

|第六章|
一般建制镇和集镇的人口与居住

在我国农业社会向工业社会转型中，既涉及乡村人口向城市的转移，也涉及乡村居住空间向城镇居住空间的转移。本章讨论的主要问题是我乡村居住空间向城镇居住空间转移。本章由一般建制镇和集镇人口、一般建制镇和集镇人口相对集中居住、人口相对集中居住的住房建设三节组成。

第一节　一般建制镇和集镇人口

一、人口规模

（一）一般建制镇镇区常住人口规模

由住建部牵头的 2016 年全国一般建制镇抽样调查数据显示，到 2015 年底，"居住在 1.8 万个小城镇上的人口占城镇人口的比例为 24%，占全国人口比例仅为 12%"[1]。2015 年底，我国总人口规模为 137462 万人（不包括港澳台地区的数据）[2]，故 1.8 万个一般建制镇镇区常住人口规模为 16495 万人。据 "中国城镇建设 70 年成就收集整理" 课题组统计，到 2017 年底，全国 2.1 万个建制镇建成区户籍人口为 1.55 亿人。[3]另据住建部牵头的 2015 年全国一般建制镇抽样调查数据显示，到 2015 年底，近 20 多年小城镇镇区迁入的家庭或人员占小城镇镇区总人员的 28%，其中，迁入人口中的外地人（即非本镇及周边乡镇人员）占迁入人口的 17%,[4] 近 20 多年迁入一般建制镇镇区的人口为 4618 万人，而这 4618 万人中有 17% 的外地人，则小城镇镇区近 20 多年迁入的外地人为 785 万人，4618 万迁入人口中 3833 万人是本镇农村和周边乡镇迁入的人口。根据第一次全国农业普查发布的数据，到 1996 年来，全国共有一般建制镇 16124

---

① 赵晖等：《说清小城镇》，中国建筑工业出版社 2017 年版，第 3 页。
② 国家统计局：《2016 年中国统计年鉴》，中国统计出版社 2016 年版，第 35 页。
③ "中国村镇建设 70 年成就收集整理课题组"：《新中国成立 70 周年城镇建设发展历史回顾》，载于《小城镇建设》2019 年第 9 期，第 5 页。
④ 赵晖等：《说清小城镇》，中国建筑工业出版社 2019 年版，第 27 - 28 页。

个（不包括城关镇），每个一般建制镇平均人口为 4520 人[1]，一般建制镇总人口合计为 7288 万人。据住建部 2015 年全国一般镇抽样调查，扣除县城城关镇，全国 1.8 万个一般建制镇镇区，平均每个镇镇区常住人口为 9012 人[2]，1.8 万个一般建制镇总人口为 16212 万人，比 1996 年底增加 8924 万人，增长率为 122%。可见，一般建制镇镇区常住人口规模纵向比总体上是增长的。在我国城乡人口统计中，镇区常住人口是计入城镇人口的。到 1996 年末，我国城镇人口为 37304 万人，一般建制镇镇区常住人口占全国城镇常住人口的 19%，到 2015 年末，我国一般建制镇镇区常住人口为 16495 万人，而 2015 年全国城镇人口为 77116 万人，一般建制镇镇区常住人口占全国城镇常住人口的 21%，[3] 从城区与镇区常住人口横向角度比，一般建制镇镇区常住人口占比也是扩大的。因此，1996～2015 年，我国正处于城镇化快速增长阶段，我国城镇化率从 1996 年的 30.48% 增长到 2015 年末的 56.10%，20 年里年均增长率为 1.28%。即使这样，我国一般建制镇镇区常住人口规模增长率也是快于城区的。可见，许多人认为的我国小城镇人口在减少[4]，城镇化慢于城市化是没有依据的，可能是把乡村人口的减少混同于小城镇人口的减少。

（二）乡驻地集镇镇区常住人口规模

2015 年末，全国共有乡（包括苏木、民族乡、民族苏木）11315 个，每个乡建成区约占地 61 公顷，常住人口 0.31 亿人，人口密度 4419 人/平方千米（含暂住人口）。[5] 到 2016 年末，全国共有乡（包括苏木、民族乡、民族苏木）10872 个，平均每个乡镇建成区面积为 62 公顷，常住人口 0.3 万人，人口密度 4450/平方千米（含暂住人口）[6]。总体看，我国乡驻地集镇镇区平均不超过 0.3 万人。

（三）一般建制镇和乡集镇镇域常住人口规模

根据第三次全国农业普查，到 2016 年末，平均每个建制村有 5.31 个自然村，我国共有 596450 个建制村（行政村），317 万个自然村[7]。到 2016 年末，全国乡村常住人口 58973 万人，平均每个乡镇有 18.68 个建制村和 999 个自然村，平均每个建制村的常住人口为 186 人。这样，平均每个乡镇村庄常住人口规模为 18475 人。加上前面所述的镇区常住人口规模，一般建制镇镇域平均人口规模为 27487 人左右，乡集镇平均常住人口规模为 21475 人左右。至 2014 年底，平均每个乡镇面积为 302 平方千米，

① 全国农业普查办公室：《农村镇区规模及其社会经济状况》，2001 年 8 月 30 日。
② 赵晖等：《说清小城镇》，中国建筑工业出版社 2017 年版，第 9 页。
③④ 赵晖等：《说清小城镇》，中国建筑工业出版社 2012 年版，第 3 页。
⑤ 顾朝林、盛明洁：《县辖镇级市研究》，清华大学出版社 2017 年版，第 6 页。
⑥ 金兆森等：《村镇规制》，东南大学出版社 2019 年版，第 8 页。
⑦ 国家统计局：《第三次全国农业普查主要数据公报（第一号）》，2017 年 12 月 14 日。

平均每个建制村面积为 18.25 平方千米。假定到 2016 年乡镇平均国土面积规模不变，这样，2016 年末，我国一般建制镇镇域常住人口密度平均为 91 人/平方千米，乡集镇镇域常住人口密度平均为 71 人/平方千米（见表 6 - 1）。

表 6 - 1 2016 年我国一般建制镇和乡集镇平均常住人口规模

乡镇类型	常住人口规模（人）			人口密度（人/平方千米）
	乡镇域	镇区	乡镇所属村	
一般建制镇	27487	9102	18475	91
乡集镇	21475	3000	18475	71

注：不包含港澳台地区。

资料来源：笔者根据第三次全国农业普查公报（国家统计局统计），以及金兆森等编著的《村镇规划》（2019 年 6 月出版）等资料整理。

需要说明的是，根据第三次全国农业普查公报，到 2016 年来，我国耕地面积为 134921 公顷（含 20.26 亿亩）。到 2019 年末，全国总人口为 140005 万人，其中城镇常住人口为 84843 万人，常住人口城镇化率 60.60%，乡村常住人口 55162 万人，占全国总人口的 39.40%。根据《国家人口发展规划（2016—2030）》预测，到 2030 年，我国总人口为 14.5 亿人左右，常住人口城镇化率为 70% 左右，我国乡村常住人口将下降到 4.35 亿元左右；2030 年前后全国人口规模达到峰值，此后将持续下降，预计到 2050 年左右，我国常住人口城镇化率达到 80% 左右时，我国乡村常住人口将下降到 3 亿人左右。此时，我国"人地关系"矛盾将逐步缓解，工农就业收入水平差距将逐步趋于平衡[1]。而这些近 2 亿左右的常住人口减少主要在一般建制镇和集镇所辖的乡村地域内。从一般建制镇和集镇常住人口规模发展趋势看，从乡镇镇域角度，常住人口总规模及平均规模是逐步减少的，而这减少的常住人口规模主要在村而不在乡镇镇区。随着我国工业化、城镇化、农业现代化发展，一般建制镇和集镇镇区的常住人口总规模和平均规模将会增加。

二、人口结构

（一）人口年龄结构

2016 年由住建部牵头的小城镇抽样调查数据显示，到 2015 年末，小城镇镇区常住人口平均年龄为 44 岁。其中，18 岁以下的青少年及儿童占 17%，15 ~ 39 岁的占 32%，40 ~ 59 岁年龄段中壮年占 35%，60 岁及以上老年人口占 19%，其中 65 岁以上老年人占 12%。依据上述数据换算，则小城镇 0 ~ 14 岁的占 14%，15 ~ 64 岁占 74%，65 岁以上占 12%[2]。与 2015 年末，全国人口 0 ~ 14 岁占 16.5%，15 ~ 64 岁占 73.0%，

---

[1] 朱建江：《乡村发展导论》，经济科学出版社 2019 年版，第 123 - 126 页。

[2] 赵晖等：《说清小城镇》，中国建筑工业出版社 2017 年版，第 14 页。

65 岁及以上占 10.5%①。相比，小城镇镇区各统计人口年龄段，0 ~ 14 岁的比全国少 2.5%，15 ~ 64 岁的比全国少 1%，65 岁及以上的比全国多 1.5%。总体看，小城镇镇区人口年龄段结构略差于全国（不含港澳台地区）人口年龄结构。

全国老龄办发布的《关于国家应对人口老龄化战略研究总报告》中提出，"人口老龄化水平城乡倒置，21 世纪，农村人口老龄化程度将始终高于城镇，差值最大的 2033 年将达到 13.4% 个百分点。"根据《国家人口发展规划（2016—2030 年）》，预计到 2030 年，全国总人口为 14.5 亿人，常住人口城镇化率为 70%，60 岁及以上老年人口占比按 25% 左右计算，到 2030 年，我国小城镇镇域乡村常住人口为 4.35 亿人，60 岁及以上老年人口为 1.57 亿人左右。

综上所述，假定我国一般建制镇和集镇人口年龄结构，以 2015 年底全国人口年龄结构差值推算，预计到 2030 年末，60 岁及以上老年人口，小城镇镇区占 26% ~ 28%，小城镇所辖乡村占 35% ~ 37%，镇域占 30.5% ~ 32.5%。可见，未来我国一般建制镇和集镇地域为老服务的压力将很大。

（二）劳动年龄段人口教育水平

1. 乡镇地域内非农产业农民工教育水平

自 2008 年起，国家统计局开展农民工监测调查，根据在乡镇地域内从事非农产业的本地农民工发布的数据，我国乡镇非农户劳动年龄段人口受教育程度，未上过学的占 1.3% ~ 2%，小学文化的占 16% ~ 18.4%，初中文化的占 58.8% ~ 59%，高中文化的占 16.2% ~ 17.1%，大专及以上的占 3.4% ~ 7.4%。总体看，现有农民工因其所处时代原因，高中以下文化程度占比多年没有什么变化，而大专及以上文化程度劳动年龄段人口逐年提高（见表 6 - 2）。

表 6 - 2　　　　　　　乡镇地域内非农产业农民工教育水平　　　　　　单位:%

教育水平	2011 年	2012 年	2013 年	2014 年	2015 年	2016 年	2017 年
未上过学	2.1	2.0	—	1.6	1.4	1.3	1.3
小学	18.4	18.4	—	18.1	17.1	16.2	16.0
初中	59.0	58.9	—	58.9	58.9	58.6	58.5
高中	17.1	17.1	—	16.2	16.6	16.8	16.8
大专及以上	3.4	3.6	—	5.2	6.0	7.1	7.4

资料来源：根据国家统计局 2008 年以来农民工监测报告整理，其中表中未列年份为当年未发布此类数据。

---

① 国家统计局：《2016 年中国统计年鉴》，中国统计出版社 2016 年版，第 35 页。

2. 农业生产经营人员教育水平

根据第三次全国农业普查公报，到 2016 年末，全国农业生产经营人员 31423 万人，其中，东部地区 8746 万人，中部地区 9809 万人，西部地区 10734 万人，东北地区 2133 万人；其受教育水平，未上过学的占 6.4%，小学文化的占 37%，初中文化的占 48.4%，高中或中专文化的占 7.1%，大专及以上的占 1.2%（见表 6-3）。

表 6-3 全国农业生产经营人员教育水平 单位:%

教育水平	全国	东部地区	中部地区	西部地区	东北地区
未上过学	6.4	5.3	5.7	8.7	1.9
小学	37.0	32.5	32.7	44.7	36.1
初中	48.4	52.5	52.6	39.9	55.0
高中或中专	7.1	8.5	7.9	5.4	5.6
大专及以上	1.2	1.2	1.1	1.2	1.4

注：农业生产经营人员指在农业经营或农业生产经营单位中，从事农业生产经营活动累计 30 天以上的人员数（包括兼业人员）。农业经营户指居住在我国，从事农、林、牧、渔及农林牧渔服务业的农业经营户。农业经营单位：指中华人民共和国境内（未普查港澳台）以从事农业生产经营活动为主的法人单位和未注册单位，以及不以农业生产经营活动为主的法人单位或未注册单位中的农业产业活动单位。既包括主营农业的农场、林场、养殖场、农林牧渔场、农林牧渔服务业单位、具有实际农业经营活动的农民合作社；也包括国家机关、社会团体、学校、科研单位、工矿企业、村民委员会、居民委员会、基金会等单位附属的农业产业活动单位。

资料来源：国家统计局：《第三次全国农业普查主要数据公报（第五号）》，2017 年 12 月 16 日。

（三）劳动年龄段人口的性别结构

1. 乡镇地域内非农就业农民工性别构成

从近五年国家统计局发布的农民工监测调查报告看，乡镇地域内的非农就业，女性本地农民工是逐年增加的，从 2014 年占本地农民工的 34.9%，到 2018 年占 38.6%，提高了 3.7 个百分点（见表 6-4）。

表 6-4 乡镇地域内非农产业农民工性别构成 单位:%

性别	2014 年	2015 年	2016 年	2017 年	2018 年
男性	65.1	64.1	62.8	62.6	61.4
女性	34.9	35.9	37.2	37.4	38.6

资料来源：根据 2014~2018 年国家统计局农民工监测调查报告整理。

2. 农业生产经营人员性别构成

根据第三次全国农业普查公报，相比乡镇地域内非农就业的本地农民工而言，农业生产经营人员的男女性别比较接近，并且地区差异较少（见表 6-5）。

表 6 - 5　　　　　　　　　全国农业生产经营人员性别构成　　　　　　单位:%

性别	全国	东部地区	中部地区	西部地区	东北地区
男性	52.5	52.4	52.6	52.1	54.3
女性	57.5	47.6	47.4	47.9	45.7

资料来源:国家统计局:《第三次全国农业普查主要数据公报(第五号)》,2017 年 12 月 16 日。

三、人口分布

根据《2015 年全国农民工监测调查报告》,2015 年全国农民工总量为 27747 万人,其中本地农民工为 10863 万人,占农民工总量的 39.2%,外出农民工 16884 万人,占农民工总量的 61.8%。在 16884 万外出农民工中,流入直辖市为 1460 万人,占外出农民工总量的 8.6%;流入省会城市为 3811 万人,占外出农民工总量的 22.6%;流入地级市为 5919 万人,占外出农民工总量的 35.1%;流入小城镇为 5621 万人,占外出农民工总量的 33.3%。这样,2015 年在户籍所在乡镇地域内从业的本地农民工 10863 万人与在户籍所在地域外小城镇从业的外出农民工 5621 万人之和为 16484 万人,占 2015 年全国农民工总量的 59.41%[1],即 2015 年在户籍所在地以外从业的农民工占全国农民工总量的 40.59%。2000～2010 年,中等城市城镇人口占全国比重由 15.8% 下降到 14.2%,小城市城镇人口占全国比重由 19.3% 下降到 16.7%[2],县城与小城镇人口占全国比重由 22.2% 提升至 27.6%。住建部 2016 年牵头的全国一般建制镇抽样调查中提出,居住在 1.8 万个小城镇镇区(不包括城关镇)的常住人口占全国城镇人口的 24%,占全国总人口的 12%[3]。清华大学城镇化研究院执行副院长尹稚老师提出,到 2035 年我国城镇人口分布为,超大城市占 12%,特大城市占 10%,Ⅰ型和Ⅱ型大城市占 19%,中小城市占 23%,县城和镇占 36%[4]。"大规模城镇化集聚的阶段已经过去,今后我国的城镇化格局将逐步稳定。城市和小城镇在中国城镇化中都发挥重要作用,2018 年城区人口和镇区人口的比例均为 6:4""综合预测结果来看,未来城镇化率的顶点大概在 75%～80%,城乡人口比例均为 8:2,在 2035 年左右进入一个相对稳定的'平台期'"[5]。

根据第七次全国人口普查,到 2020 年我国城镇化率为 63.89%,我国全国总人口为 14.12 亿人(1411778724 人)[6]。与《国家人口发展规划(2016—2030 年)》预测

---

①　国家统计局:《2015 年全国农民工监测调查报告》,2016 年 4 月 28 日。

②　李晓江、郑德高:《从人口城镇化特征与国家城镇体系构建》,《城市规划学刊》2017 年第 1 期第 20 页。

③　赵晖等:《说清小城镇》,中国建筑工业出版社 2017 年版,第 3 页。

④　尹稚:《中国城镇化战略研究》,清华新型城镇化研究院,2018 年 11 月 22 日。

⑤　张东伟:《人口变动趋势事关未来经济社会发展》,载于《社会科学报》2022 年 2 月 24 日第 1 版。

⑥　国家统计局:《第七次全国人口普查公报(第二号)》(不包括我国港澳台人口),2021 年 5 月 11 日。

的，到 2020 年全国总人口 14.2 亿人，到 2030 年全国常住人口城镇化率为 70%，全国总人口达到 14.5 亿人左右有一定的差距①。联合国人居署预测，到 2035 年和 2050 年我国城镇化率将分别提高到 73.9% 和 80%。根据当前和未来国内外经济社会发展形势和西方发达经济体城市化中后期城市化率增长逐步变缓的趋势等因素综合考虑，2021～2035 年，在高水平情景下，我国常住人口城镇化率年均增长 0.9%，到 2035 年我国常住人口城镇化率为 75% 左右；中水平情景下，常住人口城镇化率年均增长 0.8%，到 2035 年我国常住人口城镇化率为 74% 左右；低水平情景下，常住人口城镇化率年均增长 0.7%，到 2035 年我国常住人口城镇化率为 73% 左右。2036～2050 年，我国城镇化率可能达到 80% 左右。综合上述各方面提供的有关数据，参照前面所述的我国不同等级的城乡聚落规模结构和数量结构优化目标和我国不同等级的城乡聚落人口规模设置标准测算，预计 2035～2050 年，我国不同等级的城乡聚落常住人口分布（见表 6-6）。

表 6-6 　　　　　　　　　2035～2050 年我国城乡常住人口空间分布

城乡聚落类别	城区、镇区、村落划分标准（万人）	城乡聚落个数（万人）	2010 年		2035 年		2050 年	
			绝对值（亿人）	占比（%）	绝对值（亿人）	占比（%）	绝对值（亿人）	占比（%）
大城市	100～500 500～1000 ≥1000	0.010	2.71	41.5	4.31	41.0	4.59	41.0
中等城市	50～100	0.011	0.95	14.2	1.47	14.0	1.57	14.0
小城市	20～50 10～20 5～10	0.150	1.12	16.7	1.79	17.0	1.90	17.0
小城镇①	2.5～5 1.2～2.5 0.6～1.2 0.3～0.6 0.15～0.3	6	1.85	27.6	2.95	28.0	3.14	28.00
城镇小计	—	6.152	6.70	100	10.52	100	11.20	100
乡村	0.005～0.15	230～240	6.71	56.1	3.88	27	2.8	20
城乡总计	—	236～246	13.41	100	14.4	100	14.0	100

注：小城镇包括建制镇和集镇，到 2015 年底，建制镇（不包括城关镇）城镇常住人口占全国城镇常住人口的 24%，为 18507.84 万人左右；集镇城镇常住人口占全国城镇常住人口的 4.33%，为 2900 万人左右。

资料来源：笔者参照有关资料测算。

表 6-6 表明，随着我国工业化、城镇化、农业农村现代化的进一步推进，我国常住人口空间分布上的基本趋势是，我国大城市、中等城市、小城镇吸纳常住人口的占比基本稳定，但规模会进一步扩大；加快扩容我国小城市数量，将我国镇区常住人口

① 国务院：《国家人口发展规划（2016—2030 年）》，2017 年 1 月 25 日。

五万人以上的小城镇改造成小城市；进一步减少我国乡村常住人口的总量，优化乡村常住人口结构，改善我国乡村的人地关系，促进我国农业劳动生产率的提高。

四、推进人口相对集中居住

到 2019 年末，我国乡村还有常住人口 55162 万人，占总人口的 39.40%。根据前面所述到 2030 年和 2050 年城乡空间常住人口分布预测，到 2030 年我国乡村还需向城镇转移常住人口 1.17 亿人，到 2050 年我国乡村还需向城镇转移常住人口 2.72 亿人。根据住建部一般建制镇抽样调查，到 2015 年底，我国小城镇镇区常住人口占同期城镇人口的 24%，到 2030 年，我国小城镇镇区应增加乡村转移人口 0.28 亿人，加上 2015 年小城镇镇区还有的 1.85 亿人，到 2030 年我国小城镇镇区常住人口规模应达到 2.13 亿人左右。同理，到 2050 年，我国小城镇区常住人口规模应达到 2.5 亿人左右。前面讲到我国 1996 年，一般建制镇镇区常住人口规模为 7288 万人；而到 2015 年，一般建制镇镇区常住人口为 16221 万人。将近 20 年增加 8934 万人，每年平均增加 466.7 万人。从这个角度讲，2030 年和 2050 年我国小城镇镇区增加乡村转移人口规模是有可能达到的。实践中，乡村常住人口向镇区集中，多年来各级地方政府都有这方面的实践。"1996 年，上海提出了'三个集中'，即工业向园区集中，土地向种地能手集中，人口向城镇集中。"1997 年，上海推出"一城九镇"规划试点工作。九镇指：罗店、安亭、高桥、枫泾、朱家角、浦江、奉城、堡镇、周浦。[1] 2004 年 11 月 17 日，上海市人民政府印发的《关于切实推进"三个集中"加快上海郊区发展的规划纲要》提出，"人口向城镇集中、产业向园区集中，土地向规模经营集中"（简称"三个集中"）在"三个集中"规划纲要中将上海郊区规划为"新城、新市镇和居民新村"三级城郊居住体系，其中，新市镇为郊区中心镇，一般镇镇区是镇域政治、经济、文化中心，居民新村为新市镇镇区以外，规划保留或新建的居住社区、中心村或农村居民点。并提出依托市级工业园区、高速公路节点和轨道交通站点，充分利用各城镇历史基础和发展优势，建设 60 个左右相对独立、各具特色、人口规模在 3 万人以上的新市镇；对于资源条件好、发展潜力大的新市镇，人口规模按照 10 万~15 万人规划。加快归并农村居民点，建设居民新村，鼓励农民直接进入城镇，积极调整规模小、布局散、占地多、环境差的自然村落。要统一规划，先行试点，稳步推进，形成居住社区、中心村和农村居民点三种不同类型的居民新村。居民新村总量为 3000 个左右；居民新村人口规模在 300~1000 人左右，有潜力的可达到 3000 人。居住社区主要是指乡镇区划调整后，整合原镇区，利用现有市政基础设施和公共配套服务设施条件并进一步建设完善的

---

① 凌岩：《乡愁钩沉》，上海社会科学院出版社 2014 年版，第 173 页。

社区。中心村和居民点是根据农业规模化经营的要求，通过归并调整形成的布局相对均衡、具备基本居住生活功能的居民新村。规模较大的为中心村，规模较小的为居民点。

从上述上海提出的"三个集中"规划思路看，人口向城镇集中，从镇村层面看主要是指村的人口向镇区集中和村的人口向农村居民新村集中。"2005年，上海推出（1966城镇体系规划，即将全市规划成一个中心城，9座新城，60个左右中心镇，600个左右中心村）"。[①] 2016年1月，上海市政府一号文件明确了上海市域"1966"城乡居住体系包括"1个中心城，9个新城，60个左右新市镇，600个中心城。"此后，在镇村层面上海重点实施了农村居民社区（也称农民异地集中建房）和农村居民宅基地置换两大方面的乡村人口相对集中居住的实践。到目前为止，近15年，上海农村居民社区集中居住大约实施了10户，农村居民宅基地置换大约实施了4万户。

就镇村层面的农村居民相对集中居住来看，除上海外，全国各地还有成都、重庆、天津、湖南、浙江、山东、深圳等地都有所实践。其中，成都主要结合土地综合整治，在成都近郊县推进工业化集中发展区、农田向适度规模经营、农民向城镇和新型社区的"三集中"。其中，在镇村层面人口集中居住方面，成都主要强调"小规模家居、组团式布局，微田园风光和生态化"新农村综合体建设，到目前为止，已建成200个新农村综合体，引导17.4万户、58.97万人集中居住。[②] 浙江义乌市结合"农村人口向城镇集聚，要素资源向城镇集中，产业重点向城镇集合"，在义乌市主城区和镇区的规划集中建设区实施259村、55个安置集聚区的"城乡新社区集聚建设"。到2017年7月底，义乌市已建成高层公寓项目7个，总投资84亿元，住宅总建筑面积152万平方米，总套11885套，在建产业用房项目7个，总投资22.03亿元，总建筑面积81.21万平方米。

农业社会和工业社会人口布局是不同的，前者人口主要分布在农村，其布局主要基于农业耕作形成；后者人口主要分布在城镇，其布局主要基于第二三产业形成。到2019年，我国城镇化率已达60.60%，我国农业社会已转型为工业社会，农村人口向城镇转移已成为必然，即使仍然从事农业生产经营的人口，在农业机械化和交通条件下，其农业生产也不一定像传统村落一样临近农业耕作地布局。乡村居住点（村庄）的存在已经不是为了农业生产，而是为了贴近自然空间的居住，在现代社会中，乡村居住点（村庄）已成为一个独立于生产以外的，一个纯粹的、以居住为目的的居住空间单元。因此，随着我国工业化、城镇化、农业现代化的发展，镇村地域内的人口相对集中居住，既涉及乡村人口居住的相对集中，又涉及我国农村中部分建设用地（包

---

① 凌岩：《乡愁钩沉》，上海社会科学院出版社2014年版，第174页。
② 王波：《四川成都：深化土地综合整治助推乡村振兴》，baijiahao. baidu. com/s？ id = 1677906848339655454&wf. – er&for = pc。

括宅基地、经营性建设用地等）向城镇空间布局转移，还涉及我国乡村居住点的布局优化和居住水平的提高。

第二节 一般建制镇和集镇人口相对集中居住

一、人口相对集中居住的内涵和形式

人类居住方式及其聚落规模大小源于生产力的发展和生产力的需求。大约距今15000年的中石器时期或距今7000~8000年的新石器时期，在原始社会中，自从人类渐渐地学会了周期性可收获植物的人工种植和野生动物的人工驯养，为人类定居创造了条件，同时为躲避或抗争自然界风险，求得生存，产生人类群居。至此，形成人类最初的乡村聚落，即原始村庄。随着人类社会生产力的不断发展，人类居住方式及其居住聚落总体上是逐渐向相对集中和聚落规模逐步增大方向转型的，到目前为止，按照互相连接为聚落范围，人类聚落规模由小到大形成：自然村落（基层村）—中心村（为周边自然村落服务，规模较大自然村落，一般为村自治组织驻地）—集镇（为周边自然村落或中心村服务的"乡脚"）—乡（规模较大的集镇，一般为乡政府驻地）——一般建制镇（规模更大的集镇，一般是镇政府所在地）—特大镇（含城关镇、经济强镇、中心镇、重点镇等）—城市（又分小城市、中等城、大城市、特大城市、超大城市等多个等级）。可见，人口集中居住总是相对的。从人口居住或规模而言，自然村和中心村是相对于不同规模集镇的，而村和集镇又相对于不同规模城市的。人类聚落规模大小既与人类的心理偏好有关，更多与人类聚落所处位置、资源禀赋、经济社会发展基础和条件有关。在人类历史上，许多人类聚落所处位置、资源禀赋没有改变，但经济社会发展的条件改变，也会引起人类聚落的兴衰，反之也亦然。人类居住方式及其聚落规模没有绝对的好，也没有绝对的差，主要应满足当时的生产力水平和人类自身需求。以自然村和中心村为代表的乡村居住方式，具有贴近自然、生活成本较低、放松心身的优点，但由于人口集聚规模不够，商业、教育、医疗、基础设施等许多服务业难以形成规模效益而发展不起来；以一般建制镇和集镇为代表的小城镇居住方式，因人口集聚规模较大，集市、中小学、卫生院、道路交通、污水垃圾处理规模效益相对提高，到了各个等级城市发展阶段，与城市聚落相关的各类配套更为完善。人类不同的年龄阶段对各类服务的需求不同，因此，不同年龄段的人对居住方式及聚落规模的要求也不同。例如，年轻人喜欢热闹，老年人喜欢安静；年轻人需要上大学，而老年人希望去田园务农等。因此，人类要善待、包容、保留各类居住方式及聚落。

根据本书第一章所述，对一般建制镇和集镇镇区而言，人口相对集中的数量标准

分别为：一般建制镇镇区常住人口规模为 0.6 万人以上到 5 万人以下，具体又分为 0.6 万人以上 1.2 万人以下，1.2 万人以上 2.5 万人以上，2.5 万人以上 5 万人以下三种类型；集镇镇区常住人口规模为 0.15 万人以上 0.6 万人以下，具体又分为 0.15 万人以下 0.3 万人以下和 0.3 万人以上 0.6 万人以下两种类型。对于一般建制镇和集镇人口相对集中居住方式而言，一般建制镇和集镇人口相对集中的居住方式及聚落规模主要有两类：进镇区居住和进镇域乡村居住。从目前国内各地的实践看，进镇区居住又有两种实践方式，即征地拆迁方式和宅基地置换方式；进镇域乡村相对集中居住也有两种实践方式，即异地迁建和平移迁建。

二、征地拆迁集中居住方式

（一）征地拆迁集中居住的内涵

土地征用，简称征地，是指因建设或其他原因由政府或政府授权的机构，依据国家和县级以上政府发布的有关规定，征用集体所有的农用地、宅基地和其他用地的一种行政行为。目前，我国只有国有土地和集体土地两种土地所有制度，国有土地不存在征用问题，故在我国一般说征地指的是将集体土地征用为国有土地的过程。2013 年 11 月，中共十八届三中全会通过《关于全面深化改革若干重大问题的决定》明确指出，"缩小征地范围，规范征地程序，完善被征地农民合理、规范、多元的保障机制"。2015 年 1 月，中央办公厅和国务院办公厅联合印发了《关于农村土地征收、集体经营性建设田入市，宅基地改革试点工作的意见》，并在全国 33 个地区进行农村土地制度改革试点工作。

房屋拆迁，简称拆迁，是指拆迁人根据规划要求和政府批准的文件，在取得拆迁许可证条件下，依法拆除征地范围内的房屋及附属物，将该范围内的单位和居民迁至异地，或在建设期间先异地临时安置，待该建设基地房屋建成后再返回原地安置，并依规定或约定对被拆迁单位和个人因拆迁所受损失予以经济补偿的一系列行为过程。

在我国，土地征用主要涉及农村集体经济组织。而房屋拆迁则涉及具体的单位和个人，因此，房屋拆迁除应完成一系列审批程序外，最重要的还要对征地范围内的房屋拆迁对象进行拆迁房屋补偿以及树木庄稼补偿，落实社会保障等。征地拆迁的集中居住是指将土地征用、房屋拆迁中的居民进行集中安置。实践中，征地拆迁在城镇规划集中建设区范围内的，一般在城镇集中建设区安置；在城镇规划集中建设区外的，一般在中心村安置。

（二）征地拆迁集中居住的拆迁范围和资金来源

征地拆迁集中居住拆迁范围，从实践看，一是城镇规划集中建设区。包括城镇规划集建区规划内的项目建设，政府土地储备等涉及用地范围内的单位和个人。二是城镇规划集中建设区外的国家重大建设项目，包括国家道路交通、市政、公共服务、环境等设施建设项目，涉及用地范围内的单位和个人。

征地拆迁集中居住的资金来源，一般都在土地征用和房屋拆迁补偿在土地征用项目中列支，土地征用和房屋拆迁补偿费用支出包含在土地征用项目和建设项目费用中，在土地征用和建设项目结算审计中不存在单独的土地征用费和房屋拆迁补偿费。

尽管我国农村土地制度正在改革中，但征地拆迁以后还是有的，只是主要在公共利益范围的征地拆迁，非公共利益范围的征地拆迁，即商业利益征地范围可能就不能适用征地拆迁有关制度规定。我国征地拆迁制度实施时间较长，制度也比较完善和健全。目前，国内有一些地方政府已经把房屋拆迁补偿环节提前到土地征用前，要求房屋补偿费用必须在征地公告前足额到位，以更好地保护被征地拆迁人的利益。

在一般建制镇和集镇地域内，符合也有上述征地拆迁的集中居住安置。一般建制镇和集镇地域范围内，因高速公路、高铁、高压线以及生态环境建设项目涉及的征地拆迁单位和居民可以按照征地拆迁集中居住方式，安置到征地所在镇区和中心村。我国一般建制镇和集镇，规划集建区范围内的老镇区，也涉及提高老镇区建设用地使用效率。据 2016 年住建部全国小城镇抽样调查，我国小城镇镇区的建筑"八成以上是一层和 2~3 层的低层建筑，3~6 层的多层建筑已经比较少见，而 6 层以上的高层建筑几乎只出现在大城市郊区镇或经济十分发达的镇。从人均指标来看，小城镇的人均建设用地面积为 271 平方米，相当于 2015 年全国城市人均建设用地面积 112 平方米的 2.4 倍，2/3 的小城镇人均建设用地面积，超过我国现行《镇规划标准》中规定的 150 平方米/人的上限指标。"[①] 因此，提高一般建制镇和集镇镇区的建筑层数、建筑密度和建筑容积率，是一般建制镇和集镇镇区提高镇区人口密度、建设用地使用效率的重要手段，这既是其发展中的挑战，也是其发展机会（见表 6-7）。

表 6-7   一般建制镇镇区建设强度

项目	低层低密度	低层高密度	多层低密度	多层高密度	总体
镇数量占比（%）	26	26	26	22	100
建设平均层数（层）	1.7	1.6	3.3	3.2	2.4
建筑平均覆盖率（%）	13.1	43.8	14.7	44.3	31.5
建筑平均容积率（%）	0.3	0.7	0.5	1.4	0.7
平均人口规模（平方千米/万人）	0.6	0.8	1.0	1.1	0.9

注：一般由建筑覆盖率和容积率构成。建筑覆盖率也称建筑密度，是指建筑物基底面积和占用地面积比例，其计算公式为：建筑覆盖率 = 建筑物基底面积总和/项目建设用地总和；建筑容积率是指项目用地范围内地上总建筑面积与项目总用地面积比值，其计算公式为：容积率 = 地上总建筑面积/项目总用地面积。

资料来源：根据赵明晖等：《说清小城镇》，中国建筑工业出版社 2017 年版，第 154 页整理。

---

① 赵晖等：《说清小城镇》，中国建筑工业出版社 2015 年版，第 15 页。

三、宅基地置换集中居住方式

（一）宅基地置换集中居住的内涵

宅基地置换集中居住，从国内上海、天津等各地的实践看，目前还没有形成比较可行的、有效的操作方案和操作政策，许多实践中的问题有待探讨和完善。根据目前上海的宅基地置换实践看，宅基地置换也称农民宅基地置换，是指将城镇规划集中建设区以外的农村自然村落中的居民住宅，参照征地拆迁政策予以拆迁，在自然村落所在的乡镇镇区或中心村按置换标准置换为完全产权的商品房。用拆旧区宅基地面积减去集中居住安置区用地面积，剩余的折旧区宅基地建设用地指标出让或建设用地出让所得资金收入，用于平衡宅基地折旧区和集中居住安置区支出成本的一种农民向城镇集中居住或向中心村集中居住的一种集中居住方式。例如，2010 年 1 月，上海市人民政府办公厅转发市农委、市规划国土资源局的《关于城乡建设用地增减挂钩政策推进农民宅基地置换试点工作的意见》中明确，"按照城乡用地增减挂钩试点的原则，将农民宅基地置换试点区域（拆旧地块）和农民集中居住区建设及节余建设用地开发（建新地块）共同组建项目区，通过建新折旧和土地整理复垦等措施，在保证项目区内建设用地面积平衡的基础上，最终实现增加耕地有效面积，提高耕地质量，节约集约利用建设用地，达到城乡用地布局更加合理，提高农村城镇化水平。"根据上述上海宅基地置换集中居住的内涵和操作实践，最大的难点在于拆旧地块和建新地块的资金难以平衡。这主要涉及农民宅基地置换拆旧地块的空间范围。

（二）宅基地置换集中居住的拆旧地块范围

2010 年 2 月，上海发布的"农民宅基地置换试点工作的若干意见"并没有明确上海农民宅基地置换"折旧地块"的范围。2014 年 2 月由上海市政府办公厅转发市农委的《关于进一步完善本市农民宅基地置换政策意见》中曾明确，"将解决高速铁路、高速公路、高压走廊（三线）沿线等地的农民安居优先纳入农民宅基地置换范围。"2019 年 5 月，上海市人民政府发布的《关于切实改善本市农民生活居住条件和乡村风貌进一步推进农民相对集中居住的若干意见》中提出，到 2022 年，约 5 万户农民实行相对集中居住。推进重点为，高速公路、高铁、高压线沿线、生态敏感区、环境综合整治区，以及规划农村居民点范围外的分散居住户。2010 年 10 月由上海市嘉定区人民政府发布的《关于嘉定区贯彻落实城乡建设用地增减挂钩政策扶持推进农民宅基地置换和集体建设用地流转工作实施办法（试行）的通知》中明确，"城中城改造和重大工程项目周边带搬迁纳入宅基地置换工作范围，动迁安置原则上参照宅基地置换标准。"在实践操作中，上海郊区农民宅基地置换的"折旧地块"范围，已包括现代农业园区建设范围内的农民宅基地拆迁，郊野公园建设范围内的农民宅基地拆迁，农田综合整治范围内的宅基地拆迁，高速公路、高铁、高压线沿线、生态敏感区、环境综合整治区、城中村改造和重大工程项目周边带拆地区、零星分散自然村落等，可见实践中的宅基地置换的拆迁范围主要位于城镇规划集建区外的农村规划农用地范围。由于，农民宅基地置换的资金平衡点是，宅基地折旧区建设用地面积减去农民集中安置区建设用地面积剩余的建设用地面积所出让的收入，减去宅基地折旧区补偿成本、农民集中居住安置区"土地补偿和建设"成本，结余出让土地"拆迁补偿和七通一平"成本。如果宅基地"折旧地块"位于城镇规划集中建设区以外或者非国家重大建设项目征地的规划农用地范围，则"折旧地块"范围势必增加巨额的拆迁安置成本并减少节余建设用地收入。一是增加宅基地农用地复垦费。目前的宅基地农用地复垦费，一般每亩需要5万~8万元，是一笔不少的支出，如果拆旧地块在城镇规划集中建设区范围内或者国家重大项目征地范围内，就不存在这笔费用。二是增加农民集中安置区和节余建设用地拆迁补偿费和七通一平费用。如果拆旧地块和建新地块都在城镇规划集中建设区内就不存在这笔费用。三是减少节余建设用地收入。这是因为拆旧地块不在城镇建成区内，节余建设用地出让地块一定是另一个土地所有者，此时土地出让的净收益就归土地出让者所有，而拆旧地块只能得到节余建设用地指标的转让收入。至于城镇集建区外规划农用地范围中的高速公路、高铁、高压线等"三高"沿线，可看作当年国家重大交通、电力等基础设施项目建设时，因征地拆迁时间较早或征地拆迁操作不规范，从而造成按现在项目规划和拆迁制度讲的"应拆未拆"的农民宅基地部分。由于"三高"沿线项目现已实施结束，原项目已完成结算和审计，而"应拆未拆"现实却存在，这部分"三高"沿线历史遗留问题应不符合或难以纳入"城镇集建区"和国家"重大项目"征地拆迁范围，故采用参照征地拆迁政策进行宅基地置换是可以的，也是正当的。至于城中村改造重大工程项目带拆范围，一般是指这个城中村不是城镇规划集建区范围和国家重大工程项目的拆迁范围，换句话讲，这个带拆范围一般就是上面所说的城镇规划集建区外的规划农用地范围，因此，也不能列入农民宅基地置换的"折旧区"范围。还有生态敏感区、环境综合整治区也需要明确其确切范围。例如，饮用水水源保护地规划范围、自然保护地规划范围等，因项目实施必须对其范围内的宅基地进行拆迁，也应列入征地拆迁范围而不能列入宅基地置换范围。还有，规划农村居民点范围外的分散居住户，只能列入村庄平移归并集中居住方式，而不能列入宅基地置换集中居住方式。土地的用途决定了土地的收入，因此，参照征地拆迁政策的农民宅基地置换"折旧地块"范围，应该仅限于城镇规划集中建设区范围和国家重大项目征地拆迁范围，以及历史遗留的国家重大项目征地拆迁"应拆未拆"范围。

（三）宅基地置换的拆旧地块和建新地块成本收入

农民宅基地置换的建新地块由两部分组成，即农民集中居住安置区和节余建设用地开发区。如果农民宅基地置换"建设地块"与"折旧地块"是在同一城镇规划集建区范围内的，则在"折旧地块"已列支的补偿成本在"建新地块"中就可以扣除，此时，建新区中的农民集中居住区和节余土地开发区是没有土地成本的。如果"建新地块"与"折旧地块"不在同一城镇规划集建区范围内，那么"建新地块"中的农民集中居住区和节余用地开发区就必然会扣出征地拆迁成本。这样，城镇集建区外的农民宅基地置换拆迁成本就包括"折旧地块"补偿成本和土地复垦成本＋"建新地块"征地拆迁补偿成本，而这两方面的成本总和靠宅基地节余指标是绝对不可能平衡的。实践中，一般都是把节余指标移位至土地级差更高的城镇开发区域中去出让，并且将这些更高城镇开发区域土地出让所得收入收益也全部用于另一个城镇规划集建区外农民宅基地置换"折旧地块"和"建新地块"资金平衡，这实际上是不同土地所有者之间的收入平调行为，是不符合有关规定的（见表6-8、表6-9）。

表6-8   "折旧地块"在规划农业区与"建新地块"在城镇集建区成本构成示意

拆迁费用	折旧地块	建新地块	
		农民集中居住区	节余土地开发区
拆迁房屋补偿费	√	√	√
拆迁安置补偿费	√	√	√
拆迁房屋评估费	√	√	√
拆迁房屋服务费	√	√	√
农作物补偿费	√	√	√
拆迁贷款利息	√	√	√
不可预见费	√	√	√

资料来源：笔者编制。

表6-9   "折旧地块"与"建新地块"在城镇集建区内成本构成示意

费用		折旧地块	建新地块	
			农民集中居住区	节余土地开发区
拆迁费用	拆迁房屋补偿费	√	—	—
	拆迁安置补偿费	√	—	—
	拆迁房屋评估费	√	—	—
	拆迁房屋服务费	√	—	—
	农作物补偿费	√	—	—
	搬迁贷款费	√	—	—
	不可预见费	√	—	—

费用		折旧地块	建新地块	
			农民集中居住区	节余土地开发区
开发建设成本	建筑安装费	—	√	√
	咨询、勘察、设计、监理、招标代理、环评、检测、三通一平等	—	√	√
	市政配套费	—	√	√
	预备费	—	√	√
	维修基金等费用	—	√	√
	管理费	—	√	√
	财务成本	—	√	√
税金	土地契税	—	√	√
	印花税	—	√	√
	增值税及附加	—	√	√
	土地使用税	—	√	√

资料来源：笔者编制。

上述表 6-8 和表 6-9 可以说明两个问题：一是宅基地置换"折旧地块"与"建新地块"均位于城镇集中建设区的，不仅农民集中居住安置区和节余土地开发区已没有拆迁费用，且节余土地出让的全部收入扣除国家应交部分，可以全部用于宅基地置换项目的资金平衡。二是宅基地置换"折旧地块"在规划农业区，"建新地块"在城镇集中建设区，则"建新地块"中的农民集中居住安置区还需支付征地拆迁费用，农民集中居住安置区还需支付开发建设费及相关税金；节余开发指标只能收取指标转让费，而无权取得节余指标开发区土地出让扣除成本的土地净收益。因此，宅基地置换集中居住只适用城镇规划集中建设区范围和国家重大建设项目征地拆迁范围，而不适用"拆旧地块"为农业规划区范围。

从上述"拆旧地块"和"建新地块区"的成本与收入范围分析，城镇规划集建区外的农民宅基地置换只适用于基于"历史遗留问题"且不符合"项目征地拆迁"要求的范围。那些规划农用地范围（包括农业园区、郊野公园、土地整治、城市村和重大项目带拆范围、零星分散自然村落等）都不适合采用宅基地置换方式实行集中居住。公共利益项目范围（包括重大基础设施项目、生态敏感区，环境综合整治区等）只能实行"以项目带拆迁"的征地拆迁方式。

四、村落平移归并集中居住方式

中心村，是指乡村中较大的自然村落或居民点，一般是建制村民委员会所在地。

各地自然状态下形成的自然村落人口规模差异较大。据浙北平原 H 县 Y、D、C 三个乡计 541 个自然村统计调查，10 户以下的村落占 6.8%，10~19 户的村落占 16%，20~29 户的占 30%，30~39 户的占 19%，40~49 户的占 14.6%，50~59 户的占 6.2%，60~100 户的占 7.4%[①]。总之，20 户以下的村落占村落总数的 22.8%，30 户以下的村落占村落总数的 52.8%。对上海市嘉定区以农业为主的华亭镇调查，到 2013 年底，华亭镇镇域内共有农居点 273 个，其中 0~9 户的占 19%，10~19 户的占 11%，20~29 户的占 15%，30~39 户的占 9%，40~49 户的占 25%，50 户以上的占 21%[②]。总之，华亭镇 20 户以下的村落占总村落的 30%，30 户以下的村落占总村落 45%。从上述两地村落的实际调查情况看，我国南方平原村落，10 户以下占 10%~15%，20 户以下的占 25%~30%；30 户以下占 40%~45%。然而，在我国华北大平原上，那里没有南方泽国那样密布的河网，那样高的地下水位，那里的村民饮用水主要来源于开凿代价高昂的深位水井，加之华北平原历来是中国兵家争战之地，出于村落的自保以及其饮一井的生活需要，华北平原的村落规模一般要比浙北平原的村落规模大得多。在华北平原，二三百户的村落极为常见，有的自然村落有五六百户人家，甚至有的超过一二千户。[③]综上所述，我国乡村聚落从人口集中居住角度讲，在我国南方平原和全国山区，10 户以下村落可视作分散，20 户以下村落可视作比较分散，30 户以下村落可以视作较分散，30 户以上就可视作比较集中；在我国北方平原，也许 30 户以下村落就可视作分散，40 户以下村落可视作比较分散，50 户以下村落可视作较分散（见表 6-10）。上述分散到较分散村落，除进城进镇集中居住，根据实际与可能，一般可通过农村居民宅基地及住房平移到中心村自然村落中或并移归并到邻近的自然村落中，促进一般建制镇和集镇镇域范围的村落人口相对集中居住。

表 6-10　　　　　　　　　　较分散居住自然村落类型示意

分散居住	南方平原和山区	北方平原
分散村落	10 户以下	30 户以下
比较分散村落	20 户以下	40 户以下
较分散村落	30 户以下	50 户以下

资料来源：笔者编制。

实践中，近 10 多年来，各地都根据自身村落分布的实际情况和工业化、城镇、农业现代建设需要，在小城镇地域范围内通过村落平移旧并实施农民相对集中居住。例如，山东诸城市自 2007 年开始，按照地域相邻、习俗相近、规模适度、利于发展的原

---

①③　曹锦清等：《当代浙北乡村的社会文化变迁》，上海人民出版社 2014 年版，第 3 页。

②　上海市嘉定区规划和土地管理局等：《嘉定区村庄布点规划（2014—2040 年）》，2014 年 11 月 11 日。

则，以2千米为半径，把诸城市1249个村庄及有关单位规划建设为208个农村社区。每个社区涵盖村庄5个左右、农户1500户左右。每个农村社区在中心村设立提供医疗卫生、社区警务、文化体育、计划生育、超市餐厅等服务的社区服务中心。2008年6月，8个农村社区服务中心全部建成运行，设立社区文体活动广场、文化活动室、农家书屋、电子阅览室、农民教育培训中心、文化信息资源共享工程服务点以及建设标准幼儿园等，优化了小学、初中布点。同时通过完善基础设施建设，实现"五化"、"八通"、集中供暖、污水处理以及垃圾无害化处理等。2010年6月，诸城市进一步按照程序撤销了行政村，选举产生了208个社区党委（党总支）、社区居委会。2013年，诸城市又在208个农村社区中重点选取了30个中心社区，按照现代小城镇目标进行重点建设。① 2004年11月，上海市人民政府发布的《关于切实推进'三个集中'加快上海郊区发展的规划纲要》文中指出，"加快归并农村居民点，建设居民新村。……居民新村总量为300个左右，居民新村人口规模在300~1000人，有潜力的可达到3000人。"2019年5月，上海市人民政府发布的《关于切实改善本市农民生活居住条件和乡村风貌进一步推进农民相对集中居住的若干意见》提出，实施"进城镇集中居住"和"农村平移集中居住"两种人口集中居住方式。2004~2015年底，经调查，上海在其郊区的村域内共完成了村落平移归并集中居为9.6万户，总用地面积约3028.7公顷。据上海市嘉定区详细调查，该区2004~2015年底，按照并移归并到中心村的农民集中区共建成56个，用地总面积13750亩。房屋建筑总面积为582.19万平方米，其中住房建筑总面积451.8万平方米，其他建筑总面积130.61万平方米；在住房建筑总面积中，住房总套数为22306套，其中单体别墅9349套，建筑总面积228.13万套，占套数42%；联排别墅5744套，建筑总面积114.20万平方米，占套数26%；复式公寓4516套，建筑总面积79.31万平方米，占套数20%，多层公寓12697套，建筑总面积29.94万平方米，占套数12%。在已建的22306套农民集中居住房中，17191套为集体统一建房，占77%；5115套为农民自建房，占33%。到2015年6月，在并移归并农民集中居住房中，共居住人口86581人，其中上海户籍居民61247人，占71%；来沪人员24834人，占29%。在上述并移归并农民集中居住房中，污水纳管达22246套，纳管率达99.73%；天然气安装21799套，安装率达97.7%。

平移归并集中居住方式，一般情况是村民按照政府《村庄布点规划》和《村庄规划》以及有关个人建房要求，在规划的居住点内进行村宅的改建、扩建、新建等。村民在改扩建或新宅住宅时，不存在原有房屋拆迁的各类补偿，宅基地一般也不存在付费，房屋建造费用一般大部分由村民自筹，政府一般给予一些宅基地减量奖励和风貌

---

① 杨传开：《中国多尺度城镇化的人口集聚与动力机制》，经济科学出版社2019年版，第155页。

管控补贴。2011 年的上海市奉贤区新叶村实施平移归并集中居住。新叶村村域面积为 5.21 平方千米，全村由 41 个自然村、844 户、3278 人组成。宅基地"折旧区"664 亩，平移归并集中居住区占地 324 亩，节余宅基地指标 202 亩。2011 年 3 月开工，2012 年底竣工，建设 422 幢（2 户一幢）2~3 层的联别墅。住房面积 17.4 万平方米，公共配套面积 0.5 万平方米。资金收入 29728 万元，包括 202 亩宅基地节余指标出让费 21161 万元，市区财政村庄改造资金 1688 万元，土地复垦收入 4500 万元，村民自筹资金 2687 万元（村民自筹费用占农民集中区建设费的 15%），成本支出 28672 万元，包括农民集中居住区市政配套费用 8700 万元，建设费 19972 万元，收支基本平衡（见表 6–11）。

表 6–11　　　　上海奉贤新叶村村落平移归并集中居住资金平衡分析　　　　单位：万元

宅基地平移归并支出		宅基地平移归并收入	
支出科目	金额	收入科目	金额
集中居住区开发建设成本	18096	节余宅基地指标	16160
市政配套费	8700	土地复垦收入	4500
农民集中居住区公共设施和前期费	1876	村庄改造补贴	1688
—	—	农民自付（每户 3.4 万元）	2800
合计	28672		29728

资料来源：笔者根据有关资料整理。

在 2019 年上海郊区推进平移归并相对集中居住的 4 个村中，松江区的黄桥村平移归并住房建设，村民自筹 1/3，政府补贴 2/3。嘉定区向阳村，80% 建房资金由村民自筹，20% 为政府补贴。而闵行区的革新村和金山区的水库村，建房资金全部由政府投入（见表 6–12）。

表 6–12　　　　2019 年上海郊区 4 个村平移归并住房建设资金来源

村名	住房土建造价（元/平方米）	村民出资（%）	政府出资（%）	政府扶持政策
黄桥	1650	33	67	宅基地减量补贴、风貌管控补贴、"双试点奖励"
革新	1600	—	100	村民旧房补贴、风貌引导奖励
水库	2500	—	100	村民旧房补贴、限期申报奖励
向阳	2000	80	20	风貌引导奖励

资料来源：笔者根据有关资料整理。

需要说明的是，表 6 - 11 和表 6 - 12 中，按照基本公共服务城乡均等化要求，村落平移归并相对集中居住方式中，其村民住房以外的市政配套费用应该由地方公共财政支出。反过来，村民的住房建设费用，除风貌引导奖励、宅基地节余指标作价出让收入可以作为村民住房建设的奖励或收入外，其他村民住房建设应当由村民自筹资金。村宅以外的公共设施，在基本公共服务城乡均等化条件下，公共配套设施投入由村民支出是地方公共财政的缺位；在住房私有化条件下，除节余宅基地收入和风貌引导奖励外，村宅住房建设公共财政资金又属于公共财政的越位。

五、三种人口集中居住方式的资金来源和适用范围

根据上述"三种"人口集中居住方式，征地拆迁集中居住和宅基地置换集中居住总体上适用于城镇规划集中建区范围，其中宅基地置换集中居住方式还适用于城镇规划集建区外的，因历史上建设国家重大公共项目时"应征应拆"的"未征未拆"部分，以及随着农村居民对居住质量要求提高或有关国家重大公共项目建设规划或制度完善而形成的历史遗留问题。应严格规范宅基地置换集中居住方式，实践中宅基地置换中的"拆迁安置"政策是参照征地拆迁安置政策的，且宅基地置换的房屋其办完产证后即可上市交易，而征地拆迁的房屋其办完产证后还需有个 2 ~ 3 年的不能上市交易期，从这个角度讲，宅基地置换安置政策还优于征地拆迁安置政策。另外，征地拆迁置换安置的资金本质上来源于各项目建设或土地储备项目资金，而宅基地置换的资金主要来源于宅基地"折旧区"，减去集中居住安置区建设用地的节余建设用地出让收入来平衡的。但如果把宅基地置换的"折旧区"无限制地扩大到城镇规划集建区外的规划农用地范围，根据各地实践，即使在建设用地昂贵的超大城市的上海近郊，也是绝对不可实现宅基地"折旧区"和"建新区"资金平衡的。例如，上海某郊区某镇，对该镇规划集建区以外的 4 个村范围内的 1566 户宅基地参照该区征地拆迁政策通过宅基地置换到镇区集中居住，这 1566 户宅基地的"折旧"建设用地为 1105.95 亩，扣除宅基地置换安置区所需的 405.6 亩，节余建设用地指标为 700.35 亩。按照该宅基地置换项目所在的市、区扶持政策，包括市级财政按安置总户数每户 12 万元给予定额补贴；按节余土地指标，市土地出让金收入中给予每亩 40 万元返还，节余按市和区低效建设用地每亩 120 元减量化补贴；按宅基置换安置区建设用地出让金扣除安置区征地拆迁成本后的全额返还；把宅基地安置区置换后节余的住房、车位和超安置面积作为节余土地指标的收入等，这样该宅基地置换项目区（包括折旧区和建新区）其节余的 700.35 亩建设用地总收入为 263626 万元，每亩节余建设用地指标的指标收入已达 376.42 万元。而该宅基地置换的"折旧区"和"安置区"总成本为 414074 万元，支

出还是大于收入 150448 万元（见表 6 – 13）。

表 6 – 13　　　　上海××区××镇宅基地置换项目资金平衡分析　　　单位：万元

折旧区和安置区成本支出		节余土地指标收入	
支出科目	金额	收入科目	金额
宅基地折旧区各类补偿成本	12112	宅基地置换市财政定额补贴	18792
宅基地置换安置区土地成本	8707	市土地出让金收入返还	28014
宅基地置换安置区开发建设成本	386919	市、区建设用地减量化补贴	84042
应交各类税金	7236	安置地块土地出让金区返还	49006
—	—	节余安置房出让收入	83772
合 计	414074		263626

注：宅基地置换安置区土地成本，包括土地补偿费、农户房屋补偿费、集体房屋补偿费、集体资产补偿费、青苗补偿费、劳动力安置费、耕地占用税、耕地开垦费、农业土地开发资金、市级土地出让金等。

资料来源：笔者根据实际宅基地置换项目汇总编制。

　　在上述上海郊区镇的宅基地置换中，仅市、区配套政策就使节余土地指标价达到 376.42 万元。而 2016 年，浙江义乌实施的退出宅基地复垦形成的"集体券"，政府设定的保护价是 40 万元/亩，并且，根据《义乌市"集地券"管理细则（试行）》规定，"集地券"市场交易收入村级集体经济组织计提纯收益 10%，其余归宅基地使用人。重庆首创的"地票"，重庆市设立的最低保护价，农民的地票收益不低于每亩 12 万元，集体的地票收益不低于每亩 2.1 万元；宅基地地票收益农户和集体按 85 : 15 分成。上述讨论的宅基地置换中节余的土地指标的性质与重庆的"地票"和义乌的"集地券"是一样的，只是上海郊区农村宅基地与重庆、义乌农村宅基地所处区位不同而已，三者之间的价格也不至于相差 10~30 倍。况且，在前面所述的某区 2010 年 11 月发布的"宅基地置换"政策中，宅基地指标价也是 100 万元。随着不动产建设市场的材料、用工不断涨价，在 20 世纪初设想的靠节余土地指标收入越来越难实现宅基地置换的资金平衡，且资金不平衡的缺口越来越大，大部分宅基地置换项目的节余土地出让收入只够宅基地置换中的"折旧区"和"安置区"所需资金的 50% 左右，基于这个缺口，市区政府从各个角度不断叠加政策，从而造成宅基地置换项目 50% 的平衡资金是公共财政资金。而宅基地置换的住房产权属于私人所有，用大量的公共财政资金建设私有住宅，不但有违公共财政资金的使用方向，而且有限的公共财政资金也难以为继。自 2004 年上海开展农民宅基地置换集中居住方式以来，一直到 2019 年底才完成了 4 万套，只占上海农村住户的 4% 左右。征地拆迁、宅基地置换、平移归并三种集中居住方式，从推进的资金来源、政策、速度和规模角度看，"征地拆迁"和"平移归并"方式比较成熟，而宅基地置换还有待进一步探索（见表 6 – 14、表 6 – 15）。

表 6-14   三种集中居住方式资金来源分析

资金来源	征地拆迁	宅基地置换	平移归并
宅基地折旧区资金来源	重大公共项目或土地储备项目资金	节余建设用地指标出让	农村居民自我承担
宅基地置换安置区建设用地和建设资金来源	重大公共项目或土地储备项目资金	节余建设用地指标出让	按农村居民个人建房标准"地换地"
宅基地置换节余建设用地资金来源	重大公共项目或土地储备项目资金	节余建设用地指标出让	建房由农村宅基地居民出资加政府补贴
大市政配套资金来源	各级公共财政资金	各级公共财政资金	各级公共财政

资料来源：笔者整理。

表 6-15   三种集中居住方式适用范围

适用范围	征地拆迁集中居住	宅基地置换集中居住	平移归并集中居住
城镇规划集建区	√	√	—
公共利益项目区	√	√	√
"三高"沿线区	—	√	√
农业园区	—	—	√
郊野公园（含自然保护地）	—	—	√
土地综合整治区	—	—	√
城中村和重大项目带拆区	—	—	√
生态敏感区	—	—	√
环境整治区	—	—	√
零星分散农居点	—	—	√
不适宜人类生活区	—	—	√

资料来源：笔者编制。

六、"地票"形成的人口相对集中居住

"地票"是指我国农村集体土地进行市场交易的凭证。"地票"制度始于 2008 年的重庆，是指把农村闲置、废弃、低效的建设用地，包括把集体经营建设用地、集体公益性建设用地和农村宅基地等建设用地复垦为耕地，经验收合格后确认为建设用地指标，在保障农村自身发展后，将节余的建设用地指标以"地票"方式，在"城乡土地交易市场"进行公开交易后在城市规划集中建设区落地，使土地等级较低的农村建设用地空间移位，成为土地等级较高的城市建设用地。自 2008 年 12 月 4 日，重庆"土地交易所"挂牌成立，到 2014 年 6 月，重庆共复垦耕地 15 万亩，交易"地票"13.74 万亩，其中 8.6 万亩在城镇规划集中建设区落地，占已交易"地票"13.74 万亩

的 62%。可见，通过农村存量集体建设用地"地票"凭证化，重庆 2009～2014 年，将农村 62% 的集体建设用地移位于城镇地区，从而既解决了城镇建设用地需求，也增加了农村地区集体和个人的财产性收入，促进我国农村地区的发展。2009～2014 年 6 月已完成的 13.74 万元"地票"交易，农民和集体共增加财产性收入 247 亿元，每亩"地票"平均交易价为 21 万元。按重庆"地票"交易规则，农民宅基地"地票"交易收益由农户和集体按 85：15 分成。重庆涪陵马武镇，2010～2014 年，完成 30 个复垦项目，涉及 18 个村的 3329 户农民，共复垦土地 1795.4 亩，农户和集体共分得 3 亿元，亩均 16.7 万元，户均 7.66 万元，平均每个村集体所得 250 万元①，通过农村集体土地"地票"交易制度，实现农村人口居住地向城乡空间转移的人口相对集中居住。

类似"地票"制度，在我国浙江诸暨和义乌等地也有实施。浙江省诸暨市陈家镇里鹊村的张广鍙，2017 年按照农村土地综合整治平台要求，将老家长期不用的 69.3 平方米的宅基地及其房屋，进行拆除复垦验收后，拿到了诸集宅（2017）第 001 号红色"地票"，在购买商品房时抵扣 26.33 万元首付款，其"一直想在城里买套房，因为收入有限，儿子一家只得租房住。而老家的老房子，修了好几次，修好了又不去住。"② 这里，诸暨市陈家镇里鹊村张广鍙的老家住房也是通过"地票"方式，实现农村建设用地向城镇转移，人口向城镇集聚。浙江省义乌市为全国农村宅基地改革试点地区，2016 年 9 月发布的《义乌市集地券管理细则（试行）》明确，集地券适用于农村因拆迁安置或实施旧村改造、空心村改造、异地奔小康、更新改造等新农村建设退出宅基地复垦为耕地等农用地，也适用于农村地区废弃工矿等其他建设用地复垦为耕地等农用地，还适用于城乡新社区集聚建设（是指义乌市主城区范围内集聚的 146 个村和义乌市所辖乡镇镇区范围内集聚的 113 个村）退出的宅基地复垦为耕地。即义乌市集地券产生于义乌农村地区的宅基地，经营性建设用地和义乌市城区镇区规划集中建设区范围内的宅基地，集体经营性建设用地。具体操作办法包括：（1）集地券形成。集地券需要通过申请—立项—复垦—竣工验收—公示几个环节。（2）集地券交易。集地券的指导价格，由义乌国土局每年根据集地券取得成本等因素确定，通过义乌市产权交易所搭建的平台公开交易，交易时采取挂牌或者拍卖方式进行，初次交易的起始价不得低于指导价（义乌市政府设立集地券最低保护价每亩 40 万元）。（3）收益分配。国有土地和政府出资退出的宅基地复垦耕地产生的集地券归政府持有，集体经营性和公益性建设用地形成的集地券归集体经济组织所有，宅基地产生的集地券由

---

① 周其仁：《城乡中国》，中信出版社 2014 年版，第 242－246 页。
② 钟勤奋：《浙江首张"地票"花落诸暨》，载于《新民晚报》2017 年 4 月 11 日第 12 版。

宅基地使用人持有。集地券成交价款中应扣除土地整治的成本后其余归集地券持有人所有，其中，宅基地集地券扣除村级集体经济组织计提纯收益10%之后归宅基地使用权人所有。（4）集地券使用。集地券用于政府确定的项目农用地转用报批，使用集地券办理农用地转用报批时，占用的新增建设用地面积不得大于已登记的集地券耕地面积或农用地面积，集地券可以预支、质押等。2016年9月~2017年7月，义乌市集地券已立项项目1479亩，其中473亩已验收，政府已全部回购，统筹用于民生项目。可见，通过集资券有效实施了城乡建设用地的空间优化配置，提高了农村存量建设的利用效率和价值，促进了工业化、城镇化和农业现代化的统筹实施。

《全国土地整治规划（2016—2020年）》[①] 提出，全国农村居民点270万个，占地面积2.87亿亩，农村人口人均居住点用地达到317平方米。据农业部统计，我国共有农村集体建设用地2.6亿亩左右，经营性建设用地约0.5亿亩，剩余2.1亿亩农村集体建设用地大部分为农民宅基地。[②] 也有专家指出，"2010年，全国农村建设用地2.7亿亩……按照2010年乡村农业人口67113计算，人均村庄用地268.2平方米，与《村镇规划标准》规定的村镇人均建设用地最高值150平方/人相比，高出85.5%，农村建设用地利用效率低，土地资源利用粗放浪费现象十分突出。"综上所述，我国农村建设用地有2.87亿亩，2.6亿亩左右，2.7亿亩三个数据，时间点为2010~2015年底。假定到2019年，我国农村建设用地为上述三个数据的最小值2.6亿亩，其中宅基地为2.1亿亩。按照《国家人口发展规划（2016—2030年）》，到2030年我国乡村常住人口为4.35亿人口左右，到2050年我国乡村有3亿人左右。按《村镇规划标准》乡村人均建设用地每人150平方米，则到2030年我国农村建设用地（这里讲的农村建设用地不包括农业设施用地和农村中不计入建设用地部分）总量应该是1亿亩左右。根据《国家新型城镇化规划（2014—2020年）》，"1996~2012年，全国建设用地年均增加724万亩，其中城镇建设用地年均增加357万亩，2010~2012年，全国建设用地年均增加953万亩，其中城镇建设用地年均增加515万亩。2000~2011年，城镇建成区面积增加76.4%，远高于城镇人口50.5%的增长速度；农村人口减少1.33亿人，农村居民点用地却增加3.45万亩。"[③] 根据我国城乡人口分布变化情况，到2030年和2050年，如果我国能将上述《村镇规划标准》超配置标准的1亿多亩建设用地折算为"地票"或"集地票"，实现城乡空间的优化布局，就可以保证我国现有耕地有增加，城乡建设用地又能得到保证，城乡人口布局优化目标也能基本实现。

---

① 《全国土地整治规划（2016—2020年）》是以2015年为基期年的，即所用数据是2015年底的数据。
② 何振华：《农村土地权的稳定和流动》，上海远东出版社2017年版，第1页。
③ 国家发展和改革委员会：《国家新型城镇化规划（2014—2020年）》，2015年3月6日。

七、易地扶贫搬迁的人口相对集中居住

易地扶贫搬迁是我国近几年扶贫攻坚的头号工程和关键举措，是指将"居住生产生活条件恶劣，生态环境脆弱，一方水土养不起一方人"的山区群众实施整体搬迁到适宜生产生活的地区。搬迁安置主要在城镇区，实行集中居住；小部分在中心村或在自然村安置。易地扶贫搬迁资金由中央预算内投资、国家专项建设基金、地方政府筹集的地方债务资金、长期低息贷款、群众自筹资金五部分构成。[1] 截至 2020 年底，全国已累计完成约 960 万人的易地搬迁任务。[2]

我国贵州率先在全国探索了易地扶贫搬迁安置的人口相对集中居住方式。2015 ~ 2019 年，贵州省累计已超过 188 万人搬离了"穷窝"，并且 95% 以上实施了城镇化集中安置。贵州易地扶贫搬迁"围绕'人往哪里搬、钱从那里筹、地从哪里划、房屋如何建'等问题，在实践中探索出了六个坚持，即坚持省级统筹统贷统还投融资机制、贫困自然村寨整体搬迁为主、城镇化集中安置、以县为单位集中建设、不让贫困因搬迁而负债、以产定搬以岗定搬。"2015 年 12 月 2 日 ~ 2019 年底，贵州"全省建成安置点 946 个，累计建成住房 45.39 万套，安置 188 万人，整体搬迁贫困自然村寨 10090 个，上百万山区群众过上了城里人生活。"截至 2019 年底，贵州"全省搬迁劳动力累计就业创业 65.55 万人，户均就业 1.62 人。"2019 年全省整合各类资金 25.23 亿元，新建和改扩建学前教育和义务教育学校 197 所，新建安置点医疗卫生项目 326 个，正在建设 12 个，基本满足了搬迁群众就近就医需求；新建安置点社区服务中心（站）290 个，居家养老服务中心 215 个，儿童服务中心 184 个。[3] 贵州黔西南州晴隆县三宝彝族乡是贵州省全省 20 个极贫乡镇之一。据《晴隆县志》记载，"三宝乡苗溪、彝族群众在明清时期为躲避战乱而迁徙至深山。地处石漠化片区，全乡村寨都挂在半山腰，全乡只有一条公路与外界联通，乡内无一条河流。"2016 年，经省、州、县、乡多次研究后，最终决定在县城城郊的山坡上打造一个阿妹戚托小镇，对全乡 1233 户 5853 人实施整体搬迁[4]。"截至 2016 年 7 月，三宝乡已有 879 户 4116 人签订搬迁协议，占总人口的 70.3%。其中，已选房领钥匙的有 554 户 2613 人，搬迁入住新居的有 262 户 1164 人。[5]"凤翔社区是贵州省遵义市凤冈县最大的易地扶贫搬迁集中安置点，涉及全县 13 个乡镇 6432 名贫困搬迁群众，到 2018 年 1 月，凤翔社区 1505 户新居的钥匙全部

---

① 刘畅：《挪"穷窝"，置新业，忙致富》，载于《经济日报》2019 年 4 月 1 日第 11 版。
② 任欢：《"十三五"异地扶贫搬迁任务全面完成》，载于《光明日报》2020 年 12 月 4 日第 1 版。
③ 新华社：《壮阔大迁徙》，载于《新华每日电讯》2019 年 12 月 24 日第 1 - 4 版。
④ 新华社：《壮阔大迁徙》，载于《新华每日电讯》2019 年 12 月 24 日第 4 版。
⑤ 汪志球：《三宝乡搬迁记》，载于《人民日报》2018 年 8 月 24 日第 9 版。

交至新居居民手中。① 虹桥社区是贵州省绥阳县搬入人数最多的安置点,有来自全县13 个乡镇 8000 多名搬迁群众入驻。②

"云南省'十三五'贫困人口搬迁达 99.6 万人,占全国搬迁总规模的 10%,居全国第三位。""云南怒江傈僳族自治州山高谷深偏远,是云南乃至全国发展最滞后的地区之一。少数民族人口占总人口的 93.6%,其中四成不会写字。州扶贫办提供的数据显示,脱贫攻坚以来,截至 2018 年底,怒江州贫困人口从 2011 年的 31 万多人下降至14 万多人,贫困发生率由七成多下降到不足 1/3。尤其是易地扶贫搬迁,令州近 10 万人'挪穷窝',点总人口的 1/5。""'十三五'期间,怒江州将'一方水土养不起一方人'的地方和贫困发生率 50% 以上的自然村寨的 95859 人纳入易地搬迁,建设 75 个集中安置点,至去年底(2019 年),63003 人已分房,其余 18306 人将于今年(2020 年)春节前完成分房并陆续搬迁入驻。"③ 云南怒江傈僳族自治州福贡县"三月亮乡依陆底"扶贫搬迁安置点,2019 年初安置了建档立卡户 661 户 2350 人。

2017 年以来,广西举全自治区之力,将贫困群众从"山窝窝""石头缝"中搬出来,从源头破群"一方水土养不起一方人"的困境。截至 2019 年 11 月底,广西"十三五"期间易地扶贫搬迁安置住房全部建设完成,精准核实搬迁对象 16 万多户 71 万人。其中,503 个集中安置点安置贫困户 15 万多户,分散安置 9002 户,搬迁入驻率达100%。"为压实易地扶贫搬迁主体责任,广西实行'市领导包县,县领导包点'工作责任制,实行包建设进度,工程质量、资金监管、搬迁入驻、后续产业发展、就业创业、稳定脱贫、考核验收的'八包'责任制,大幅提高了搬迁入驻率。"④ 广西都安瑶族自治县地处滇黔桂石漠化片区,境内石山巍巍,全县面积 4000 多平方千米,石山面积占 89%,素有石山王国之称,环境恶劣、条件艰苦,是扶贫开发工作重点县。"十三五"期间,全县易地扶贫搬迁任务 10511 户 46247 人。2017 年 8 月,广西都安瑶族自治县"三只羊乡可力"易地扶贫搬迁安置点建成联排式安置房 210 栋,安置贫困人口 210 户 1069 人,他们来自石月亮乡和马吉乡的 15 个村寨,以人均 20 平方米的标准免费入驻,入驻率 100%。福贡县区河怒族乡"沙瓦村指挥田"安置点有 319 户 1204名怒江族群,于 2018 年底搬迁入驻。⑤

近几年,四川大竹县创造性地推进"双靠近三融合"易地扶贫搬迁模式,按照"哪里有产业就向哪里搬迁,哪里有搬迁安置点就向哪里引产业"和"坚持'点'镇

---

① 汪海磬:《易地扶贫搬迁工作中的"她力量"》,载于《光明日报》2019 年 8 月 29 日第 5 版。
② 王新伟、姚浩:《从挪"穷窝"到"谋新业"》,载于《经济日报》2019 年 5 月 16 日第 14 版。
③ 徐元锋:《10 万乡亲挪"穷窝"》,载于《人民日报》2019 年 4 月 16 日第 8 版。
④ 光明日报调研组:《破解"一方水土养不起一方人"之困》,载于《光明日报》2020 年 2 月 7 日第 7 版。
⑤ 张勇:《云南怒江州:雪山碧水映新村》,载于《光明日报》2020 年 1 月 9 日第 1 - 2 版。

融合，'点'园融合，'点'业融合，实施易地扶贫搬迁达到群众就业、产业发展，安置点有生机的'三赢'效果。"目前，大竹县已建的 68 个易地扶贫搬迁安置点均在大竹县下辖的 17 个场镇周边。在已搬迁的 15722 人中，集中安置的 6740 人，占比 43%，分散安置的 8982 人，占比 57%，实现了"搬得出，稳得住"的易地扶贫搬迁目标[1]。

2018 年 6 月 17 日，我国实施的首个高海拔生态搬迁项目，西藏那曲市龙玛县荣玛乡加玲加东村和藏曲村的 262 户 1102 人，分别从距拉萨市的 1197 千米、1247 千米，海拔 5000 米以上的家乡，搬入拉萨市"堆龙德庆区古荣乡嘎冲村"。"据介绍，荣玛乡高寒缺氧，灾害频发，公共服务发展条件欠佳，不适人类生存，人均寿命远低于全区平均水平，且位于羌塘国家级自然保护区核心区内，属于国家禁止开发区。"[2]

需要说明的是，易地扶贫搬迁，在我国东部发达地区也存在。例如，浙江省义乌市实施的"易地奔小康"工程，也是引导农民下山脱贫的概念。还需要说明的是，实践中三峡库区、青海库区等大型水利工程或者水电工程涉及的移民搬迁本质上是属于征地拆迁范围，而不属于这里讲的易地扶贫搬迁，这类移民搬迁的搬迁费和安置费应该列入工程项目中开支。易地扶贫搬迁主要位于"一方水土养不起一方人"的地区，故易地扶贫搬迁本质上具有国家履行社会救助职能的性质，搬迁和安置费总体上可以在公共财政资金或者社会保障资金中开支。

第三节 人口相对集中居住的住房建设

一、住房建筑风貌

从实践看，人口相对集中居住的住房建筑风貌大体有 3~4 层的乡村别墅、7 层以下的多层建筑和 8 层以下的小高层及高层建筑。其中 3~4 层的乡村别墅建筑又分单体独栋别墅、联排别墅、复式公寓。3~4 层乡村别墅建筑适用于一般建制镇和集镇镇域内规划保留自然村"平移归并"集中居住方式和在村域内进行"易地扶贫搬迁"的集中居住方式。例如，前面说到的"平移归并"集中居住方式的上海奉贤新叶村，将全村的 41 个自然村落，844 户 3278 人集中归并新建的新叶村"农民新家园"，就是在324 亩集中建设基地上，按 2 户一幢，2~3 层，844 户人家共建 422 幢，具有"江南水乡"风格的连体别墅进行安置的。其安置区内的公共服务建筑也与集中安置区的建筑风貌保持一致，在 3 层高度。上海市嘉定区在村域内通过"平移归并"已建的 56 个

---

① 刘畅：《挪"穷窝"，置新业，忙创富》，载于《经济日报》2019 年 4 月 1 日第 11 版。

② 党果：《西藏实施首个高海拔生态搬迁项目》，载于《工人日报》2018 年 6 月第 1 版。

农民居住区，在 22306 套住房中，单体别墅为 9349 套，联排别墅为 5744 套，复式公寓为 4516 套，多层公寓为 2697 套，可见"平移归并"的建筑主体是 4 层以下的乡村别墅形态。在易地扶贫搬迁集中居住中，这种乡村别墅建筑形态也为常见，如广西都安瑶族自治区三只羊乡可力易地扶贫搬迁安置区，也是建设联排安置房进行安置的，四川大竹县易地扶贫搬迁也比较多的采用了乡村别墅建筑形态进行安置。而多层建筑、小高层及高层建筑比较多的应用于征地拆迁、宅基地置换和"地票""集地券"集中居住方式中。这是因为，这三类集中居住方式的集中居住空间大多位于城镇集建区范围，一是城镇集建区范围内建设用地级差，相对土地价格相对较高；二是多、高层建筑一般与城镇规划集建区已有建筑风貌比较协调。需要强调的是，乡村地域和城镇集建区地域是两类不同性质的建筑环境，在乡村地域大地景观内，有些地方将多层建筑风貌的宅基地安置区建在其中，这不仅浪费了资金，还破坏了环境，节约土地也不多。反过来，在土地和资金允许下，把乡村别墅，无论是单体、联排，还是叠加别墅，配置在城镇集建区，尤其是小城镇集建区范围，倒也显得建筑风貌多样化，并衬托了城镇集建区内高层建筑的高大。

二、住房建设方式

人口相对集中居住的住房建设是一项比较专业的工作，实践中主要由专业公司负责住房建设和由住房权利人自己负责住房建设。一般情况下，征地拆迁、宅基地置换、"地票"或"集地券"等人口相对集中居住方式中，因住房建设涉及的专业性强，需要通过有关规定获得住房建设用地，还涉及住房建设规划、设计、招投标等一系列前期工作，涉及大额资金的筹集和调配，因此，上述三类人口相对集中居住形式的住房建设一般均由具有房地产开发资质、具有一定资金运筹能力的专业建设公司来承担。例如，2010 年 1 月由上海市人民政府办公厅发布的《关于本市实行城乡建设用地增减挂钩政策推进农民宅基地置换试点工作的若干意见》中明确，"区县政府是农民宅基地置换试点工作的责任主体，开发主体应当是国有或集体公司，实行封闭运作，独立核算。"浙江省义乌市政府发布的《义乌市城乡新社区集聚建设实施办法（试行）》中明确，"设立城乡新社区投资建设有限公司，承担城乡新建设项目融资、工程管理、开发建设等工作。""街道主要做好分户审批，土地征迁、房产分配以及与村级组织和农户的对接工作，""村级组织主要做好群众发动，组织旧房拆除等与农户的对接工作。""平移归并"和"易地扶贫搬迁"这两种集中居住方式，涉及一些建筑建造，建筑规划设计、资金筹集、建设前期审批手续办理难度都比较小，住房建设可以按集中居住区建设规划，住房建设技术安全要求由住房权利人自行建设或委托经政府有关部门确认的建筑承建方负责建设。例如，在建设四川省大竹县月华镇九银村易地扶贫搬迁安置点中，由大竹县统一为搬迁户提供经村民投票选出统一风貌的五套房屋图纸，由搬迁户与承建房签订"房屋委托建设合同"，再通过搬迁户公推成立建房理事会或建房监督小组，负责对搬迁户住房建设过程中的进度、材料、质量进行监督把控，住房竣工后，由承建房聘请第三方出具《住房安全质量鉴定报告》。[①] 这样既解决单个搬迁户自己建设中的麻烦，同时，统一委托建设也降低了建设成本。

需要强调的是，村民委员会或镇村集体经济组织可以作为本镇或本村的"集体建房"的建设单位（即业主），但施工单位及工程监理单位仍应按有关建设管理规定，通过招标聘请有专业资质的施工单位和监理单位，并按规定办理有关工程项目建设手续，交纳有关费用，做好住房项目的竣工验收和档案保存等。在以往各地实施的"平移归并"集中居住项目中，由村居委员会或镇、村集体经济组织作为建设单位的"集体统一建房"，由于村民委员会或镇村集体经济组织因缺乏住房建设的专业人才或专业知识，以及因"平移归并"集中居住安置区规划、土地、房屋建设手续办理不规范或未办理，及其办理各类住房建设手续中应缴的费用未缴或者未达到缴费标准，从而造成住房持有人不能进行房屋权证登记、变更、户口迁移、孩子入学等一系列难题，成为"集中安置房"普遍存在的问题。

三、住房建设格局

住房建设格局，目前从国内外实践看，主要有封闭式居住小区建设格局和开放式住房建设格局。封闭式居住小区也称封闭式管理居住小区，是指居住小区范围内四周设有围墙或者是围栏结构，使居住小区与小区周边地带相隔离，在小区的围合结构上设置 2~3 个出入口，小区内部道路网络与小区外部道路网络相分离，小区出入口一般设置进出管理设施和管理人员。封闭式居住小区自 20 世纪 50 年开始在我国兴起的集办公、生产、居住、后勤服务于一体的单位大院，1998 年我国住房制度改革，居住住宅实行货币化、私有化后，房产开发商为迎合购房者喜欢安全和私密居住环境而再次兴起。由于居住小区实行封闭式建设和管理，客观上不同封闭式居住小区，存在不同的住房建设水平、空间配套水平以及小区管理水平。同时也使小区内的道路网络与小区外的道路网不衔接。开放式住房建设格局，也称街坊式或街区式住房建设格局，是指居住住房与外部道路网络直接相连接，居住住房外部道路系统与居民住房直接连接融为一体，人员、车辆可以自由出入，不设置进出管理设施和管理人员。封闭式居住小区的一般特点是小区建设规模比较大，居住单元和居住户数比较多；开放式住宅的特点是建设规模比较小，居住单元和居住户数比较小。

---

① 刘畅：《挪"穷窝"，置新业，忙致富》，载于《经济日报》2019 年 4 月 1 日第 11 版。

据住建部 2016 全国小城镇抽样调查显示，"小城镇自建房用地占居住用地的比例高达 84%，半数以上的小城镇自建房占居住用地比例超过 94%，即便在镇区国有土地上，自建房比例平均也达到 2/3。造成这种现象的主要原因是小城镇大多依托村庄发展起来，虽然用地范围不断扩展，但很多居民仍然是村集体组织成员，镇区的土地仍以集体为主，居民住宅用地多为农村宅基地。"在我国一般建制镇镇区内的住房建设类型中"自建房占 72%，房产开发单位建设的商品房占 14%，拆迁、受灾等安置房占 3%，保障性住房占 3%，其他占 6%。"[①] 在我国小城镇地域范围，我国小城镇自建房有两种格局：一是村居式自建房，其突出性的特点是"独户、独门、独院"，住宅之间一般留有一定间距，住宅相对独立。随着小城镇居民家庭的小型化和宅基地管理的加强，小城镇居民的居住方式一般表现为"一户一宅"。据住建部 2016 年全国小城镇抽样调查，"小城镇家庭户均人口为 3.7 人，略高于全国平均值 3.1 人。小城镇家庭日益小型化，两代人或仍核心家庭为主体。"1 人家庭占 8%，2 人家庭占 26%，3 人家庭占 27%，4 人家庭占 20%，5 人家庭占 11%，6 人家庭占 7%，7 人家庭占 1%。[②] 这种自建房和小型家庭的村居式居住形式，具有一定的安全性和私密性，村民自建房一般是自我建设、自我服务、自我管理，并且不需要封闭式居住小区那样的物业管理。这就是当农民进行征地动迁、宅基地置换等集中居住方式后仍然没有缴纳物业管理费的习惯的原因。二是街巷式自建房。在我国小城镇中，街巷式自建房一般都出现在传统古镇和古村落中，突出的特点是"独院，但不一定独户"，自建的住宅往往建筑规模比较小，住宅为独立结构，但住宅与住宅之间一侧墙体往往紧贴，形成成片住宅，住宅之间的前门或后门往往留出公共通道或空间，构成纵横交错，乃至弯弯曲曲道路的街巷。在我国传统农业社会里，小城镇及古村落往往建有不少的"三代同堂""五代同堂"的大宅大院，但这些自建大宅大院是"多户共住一宅"，一般都是由同一大家庭分户形成，各户分房而住，分灶吃饭，住房由祖辈建设，住房自我服务和自我管理。这一类自建大宅，是传统大家庭的居住方式，宅内也具有一定的安全性、私密性。因此，开放式的住房格局，不管是村居式居住形式还是街巷式居住形式，其共同基础是自建房，其突出的特点是房内由房主自我服务和自我管理，物业管理是住户本身的职责，不需要小区式住房意义上的物业管理，住房外部即道路，街巷或其他公共空间。在这个角度讲，我国自建房居住空间范围内其居住形式是街坊制的而非小区制的，但这种街坊制居住形式是以建设规模较小和住房业主自建为前提的，同时，正是因为小城镇中的开放式住房建设格局，从而形成了小城镇居民住房尺度小巧、建筑低矮、规

---

① 赵晖等：《说清小城镇》，中国建筑工业出版社 2017 年版，第 47 页。
② 赵晖等：《说清小城镇》，中国建筑工业出版社 2017 年版，第 28 - 29 页。

模较小、风貌多元的特征。这种特征使得小城镇可以较好地适应自然地貌，融入周边田园中。①

2016 年 2 月 21 日，中共中央、国务院发布的《关于进一步加强城市规划建设管理工作的若干意见》中提出，"优化街区路网结构，加强街区规划和建设，发梯级明确新建街区面积，推动发展开放便捷，尺度适宜，配套冠状，邻里和谐的生活街区。新建住宅要邀请街区制，原则不再建设封闭住宅小区。已经建成的封闭住宅小区和单位大院要逐步打开，实行内部道路公共化，促进土地节约利用。"我国小城镇居住形式已基本符合新建住宅要求推广的街区制发展方向，因此，在我国小城镇人口相对集中居住区建设中，应当妥善处理住房建筑风貌、住房建设方式、住房建设格式三者之间的相互关系，使小城镇的人居环境更加舒适优美，成为我国优于城市和乡村的高端居住形态。纵观世界，在欧美发达国家，小城镇居住往往受中产阶级乃至富裕阶层所追崇。我国超大、特大、大城市范围内，现有留存作为保护建筑的许多高端居住空间，在当年建设这些居住空间时，其区位也相当于今天的小城镇空间。例如，上海长宁区、徐汇区、黄埔区留存的成千上万幢高端别墅，都是"独门独院""三层以下""路窄""树比房高""没有小区管理""私密性强""建筑风貌多元"的高端居住空间，与近20 年上海郊区新建的"建筑风貌划一""具有小区统一管理"的所谓"高端别墅"形成鲜明的对照。总体看，在有条件的情况下，既要从"住房安置"角度考虑人口相对集中居住的住房建设，又要从小城镇空间"住房风貌"角度考虑住房建设。国外小城镇住房建设区，"统一规划、统一配套、划分地块、自己设计、委托代建"的住房建设也可以在一些人口相对集中居住的住房建设中探索。

四、住房建设政策

习近平总书记指出，房子是用来住的，不是用来炒的。这在城镇人口相对集中居住中更需要贯彻落实。这是因为，小城镇各种人口相对集中居住方式，在本质上讲是一种在工业化、城镇化、农业现代化背景下农业社会的分散居住方式向工业社会集中居住方式的转型。具体涉及"一户一宅""一户一居""住有所居"住房建设政策。1998 年我国《土地管理法》中明确，在我国"农村村民一户只能拥有一处宅基地"，即农村的"一户一宅"住房建设政策。在小城镇的各种人口相对集中居住中，当农民住宅在征地动迁、宅基地置换中置换为多层、高层住宅时，如果住房置换政策是"拆一还一"，而配置住房的建筑结构是"小房型"的，就会出现"一户一宅"置换为"一户三居"。这样，在小城镇人口相对集中居住的多层和高层建筑中就可能出现两种

---

① 赵晖等：《说清小城镇》，中国建筑工业出版社 2017 年版，第 129 页。

情况：一是在具有市场需求情况下，就可能出现把自己不需要的置换房用于出售或出租，这不但具有炒房的概念，而且使在人口相对集中居住中各级政府注入的大量扶持政策，通过这种方式转化为私人财产，不仅造成公共资金的社会分配不公，还带来对商品房市场的冲击。同时还给人口集中居住区的物业管理和自治管理带来一系列的问题。二是当住房出售和租赁市场出现需求不足时，在"一户三房"住房建设政策下，就会出现大量置换房空置，形成小城镇的空城现象和萧条现象，造成对小城镇经济社会发展的冲击。上述这两种情况，都涉及在小城镇人口相对集中居住中，需要将"一户一宅"农村住房建设政策调整优化为"一户一居"或者"一户一居"与产业房置换或者"一户一居"和货币置换的住房建设政策。

上海市嘉定区农民宅基地置换和征地拆迁安置实行"拆一还一"安置大、中、小三套有证房产，户均250～280平方米，这样宅基地置换后都面临了户数、人口双增加。据调查，嘉定区华亭镇联华村宅基地置换项目，置换时，置换户数为553户，置换人口为1415人；置换后，变为1106户和2337人；该宅基地置换安置房，农民自住率约50%，出租率约25%，出售率约25%。嘉定区外岗镇外岗佳苑宅基地置换集中居住区共有2238套安置房，其中农民自住率约40%，出租率45%，出售率7%，空置率8%。外岗镇外岗新苑宅基地置换集中居住区共有3600套安置房，其中农民自住率30%，出租率34.4%，出售率22%，空置率13.6%。由于原来在农村宅基地房屋居住的农民不交物业管理费，所以农民搬入新建置换的宅基地集中居住区后，仍然没有缴纳物业管理费的习惯，宅基地置换的自用、出租、出售安置房物业管理费收缴十分困难，需要依靠区、镇、村财政资金或集体经济资金补贴。另外，宅基地置换集中居住区置换房出售率和出租率高，农村居民传统的熟人社会结构被打破，为村民自治带来困难。当前，上海市嘉定区华亭镇和外岗镇还具有一定数量的外来人口导入，因此，宅基地置换房还存在出租出售的可能，当该地区外来人口导入逐步递减时，就会出现大量宅基地置换房的空置，从而冲击该地区的经济社会发展可持续性。针对农村宅基地中的"一户一宅"住房建设政策，在推进农民向城镇集中的征地动迁或宅基地置换等人口相对集中居住方式中存在的问题，2013年7月7日浙江省公开发布的《义乌市城乡新社区集聚建设实施办法（试行）》中明确，农村集体经济组织成员或者非村集体经济组织成员合法继承的宅基地住宅建筑可置换的权益面积配置政策是，"其中3/5为高层公寓面积（土地性质为国有出让），2/5为产业用房面积（土地性质为国有出让）。"从而实现了农村地域中的"一户一宅"住房建设政策向城镇区的"一户一居"和产业用房相结合的住房建设政策的转型。比较好地避免了农民宅基地置换安置房，对房地产市场、各级政府扶持政策、农民集中居住区物业管理、农村社会治理的冲击。

另外，在小城镇各种人口相对集中居住方式中，总有一些住房困难户，例如，集体经济组织成员因经济困难没有申请宅基地及建造住房，达到分家立户规定年龄时因没有分户故没有宅基地，原来宅基地面积太小或住房面积太小，农村居民离异分户后没有宅基地及住房等。在小城镇人口相对集中居住中都涉及"住有所居"住房建设政策。"住有所居"的住房建设政策本质上是指在小城镇人口相对集中居住中对住房困难户的住房保障政策。例如，2013 年 7 月 7 日，浙江省公开发布的《义乌市城乡新社区集聚建设实施办法（试行）》中明确，"因分家立户或离异分户时住房分配不均造成集聚建设对象拥有合法住宅面积人均少于 35 平方米的，以实际拥有的合法住宅面积占地面积为基数，按 1∶5 确定置换权益（不得选择按每人 175 平方米建筑面积确定置换产业面积）。""云南福贡县石月亮乡依陆底扶贫搬迁安置点……以人均 20 平方米的标准免费入住。"① 四川大竹县易地扶贫搬迁"按照搬迁对象，'每户不超过 1 万元'进行建房出资，'人均不超过 25 平方米，每户不超过 150 平方米'进行面积大小选房，做到安置房建设与群众需求相统一，既解决了。'人多房挤，房多浪费'问题，又落实了国家政策要求。""为了让贫困户花'小钱'住上新房，每户自筹资金不超过 1 万元，对于特别困难的可不自筹。"② 在小城镇各种人口相对集中居住方式中，因大量的扶持政策是上级政府给予的，从而造成一些地方在小城镇人口相对集中居住中，对农村住房困难户采用应建未建的方式纳入宅基地置换和征地动迁中。我国农村个人建房是以户为单位的，2019 年 5 月 5 日上海市发布的《上海市农村村民住房建设管理办法》中规定，"5 人户及 5 人以下户口的宅基地面积不超过 140 平方米，建筑占地面积不超过 90 平方米；""房屋口高度不超过 10 米，房脊高度不得超过 13 米。"这样一户应建未建户，即使是一个人，也可也置换为"一户三房"。而在一些地方宅基地置换中，旧房和新房是等量、等价交换的，可见采用应建未建户方式解决农村住房困难户的住房保障问题，大大提高了小城镇人口相对集中居住中的置换成本，这种现象在宅基地置换集中居住方式占已有宅基地户的 10% 左右。这也是在宅基地置换人口相对集中居住方式中，资金难以平衡、住房建设政策不够完善的一个重要方面，应该引起足够的注意并给予完善。这也是周其仁老师在其《城乡中国》说到的"原创'三个集中'的上海，在 2005 年的试点之后并没有推开。原因不详，坊间只有一些非正式的猜测。"③ 这也是上海的农民宅基地置换，自 2004 年以来，至今已经 17 年，上海全市也只置换了 4 万户左右的原因之一。

---

① 张勇：《云南怒江州：雪山碧水映新村》，载于《光明日报》2020 年 1 月 9 日第 1 版。
② 刘畅：《挪"穷窝"，置新业，忙创富》，载于《经济日报》2019 年 4 月 1 日第 11 版。
③ 周其仁：《城乡中国》，中信出版社 2014 年版，第 239 页。注：根据上下文，周老师这里讲的"2005 年试点之后没有推开"指的应该是"农民宅基地置换"没有推开。

本章参考文献

[1] 赵晖等：《说清小城镇》，中国建筑工业出版社 2017 年版。

[2] 国家统计局：《2016 年中国统计年鉴》，中国统计出版社 2016 年版。

[3] "中国村镇建设 70 年成就收集整理课题组"：《新中国成立 70 周年城镇建设发展历程回顾》，载于《小城镇建设》2019 年第 9 期。

[4] 全国农业普查办公室：《农村镇区规模及其社会经济状况》，2001 年 8 月 30 日。

[5] 赵晖等：《说清小城镇》，中国建筑工业出版社 2017 年版。

[6] 顾朝林、盛明洁：《县辖镇级市研究》，清华大学出版社 2017 年版。

[7] 金兆森等：《村镇规制》，东南大学出版社 2019 年版。

[8] 国家统计局：《第三次全国农业普查主要数据公报（第一号）》，2017 年 12 月 14 日。

[9] 朱建江：《乡村发展导论》，经济科学出版社 2019 年版。

[10] 国家统计局：《2016 年中国统计年鉴》，中国统计出版社 2016 年版。

[11] 李晓江、郑德高：《从人口城镇化特征与国家城镇体系构建》，载于《城市规划学刊》2017 年第 1 期。

[12] 尹稚：《中国城镇化战略研究》，清华大学新型城镇化研究院，2018 年 11 月 22 日。

[13] 国家统计局：《第七次全国人口普查公报（第二号)》，2021 年 5 月 11 日。

[14] 国务院：《国家人口发展规划（2016—2030 年)》（国发〔2016〕87 号），2017 年 1 月 25 日。

[15] 张东伟：《人口变动趋势事关未来经济社会发展》，《社会科学报》，2022 年 2 月 24 日。

[16] 凌岩：《乡愁钩沉》，上海社会科学院出版社 2014 年版。

[17] 王波：《四川成都：深化土地综合整治助推乡村振兴》，2018 年 6 月 27 日。

[18] 曹锦清等：《当代浙北乡村的社会文化变迁》，上海人民出版社 2014 年版。

[19] 上海市嘉定区规划和土地管理局等：《嘉定区村庄布点规划（2014—2040 年)》，2014 年 11 月 11 日。

[20] 杨传开：《中国多尺度城镇化的人口集聚与动力机制》，经济科学出版社 2019 年版。

[21] 周其仁：《城乡中国》，中信出版社 2014 年版。

[22] 钟勤奋：《浙江首张"地票"花落诸暨》，载于《新民晚报》2017 年 4 月

11 日。

　　[23] 何振华：《农村土地权的稳定和流动》，上海远东出版社 2017 年版。

　　[24] 陈锡文、韩俊：《经济新常态下破解"三农"难题新思路》，清华大学出版社 2016 年版。

　　[25] 国家发展和改革委员会：《国家新型城镇化规划（2014—2020 年）》，2015 年 3 月 6 日。

　　[26] 安蓓：《推动易地扶贫搬迁由"求进度"转向"求质量"》，载于《新华每日电讯》2019 年 3 月 5 日。

　　[27] 新华社：《壮阔大迁徙》，载于《新华每日电讯》2019 年 12 月 24 日。

　　[28] 汪志球：《三宝乡搬迁记》，载于《人民日报》2018 年 8 月 24 日。

　　[29] 汪海磬：《易地扶贫搬迁工作中的"她力量"》，载于《光明日报》2019 年 8 月 29 日。

　　[30] 王新伟、姚浩：《从挪"穷窝"到"谋新业"》，载于《经济日报》2019 年 5 月 16 日。

　　[31] 陆海岸：《不再担心风雨乱倒房子了》，载于《新华每日电讯》2019 年 11 月 8 日。

　　[32] 徐元锋：《10 万乡亲挪"穷窝"》，载于《人民日报》2019 年 4 月 16 日。

　　[33] 光明日报调研组：《破解"一方水土养不起一方人"之困》，载于《光明日报》2020 年 2 月 7 日。

　　[34] 张勇：《云南怒江州：雪山碧水映新村》，载于《光明日报》2020 年 1 月 9 日。

　　[35] 刘畅：《挪"穷窝"，置新业，忙创富》，载于《经济日报》2019 年 4 月 1 日。

　　[36] 党果：《西藏实施首个高海拔生态搬迁项目》，载于《工人日报》2018 年 6 月。

　　[37] 任欢：《"十三五"异地扶贫搬迁任务全面完成》，载于《光明日报》2020 年 12 月 4 日第 1 版。

| 第七章 |
一般建制镇和集镇的经济发展

　　一般建制镇和集镇经济发展绝大部分或突出的特点是依托自身的资源禀赋、发展基础形成的内生型经济，植根于其所辖的乡村，受外界影响较小，与城市型经济差异较大。本章由一般建制镇和集镇经济发展特征，一般建制镇和集镇的产业、一般建制镇和集镇的就业和收入三节构成。

第一节　一般建制镇和集镇的经济特征

一、农业还是一般建制镇和集镇的主导产业

　　主导产业这一概念并无统一的解释，一般认为，主导产业是指在一个地区的产业结构中具有一定规模，能够充分发挥资源禀赋和市场优势，与其他产业关联度高，对一个地区的国民经济的驱动作用较强，具有较大增长潜力，对一个地区的经济发展和产业结构演进有强大的促进和带动作用的产业，是一个地区的产业结构核心内容和产业结构演化的中心。美国经济学家罗斯托（W. W. ROSTOW）将主导产业对其他产业的带动作用概括为前向效应、后向效应、横向效应。前向效应是指在一个地区的产业链中对主导产业前置的产业带动，如农业的发展对农用地整理和复垦以及未利用地开发的带动；后向效应是指农业种养殖业的发展对农产品加工和农业休闲旅游等产业的带动；横向效应是指农业的发展带动农村的发展，农村的发展又带动农村的基础设施建设、公共服务建设、生态环境建设。可见，在远离城市的一般建制镇和集镇地域范围内，农业基本符合上述所说的主导产业概念。理解主导产业概念还需要将主导产业与优势产业和支柱产业区别开来。一般而言，优势产业是指在一个地区的经济总量中占有一定份额、运行状态良好、资源禀赋优势发挥、资本运营效率较高、在一定时间范围内具有较高投入产出比率的产业。支柱产业是指在一个地区的经济总量中所占份额较大的产业。优势产业和支柱产业一般属于一个地区的成熟期或者步入衰退期的产业，而主导产业一般属于一个地区的幼稚期产业或者发展期产业。

　　根据住建部2016年全国小城镇抽样调查，从一般建制镇的镇域角度分析，到2015

年底，我国小城镇的三次产业产值比为 32：41：27，其中，小城镇第一产业增加值占国内生产总值的比重为 32%。① 从就业结构看，小城镇就业人口在三次产业的分布比例为 47：30：23，农业与非农业部门的就业人口数量各占一半。② 在"镇区居住、农民占镇区全部就业者的 1/3，占镇区常住居民的 1/5"。③ 小城镇都建立在一个或几个大村庄的基础上，保留较多的农村记忆。尽管近年加快了"村改居"的步伐，但镇区仍有行政村的小城镇比例高达 64%，近三成的小城镇镇区全部由行政村构成。一是小城镇镇区集体用地占比高，平均 62%，一半以上小城镇城区建设用地中集体土地占比超70%。④ 二是一般建制镇和集镇的居民绝大部分是农业户籍。"镇建成区居民与农村有着非常紧密的联系，常住居民中，70% 的居民登记为农业户口，21% 的居民仍在乡村地区从事农业生产。"⑤ 由于一般建制镇和集镇镇区大部分空间是村域，而居住在镇区的居民大部分又是农业户籍，故镇区农业户籍的居民在我国一般都有承包地、宅基地和集体经济组织产权。可见，从居民角度讲，当前在我国一般建制镇和集镇就不完全是一个城镇聚落型空间，这个聚落中极大部分是农业户籍居民和农村空间，故当前我国一般建制镇和集镇仍具有地域型特征。而这种地域型特征是随着小城镇镇区非农人口增加和农用地的减少而递减的，当小城镇镇区的非农人口和农用地减少接近于零时，小城镇镇区就演变为现代性质的城镇聚落型空间，即各国普遍概念上的城镇，本书第二篇所说的城关镇、中心镇、经济强镇、重点镇、特大镇等就具有城镇聚落型空间性质。

二、一般建制镇和集镇的"内生型"经济

据住建部 2016 年全国小城镇抽样调查数据显示，一般建制镇产业结构运行十分稳定。从产业结构角度看，我国 1984 年改革开放初期，小城镇的三次产业结构比为 31.5：42：25.5，到 2015 年底，我国小城镇三次产业产值比为 32：41：27。⑥ 1984~2015 年，我国小城镇的产业结构几乎没有什么变化。从就业结构角度看，1997 年我国小城镇就业人口在三次产业的分布比例为 47：30：23，农业与非农业部门的就业人口数几乎各占一半；而我国 1997 年，小城镇就业人口在三次产业的分布比例为 50：24：26，1997~2015 年，我国小城镇就业人口在三次产业中的分布也几乎没有什么变化。发生上述现象的基本原因有：一是一般建制镇和集镇的经济发展依托本地资源禀赋发展经济。经调查，企业选择在小城镇发展，最重要的是看中当地资源和原料占 37%、区位交通占

①②③ 赵晖等：《说清小城镇》，中国建筑工业出版社 2017 年版，第 76 页、78 页、18 页。
④ 赵晖等：《说清小城镇》，中国建筑工业出版社 2017 年版，第 147 页。
⑤ 赵晖等：《说清小城镇》，中国建筑工业出版社 2017 年版，第 16 页。
⑥ 赵晖等：《说清小城镇》，中国建筑工业出版社 2017 年版，第 90-93 页。

37%、本地人脉占 27%、用地成本占 20%、协作企业占 5%、税收优惠占 4%。"小城镇企业生产原料一半以上来自本县、本镇,特别是矿产、农副产品加工、建材加工等企业依托本地资源的特征更为突出。除加工制造业外,部分小城镇依托当地特色文化、自然资源发展旅游业,带动本镇餐馆、住宿、特色加工等联动发展,具有较好的就业吸纳效应和联动效应。""小城镇企业生产的产品多为依托农业资源、矿产资源、初级加工品,或者为镇村居民提高的基本生活生产服务。""小城镇企业的就业人员本地化。63% 的企业法人户籍为本镇居民,从企业用工来看,来自本镇的超五成,来自本县的接近七成。"[①] 二是工商的投资主要来自县域。总体看,小城镇的工商业投资主要来自县域,来自本镇的工商业投资占 34%,来自本县市的工商业投资占 30%,来自大城市的工商业投资占 35%,来自境外工商业投资占 1%。"能吸引到大城市投资或境外投资的小城镇具有特殊的区位或拥有稀有资源。这类小城镇需要承担部分城市功能,或在区域经济中参与分工,因而可以吸引到大城市投资甚至外资。例如,位于大城市郊区的镇,拥有稀有的自然或人文旅游资源的镇等。"[②] 可见,目前我国一般建制和集镇经济总体上属"内生型"经济。一般建制镇和集镇的经济发展主要依赖本镇及县域范围内的资源禀赋、发展基础和条件。这类"内生型"经济发展的小城镇,其经济发展特性仍有"自然经济"[③] 的特性,且正是这种"自然经济"特性使得一般建制镇和集镇的经济发展具有超稳定,乃至几十年不变的特性,包括其经济发展速度也是增长相对缓慢,但始终在稳健增长,不大起大落;受本镇县域外市场影响较小,植根于内生市场的日常需求;企业、产业的状况一般较好,适合于小资本、民营化经营等。例如,从 2005~2015 年我国小城镇经济增长看,其中,2005~2010 年全国经济增长率为 17%,而小城镇经济增长率为 12%;2011~2015 年全国经济增长率为 11%,而小城镇经济增长为 10%,为前五年和后五年,小城镇与全国经济增长率的反差,主要也是由于小城镇属"内生型"经济,即小城镇经济增长始终比较稳定,受外部因素影响较小。另外,住建部在 2016 年全国小城镇抽样调查中提出,小城镇 10 个员工以下的企业占 31%,20 人以下的企业占 48%;80% 的小城镇企业是民营企业;超过 80% 的小城镇企业实现盈利,亏损的不超过 10%,小城镇企业平均利润率为 7.2%,即全国规模以上工业企业平均利润率只有 6.0%。至于,在小城镇工商业投资的 35% 来自大城市和 1% 来自境外投资的小城镇"外生型"经济,主要位于本书第二篇中讨论的县域城关镇、中心镇、经济强镇、重点镇、特大镇等特大型小城镇中,这些"外生型"

---

① 赵晖等:《说清小城镇》,中国建筑工业出版社 2017 年版,第 90-93 页。
② 赵晖等:《说清小城镇》,中国建筑工业出版社 2017 年版,第 81-82 页。
③ 这里讲的"自然经济"是指依托自然资源禀赋发展的经济,而不是通常所说的自给自足的"自然经济"。

经济的小城镇具有特殊的区位、特殊资源以及外部需求，本质上属城市经济或近现代工业经济的组成部分，而这些"外生型"经济形态的小城镇其发展趋势是城镇聚落型，而非城乡统筹地域型，这类"外生型"小城镇主要功能不是面向乡村而是面向城市。

需要着重说明的是，关于小城镇经济如何发展，国内学者主要有两种不同的观点。一是认为小城镇只能依托大城市、中心城市或城市群才能获得发展。如"绝不是笼统地发展建制镇，更不是盲目地发展数以万计的非建制镇。"[1] "因此邻中心城市的小城镇通过融入都市区实现都市区实现高质量发展，一些县城及其毗邻小城镇通过成长为小城市实现高质量发展，其他小城镇主要通过乡镇合并、扩大市场服务范围以及发展特色产业提升发展质量。"[2] 二是与大中小城市距离较远区位较差的一般建制镇和集镇，可以依托自身的资源禀赋、发展基础和当地市场需求发展内生型经济。如"将基于小城镇本地资源优势的产业作为发展小城镇的根本措施，通过税收政策等方面在小城镇的落实，来增强小城镇的产业吸引力，继而增强小城镇的就业吸纳能力。"[3] "应鼓励和引导让小城镇因地制宜发展。"[4]

三、一般建制镇和集镇经济发展的新动力

当前及未来时间，一般建制镇和集镇经济发展主要有三方面新动力：一是返乡、下乡、回乡的创新创业。返乡是指本镇劳动年龄段人员外出城市务工，增长了见识，锻炼了能力，了解了外地市场，学习了工商业运营方式，积累了人脉资源、合作机会和部分资金回到家乡镇村创业；下乡是指城市里的企业和人员，带着自己积累的各类生产要素，选择在镇村投资创业；回乡是指在镇村、县域以外企事业、机关工作人员，退休或提前退休，带着经验和资源回到家乡投资创业或发挥余热。这三类人是我国近几十年工业化、城镇化过程积累下来的宝贵资源，根据国际经验，工业化、城镇化后期，这批人是缩小地区城乡差距的重要力量。据住建部 2016 年小城镇抽样调查，"目前，小城镇企业中返乡创业的比例为 5%。返乡创业企业的形式主要是依托本地特色及资源开发、生产有特色的产品。"[5] 可见，从目前的返乡创业情况看，返乡创业目前总体上还是属于"内生型"经济发展方向，与我国一般建制镇和集镇的经济发展类型比较类似和融合。二是互联网经济。"互联网经济是以互联网为中间平台，将消费者与

① 刘栋：《城镇化不是简单化的城市建设》，载于《文汇报》2013 年 3 月 7 日，第 21 页。
② 汪增洋、张学良：《促进中国小城市高质量发展》，载于《中国工业经济》2019 年第 1 期。
③ 罗守贵：《新型城镇化必须将重心下沉》，载于《文汇报》2013 年 12 月 18 日第 5 版。
④ 范恒山：《以城带乡促进乡村振兴》，载于《人民日报》2019 年 6 月 11 日第 9 版。
⑤ 赵晖等：《说清小城镇》，中国建筑工业出版社 2017 年版，第 99 页。

生产者进行联系而形成的一种新型经济发展模式。""根据调查，小城镇居民中有5%在网络上出售过商品，多为日用品、农产品、当地特产等。在网上出售商品的居民中，近七成是盈利的，并且80%以上的居民认为网络交易更加方便。""随着农村互联网及农村信息化基础设施大力发展，电子商务在小城镇迅速发展，带动了手机电脑零售店、电商服务站、快递服务点进入小城镇。""三成小城镇有1~3家电商服务站，84%的小城镇有快递点，近1/5的小城镇快递点数量超过了3家。"① 三是高新技术企业迁移小城镇。从实践看，随着经济转型和产业转移以及大城市高房价、拥挤和环境问题，那些距离大城市1个小时左右车程，生态环境较好，土地成本较低的一般建制镇和集镇有可能成为高新技术企业选择落地的去处。据住建部2016年全国小城镇抽样调查，"目前，这类高新技术企业在小城镇企业中的比例为9%，具有研发机构的约占11%。涉及领域主要为新能源、新材料、环保科技、电子商务等。"② 已落户上海青浦区金泽镇西岑社区上海华为研发中心似乎可以举证，但高新技术企业总体属于城市型企业，需要城市，特别是大城市提供人才、技术、资金的城市功能配套，一般这类企业落户地对区位、交通、地价、环境要求比较高，故这类高新技术企业即使有可能在小城镇地域内落户，一般也在区位好、交通相应便利、环境较好的中城关镇、中心镇、重点镇、经济强镇、特大镇空间范围，不属于一般建制镇和集镇的空间范围。不过，2015年"由瑞士伯尼尔大学经济学家海克·迈耶（Heike Maryer）与政治学教授弗里茨·萨格尔（Fritz Sager）等人组成的研究小组对瑞士152个人口在5万人以下的中小城镇的作用和重要性进行了研究，结果显示，国家的政策和规划忽视了这些中小城镇的创新潜力。"存在"诸如乌兹统合（Uzwil）这类有很多高科技企业的'高科技城镇'（high tech towns）。"

第二节　一般建制镇和集镇的产业

一、现代农业

（一）现代农业的内涵

美国依利诺斯大学农业经济学教授 H. G. 哈尔克劳所著、1980年初出版的现代美国农业最具有代表性的教科书《美国农业经济学》中提出，"最初，农业是指作物种植和牲畜饲养。到经济体系发达后，农业就具有较广泛的含义。农业一词继续使用于

---

① 赵晖等:《说清小城镇》,中国建筑业出版社2017年版,第109-111页。
② 赵晖等:《说清小城镇》,中国建筑业出版社2017年版,第96页。

作物种植和牲畜饲养，同时又包括农牧场的组织和管理。可是现在农业的含义已扩展到那些为农业提供机器、肥料和供应化学物品的厂商（firm）和行业（indastry），即为现代农业提供服务、供应的行业。同时还包括农产品加工、销售行业，如大型粮食厂商、肉类包装厂、纺纱厂、水果和蔬菜处理加工厂、食品批发厂商以及零售食品的超级市场。此外，还包括公共服务部门，如政府的服务和管理部门、科研和教育部门，实验站和教育推广服务部门、市场新闻和经济分析部门，等等。""现代农业是由三个经济部门所组成的，这些部门主要是按其功能划分的。……农业的经济部门包括农业、农业综合经营体和公共服务部门。"这里讲的农业是指作物生产和牲畜饲养，是现代农业的最基础部分，其经营部门是农场。这里讲的农业综合经营体由农场服务供应行业和农业加工—销售行业组成。其中，"农场服务供应行业是指将矿物及其原料转变为农业机械、化肥农药等农化产品，提供多种多样的用于作物栽培和牲畜饲养和服务项目。在不发达国家中，这个行业一般规模较小而且不够发达，然而，随着国家发达程度的提高，这个行业也会发达起来……农场服务供应行业，目前包括种子、饲料、肥料公司；化学杀虫剂、药剂、农机和设备制造厂、专业管理、银行和信贷等方面的服务。""农产品加工——销售行业，是指以购买农产品并转化为适于消费的商品……包括面粉厂、肉类包装厂、纺纱厂、水果和蔬菜处理和加工厂、食品批发厂商以及零售食品超级市场、乳品厂、食物冷冻厂、食品干燥和制罐厂、脂肪和油品加工厂、木材加工厂、粮食运输队、卡车运输厂商以及铁路服务部门。""农业公共服务部门，在美国包括农业科研；教育（初级和中级教育，农业职业教育、农学院和大学以及农业推广服务）；政府的服务部门（如食品检验、市场消息、食品卫生管理，市场监督，对垄断的防止和管制，以及政府以农场价格和收入的调节计划）。"[1] 根据第三次我国农业普查主要数据公报，到 2016 年，全国共有 31422 万农业生产经营人员[2]，占 2016 年末全国 77603 万就业人员的 40%。这里讲的农业生产经营人员，与上述所讲的美国现代农业产业构成的口径已经基本接近。

就我国而言，现代农业是相对传统农业而言的，是指用现代科学技术武装的，用现代工业装备，用现代组织管理方法经营的现代产业。其主要内容包括机械化、水利

---

① ［美］H. G. 哈尔克劳著，周诚等译：《美国农业经济学》，农业出版社 1987 年版，第 4 - 9 页。

② 农业生产经营人员是指在农业经营户或农业生产经营单位中从事农业生产经营活动累计 30 天以上的人员数（包括兼业人员）。其中农业经营户，指居住在中华人民共和国境内（不含港澳台）；从事农林牧渔业及农林牧渔服务中的农业经营户；农业生产经营单位，指中华人民共和国境内（未普查港澳台），从事农业生产活动为主的法人单位和未注册单位；以及不以农业生产经营活动为主的法人单位或未注册单位中的农业产业活动单位。既包括主营农业的农场、林场、养殖场、农林牧渔场、农林牧渔服务业单位，具有实际农业经营活动的农民合作社，也包括国家机关、学校、科研单位、工矿企业、村民委员会、居民委员会、基金会等单位附属的农业生产经营活动单位。

化、电气化、生物化、化学化、规模化、专业化、商品化、社会化、信息化、区域化、企业化等。传统农业是指用人力、畜力、手工工具等为主的手工劳动方式，靠世代积累的传统经验发展，以自给自足、自然经济为主导的农业。其主要内容包括手工农具（铁犁、铁锄、铁耙、风车、水车、石磨等）、畜力牵引、经验技术（畜种选种、轮作套种、精耕细作、用地养地、兴修水利、病虫害防治、积肥施肥、土壤改良、能源利用、种养结合等）、自给自足等。我国传统农业形成于夏商、西周、春秋时。此前的中国古代农业是刀耕火种的原始农业，还不属传统农业。

现代农业是工业革命后的产物，是现代工业、现代科学技术和现代管理基础上发展起来的，形成于20世纪初叶第二次世界大战后。其主要特征有：一是广泛应用现代科学技术，由顺应自然变为利用自然和改造自然，由凭借传统经验发展变为依靠植物学、动物学、遗传学、化学、物理学、信息科学、经济学、管理学等科学发展，使农业成为科学化的产业。二是将工业部门生产的大量农业机械、农药、化肥、物联网技术等投入到农业生产中，使农业成为工业化的现代产业。三是将现代区域经济、商品经济和管理技术运用到农业领域，使农业成为细化分工、关注集聚、强化营销、严格核算、第一二三产融合的现代产业。

现代农业和传统农业的主要区别：一是农业生产理念、思想技术策源不同。传统农业发展思想主要来自世世代代农业生产实践中积累下来的农耕经验，这些经验大多可以直接从农业生产实践中感知；而现代农业生产理念、思想和技术其来源除了从农业生产实践中获得外，还可以通过一系列的科学实验中获得，并用于指导农业生产实践。二是农业生产工具和动力不同。传统农业用于农业生产的工具主要是手工制作犁、锄、耙等，其动力主要是人力、畜力；而现代农业用于农业生产的工具主要是拖拉机、播种机、收割机、农用货车、农用飞机等，其生产动力是机械，使用的能源是石油。三是与自然关系不同。传统农业主要是靠天吃饭，农业生产受气候、日照、物种、降水、土壤等自然因素制约较多；现代农业已经可以在科学技术指导下，通过各种工业设施，改变局部地区或地块的农业生产自然条件，实现跨季节生产和跨地区生产。四是生产组织方式不同。传统农业一般以小农户为经营单位，家庭成员参与农业生产，生产经营规模较小；现代农业可以由小农户为单位，也可以由农场、合作社或企业为单位，生产经营规模较大。五是生产目的不同。传统农业比较偏重于生计，因此其农业生产是在满足自己生计需要条件下，其剩余产品才用于商品交易；而现代农业比较偏重于职业或事业，因此其农业生产目的是盈利，为了生产出更多的产品用于商品交易，农业生产的商品化程度较高。

现代农业构成。从我国农业现代化进程角度看，美国现代农业组成总体上也是我国现代农业的发展方向，因此，我国现代农业也应由三部分产业组成：一是现代农业的种养殖业，在我国包括农林牧副渔，这部分在我国国民经济行业分类中属第一产业，我国现行经济社会统计中的农业统计主要是这个口径。二是现代农业的装备业和加工业，包括农业机械、化肥、农药行业，粮食加工业、饲料加工业、酒业、肉类食品业、木材加工业等，这部分在我国国民经济行业分类中属第二产业。随着我国工业化和城镇化水平提高，人民生活水平提高和农村劳动力减少，这部分行业会得到较快发展。三是现代农业的服务业，随着现代农业中种养殖业的发展和现代农业的装备业、加工业的发展，以及城乡人民生活水平提高，现代农业中的服务业将得到长足发展，包括现代农业的基础教育、职业教育、高等教育，政府、企业、大学、科研院所的现代农业科研，以及休闲农业、农家乐、乡村民宿、田园综合体等乡村旅游，农产品检测、食品卫生管理、农产品市场监督、农产品运输、物流、交易等。这部分在我国国民经济行业分类中属第三产业。现代农业上述的三个部分，其基础是现代农业中的种养殖业，现代农业中的装备业、加工业、服务业都是基于种养殖业而延伸出的，为种养殖业服务或提高种养殖业附加值的。因此，在我国现代农业发展中，要将上述三部分统筹起来考虑，融合起来发展，由国家牵头制定"三位一体"现代农业发展战略，这样才有可能使我国现代农业发展后来居上，使我国农业现代化与我国工业化、城镇化、信息化"四化同步，协调发展"。现代农业产业体系如图7-1所示。

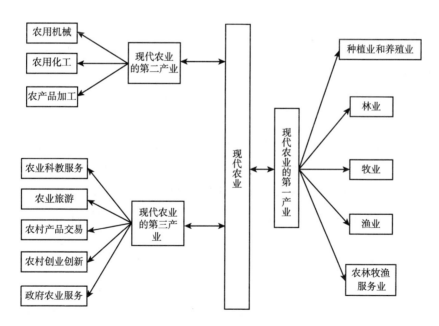

图7-1 现代农业产业体系示意

资料来源：笔者绘制。

（二）现代农业发展方式

1. 依托特色资源

江苏昆山市巴城镇，位于阳澄湖畔，东邻上海，西邻苏州，镇域面积157平方千米，是昆山市的第二大镇，巴城镇拥有阳澄湖、傀儡湖、巴城湖、鳗鱼丽湖、雉城湖等众多沼泽型湖泊，水域面积达4万亩，湖区水草资源丰富，水生生物种类繁多。全镇利用湖泊围网养蟹8830亩，年产阳澄湖优质无公害大闸蟹200多吨；精养内塘31151亩，主要养殖河蟹、青虾、南美白对虾、鳜鱼、鲈鱼等，另有少量养殖白鲢鱼、澳洲淡水龙虾等，年产特种水产品2500多吨。在水产品养殖的基础上，形成巴城大闸蟹交易市场、巴城青虾交易市场、巴城特种水产品交易市场等组成的"阳澄湖"品牌的水产品市场体系。在水产品养殖和水产品市场交易基础上，形成阳澄湖大闸蟹、清水虾、鲜鱼等"一蟹八鲜"构成的美食体系，开展一年一度的阳澄湖蟹文化节，建设集休闲、度假、美食、疗养于一体的，总规模为67平方千米的"阳澄湖旅游度假中心"和占地3.79平方千米的"阳澄湖"水上公园。[①] 构建了江南湖泊水域特色资源→大闸蟹、青虾等特色养殖→大闸蟹、青虾等特种水产品交易→"一蟹八鲜"特色美食→美食、度假、休闲、水上游乐的特色旅游，第一二三产互为基础、互为依托的现代农业产业镇，在这里湖泊淡水特色资源是基础。

位于浙江省湖州市南浔区西部，现在有6万亩桑地和15万亩鱼塘，是中国传统桑基渔系统最集中、规模最大、保留最为完整的区域。据史料记载，湖州桑基鱼塘系统形成于春秋战国时期，距今约有2500年历史。时值春秋战国诸侯争霸，吴越两国在此筑塘，屯田劝农桑，修筑加固南太湖堤，在洼地东向开挖"横塘"，南北向开挖"纵浦"，形成棋盘式塘浦排灌系统。桑基鱼塘系统是湖州地区先民遵循植桑、养蚕、养鱼的种养殖规律，"将桑树附近的洼地深挖为鱼塘，垫高塘基，基上种桑，以桑养蚕，蚕丝织布、蚕沙喂鱼，塘泥肥桑，形成可持续多层次复合生态农业循环系统，至今其科学的物质循环利用链和能量多级利用依旧堪称完美，青草鲢鳙四大家鱼在水塘中分4层充分利用水体生物链，废弃物被循环利用；达到和谐共生零污染，实现人与自然和谐发展。"[②] 2017年11月23日，浙江湖州桑基鱼塘系统被联合国粮农组织评定为"全球重要农业文化遗产"。在这里筑塘→植桑→养鱼形成种养殖产业链，但"塘是该产业链的特色资源"。

2. 依靠科技进步

现代农业发展中科技进步起到举足轻重作用，其对农业的贡献已超过土地、资本

---

① 潘培坤、凌岩：《城镇化探索》，同济大学出版社2012年版，第101–102页。
② 王嘉斌、车泊芬、严红枫：《浙江湖州桑基鱼塘入选全球重要农业文化遗产》，载于《光明日报》2017年11月25日。

及其他所有要素总和。到 2017 年，我国农业科技进步率已达到 57.5%。农业科技进步涉及的主要内容有：

（1）种业。种子研发科技含量很高，涉及种子种养植后的产量、质量、抗病性、土壤和植物动物生产的适应性、商品性（果实品相）等。种业是现代农业竞争力的核心，谁掌握了种子，谁就掌握了市场和产业的制高点。[①]"近年来，我国种业创新能力大幅提高，按新种子法，水稻、小麦、玉米、大豆、棉花五大主要农作物里，水稻、小麦、大豆三大作物全部是我国自主选育的品种，玉米国外选育的品种已降到 10%，棉花国外品种不到 5%。此外，蔬菜自主选育品种也占到 87%"。[②]然而，由于气候、环境和人类活动等原因，越来越多的粮食和蔬果种群正在地球上消失，据联合国粮农组织估计，全球农作物品种中已经有 3/4 停止种植。1903 年，美国种植的农作物种类超过 8000 种，而到 1983 年只剩下 600 种。[③] 因此，农作物和畜禽等种类，人类不仅是利用，还涉及保护，保护种业就是保护农业本身和人类本身。我国种业发展从 21 世纪初刚起步，与国外种业发展的百年史也有一定距离。主要表现在：种业资源收集保护加快与创新利用效率不高并存；资源精准鉴定、挖掘利用亟待加强，科研育种人员多、投入大与产出转化效率不高并存；工厂化、流水线式的现代育种体系建设亟待加强；种业企业多，发展快与核心竞争力不强并存；企业科技创新、经营管理、品牌建设亟待加强等。

（2）农业机械化。没有农业机械化，就没有农业现代化。"目前，我国小麦、水稻、玉米三大粮食作物综合机械化水平超过 80%，但全程机械化水平并不平衡。此外，马铃薯、棉花、油茶等作物的机械化率只有 30% 左右，甘蔗的机械化率仅有 3%。目前，一些先进适用的农机装备有效供给不足，缺门断档和中低端产品过剩问题并存，机具的可靠性和适用性有待提升，特别是农机与农艺的融合度不够。""在农机与农艺的融合中，品种选育、栽培、技术、种养方式、产后加工与机械化生产的适应性有待加强。同时，适宜机械化的基础条件建设滞后，存在农机'下田难''作业难'和'存放难'问题。""我国人多地少，丘陵山区耕地面积占比超 50%。然而，丘陵地区农业机械化发展缓慢，已成为我国农业机械化发展的薄弱区域，制约了我国农机化发展的总体进程。"[④] 我国 2018 年 12 月 29 日颁布的《国务院关于加快推进农业机械化和农机装备产业转型升级的指导意见》指出，到 2025 年"全国农作物耕种收综合机械化率达到 75%，粮棉油糖主产县（市、区）基本实现农业机械化，丘陵山区县（市、

---

① ② 李慧：《中国种业突破重围，靠什么》，载于《光明日报》2018 年 4 月 11 日第 10 版。
③ 陆纾文：《揭开地球"种子方舟"神秘面纱》，载于《文汇报》2018 年 3 月 4 日第 7 版。
④ 李慧：《如何补齐农业机械化短板》，载于《光明日报》2018 年 12 月 20 日第 10 版。

区）农作物来耕种收综合机械化率达到55%。薄弱环节机械化全面突破，其中马铃薯种植、收获机械化率达到45%，棉花收获机械化率达到60%，花生种植、收获机械化率分别达到65%和55%，油茶种植收获机械化率分别达到50%和65%，甘蔗收获机械化率达到30%，设施农业、畜牧养殖、水产养殖和农产品初加工机械化率总体达到50%左右。"

（3）农田宜机化。"我国主要农作物的机械化率已达66%，但是在丘陵地区只有不到40%，很重要的一个原因，就是丘陵山区农田基础设施状况和农机作业的需求不相适应，突出表现在有些地方田间缺乏机耕道，俗语说'牛进得去，但是铁牛进不去'""同时，丘陵山区地块起伏变化较大，耕地分散，破碎化程度高，农机作业难度较大，对机具的要求很高"。"此次国务院常务会议提出，推动农田地块小并大、短并长、弯变直和互联互通，支持丘陵山区农田'宜机化'改造""农业农村部将修订完善高标准农田建设、土地整理、土地综合整治等方面的制度标准，明确田间道路、田块长度宽度等宜机化的要求；统筹中央和地方各类相关资金以及社会资本，推动田块小并大，短并长，弯变直和互联互通，加快补齐丘陵山区机械化基础条件短板。"[1] 事实上，在农业机械化过程中，推进适宜机械化的农田基础设施建设，在我国不但丘陵山区需要，而且在平原地区也需要，这主要是由于我国几千年的传统农业耕作方式和依田布置农村居民点的分散布局方式所致，前者是自然条件造成，后者是农村居民生产生活的习惯造成。在进入农业农村现代化的过程中，就涉及农业机械、土地集约使用等一系列的适应性问题。近几年，我国国内许多地方也进行了多种类型的"宜机化"实践，其具体形式有以下几种：一是高标准农田建设。是指将高标准农田建设的规划区，按照各种类型的农业机械化设备和操作要求，对田块的宽度、长度、平整度和田间道路进行规划重组。二是农田互换并地。例如，辽宁省彰武县四合城镇三官村的村民李玉芳，在2018年1月三官村开展互换并地过程中，将其20块承包地与人互换整合成4块，大块种玉米，小块种花生，"耕种全用上了机器，……还用上了能覆盖几十米的喷枪，旱涝保收。"[2] 三是土地综合整治。农村土地综合整治是指对建制村区域低效利用和不合理利用的农用地、建设用地以及未利用土地，按照规划（包括土地利用规划、农业布局规划、村庄布局规划等），以土地整理、复垦、开发为方式，推动以田、水、路、林、村为内容的综合整治，增加有效耕地面积，提高耕地质量，促进农田成块连片，增强"宜机化"的工程措施。"宜机化"还可以通过改变或调整水果、鲜花、水产、畜禽、蔬菜种养殖布局方式和设施，来进行"宜机适应性"改造，使农

---

① 李慧：《如何补齐农业机械化短板》，载于《光明日报》2018年12月30日第10版。
② 刘洪超：《互换并地的彰武探索》，载于《人民日报》2018年7月20日第16版。

业种养殖业中最大限度地利用农机进行操作，降低劳动强度，节约活劳动。

（4）化肥农药。化肥指用化学方法合成或开采矿石加工而成的肥料。根据有效营养成分构成的不同，通常把化肥划分为单元肥料、复混肥料和微量元素肥料三类。我国农作物亩均化肥用量为21.9公斤，远高于世界的平均每亩8公斤水平，是世界平均用量的4倍左右，是美国的2.6倍，欧盟的2.5倍。2015年，我国水稻、小麦、玉米三大作物化肥有效利用率为35.2%，过量未利用的化肥被水冲到地下，影响土壤的营养平衡等。[①] 随着人民生活水平提高和环境意识的增强，我国提出了"两减一控，三基本"[②] 措施。要求我国一方面调整化肥产品结构，从单元肥向复合肥、控释肥、生物肥、水溶肥、叶面肥等新型高效肥料转变；另一方面，要求科学实施测土配方等新型施肥方式，大力推广深耕、深松、化肥深施、秸秆还田、水肥一体化等科学施肥技术，提高肥料利用率，节约施肥成本。

农药是指用于预防、控制危害农业、林业的病、虫、草、鼠和其他有害生物以及目前调节植物、昆虫生长的化学合成或者来源于生物、其他天然物质或者几种物质的混合物及其制剂。根据原料来源，可分为化学农药和生物农药。化学农药是指通过化学反应制成，用于农村病虫害生物防治的化学合成物，是农药的主体。生物农药是指利用生物活体（真菌、细菌、昆虫病毒、转基因生物等）或其代谢产物（生长素、信息素等）针对农业有害生物进行杀灭或抑制的制剂。根据防治对象，可分为除草剂、杀虫剂、杀菌剂、杀鼠剂、脱叶剂、植物生长调节剂等，目前，除草剂、杀虫剂、杀菌剂占农药市场中的主要份额。2015年，水稻、小麦、玉米三大作物农药有效利用率为36.6%，未利用农药稀释于水和土壤，造成环境污染。随着全社会环保意识和食品安全意识增强，以及国家对农药使用和管理的日趋严格，一方面，农药产能进入结构调整阶段，传统的高毒、低效农药将淘汰，高效、低毒、低残留的新型环保农药成为行业研发重点和主流趋势，农药剂型向水基化、无尘化、控制释放等高效、安全方向发展，水分散粒剂、悬浮剂、水乳剂、缓控释剂型加快研发和推广；另一方面，农药的合理使用也要相应加强，无人机喷洒、肥药联用，强化农产品上市前的农药残留检测和农药的统购统销等措施。

总体来看，化肥农药是确保现代农业种养殖业稳产、丰收，在人口增长、耕地不变、自然环境变化条件下的重要生产资料。当下，不能因化肥农药有效利用率低产生的水土等环境污染以及人们对食品安全的片面追求，而回归"无化肥、无农药"的传

---

① 《2015—2016年中国化肥行业市场现状及发展趋势分析（图）》，https：//www.chgxx.com/industry/2016021386119.html，2016年2月16日。

② "两减一控，三基本"指的是化肥农药减量，种养、农牧结合和废弃物循环再利用，农田用水控制等。

统农业生产，这种所谓自然农业的生产方式，在一些局部地区或很少的面积范围内进行，对我国农产品的持续供应影响不大，若成为农业生产的普遍意识和大面积生产将对我国农业发展带来不良后果。

（5）优良种植方法。我国的现代农业是从我国的传统农业转化过来的，特别是中国传统农业中的精耕细作、轮种套种，用地养地结合、种养结合、重视水利、重视土地肥力，充分利用人畜粪便、种植豆科绿肥、秸秆还田、人工堆肥、烧制熏土、捞取河泥、施用饼肥，将一切生产生活中的废弃物归还土壤，实现"生不带来，死不带去"的天人合一理念等，这些我国传统农业中的具体耕作和种养殖方法都是我国现代农业的宝贵技术和宝贵思想。在我国现代农业发展中，应将其可适用的具体方法和农艺传承下来，在我国现代农业中形成中国特色的栽培方法和农艺。中国小农户之所以长久不衰，其存在的核心理念和技术就在于在仅有的土地上精耕细作，使其土地单位产出率最高，从而以少量土地养活更多的人。我国现代农业只有在继承我国传统农业基础上才能得到更好、更有特色、更可持续的发展。但需要注意的是，不能在强调传统农业传承吸收其合理成分时，就回到自然农业中去。在我国现代农业发展中，在充分吸收我国传统农业中的种植养殖方法外，还要根据发展的要求进行新的、科学的种植养殖方法创新，并将经实践检验行之有效的种植养殖方法推广放大，让广大现代农业生产主体普遍采用和得益。

（6）培育具有较高职业技能的职业农民。据全国第三次农业普查公布数据看，2016 年来，全国 31422 万农业生产经营人员的教育程度构成为：未上学的占 6.4%，小学占 37%，初中占 48.4%，高中或中专占 7.1%，大专以上占 1.2%。近 20 年来，我国涉农高等教育发展招生绝对数量增加较快，农学类本科年招生已从 3 万人增加到 7 万人，专科年招生已从 2 万人增加到 6 万人，但在全国本专科招生总量中的比例却在下降，由 20 年前占 3% ~6%，现在只有 1.7% 左右。[①] 到 2016 年末，经专业培训的新型职业农民达到 1401 万人。2017 年 1 月，农业部印发的《"十三五"全国新型职业农民培育发展规划》提出，"通过培训提高一批，吸引发展一批，培养储备一批，加快构建一支有文化、懂技术、善经营、会管理的新型职业农民队伍，为农业现代化建设提供坚实的人力基础和保障。"到 2020 年，新型农业经营主体带头人基本接受一次培训，到 2020 年实现，农机大户和农机合作社带头人达到 5 万人，农村实用人才带头人达到 16.7 万人，现代青年农场主达到 6.3 万人。国外一些国家在其现代农业发展中对涉农教育十分重视，主要包括学历教育和职业培训两大部分。例如，日本农业教育包括农业高校、农业短期大学、农林水产学校、道府县农业职业学校、民间农业进修

---

① 柯炳生：《职业农民首先要从教育来》，载于《光明日报》2019 年 2 月 12 日第 15 版。

培训机构等。美国农业教育以高等教育为主，农业职业教育普遍实行弹性学制。英国、德国、韩国对农业教育都十分重视，这些国家的涉农教育成功支撑了现代农业发展[①]。在我国推进现代农业发展中，需要强化涉农高等教育和职业培训教育，增加农业教育机构发展，扩大招生名额，加大各级财政投入，完善涉农教育的体制和机制。

3. 农业适度经营规模

2014 年 11 月，中共中央、国务院办公厅印发的《关于引导农村土地经营权有序流转发展农业适度规模的意见》，给出了一个全国推进农业适度规模经营参考的定性标准的政策引导意见，就是一户农业经营户，土地规模经营的务农收入相当于同期当地第二三产业务工收入，规模经营土地面积相当于同期当地平均户的 10 ~ 15 倍。因我国各地农业经营户平均占用的土地规模和第二三产业务工收入差异很大，各地可以参考这个农业适度经营规模标准，结合本地的农业经营户平均占地和第二三产业务工收入确定其农业适度经营规模的占地面积、产量规模、机械水平和经营收入等标准。我国是一个有着悠久历史的农耕大国，在人多地少的国情下，按现行我国所提出的农业适度经营规模标准而言，我国农业适度经营规模的推进是渐进的、缓慢的，在很长时间里，我国将存在农业适度规模经营户和小农户并存局面，这种局面取决于我国农村人口和劳动力城镇转移和国家及各地农业在时间上和空间上的变量。随着时间推移，农业人口及劳动力的转移，在土地承包权与土地经营权分离条件下，农户的承包地平均面积也许不太会改变，但农户土地经营平均面积也许会改变；另外，当地的第二三产业务工收入也会改变。所以农业适度经营规模是个动态标准，应随周期、当地的农户占用耕地的平均面积和第二三产业务工收入进行改变，以适应变化的形势。从这个角度，农业适度经营规模的土地经营权流转合约时间既不能太短，也不能太长，一般可在 5 年以上 10 年以下较为妥当。

农业适度经营，除了与变化了的周期、当地农户占用土地平均面积和第二三产业务工收入进行有效衔接外，还需做好与小农户之间的有效衔接。到 2016 年末，我国共有 20743 万农业经营户，其中规模农业经营户为 398 万户，占我国总全部农业经营户的 1% 多一点。根据我国人口发展规划预测，到 2030 年我国总人口 14.5 亿人，城镇化率为 70%，此时我国农村常住人口为 4.35 亿人，按现行国家适度经营规模标准，按每户 3 人计算，预计我国小农户为 1.45 亿户左右；到 2050 年，预测我国总人口为 14 亿人，城镇化率为 80%，按现行国家适度经营规模标准，按每户 3 人计算，预计我国小农户为 9500 户左右。可见，我国规模农业经营户与小农户将伴随我国基本实现社会主义现代化和建成社会主义现代化强国的全过程，是我国传统农业向现代农业转型，农

---

① 刘杰：《新型职工农民，怎样培养怎样成长》，载于《光明日报》2019 年 2 月 12 日第 15 版。

业农村现代化全过程的客观现象。规模农业经营户与小农户在我国现代农业发展共生共成长现象，对我国现代化进程不一定是坏事，的确可能是"中国现代化的稳定器和蓄水池。"[1] 小农户的真正要害有两点：一是小农户生产经营规模较小，其农业经营性收入肯定没有规模经营收入高，从而拉大了城乡居民收入差距，这不太符合现代化进程的城乡一体基本方向。二是小农户种植 30~50 亩和规模经营户种植 100~150 亩，在现在生产力条件下，使用的劳动力几乎是一样的，这样就意味着农业剩余劳动力对我国工业化和城镇化而言减少一半，在我国劳动力不断减少和工业化、城镇还处于快速发展阶段下，农业占用过多劳动力除对农民收入本身不利外，同时还对我国工业化、城镇化不太有利。从这里可以看出，国家现代化进程客观上是需要城乡二元结构逐步过渡到一元的，这与小农户存在没有关系。因此，党的十九大提出的"实现小农户和现代农业发展有机衔接"和 2019 年 2 月 21 日中共中央办公厅、国务院办公厅印发的《关于促进小农户与现代农业发展有机衔接的意见》，笔者认为是可以做到。现代农业发展能容纳规模经营户和小农户共同发展，但小农户与整个国家的现代化进程，尤其是工业化、城镇化、城乡一体化进程更需要进行有机衔接。总之，我国现代农业发展的总体方向是适度经营规模，但这是渐进的，自愿的，长期的，引导型的。

4. 现代农业经营组织方式选择

现代农业中不同的产业类型可适用的经营组织方式是不一样的，现代农业中的第一产业，主要指种养殖业，我国几十年的实践证明，比较适合家庭经营，包括家庭经营中的小农户、专业大户、家庭农场等。实践中，在农业种植养殖领域，在同等自然条件和政策条件下，笔者没有看到集体经营、合作社经营的生产经营的效率和效益好于家庭经营的。例如，上海郊区有一个农民专业合作社，经营了从农民那里流转出来的 1200 亩地，由 6 个农民成立合作社进行种植，该合作社是上海郊区合作社经营效益最好的合作社，2014 年净收入 30 多万元，每个农民年分成 5 万~6 万元。2015 年，将 1200 亩地分成 6 个家庭农场，而该合作社仅作农机等社会化服务，到 2015 年末，该合作社农机等服务净收入加 6 个家庭农场净收入合计 60 多万元，平均每个农民 10 多万元。收入增长主要来自 6 个农民的积极性提高和成本的节约。产生这个结果的根本原因在于，在当前农业科学技术水平下，农业种养殖业总体上还是弱势产业和风险产业，条件一定情况下，增加收入需要农业生产经营者对自然和社会要有高度集中注意，要做到这一点，只有把农业生产经营者与农业生产经营效果直接、紧密捆绑才能达到，稍有松弛其生产经营效果就大打折扣。现代农业中的第二产业，包括农用机械、农用

---

[1] 贺雪峰：《城乡二元结构是保持中国社会结构弹性的关键》，载于《社会科学报》2018 年 11 月 8 日第 3 版。

化肥农药、农产品深加工等，由于是机器大生产的生产环节和工序需要从业者相互紧密配合，因此，现代农业中的第二产业更适合于企业生产经营，而不太适合家庭生产经营，家庭作为现代农业第二产业的配合单位可以。现代农业中的第三产业经营主体的讨论更为复杂，科研教育、政府服务管理适合机关事业等公共公益机构来运营，乡村旅游业、乡村电商、乡村创新创业只能由市场主体来经营。然而仅这样思考还远不够，实践证明，乡村旅游业、乡村电商、乡村创新创业也比较适合农户、个人、家庭、民营企业进行生产经营，集体经济组织、农民专业合作社只适合为乡村旅游、乡村电商、乡村创新创业作些配套服务或做些不动产物业等方面的生产经营。

综上所述，农业生产经营主体，存在规模化的就叫新型经营主体、不是规模化的就不叫新型经营主体。农业经营组织方式的采用，关键是根据现代农业中不同的行业类型和行业生产经营要求，进行相应经营组织方式的选择和适配，这实际上是更具体、更有实践意义的农业生产力与生产关系的适应性问题。在某种角度讲，农业生产经营组织方式的选择，带有农业生产方式选择的意思，从这个角度讲，农业生产经营主体的选择，就是农业生产方式的选择，很难由人的主观随意决断，关键看农业生产的效率效益等客观效果。

5. 农业基础设施建设

农业基础设施建设是农业生产经营的物质基础，依靠第一产业中的农业积累是没有能力进行再投资的。我国自古至今都把农业基础设施建设视作国之本，尤其是农田水利建设方面，我国自古以来就是倾国家之力而建之，正是这样，我国才成为当今世界水利工程历史遗产最多的国家之一，这也奠定了我国 5000 多年农耕文明的物质基础。现代农业不管如何"工业化""规模化""市场化"，其农业基础设施建设是农业现代化的基础。农业基础设施建设内容很广，除了举国家之力建设大型水利工程，前面"宜机化"中已涉及的高水平粮田、土地综合整治、农田互换并地等外，粮食基础设施，还有粮食储存仓库、粮食烘干库房、农机库房、农作物管护房、农作物晾晒场地等；设置茶田基础设施，包括单体棚和连栋棚等温室管棚设施，仓库、场地、净菜棚、蓄水池等附属设施，水肥混配池、施肥器等水肥一体化辅助设施，堆肥棚及废弃物处理池等废弃物无害化处理设施，防虫网等绿色防控设施，农残检测仪等农药检测设施，催芽、播种等设施。特色农产品基地基础设施，包括道路、沟渠、仓库、场地等基础设施，温室大棚、动物防疫和饲养、灌溉系统、输变电等生产设施和装备，冷藏、保鲜、精选、包装、农产品安全检测和追溯设备等加工设施和装备，新品种、新技术引进、培训、示范、推广和品牌建设等投入。畜牧标准化养殖基地基础设施，包括消毒池、消毒间、围墙或防疫沟、隔离舍、病死畜禽无害化处理设备、净道和污道、消毒设备等动物防疫设施设备，种养结合生态还田系统、沼气发电系统、发酵床养殖系统等粪尿处理利用设施设备，养殖环境控制系统、高床饲养设施、自动口感料系统、自动饮水系统、信息档案系统、自动集蛋和分级系统、挤奶系统、香贮饲料窖设施、混合日粮设备等饲养新技术应用设施设备。还有水产标准化养殖场、标准化畜牧屠宰场、农产品检验检测中心等基础设施建设等。

二、工业

（一）一般建制镇和集镇工业行业的选择

1. "特色小镇"的工业选择

自 2014 年以来，我国各地在规划建设"特色小镇"中产生了新一轮的小城镇产业发展规划，反映了各地在小城镇发展中希望发展或规划的"产业门类"。例如，在 2015 年 4 月 22 日，浙江省人民政府发布的《浙江省人民政府关于加快特色小镇规划建设的指导意见》中提出，"特色小镇要聚焦信息经济、环保、健康、旅游、时尚、金融、高端装备制造等支撑我省未来发展的七大产业，兼顾茶叶、丝绸、黄酒、中药、青瓷、木雕、根雕、石雕等历史经典产业"。每个历史经典产业原则上只规划建设一个特色小镇。2018 年 1 月 29 日，由浙江省质量技术监督局发布的浙江省《特色小镇评定规范》中明确，"本标准适用于信息经济、环保、健康、时尚、金融、旅游、高端装备制造和历史经典等八类产业省级特色小镇评定。"2016 年 9 月 1 日，由福建省人民政府发布的《福建省人民政府关于开展特色小镇规划建设的指导意见》中明确，"特色小镇应聚焦新一代信息技术、高端装备制造、新材料与新医药、节能环保、海洋高新、旅游、互联网经济等新兴产业，兼顾工艺美术（木雕、石雕、陶瓷等）、纺织鞋服、茶叶、食品等传统特色产业，选择一个具有当地特色和比较优势的细分产业作为主攻方向，力争培育为支撑特色小镇未来发展的大产业。每个细分产业原则上只规划建设一个特色小镇。"2016 年 9 月 1 日，山东省人民政府办公厅印发的《关于印发山东省创建特色小镇实话方案的通知》中明确，"尊重经济规律，按照一镇一业、一镇一品要求，因势利导，突出主导产业，拉长产业链条，壮大产业集群，提升产业层次，做大做强特色经济，聚焦人才，培养海洋开发、信息技术、高端装备、电子商务、节能环保等新兴产业，挖掘资源禀赋，发展旅游观光、文化创意、现代农业、环保家具等绿色产业，依托原有基础，优化造纸、酿造、纺织等传统产业。"河北省委省政府发布的《关于建设特色小镇的指导意见》中明确，"特色小镇要聚焦特色产业集群和文化旅游、健康养老等现代服务业，兼顾皮衣、皮具、红木家具、石雕、剪纸、乐器等历史经典产业。"2016 年 12 月，由湖北省人民政府发布的《关于加快特色小（城）镇规划建设的指导意见》中明确，"重点瞄准新一代信息技术、互联网经济、高端装备制造、新材料、节能环保、文化创意、体育健康养生养老等新兴产业，兼顾香菇、茶叶、小龙虾、酒类、纺织鞋服等传统特色产业。"如表7-1所示。

表7-1　　　　　　　　　国内五省份"特色小镇"中的产业选择

产业门类		浙江	福建	山东	河北	湖北	备注
战略性产业	信息技术	√	√	√	—	√	信息经济
	节能环保	√	√	√	—	√	—
	高端装备	√	√	√	—	√	—
	生物医药	√	√	—	—	—	包括中药
	新材料	—	√	√	—	√	—
	海洋产业	—	√	√	—	—	—
历史经典工业	纺织鞋服	√	√	—	√	√	时尚、丝绸、皮衣皮具等
	酒类酿造	√	—	—	—	√	黄酒、白酒等
	环保家具	—	—	√	√	—	红木家具,竹制品等
	工艺品制造	√	√	—	√	—	剪纸、木雕、根雕、石雕、乐器
	陶瓷制品						青瓷
特色农业	茶叶	√	√	—	—	—	—
	香菇						—
	小龙虾……	√	√	√	√	√	含食品
服务业	旅游	√	√	√	—	√	含体育
	养老	—	—	—	√	√	—
	金融	√	—	—	—	—	—
	文化创意	—	—	√	√	√	—
	电子商务	—	√	√	—	√	互联网经济

资料来源:笔者根据有关文件整理。

我国学者吴天然在其《中国农村工业化论》一书中讲到,"工业(industry)是既古老而又新颖的产业,说它古老,是因为近现代工业的前身手工业是在数千年前就已成为独立的产业,说它新颖,是因为近现代工业即本质上的工业只有二百多年历史,比农业等产业要年轻多。""不过,我们在这里考察的并不仅是工业,还是以机器为生产手段的近现代工业。从渊源上看,手工业是近现代工业的近祖,今日残存在世界上的手工业与近现代工业是同属一个家庭的不同后代。然而,近现代工业与手工业在劳动手段和生产方式上具有本质的区别,近现代工业的技术基础是机器,采用工厂制的生产方式,而手工业与传统农业一样是依靠人的双手及简单的手工工具进行操作,采用分散的或工厂式的生产方式"。① 上述各地近几年的"特色小镇"工业行业的选择主要包括两类：一是近几年的新兴的工业产业，各省份选择的这部分工业行业，基本都是近几年我国正在推进的九大战略性新兴产业。2018 年 11 月 26 日，国家统计局发布了《战略性新兴产业分类（2018）》，规定战略性新兴产业是以重大技术突破和重大发展需求为基础，对经济社会全局和长远发展具有重大引领带动作用，知识技术密集、物质资源消耗少、成长潜力大、综合效益好的产业，包括新一代信息技术产业、高端装备制造产业、新材料产业、生物产业、新能源汽车产业、新能源产业、节能环保产业、数字创意产业、相关服务业等 9 大领域。二是历史传统产业，也称历史经典产业、历史特色优势产业等。这部分产业比较多的是指纺织、鞋帽、丝绸、皮具、酿酒、红木家具、竹制品、陶瓷、乐器、木雕、根雕、石雕、剪纸等。这类历史经典产业大多与当地的资源禀赋、产业基础有关，是比较典型的"内生型"产业；同时，这类产业也与传统手工业联系紧密，是传统手工业工艺技术的延伸或产业化。需要着重说明的，战略性新兴产业总体上属城市经济范畴，在小城镇空间地域中除那些紧邻大城市、区域条件和经济基础较好的城关镇、经济强镇、特大镇、重点镇、中心镇有一定可能外，对绝大部分一般建制镇和集镇难以选择此类产业作为自身发展方向，比较适合的是可以发挥自身资源禀赋，发展基础的历史传统产业可能性或成功性较大。

2. 一般建制镇和集镇制造业的选择

根据住建部 2016 年全国"建成区人口规模 2 万人以下的建制镇为主"的抽样调查，到 2015 年，一般建制镇内制造型企业，依托一般建制镇内的资源禀赋、发展基础形成的"内生型"制造业企业占调查企业总数的占 60% 左右，分布的主要行业有：纺织鞋服占 12% 左右，食品加工占 21% 左右，非金属矿物制造占 15%，木材和家具占 4% 左右，橡胶和塑料占 4% 左右，纸制品占 3% 左右。依托外在资源和发展条件形成的"外生型"制造业企业占调查企业总数的 33% 左右，这类企业及其从事的制造业行业与城市工业具有千丝万缕联系，是城市工业的组成部分，分布的主要行业有：电气机械和器材制造占 13% 左右，机械制造占 6% 左右，金属制品制造占 8% 左右，化学原料和化学制品占 3% 左右（见表 7 - 2）。可见，一般建制镇和集镇的"内生型"经济占 2/3，外生型经济占 1/3。同时，在此也进一步说明了，在一般建制镇和集镇镇区及其镇域内，与前面所说的近几年若干省政府发展"特色小镇"中提出的"历史经典产业"的选择比较一致，而"战略性新兴产业"选择对我国当前绝大多数一般建制镇和集镇不太适用。

---

① 吴天然：《中国农村工业化论》，上海人民出版社 1997 年版，第 123 - 124 页。

表7-2 　　　　　　　　　　一般建制镇制造业企业的行业分布 　　　　　　　　 单位:%

制造类别		主要生产产品	企业占比
内生型工业	纺织服装和化纤	棉纱、布料、刺绣、服装、鞋、皮衣皮具等	10.12
	食品、烟草	米面、糖油、肉类、坚果、糖果、蜜饯、酒、饮料、茶等	21.08
	木材加工和家具	木门、木材、窗、木雕、根雕、家具等	4
	非金属矿物制造	石料、砖瓦、石雕等	15
	橡胶和塑料	塑料、橡胶加工、塑胶手套等	4
	纸制品、印刷品	纸箱、生活用纸、剪纸等	3.2
	皮带、皮具和鞋	鞋、皮衣、皮具	2
	石油加工	石油	0.3
	药	药材	0.3
外生型工业	电气机械和器材制造	电器、机床、变电器、电力零件等	13
	机械制造	汽车零部件、钢丝螺丝等	6
	金属制品	银、铁、镀锌	8
	化学原料和化学制品	各类化学助剂	6
其他	其他制造业门类	—	3

资料来源:根据赵晖等:《说清小城镇》,中国建筑工业出版社2017年版,第93-95页整理。

3. 一般建制镇和集镇的农产品加工产业

前面所述的一般建制镇和集镇的"内生型"工业总体上大多可归入"农产品加工业"。全国著名的浙江"块状经济"总体上也属"农产品加工业"。农产品加工是用物理、化学和生物等方法,将农业的主、副产品制成各种食品或其他用品的一种生产活动,是农产品由生产领域进入消费领域的一个重要环节。主要包括粮食加工、饲料加工,榨油、制糖、制茶、烤烟、纤维加工以及果品、蔬菜、畜产品、水产品加工。国际上通常将农产品加工业划分为五类,即食品、饮料和烟草加工;纺织服装和皮革工业;木材和木板产品包括家具制造;纸张和纸产品加工、印刷和出版;橡胶产品加工。我国在统计上将农产品加工分为12个行业,包括食品加工业、食品制造业、饮料制造业、烟草加工业、纺织业、服装及其他纤维制品制造业、皮鞋毛皮羽绒及其制品业、木材加工及竹藤棕草制品业、家具制造业、造纸及纸制品业、印刷业记录媒介的复制和橡胶制品业。

根据农业部《全国农产品加工与农村一二三产业融合发展规划(2016—2020年)》,到2015年底,全国规模以上的农产品加工企业达7.8万家,完成主营业务收入19.4万亿元,"十二五"期间年均增长超过10%。农产品加工业与农业总产值之比由2010年的1.7∶1,提高到2015年的2.2∶1,农产品加工转化率达到65%。到2020

年，力争规模以上的农产品加工业主营业务收入达到 26 万亿元，年均增长 6% 左右，农产品加工业与农业总产值比达到 2.4：1。主要农产品加工转化率达到 68% 左右，其中，粮食、水果、蔬菜、肉类、水产品分别达到 88%、23%、13%、17%、38%；规模以上食用农产品加工企业自建基地拥有率达到 50%，专用原料生产水平明显提高。到 2017 年度，农产品加工企业主营业务收入超过 22 万亿元，与农业总产值之比由 2012 年的 1.9：1 提高到 2.3：1。① 2019 年中央一号文件指出"大力发展现代农产品加工业。以'粮头食尾''农头工尾'为抓手，支持主产区依托县域形成农产品加工产业集群，尽可能把产业链留在县域，改变农村卖原料，城市搞加工的格局。"在小城镇地域内进行农产品精深加工，使农民靠近加工企业，减少运输成本，有利于增加农民收入；同时小城镇内的深加工企业又参与农业产业的资源配置，能够反向促进农业生产集约化、促进农村土地流转，推动农业技术"革新"。②

浙江省江山市贺村镇 2018 年为全国综合实力千强镇的 428 位，距江山市区 10 千米，是中国木业名镇，镇域面积 129 平方千米。2018 年全镇工业总产值 124 亿元，其中木业总产值 62.6 亿元，占全镇工业总产值的 50%。在木业 62.6 亿元总产值中，其中木门产值 32.8 亿元，占木业总产值的 52%。江山欧派木门制造企业在国内主板上市，是江山市第一家本土培育的主板上市企业，计划投资 12 亿元，总用地 1500 亩的欧派产业园项目，一期 200 亩已基本建成试生产。贺村镇是华东地区最大，全国第三的原木交易市场，年交易量达 200 万立方米，年交易额达 25 亿元。

江苏海门三星镇是国内最大的家纺产业基地，素有"华夏绣品第一镇""国家纺绣品名镇"的美誉，是闻名全国的绣品之乡。海门三星镇家纺起源于绣品技术，全镇 90% 的农户从事绣品经营。目前，三星镇辖区内的家纺企业已有 1400 多家，其中，规模以上企业 250 多家，基本实现了企业集群化、生产专业化，从原料、纺织、到成品制造已配套成龙，形成了一条完整的家纺产业链。中国床上用品有 60% 来自南通，其中又有 60% 来自海门三星镇叠石桥。经过数十载的发展，叠石桥家纺城已成为全国家纺系列产品的生产基地、销售场所和物流中心，成为全国家纺流行趋势、家纺价格指数的发布地和家纺设计知识产权保护中心，也是继美国纽约第五大道和德国法兰克福之后的世界第三大家纺中心。叠石桥家纺城拥有 9000 多个固定摊位和门面，3000 多家配套企业，创造了总生产规模超过 500 亿元的产业群，在国内"三分天下有其一"，2009 年市场总交易额超过 300 亿元。目前，从事家纺产业的人员已遍及叠石桥周边三个县市，10 多个乡镇，从业人员 20 多万人，产业集群特征鲜明，市场成交活跃，产

---

① 李慧：《农村一、二、三产业融合如何让"1+1+1>3"》，载于《光明日报》2018 年 8 月 16 日。
② 王健、杨喆：《从跨地卖粮到县域深加工》，载于《新华每日电讯》2019 年 2 月 22 日第 6 版。

品畅销全国 200 多个大中城市，远销罗马尼亚、俄罗斯、南非、澳大利亚等 20 多个国家和地区。①

（二）一般建制镇和集镇的工业布局优化

1. 我国乡镇企业发展衰退的原因

1949 年，我国工业总产值占全国工农业总产值的 30%，其中，1949 年我国手工业产值占工农业总产值的 18.2%。② 1978 年，社队两级共有企业 152.43 万个，安置农业转移劳动力 2826.56 万人，产值达到 491 亿元，相当于当年农业总产值的 37% 左右。③ 1978 年，党的十一届三中全会作出的《中共中央关于加快农业发展若干问题的决定》（试行草案）中指出，"社队工业要有个大发展"。1979 年，国务院颁布了《关于发展社队企业若干问题的规定》（试行草案），阐明了发展社队企业的重大意义，明确了发展社队企业的方针政策。1981 年，国务院在《关于社队企业贯彻国民经济调整方针的若干规定》中进一步肯定了社队企业的重大作用。1984 年，中共中央、国务院批准了农牧渔业部《关于开创社队企业新局面的报告》，同意将社队企业的名称改为乡镇企业。在这一系列方针政策下，农村社队企业进一步得到恢复和发展。到 1994 年底，全国乡镇企业达到 2494.5 万个，从业人数达 12018 万人，总产值达 42589 亿元，占全国社会总产值的 38.20%，比 1978 年增长 26.8 倍（按可比价格计算）；其中乡镇工业 698.6 万个，相当于 1978 年的 8.8 倍，从业人员 6961.6 万人，是 1978 年的 4 倍多；总产值为 32336 亿元，为全国工业总产值的 42.04%，是 1978 年的 83.9 倍。④ 1997 年乡镇工业完成增加值 12500 亿元，占全国工业增加值的 50%，成为我国工业经济的半壁江山；1997 年，乡镇企业完成出口额 7000 多亿元，占全国出口交货总额的 40% 以上。到 1998 年，乡镇企业对国内生产总值贡献，由 1978 年的 4% 上升到 27% 左右，对经济增长的贡献占到 36%。⑤ 到 2013 年，乡镇企业的工业总产值已经达到 66.6 万亿元，从业人员达到 1.67 亿人，利润总额也达到了 3.9 万亿元。第三产业在乡镇企业产值中的比重不断提升，全国乡镇企业三次产业结构达到了 1.1：74.8：24.1。⑥

根据国家统计局发布的《2018 年农民工监测调查报告》，2018 年在乡镇地域范围内从事非农产业的农民工为 11570 万人。⑦ 从 2018 年乡镇地域范围的农民工数据看，乡镇地域内的非农就业人数也许低于 1994 年乡镇企业的就业人数。可见，我国乡镇地

---

① 潘培坤、凌岩：《城镇化探索》，同济大学出版社 2012 年版，第 74 页。
② 吴天然：《中国农村工业化论》，上海人民出版社 1997 年版，第 216 页。
③ 陈锡文：《读懂中国农业农村农民》，外文出版社 2019 年版，第 106 页。
④ 吴天然：《中国农村工业化论》，上海人民出版社 1997 年版，第 221 页。
⑤ 《农村工业化》，https://baike.baidu.com/农村工业化/4073061? fr = adaddin。
⑥ 陈锡文：《读懂中国农业农村农民》，外文出版社 2019 年版，第 108 页。
⑦ 国家统计局：《2018 年农民工监测调查报告》，2019 年 4 月 29 日。

域内的乡镇企业及非农就业，与 20 世纪 90 年代末相比的确存在衰退的趋势。产生这一现象的原因是多方面的，但以下几方面是非常重要的。一是国内经济发展和各类市场主体的竞争加剧。20 世纪 80 年代初期到 90 年代中期我国乡镇企业的大发展，首先得益于我国过去 30 年优先发展重工业而形成的人民生活必需的日用消费品严重短缺，众多的行业空白为乡镇企业进入提供了巨大的市场空间；其次是西方发达国家产业转型与中国改革开放契合在一起，乡镇企业利用土地和劳动力的比较优势，通过"来料加工"等方式，融入和开拓国际市场。1984 年我国开始了城市经济体制改革，劳动力、人才、土地、资金等生产要素自由流动，国有集体企业承包经营、外商投资企业、民营企业、个体工商户得到发展，我国经济快速发展和各类市场主体竞争加剧。二是乡镇企业集体产权制度缺陷。"传统乡镇集体企业产权模糊的制度缺陷，在 1980 年代后期就已经显现，1994 年农业部关于《乡镇企业产权制度改革意见》颁布后，全国各地的乡镇企业都展开了声势浩大的产权制度改革。"[1] "从 1997 年开始，集体企业面临的局势已经非常严峻，出现明显滑坡的现象，这一期间，大量企业改制为股份合作企业、股份制企业，有的通过拍卖方式盘活资产，乡镇企业中集体企业与其他类型的企业呈现出此消彼长的关系。"[2] 事实上，直至现在农村集体企业仍然不适合参与市场竞争的生产经营领域，而比较适合土地、物业的不动产经营领域。三是乡镇企业"村村冒烟""遍地开花"的分散布局。我国农村土地集体所有制，人民公社时期是以生产队或者生产大队为空间范围的，现在是以村组为空间范围的。这个村组的集体土地没有通过征用，很难由另一个村组来使用，到目前为止，农民宅基地之所以布局分散，很大一个原因在于无法跨村组进行宅基地安排。乡镇企业布局也是这种情况，分散在乡、村、队的集体土地上，从而造成"遍地开花""村村冒烟"的局面。如果说我国传统分散的农村自然村落，在"肩挑手扛"时代因临近农业耕作地布局，还有一些情有可原的理由，而乡镇企业这种分散布局不仅不利于集聚经济的形成，还因污水处理设施配置的困难而造成污水随意排放，产生农田、村庄的环境污染，就更具有人祸的成分。"小工厂像'星斗'那样凌乱。……当时 1.5 万个左右工厂，分布在 4000 多个工业点上，真所谓'村村点火，处处冒烟'。环境污染严重。河道黑臭、污水横流、垃圾乱堆、都是随处可见的现象。……企业雷同。项目重复的情况比比皆是。有一个乡几个月里兴起了 40 家电镀厂，有一个乡镇则偏好铸铁厂（翻砂），你争我夺地抢翻砂业务……土地乱占滥用。建一个厂就开一条'断头路'"[3]。所以，到 20 世纪 90 年

---

① 邹兵：《小城镇的制度变迁与政策分析》，中国建筑工业出版社 2003 年版，第 168 页。
② 陈锡文：《读懂中国农业农村农民》，外文出版社 2019 年版，第 108 页。
③ 潘培坤、凌岩：《城镇化探索》，同济大学出版社 2012 年版，第 42－43 页。

代中期后，我国各地都相继提出"工业向园区集中"思想。四是国家加强了农村集体建设用地的管制。"从20世纪80年代初期到1998年，农村集体建设用地管理属于比较宽松的阶段。……1986年制定的中国《土地管理法》在1988年进行了修订，对集体建设用地管理采取了与国有建设用地相对平等的立场，专门设定乡镇建设用地的使用和管理办法，农村集体建设用地的使用比较容易，乡镇建设用地使用批准权主要在县及县以上政府部门。农民住宅建设、乡镇企业建设、公益事业建设等，只要符合乡镇村建设规划就可以进行。""1998年开始国家加强对农村集体建设用地的管制。……1998年修订的《土地管理法》明确提出，'任何单位和个人进行建设，需要使用土地的，必须依法申请使用国有土地'同时提出'兴办企业的建设用地必须严格控制'，'农村村民一户只能拥有一处宅基地''农民集体所有的土地的使用权不得出让、转让或者出租用于非农业建设'。"[①]

2. 一般建制镇和集镇存量工业用地的整治

前面所述的我国乡镇企业衰退的市场竞争，集体经营机制，分散布局和集体建设用地加强管理四大原因。市场竞争在我国不断完善的社会市场经济条件下只有适者生存，集体经营机制近几年来我国各地还在深化改革，集体建设用地加强管理在我国"人地矛盾"比较突出的情况下也是大势所趋，只不过近几年国家也正在推进国有和集体土地同权同利同责改革。这里重点讨论现在各地都在推进的乡村"工业向园区集中"这个命题。

（1）广州市"村级工业园"整治。据广州市调查，"20世纪八九十年代，村村点火，户户冒烟。大量'三来一补'企业在农村集体建设用地上爆发式增长，形成星罗棋布，形态各异的村级工业园"。到2018年，"全市2705个村级工业园面积约131.62平方千米，约占全市工业用地面积的30%，80%以上为传统的服装、化妆品、皮革皮具、五金等加工制造以及仓储、物流等行业，但产值仅占全市工业企业总产值的10%，税收仅占全市工业企业总税收的6%。""土地是经济发展的重要支撑，有时招商引资来的企业甚至出现'等地下锅'的情况。""随着全市开发强度逼近建设用地警戒线，盘治村级工业园等存量土地已成为必须啃下的'硬骨头'。""2019年新年伊始，为推动经济高质量发展，广州村级工业园改造交由工信部门牵头，并上升为全市决策部署，与拆违、'散乱污'企业整治，黑臭水体治理等八大工作联动，成为广州全面深化改革的一个重要抓手。""村级工业园该拆的拆，该提升的提升，最终实现工业用地集聚联片发展，特别是位于工业产业区块控制线内的村级工业园，必须重点保障工业用地功能，实现'工改工'。""从基层已有的实践看，村级工业园整治依然是个新

---

① 潘培坤、凌岩：《城镇化探索》，同济大学出版社2012年版，第248－249页。

事物，涉及众多职能部门，现行政策不匹配，特别是对村集体、企业、政府等主体的利益如何再分配，均需要长期探索。""村集体是村级工业园所有权主体，整治提升如何征得村民同意。引入运营企业，如何让企业积极参与？""为降低工作阻力，广州按照'关停淘汰一批，功能转变一批，改造提升一批'改造路径分类施策，同时简政放权提高改造主体的审批便捷性，并通过奖励、补偿等措施增强村集体的改造意愿，力争三年完成全市33平方千米的目标。""精准施策是广州村级工业园改造提升工作的一个亮点，特别是园区企业普遍反映的消防手续、营业执照办理难问题，广州开辟专门路径有效化解。"①

（2）上海郊区镇村第二三产业存量集体建设用地盘活。根据2008年全国第二次土地调查数据，上海郊区镇村集体建设用地总量为1195平方千米，占2008年全市建设用地总量的49.2%，其中镇村集体公用设施和公益事业建设用地为118平方千米，占镇村集体建设用地的9.9%；镇村集体第二三产业建设用地为395平方千米，占镇村集体建设用地的33.1%；镇村宅基地为459平方千米，占镇村集体建设用地的38.4%；镇村其他建设用地223平方千米，占镇村集体建设用地的18.6%。上海郊区镇村第二三产业存量集体建设用地，据嘉定区调查，一是权证情况，镇级有证占68.5%，无证占31.5%；村级有证占51.1%，无证占48.9%。二是空间规划情况。镇级存量第二三产业建设用地在规划集中建设区内的占25%左右，村级存量第二三产业建设用地在规划集中建设区内的占22%左右。三是土地利用情况。镇级存量集体建设用地在土地利用规划上为耕地的占10%~22%；村级集体建设用地在土地利用规划上为耕地的30%~45%；四是用地布局和产出效率情况。镇村第二三产业建设用地基本分散布局在村里，城中村和城边村占地多，独立村占地少，村企混合，点多规模小，且大部分属低效工业用地。土地出租单价，每亩每年平均7200~7700元；五是房地产权归属。镇村第二三产业集体建设用地50%左右使用权现在仍由镇村持有，50%左右使用权已由企业持有，并大部分是民营企业持有；其中50%镇村持有的土地使用权的地上房产经营权仅占25%左右，可见上海郊区镇村第二三产业集体建设用地一半左右的土地使用权和75%左右的房产经营权由民营企业持有。综上所述，根据上海郊区已占用的集体建设用地使用情况看，主要涉及两个症结：一是规划问题，涉及城乡空间规划、土地利用规划、产业布局规划等，这个问题可以通过政府创新规划管理予以解决；二是土地权属和土地使用效率问题，涉及集体建设用地的权证，土地所有权和使用权、经营权关系，土地使用效率等，这个问题光靠政府职能难以解决，需要运用市场机制才

---

① 周强：《广州整治"村级工业园"，为创造强市"腾发展空间"》，载于《新华当日电讯》2019年9月24日第12版。

有可能突破。

三、一般建制镇和集镇的商业

（一）一般建制镇和集镇的商品交易种类

商业是指独立于生产与消费以外的以买卖方式进行商品、技术、服务交换的经济活动。通常，一国与一国（或地区）之间的商品、技术、服务交换称对外贸易，国内的商品、技术、服务交换称国内商业。在各产业中，商业是仅次于农业，早于手工业的产业部门。最早的商业起源于农产品剩余，随着农业生产力发展，商业从农业中分离出来，形成人类历史上的第一次大分工，这个时间通常认为在原始社会野蛮时代的中级阶段；而手工业从农业中分离出来，是人类历史上的第二次大分工，这个时间通常认为是原始社会野蛮时代高级阶级的产物。[①] 不过，人类社会最初出现的商品交换是直接的物物交换，交换双方在让渡自己商品的同时占有了对方的商品，这种商品交换可以称为简单的商品交换。随着商品交换的发展，进入交换过程中的商品种类和数量不断增加，就产生了商品交换过程中的媒介物——货币，形成了商品—货币—商品的商品交换方式，这种情况下，商业经营者与商品生产者才有可能实现分离，商业经营者从农业生产者和手工业生产者中分离出来，成为独立的商人，现在意义上的商业产生，商业成为独立于生产和消费的独立经济部门或产业。需要说明的是，商品是为了交换而生产的物品，为了满足自己需要生产的物品叫产品而不叫商品，这种产品生产情况现在也常见。例如，一个木工做了一套家具是为了自己用，而不是为了卖；家家户户制作的美食是为了自家的食用而不是为了出售等，这一些都是产品生产而不是商品生产。还有我们日常所见的商业，既不创造新的产品，也不增加已生产的产品价值，商业的作用是通过为商品生产者和商品消费者节省时间而存在的。当然，商人在商业经营中对已用于交换的商品进行包装、分栋、运输、储存，乃至深加工而增加的价值，可以看作进一步增加商品的生产时间和节约消费者时间，这一点是现代商业进一步存在的方向。

一般建制镇和集镇的商业，从商品交换种类角度讲，与城市乃至特大镇的商业区别在于：一是农产品交换的比重比较大，包括粮、油、棉、麻、丝、茶、糖、渔、木材、畜禽、菜、烟、果、药材等。这是因为，前面讲到一般建制镇和集镇镇区，到2015 年底 64％的空间是村域，1/3 的就业人员在从事农业生产，在三次产业产值中1/3还是农业，再加上自古以来小城镇镇区就是周边乡村地区农产品交易的集市，也就是说，周边乡村地区农产品除农村居民自用外，目前极大部分仍然在小城镇区交易，随

---

① 曾洪业：《社会主义商业经济学》，中国人民大学出版社 1980 年版，第 13－14 页。

着电商的发展也许乡村居民生产的农产品通过互联网平台可以跳过小城镇镇区集市直接销往城市，但这还有一个比较长的过程。而上述这一些特征在城市大多是不存在的，中心镇、经济强镇、特大镇农产品交易占其经济收入比重也相应大大降低，也就是说，商业对一般建制镇的集镇而言，其重要性比中心镇、特大镇高。二是日用工业品交换的比重较高。包括食品、饮料、烟草，纺织、服装和纤维制品，竹藤棕草制品和家具，纸张、纸产品和印刷品，皮革皮具、橡胶制品，家电汽配、五金、化工等。日用工业品是人们日常生活中必不可少的消费资料，一般建制镇和集镇地域中又具有生产这些日用消费品的建设用地、劳动力、投资等要素优势。我国 20 世纪 80～90 年代乡镇企业时期以及浙江的"块状经济"时期，都是这一类日用消费的生产和交换时期。1979 年 7 月，国务院颁布的《关于发展社队企业若干问题的规定》中指出，"凡是符合经济合理的原则，宜于农村加工的农副产品，要逐步由社队企业加工。城市工厂要把一部分宜于在农村加工的产品或零部件，有计划地扩散给社队企业经营，支援设备，指导技术。"这种工业品地区分工精神现在仍具有指导意义。三是生态产品比较丰富。交通不便的地方往往是生态产品最丰富的地方。在现代经济体系中，城市乃至中心镇、特大镇相比一般建制镇和集镇而言，其区位相对好，交通相对方便，人口相对密集，从而带来的是生态空间和生态产品相对少，且生态产品的质量也相对差。在现代社会中，那些相对偏远的一般建制镇和集镇大多具有洁净的水、气、土，其食物也比较环保和丰富，阳光也比较明亮和充足，小时候看到的蓝天、白云、星际天空，现在只有在一些相对偏远的小城镇及乡村才能呈现。随着经济社会的发展，人们需求的逐步改变，一般建制镇和集镇这些丰富的生态产品将逐步转化为商品，进入计价和交换范围。四是传统文化产品比较丰富。从实践来看，城镇的现代化程度越高，传统文化产品的种类和数量就越少。根据联合国教科文组织发布的《保护非物质文化遗产公约》，非物质文化遗产包括作为非物质文化遗产媒介的语言，表演艺术，社会实践、仪式、节庆活动，有关自然界和宇宙的知识和实践，传统工艺。仅我国的传统工艺，按照中国传统工艺研究会拟定的分类方案，就"分为工具器械制作、农畜矿产品加工、雕塑、营造、织染绣及服饰制作、陶瓷烧造、金属采冶和加工、编织扎制、髹饰、家具制作、造纸、印刷、剪刻印绘、特种工艺及其他 14 大类。大类之下有门类，门类之下有种类，如此样成三级分类体系。例如，工具器械制作大类之下，又分为工具、农具、机具、仪表、车辆、船只、乐器等门类，工具门类之下又分斧、凿、锯、钻、纸墨等种类。"① 而这些由非遗物质文化延伸出的传统文化产品，从地域角度看，大多存在于小城镇及其乡村地域内。现代化的过程同时也是特色化的过程，随着人民生活水平和技

---

① 华觉：《传统工艺的现代价值》，载于《光明日报》2017 年 7 月 20 日第 13 版。

术水平的提高，小城镇范围内的传统文化产品交易种类和数量将逐步扩大，是我国小城镇商业交易中重要的商品。

（二）一般建制镇和集镇的商品交易场所

目前，在我国一般建制镇和集镇地域范围内，商业交易的场所主要有集贸市场、沿街商铺和电商平台三大类。

1. 集贸市场

集贸市场，也称商品交易市场，是指"在乡镇辖区内经有关部门和组织批准设立，有固定场所、设施，有经营管理部门和监管人员，若干市场经营者入内，常年或开业三个月以上，集中、公开、独立地进行生活消费品、生产资料等现货商品交易以及提供相关服务的交易场所"。① 根据第一次全国农业普查，到1996年末，全国平均每个镇有1.91个集贸市场，其中，1.30个综合市场，0.62个专业市场，综合市场占全国乡镇集贸市场的67.8%，专业市场占32.3%。根据第二次全国农业普查，到2006年末，全国各乡镇综合市场占68.4%，专业市场占31.6%。根据第三次全国农业普查，到2016年末，全国乡镇综合市场占68.1%，专业市场占31.9%，专业市场主要指以粮食、蔬菜、水果、畜禽、水产为主的商品交易市场。按场地的发展水平分，集贸市场可分为非固定场所市场和固定场所市场。非固定场所市场包括流动摊贩和马路市场，这是集贸市场发展的最低级阶段，改革开放之初到1982年前，浙江义乌商品市场属这一阶段。固定场所市场，是指不是占据道路两侧设置的商品交易场所，包括室内"棚架市场""一层永久固定建筑物市场""楼宇固定建筑物市场"，1982年以后的浙江义乌商品市场属于这一类。按照交易品种多可分为日用消费品市场、生产资料市场和要素市场。日用消费品市场包括农副产品交易市场和日用工业品交易市场。农副产品市场包括粮油、蔬菜、水果、水产等市场；日用工业品市场包括纺织品、家具、建材装饰、通信用品、二手车交易等市场。生产资料市场包括原材料、机械、物资、木材等市场。生产要素市场包括运输、劳动力、技术、房地、产权交易等市场。按服务辐射水平可分为：为周边村服务的集市—为本乡镇服务的集市—为周边乡镇服务的集市—为县域服务的集市—为国内服务的集市—为国际服务的集市，浙江义乌商品市场已达到服务空间全覆盖。一般建制镇和集镇市场，一般在前2~3个层级的辐射范围。按市场服务时间可分为经常性集市和临时性集市。经常性集市，一般也是固定场所的集市和固定营业的集市。临时性集市，一般是指在特定的时间，占据较空旷马路或两侧或四周，设置临时摊位进行商品交易的集市，这类集市一般称"赶集"。这类临时性集市因各地风格习惯和赶集习惯不同，约定俗成有半月集、十日集、五日集不等。主要

① 国家统计局：《第三次全国农业普查主要数据公报（第三号）》，2017年12月15日。

特征是：在赶集日子里，集市中农业、手工业生产者拿着自己生产的农副产品或手工业品前来集市交易，也有商贩从外地或其他乡镇赶到集市设摊叫卖，因此，"赶集日"平时空旷马路或地段兴起了"临时性集市"，且这"临时性集市"交易商品的品种比常态化的集市丰富，赶来购物的消费者也比平时多，人山人海，摩肩接踵。只不过是这种"临时性集市"经营时间也是不固定，东西卖完或需要的东西买到了，人也就散了，一般是上午集市比较热闹，午饭后集市就逐步消退。另外，按照交易方式可分为零售市场和批发市场、线下市场和线上市场等。

2. 沿街商铺

沿街商铺也是一种固定的商品交易场所，在我国的传统的街巷式小城镇中更为常见，主要特征是小城镇镇区主街道两侧的建筑一层一般都用作商业交易场所，二层以上建筑一般用作居住，"上居下店"混合使用。据住建部2016年全国小城镇抽样调查，到2015年底，我国平均每个一般建制镇有沿街商铺300余家。这是一种比较传统的商业场所布局方式，随着家庭小汽车以及多种形式公共交通的发展和人们对居住区居住质量要求的提高，居住设施与商业设施分离，城镇的商业场所越来越向块状组团式的大型超市、百货商场、城市综合体方向转型，实行居住设施与商业设施的"商住分离"，当然块状组团式规模化的商业场所涉及人口规模、经营成本、消费水平等，比较适合于大城镇以及中心镇以上层级的城镇区的商业场所形态，在一般建制镇和集镇规模较为少见，经营成本低的沿街商铺有其存在的客观性。据住建部调查，"小城镇的普通小商铺月均营业额为9万元，平均月利润约1.5万元。几乎没有店铺处于亏损运转，所有店铺中2/3能获取不同程度的利润，1/3的店铺不亏不赚，能够'保本'。……因为小城镇商铺经营成本极低，居民开店的房租为零或者仅需约1元/平方米·天的低租金。"[①]

3. 网络店铺

根据阿里研究院规定，淘宝镇是指一个乡镇或街道有淘宝村超过或等于3个，或者在阿里平台，一个乡镇一年电商销售额超过3000万，活跃网店超过300家。到2019年6月，我国有淘宝镇1118个，淘宝村4310个。根据阿里研究院规定，淘宝村认定标准主要有3条：经营场所在农村地区，以行政村为单元；电子商务年交易额在1000万以上；村活跃网店数量在100家以上或者活跃网店数量占当地家庭户数的10%以上，可见一个淘宝镇最起码具有年电子商务交易额3000万元以上，活跃网店300家以上。根据第二次全国农业普查发布的数据，到2006年末，在全国40656个乡镇单位，年交易额超过1000万元以上综合市场的乡镇占全国乡镇数的23.9%，有年交易额超过

---

① 赵晖等：《说清小城镇》，中国建筑工业出版社2017年版，第111页。

1000 万元以上的专业市场乡镇数占全国乡镇数的 10.5%，有年交易额超过 1000 万元以上农产品专业市的乡镇占全国乡镇数的 23%。根据第三次全国农业普查，到 2016 年，我国乡镇数为 31925 个，而 2019 年 6 月我国 1118 个年 3000 万以上销售额的淘宝镇占 2016 年全国乡镇数的 3%。2017 年末，全国农村网络零售总额达 1.25 万亿元，同比增长 39.1%（其中，全国农村实物类商品网上零售额 7826.6 亿元，同比增长 35.1%，占全国实物商品网上零售额比重为 14.28%）。农产品电商正迈向 3000 亿元大头，带动就业人数超过 2800 万人①。根据《中国淘宝村研究报告（2018）》，2018 年，全国有淘宝村 3202 个，活跃网点超 66 万个，网点年销售额超过 2200 亿元，在全国农村网络零售额占比超 10%，带动就业机会数量超 180 万个。可见，我国小城镇镇域网络店铺业绩已相当可观。

（三）一般建制镇和集镇的商业服务范围

根据住建部 2016 年全国小城镇抽样调查，当前，我国一般建制镇和集镇商业的服务范围 90% 以上是本镇区和镇域内农村，少量辐射到周边乡镇（见表 7-3）。

表 7-3　　　　　　　　一般建制镇和集镇商业服务范围　　　　　　　单位:%

商铺经营	镇区	镇域	周边乡镇	县城	外地	过路	其他
米粮	49	34	7	0	1	1	0
蔬菜水果	54	32	3	0	1	3	0
盆栽花卉	49	27	6	0	2	2	2
文具文体	55	31	3	0	1	2	1
教育培训	52	31	4	3	0	1	3
干洗	55	28	4	0	0	1	1
养生足疗	51	30	4	1	3	3	1
农资	29	45	8	2	2	2	0
农业技术服务	31	49	8	2	0	2	0
液化气	35	37	11	1	6	4	0
五金	44	39	5	0	2	2	0
小型家电	43	39	6	1	1	1	0
电子产品	40	40	7	1	3	2	0
箱包皮革	42	38	7	0	0	2	42
星级酒店	23	7	3	10	30	17	7
旅馆客栈	21	15	9	11	22	18	0
特产品	28	19	7	7	16	15	1

---

① 吴铎思：《农村电商成为发展转型新动能》，载于《工人日报》2018 年 11 月 7 日第 5 版。

续表

商铺经营	镇区	镇域	周边乡镇	县城	外地	过路	其他
餐饮	36	37	6	4	9	11	0
古董古玩	38	27	10	0	7	3	7
电商服务	37	37	7	5	8	0	0
快递服务	47	34	5	3	2	1	0
邮政服务	36	40	8	3	3	1	0
电信服务	41	39	7	1	1	1	0
金融服务	41	39	8	1	1	2	0

资料来源：根据赵晖等著的《说清小城镇》（中国建筑工业出版社 2017 年版，第 113 – 115 页）整理。

四、一般建制镇和集镇的旅游业

（一）旅游业的内涵和构成

旅游业也称旅游产业，是指依托旅游资源和设施，专门或者主要从事招徕、接待游客，为其提供游览、交通、住宿、餐馆、购物、娱乐等六个环节的产业集群。旅游一词从词义角度讲，"旅"具有离开常住地外出的含义，如"旅行"是指结伴外出、远行，为办事或游览而去外地；"旅居"，是指在离家甚远的外地居住；"旅游者"，狭义指游客，即离开常住地旅行游览的人，广义指离开常住地 24 小时以上一年以内，在异国他乡以消遣、休闲、度假、体育、商务、公务、会议、疗养、学习和家教等为目的人；"游"具有走走看看，游览、游玩的含义①。因此，"旅游"一词本意是指游客离开常住地外出走走看看，游览山水的含义。不包括一个人离开常住地外出办事、学习、开会等活动，理解"旅游"语义非常重要，在这个基础上，才可以确定旅游产业中旅游资源和设施以及游览、交通、住宿、餐馆、购物、娱乐六个环节之间的主次关系，否则因将旅游产业集群中的各行业等量齐观，不分主次，平均使力，难以更正确地把握旅游产业的发展。旅游产业形成的前提是将游客从常住地"搬运"到游览地，即景点景区，包括度假区、运动区、观光区、休闲区等，从而把游览地变为现实的"商品和服务的交换市场"，使游览地（旅游目的地）的生态资源、文化资源、产品和服务均转化可交换的商品，既满足游客的需要，也促进旅游目的地居民的就业和增加收入。而要完成把游客从常住地"搬运"到游览地，除了游览地吸引物外还需要一个搬运工，即旅行社，根据我国《旅行社条例》，旅行社是以营利为目的，从事旅游业务的企业，旅游企业为旅游者推荐旅游景点，代办各种交通运输票务、预订住宿、安排餐饮、购物、娱乐活动、办理所需证照和旅行保险等，旅行社在旅游目的地和游客

---

① 夏征农、陈至立主编：《辞海》，上海辞书出版社 2009 年版，第 1463 – 1464 页和 227 页。

之间起到沟通、计划、实施旅游活动全过程的积极促进作用。可见除自驾游以外，旅游目的地和旅行社在整个旅游业集群中处于主导地位。目前，在大部分旅游活动中没有旅行社的从中撮合，那些深山老林、僻远之地的生态资源、文化资源及服务就难以商品化和产业化，当然游客们也就少了陶冶心身、领略自然的精神享受和身心放松。从这个角度讲，旅游产业集群中的各行业是有主次的，也就是说在旅游产业的各个行业中，旅游目的地是一个集旅游资源、旅游设施和旅游服务为一体的吸引物，是旅游产业集群的"核"；而旅行社促进或加速了旅游目的地的"核变"，在旅游业集群中起主导作用，是旅游产业的"主业"，其他旅游目的地和旅行社以外的旅游设施和旅游服务是相对从属的、配套的（见表7-4）。

表7-4 旅游业构成及主要发展内容

行业分类		主要发展内容
旅游主业	旅游目的地	风景名胜区、主题公园、古镇古村落、农业休闲农园以及旅游景点景区的道路、交通、接待设施等
	旅行社	统筹交通、住宿、行程、保险、证照、导游、服务安排等
旅游配套行业	交通运输业	航空客运、铁路运输、公路运输、水运运输、自驾车运输等
	住宿业	酒店（宾馆）、家庭旅馆（民宿）、度假营地与房车营地等
	旅游商品	土特产品、传统工艺生产和销售、户外休闲用品、旅游用品等
	餐饮业	饭店、餐厅（中餐、西餐）、自助餐、盒饭、冷饮业、摊贩等
	娱乐业	歌厅、舞厅、卡拉OK、歌舞厅、音乐茶座、台球、高尔夫球、保龄球、网吧、游艺场等

资料来源：笔者编制。

（二）全域综合旅游目的地建设

2018年3月8日，国务院办公厅发布的《关于促进全域旅游发展的指导意见》提出，"发展全域经济，将一定区域作为完整旅游目的地，以旅游产业为优势产业，统一规划布局，优化公共服务、推广产业融合、加强综合管理、实施系统营销，有利于提高旅游业现代化、集约化、品质化、国际化水平，更好地满足旅游消费需求。"全域旅游要着力推进七个转变，即"从门票经济向产业经济转变，从粗放低效方式向精细高效方式转变，从封闭的旅游自循环向开放的'旅游+'转变，从企业单打独享向社会共建共享转变，从景区内部管理向全区依法治理转变，从部门行为向政府统筹推进转变，从单一景点景区建设向综合目的地转变。"

全域旅游是一种区域发展方式，其内涵包含特定区域内的资源、经济、社会三方面内容的协同发展，目标是使特定不均质的旅游发展区域通过该区域的资源、经济、社会的协同发展达到均质化的旅游发展区域，促进该区域的自然环境、经济和社会发展水平整体提高。目前，全域旅游已经成为国内外旅游目的地建设的一个重要原则。2015 年 9 月，国家旅游局启动了"国家全域旅游示范区"创建工作。2016 年 2 月，国家旅游局公布了我国首批"全域旅游"示范区创建名录，全国 262 个城市或地区入围。2016 年 11 月，第二批创建名单公布。目前，国内已经有浙江、江苏、四川等地的全域旅游发展样板。在 2015 年以前，浙江就确定了建设浙江全域大景区和打造"诗画浙江"全域旅游目的地的建设目标。在全省范围内持续开展，强力推进了"三改一拆""四边三化""五水共治"①"小城镇环境综合整治""美丽乡村"等全域环境整治重大行动。到 2020 年要求完成 10 个全域旅游示范县、100 个旅游风情小镇、1000 个 3A 级景区村和 10000 个 A 级景区村的创建目标。2018 年 5 月 28 日，浙江省人民政府新闻办公室召开了"浙江省大湾区大花园大通道建设"新闻发布会，其中，"大花园"建设是浙江践行"绿水青山就是金山银山"理念，推进绿色发展，打造"诗画浙江"的重要举措。大花园建设的范围是浙江全省，核心区是浙江省的衢州市和丽水市。到 2022 年，通过大花园建设要将浙江打造成全国领先的绿色发展高地，全球知名的健康养生福地，国际有影响的旅游胜地，形成"一户一处景、一村一幅画、一镇一天地、一城一风光"的全域大美格局，建设现代化版的富春山居图。建设大花园实施生态环境质量提升、全域旅游推进、绿色产业发展、基础设施提升、绿色发展机制创新五大工程。其中，全域领域推进工程是重点打造国际知名旅游品牌、提升重点旅游区能级，建设"浙闽皖赣国家生态旅游协作区"，打造唐诗之路黄金旅游带、浙西南生态旅游带、大运河（浙江）文化带、佛道名山旅游带、浙江影视文化旅游带、浙北精品旅游、海湾海岛旅游带等。2012 年，四川省甘孜州率先探索了全域旅游。2016 年 2 月，国家旅游局批准四川阿坝州、甘孜州及北川县入选首批国家全域旅游示范区创建单位名录；2016 年 10 月，凉山州被选入第二批创建名录。甘孜州把全州 15.3 平方千米作为一个旅游大景区来打造，给游客提供了"景区内外皆可游"的独特体验。甘孜州海螺沟景区已从过去低海拔区水乡、大冰瀑、雪山温泉、少数民族聚落等单个观光体验景点目的地发展成为移步换景、全天候不同体验的旅游目的地。景点建设中也改变了将景区内居民外迁做法，而使农村、牧场变景区，农民变员工、老板、股东，土产变特产。并提出"要靠旅游致富，就要修好路，多栽树""有树就有风景，有景才会有人来""靠山护山才能靠山吃山"② 全域旅游的新观念。江苏省兴化市也是我国首批全域旅游示范区创建单位。"如今，兴化的全域旅游已形成一套全域兴化、'如诗如画'

---

① 浙江省在 2013~2015 年开展的"三改一拆"是指旧住宅区改造、旧厂房改造、城中村改造、拆除违法建筑；"四边三化"是指对公路边、铁路边、河边、山边等区域开展洁化、绿化、美化行动；"五水共治"是指污水、洪水、排涝水、供水、节水等 5 项内容一起治理。

② 李晓东、周洪双：《全域旅游失去民族地区脱贫》，载于《光明日报》2018 年 2 月 14 日第 10 版。

'城乡皆旅游、旅游即生活'的发展理念，使得土地利用、城乡统筹、生态保护、田园乡村建设等相关规划进行有机结合，相互融合。""兴化对于域内生态资源、农业资源、文化资源价值的深刻把握与挖掘，已经将兴化塑造成为一个全域景区""打造一个全区域、全产业、全时空的旅游休闲度假目的地，兴化逐渐成为江苏'大公园'。"①

世界上的瑞士阿尔卑斯山地区、意大利的托斯卡纳地区、法国的普罗旺斯—阿尔卑斯—蔚蓝海岸大区、美国的南加州地区等都是让全球旅游向往的全域旅游目的地。这些地区"不依托单一的世界奇观，并未被某一单一景区所代言，而是依托极其地域特色的生态资源、小城镇体系、优质的公共设施体系以及地方优势的产业体系，迎接全世界游客的瞩目。""比如法国蔚蓝海岸大区传统的农渔产业门类。其域内马赛是产量和质量俱佳的南欧著名渔港，普罗旺斯的薰衣草种植和鲜花市场久负盛名，以阿维尼翁为中心的普罗旺斯产区是全球最负盛名的桃红葡萄酒产区。这些特色产业门业与旅游高度结合，既促进餐饮、康疗乃至度假经营，又促进当地生态保护及农产品销售，这一系列生态资源与产业优势，叠加成为吸引全球游客的全域风景。意大利托斯卡纳地区，将特色农牧产业、传统手工业、时尚创意产业和旅游度假产业高度结合，凭借佛罗伦萨的艺术积淀以及围绕其展开的奢侈品工业文化，成为享誉世界的'全域旅游'品牌。"②

（三）特色旅游目的地建设

1. 山地旅游目的地建设

以旅游产品的侧重点不同，山地旅游目的地可分为山地观光、山地科普教育、山地体验、山地度假、山地运动、山地文化等旅游目的地。

山地旅游是指依托复杂多变的山体景观、各种山地水体、山地气候、丰富的动植物景观等自然资源和山地居民适应山地环境而形成的聚落格局、建筑形态、风俗习惯、劳动方式、传统手工艺等人文资源，开发山地攀登、探险、考察等特色旅游产品和山地、度假、运动、体验为一体的现代旅游形式。广义的山地旅游也包含了体育旅游，例如，2018年3月，国务院办公厅发布的《关于促进全域旅游发展的指导意见》中提出的"冰雪运动、山地户外运动、水上运动、汽车摩托车运动、航空运动、健身气功养生等体育旅游形式"，在山地旅游中大部分也是包含的。

我国有丰富的山地旅游资源，华东地区有黄山、泰山、三清山、武夷山、普陀山等，华南地区有罗浮山、丹霞山、五指山等，西南地区有云贵的喀斯特地貌、广西桂林山水、四川峨眉山等，华中地区有衡山、张家界、老君山等，东北地区有长山白等，

---

①② 李信：《江苏兴化为中国"全域旅游"提供样本》，载于《环球时报》2018年2月14日。

新疆有天山、阿尔泰山等。近几年，中国山地旅游取得了长足发展，越来越多的游客将山地旅游作为旅游的目的地。2015 年 10 月 10 日，经国务院批准的中国以山地旅游为主题的国家山地旅游首届大会在贵州黔西南兴义市万峰林会议中心召开，当时的国家旅游局和体育局的有关领导、贵州省委省政府主要领导和世界山地旅游有关组织官员、专家等 800 余名嘉宾参加了全国山地旅游大会。大会发布了《首届国际山地旅游大会宣言》，举办了国际自行车、徒步、露营、野钓、低空跳伞、户外运动等多项活动和竞赛。

"黎明时分的青藏高原上，一名僧人在为准备开跑 100 千米的参赛者们诵经，他们即将翻越沙丘、峡谷。这群全身运动装束的都市人花费数千元来到位于青海的龙羊峡水库参加超级马拉松比赛。……2015 年全中国共有不到 30 场越野跑比赛，今年上半年已突破 250 场。今年上半年，拥有全球顶级越野跑装备品牌的亚玛体育集团公司在中国市场的净销售增长 23%。该公司负责人预计，未来五年中国越野跑人群将从目前的 15 万人增长一两倍。"[①]

山地旅游目的地开发要注重生态保护优先原则，不损害环境为代价；适度开发原则，以游客规模为导向；因地制宜原则，发挥自身独特优势和形成自身特色产品；统筹规划原则，长远统一规划，分步实施；遵守规定原则，包括制度规范和标准。

2. 休闲农业旅游目的地建设

休闲农业是农业还是旅游业素有争论，至今没有定论。休闲农业从为游客观光、体验、教育角度讲是旅游业，这是因为，在这里，农业生产经营的目的是为游客旅游，农业生产经营本身并不是目的，从这个角度讲，休闲农业称为农业旅游比较正确，这是因为，农业旅游强调的是旅游，农业是为旅游服务的。如果说休闲农业是农业中的一种类型，就如大田农业、自然农业一样，此时强调的是农业，因此，休闲农业就有观光农业、体验农业、科教农业的说法。2008 年，中国台湾"行政院农业委员会"颁布的《农业发展条例》第三条第五款提出，休闲农业是指"利用田园景观、自然生态及环境资源，结合农村渔牧生产、农业经营活动、农村文化及农家生活、以提供国民休闲、增进国民对农业及农村体验为目的之农业经营。"这里，休闲农业强调的是农业，是一种农业产业形态。我国学者郭焕成在其《我国休闲农业发展的意义、态势与前景》一文中提出，"休闲农业也称观光农业、旅游农业，是以农业资源、田园景观、农业生产、农耕文化、农业设施、农业科技、农业生态、农家生活和农村风情风貌为资源条件，为城市游客提供观光、休闲、体验、教育、娱乐等多种服务的农业经营活动"，这里也是讲休闲农业是一种农业形态。笔者在 2019 年 9 月出版的《乡村发展导

---

① 里克斯蒂安·谢发德等著，伊文译：《越野跑振奋偏远乡村》，载于《环球时报》2018 年 9 月 1 日第 6 版。

论》一书中提出，休闲农业是发生在乡村空间的一种旅游形式，休闲农业与乡村农家乐旅游、乡村文化旅游、乡村生态旅游、乡村度假旅游等共同构成乡村旅游。[①] 从产业门类角度讲，休闲农业的本质是旅游业，住是为游客观光、体验等旅游活动而进行的农业生产经营，其目的已经不是着眼于农业生产经营，而是着眼于游客旅游活动，在这过程中，出售的是旅游产品而不是农产品。这正如同样一斤葡萄，在葡萄采摘园中自行采摘售价是每斤 40 元，而同样的葡萄在超市里出售只有每斤 10 元，其原因是前者出售的葡萄具有旅游产品性质，其价格中含有采摘体验费，后者仅为农产品，不具有旅游产品性质。实践中，之所以有休闲农业是农业还是旅游业之争，其原因是"所管决定所思"或者"屁股决定脑袋"。

休闲农业旅游目的地是以特色农业为基础，特色农业决定休闲农业的特色，而特色农业又以特色资源和特色优势为基础，特色资源包括水、气、土、动植物品种等，特色优势包括种植养殖历史、方法、技术、施肥、喂料、用药、管理等，在此基础上形成特色农业旅游目的地。

实践中，休闲农业旅游目的地可分为水产类、畜禽类、花卉类、瓜果类、蔬菜类、林木类、牧业类等。需要说明的是，不同类型的休闲旅游农业旅游目的地具有不同的规模化要求。例如，种植业休闲农业旅游目的地，在实践中，一般规划范围需要 3 平方千米左右，建设范围需要 1 平方千米左右，规模太小难以形成多样化、满足游客需求的旅游产品。

3. 历史文化名镇旅游目的地建设

2018 年 3 月，国务院办公厅发布的《关于促进全域旅游发展的指导意见》中提出，"探索名胜名城名镇名村'四位一体'全域旅游发展模式。"名胜与名山往往连续在一起，前面的"山地旅游"目的地建设事实上已经讲了"名胜"的内容，在这里结合小城镇旅游业发展，重点讨论名镇和名村的旅游目的地建设。2003 年 10 月，国家住房和城乡建设部和国家文物局公布的第一批中国历史文化名镇名村的通知中，对我国历史文化名镇名村界定为"保存文物特别丰富，且具有重大历史价值或纪念意义的，能较完整地反映一些历史时期传统风貌和地方民族特色的村镇。"到 2014 年止，我国公布了六批合计为 252 个历史文化名镇，其中，2003 年 10 月 8 日公布的第一批为 10 个，2005 年公布的第二批为 34 个，2007 年 5 月 3 日公布的第三批为 41 个，2008 年 10 月 14 日公布的第四批为 58 个，2010 年 12 月 13 日公布的第五批为 38 个，2014 年 3 月 11 日公布的第六批为 71 个。与此同时，1~6 批还公布了 276 个历史文化名村。

2008 年 7 月，国务院发布的《历史名城名镇名村保护条例》第七条明确，"具备

---

① 朱建江：《乡村发展导论》，经济科学出版社 2019 年版，第 253 页。

下列条件的城市、镇、村，可以申报历史文化名城、名镇、名村：（一）保存文物特别丰富；（二）历史建筑集中成片；（三）保留着传统格局和历史风貌；（四）历史上曾经作为政治、经济、文化、交通中心或者军事要地，或者发生过重大历史事件，或者其传统产业、历史上建设的重大工程对本地区的发展产生过重要影响，或者能够集中反映本地区建筑的文化特色、民族特色。"申报历史文化名城的，在所申报的历史文化名城保护范围内还应当有历史文化街区。而历史文化名城、名镇、名村中涉及的"文物"，在 2007 年 12 月 29 日公布的《中华人民共和国文物保护法》第二条明确，"在中华人民共和国境内，下列文物受国家保护：（一）具有历史、艺术、科学价值的古遗址、古墓葬、古建筑、石窟寺等和石刻、壁画；（二）与重大历史事件、革命运动或者著名人物有关的以及具有重要纪念意义、教育意义或者史料价值的近现代重要史迹、物、代表性建筑；历史上各时代珍贵的艺术品、工艺美术品；（四）历史上各时代重要的文献资料以及具有历史、艺术、科学价值的手稿和图书资料；（五）反映历史上各时代、民族社会制度、社会生产、社会生活的代表性实物。具有科学价值的古脊椎动物化石和古人类化石同文物一样受到国家保护。"特别需要说明的是，2012 年 9 月 28 日浙江省第十一届人民代表大会公布的《浙江省历史文化名城名镇名村保护条例》第十一条明确了历史文化街区是指"（一）保护文物特别丰富；（二）历史建筑集中成片；（三）较完整和真实地保留着传统格局和历史风貌；（四）规模达到国家规定的标准。"第十二条明确了历史建筑的内涵是："（一）建筑样式、结构、材料、施工工艺或者工程技术具有历史、科学、艺术价值的；（二）反映当地历史文化和民族传统，具有特定时代特征和地域特色的；在当地产业发展史上具有一定代表性的作坊、商铺、厂房和仓库；与历史事件、著名人物有关的近现代建筑物、构筑物；（五）其他具有历史价值的建筑特产、构筑物。"

历史文化名镇、名村的旅游目的地建设，国内有些成功的经验，一是明确古镇区保护范围，对保护范围内的古镇格局、建筑物和构筑物明确保护原则和保护措施。二是按照游客旅游需要，提升古镇区保护范围内的现代功能，包括架空线入地、生产生活污水集中处理、无燃气集中供应、垃圾集中收集和处理以及公共停车场和绿化建设。三是开发新镇区，实施古镇区和新镇区功能错位发展。四是统筹古镇区物业与统筹古镇区产业相结合，建立古镇旅游开发公司，统筹古镇区物业的出售、出租和根据游客需求统筹古镇业态的转型升级。

特色旅游目的地总体上都可概括为生态、产业、文化三方面旅游目的地，平时常说的山地、体育、森林、湿地、沙漠、自然保护地、休闲度假等可以归入生态旅游目的地建设中；农业、工业、商业、医疗、康养、邮轮等旅游都可以归入产业旅游目的地建设中；名城、名镇、名村等旅游大多可以归入文化旅游目的地建设中。而特色旅游目的地建设都是全域旅游目的地建设的其中一部分。

第三节　一般建制镇和集镇的就业和收入

前面所述的一般建制镇和集镇的产业发展本身并不是目的，产业发展的目的是促进镇及其乡村居民的就业和收入。

一、一般建制镇和集镇的就业

"2015 年末全国共有建制镇 20515 个，乡（苏木、民族乡、民族苏木）11315 个，643 个乡级特殊区域，行政村 56.88 万个，自然村 264.64 万个（其中村民委员会所在地 254.21 万个），村镇户籍总人口 9.57 亿人。其中，建制镇建成区 1.6 亿人，占村镇总人口的 16.73%；乡建成区 0.29 亿人，占村镇总人口的 3.02%；镇乡级特殊区域建成区 0.03 亿人，占村镇总人口的 0.33%；村庄 7.65 亿人，占村镇总人口的 79.92%。全国建制镇建成区面积，390.8 万公顷，平均每个建制镇建成区占地 219 公顷，人口密度 48 99 人/每平方千米（含暂住人口）；乡建成区 70.0 万公顷，平均每个乡建成区占地 61 公顷，人口密度 4449 人/每平方千米（含暂住人口）；乡镇级特殊区域建成区 9.4 万公顷，平均每个镇乡级特殊区域建成区占地 146 公顷，人口密度 3906 人/每平方千米（含暂住人口）。"[①]

根据住建部 2016 年全国小城镇调查，到 2015 年 1.8 万个一般建制镇（不包括城关镇），常住人口占全国常住人口比例为 12%，为 16495 万人；其中，18～59 岁为 64%，为 10557 万人。而到 2015 年底，一般建制镇镇区就业结构中务农、打零工、做生意、机关企事业单位上班分别占比 33%、22%、21%、21%，且 60 岁以上务农人员占 30%。经校正，2015 年底，一般建制镇实际就业人员为 11602 万人，四个领域的就业人数分别为 3828.7 万人、2552.4 万人、2436 万人、2436.4 万人。

按照上述统计数据，到 2015 年，乡集镇（仅指乡政府驻地）平均户籍人口为 2563 人。而 2016 年住建部全国一般建制镇抽样统计，镇均常住人口为 9012 人，[②] 这样，乡集镇镇区人口为一般建制镇镇区人口的 28%。一般情况下，在我国乡政府驻地集镇务农就业人口和老龄人口一般比建制镇高。参照住建部 2016 年全国一般建制镇镇区 "18～59 岁占镇区常住人口 64%" 和镇区就业结构，假定乡政府驻地集镇 "18～59 岁人口占镇区人口的 60%""务农就业人口占就业劳动年龄段人口的 50% 和 60 岁

---

① 顾朝林、盛明洁：《县辖镇级市研究》，清华大学出版社 2017 年版，第 6 页。
② 赵晖等：《说清小城镇》，中国建筑工业出版社 2017 年版，第 9 页。

以上务农人口占劳动年龄段人的30%"，则乡建成区就业人口为2262万人左右，其中非农就业人口为1131万人左右。

这样，一般建制镇和乡集镇镇区就业人口总数为13864万人左右，其中务农人员为4959.7万人左右，非农就业人员为8904.3万人左右。

根据国家统计局发布的《2015年农民工监测调查报告》，2015年末，户籍在乡镇且在乡籍地域从事非劳就业的本地农民工，2015年末为10863万人，扣除一般建制镇和乡集镇8904.3万非农就业人员，在我国县城城关镇、中心镇、经济强镇等特大镇的非农就业人员还有1976.3万人左右。据统计，截至2015年末，镇区人口超过10万人的特大镇有238个，超过5万人的有885个，镇区常住人口5万人以上的特大镇合计达到1123个。[①] 这样2015年我国镇区10万人以上的238个特大镇从事非农就业的本地农民工占全部农民工的18%，每一个特大镇的非农就业本地农民工人口为8.3万人。可见，上述我国非农就业在一般建制镇镇区、乡政府驻地集镇、乡政府驻地以外集镇、特大镇的分布是经得起各类数据印证的。而2015年的农业就业人员为21919万人，扣除一般建制镇镇区和乡驻地集镇镇区近5000万人农业就业人员外，还有约17000万人农业就业人员也主要分布在一般建制镇、乡政府驻地镇区以外的地域内和特大镇地域内。

需要说明的是，陈锡文老师在其《读懂中国农业农村农民》一书中提出，"到2013年，乡镇企业的工业总产值已经达到66.6万亿元，从业人员达到1.67亿人，利润总额也达到了3.9万亿元。"[②] 这里讲的乡镇企业，即1984年3月中共中央转发农牧渔业部《关于开创社队企业新局面的报告》中所规定的，仅包括乡村两级的集体企业，部分农民经营的合作企业以及农民家庭经营的个体企业的乡镇企业范围。到21世纪初乡镇企业已拓展为乡镇地域范围内的企业，包括以下六种类型：（1）集体所有制企业；（2）农民合作制企业；（3）私营及个体企业；（4）"三资"企业；（5）不同所有制合办的联营企业；（6）股份制企业。特别是20世纪90年代以后，三资企业和私营企业在乡镇企业中已经占据越来越重要的地位。[③] 再加上近几年乡镇地域内的新业态所增加的非农就业，包括农产品电商带动超过2800万人就业，乡村旅游带动900万人就业，2018年返乡创新创业带动780万人就业等，乡镇地域内的非农就业也许远大于乡镇地域内从事非农就业的农民工范围。

二、一般建制镇和集镇的居民收入

据2016年住建部全国小城镇抽样调查，到2015年底，小城镇年人均可支配收入

① 国家发展和改革委员会：《国家新型城镇化报告（2015）》，中国计划出版社2016年版，第101页。
② 陈锡文：《读懂中国农业农村农民》，外文出版社2019年版，第108页。
③ 邹兵：《小城镇的制度变迁与政策分析》，中国建筑工业出版社2008年版，第98页。

为 17616 元，而同期城镇居民人均可支配收入为 31194.8 元，乡村居民人均可支配收入为 11421.7 元，小城镇居民人均可支配收入是城镇居民人均可支使收入的 56%，是乡村居民人均可支配收入的 154%。而小城镇居民的财产性收入与乡村居民财产性收入相当（见表 7-5）。

表 7-5　　　　　　　　　　　　2015 年城镇、小城镇、乡村居民收入水平

收入构成	城镇居民		小城镇居民		乡村居民	
	绝对值（元）	占比（%）	绝对值（元）	占比（%）	绝对值（元）	占比（%）
总收入	31194.8	100	17616	100	11421.7	100
工资性收入	19337.1	61	—	—	4600.3	40
经营性净收入	3476.1	11	—	—	4503.6	40
财产性收入	3041.9	9	352.3	2	251.5	2
转移性收入	5339.7	19	—	—	2066.3	18

资料来源：根据国家统计局《2016 年中国统计年鉴》和赵晖等著的《说清小城镇》（中国建筑业出版社 2017 年版，第 240 页）整理。

然而，按国家统计局城乡居民人均可支配收入等分组，2015 年城镇居民人均可支配收入中高收入户与低收入户差距为 5.32 倍，乡村高收入户与低收入户差距为 8.1 倍，而小城镇高收入户与低收入户差距为 14.01 倍（见表 7-6）。这说明，小城镇内的经济社会发展的均质性比城镇和乡村都差一些。

表 7-6　　　　　　　　2015 年城镇、小城镇、乡村居民五等分组可支付收入　　　　　单位：元

收入分组	城镇居民	小城镇	乡村居民
低收入（20%）	12230.9	4930	3885.6
中等偏下户（20%）	21446.2	11417	7220.9
中等收入户（20%）	29105.2	18606	10310.6
中等偏上户（20%）	38572.4	25943	14537.3
高收入户（20%）	65082.2	69103	26013.9
均值	31194.8	17616	11426.7

资料来源：根据国家统计局《2016 年中国统计年鉴》和赵晖等著的《说清小城镇》（中国建筑工业出版社 2017 年版，第 5 页）整理。

根据国家统计局"农民工监测调研报告"，2015～2017 年本地农民工的月均收入分别为 2781 元、2985 元、3176 元，三年里分别增长 6.7%、7.3%、6.3%。而据 2016 年住建部全国小城镇抽样调查，2015 年，在小城镇机关事业单位上班的月均收入为 3195 元，在企业上班的月均收入为 2998 元，打零工的月均收入为 2267 元，务农的月均收入为 1626 元，经商的月均收入为 3129 元等。而 2015～2016 年，外出农民工月均收入分别为 3359 元、3572 元、3805 元，在小城镇内从事非农就业与离开小城镇从

事非农就业（2015～2017年）月均收入差距为120%、119%、119%。如表7-7所示。

表7-7   **2015～2017年我国农民工月均收入**

年份	外出农民工		本地农民工	
	绝对值（元）	增长（%）	绝对值（元）	增长（%）
2015	3359	8.1	2781	6.7
2016	3572	6.3	2985	7.3
2017	3805	6.5	3173	6.3

资料来源：根据国家统计局农民工监测调查报告整理，2015年和2018年起国家统计局没有发布这类数据。

然而，根据国家统计局发布的农民工监测调查报告，在小城镇就业的农民工2013～2015年，月均生活费支出比外出农民工低，2013年，月均消费支出中地级市外出农民工高于小城镇农民工112%，直辖市和省会城市农民高于小城镇农民工120%；2014年，地级市农民工月均生活费支出高于小城镇农民工113%，直辖市和省会城市农民高于小城镇农民工119%，2015年，地级市农民工消费高于小城镇农民工113%，直辖市和省会城市高于小城镇农民工123%。由于农民工生活、消费支出中占50%左右是居住支出，如果本地农民工实行的"离土不离乡、进厂不进城"，即白天上班在小城镇，而下班居住在自家，还可以节约50%的居住支出，从而大大降低小城镇范围内就业的消费支出，提高就业人员的纯收入（见表7-8）。

表7-8   **我国不同规模城镇外出农民工月均消费支出**

指标	人均月生活消费支出（元）			其中居住支出占比（%）		
	2013年	2014年	2015年	2013年	2014年	2015年
合计	892	944	1012	50	47.1	46.9
直辖市和省会城市	972	1020	1106	51	47.9	47.8
地级市	911	968	1043	47	43.4	43.4
小城镇	807	853	892	53	50.4	49.8

资料来源：根据国家统计局农民工监测调查报告整理。

本章参考文献

[1] 赵晖等：《说清小城镇》，中国建筑工业出版社2017年版。

[2] 刘栋：《城镇化不是简单化的城市建设》，载于《文汇报》2013年3月7日。

[3] 汪增洋、张学良：《促进中国小城市高质量发展》，载于《中国工业经济》2019年第1期。

［4］罗守贵：《新型城镇化必须将重心下沉》，载于《文汇报》2013 年 12 月 18 日。

［5］范恒山：《以城带乡促进乡村振兴》，载于《人民日报》2019 年 6 月 11 日。

［6］（美）H·G 哈尔克劳著，周诚等译：《美国农业经济学》，农业出版社 1987 年版。

［7］潘培坤、凌岩：《城镇化探索》，同济大学出版社 2012 年版。

［8］严红枫：《浙江湖州桑基鱼塘入选全球重要农业文化遗产》，载于《光明日报》2017 年 11 月 25 日。

［9］李慧：《中国种业突破重围，靠什么》，载于《光明日报》2018 年 4 月 11 日。

［10］陆纾文：《揭开地球"种子方舟"神秘面纱》，载于《文汇报》2018 年 3 月 4 日。

［11］李慧：《如何补齐农业机械化短板》，载于《光明日报》2018 年 12 月 20 日。

［12］刘洪超：《互换并地的彰武探索》，载于《人民日报》2018 年 7 月 20 日。

［13］《2015—2016 年中国化肥行业市场现状及发展趋势分析（图）》，https：//www.chgxx.com/industry/2016021386119.html，2016 年 2 月 16 日。

［14］柯炳生：《职业农民首先要从教育来》，载于《光明日报》2019 年 2 月 12 日。

［15］刘杰：《新型职工农民，怎样培养怎样成长》，载于《光明日报》2019 年 2 月 12 日。

［16］贺雪峰：《城乡二元结构是保持中国社会结构弹性的关键》，载于《社会科学报》2018 年 11 月 8 日。

［17］吴天然：《中国农村工业化论》，上海人民出版社 1997 年版。

［18］李慧：《农村一、二、三产业融合如何让"1＋1＋1＞3"》，载于《光明日报》2018 年 8 月 16 日。

［19］王健、杨喆：《从跨地卖粮到县域深加工》，载于《新华每日电讯》2019 年 2 月 22 日。

［20］陈锡文：《读懂中国农业农村农民》，外文出版社 2019 年版。

［21］国家统计局：《2018 年农民工监测调查报告》，2019 年 4 月 29 日。

［22］邹兵：《小城镇的制度变迁与政策分析》，中国建筑工业出版社 2003 年版。

［23］周强：《广州整治"村级工业园"，为创造强市"腾发展空间"》，载于《新华当日电讯》2019 年 9 月 24 日。

［24］曾洪业：《社会主义商业经济学》，中国人民大学出版社 1980 年版。

［25］华觉：《传统工艺的现代价值》，载于《光明日报》2017 年 7 月 20 日。

［26］国家统计局：《第三次全国农业普查主要数据公报（第三号）》，2017 年 12 月 15 日。

［27］吴铎思：《农村电商成为发展转型新动能》，载于《工人日报》2018 年 11 月 7 日。

［28］夏征农、陈至立主编：《辞海》，上海辞书出版社 2009 年版。

［29］李晓东、周洪双：《全域旅游失去民族地区脱贫》，载于《光明日报》2018 年 2 月 14 日。

［30］李信：《江苏兴化为中国"全域旅游"提供样本》，载于《环球时报》2018 年 2 月 14 日。

［31］里克斯蒂安·谢发德等，伊文译：《越野跑振奋偏远乡村》，载于《环球时报》2018 年 9 月 1 日。

［32］朱建江：《乡村发展导论》，经济科学出版社 2019 年版。

［33］顾朝林、盛明洁：《县辖镇级市研究》，清华大学出版社 2017 年版。

［34］国家发展和改革委员会：《国家新型城镇化报告（2015）》，中国计划出版社 2016 年版。

| 第八章 |
一般建制镇和集镇的公共产品

本章详细梳理了国内城乡公共产品的各类标准，从工程性基础设施、社会性基础设施和生态性基础设施三方面系统地研究了一般建制镇和集镇的公共产品。具体内容由一般建制镇和集镇公共产品的内涵，一般建制镇和集镇工程性基础设施和服务，一般建制镇和集镇社会性基础设施和服务，一般建制镇和集镇生态性基础设施和服务四节构成。

第一节　一般建制镇和集镇公共产品的内涵

一、公共产品的含义

当前，在我国公共产品比公共服务范围广泛。日常中所讲的公共产品通常指根据需要与可能由一国或一个地区的国家机构或企事业单位为特定居民和单位设置，大家共同使用、共同享受的产品和服务总和。《城市规划基本术语标准》将城市基础设施定义为"城市生存和发展所必须具备的工程性基础设施和社会性基础设施的总称"，其中"工程性基础设施一般指能源供应、给水排水、交通运输、邮电通信、环境保护、防灾安全等工程设施。社会性基础设施则指文化教育、医疗卫生等设施。我国一般讲城市基础设施多指工程性基础设施。"随着一个国家或者一个地区经济社会的发展，人民生活水平的提高，在现实的生产生活中，人们对生态环境设施的重视程度越来越高。因此，本书根据现实需要将城乡人们生存和发展所必须公共产品分为基础性设施和服务、社会性设施和服务、生态性设施和服务三大类。基础性设施和服务，如道路、交通、供水、排水、通信、能源（供电、供气、供热）；社会性设施和服务，如教育、科技、医疗、文化、体育、养老、就业、住房、商业等；生态性设施和服务，如垃圾处理、污水处理、河道治理、植树造林、生物多样性保护等；与公共产品最接近的概念是公共服务。公共服务，目前在我国主要是指社会性的设施和服务。例如，2008年7月1日起实施的我国《城市公共设施规划规范》所讲的公共设施主要包括行政办公、商业金融、文化娱乐、体育、医疗卫生、教育科研设计、社会福利等七类。2007年5

月 1 日起实施的《镇规划标准》中指出，"公共设施按其使用性质分为行政管理、教育机构、文体科技、医疗保健、商业金融和集贸市场六类"。上海市 2015 年 9 月发布的《上海市郊区镇村公共服务设施配置导则（试行）》中所讲的公共服务主要包括文化设施、体育设施、医疗卫生设施、教育设施、交通设施、市政设施、公共绿地、商业设施等八类。2012 年 7 月，国务院发布的《国家基本公共服务体系"十二五"规划》中明确，国家基本公共服务包括基本公共教育、劳动就业服务、社会保险、基本社会服务、基本医疗卫生、人口和计划生育、基本住房保障、公共文化体育、残疾人基本公共服务九大类。2017 年 1 月，国务院发布的《"十三五"推进基本公共服务均等化规划》中所说的"基本公共服务"，在"十二五"国家基本公共服务九大类中减去"人口与计划生育"，变为八大类。

从上面看，公共产品范围大于公共服务，特别是国家主导或主要负责提供的"国家基本公共服务"基本是在一定时期内，各级政府财政投资或付费的范围，随着国家财政收入增长和人民需求提高，"国家基本公共服务"的范围将逐步扩大。同时"国家基本公共服务"范围还涉及"普惠性、可持续"要求，这部分公共服务是"基本的"同时也是全体公民"均等的"，这说明公共服务存在地区差异。由此可见，公共服务更多是从当时、当地财政支付能力角度讲的，因此，公共服务的范围，在特定的时间和空间内一定少于公共产品。不过，随着一国或一个地区的经济社会发展，公共服务的范围将与公共产品范围逐步接近，但不会完全一致。这是因为，公共产品是指不是为特定居民或单位设置的，大家共同使用和共同享受的产品和服务，许多公共产品是由国家提供的，非竞争性的。但也有些公共产品，如商业、市场、银行、酒店、民办教育、民办医院、市场化文化娱乐体育，乃至一些收费高速公路、供水、排污、通信、供电等，在现代社会中，一般都可以由企业提供或者公用事业单位提供，这些公共产品符合非排他性、外部性原则，是可以竞争性的，也可以是私人产品，从这个角度也可以说明公共产品其范围大于公共服务，并且公共服务范围始终无法与公共产品达到同一范围。

二、一般建制镇和集镇的公共产品

一般建制镇和集镇公共产品需要对象主要是镇区及其镇域内乡村常住居民、单位和临时来一般建制镇和集镇旅游、经商、办事的人员。一般建制镇和集镇的公共产品不能仅从满足镇区常住居民和单位所需考虑，在现代化进程中，应包含镇辖范围内的公共产品需求，这是一般建制镇和集镇考虑其公共产品规模、种类、质量时必须考虑的。一般建制镇和集镇在投资建设公共产品时应该从镇村统筹视角，这也是一般建制镇和集镇与城市在设计其公共产品容量时主要的不同点。同时，一般建制镇和集镇还需根据自己的发展定位、特色、功能，测算临时来一般建制镇和集镇经商、办事、求学、就医、观光、度假的人员公共产品需求的种类、数量、规模和质量。基于上述角度，一般建制镇和集镇公共产品主要有两大类：一是为镇区和其所辖乡村服务的公共产品，根据目前我国经济社会发展水平，当地居住和单位生产生活需求以及国家有关政策要求，这一类公共产品主要包括三大部分：（1）基础性公共产品，包括道路交通、供水、供气、供电、物流、网络、广播电视等；（2）社会性公共产品，包括教育、医疗、文化体育、住房、劳动就业、社会保障、非物质文化遗产保护等；（3）生态性公共产品，包括垃圾、污水、河道治理、厕所、农业面源污染治理和农业废弃物利用、畜禽粪污资源化利用、轮作休耕、绿化、景观、风貌、退耕还林、天然林保护等。二是立足全国和区域角度提供的特色公共产品，就一般建制镇和集镇地域角度看，这一类公共产品主要包括两大部分：（1）一般建制镇和集镇地域内的人文产品，包括古镇古村落、特色农产品、手工业产品、特色饮食、特色风俗习惯等；（2）一般建制镇和集镇地域的环境产品，包括特色自然景观、人文景观、植物动物等。

第二节　一般建制镇和集镇的基础性设施和服务

在城乡生产生活中，基础性设施和服务是社会性设施和服务、生态性设施和服务发挥作用的前提，具有基础性地位。本节的基础性设施和服务着重研究道路交通、供水、供电、燃气、通信、防灾、农业基础设施等内容。将传统基础设施中的环境卫生设施和排水设施中的污水处理放入生态性设施和服务中去研究。

一、道路交通

（一）道路

1. 镇区道路

2007年5月1日起实施的《镇规划标准》明确，镇的道路交通包括镇区内部的道路交通、镇域内镇区和村庄之间的道路交通以及对外交通。镇区的道路应分为主干路、干路、支路、巷路四级，镇区道路的规划技术指标如表8－1所示。

表8－1　　　　　　　　　　镇区道路规划技术指标

规划技术指标	道路级别			
	主干路	干路	支路	巷路
计算行车速度（千米/时）	40	30	20	—
道路红线宽度（米）	24～36	16～24	10～14	—

续表

规划技术指标	道路级别			
	主干路	干路	支路	巷路
车行道宽度（米）	14～24	10～14	6～7	3.5
每侧人行道宽度（米）	4～6	3～5	0～3	0
道路间距（米）	≥500	250～500	120～300	60～150

资料来源：《镇规划标准》，中国建筑工业出版社2007年版，第20－21页。

事实上，扣除城关镇、中心镇、经济强镇、重点镇、特大镇后的一般建制镇和集镇，一般没有上面"镇区道路规划技术指标"中所说"四个完整的道路等级"，而是一条或设有过境道路（包括贯穿式、侧穿式、引线式）和1～2条与过境道路相连接的支路以及与支路相连接的巷路（或宅间路）。而过境道路一般属县道、省道和国道，在一般建制镇和集镇范围内这种过境道一般不属乡道，因此，一般建制镇和集镇中过境道路从道路等级角度可能是主干路，也可能是干道。需要说明的是，不是所有一般建制镇和集镇都存在过境道路，例如，根据住建部2016年小城镇调查，到2016年底，与国道和高速公路车程1小时内的小城镇分别占90%和83%。[1] 可见，一般建制镇和集镇过境道路大多属县道和省道，同时也是小城镇的对外交通，因此，一般建制镇和集镇镇区道路由主路（包括主干路和干路）、次路、巷路（宅间路）三个等级组成。参照镇区道路指标，从一般建制镇和集镇大多数情况看，镇区主路红线宽度为16～24米，支路红线宽度为10～14米，巷路红线宽度为3～3.5米，在家用轿车时代，巷路应保证小车行宽度，巷路有条件的局部区间可以建设会车道，以便镇区居民轿车可以直接入户和在巷路中交汇。

2. 镇域道路

镇域道路除镇域内过境道路外，重点是镇区到村庄（农村居民生活和生产的聚居点）的道路。镇域内的村庄道路在我国目前没有技术标准，笔者2016年参与制定的《上海嘉定区村庄道路建设和养护管理办法（试行）》规定中，将村庄道路分为村主路、村支路和宅间路三个等级。村主路是指自然村对外连接的道路，道路宽路为6～8米；村支路是指自然村内与村主路连接的道路，宽度为3～4米；宅间路是指与村支路连接的入户道路，宽度为2.5～3米。因此，我们讲镇区连接村庄的道路一般是指镇区与村主路连接的道路。实践中，一般情况下，除镇域内过境的县道、省道、国道外，镇区连接村主路的路是镇支路。可见，我国一般建制镇和集镇包括镇区道路系统和村庄道路系统，每个道路系统各有三个等级，镇区道路系统与村庄道路系统既相互联系，

① 赵晖等：《说清小城镇》，中国建筑工业出版社2017年版，第54页。

又相互独立，镇区与村庄的连接一般通过镇支路与村主路或过境路与村主路连接。

（二）交通

从目前和发展情况看，一般建制镇和集镇在交通方面，主要有交通站点、公共停车场和路灯三个问题有待完善。

1. 交通站点

在我国大部分一般建制镇镇区和乡政府驻地都有公共停车站或营运小客车起讫站和中途停车站。公共停车站或起讫站对于候车人员一般都是避风遮雨的场所，候车地点也比较固定。但中途停车站，尤其是镇区以外的中途停车站目前存在的问题有：一是停车地点没有标识，相应带来的是停车地点不太固定；二是中途停车站缺乏乘客避风遮雨的场所。目前，在镇区域内一般还有临时停车招呼站，更有待进一步规范完善。

2. 公共停车场

小城镇镇区的交通站点、菜场或集市、大型超市和商场、旅游接待中心等处应当设置一定规模的供机动车和非机动车使用的公共停车场。由于目前我国一般建制镇和集镇，无论是镇区还是镇域内村庄都存在已有的建筑格局，使得不是每条巷路或宅间路都能拓宽到家用轿车宽度，以至镇区和镇域村庄内不是每个宅基地都可以停车，农村地区走亲访友的停车都需要公共停车场来解决。由于小城镇地区车型相对多样，机动车有轿车、货车、客车等，非机动车有三轮车、大板车、畜力车、助动车、自行车等，因此，小城镇停车场的停车位面积也多种多样，轿车停车位为 25 ~ 35 平方米，货车和客车停车位一般为 70 ~ 100 平方米，非机动车停车位一般为 1.5 ~ 2.8 平方米。小城镇公共停车场的服务半径也应该有一些要求，机动车一般为 200 ~ 300 米；非机动车一般为 50 ~ 100 米，最多不大于 200 米。

3. 路灯

根据第三次全国农业普查，到 2016 末，全国村内主要道路有路灯的达到 61.9%。镇区内的过境路、支路（含街路）和巷路（宅间路）中的十字路口、丁字路、交通站点、公共停车场等处应该设置路灯。在镇域内村主路与镇区支路或过境路交叉口、村支路十字路口均应设置路灯。

二、生活饮用水

根据全国第三次农业普查，到 2016 年末，全国集中或部分集中供水的乡镇达到 91.3%。在 2010 年环境保护部公布的《国家级生态乡镇建设指标（试行）》中，对集中式饮用水水源地水质要求达标率为 100%，农村饮用水卫生合格率达到 100%。小城镇给水涉及生活饮用水、农业和工业生产用水、消防用水、浇洒道路和绿地用水等，但生活饮用水是小城镇给水的主要内容。小城镇生活饮用水主要涉及饮用水质量，包括饮用水水源地水质和生活饮用水水质两方面。

（一）水源水质

1. 水源选择

根据 2008 年 10 月 1 日起实施的《镇（乡）村给水工程技术规程》规定，水源水质要求采用地下水作为生活饮用水水源时，水质应符合现行《地下水质量标准》的规定；采用地表水体作生活饮用水水源时，水质应符合现行《地下水质量标准》和《地表水环境质量标准》的规定。用地下水作为供水水源时，取水量应小于允许开采量；用地表水作为水源时，设计枯水流量的年保证率宜不低于 90%。

2. 水源保护

地下水源保护。（1）地下水水源保护区和井的影响半径范围应根据水源地所处的地理位置、水文地质条件、开采方式、开采水量和污染源分布等情况确定，单井保护半径应大于井的影响半径且不小于 50 米；（2）在井的影响半径范围内，不应使用工业废水或生活污水灌溉，不应使用持久性或剧毒的农药，不应修建渗水厕所和污废水渗水坑，不得堆放废渣和垃圾或铺设污水渠道，不得从事破坏深层土层的活动；（3）雨季时应及时疏导地表积水，防止积水漫溢到井内；（4）渗渠、大口井等受地表水影响的地下水源，其保护措施应遵照本条第（2）点执行。

地表水水源保护。（1）取水点周围半径 100 米的水域内，严禁可能污染水源的任何活动；并设置明显的范围标志和严禁事项的告示牌；（2）取水点上游 1000 米至下游 100 米的水域，不应排入工业废水和生活污水；其沿岸防护范围内不应堆放废渣、垃圾及设立有毒有害物品的仓库或堆栈；不得从事有可能污染该段水域水质的活动；（3）以水库、湖泊和池塘为周围预沉池（调蓄池）的天然池塘输水明渠，应遵照本条第（1）点执行。

（二）生活饮用水

1. 供水方式

根据我国《生活饮用水卫生标准》的规定，生活饮用水供水方式有集中式供水和分散式供水两种方式。集中式供水是指水源集中取水，通过输配水管网送到用户或者公共取水点的供水方式，包括自建设施供水为用户提供日常饮用水的供水站和公共场所，居民社区提供的分质供水也属集中式供水。在入户之前经再度储存、加压和消毒或深度处理，通过管道或容器输送给用户的集中供水也叫二次供水，我国住宅小区多高层建筑的供水大多属集中供水方式中的二次供水。另外，农村日供水在 1000 立方米以下（或供水人口在 1 万人以下）的也属集中式供水。

2. 生活饮用水水质

一级水源水，地下水只需消毒处理，地表水经简易净化处理、消毒后即可供生活饮用。二级水源水，经沉淀、过滤、消毒等常规净化处理后，其水质达到《生活饮用水卫生标准》的规定，才可供生活饮用。生活饮用水的基本要求包括：生活饮用水中不得含有病原微生物，生活饮用水中化学物质不得危害人体健康，生活饮用水感官性状良好，生活饮用水应经消毒处理，生活饮用水应符合《水原常规指标及限值》和《水质非常规指标及限值》。集中或供水出厂水水中消毒剂限值、出厂水和管网末梢水中消毒剂余量应符合《饮用水中消毒剂常规指标及要求》。

三、通信

根据第三次全国农业普查，到 2016 年末，我国 99.7% 的村通电，99.5% 的村通电话，82.89% 的村安装了有线电视，89.9% 的村通宽带互联网，25.1% 的村有电子商务配送站点。

（一）邮政局所

原则上，一般建制镇和乡政府驻地集镇都应配置 1 处邮政局所，邮政局所的业务包括邮政邮务、邮政速递物流、邮政金融。镇区常住人口规模 5000 人以下的，可设置 1 处三等邮政所，建设面积 140 ~ 160 平方米；镇区常住人口规模 5000 人以上 2 万人以下的一般建制镇可设置 1 处二等邮政局所，建筑面积 220 ~ 240 平方米；镇区常住人口规模 2 万人以上 5 万人以下的可设置 1 处一等邮政局所，但可设两个营业服务点，建筑面积 500 平方米左右。邮政局所宜设于镇区交通便利、人口集中的地段，可与其他设施一并设置。

（二）移动机站

移动通信网的主要设施是移动电话局和基站，基站与移动终端互接，基站设于某一地点，是服务于一个或几个蜂窝小区的全部无线设备的总称。它是在一定的无线覆盖区域内，由移动业务交换中心 MSC 控制，与移动终端进行通信的设备。基站可以设置在非住宅建筑屋顶，也可以设置在移动运营商专门设置的铁塔上。各基站的间距 1 千米左右，服务面积不能过大。

（三）通信网络

2019 年 5 月，中共中央、国务院办公厅发布的《数字乡村发展战略纲要》提出，加快乡村信息基础设备建设，大幅提升乡村网络设施水平。加强基础设施共建共享，加快农村宽带通信网、移动通信网、数字电视网和下一代互联网的发展。"加快乡村基础设施数字化转型。加快推动农村地区水利、公路、电力、冷链物流、农产品加工等基础的数字化、智能化转型，推动智慧水利、智慧交通、智网电网、智慧农业、智慧物流建设。"

四、能源

能源包括机械能、热能、光能、电磁能、化学能等能量的自然资源。是人类赖以生存和发展工业、农业、国防、科学技术，改善人民生活所必需的动力来源。[1] 能源按直接使用和可加工转换后使用分为一次能源和二次能源。一次能源是指未经加工转换，按自然状态存在的能源，故一次能源又称天然能源，包括化石燃料（如原煤、原油、石油、天然气等）、核燃料、生物质能、水能、风能、太阳能、地热能、海洋能、潮汐能等。二次能源是指一次能源加工转换后形成的能源，包括电能、汽油、柴油、液化石油、天然气和氢能等。二次能源在加工转化过程中会产生一定的损失，但使用中二次能源比一次能源更有效、更清洁、更方便，所以人们在日常生产生活中使用的能源大多是二次能源，电能是二次能源中用途最广、使用最方便、最清洁的一种。按能否再生，一次能源又可分为可再生能源和不可再生能源，可再生能源均来自太阳，可重复产生，如太阳能、风能、水能、生物质能、地热能、海洋、潮汐能等；不可再生能源指消耗后不可重复产生的能源，包括化石燃料、核燃料。二次能源可分为过程性能源和含能体能源，电能就是过程性能源，汽油和柴油就是含能体性能源。[2] 2010年环境保护部公布的《国家级生态乡镇建设指标（试行）》要求，乡镇"使用清洁能源的居民户数比例占50%"。清洁能源，即绿色能源，是指不排放污染物，能够直接用于生产生活的能源。目前，日常生产生活中普遍使用的清洁能源有生物质能、电能、燃气等。

（一）生物质能

生物质能是以自然界中有生命的植物、动物和微生物等生物质为媒介，利用水、气、土等，通过光合作用储存太阳能而形成的能量。生物质能的原始能量来源太阳，故从本质上来讲，生物质能是太阳能的一种表现形式。生物质主要包括薪柴、农作物秸秆、禽畜粪便、生活垃圾、工业有机废水等。薪柴指修剪树木的树枝、林木加工的边角废料以及薪炭林等。农作物秸秆主要包括玉米秸、高粱秸、麦秸、稻草和棉花秆等。生活垃圾包括居民生活垃圾、商业服务垃圾和部分可燃建筑垃圾。畜禽粪便包括牛粪、猪粪、鸡粪等。工业有机废水包括酒精、酿酒、制糖、食品、制药及屠宰等生活生产过程中排出的含有机物的废水。生物质能、煤炭、石油、天然气

---

① 夏征农、陈至立主编：《辞海》，上海辞书出版社2009年版，第1653页。
② 戴慎志：《城市工程系统规划》，中国建筑工业出版社2015年版，第149–150页。

共同构成当今世界四大能源。目前，生物质能主要利用方式是直接燃烧、生物质气化、液体生物燃料沼气、生物制氢、生物质发电等。根据第三次全国农业普查，到2016年底，我国主要使用柴草做饭取暖的农村住户为10177万户，占全国农村同期住户的44.2%。据调查，在长江流域、大别山区、武陵山区、三峡库区、云贵高原等地区，我国村镇地区仍然存在普遍的"烧柴现象"。不但山里农村住户烧柴，还有农村油坊小企业、山货加工小企业也烧柴。[①] 柴草在传统柴灶上燃料，其热效率仅为10%左右，推广节柴灶热效率可达到20%~30%。沼气是各种有机物质隔绝空气还原，并且在适宜温度湿度条件下，经过微生物的发酵作用产生可燃气体甲烷，供生产生活之用。随着我国乡村地区生态环境的保护，年轻劳动力外出就业，以及农村地区的经济社会发展，我国村镇地区生产生活中使用的能源应逐步向电能，燃气方向转型。

（二）电能

电能因使用方便、清洁，在我国一般建制镇和集镇镇区和镇域使用已基本普及。一般建制镇和集镇镇区和镇域的电能利用涉及电力负荷的预测、发电站和变电所电源的选择以及电力线路布置。

一般建制镇和集镇的电力负荷是指一般建制镇和集镇镇区或镇域内所有用电户某一时刻实际耗用的有功功率之和。一般建制镇和集镇电力负荷预测，一般先进行各目标年的电量需求预测，再根据年综合最大负荷利用小时数求得最大负荷需求的预测值。

一般建制镇和集镇电源一般来自发电站或变电站。一般建制镇和集镇的发电站一般有水力发电站、火力发电站、风力发电站以及沼气发电、太阳发电等。在我国降雨量较丰富的地区，乡镇中自建小水电站的比较常见；偏僻的乡镇还有柴油机发电；在西部、沿海地区风力发电也逐步增多；近几年，日照较好的乡镇太阳能发电也较多；小部分乡镇结合养殖和秸秆回收也有少量的沼气发电。目前，我国大部分乡镇采用的是变电所供电。变电所是指在一个固定的构筑物内装有能改变电网、电压等级的设施，将区域电网上的高压变成低压，再对电能进行分配、控制与保护，并且分配到各用户。乡镇的电压等级标准应符合《标准电压》要求。

一般建制镇和集镇电网建设与改造应符合《农村电力网规划设计导则》要求。裸导线和架空绝缘线敷设应符合《农村电压安全用电规程》要求（见表8-2）。

---

① 苏晓洲等：《长江流域有条"烧柴带"，珍稀植物也成了"柴"》《重视"烧柴现象"，呵护绿色长江》，载于《光明日报》2019年3月21日第8版。

表 8-2　　　**380V 裸导线、架空绝缘线对地面、建筑物、树木最小距离**　　单位：米

导线类别	对地面、水面、建筑物及树木间的最小垂直、水平距离	
裸导线	（a）集镇、村庄（垂直）	6
	（b）田间（垂直）	5
	（c）交通困难的地区（垂直）	4
	（d）步行可达到的山坡（垂直）	3
	（e）步行不能达到的山坡、峭壁和岩石（垂直）	1
	（f）通航河流的常年高水位（垂直）	6
	（g）通航河流最高舱位水位的最高船桅顶（垂直）	1
	（h）不能通航的河湖冰面（垂直）	5
	（i）不能通航的河湖最高洪水位（垂直）	3
	（j）建筑物（垂直）	2.5
	（k）建筑物（水平）	1
	（l）树木（垂直和水平）	1.25
架空绝缘电线	（a）集镇、村庄居住区（垂直）	6
	（b）非居住区（垂直）	5
	（c）不能通航的河湖冰面（垂直）	5
	（d）不能通航的河湖最高洪水位（垂直）	3
	（e）建筑物（垂直）	2
	（f）建筑物（水平）	0.25
	（g）街道行道树（垂直）	0.2
	（h）街道行道树（水平）	0.5

资料来源：《农村低压安全用地规程》。

（三）燃气

燃气一般是由若干种气体组成的混合气体，其中的主要成分是可燃气体，如甲烷等烃类、氢和一氧化碳，也含有一些不可燃气体。目前，燃气按来源可分为天然气、液化石油气、人工煤气、生物气。天然气是指在地下多孔地质构造中自然形成的烃类气体和蒸汽的混合气体，有时也含有一些杂质，常与石油伴生，其主要成分是低分子烷烃。液化石油气是石油开采和炼制过程中，作为副产品而获得的一部分碳氢化合物。人工煤气是指由固体燃料或液体燃料加工产生的可燃气体。生物气是指有机物质在适宜条件下通过微生物分解作用而生成的气体，如"沼气"。[①]

据统计到 2016 年底，我国建制镇建成区燃气普及率为 49.52%，乡建成区燃气普及率为 22%，乡村燃气普及率为 11.9%。[②] 使用煤做饭取暖的农村住户 5506 万户，占全部农户的 23.9%。由于燃气属于清洁能源，随着我国生态环境保护力度的加大，在一般建制镇和集镇中需要进一步推广燃气在居民做饭取暖中的使用比例。总体而言，在一般建制镇和集镇中，临近天然气管网的应优先使用天然气，难以纳入天然气管网的要推广瓶装液化石油气的使用，充分利用规模化养殖积极发展"沼气"等。在一般

---

① 戴慎志：《城市工程系统规划》，中国建筑工业出版社 2015 年版，第 176-177 页。

② 金兆森等：《村镇规划》，东南大学出版社 2019 年版，第 9 页。

建制镇和集镇的镇区和镇域特别要重视液化石油气瓶装供应站建设。瓶装供应站主要为居民用户和小型公建服务，供气规模以 5000~7000 户为宜，一般不超过 1000 户。供应站的实瓶储存量一般按月平均日销售量的 1.5 倍计，空瓶储存量按月平均日销售量计；供应站的液化石油气总储量一般不超过 10 立方米（15 千克钢瓶约 350 瓶）。供应站应设置居民便于换气位置，供应半径不宜超过 15~30 分钟车程，瓶装供应站的瓶库与站外构筑物要保持一定的防火距离，液化石油气瓶装供应站用地面积一般在 500~600 平方米。

五、防灾减灾

一般建制镇和集镇其区位一般都相对偏僻，常见有地质与地震灾害、洪灾、火灾等。

（一）地质与地震灾害

地质与地震灾害主要是由岩石圈运动形成的。这类灾害有山体滑坡、泥石流、地面沉降、地面塌陷以及火山、地震等。从地形角度讲，我国是一个多山国家，平均海拔高度为 1525 米，2/3 的国土是山地、高原和丘陵地带，超过 1000 米的山地占国土国积的 58%。从地质角度讲，我国位于太平洋地震带与欧亚地震带交汇部位，构造复杂，历史上就是地震频发的国家。2008 年 6 月 13 日，山西省吕梁市离石区西属巴街道上安村发生山体自然滑坡，滑坡将靠近山脚的上安村久兴砖厂的厂房摧毁，砖厂的全部生产人员全部被掩埋；2009 年 6 月 5 日，重庆武隆县鸡尾山发生山体塌崩，将山对面的山体采矿场和 6 户居民家掩埋；2010 年 6 月 28 日，贵州省关岭县岗乌镇大寨村发生山体滑坡，[1] 造成大寨村永乐两个村民小组 38 户 107 人被埋；2012 年 9 月 7 日，云南省昭通市彝良县因地震引发山体滑坡造成 18 名小学生 1 名村民遇难[2]。

2008 年 5 月 12 日 14 时 28 分 04 秒四川省阿坝藏族羌族自治州的汶川县发生 8.0 级地震，地震还引发了山体滑坡与泥石流等一系列次生灾害，映秀镇、凤仪镇、曲山镇等镇全部被毁。截至 2008 月 18 日 12 时，"5.12"汶川地震共造成 69227 人死亡，374643 人受伤，17923 人失踪。经国务院批准，自 2009 年起，每年 5 月 12 日为全国防灾减灾日。因此，一般建制镇和集镇镇区及镇域内村庄在建设与改造时要进行灾害评估，预防和减轻地质与地震灾害。

（二）洪水灾害

1. 一般建制镇和集镇的防洪标准

防洪标准是指防洪保护对象或工程本身要求达到的防御洪水的标准，一般以防御

---

① 彭年：《贵州省关岭山体滑坡大塞村 107 人被埋》，载于《贵州晚报》2010 年 6 月 29 日。
② 李怀岩：《云南彝良山体滑坡：18 名被埋学生全部遇难》，新华社，2012 年 10 月 5 日。

洪水重现期表示。根据国家《防洪标准》，乡村防护区防洪区应根据人口或耕地面积设置防护等级和防洪标准，人口小于 20 万人或耕地面积少于 30 万亩的，防洪标准采用 20～10 年一遇，人口在少于 50 万人大于等于 20 万人或耕地面积少于 100 万亩大于等于 30 万亩的，防洪标准采用 30～20 年一遇（见表 8-3）。

表 8-3　　　　　　　　　　　乡村防护区的防护等级和防洪标准

防护等级	人口（万人）	耕地面积（万亩）	防洪标准［重现期（年）］
1	≥150	≥300	100～50 年一遇
2	150～50	100～300	50～30 年一遇
3	50～20	30～100	30～20 年一遇
4	<20	<30	20～10 年一遇

资料来源：根据《防洪标准》整理。

2. 防洪的工程性措施

（1）修筑防洪堤。村庄和农田的标高低于洪水水位时，应按防洪标准修筑防洪堤，堤外植树造林保护堤岸。（2）疏浚河道。把平浅的河床加以浚深或把弯曲的河道适当截弯取位，以增加泄洪能力。（3）修建截洪沟，靠山的村镇可根据山洪暴发流量预测，在适当的位置顺应地形修建截洪沟，将山洪引至村镇居住地和农田以外的沟河中。（4）保留一定的江河湖塘湿地面积。根据村镇人口和农田面积，通过保留地域内一定的江河湖塘湿地面积，以蓄纳洪水容量。（5）修建排涝设施，包括防洪闸和排水泵房等。

（三）火灾

1. 消防站

应对一般建制镇和集镇镇区及镇域火灾，主要涉及消防站布局有：消防车配备、消防给水、消防通道等内容。镇区规划面积大于 7 平方千米或常住人口 2.5 万人以上 5 万人以下的和镇区规划面积为 4～7 平方千米或常住人口 1.25 万人以上 2.5 万人下的一般建制镇，应配置消防站，消防站的位置应为以接到出警指令后 5 分钟消防车可达到辖区边缘。镇区常住人口 1 万人以下的一般建制镇和集镇可根据消防救援要求设置区域消防站，但所在地可设置消防值班室，配备消防通信设备和灭火设施。

2. 消防车

实践中，针对一般建制镇和集镇镇区及镇域，根据人口规模和分布，配置标准消防车和简易消防车。标准消防车可以按消防站配置，简易消防车可以按村配置。配置简易消防车的村，应加强设施维护，做好日常救灾演练。

3. 消防通道和给水

标准消防车消防道路宽度应大于等于 3.5 米，净空高度不应小于 4 米，简易消防车的道路宽度不少于 1.8 米，净空不少于 3 米。

镇区消防给水一般可以利用供水管网直接供给，镇区或村庄没有供水管网的，应设置消防水池或利用江河湖塘天然水，利用天然水源应确保枯水期最低水位时的消防用水量，并设置取水设备。

一般建制镇和集镇镇区及其镇域基础设施配置如表 8 - 4 所示。

表 8 - 4 　　　　　　　　一般建制镇和集镇镇区及其镇域基础设施配置

公共设施类型	项目	配置内容和要求		常住人口规模（万人）				
				2.5 ~ 5	1 ~ 2.5	0.5 ~ 1	0.25 ~ 0.5	0.1 ~ 0.25
工程性基础设施	道路交通	镇主路（过境路）	镇主道一般属县道范围	红线 16 ~ 24 米	√	√	√	√	√
		镇支路（街路）	非古镇支路有时也是街路	红线 10 ~ 14 米	√	√	√	√	√
		镇巷路（宅间路）	镇区巷路往往也是宅间路	3 米	√	√	√	√	√
		路面铺设	沥青混凝土、水泥混凝土、石块、碎石、砾石等	镇主路、支路、巷路铺设厚度 12 ~ 18 厘米	√	√	√	√	√
		桥梁隧道	桥梁宽度和铺设与道路一致		√	√	√	√	√
		交通（首末）站	设置每条交通线路站点场地面积和车辆调度，管理及司售人员生产生活用房面积	每条交通线路站点场地面积 500 ~ 600 平方米，每座站点设置生产生活用房 50 ~ 100 平方米	√	√	√	√	√
		交通（中途）站	设置固定交通（中途）站、配置遮雨候车棚，也可按交通线路多点配置招呼站	临时候车设置 20 平方米左右	√	√	√	√	√
		公共停车场	在商场、菜场、旅游接待、交通站点等地临近配置	地面机动车停车位按 25 ~ 35 平方米/个，非机动车停车位按 1.5 ~ 2.8 平方米/个	√	√	√	√	√
		路灯	在对外连接镇区内的过境路，主路、街路、巷路丁字路口、十字路口、交通站点等地应设置	路灯架设高度 6 ~ 8 米，灯杆间距少于 25 米，灯源为节能灯或太阳能灯	√	√	√	√	√

续表

公共设施类型	项目		配置内容和要求		常住人口规模（万人）				
					2.5~5	1~2.5	0.5~1	0.25~0.5	0.1~0.25
工程性基础设施	给排水	饮用水	饮用水水源水质应符合 CT3020-93 要求，生活饮用水质应符合 GB5749-2006 要求	取水构筑物、泵站、净化构筑物、水厂等用地和建筑规模按有关规范执行	√	√	√	√	√
		排水方式	排水管道沟、管，应采用雨污分流方式，雨雪水可就近排入水体，生活污水和生产废水应经处理达标后排放	排水明沟、泵站、污水处理厂用地和建筑规模按有关规范执行	√	√	√	√	√
	供电和通信	供电	电网建设与改造应符合 DL/T5118-2010 要求，电压等级应符合 GB/T156-2017 要求，安全用应符合 DL493-2015 要求	发电站、变电所和架空线布置占地和建筑规模应符合有关规定	√	√	√	√	√
		邮政局（所）	每个一般建制镇和乡政府驻地集镇配置1处邮政局所，邮政局所宜设置在人口集中地段和交通便利地区	每个邮政局所建筑面积不小于 40~160 平方米，可与其他设施综合设置	√	√	√	√	√
		移动机站	镇区的移动基站按 450~500 米多点配置，各基站的间距为1千米左右	基站一般设置在非住宅的建筑屋顶	√	√	√	√	√
	燃气	液化石油气瓶装供应站	瓶装供应站供气规模以 5000~7000 户为宜，服务半径不宜超过 7.5 千米，根据用房规模可一镇多点设置，也可以按区域设置	瓶装供应站用地面积一般 500~600 平方米	√	√	√	√	√
		天然气	有条件的一般建制镇和集镇应优先使用天然气，天然气安装改造设计应符合 GB/T28885 要求		√	√	√	√	√

续表

公共设施类型		项目	配置内容和要求		常住人口规模（万人）				
					2.5~5	1~2.5	0.5~1	0.25~0.5	0.1~0.25
工程性基础设施	防灾	消防站	一般建制镇和集镇至少设置1处消防站，消防站布局一般应以接到出警指令后5分钟内到达边区边缘	一级普通消防站建设用地3900~5600平方米，建筑面积2700~4000平方米，二级消防站建设用地2300~3800平方米，建筑面积1800~2700平方米	√	√	√	√	
		防洪	一般建制镇和集镇应按其人口规模和耕地面积确定防洪标准，防洪标准确定应符合GB50201－20141要求		√	√	√	√	√
		地质与地震	一般建制镇和集镇镇区和村庄应对建设选址或建设地点进行山体滑坡、泥石流、地面沉降、火山、地震等发生情况进行评估，评估符合GB18306－2015和GB50011－2010要求		√	√	√	√	√
	农业基础设施	农田水利	包括水源工程、灌排工程、喷滴灌工程、渠系建筑物工程和泵站及输变电工程	根据农田水利工程需要配置建设用地	√	√	√	√	√
		土地综合整治	包括土地平整工程、田间道路工程、灌溉和排水工程、农田林网工程、土壤改良和污染耕地修复工程	根据土地整治需要配置建设用地	√	√	√	√	√
		高标准农田建设	包括田块的长度宽度、田块的平整度、农田灌溉系数、田间道路宽度等宜机化水平	根据高标准农田建设需要配置建设用地	√	√	√	√	√

资料来源：笔者整理。

六、农业基础设施

农业基础设施，是农业生产经营的物质基础。根据我国当前农业生产经营情况以及农业的积累水平，依靠农业自身的积累是没有能力进行农业基础设施再投资的。我国自古至今都把农业基础设施建设视作国之本，尤其是农田水利建设。当前及其未来较长时间里，根据我国实际，在农业现代化进程中，需要国家和地方政府按照公共产品提供的农业基础设施主要包括：农田水利、土地综合整治和高标准农田建设等。农田水利是指针对洪、涝、旱、盐、碱等土地的综合整治地和水资源综合利用的原则下，对水土资源、灌排渠系统及其建筑物等进行改造，包括水源工程、灌排工程、喷滴灌工程、渠系建筑物工程和泵站及输变电工程等，形成"旱能灌、旱涝能、责能降"的灌排体系。土地综合整治包括未利用土地的整治和已利用低效用地的整治，其目的是增加有效耕地面积、提高耕地质量、促进农田连片成块，提高"宜机化"水平的工程措施。包括土地平整工程、田间道路工程、灌溉和排水工程、农田林网工程、土壤改良和污染耕地修复工程等。高标准农田建设，也称高水平粮田建设，主要是指按照国家《高标准粮田建设标准》要求，在我国粮田生产功能区、现代农业示范区、农产品保护区、特色农产品基地等基本农田范围内实施农田"宜机化"的改造。在高标准的农田建设中，特别强调田块的长度和宽度、田块的平整度、农田灌溉系数、田间道路宽度等宜机化水平。上述一般建制镇和集镇区及镇域基础设施配置如表8-4所示。

2020年12月30日，山东省人民政府发布的《山东省设立镇标准的通知》规定，镇政府驻地的道路硬化率应达到100%，地名标志设置率应达到100%，饮水安全达到国家标准，电力通信广播电视设备完备。

第三节　一般建制镇和集镇的社会性设施和服务

社会性设施和服务是我国通常所说的公共服务，主要包括教育、医疗、科技、文化、体育、养老等内容。本节根据我国经济社会发展的需要和一般建制镇和集镇便民服务的实际，增加了社区政务服务、电商服务和农业服务，而没有放入商业、市场等非公共产品内容，也没有放入行政机关办公设施和服务中的行政许可服务内容，这是因为从实际看，行政许可服务内容一般在县城以上区域提供，而一般不在一般建制镇和集镇内提供。

一、社区政务服务

当前，我国政务服务包括行政许可服务和社区政务服务两大类。行政许可服务一般由县级以上（含县级）政府行政服务中心提供，其提供形式主要是由涉及行政许可的政府职能部门指派专人在政府行政服务中心为前来办理行政许可事项的办事单位提供行政许可服务，因此，政府行政服务中心以前也叫政府行政审批中心。社区政务服务一般由城市街道办事处或乡镇人民政府的社区事务受理中心为社区居民办理社会性事务。行政服务中心一般设在县级（含县级）以上县、市、区所在地，社区事务受理中心一般设在街道办事处和乡镇政府驻地。故本节主要讨论设置在乡镇驻地的社区事务受理中心办理的社区政务服务。

根据上海市《社区事务受理中心建设服务规范》，"社区"是指基层行政区划确定的街道或镇（乡），"社区事务"是指依据法律、法规、规章等规定在各街道、镇（乡）受理的各类政务事项。长期以来，政府为民服务事项的办理分散在市、县、区各个职能部门，居民办事要跑不同地方，甚至要跑好几次，而且办事程序复杂，时限长，非常不便。20 世纪 90 年代末，上海开始探索将各级政府各个部门为民服务事项集中到离居民居住地最近的街道办事处和乡镇政府驻地的一个集中地点进行集中办理。

社区政务服务的办事窗口设立在街道办事处和镇（乡）驻地的社区事务受理服务中心，该中心是街道办事处和镇（乡）人民政府领导的事业单位。街道和乡镇负责中心的日常管理、统筹窗口设置、人员配备和专项经费预算，市、县、区、政府相关职能部门下移到街镇的行政事务受理服务工作及业务应用系统，统一纳入受理中心一门式服务和管理。受理中心人员实行统一考核、统一调配、统一培训、统一管理、持证上岗。受理中心服务大厅设置在底层，使用面积不少于 250 平方米，并根据需要设置相关工作区。受理中心宜建在交通方便、相对中心的区域位置，有条件的街镇（乡）可考虑设置若干分中心。受理中心应设置引导咨询区、综合受理区、休息等候区和后台协同区。2018 年 1 月 27 日，上海市人民政府办公厅发布了《关于本市各街镇社区事务中心办理事项全面实施"全市通办的通知"》。"全市通办"是指居民在全市任何一个受理中心均能申请办理事项。上海全市通办事项清单共 161 项，其中公安 11 项，民政 8 项，人力资源社会保障 87 项、卫生计生 11 项、住房建设管理 1 项、粮食 8 项、工会 9 项、残联 12 项、档案 1 项、公积金 1 项。上海在全市通办的 161 项事务中，直接受理的 135 项，收受分离的 26 项①。所谓直接受理，是指申请人可以在任何一个受理中心提交办事申请，受理中心对符合条件的申请直接受理。所谓收受分离，是指申请人在任何一个受理中心提交办事申请，受理中心通过信息交易平台，将申请材料流转至申请人户籍地或居住地受理中心受理，纸质材料由收件方留存，受理审核责任主

① 上海市人民政府办公厅：《关于本市各街道社区事务中心办理事项全面实施"全市通办的通知"》附件《全市通办事项清单》，2018 年 1 月 27 日。

体不变。

2016 年，由住建部牵头的一般建制镇抽样调查中提及的 81% ~90% 的小城镇居民可以在镇内完成户口入户、生育、医保、社保等个人常用证件的办理，但超过一半的小城镇都不能办理婚姻登记、房屋登记、房屋建设许可等，需要到县办理。"小城镇的消防、急救、交通事务等应急服务基本依赖县城。"[①] 上述这一些，有些属于社区政务服务范围，应该逐步下移到一般建制镇和集镇内办理；有些属于行政许可服务，可以在县城或中心镇范围内办理。

二、教育服务

根据住建部 2016 年一般建制镇抽样调查，每个建制镇平均有幼儿园 3 所，小学 3 所，初中 1 所，私立学校 0.4 所，高中 0.1 所，职校 0.04 所。本镇学生在本镇和周边乡镇就学的，幼儿园和小学均占 82%，初中占 64%，高中占 22%；高中在县城和市区就学的占 61%[②]。2015 年，不同教育层级的师生比，高中、初中、小学师生比在一般建制镇分别为 1∶13、1∶10、1∶13；而全国依次分别为 1∶14、1∶12、1∶17。可见，一般建制镇高中、初中、小学 2015 年师生比反而比全国平均数略高。造成这一现象的主要原因是一般建制镇内学生数比全国少，而教师数配备与全国平均数基本接近。然而，一般建制镇的幼儿教育师生比为 1∶14，而同期全国幼儿教育师生比为 1∶18，而国家幼儿教育师生比要求为 1∶5 ~1∶7，可见，同期全国幼儿教育师生比比一般建制镇幼儿教育师生比高不少。在此也印证了，笔者于 2019 年出版的《乡村发展导论》中，我国农村地区学前留守儿童，因父母外出打工，一般与爷爷、奶奶或外公、外婆生活，加强乡村幼儿园、托儿所及乡村小规模学校的教育是十分重要的[③]。

需要说明的是，上述讲的教育是狭义的教育，是指"由专职人员和专门进行的学校教育"，学生在学校获得的主要是知识或技能。广义的教育是指"以影响人的身心发展为直接目的社会活动。"[④] 包括家庭教育、环境教育和学校教育，现代社会里，在家庭教育中，教育对象获得较多的是为人处世、道德品格等价值教育；在环境教育中，主要是日常生活中的自然环境和人文环境对教育对象的影响，中国文化中的"天人合一"观念以及"一方水土养育一方人"，讲的都是环境对人的影响。从广义的"家庭教育、环境教育、学校教育"角度，学校教育只是教育的很小一部分，我们不但要重视学校教育，更要重视家庭教育和环境教育。就环境教育而言，乡村及小城镇的教育

---

① 赵晖等：《说清小城镇》，中国建筑工业出版社 2017 年版，第 62 – 63 页。
② 赵晖等：《说清小城镇》，中国建筑工业出版社 2017 年版，第 15、60 和 156 页。
③ 朱建江：《乡村发展导论》，经济科学出版社 2019 年版，第 393 – 396 页。
④ 夏征农、陈至立主编：《辞海》，上海辞书出版社 2009 年版，第 1102 页。

对象，由于贴近自然环境和中国传统文化，深受其长辈的"仁、义、礼、智、信"等传统言行影响，乡村和小城镇的学生一般比较纯朴、本真、务实、吃苦耐劳、节俭。就家庭教育而言，教育对象的家庭教育与环境教育往往是高度耦合的，我国改革开放以来，工业化、城镇化、农业现代化进程也高度印证了我国几亿农民工的苦干、务实、节俭等精神。也许正是上述乡村和小城镇环境教育和家庭教育的独特性，"城乡教育"的优劣至今为止在国内外还没有定论。例如，对美国儿童教育理论产生深远影响的霍尔等美国教育家认为，乡村生活更有利于儿童心身和品格养成。[1] 据《中国农村教育发展报告2017》显示，乡村进城就读的小学生（语数外）成绩低于乡镇当地小学生；乡村进城就读的初中生（语数外）既低于乡镇当地初中生，也低于乡村初中生。[2] 据东北师大农村教育研究院调研，举家迁入城市之后，孩子的发展指数并没有表现出比乡村学校的孩子更好。[3]

三、医疗服务

根据全国第三次农业普查，到2016年末，全国有医疗卫生机构的乡镇已达99.9%，有执业（助理）医师的乡镇已达98.4%。根据2016年住建部对全国2万人以下的小城镇的抽样调查，有医院或卫生院的小城镇已达99%，小城镇平均每千人中医护人员占比，3.7人以上的占7%，2.8~3.7人的占12%，1.8~2.8人的占16%，1.8人以下的占65%，平均为1.8人；而2015年全国城市每千人中医护人员平均为3.7人。小城镇每千人中拥有床位数，8.3人以上的占2%，2.6~8.3人的占17%，2.6人以下的占81%，平均为2.6床；而2015年全国城市每千人拥有医疗机构床位数平均为8.3床。[4] 看小病，包括常见病、买药、注射输液等86%在小城镇卫生院或卫生室，看大病84%在县医院和市医院，在省医院或省外医院就医的占7%。从实践看，常住人口5万人以上的中心镇、特大镇一般都设有县公立医院，解决我国一般建制镇和集镇医疗服务的短板，目前国内探索的主要有"医共体""互联网诊疗""乡镇卫生院的医生培养"等。

（一）组建县域医疗共同体

根据2017年4月由国务院办公厅发布的《关于推进医疗联合体建设和发展的指导意见》，县域医疗共同体是指在我国县域范围内，探索以县级医院为龙头，乡镇卫生院

---

① 徐剑梅：《美国娃如何度过世界上最长的暑假》，载于《新华每日电讯》2019年7月12日第15版。
② 靳昊、刘华东：《从"有学上"迈向"上好学" 义务教育如何向实现城乡一体化》，载于《光明日报》2018年8月30日第8版。
③ 陈鹏：《义务教育学龄人口进城速度放缓》，载于《光明日报》2017年12月24日第6版。
④ 赵晖等：《说清小城镇》，中国建筑工业出版社2017年版，第155页。

为枢纽，村卫生室为基础，形成县、乡、村三级医疗卫生机构分工协作机制和构建三级联动的县域医疗服务体系。通过医共体提高乡镇卫生院和村卫生室的医疗服务水平。如 2015 年开始，浙江省东阳市着手县域医疗共同体建设，由东阳市人民医院、中医院、妇保院、横店医院等 4 家县级公立医院对全市 18 家乡镇基层医疗机构进行托管，乡镇基层医疗机构在经营管理上全部由牵头医院负责。县级牵头医院与托管的乡镇基层医院统一实行"资源配置、业务管理、医保支付、信息平台、规章制度、技术规范、质量管理、信息系统、采购配送、后勤服务。"除上述牵头医院和托管医院进行三级医疗机构管理体系构造外，县域医共体还需要制定对牵头医院的运行经费的财政补贴政策和确保牵头医院的公益性质，以及对全县乡镇卫生院、村卫生室制定统一的考核指数、绩效分配、医疗服务规范等，以确保全县基层医疗单位的医疗服务同质化、规范化和标准化。[①] 需要说明的是，根据笔者 2010 年在上海某县分管医疗卫生组建和实施"医疗联合体"的实践，牵头医院托管基层医院包括县级医院时，除了上述东阳市一些做法外，为了确保"医联体"实体化运行，托管医院主要负责人及其托管医院主要医疗业务科室负责人最好也由牵头医院派人担任，牵头医院派往托管医院的人员其编制在牵头医院，其经济待遇可由县制定专门政策予以保障。

（二）组建县域影像诊断中心

国务院办公厅《关于推进医疗联合体建设和发展的指导意见》提出，"医联体内可建立医学影像中心、检查检验中心、消毒供应中心、后勤服务中心等，为医联体内各医疗机构提供一体化服务。"西医实践中，不同等级医疗机构医疗水平和服务水平的差距不是来自检验检查设备的差距，而主要在于影像诊断、检验检查指标诊断以及与此形成的治疗方案差距。建立县域影像诊断中心以及检查检验中心，通过基层医疗机构上传影像和检查检验报告，是充分利用优质医疗资源，通过信息技术提升基层医疗机构医疗水平和医疗服务的重要方法，也是实现省、市、县、乡镇、村五级医疗机构医疗资源优化配置，促进卫生资源城乡共享，实现区域医疗水平均等化的重要方法。浙江省东阳市至 2017 年底，"影像中心运行 2 个多月，乡镇卫生院诊断的病例已经达到 8000 多例。"[②] 从而大大方便了乡镇病人，也提高乡镇卫生院的医疗水平。

（三）加强乡镇卫生院医学生培养

根据 2016 年住建部对 2 万人以下的小城镇的抽样调查，到 2015 年底，小城镇医疗机构中，本科以上学历的医生为 23%，有中级职称的医师为 16%。[③] 2010 年 6 月，

---

① 方敏：《县医院"带大"乡医院》，载于《人民日报》2018 年 1 月 19 日第 13 版。
② 方敏：《县医院"带大"乡医院》，载于《人民日报》2018 年 11 月 19 日第 13、46 版；王君平：《家门口看名医》，载于《人民日报》2019 年 4 月 18 日第 7 版。
③ 周世祥：《3 万个乡镇卫生院有了大学生》，载于《光明日报》2020 年 1 月 15 日第 8 版。

发改委、教育部、原卫生部、财政部、人社部联合印发了《关于开展农村订单定向医学生免费培养工作的实施意见》，按照"单列志愿，单设批次，单独画线，提前批次招生，原则上只招收农村生源，鼓励有条件的省份积极探索按照户籍以县为单位定向招生，每年录取的农村生比例已经从最初的 70% 左右，提升到 2016 年以后接近100%，实现了定向生从哪里来到哪里去，切实保证贫困地区有志从医的学生上得来。"已先后为中西部 22 个省（区、市）3 万个乡镇卫生院培养了 5 万余名定向医学生，从规模上实现了为中西部地区每个乡镇卫生院培养 1 名本科医学生的全覆盖，有效缓解了基层卫生人才短缺问题，让基层群众有了更专业的健康"守门人"。对录取的定向培养医学生增强"岗位胜任力"培养，国内高等医学院根据基层医疗卫生服务的特点，形成了"小病善治，大病善识，重病善转，慢病善管"的全科医生岗位胜任力培养模式，构建了与基层医疗卫生工作相适应的教学内容和课程体系，实施"早临床、多临床、反复临床"，增加到社区卫生服务中心和乡镇卫生院等基层医疗机构的实习实践等，形成了课堂学习和临床实践相结合的培养方式。为了使毕业的定向医学生在乡镇卫生院"留得住"，浙江东阳市创建了"医共体人才池"，即"从 2018 年开始，东阳市新招入的所有新职工都归入人才池管理，按照专业特点，由县级医疗单位共同培养，由医共体统一调配，在山区、半山区、平原地区、城区进行轮换工作。劳动关系落实在城区，条件成熟时在城区建设人才池公寓。"[1] 贵州省出台文件规定，"经住院医师规范化培训合格到基层服务的全科医生，在现有工资待遇基础上给予每人每月1500 元的生活补贴；签订五年以上合同的，优先提供保障性住房，服务 5 年以上的奖励一套保障性住房；增加基层编制，毕业生直接纳入编制和岗位管理；规培期间享受'单位人'待遇，人均月收入在 4000 元以上；本科及以上学历毕业，经全科专业住院医师规范化培训合格并到基层医疗机构工作的，可直接参加中级职称考试，通过者直聘中级。"[2]

（四）公共文化体育

根据第三次全国农业普查，到 2016 年末，96.8% 的乡镇有图书馆、文化馆，11.9% 的乡镇有剧场、影剧院，16.6% 的乡镇有体育场馆，70.6% 的乡镇有公园及休闲健康广场。根据住建部 2016 年全国小城镇抽样调查，到 2015 年末，68.6% 小城镇有公园广场，71.9% 的小城镇文化中心，43.8% 的小城镇有老年活动中心，37.0% 的小城镇有传统文化场所，36.2% 小城镇有体育活动场所，20.7% 的小城镇有儿童活动

---

① 方敏：《县医院"带大"乡医院》，载于《人民日报》2018 年 1 月 19 日。
② 周世祥：《3 万个乡镇卫生院有了大学生》，载于《光明日报》2020 年 1 月 15 日第 8 版。

场所（见表 8 – 5）。①

表 8 – 5　　　　　　　　　　　一般建制镇文化体育硬件设施和软件内容

硬件设施	软件内容	普及率（%）	利用率（%）	每镇平均个数（个）	平均用地面积（平方千米）
公园广场	广场舞、散步健走、放电影、表演戏剧、文艺晚会等	68.6	98	2	4.4
文化中心	图书阅览、棋牌、球类、广场舞、文化艺活动等	71.9	76.0	1	0.5
老年活动中心	棋牌类、球类、健身、古画等	43.8	73.0	0.6	0.5
儿童活动场所	娱乐游戏、教育学习等	20.7	71.0	0.4	0.6
体育活动场所	球类运动、大众健身等	36.2	85.0	1	0.8
传统文化场所	地方戏剧演出等	37.0	根据演出活动安排	1	0.4

资料来源：笔者根据赵晖专著《说清小城镇》（中国建筑工业出版社 2017 年版，第 156 – 158 页）整理。

　　根据上海市社区文化活动中心基本配置要求，上海市乡镇活动中心的主要活动内容包括书报阅读、展示阅读、团队活动、党员服务、健身锻炼、科普教育、心理辅导、娱乐休闲、网络信息、慈善互助以及民族民间民俗文化艺术收集、整理和保护等各种公共文化体育活动。社区文化活动中心一般建筑面积为 4500 平方米，使用面积为 3500 平方米。较大地域范围的乡镇，可根据人口与地区实际情况设置社区文化活动中心的延伸服务点，在居民小区或村建立综合文化活动室，形成社区文化活动中心和综合文化活动室的互助服务网络。社区文化活动中心的软硬件具体内容如表 8 – 6 所示。

表 8 – 6　　　　　　　　　　　上海社区文化活动中心基本配置要求

序号	功能	项目	使用面积（平方米）	配置内容
1	多功能活动	报告讲座、小型集合、联谊活动、数码电影放映、文艺表演的多功能厅	500	座位在 200 席以上，配置灯光、音响、数码放映设备、大屏幕、投影机、活动桌椅等
2	展示展览	作品展示、形势宣传、科普展览、藏品陈列的展示陈列室	300	配置陈列设备、活动展板及其他展示材料
3	休闲娱乐	按需设定娱乐型项目，例如游艺室、亲子活动室、棋牌室、视听室等	500	配置相应器材设备，要有适合老年人和少年儿童的活动内容和项目

---

①　赵晖等：《说清小城镇》，中国建筑工业出版社 2017 年版，第 157 页。

续表

序号	功能	项目	使用面积（平方米）	配置内容
4	体育健康	按需设定健身锻炼项目，如乒乓室、台球室、健身房、市民体质测试站、老年活动室等	600	按项目配置可供市场健身锻炼的设施和器材，健身房一般不少于30件器械
5	团队活动	按需设定文艺团队和培训专用活动室如音乐室、排练室、绘画室、工艺室等	400	专用活动室可与社区学校培训共用，配有相应的设备用具
6	党员活动	设立党员活动服务站点	50	按市委组织部统一要求设置
7	信息服务	社区图书馆 东方社区信息苑	300 200	其中少儿图书室不少于80平方米。年入藏新书不少于1000种，定购报刊100种；电子阅览、信息资源共享工程整合一起，宽带接入，以及可实现远程流媒体互动的电脑配置系统
8	社区教育	按需设立普通培训教室，包括老年学校、阳光之家、社区学校、心理咨询等	400	每个教室可容纳40人左右，有条件教室配置多媒体放映设备
9	慈善互助	组织开展社区慈善互助活动	50	按市民政局统一要求设置
10	后勤保障	按管理功能需要设立相关职能部门，并建设配套辅助设计	200	根据办公、后勤用房不同作用配置
	总计		3500	
	活动广场	广场文化体育活动点	根据条件设定	可配置室外体锻器材和相应活动设备

资料来源：上海社区文化活动中心基本配置要求（2007年修改版）。

（五）养老服务

据住建部2016年全国小城镇抽样调查，一般建制镇区常住人口中60岁及以上老年人占19%，高于2015年16%的全国水平。镇区60岁以上老年人中，独居老人占4.6%，空巢老人占1/3，纯老户占镇区家庭户的13%。小城镇的养老院通常是为镇村少量"五保户"、孤寡老人等准备的，空置率一般较高。90%以上的小城镇老年人选择居家养老，居家养老主要依靠伴侣、子女、兄弟姐妹等亲属相互照料；缺乏社会化服务内容①。总体看，在一般建制镇和集镇镇区，还是需要根据镇村老年人实际要求，建设一定床位的养老院和日间照料中心，增加小城镇养老服务的社会化水平。

（六）电商服务

据住建部2016年全国小城镇抽样调查，随着互联网及农村信息化基础设施建设，

① 赵晖等：《说清小城镇》，中国建筑工业出版社2019年版，第61-62页。

小城镇的电子商务发展迅速。小城镇一般都有电商服务站；84%的小城镇有快递点，平均每日快递收件量为 520 件，发件量为 187 件①。据商务部介绍，到 2019 年 9 月，全国已建设县级电商服务中心、物流配运 101700 多个，乡村电商服务站 10.5 万个。从运营情况看，电商服务站主要为乡镇居民和单位提供便民服务，包括为乡镇居民提供水费、电费、气费等日常费用缴纳渠道，代收代发快递、车票、机票预计等；提供农资服务，包括种子、农药、化肥、农机、农具等农业生产资料，依托村级服务站网上销售，开展技术指导；提供代购、代销服务，包括帮助乡镇居民网上购物，将当地适销的农副特产品、民俗文化产品推荐给各大电商平台，帮助村民销售农副特产品。

（七）农业服务

中共中央、国务院《关于深化乡镇机构改革的指导意见》中要求，建立健全乡镇或区域性农业服务包括农业技术推广、动植物疾病防控、农产品质量监管等。农业技术推广是指通过试验、示范、培训、指导以及咨询服务等，把应用于种植业、林业、畜牧业、渔业的科技成果和实用技术普及应用于农业生产的产前、产中、产后全过程的活动。包括良种繁育、施用肥料、病虫害防治、栽培和养殖技术，农副产品加工、保鲜、贮运技术，农业机械技术和农用航空技术，农田水利、土壤改良与水土保持技术，农业环境保护技术，农业气象技术以及农业经营管理技术等。动植物疾病防控包括动植物防控工作计划、制度规范的制定和宣传落实，动植物病害、疫情预测预警和防治指导，动植物防控人员的技能培训等。根据国家《农产品质量安全法》，乡镇成立农产品质量安全监管站，各村设农产品质量安全协管员协助乡镇农产品质量安全监管站开展工作。乡镇农产品质量监管站主要职责包括负责乡镇范围内的农产品生产基地的生产环境监测，农产品生产企业、种养殖户农业投入品使用指导，健全农业生产单位的生产档案、落实农产品质量安全控制措施，推进"三品一标"认证工作，开展蔬菜产地准出工作等。一般建制镇和集镇区及镇域社会性设施配置如表 8-7 所示。

2020 年 12 月 30 日，山东省人民政府发布的《山东省设立镇标准》规定，镇政府驻地配置的幼儿园、小学和初中设施配置和办学条件应达到国家和省规定的二类标准以上，建有符合国家和省规划设置原则与建设标准的卫生院（村卫生室），社区综合服务设施每百户居民应当达到 30 平方米，文化、体育、养老及社会福利设施较为完善，建有成规模的集贸市场。

---

① 赵晖等：《说清小城镇》，中国建筑工业出版社 2019 年版，第 110 页。

表 8 - 7　　　　　　　　　　一般建制镇和集镇社会性基础设施配置

公共设施类型		项目	配置内容和要求	用地和建筑面积（平方米）	常住人口规模（万人）				
					2.5 ~ 5	1 ~ 2.5	0.5 ~ 1	0.25 ~ 0.5	0.1 ~ 0.25
社会性基础设施	社区政务服务	社区政务服务	依据法律、法规、规章等规定在街道、乡镇受理的各类政务类事项	服务大厅使用面积不少于 250 平方米	√	√	√	√	—
	教育	幼儿园	结合镇区常住人口规模和结构，可多点配置	每万常住人口配建 15 个班左右	√	√	√	√	√
		小学	结合镇域服务范围常住人口规模和结构配置	每 2.5 万常住人口配 28 个班规模的小学，可分区域配建	√	√	√	√	√
		初中	结合镇域常住人口规模和结构设置	每 2.5 万常住人口配 20 个初中班	√	√	√	√	—
		高中	结合镇域常住人口规模和结构配置	每 5 万人常住人口配建 24 班高中	√	√	—	—	—
	医疗	卫生院	每镇至少配置一所	结合镇区建设规模和人口分布可一院多点	√	√	√	√	√
	文化	文化活动	集图书室、信息苑、棋牌室、收藏室、演艺厅等	室内文化设施视人口规模和建筑规模单独设置或与室内体育等合并设置	√	√	√	√	√
	体育	体育活动	集乒乓球台球、羽毛球、跳操、足球、篮球、网球、游泳等	体育设施建设规模，视人口规模可单独设置，也可分室内文化设施合并设置	√	√	√	√	—
		公园广场	健身步道、广场舞、文化活动等	结合镇区公建中心建设，视人口规模和镇区规模多点设置	√	√	√	√	√
	养老服务	养老院	集养老、护理、康复等，在医疗设施邻近设置	每镇至少 1 处按需求设置养老床位	√	√	√	√	—

公共设施类型	项目		配置内容和要求	用地和建筑面积（平方米）	常住人口规模（万人）				
					2.5~5	1~2.5	0.5~1	0.25~0.5	0.1~0.25
社会性基础设施	养老服务	日间照料服务中心	为镇区及周边村镇生活不能完全自理或日常生活需要照料的半失能老人提供日间托老，助餐、上门服务等	每镇至少一处，超1.5万人的可多点设置，服务半径500~1000米	√	√	√	√	—
	电商服务	电商服务站和快递点	每个镇区均要建设电商服务站和快递点，规模较大的镇，可设置多个站和点	每村至少设置一个电商服务站和一个快递点	√	√	√	√	√
	农业服务	农业技术推广、动植物疾病防控、农产品质量监管	每个乡镇设置一个农业服务中心	农业服务。的建设用地和建筑面积按照需要配置	√	√	√	√	—

资料来源：笔者整理。

第四节 一般建制镇和集镇的生态性基础设施和服务

一、生态环境和生态文明的内涵

生态环境指"影响人类与生物生存和发展的一切外界条件的总和。由许多生态因子综合而成，包括生物因子和非生物因子。前者有植物、动物、微生物，后者有光、温度、水分、大气、土壤和无机盐等。在自然界，各种因子不是孤立地对人类与生物起作用，往往是相互联系、相互影响起综合作用。"[1] "人类作为有理性的动物，不仅生活在自然界，具有生物属性，而且生活在人与人之间关系总和的复杂社会中，又具有社会属性。因此，人类环境，应该包括外界影响的整体，包括人类生命维持系统中的外界环境的全部因素，也就是包括自然环境和社会环境的全部因素。"[2] 生态环境等同于自然环境。所谓自然环境，按照自然地理学家的理解，是指由地球表面的大气圈、岩石圈、水圈和生物圈所组成的相互渗透、相互制约和相互作用的庞大、独特、复杂的物质体系。大气圈供生物呼吸并防止外层空间各种宇宙射线的伤害；水圈供生物于

---

[1] 夏征农、陈至立主编：《辞海》，上海辞书出版社2009年版，第2021页。

[2] 叶文虎、甘晖：《文明的演化》，科学出版社2015年版，第2页。

水分；土壤和岩石圈为生物提供生存系列的基础。地球如果不具备这些物质条件，生物，特别是人类也就不可能出现和繁衍。[1] 叶文虎等老师在《文明的演化》一书中提出，"环境系统大多由气、水、土、生物和阳光这五个主要环境要素组成。"本节生态环境部分将围绕水、气、土、生物四个要素展开。

我国辞海对"文明"一词的解释是：社会进步，有文化的状态，与野蛮相对。[2] 生态文明是相对于农业文明、工业文明等人类社会文明而言的。生态文明，我国辞海对其定义为："人与自然和谐共处，全面协调、持续发展的社会和自然状态。[3]"从这一定义可看出，生态文明是指人类与自然相处中，既要使自然环境全面协调、持续发展，又要使社会全面协调、持续发展。而人类社会全面协调、持续发展的前提是自然全面协调、持续发展，即人类向自然界获取水、土、气、生物、阳光等物质进行物质再生产时，要控制在自然界能够自我调节修复的限度内，实现自然界和人类社会生产力的全面协调、持续发展。

农业文明时代，人类利用简易的手工劳动工具向自然界获取的物质要素有限，经济发展比较慢，与此相关的人类社会物质增长也有限，自然界的物质要素自我调节修复比较容易。工业文明时代，人类利用机械劳动工具向自然界获取物质要素数量大、质量高，此时人类社会经济发展比较快，物质财富增长比较多，对自然界损害比较大，乃至超出自然界能够持续向人类提供自然物质要素的限度，自然界功能修复比较慢，以至难以修复。目前，自然界出现的气候变暖、海平面升高、土壤污染、自然灾害频发、生物多样性丧失等危及人类生存的自然环境问题，都是人类社会物质生产时向自然界获取的物质要素太多，超越自然界持续提供的限度，自然界难以修复的表现。本节讨论的生态环境是立足生态文明视角展开的。

二、水环境整治

（一）生活污水处理

根据住建部 2016 年全国小城镇抽样调查，到 2015 年末，52% 的生活污水进行了处理，其中小城镇污水处理率东部地区达到 67%，中部地区达到 46%，西部地区达到 48%，东北地区达到 42%。在所有污水处理的小城镇中，72% 依靠镇内污水处理厂，8% 依靠县市污水处理设施，10% 通过其他方式处理污水。在污水处理的小城镇中，23% 服务镇区局部，45% 仅服务镇区，25% 服务扩充至周边村庄，8% 服务全镇域[4]。

---

① 夏伟生：《人类生态学初探》，甘肃人民出版社 1984 年版，第 16 页。
② 夏征农、陈至立主编：《辞海》，上海辞书出版社 2009 年版，第 2382 页。
③ 夏征农、陈至立主编：《辞海》，上海辞书出版社 2009 年版，第 2022 页。
④ 赵晖等：《说清小城镇》，中国建筑工业出版社 2019 年版，第 159 页。

根据第三次全国农业普查，到 2016 年末，我国生活污水集中处理或部分集中处理的村占 17.4%。"我国乡村生活污水主要为厨房污水、人粪便、衣服洗涤废水等，大部分污水采取直接在院子里化粪池或者周边挥发、渗透、最后形成沉积的办法进行处理，污水中有机物质会产生有害气味，直接影响环境。"① 农村生活污水处理已引起各级政府重视，尤其是我国东部地区。浙江这几年在推进美丽乡村建设中，每个乡镇建一个污水处理厂，将全部自然村中的农村住户的厨房、厕所和洗衣液分别接入三根管道，其流出污水送入住户"三格化粪池"，再从住户的"三格化粪池"接管送入市政管网或分布式农村生活污水处理站。"过去 5 年，湖南省共建成乡镇污水处理设施 309 座，但目前覆盖率仍不足 20%。湖南省乡镇污水处理设施建设将以县（市）为单位，将辖区的乡镇污水处理设施整体打包，统一规划、统一招标、统一建设、统一运营。"到 2022 年实现所有建制镇污水处理设施全覆盖。②

（二）生产废水处理

总体看小城镇范围内生产废水大概有农药化肥利用率不足而形成的水体污染、农村畜禽粪便水体污染、企业排放的废水等。2018 年 6 月 16 日，中共中央、国务院发布的《关于全面加强生态环境保护坚决打好污染防治攻坚战的意见》中提出，"减少化肥农药使用量，修订并严格执行化肥农药等农业投入品质量标准，严格控制高毒高风险农药使用，推进有机肥替代化肥、病虫害绿色防控替代化学防治，完善废旧地膜和包装废弃物等回收处理制度。到 2020 年，化肥农药使用量实现零增长。坚持种植与养殖相结合，就近就地消纳利用畜禽养殖废弃物。合理布局水产养殖空间，深入推进水产健康养殖，开展重点江河湖库及重点近岸海域破坏生态环境的养殖方式综合整治。到 2020 年，全国畜禽粪污综合利用率达到 75% 以上，规模养殖养殖场粪污处理设施装备率达到 95% 以上。"2017 年农业部在全国范围启动实施畜禽粪污资源化利用，果茶有机化肥替代化肥，东北地区秸秆处理，农膜回收和以长江为重点的水生生物保护等五大行动。力争到 2020 年基本解决大规模畜禽养殖场粪污处理和资源利用化问题，东北地区秸秆综合利用率达 80% 以上。

（三）水环境管理

治理黑臭水和劣质水体，除了截污外，还需疏浚河床，挖走沉积河底的污泥和打通断头浜、沟通水系、加放活水、增加河流水动力，这样河内水质才能变好。同时加强水环境管理。2016 年 12 月 11 日，中共中央办公厅和国务院办公厅发布了《关于全面推行河长制的意见》，要求在全国建立省、市、县、乡四级河长，各级的党委或政府

---

① 王昌海：《为美丽乡村建设"补短板"》，载于《光明日报》2018 年 6 月 28 日第 11 版。
② 侯琳良：《到 2020 年湖南将实现建制镇污水处理全覆盖》，载于《人民日报》2019 年 4 月 22 日第 12 版。

主要领导担任相应的河湖长。各级河长牵头组织对侵占河道、围垦湖泊、超标排污、非法采矿、破坏航道等突出问题依法进行整治。据住建部 2016 年全国小城镇抽样调查，"小城镇镇区公厕数量平均不到 7 个，中位数 3 个，17% 的小城镇镇区完全没有公厕。"据第三次全国农业普查，到 2016 年末，乡镇地域内的乡村住户，使用水冲式卫生厕所的 8339 万户，占 36.2%；使用水冲式非卫生厕所的 721 万户，占 3.1%；使用卫生旱厕的 2859 万户，占 12.4%，使用普通旱厕的 10639 万户，占 42%；无厕所的 469 万户，占 2.0%。按照《农村户厕卫生规范》，卫生厕所，也称无害化卫生厕所，是指具备有效降低粪便中生物致病因子传染性设施的卫生厕所，包括三格化粪池厕所、双瓮漏斗式厕所、三联通气沼气池厕所、粪尿分集式厕所、双坑交替式厕所和具有完整上下水道系统及污水处理设施的水冲式厕所。2019 年 1 月，中央农办等国家八部门联合发布了《关于推进农村"厕所革命"专项行动的指导意见》，明确到 2020 年，有条件地区基本完成农村户用厕所无害化改造。

三、生活垃圾处理

据住建部 2016 年全国小城镇抽样调查，"90% 以上的小城镇完成了垃圾收集与处理，其中，近一半小城镇将垃圾转动到县城或城市后对其进行处理，27% 的小城镇建有自己的垃圾处理厂，还有 23% 的小城镇通过填埋或焚烧处理垃圾。24% 的镇内垃圾转运站或处理厂可服务镇区及周边农村，37% 服务于镇域，21% 服务于镇区。"[1] 据全国第三次农业普查，到 2016 年末，我国 90.8% 的乡镇生活垃圾集中处理或部分集中处理，73.9% 的农村生活垃圾集中处理或部分处理。世界上许多发达国家对农村生活垃圾的收运处与城市一样重视。

美国乡村卫生环境与城市相比毫不逊色。在美国，无论是城市还是农村，家庭中通常备有一种规模类似、带有轮子、写有编号的可移动垃圾桶和一种容量较大、质地结实且能方便收口的垃圾袋。每个家庭习惯于将垃圾分类，按照能否回收打包或装入不同颜色的垃圾桶和垃圾袋，居民在固定的时间将垃圾桶和垃圾袋推到家门的公路边等待垃圾车把垃圾收走。美国农户居住较为分散，但垃圾处理的服务却深入农村，覆盖每户家庭，美国农村垃圾收运相当完善，城乡一样。

在日本，无论是城市还是农村，对垃圾处理都十分细致，甚至某些乡村对垃圾处理的细致化程度比城市还要高。现在日本将垃圾分成八大类。第一类是可燃垃圾，如多余垃圾、衣服、革制品等；第二类是不可燃垃圾，如餐具、厨具、玻璃制品等；第三类是粗大垃圾，如自行车、桌椅、微波炉等；第四类是不可回收垃圾，如水泥、农

---

① 赵晖等：《说清小城镇》，中国建筑工业出版社 2017 年版，第 159－160 页。

具、废轮胎等；第五类是塑料类，如饮料、酒、酱油等塑料瓶；第六类是可回收塑料，如塑料包装袋、牙膏管、洗发水瓶等；第七类是有害垃圾，如干电池、水银式体温度计等；第八类是资源垃圾，如报纸杂志、硬纸箱等。日本对垃圾收集日和投放时间有严格的规定，一般在年底给每家住户送上第二年的垃圾投放年历，年历上标明垃圾收集日信息。日本家庭按照垃圾分类，准备了相应的垃圾桶或垃圾袋，在垃圾收集日时将垃圾扔掉[①]。

在法国，农村及小城镇的垃圾分类回收及处理标准与大型城市一样。目前，法国80%的生活垃圾得到可循环处理，其中63%的废弃包装类垃圾经过再处理被制成纸板、金属、玻璃瓶和塑料等初级材料，17%的垃圾被转化为石油等能源，垃圾资源化利用已成为法国能源的重要来源之一。根据相关企业数据，每回收1吨铝制易拉罐，可避免消耗2吨金晶土矿，而回收1吨塑料相当于节约0.65原油。仅2013年，法国就回收了近320万吨包装垃圾，回收率约67%，相当减少210万吨二氧化碳排放。[②]

城乡居民是共驻一个地球，共享一片蓝天，垃圾处理不存在城乡分野、标准不一，均应实现分类减量、集中无害化处理和资源化利用。

四、土壤环境整治

根据国家环保部和国土资源部2014年发布的《全国土壤污染状况调查公报》显示，我国土壤重金属（镉、铅、汞等）总的点位超标率（即土壤超标点数量占调查点位总数量的比例）为16.1%，其中耕地土壤点位超标率为19.4%。[③] 根据中国科学院地理科学和资源研究所陆地表层格局与模拟重点实验室日前公布的最新研究结果显示，我国粮食生产区耕地土壤重金属点位超标率为21.49%，整体以轻度污染为主，其中轻度、中度和重度污染比重分别为13.91%、2.5%和5.02%，比2014年环保部和国土资源部公布的19.4%的耕地重金属点位超标率，又增加了两个百分点。

土壤是大气、水、固定废弃物等各类污染的最终受体。土壤污染从产生到出现问题通常会滞后较长时间，具有隐蔽性、滞后性、累积性、不均匀性、不可逆转性和长期性等特点。土壤污染是"最棘手的污染"，一方面重金属污染土壤下生长出来的农作物，会影响人体健康；另一方面被污染的"毒地"也成为人们工作和学习环境的危害。2004年，有2人在北京宋家庄地铁站施工时中毒，毒源即为一家废弃农药厂的残留物，江苏常州外国语学校"毒地"风波，也由与学校一路之隔的原化工厂搬迁遗留

---

① 张思楠：《日本乡村垃圾处理与城市一致》，载于《光明日报》2018年4月4日第7版。
② 黄昊：《法国农村垃圾处理变废为宝》，载于《光明日报》2018年5月15日第7版。
③ 徐骏：《土壤污染威胁我们的生活》，载于《生命时报》2017年9月5日第17版。

地块所致。①

国家十分重视土壤污染防治工作，2016 年 5 月，由国务院发布了《土壤防治行动计划》（简称土十条），该计划明确了到 2030 年污染地块全利用率指标，明确了土壤污染调查、立法、管理、监管、治理与修复、科研、考核等土壤污染防治等工作要求。2018 年 8 月，我国《土壤污染防治法》由全国人大常委会公布，将于 2019 年 1 月 1 日起施行。并同时公布了土壤有毒有害物质名录、土壤污染重点监管单位名录、农业投入品使用和回收规定。按照土壤污染程度和相关标准，将农用地分为优先保护类、安全利用类、严格管控类进行分别监管。对安全利用类农用地，制定安全利用方案，采用农艺调控、替代种植等措施，降低农产品超标风险；对严格管控农用地，依法划定特定农产品禁止生产区域，严禁种植食用农产品，实行种植结构调整、退耕还林还草等计划。

五、大气环境

站在小城镇角度，大气环境保护重点有配合自然保护地建设，植树造林和严禁乡村的柴草、秸秆、垃圾焚烧和厕所、畜禽粪便等恶臭气味外溢等事项。

（一）配合自然保护地②建设

2009 年 6 月，中共中央办公厅、国务院办公厅印发了《关于建立以国家公园为主体的自然保护地体系的指导意见》。到目前为止，我国已经建立了 3548 个森林公园，650 个地质公园，898 个国家级湿地公园，2751 个自然保护地，1051 个风景名胜区，10 个国家公园试点区。在国家公园试点过程中，浙江针对钱江源集体林地占比高问题，采取置换等方式逐步降低集体土地占比。福建深入开展茶山整治，累计清除违规开垦茶山 5.8 万亩，完成造林面积 3.4 万亩。青海省结合三江源国家公园建设，新设 7400 多名生态管护公益岗位，确保建档立卡贫困户有 1 名生态管护员。四川、陕西、甘肃、吉林、黑龙江在各自国家公园试点范围内进行居民转移安置，分散的居民点实行相对集中居住等。

（二）植树造林

据第三次全国农业普查，到 2016 年来，我国耕地面积为 134921 千公顷（合 20.24

---

① 熊志：《把土壤污染防治放在更重要位置》，载于《光明日报》2018 年 10 月 30 日第 11 版。
② 世界自然保护联盟（IUCN）对自然保护地的定义：自然保护地是一个明确界定的地理空间，通过法律或其他有效方式获得认可、得到承诺和进行管理，以实现对自然及其所拥有的生态系统服务和文化价值的长期保护。IUCN 对自然保护地保护管理实践，将自然保护分为 6 类，国家公园为其中的第二类。国家公园是大面积自然和近自然区域，用以保护大尺度生态空间及这一空间内的物种等生态系统，并提供与其环境和文化相容的科学、教育、游憩机会。

亿亩），全国基本农田面积达到 15.50 亿亩，列入生态公益林补偿的生态林防护林面积 203046 千公顷（含 30.53 亿亩）。①"5 年来，深入实施重点生态工程，全国完成造林 5.08 亿亩，森林抚育 6.22 亿亩，治理沙化土地 1.5 亿亩，森林面积达到 31.2 亿亩，森林覆盖率达到 21.66%，森林累积量达到 151.37 亿立方米，成为全球森林资源增长最多的国家"。② 浙江在其 2014 年颁布的《美丽乡村建设规范》中明确，美丽乡村建设中，不同类型村庄林木覆盖要求和路边、河岸边、农田中的绿化建设要求一致。国家林业和草原局也于 2019 年 3 月 31 日发布了《全国乡村绿化规划》（2018—2025 年）《乡村绿化美化工程实施方案》，提出乡村绿化覆盖率，2020 年达到 30%，2035 年达到 38%，21 世纪中叶达到 43%。并且要求，到 2025 年，乡村人居环境接近或达到城市；到 2035 年，乡村人居环境达到或优于城市水平。

六、生物多样性

2018 年 10 月 30 日，世界野生动物基金会（"WWF"）发布的《地环生命力报告 2018》指出，1970～2014 年，人类发展消灭了六成的哺乳动物、鸟类、鱼类和爬行动物。全球 59 名科学家与该报告的编辑，他们追踪了 1.67 万只动物，发现 4000 多种哺乳动物、鸟类、鱼类、爬行动物和两栖动物均大幅下降。报告还发现，动物寿命也不断缩短，其中拉丁美洲和加勒比热带地区的动物寿命减幅最大，自 1970 年以来减少 89%；青蛙和河鱼等淡水物种的寿命减少 83%。我国长江多年来，受拦河筑坝、水域污染、过度捕捞、航道整治、岸坡硬化、挖砂筑石等人类活动影响，长江生物多样性持续下降，水域生态系统的恢复艰巨。据统计，长江流域分布的水生生物达 4300 多种，其中鱼类 400 多种，长江特有的鳍 70 多种，拥有中华鲟、长江鲟等国家重点保护水生生物 11 种。当前，长江流域水生物中列入《中国濒危动物红皮书》的濒危鱼类物种达 92 种，列入《濒临野生动植物国际贸易公约》附录的物种近 300 种；国家一级保护动物"长江女神"白鳍豚已功能性灭绝；"淡水鱼之王"白鲟连续 15 年不见足迹；国宝中华鲟野生群体的数量急剧减少，难以稳定繁殖。长江水生生物资源持续衰退，生物多样性指数持续下降，珍稀水生动物的濒危灭绝。③ 2018 年 10 月，国务院办公厅印发了《关于加强长江水生生物保护工作的意见》，并被列入农业农村部农业绿色发展的五大行动之一。

生物多样性是人类社会经济发展离不开的物质基础，人类包括衣食住行在内最基

---

① 叶乐峰：《奋力书写生态国土的"中国名卷"》，载于《光明日报》2017 年 9 月 29 日第 14 版。
② 张建龙：《为美好生活提供更多优质生态产品》，载于《光明日报》2018 年 1 月 9 日第 14 版。
③ 陈晨：《为长江留住更多水生生物》，载于《光明日报》2018 年 10 月 18 日第 9 版。

础的生存，每一样都离不开生物多样性。如果希望生活丰富多彩，那就更加离不开生物多样性了，因为正是大自然的多样性才给人类生活提供了多样的选择。近几年来，我国实施了一系列环境保护措施，包括生态林和防护林、自然保护地、退耕还林还草还湿、长江经济带保护、沿海湿地保护、建立国家级生物基因库等重大生态环境保护措施。县域是这些重大生态环境保护措施的主要承载空间，县域的物种保护具有举足轻重的作用。我国县域是实现我国生物多样性、抵御气候变化威胁、促进国家生态安全的重要基础屏障。

一般建制镇和集镇镇区及镇域生态性基础设施配置如表8－8所示。

表8－8 一般建制镇和集镇生态性设施配置

公共设施类型	项目	配置内容和要求	用地和建筑面积（平方米）	常住人口规模（万人）				
				2.5～5	1～2.5	0.5～1	0.25～0.5	0.1～0.25
生态性基础设施	水环境	生活污水处理	镇区生活污水处理率达到80%以上，镇域村庄生活污水处理率达到70%以上	√	√	√	√	√
		工业废水处理	镇域内工业企业废水经处理达到排放标准	√	√	√	√	√
		河道管理	镇域内的江河、湖、塘、沟清淤疏浚，保持水清塘洁	√	√	√	√	√
		卫生厕所	镇村公共卫生厕所和户用厕所达到100%	√	√	√	√	√
	生活垃圾	生活垃圾无害化处理	镇区生活垃圾集中收处达到100%，镇域生活垃圾集中收运处达到90以上	√	√	√	√	√
	土壤环境	农业面源污染	农用化肥、农药利用率达到40%以上，畜禽粪便资源化利用率达到100%，病死畜禽无害化处理率达到100%，农作物秸秆综合利用率不低于95%	√	√	√	√	√

续表

公共设施类型		项目	配置内容和要求	用地和建筑面积（平方米）	常住人口规模（万人）				
					2.5~5	1~2.5	0.5~1	0.25~0.5	0.1~0.25
生态性基础设施	土壤环境	重度污染地块修复	对冶炼、石化、电镀、制革等土地转为商住用地的应进行土壤环境评估和修复	重度污染土地严禁种植食用农产品	√	√	√	√	√
	大气环境	大气尘埃	生产性、生活性、交通性烟尘、有害气体、细颗粒物等达到排放要求		√	√	√	√	√
		植树造林	镇区人均公共绿地大于12平方米、道路绿化及率达到95%，镇域森林覆盖率平原地区达到18%以上，丘陵地区达到45%以上，山区达到75%以上		√	√	√	√	√
	生物多样性	动植物品种保护	在镇域范围内加强动植物地方品种的保护，禁止捕杀、食用、交易野生动物，为本地动植物品种创造生物多样性环境		√	√	√	√	√
		防止外来生物入侵	在镇域范围内加强外来，尤其是国外物种引进的监督管理		√	√	√	√	√

资料来源：笔者整理。

2020 年 12 月 30 日，山东省人民政府发布的《山东省设立镇标准的通知》规定，镇政府驻地的污水处理率不低于 70%，生活垃圾无害化处理率保持在 98% 以上。

本章参考文献

［1］赵晖等：《说清小城镇》，中国建筑工业出版社 2017 年版。

［2］朱建江：《乡村发展导论》，经济科学出版社 2019 年版。

［3］夏征农、陈至立主编：《辞海》，上海辞书出版社 2009 年版，第 1653 页。

［4］戴慎志：《城市工程系统规划》，中国建筑工业出版社 2015 年版。

［5］苏晓洲等：《长江流域有条"烧柴带"，珍稀植物也成了"柴"》《"烧柴现象"，保护绿色长江》，载于《光明日报》2019 年 3 月 21 日。

［6］金兆森等：《村镇规划》，东南大学出版社 2019 年版。

［7］徐剑梅：《美国娃如何度过世界上最长的暑假》，载于《新华每日电讯》2019 年 7 月 12 日。

［8］靳昊、刘华东：《从"有学上"迈向"上好学"义务教育如何向实现城乡一体化》，载于《光明日报》2018 年 8 月 30 日。

［9］陈鹏：《义务教育学龄人口进城速度放缓》，载于《光明日报》2017 年 12 月 24 日。

［10］方敏：《县医院"带大"乡医院》，载于《人民日报》2018 年 1 月 19 日。

［11］王君平：《家门口看名医》，载于《人民日报》2019 年 4 月 18 日。

［12］周世祥：《3 万个乡镇卫生院有了大学生》，载于《光明日报》2020 年 1 月 15 日。

［13］叶文虎、甘晖：《文明的演化》，科学出版社 2015 年版。

［14］夏伟生：《人类生态学初探》，甘肃人民出版社 1984 年版。

［15］王昌海《为美丽乡村建设"补短板"》，载于《光明日报》2018 年 6 月 28 日。

［16］侯琳良：《到 2020 年湖南将实现建制镇污水处理全覆盖》，载于《人民日报》2019 年 4 月 22 日。

［17］张思楠：《日本乡村垃圾处理与城市一致》，载于《光明日报》2018 年 4 月 4 日。

［18］黄昊：《法国农村垃圾处理变废为宝》，载于《光明日报》，2018 年 5 月 15 日。

［19］徐骏：《土壤污染威胁我们的生活》，载于《生命时报》，2017 年 9 月 5 日。

［20］熊志：《把土壤污染防治放在更重要位置》，载于《光明日报》，2018 年 10 月 30 日。

［21］叶乐峰：《奋力书写生态国土的"中国名卷"》，载于《光明日报》，2017 年 9 月 29 日。

［22］张建龙：《为美好生活提供更多优质生态产品》，载于《光明日报》2018 年 1 月 9 日。

［23］陈晨：《为长江留住更多水生生物》，载于《光明日报》2018 年 10 月 18 日。

第九章

一般建制镇和集镇的治理

在我国农业社会向工业社会转型过程中，特大镇列入小城市治理体系后，一般乡镇的治理（主要指一般建制镇和集镇）仍然是件难事。自中华人民共和国成立以来，我国一般乡镇的治理经历过多轮改革，目前实施的我国乡镇治理体制是 2009 年的改革框架。随着我国城乡统筹要求的提出，从目前看，2009 年版的乡镇改革框架仍然存在许多不适应的现象，因此，本章重点由行政政区管理体制、一般建制镇和集镇治理的职能、一般建制镇和集镇治理的组织建设、一般建制镇和集镇治理的能力建设等四节构成。

第一节　行政政区管理体制

一、地域型政区与城市型政区的构成

行政政区是指一个国家设定的一级行政建制所管辖的地域范围。行政政区的撤销、变更是一个国家按照其行政区划法律、法规进行的。2019 年 1 月 1 日起施行的我国《行政区划管理条例》第六～第十二条明确了我国各种行政政区设立、撤销以及更名的审批机制。即"省、自治区、直辖市的设立、撤销、更名，报全国人民代表大会批准。""省、自治区、直辖市的行政区域界线变更，人民政府驻地的迁移、简称、排列顺序的变更；自治州、县、市、市辖区的设立、撤销、更名和隶属关系的变更以及自治州、自治县、设区的市人民政府驻地的迁移；自治县行政区域界线的变更，县、市、市辖区的行政区域界线的重大变更；凡涉及沿岸线、海岛、边疆要地、湖泊、重要资源地区的隶属关系，或者行政区域界线变更等国务院审批。""县、市、市辖区的部分行政区域界线变更，县、不设区的市、市辖区人民政府迁移，国务院授权省、自治区、直辖市人民政府审批；批准变更时，同时报送国务院备案。""乡、民族乡、镇的设立、撤销、更名、行政区域变更，人民政府驻地迁移，由省、自治区、直辖市人民政府审批。""依照法律、国家有关规定设立的地方人民政府的派生机关的撤销、更名、驻地迁移、管辖范围的确定和变更，由批准设立该派出机关的人民政府审批。""市、市辖区的设立标准。由国务院民政部门会同国务院其他有关部门拟定，报国务院批

准。""镇、街道的设立标准，由省、自治区、直辖市人民政府民政部门会同本级人民政府其他部门拟定，报省、自治区、直辖市人民政府批准；批准设立标准时，同时报送国务院备案。"综上所述，行政管理区与行政区划还不完全同义，前者是指行政管理的空间范围，后者是指这个空间范围及行政建制设立（包括行政建制设立和建立标准）、撤销、变更（包括行政管理的更名、界线变更、驻地迁移、简称、排列顺序、隶属关系等）。

行政政区一般可分为地域型政区和城市型政区两大类。地域型政区，也称区域型行政区，是指省、自治区、自治州、县、自治县、市辖郊区、乡、民族乡、一般建制镇、村等；城市型政区，也称聚落型行政区，是指按市、市辖区设置标准设立的城市、市辖城区、街道等。我国直辖市，如果按"市"通名，应适用城市设置标准，此时的直辖市应为城市型政区，其行政管理区范围应该仅指中心城区部分；如果不计"市"通名，直辖市等国于省、自治区，是地域型政区，按我国已施行的《行政区划管理条例》，应该是指经全国人民代表大会批准的直辖市区域。从实践看，地域型政区和城市型政区两者的主要区别：前者在其行政管理的空间范围内存在较大比重的自然空间，包括农用地和生态空间，聚落规模比较小；而后者的自然空间包括的农用地和生态空间极小，聚落规模较大。也就是，地域型政区是由自然空间（包括农用地和生态用地空间）＋聚落（包括人口规模较大的城市聚落和人口规模较小的镇村聚落）构成；而城市型政区主要由人口规模较大的城市聚落构成。根据我国《城市用地分类占规划建设用地标准》，城市建设用地是"指城市内的居住用地、公共管理与公共服务用地、商业服务业设施用地、工业用地、物流仓储用地、道路和交通设施用地、绿地与广场用地。"可见，城市是不存在自然空间的，或自然空间极小。刘君德、范今朝两位老师著的《中国市制的历史演变与当代改革》一书中提出，我国的镇是城市型政区建制，而乡是农村型政区建制，二者原本是有区别的。镇的"城市性"越来越模糊，与一般乡无异。无法区分那些规模较大的中心镇与一般乡镇的差异，也不能满足真正的城市型管理体制需要。[①] 按国家有关文件精神，常住人口 5 万 ~ 10 万人以上的小城镇就应该按城市设置标准逐步改为小城市，剔除这些镇区常住人口规模 5 万 ~ 10 万以上的中心镇、经济强镇、城关镇、重点镇、特大镇，其余为一般乡镇。根据本书第五章第一节中的"一般建制镇和集镇"属性的论证，这些一般乡镇，目前还不应该归入城市型政区，而应归入地域型政区。需要说明的是，实践中存在的居住社区、工业园区、商务区、商业区、高新技术开发区、经济开发区、自然保护区、高教园区等，都是行政区中的一部分，不是行政政区概念。

---

① 刘君德、范今朝：《中国市制的历史演变与当代改革》，东南大学出版社 2015 年版，第 264 页。

二、地域型政区与城市型政区的行政建制

与行政区密切相关的行政建制，一般也可分为地域型行政建制和城市型行政建制。在我国，地域行政建制包括省（自治区）制、自治州（地区）制、县（自治县）制、乡（民族乡、一般镇）制；城市型行政建制包括市（超大城市、特大城市、大城市、中等城市、小城市）制。直辖市按地域型行政建制看待，可归入省制，此时的直辖市包含比重较大的自然空间；直辖市按城市型行政建制看待，可归入市制，此时的直辖市一般仅指城区范围内的聚落空间。根据我国文件规定镇区常住人口 5 万人以上或 10 万人以上的特大镇，不应归入地域型行政建制而应归入城市型行政建制，归入城市型行政建制的特大镇就不应该占有太大比重的自然空间，更不应再下辖乡镇和村；镇区常住人口 5 万人以下的一般乡镇，因为其镇区较大比重的常住人口仍拥有承包地、宅基地、林地、草地，所以，一般乡镇（包括一般建制镇和集镇）不应归入城市型行政建制，而应归入地域型行政建制。我国《宪法》第三十一条所讲的特别行政区也应归入地域型行政建制镇。我国实践中的行政政区存在"地区""城区""郊区""街道"等概念。省制下面的"地区"，应该是省派出的行政机构或机关，包含在省制中，但不属于一级独立的行政建制；"城区"也不属于一级独立的行政建制，包含在市制中，是市派出行政机构或机关；当前，在我国实践中自然空间较大的"郊区"，应归入地域型行政建制的"县制"中，不应归入城市型行政建制的"市制"中；"街道"是市制下"城区"派出行政机构或机关，不应成为一级独立的行政建制。在我国，村是一般乡镇制下面的自治单位，常住人口一般都拥有承包地、宅基地或林地、草地等自然空间内容，因此，也应该包含在一般乡镇制中。

综上所述，地域型行政建制的共同特征是：其管理范围内既有城市居民，又有乡村居民；既有建设用地，又有农用地；既有农业，也有第二三产业；既有自然环境，又有人文环境。而城市型行政建制其管理范围内的基本特征是：在人口上主要是城市居民，在土地上主要是建设用地，在产业上主要是第二三产业，在环境上主要是人工环境。并且不同层级地域型行政建制具有层级性，即同一行政建制管理的行政区域有固定的物理边界，不同层级的行政建制管理的行政区域可以重叠。例如，省管理的行政区域一直覆盖到省域范围内的村界；省下辖的县管理的行政区域一直覆盖到县域内的村界等。省界与县界空间范围边界是重叠的，只是省与县行政建制的权责不同而已。而城市型行政建制，由于其管理范围仅仅是聚落本身，一般不包括自然空间或自然空间占比较小，因此，不论聚落规模大小，城市型政区本质是地域型政区范围内的一个聚落功能区，因此，聚落区域不存在层级性，而聚落不论人口或建设占地面积大小，聚落之间都是平等的。平等者无隶属，例如，从最小聚落村庄看，实践中不存在村庄

领导村庄的；从聚落看，也不存在超大聚落领导特大聚落，大聚落领导中等聚落等。城市的基础是市场，市场与市场之间是一种平等交换关系，从这个角度讲，城市不论人口或面积大小都是平等的，不存在城市与城市之间的隶属关系。由于聚落是地域中一个局部，相对聚落而言，地域是全局，因此，目前世界上绝大部分国家都是由地域型行政建制统辖，领导城市型行政建制，地域型行政建制与城市型行政建制是有隶属关系的。在我国，从清代末期产生城市聚落型行政建制以来到 1984 年前，我国实行的也是地域型行政建制统辖城市型行政建制；而 1984 年我国城市经济体制改革以后，我国开始实施城市型行政建制统辖或领导地域型行政建制，即局部领导全局的体制，典型的是省会城市、计划单列市、地级市领导县级市、县等。

三、地域型政区与城市型政区的行政机构

行政机构也称行政机关或行政单位，行政机构是行政建制的运行载体或实现形式。一级行政建制的行政机构有平行的、垂直的两大类。平行的行政机构，如地域型省制中的省委、省人大、省政府、省政协，乡制中的乡镇党委、人大、政府。目前，我国市制（包括直辖市、地级市、县级市）平行的行政机构与地域型行政机构类似。垂直的行政机构，是指一级行政建制平行行政机构的下属机构，在我国，一级行政建制党委下有组织部、纪委、宣传部、统战部等；一级行政建制政府下有政府办、发改委等政府职能部门等。在我国，平行的和垂直的行政机构一般均为独立行政法人，是一级组织，可以依法对外行使职责和承担责任；而实践中，我们常见的垂直行政机构内部设置的工作司局、处室、科室一般不是行政法人，也不是一级组织，不能独立对外行使职责和承担责任。

由于地域型政区和城市型政区所辖内容不一样，因此，地域型政区与城市型政区行政机构设置也应该是不一样的。例如，在我国清政府于 1909 年 1 月 18 日公布的《城镇乡地方自治章程》的第八条就规定，"凡城镇各设自治职如下：一议事会；二董事会。"第九条规定，"凡乡自治职如下：一、议事会；二、乡董。"在美国，城市的行政机构一般包括警察部门、消防部门、行政秘书（相当于我国的政府办公室）、公共建设工程部门、街道管理部门、卫生部门、公园部门、规划部门等。而在我国地域型政区与城市型政区行政机构，无论是平行管理机构，还是垂直行政机构，几乎都是一样的，没有体现城市专门管理的内容。

四、地域型政区与城市型政区的行政层级和行政等级

行政层级是由行政建制的管理包含关系引发的，而行政建制的管理包含关系其源头来自行政区域的包含关系，因此行政层级应存在于地域型行政建制中。例如，由于省、自治区的空间范围包含了自治州、地区、县、乡镇、村的空间范围，以此类推，

在行政建制上，可分为省（自治区）制、自治州（地区）制、县制、乡镇制、村制等。为了维护这种空间关系在管理上的实施，从而构成省制、州制、县制、乡镇制、村制的统辖关系，即行政等级关系。可见，行政层级本质上属行政建制关系；而行政等级本质上是行政建制中的统辖关系。需要说明的是，城市型行政建制应该不存在行政层级和行政等级。例如，甲村庄与乙村庄既不存在空间上的包含关系，也不存在管理上的层级关系，当然也不存在统辖关系，甲乙村庄不论人口或面积大小，在聚落上是平等的。城市聚落也是一样，城市是有边界的，甲乙两个城市不存在空间上的包含关系，因此也不存在管理上的层级关系和等级统辖关系。

五、地域型政区与城市型政区的行政级别

行政级别在地域型行政机构和城市型行政机构中都存在。实践中，一般情况下，平行的行政机构的行政级别是等级的，但不同层级的行政机构中行政级别是不一样的。例如，省制中的省委、省人大、省政府、省政协，其机构均为正部级，其中该机构中的主要负责人也是正部级；而县制均属地域型行政建制，县委、县人大、县政府、县政协都是正处级，其中该机构中的负责人的行政级别也是正处级。只有在聚落型政区经国家赋予行政建制时，才可能产生不同层次的聚落以及不同等级的行政机构和官员行政级别。例如，我国的直辖市、市级机构为正部级，而市委书记都为副国级，直辖市垂直行政机构区县、部门为正局级，其主要负责人也为正局级，区县垂直行政机构、乡镇及主要负责人均为正处级。可见，在我国，地域型行政层级、行政等级、行政级别一般是一致的，而城市型行政层级、行政等级、行政级别是分异的。同样都是城市，我国有省级城市、副省级城市、地级城市、县级城市等，由此派生了正局级县、正处级乡镇、街道等。并且城市之间也有层级，大城市领导中等城市、小城市等。相对小城镇和乡村而言，城市一般占有区位较优，在市场经济条件下，吸纳要素能力就强，再加上赋予城市的行政层级、行政等级和行政级别，在这种城市行政政区管理体制下，城市不仅能通过区位因素吸纳要素，还能通过权力因素吸纳要素，并且层级和等级越高的城市，吸纳要素的能力就越强。

六、地域型政区与城市型政区的目标任务

纵观国内外情况看，地域型行政管理的目标任务是地区、城乡统筹。这是因为地域是个综合体，同一地域内不同的区域区位、资源禀赋、发展基础是不一样的。例如，一个地域内的城市区域的区位、资源禀赋、发展基础是最好的，而小城镇区域、乡村区域相比同一地域中的城市区域而言，其区位、资源禀赋、发展基础是相对较差的。自工业革命以来，这种地域中因区位、资源禀赋、发展基础形成的发展差异越来越显著，从而

引发地区、城乡的发展不平衡。人类社会解决这种因初始发展条件不同而形成的差距的基本办法及其体制是由地域型行政建制领导城市型行政建制，地域型行政建制行使地区、城乡统筹任务，而城市专业管理由城市型行政建制承担。地域中不同区域初始发展条件差距属生产力范畴，是客观存在的；地区、城乡统筹属生产关系范畴，而人类为了维持稳定和谐的社会运行，地区、城乡统筹是必须的，不可回避的。城乡统筹的本质是"抽肥补瘦"，不同阶段的城乡统筹运作方向是不一样。在我国，城镇化率达到50%之前，是农村支持城市，即同一地域中乃至不同地域中初始发展条件较差的农村区域支持初始发展条件较好的城市区域；城镇化率达50%以后，应该是城市反哺农村，即同一地域中乃至不同地域中发展较好的先进区域或极化区域支持发展靠后的落后区域。地区、城乡相互支持的内容包括规划空间、建设用地、产业和公共设施项目、产品、劳动力、人才、资金、技术等。中华人民共和国成立以来，我国农村支撑城市，初始发展条件较差区域支持初始发展条件较好区域一直落实得比较好；而反过来，城市支持农村，即发展较好区域支持发展落后区域一直没有得到很好落实；因此，党的十九大提出，新时代我国社会的主要矛盾是人民日益增长的美好生活需要和不平衡不充分的发展之间的矛盾。邓小平在1988年提出的"两个大局"思想和胡锦涛在2004年提出的"两个趋向"的判断，都是讲不同发展阶段不同地区、城乡之间统筹协调或者相互支持的问题。一国或一个地区不同发展阶段的城乡、地区统筹协调发展目标的实施，不能总是乡村支持城市或者发展初始条件较差地区支持发展初始条件较好地区。在我国已经进入落实"两个大局"和"两个趋向"阶段，城市型政区，尤其是城市型政区中的超大、特大、大城市就不能一味强调吸引力和竞争力，而忽视了其扩散和辐射的应有责任，以反哺和支持几十年来一直支撑其发展壮大的中等城市、小城市、小城镇、乡村这些发展相对落后区域，而应该把有限规划空间、建设用地、公共财政资金、银行信贷规模以及产业项目和公共设施投资、技术、管理和人才等向这些发展相对落后的区域倾斜。党的十九大报告提出，到2020年我国将全面建成小康社会。邓小平曾在1992年南方谈话中指出，沿海要拿出更多力量来帮助内地发展。"什么时候突出地提出和解决这个问题，在什么基础提出和解决这个问题，要研究，可以设想在本世纪末达到小康水平的时候，就要突出地和解决这个问题。"① 在

---

① 邓小平的"两个大局"思想："沿海地区要加快对外开放，使这个拥有2亿人口的广大地带较快地先发展起来，从而带动内地更好的发展，这是一个事关大局的问题。内地要顾全这个大局。反过来，发展到一定的时候，又要求沿海拿出更多力量来帮助内地发展，这也是个大局，那是沿海也要服从这个大局。"（载于邓小平：《中央要有权威》（1988年9月12日），《邓小平文选（第三卷）》，人民出版社1993年版，第277－278页）。胡锦涛的"两个趋向"思想："综观一些工业化国家的发展历程，在工业化初始阶段，农业支持工业，为工业化提供积累，是带有普遍性的趋向；但在工业化发展到相当程度以后，工业反哺农业，城市支持农村，实现工业与农业，城市与农村的协调发展，也是带有普遍性的趋向。"（载于胡锦涛：《关于工农城乡关系的两个趋向》（2004年9月19日），胡锦涛文选第2卷，人民出版社2016年版，第240页）。

我国即将全面建成小康社会之际，"两个大局"和"两个趋向"中提出的基本精神切实到了进一步贯彻落实时候了。

第二节　一般建制镇和集镇的职能

一、职能及与目标任务关系

职能是指一个组织在特定的时间里应发挥的作用和功能。职能由职责和职权两部分组成。职责是指一个组织在特定的时间里应完成的工作任务，具体表现为一件件事。职责的设定围绕任务而展开，而工作任务又是工作目标的具体延伸。例如，2018 年 12 月 28 日起施行的，由中共中央印发的《中国共产党农村基层组织工作条例》（以下简称《条例》），第三章的标题就是"职责任务"，其中第九条"职责任务"就是乡村党委应当完成的工作。可见，职责、工作、任务三者是等价的，用词不一，但内涵一样。而农村基层组织"职责任务"就是从《条例》第一条"认真贯彻落实新时代党的建设总要求和新时代党的组织路线，坚持和加强党对农村工作的全面领导，深入实施乡村振兴战略，推进全面从严治党向基层延伸，提高党的农村基层组织建设质量，为新时代乡村振兴提供坚强政治和组织保证"这个目标中延伸出来的。职权是指组织完成工作或事情所需要的权力。有什么职责就应有什么样的职权，职责与职权不仅应当对应，而且应当匹配，职责与职权不对应就会表现为责大权小或责小权大。可见，职能的研究应当围绕目标任务进行。目标是指一个组织在特定的条件下和特定时间里需要达到的阶段性结果，而任务是指为达到阶段性目标具体需要展开的工作。实践中，一般而言目标是总体的，相对抽象的，而任务是具体的、细分的，一个组织是通过完成任务而实现目标。一个组织的目标任务随着完成或条件改变而改变，目标任务改变组织职能也需相应改变。因此，一个组织职能的设定离开目标任务是没有意义的或者是有害的。

二、乡镇职能演变

1950 年 12 月，政务院颁布的《乡（行政村）人民政府组织通则》中明确，乡一般不设内部机构，只配备数名专职甚至不脱产的工作人员，分管民政、公安、财政、粮食、调解等职务。1954 年 1 月，中央人民政府内务部发出的《关于健全乡镇政权建设的指示》规定，乡镇应做好生产合作、文教卫生、治安保卫、人民武装、财粮调解等工作。人民公社时期，公社管理委员会负责生产建设、财政、粮食、文教卫生、民兵、调解等工作。

2009 年 1 月 27 日，中共中央办公厅、国务院办公厅转发的《中央机构编制委员会办公室关于深化乡镇机构改革的指导意见》中提出，现阶段乡镇应主要围绕促进经济发展、增加农民收入，强化公共服务、着力改善民生，加强社会管理、维护农村稳定，推进基层民主、促进农村和谐四个方面履行职能。不同类型的乡镇，要结合实际，确定工作重点。要把经济工作的着力点放在营造良好的发展环境、扶持典型进行示范引导，提高经济发展的质量和水平，推进产业结构调整；加强农村基础设施建设和新型农村服务体系建设，落实强农惠农措施，着力解决群众生产生活中的突出问题，切实维护农民合法权益；尊重农民的生产经营自主权，不得干预企业的具体生产经营活动；着力增强社会管理和公共服务职能，拓宽服务渠道，改进服务方式，通过"一站式"服务、办事代理制等多种形式，方便群众办事；推进依法行政，严格依法履行职责，综合发挥人民调解、行政调解和司法调解的作用，及时化解农村社会矛盾，确保社会稳定，指导村民自治，推动农村社区建设，促进社会组织健康发展，增强社会自治功能。

正在制定的《中华人民共和国乡村振兴促进法草案》提出，地方各级人民政府应当加强乡镇社会管理和服务能力建设，把乡镇建成乡村治理中心、农村服务中心、乡村经济中心。

上级党委、政府要为乡镇转变职能创造条件。增加财政收入，切实保障工作经费，增强乡镇履行职责的能力。依法赋予经济发展快、人口吸纳能力强的小城镇相应行政管理权限。严格控制对乡镇党政领导的"一票否决"事项，坚决清理和规范各种评比达标表彰活动。对乡镇的考核由县级党委、政府统一组织，不属于乡镇职能的事项，不得列入考核范围。上级部门派驻或设在乡镇的机构，要接受乡镇党委、政府的统一指导和协调，要创新服务方式、提高服务质量。

随着我国工业化、城镇化、农业现代化的发展，我国经济社会发展的格局已有许多新变化。根据这一变化，本书第三章、第四章提出，将我国人口和经济规模较大的特大镇列入小城市范畴中去完善其体制机制；同样，我国一般建制镇和集镇当前和未来一定时期内经济社会发展方向也要放到国家经济社会发展大格局来考虑和谋划，从而使我国一般建制镇和集镇与全国经济社会发展方向和格局融为一体，与时俱进。这一些都需要立足当前，着眼未来，明确新时代发展背景下我国一般建制镇和集镇的目标任务及其职能，在此基础上才能构建有的放矢的机构设置和人员配置。

三、当前及未来我国一般建制镇和集镇的主要职能

到 2030 年，我国城镇率达到 70% 左右，2050 年城镇率达到 80% 左右的时候，我国特大镇的主要目标任务是小城市改革与发展，而我国一般建制镇和集镇主要目标任

务是配合县实施城乡统筹发展和自身镇村的统筹发展。

（一）配合县实施城乡统筹发展职能

县域内总有些区位较好、资源禀赋较优、发展基础较强的区域，在一个县经济社会发展的前中期，一般会让这些初始发展条件较好区域先行发展，在规划空间、建设用地指标、财政资金、人才、技术、管理等要素一定情况下，就涉及减少一般建制镇和集镇的上述发展要求，加强先行发展区域的要素倾斜，这时候一般建制镇和集镇需要立足县域发展全局，牺牲一些发展机会和眼前利益。当县域内先行发展区域取得发展时，县就要适时实施由县域内的城关镇、中心镇、经济强镇、重点镇、特大镇以及县域内的小城市带动周边一般建制镇和集镇发展，适时扩大一般建制镇和集镇的规划空间、建设用地指标、公共财政、人才、技术、管理等要素配置。此时的一般建制镇和集镇就要积极有为，甘为人先，做好自身发展规划，推进项目实施、招商引资，完善营商环境、政策措施等，加快缩小与小城市、特大镇的差距。

（二）自身的镇村统筹发展职能

一般建制镇和集镇，一般而言，区位相对偏僻，离县城一般在 30～50 千米的距离，经济基本属于"内生性"，常住人口绝大部分来源于本镇农村或周边镇村的居民，基本还是熟人社会，这些都使一般建制镇和集镇镇区与周边乡村构成一个地域相连、人缘相亲、文化相融的地域综合体，使镇村成为互相依存、相辅相成的整体。再加上我国现行建制村的自治性质，使许多乡村范围内的生产生活事务都要依靠乡镇的职权才能实现。因此，当前及未来较长时间，在工业化、城镇化、信息化、农业现代化过程中，站在乡村角度讲，在乡村人口向城镇转移、乡村非农就业向城镇转移、公共服务均等化和乡村有效治理四个方面都需要发挥所辖镇及周边镇的镇村统筹作用，解决乡村空间内的土地管理、村民住房建设、农业适度规模经营、乡村旅游业等，都需要乡镇的职能支持才能更好解决；站在镇的角度讲，镇区人口和建设规模的扩大，镇区集市与市场的繁荣，镇区工业、手工业的发展以及镇区发展所需要的劳动力、规划空间、建设用地等要素都需要依靠镇域内乡村及其周边镇村提供。总体来看，镇村统筹发展涉及乡村人口转移、镇村产业发展、镇村公共设施配置以及镇村治理这四个方面的统筹。这种镇村统筹要求是我国改革开放以后，尤其是我国工业化、城镇化、信息化、农业现代化进入中后期的新要求，是我国农业社会向工业社会、城市社会转型的产物。在我国现代化进程中，如果我国一般建制镇的集镇没有意识或不能适应上述社会转型新要求，我国一般建制镇和集镇镇区与镇域势必将与县域内的城关镇、特大镇、小城市扩大差距，与更大范围的大中城市区域将进一步不平衡。因此，确立和实施一般建制镇和集镇自身的镇村统筹职能，是新时代我国一般小城镇和乡村振兴的共同使命、急迫任务。

第三节　一般建制镇和集镇的组织建设

一、我国乡镇组织机构的历史演变

物理或地理概念的"乡"起源于距今约 15000 年的中石器时期或 7000～8000 年前的新石器时期的原始村庄。而行政管理概念的"乡"，在《辞海》中解释为："我国农村的基层行政区域，泛指城市以外地区。相传乡制始于周代，秦汉时乡属于县，以后历代相沿。1958 年我国农村成立人民公社后撤销，1982 年宪法规定恢复。""镇"在《辞海》中解释为："古代在边要形胜之地设置，驻兵戍守。北魏时设镇之地有两类，一类设于州郡之地，镇将兼理军事政务。……一类设于州、郡治所，则镇将缩军而刺史，太守管理民政，但都以镇将兼刺史、太守之任。唐代镇戍之权转轻。《新唐书兵志》：'唐初，兵之戍边者，大日军，小日守提，曰城，曰镇。'将兵掌防戍守御，品秩与县令相等。唐末五代时期，节度使在镇外设镇，置镇使、镇将，除镇军防守外，还向人民征器钾粮饷，掌握地方实权。……宋初，为了加强中央集权，罢镇史、镇将，收其权归于知县，除人口多、商业繁荣的镇以外，多数罢废。宋代以后指县以下的小商业都市。"[①]

（一）我国古代乡级政权组织

从政权机构或行政建制角度，乡作为国家行政建制始于西周，周五朝开始建立"乡制"，乡官是官，乡治是官治。"乡制"由五家为邻，五邻为里，四里为族，五族为党，五党为州，五州为乡。"乡官"皆有品级，"邻长位下士，自此处，稍登一级，至乡而为卿也"。此后"乡制"的行政建制性质一直延续中唐。隋唐实行了"科举制"，"官"与"吏"分设，"官"作为士身居要职，而"吏"的地位逐渐降低，具有义务服役的性质。中唐以后，随着均田制废弛，"乡官制"向"职役制"转化，乡治由官治转为半官式的绅治。北宋中期，王安石在我国推行"十户卫一牌头，十牌头为一甲长，十甲长为一保正"的保甲制度，都保正，都保副正，大保长都不支薪，出现轮差、募充。清代前中期采用了明朝里甲制和宋朝的保甲制度。至此"职役制"仍具有半官方性质，还不是严格的基层政权。[②]

（二）我国近代乡级政权组织

1908 年，清政府颁布的《城镇乡地方自治章程》规定，凡府厅州县官府所在地为

---

① 夏征农、陈至立主编：《辞海》，上海辞书出版社 2009 年版，第 2493 页和 2914 页。
② 万其刚、李晓霞：《中国乡镇政权建设的演进》，https：//www.docin.com/p－743920184.html。

城，其余市镇村屯集等地人口满 5 万人以上者为镇，不满 5 万人为乡，城镇乡均为地方自治体。城镇乡分别设议事会和董事会，议员属名誉职务，不支付薪水，只有董事会成员才发薪水。此时的"乡制"也不是基层政权。民国时期，县下设区，区下为乡镇，乡镇下为闾、邻，五户为邻，五邻为闾。抗日战争爆发前，国民党政府曾规定，百户以上村者设乡，百户以下村者集为一乡，设保甲，保甲长须由县区长任命。1939年又规定，乡（镇）公所下设民政、警卫、经济、文化 4 股，各股设主任 1 名，干事若干人。此时的"乡镇"具有基层政权的含义。与此同时，中国共产党在其农村革命根据地，第二次国内革命战争时期，根据地的苏维埃全体代表会议是全乡的最高政权机关；抗日战争时期，乡参议会和乡政府委员会是乡级基层政权；解放战争时期，在解放区建立 7 区，村（乡）两级人民代表会议，村（乡）代表会议是村（乡）最高政权机关，其执行机构为村（乡）行政委员会。

（三）我国现代乡级政权组织

我国现代乡级政权是伴随解放区建设而建的，凡解放乡镇区域均相应成立中国共产党乡镇工作委员会，设立党的书记和副书记。乡镇党的委员会一般在 1958 年 10 月改为乡镇人民公社委员会。1983 年以后，乡镇人民公社委员会又改回乡镇党的委员会直至现在。

1949 年 9 月，中国人民政治协商会议第一届全体会议通过的《共同纲领》没有对乡级政权作出明确规定，但解放区各地都相继召开各界人民代表会议决定地区发展大政方针。1950 年 6 月，中央人民政府委员会通过的《土地改革法》第二十九条规定："乡村农民大会、农民代表会及其选出的农民协会委员会，区、县、省各级农民代表大会及其选出的农民协会委员会，为改革土地制度的合法执行机关。"1950 年 12 月，政务院颁布《乡（行政村）人民代表组织的通则》和《乡（行政村）人民政府组织通则》，乡和村被确定为我国农村基层政权组织。1954 年 9 月，中华人民共和国第一部《宪法》第五十三条规定，县、自治县分为乡、民族乡、镇；第五十四条规定，人民委员会是人民代表大会的行政执行机关，至此，乡镇成为我国农村基层政权组织，村一级退出农村基层政权体系。1958 年 8 月，中共中央作出了《关于在农村建立人民公社问题的决议》，一直到 1982 年 12 月 4 日五届人大五次会议通过《宪法》前，我国乡镇政权组织形式分别为人民公社（1958 年 10 月～1959 年 5 月）、人民公社管理委员会（1959 年 5 月～1968 年 5 月）、人民公社革命委员会（1968 年 5 月～1980 年 10 月）、人民公社管理委员会（1980 年 10 月～1983 年 4 月）。1982 年 12 月 4 日，第五届全国人大五次会议通过的《宪法》第九十五条规定，乡、民族乡、镇设立人民代表大会和人民政府。第九十六条规定，地方各级人民代表大会是地方国家权力机关。1982 年 12 月 10 日，第五届人大五次会议对《地方组织法》做了规定，将人民公社改为乡、民族乡，人民公社管理委员会改为乡、民族乡人民政府，人民公社基本核算单位改为农村集体经济组织。1983 年 10 月，中共中央和国务院颁布的《关于实行政社分开建立乡政府的通知》中指出，当前首要任务是把政社分开，建立乡政府，同时按乡建立乡党委，并根据生产需要和群众意愿，逐步建立集体经济组织。

综上所述，我国乡镇基层组织源远流长，经历了国家政权组织—半官方组织—自治组织—国家政权组织的演变过程。

二、乡镇的政权机构

目前，我国一般建制镇和集镇的政权机构由乡镇党委、乡镇人民代表大会和乡镇人民政府组成。

（一）乡镇党委

1. 乡镇党委组成

2018 年 12 月 28 日，由中共中央印发的《中国共产党农村基层组织工作条例》明确，乡镇党的委员会（简称乡镇党委）和村党组织（指行政村）是党在农村的基层组织，是党在农村全部工作和战斗力的基础，全面领导乡镇、村的各类组织和各项工作；乡镇党委每届任期 5 年，由党员大会或者党员代表大会选举产生；乡镇党委一般设委员 7~9 名，其中书记 1 名，副书记 2~3 名，应当设组织委员、宣传委员，纪委书记由党委委员兼任；党委委员按照乡镇领导职务配备，应当合理分工，保证各项工作有人负责。

2. 乡镇党委的主要职责

（1）宣传和贯彻执行党的路线方针政策和党中央、上级党组织及本乡镇党员代表大会（党员大会）的决议。

（2）讨论和决定本乡镇经济建设、政治建设、文化建设、社会建设、生态文明建设和党的建设以及乡村振兴中的重大问题。需由乡镇政权机关或者集体经济组织决定的重要事项，经乡镇党委研究讨论后，由乡镇政权机关或者集体经济组织依照法律和有关规定作出决定。

（3）领导乡镇政权机关、群团组织和其他各类组织。加强指导和规范，支持和保证这些机关和组织依照国家法律法规以及各自章程履行职责。

（4）加强乡镇党委自身建设和村党组织建设，以及其他隶属乡镇党委的党组织建设，抓好发展党员工作，加强党员队伍建设。维护和执行党的纪律，监督党员干部和其他任何工作人员严格遵守国家法律法规。

（5）按照干部管理权限，负责对干部的教育、培训、选择、考核和监督工作。协助管理上级有关部门驻乡镇单位的干部。做好人才服务和引进工作。

（6）领导本乡镇的基层治理，加强社会主义民主法治建设和精神文明建设，加强社会治安综合治理，做好生态环保、美丽乡村建设、民生保障、脱贫致富、民族宗教等工作。

（二）乡镇人民代表大会

1. 乡镇人民代表大会职权

根据 2015 年 8 月 29 日公布的《中华人民共和国地方各级人民代表大会和地方各级人民政府组织法》，乡镇人民代表大会是乡镇的国家权力机关。乡、民族乡、镇的人民代表大会行使以下职权：

（1）在本行政区域内，保证宪法、法律、行政法规和上级人民代表大会及其常务委员会决议的遵守和执行；

（2）在职权范围内通过和发布决议；

（3）根据国家计划，决定本行政区域内的经济、文化事业和公共事业的建设计划；

（4）审查和批准本行政区域内的财政预算和预算执行情况的报告；

（5）决定本行政区域内的民政工作的实施计划；

（6）选举本级人民代表大会主席、副主席；

（7）选举乡长、副乡长、镇长、副镇长；

（8）听取和审查乡、民族乡、镇的人民政府工作报告；

（9）撤销乡、民族乡、镇的人民政府的不适当的决定和命令；

（10）保护社会主义的全民所有的财产和劳动群众集体所有的财产，保护公民私人所有的合法财产，维护秩序，保障公民的人身权利、民主权利和其他权利。

（11）保护各种经济组织的合法权益；

（12）保障少数民族的权利；

（13）保障宪法和法律赋予妇女的男女平等、同工同酬和婚姻自由等各项权利。少数民族聚居的乡、民族乡、镇的人民代表大会在行使职权的时候，应当采取适合民族特点的具体措施。

2. 乡镇人民代表大会组成

乡镇人民代表大会每届任期 5 年。乡、民族乡、镇的人民代表大会设主席，并可以设副主席 1~2 人。主席、副主席由本级人民代表大会从代表中选出，任期同本级人民代表大会每届任期相同。乡、民族乡、镇的人民代表大会主席、副主席不得担任国家行使机关的职务；如果担任国家行政机关的职务，必须向本级人民代表大会辞去主席、副主席的职务。乡、民族乡、镇的人民代表大会主席、副主席在本级人民代表大会闭会期间负责联系本级人民代表大会代表，根据主席团的安排组织代表开展活动，反映代表和群众对本级人民政府工作的建议、批评和意见，并负责处理主席团的日常工作。乡、民族乡、镇的人民代表大会举行会议的时候，选举主席团。由主席团主持会议，并负责召集下一次的本级人民代表大会会议。乡、民族乡、镇的人民代表大会主席、副主席为主席团的成员。主席团在本级人民代表大会闭会期间，每年选择若干关系本地群众切身利益和社会普遍关注的问题，有计划地安排代表听取和讨论本级人民政府的专项工作报告，对法律、法规实施情况进行检查，开展视察、调研等活动；听取和反映代表和群众对本级人民政府工作的建议、批评和意见。主席团在闭会期间的工作，向本级人民代表大会报告。

（三）乡镇人民政府

1. 乡镇人民政府组成

乡镇人民政府是乡镇人民代表大会的执行机关，是乡镇的国家行政机关。乡镇人民政府对本级人民代表大会和上一级国家行政机关负责并报告工作。乡镇人民政府设乡长、副乡长，民族乡的乡长由建立民族乡的少数民族公民担任；镇人民政府设镇长、副镇长，乡镇人民政府每届任期五年。

2. 乡镇人民政府行使下列职权

（1）执行本级人民代表大会的决议和上级国家行政机关的决定和命令，发布决定和命令；

（2）执行本行政区域内的经济和社会发展计划、预算、管理本行政区域内的经济、教育、科学、文化、卫生、体育事业和财政、民政、公安、司法行政、计划生育等行政工作；

（3）保护社会主义的全民所有的财产和劳动群众集体所有的财产，保护公民私人所有的合法财产，维护社会秩序，保障公民的人身权利、民主权利和其他权利；

（4）保护各种经济组织的合法权益；

（5）保障少数民族的权利和尊重少数民族的风俗习惯；

（6）保障宪法和法律赋予妇女的男女平等、同工同酬和婚姻自由等各项权利；

（7）办理上级人民政府交办的其他事项。

三、乡镇政权机构的内设机构

（一）2011年以前乡镇政权组织的内设机构

1. 2011年前乡镇党委的内设机构

根据上海市嘉定区《南翔镇志》记载[1]，人民公社党的组织下设组织组和政宣组；

---

[1] 《南翔镇志》编纂委员会：《南翔镇志》，学林出版社2016年版，第162页。

1983～1988 年镇党的委员会下设办公室、组织组、宣传组、纪律检查委员会；1988 年镇党委在原有下设机构基层上，增加人民武装部；到 2007 年以后，实行科室制，镇党委下设党委办公室、组织人事科、纪检（监察科）、宣传统战科、人民武装部。2009 年，镇党委下设党群工作办公室、纪检（监察）、组织（人事）、宣传（精神文明建设）、人民武装部、统战、工会、共青团、妇联等。

2. 2011 年前乡镇人民政府的内设机构

（1）根据上海市嘉定区《南翔镇志》记载①，从解放初到成立人民公社前，镇人民政府正副镇长下设民政股、文教股、工商股、财粮股、武装部等，后面各股股长改为助理；人民公社成立初期，正副社长下设办公室、计划委员会、内务部、农业部、畜牧部、商业部、建设部、工业部、财贸部、生活福利部、文教卫生部、武装保卫部等。

（2）1959 年 5 月起，人民公社改为人民公社管理委员会，实行社、大队、生产队三级核算后，撤销各部、委、办，正副主任下设文书、武装部以及民政、农业、文教、财粮助理和干事等。"文化大革命"期间，人民公社改为革命委员会，主任副主任下设办公室、组织组、政宣组、生产组、教卫组和武装部等。恢复人民公社管理委员会后，正副主任下设办公室、民政组、财政组、工业组、农业组、副业组、司法组等。

（3）1983～1987 年恢复人民政府后，在正、副镇长下设办公室、民政组、文教组、财务组、工业组、城建组、卫生组、计划生育办、武装部等；镇社合并后，在正副镇长下设办公室、民政组、文教组、司法组、统计组、武装部、财政组、劳动服务所、综合治理办公室、经营管理办公室、村镇建设办公室、环境保护办公室、第一工业公司（社办工业）、第二工业公司（林办工业）、第三工业公司（乡镇办工业）、贸易公司、农业公司、建设开发公司等。

（4）1988 年，镇人民政府行政机构包括办公室（档案室）、信访、民政、文教、卫生、计划生育、老龄、综合治理、司法、监察、财政、审计、统计、村建、外经等；政府下辖事业单位包括劳动所、土地所、经营指导站、用电管理站、环保管理站、市政管理所、市容管理所、交通管理站、渔政管理站、文化站、体委、广播站、农机管理站、农业科技推广站、兽医站、排灌站、能源管理站等。

（5）2001 年 10 月，南翔镇人民政府机构包括办公室（党委办公室与政府办公室合署）、农业办公室、工业贸易办公室、镇村规划建设管理办公室、社会事业管理办公室、社区管理办公室（社会治安综合治理办公室与其合署、增挂司法科、安全生产办

---

① 《南翔镇志》编纂委员会：《南翔镇志》，学林出版社 2016 年版，第 164－165 页。

公室牌子）、财政管理办公室（增挂集体资产管理办公室牌子，财政所与其合署）；事业单位设置包括农业综合服务站、文化广播电视站、财政所（与政府财经管理办公室合署）、土地管理所、劳动和社会保障管理所、法律服务所，同时保留科技干部管理服务站。

（6）2007年2月，调整南翔镇人民政府机构及事业单位设置镇政府设党政办、工业贸易办、财经办、集体资产经营办、市政办、社会事业办、社会治安综合治理办、社会管理办、教委9个部门；镇事业单位设广电文体传播中心、财政所、经营管理指导站、土地管理所、劳动和社会保障管理所、环保办、安全生产监察站、市容环境管理所、社会救助管理所、法律服务所、城市监察管理中队、农村综合服务站12个单位。

（7）2008年12月，南翔镇"党政机关职能配置、内设机构和人员编制规定的批复"设置办公室、党群工作办公室、经济发展办公室、社区管理办公室、社会治安综合治理办公室、规划建设和环境保护办公室、社会事业发展办公室7个党政内设机构，级别为正科级，人员编制50人。

（8）2008年12月，根据"南翔镇事业单位机构设置方案的批复"撤销原有事业机构：财政所、经营管理指导站、劳动保障事务所、农业综合服务站、文化广播电视服务站、法律服务所、社会救助事务管理所、安全生产监察站、科技干部管理站、文化馆、市容环境卫生管理所；新建南翔镇财政事务中心、经济管理事务中心、社区事务受理服务中心、劳动服务中心、人力资源服务中心5个事业单位，级别为正科级，人员编制80人。

（二）2011年以后乡镇政权组织的内设机构

2009年1月27日，中共中央办公厅、国务院办公厅转发《中央机构编制委员会办公室关于深化乡镇机构改革的指导意见》的通知中提出，严格控制乡镇机构数、领导职数和人员编制数，适当扩大乡镇党政班子成员交叉任职，具体由省级政府根据当地实际，综合考虑人口、面积、经济发展水平、财力保障状况等因素，制定乡镇政权和事业编制核编标准和办法。

1. 贵州省乡镇党政机构和事业机构

2010年7月29日，由贵州省委办公厅、贵州省人民政府办公厅转发的《省机构编制委员会关于深化乡镇机构改革的指导意见》附件一"乡镇党政机构、事业单位选设参考目录"（见表9-1）。

2. 广西田阳县乡镇党政机构和事业机构

2009年11月10日，广西田阳县委办公室发布的《乡镇机构综合配套改革试点工作指导意见》中提出：

表 9 - 1　　　　　　　　贵州省乡镇党政机构、事业机构选设参考目录

序号	乡镇党政机构	乡镇事业机构
1	党政、办公室	农业服务中心（农业技术综合服务中心、畜牧兽医站）
2	社会事务办公室	人力资源和社会保障服务中心
3	经济发展办公室	科技宣教文化信息服务中心
4	人口和计划生育办公室	村镇建设服务中心
5	社会治安综合治理办公室	人口和计划生育技术指导站
6	安全生产监督管理办公室	水利站
7	林业站	
8	财政所	

注：农业服务中心（农业技术综合服务中心、畜牧兽医站），包含农业技术推广、农机推广、畜牧兽医、农用物资、扶贫开发、农产品质量检测、乡镇企业管理等服务性工作。社会保障服务中心，包含人力资源开发、劳动力技能培训及转移、优抚安置、新农合医疗、农村低保、社会救助、养老保险等服务性工作。科技宣教文化信息服务中心，包含文化宣传、远程教育等服务性工作。

资料来源：贵州省《乡镇党政机构、事业机构选设目录》。

（1）乡镇党政领导试行"党政合一"的新体制，实行班子交叉任职。镇党委、人大、政府三家领导班子组成人员职数为 10~11 人，设置如下：党委书记 1 名；党委副书记、镇长 1 名；党委副书记、人大主席 1 名；党委委员、副镇长 1 名；党委政法委员、副镇长 1 名；党委宣传委员、副镇长 1 名；党委委员、纪委书记 1 名；党委组织委员、统战委员 1 名；党委委员、武装部部长 1 名；人大副主席 1 名，由党外人士担任；副镇长 1 名，由党外人士担任。党政领导成员交叉任职后，努力使党建工作与政务工作做到同研究、同规划、同布置、同检查、同考核、同问责，形成"思想共建、目标共立、决策共谋、责任共担"的工作新格局。

（2）统一调整机关内设机构，形成党政综合办公室、村办服务中心、产业发展指导中心和综治信访维稳中心的"一办三中心"行政机关模式，"一办三中心"在党委、政府的领导下，行使党委、政府职权、统筹安排工作。"一办三中心"主任分别由党委委员兼任。"一办三中心"编制数作为指导意见，可根据实际情况进行个别调整。

①党政综合办公室。设主任 1 名、副主任 2 名，人员定编 10 名（其中行政编制 7 名，机关后勤事业编制 3 名）。主要职责：负责乡镇党委、人大、政府交办的各项日常工作和各部门、各方面的综合协调工作，督促检查有关工作的落实；组织和指导机关后勤工作。

②农事村办服务中心（加挂人口计生办牌子）。设主任 1 名、副主任 2 名、行政编制 9 名。主要职责：负责民政扶贫、社会保障、国土、建设、交通、财政、科教文卫和环保等工作；负责组织和指导"农事村办"服务大厅，村级"农事村办"服务站、村镇规划建设管理服务站、社会保障管理服务站、人口计生管理服务站开展工作；负

责督促和指导公益性服务项目"以钱养事"工作。

③产业发展指导中心。设主任 1 名、副主任 2 名、行政编制 7 名。主要职责：负责农业、林业、畜牧水产业、水利等产业发展的相关工作；负责组织和指导专业组织管理服务站、技术推广管理服务站和质检防控管理服务站开展工作；负责督促和指导公益性服务项目"以钱养事"工作。

④综治信访维稳中心（加挂综治办、610 办、维稳办牌子）。设主任 1 名、副主任 2 名、行政编制 4 名。主要职能：一是贯彻执行上级有关社会治安综合治理、信访、维护社会稳定和安全生产工作的方针政策和决策部署，并结合本乡镇实际，拟定工作计划和实施方案，并负责组织实施；二是排查、受理、分流、调处各类社会矛盾、不稳定因素及群众来信来电来访、协调处置各类突发群体性事件；三是根据本乡镇治安形势，组织开展严打整治斗争，排查整治治安混乱地区和突出治安问题；四是组织开展安全生产大排查、大检查、大整治活动，落实安全生产责任措施、严防重特大安全生产事故发生；五是组织开展法制宣传教育，做好流动人口治安服务管理，预防青少年违法犯罪，刑释解教人员安置帮教、学校及其周边治安综合治理、铁路护理联防等工作；六是检查指导辖区各村屯、各社区、各企事业单位落实社会治安综合治理目标管理责任制，并做好年度组织考评、兑现奖惩等工作；七是了解掌握本乡镇综治信访维稳基本动态，做好信息情报工作，做好各种数据统计报表上报工作，做好各种文件材料归档立卷等工作；八是办理乡镇党委、政府及上级领导交办的其他事项。

（3）整合乡镇事业单位的人员、编制，在"一办三中心"下设 9 个专业管理服务站，管理服务站人员事业编制，各服务站站长实行竞争上岗，一般干部实行双向选择，竞聘上岗，同时，每个乡镇选定 2～3 个条件比较成熟的公益服务项目推向市场进行改革，切实转变政府公共服务职能，建立"以钱养事"机制。

①"农事村办"服务中心下设镇村规划建设管理服务站、社会保障管理服务站、宣传文化管理服务站、人口计生管理服务站。村镇规划建设管理服务站，设站长 1 名、副站长 1 名，定事业编制 4 名；主要职责：负责国土资源管理、建设和环境保护等工作。社会保障管理服务站，设站长 1 名、副站长 1 名，定事业编制 4 名；主要职责：负责民政、劳动保障、财政补贴、农村合作医疗等工作。宣传文化管理服务站，设站长 1 名、副站长 1 名，定事业编制 3 名；主要职责：负责文化、宣传工作。人口计生管理服务站，设站长 1 名、副站长 1 名定事业编制 7 名；主要职责：负责人口和计划生育服务等工作。

②产业发展指导中心下设技术推广管理服务站、专业组织管理服务站、质检防控管理服务站。技术推广管理服务站，设站长 1 名、副站长 1 名，定事业编制 7 名。主要职责：负责农业、林业、畜牧水产业新技术新品种的推广应用和产业布局的规划等

工作。产业组织管理服务站，设站长1名、副站长1名，定事业编制4名；主要职责：负责农民专业合作组织的建立和服务工作。质检防控管理服务站设站长1名、副站长1名，定事业编制4名；主要职责：负责农业、林业、畜牧水产业等农业生产资料的供应监管，农产品质量监管，防汛指导、汛期安全监管和动植物疫病监测和防控等工作。

③综治信访维稳中心下设综治信访维稳管理服务站和安全生产管理服务站。综治信访维稳服务站，设站长1名、副站长1名，定事业编制4名；主要职责：一是受理接待群众来访来电来访，收集整理社情民意信访信息、分析研判群众诉求，及时向上反映报告重要信息，依法解决处理群众反映问题，维护群众合法权益；二是做好各类社会矛盾的排查、受理、分流、调处、督办、汇总、上报和归档等工作，妥善处理人民内部矛盾，维护农村社会稳定；三是开展社会治安综合治理，落实社会治安防范措施，建立健全治安防控长效机制，构建人防物防技防相结合的治安防控体系，排查整治治安混乱地区和突出治安问题，加强对流动人口特别是高危人群的管控工作，深入开展基层平安创建活动，保持社会治安秩序良好；四是防范和处理邪教问题，开展国家人民防线工作，维护国家安全和社会稳定；五是开展普法依法治理工作，提高广大党员干部群众学法、用法意识，增强守法、护法观念；六是办理中心领导、乡镇党委、政府主要领导及上级领导交办的其他事项。安全生产管理服务站，设站长1名、副站长1名，定事业编制4名；主要职责：一是负责本乡镇安全生产宣传教育工作；二是组织开展煤矿、非煤矿山、道路交通、水上交通、危险化学品、烟花爆炸、食品药品卫生、学校、农机、消防、电力、建筑工地、民爆物品、地质灾害等各行业和领域的安全生产，检查、排查整治各行业、各领域安全隐患，落实安全生产措施，严防各类安全生产事故发生；三是办理中心领导、乡镇党委、政府主要领导及上级领导交办的其他事项。

3. 上海市嘉定区南翔镇党政机构和事业机构

按照2009年国家深化乡镇机构改革的指导意见，到2011年上海市嘉定区南翔镇党政机构和事业机构各7个。党政机构包括办公室、党群工作办公室、经济发展办公室、社会事业办公室、社会综合治理办公室、社区管理办公室、规划建设和环境保护办公室（见表9-2）。

表9-2　　　　　　　　2011年上海市嘉定区南翔镇党政内设机构及职能情况

序号	机关部门	编制数（人）	领导职数（人）	职责
1	办公室	4	2	承担党委、人大、政府交办的日常工作和各部门、各方面的综合协调工作；督促、检查有关工作的落实；负责保密、文秘、档案、信息化、安全、会务、接待等机关事务管理工作；负责应急预案的制定和协调工作

续表

序号	机关部门	编制数（人）	领导职数（人）	职责
2	党群工作办公室	8	3	承担纪检、组织人事、宣传、统战、武装、精神文明等工作；协调、指导群团开展工作
3	经济开展办公室	9	3	承担对农业、工业、第三产业的管理、指导、协调、服务、制定并落实经济发展规划，负责镇财政收支、统计、审计和国有（集体）资产监督管理工作；协调安全生产监督和市场监督等与经济发展相关的其他工作；承担农业发展工作，落实"三农"政策，调整农村经济结构和布局，强化农副业生产的指导和协调
4	社会事业发展办公室（挂人口与计划生育办公室牌子）	4	2	承担教育、科技、卫生、体育、民政、人口计生、劳动就业和社会保障等与社会事业发展相关的各项工作
5	社会治安综合治理办公室（挂信访办公室牌子）	5	2	承担社会治安综合治理、社会稳定、信访等工作；负责来沪人员管理服务工作；协调司法工作
6	社区管理办公室	4	2	负责制定并落实社区党建和社区发展规划；负责指导、帮助村（居）委会加强组织建设、制度建设和民主建设，促进村（居）委会民主自治；负责开展社区服务、社区管理、创建文明小区等工作
7	规划建设和环境保护办公室	4	2	承担村镇规划建设、集镇管理、环境保护、市容市貌、住宅小区管理、交通管理、水利建设、水资源管理和防汛抗台等工作
合计		38	16	

资料来源：《南翔镇志》编纂委员会：《南翔镇志》，学林出版社 2016 年版，第 165 页。

事业机构包括南翔镇财政事务中心，南翔镇经济管理事务中心，南翔镇文化体育服务中心、南翔镇社区事务受理中心、南翔镇农业服务中心、南翔镇人力资源服务中心（见表9－3）。

表9－3　　　　2011 年上海市嘉定区南翔镇事业单位设置及职能情况

序号	事业单位	编制数（人）	领导职数（人）	职能
1	南翔镇财政事务中心	10	2	协助政府抓好财经工作，具体编制财政预算草案、年度决算，负责镇财政预算内外各项资金管理，协助做好政府采购工作

续表

序号	事业单位	编制数（人）	领导职数（人）	职能
2	南翔镇经济管理事务中心（挂安全生产监察所牌子）	15	3	协助政府抓好经济贸易综合管理和国有（集体）资产管理，做好农村收益分配指导工作；承担内部审计工作；按照"在地统计"要求，负责辖区内的经济、社会发展综合统计工作；做好生产、消防、交通、食品药品等安全监督、检查工作，督促完善安全管理制度和各种安全事故隐患整改
3	南翔镇文化体育服务中心	17	3	做好对本镇文化、体育活动的指导工作；负责镇广播电视网络的管理维护；组织开展公益性文化活动，开放书报刊借阅场所，丰富群众业余文化生活；组织开展群众性体育活动，落实全民健身计划
4	南翔镇劳动保障服务中心	15	3	做好《劳动合同法》等劳动保障法律法规及政策的贯彻落实和监督检查工作；负责劳动力管理、就业服务及职业指导工作；负责征地劳动力安置、征地养老人员管理工作；负责城镇职工社会保险、农村养老保险费、农村合格医疗基金管理等工作
5	南翔镇社区事务受理服务中心（挂社会救助事务所牌子）	10	2	负责社区事务受理平台建设和公共事务受理窗口的日常管理、协调和考核工作；开展社区服务、社会救助、法律援助、计划生育、调解民间纠纷等工作；负责社会治安综合治理、来沪人员管理、刑释解救人员管理等工作、指导开展便民服务、拥军优属、扶贫帮困、敬老助残等工作
6	南翔镇农业服务中心	5	2	负责农业科技产品的引进、推广、培训，做好畜牧兽医和动物疫病防治管理工作；负责林业、渔业资源的保护、开发利用；负责农业机械化技术指导和农业信息服务工作
7	南翔镇人力资源服务中心（挂党群事务中心、党员服务中心牌子）	8	2	做好地区人才管理和服务工作；协助党群部门做好相关工作；配合做好地区党建工作，反映党情民意，并做好党员的登记、培训、组织关系转接等服务工作
合计		80	17	

资料来源：《南翔镇志》编纂委员会：《南翔镇志》，学林出版社 2016 年版，第 166 页。

四、上级政府部门设在乡镇的机构

在贵州省发布的《关于深化乡镇机构改革的指导意见》中附件二提出"法律法规

明确上级政府部门设在乡镇的机构"名单，包括公安派出所、司法所、人民法庭、工商行政管理所、地方税务所、国土资源管理所、中小学校卫生院（见表9-4）。

表9-4 贵州省上级部门设在乡镇的机构

序号	上级部门	设在乡镇的机构
1	县公安局	公安派出所
2	县司法局	司法所
3	县人民法院	人民法庭
4	县工商行政管理局	工商行政管理所
5	县地方税务局	地方税务所
6	县国土资源管理局	国土资源管理所
7	县教育局	中小学
8	县卫生和食品药品监督管理局	卫生院

注：由于贵州省《关于深化乡镇机构改革的指导意见》发文于2010年7月29日，目前上述机构有的已经合并，有的已经改变名称，具体以现在机构为准。

资料来源：贵州省《法律法规明确上级政府设在乡镇的机构》。

根据2018年12月28日施行的《中国共产党农村基层组织工作条件》第六条规定，"县以上有关部门驻乡镇的工作机构，应当根据党员人数和工作需要成立党的基层组织。这些党组织除中央另有规定的以外，受乡镇党委领导。"贵州省在《关于深化乡镇机构改革的指导意见》中也明确，"法律法规明确上级政府部门设在乡镇的机构党组织关系按有关规定实行属地化管理。"

关于县以上政府职能部门在乡镇设立的"七站八所"是一直被讨论的话题。所谓"七站八所"，"七站"是指乡镇的事业单位，如前面所说的贵州省乡镇事业机构中的农村服务中心、人力资源和社会保障中心、科技宣教文化信息中心、村镇建设服务中心、人口和计划生育技术用力站、水利站等。这些事业机构有一个共同的特点，即专业性比较强，与县以上政府职能部门有着专业对口关系，需要县以上政府职能部门的业务指导。对于乡镇的事业机构，2009年1月，由中共中央办公厅、国务院办公厅转发的《深化乡镇机构改革的指导意见》中提出，"经营机构可转制为经济实体，乡镇不再兴办自收自支的事业单位。"贵州省《关于深化乡镇机构改革的指导意见》中指出，"乡镇只设立为社会提供公益服务或为乡镇、党政办事机构行使职能提供支持保障的事业机构"。"八所"是指县以上政府行政职能部门依据法律法规派驻乡镇的分支机构，如贵州省在其《关于深化乡镇机构改革的指导意见》中明确的公安派出所、司法所、人民法庭、工商行政管理所、地方税务所、国土所、中小学、卫生院等。这些县以上行政职能部门派往乡镇的分支机构，大多是行使行政管理的分支机构，少数也属事业单位，如中小学、卫生院等；这类派驻乡镇机构的共同点是专业性特别强，由上级政府职能部门统筹可能更有利。

五、一般建制镇和集镇的集体经济组织

1982 年 12 月《宪法》将人民公社一分为二，设立乡镇人民政府和乡镇农村合作经济联合组织。1983 年 10 月 12 日，中共中央、国务院发出了《关于实行政社分开建立乡政府的通知》，要求乡镇一级建立党委、政府和集体经济组织。2018 年 12 月 28 日起，施行的《中国共产党农村基层组织工作条例》第九条中明确，"需由乡镇政权机关或集体经济组织决定的重要事项，经乡镇党委研究讨论后，由乡镇政权机关或者集体经济组织依照法律和有关规定作出决定。"根据 2020 年 5 月 28 日第十三届全国人民代表大会第三次会议通过的《中华人民共和国民法典》第九十六条规定，"农村集体经济组织属特别法人"第 262 条规定"属于乡镇农民集体所有的，由乡镇集体经济组织代表集体所有权。"在我国 1949 年以后的乡镇发展中，特别是在人民公社政社一体化发展和改革开放后乡镇企业发展中，我国镇村集体经济组织都是一个举足轻重的组织，而且我国镇村集体经济组织的突出特征是承担镇村农民集体财产所有人的角色，与我国农村中的信用性集体经济组织、生产经营性集体经济组织具有不同的职责使命。据农业农村部有关负责人介绍，"全国农村集体账面资产 6.5 万亿元，其中乡镇集体账面资产 0.7 万亿元，占 11.2%；村级集体资产账面资产 4.9 万亿元，占 75.7%；组级集体账面资产 0.9 万亿元，占 13.1%。"① 因此，加强镇村集体资产管理对乡镇政权建设和村自治组织建设都极为重要。镇村农民集体经济组织与我国乡镇政权组织和村自治组织是利益共同体，2018 年 12 月 28 日起实施的《中国共产党农村基层组织工作条例》第十九条就提出，"村党组织书记应当通过法定程序担任村民委员会主任和村级集体经济组织、合作经济组织的负责人"。尽管《中国共产党农村基层组织工作条例》没有明确乡镇党委书记在乡镇集体经济组织交叉任职事宜，但实践中，乡镇集体资产监督管理委员会主任一般由乡镇党委书记担任，副主任由乡镇的乡长或镇长担任，乡镇集体监督资产管理委员会成员由乡镇财政事务中心、经济管理事务中心、乡镇经济联合社、乡镇集体资产经营公司、村经济合作社或村股份合作公司等单位负责人出任。乡镇集体经济组织架构，一般由乡镇集体资产监督管理委员会、乡镇集体资产监督管理委员会办公室、乡镇经济联合社、乡镇集体资产经营公司组成（见表 9 - 5）。

---

① 李慧：《超过 41 万个村完成农村集体产权制度改革》，载于《光明日报》2020 年 7 月 11 日第 3 版。

表 9 – 5 乡镇集体资产监督管理机构及职责

序号	机构名称	机构职责
1	乡镇集体资产监督管理委员会	管理委员会在乡镇党委、政府领导下行使乡镇集体资产监督和管理职责，负责对镇村集体经济组织重大项目投资，大额度资金使用、改制和资产变动、收益分配、财务审计和有关人事安排等重大事项进行审核监督
2	乡镇集体资产监督管理委员会办公室（与乡镇经济管理事务中心合署）	承担镇村集体"三资"（资源、资产、资金）的日常管理、镇村集体经济组织产权制度改革、镇村集体经济运行统计工作和财务管理工作。搞好统筹、协调、指导、服务，使镇村集体经济健康发展
3	乡镇经济联合社	负责实施乡镇集体经济管理委员会会议决议，收缴乡镇集体公司红利，下拨投资资金，搞好收益分配方案等
4	乡镇集体资产经营公司	对经济联合社负责，经营管理好乡镇集体资产，做好融资，投资等工作，操作好下属集体企业的归并、改制工作，实现资产价值增值和效益最大化
5	村经济合作社或村股份合作公司	负责村级集体经济组织重大项目投资、集体资产租赁、大额度资金、改转制和资产变动、收益分配方案都需经村民代表大会会议通过，并报乡镇集体资产监督管理委员会备案后方可实施；加强村民组资产监督，指导村民组发展经济

资料来源：笔者整理。

第四节 一般建制镇和集镇的治理能力建设

从实践看，根据一般建制镇和集镇现阶段应实现的职能或目标任务，突出需要加强以下三方面的能力建设。

一、一般建制镇和集镇领导班子和干部队伍建设

根据 2018 年 12 月 28 日起实施的《中国共产党农村基层组织工作条例》第七章"领导班子和干部队伍建设"，乡镇领导班子和干部队伍的基本要求是"懂农业，掌握'三农'政策，熟悉农村情况，有能力、有措施、有办法解决实际问题；爱农村，扎根农村基层，安身安心安业，甘于奉献，苦干实干；爱农民，对农群众充满感情，始终放在心上，把农民群众的利益摆在第一位，与农民群众想在一起，干在一起，不断创造美好生活。""乡镇党委领导班子应当信念坚定，为民服务，勤政务实，敢于担当、清正廉洁、善于结合实施开展工作的党员干部组成。乡镇党委书记还应当具备一定的理论和政策水平，坚持依法办事，具有较强的组织协调能力，群众工作能力，处理农村复杂问题的能力，熟悉党务工作和'三农'工作，带头实干，敢抓敢管。""注

重从优秀村党组织书记、选调生、大学生村官、乡镇事业编制人员中选拔乡镇领导干部，从优秀村党组织书记中考录乡镇公务员，招聘乡镇事业编制人员。""乡镇党委书记和党委领导班子其他成员应当包村联户，经常沉下去摸情况，查问题，及时研究解决。"

由于区位、资源禀赋、发展基础等原因，当前，在我国乡镇一级经济社会发展水平差异性很大。根据第三次全国农业普查，到 2016 年底，我国还有 31925 个乡镇。而这 31925 个乡镇中，据国家发改委统计，到 2015 年底，镇区人口超过 10 万人以上的特大镇已有 238 个，超过 5 万人以上的已有 885 个，这 1123 个特大镇也许其工作的目标任务主要是城市工作，而除 1123 个特大镇以外的 30802 个乡镇，现阶段及未来较长一段时间里，其主要任务还是"三农"工作。因此，对这 30802 个一般建制镇和集镇而言，其乡镇的干部的选拔、培训、激励、考核和领导班子配备应当遵循《中国共产党农村基层组织工作条例》中的有关要求，特别是"懂农业、爱农村、爱农民"的要求。只要这样，才能使乡镇领导和干部队伍成为"宣传党的主张，贯彻党的决定，领导基层治理，团结动员群众，推动改革发展的坚强战斗堡垒。"

二、一般建制镇和集镇的综合行政执法

综合行政执法是指县（市、区）政府具有行政执法权的职能部门，将其行政执法权下放到乡镇综合行政执法部门，并以乡镇综合行政执法部门的名义在乡镇地域范围统一行使行政执法权（包括行政处罚权和行政强制权），并承担相应的执法责任。河北省衡水市阜城县古城镇是河北省唯一探索乡镇综合行政执法体制改革的试点镇。经有关部门批准，2016 年 3 月筹建，6 月试运行，9 月正式挂牌了古城镇综合行政执法局。执法局由县住建局、安监局、环保局、国土局、交通局、公安局、市场监管局、人社局、卫计局、农林局、文广局 11 个部门派员参加。具体执法业务与乡镇人民群众生产生活高度相关且存在多头重复交叉的行政执法事项 617 项（其中，2016 年 586 项，2019 年 31 项）下放到古城镇统一执法。到 2019 年 11 月底，11 个职能部门行政执法事项已有 30% 下放给古城镇统一行使。已经下放的 30% 的行政执法事项大多属于容易操作的执法事项，那些查处假冒伪劣农资、药品、食品等专业性较强的执法事项暂还没有下放到古城镇。到 2019 年 11 月底，古城镇综合行政执法局已办理了各类行政执法案件 285 件，安全生产事故大幅下降，违法问题明显减少，群众投诉举报得到很好解决①。

衡水市阜城县古城镇综合行政执法改革的具体做法：一是成立一个机构，古城镇

---

① 王民、冯维建：《乡镇有了执法新力量》，载于《新华每日电讯》2019 年 11 月 29 日第 5 版。

综合行政执法局下设 5 个科室和 4 个执法中队。执法局根据下放执法事项编制《权力清单》《责任清单》《任务清单》《古城镇综合行政执法管理局工作制度》《古城镇综合行政执法管理局工作职责》《综合行政执法"十不准"规定》《综合行政执法手册》《综合行政执法网络化管理制度》《行政处罚基准管理制度》《行政处罚基准执法制度》《执法人员追责管理办法》等行使执法职责，履行执法权力。二是建立一支行政执法队伍。古城镇综合行政执法管理局配置 28 名执法人员，设 4 个执法中队，将全镇划为 4 个执法片区，每个片区由 1 个执法中队和 4 个执法人员分包，并为执法人员配备了无人机、执法记录仪、对讲机和执法车辆等必要的工作条件。三是设置投诉举报电话。古城镇综合行政执法管理局成立之时就向人民群众公布了投诉举报热线号码，投诉举报电话既接受群众对违法行为的举报以发现违法问题，同时又接受群众对行政执法过程中的不规范行为进行投诉举报，以规范执法的合法性。为避免群众投诉举报发现违法问题的有限性，古城镇综合行政执法局还在其辖区内 76 个行政村中采用社会化购买服务方式聘请了合适的村民担当执法监督员，并为他们配备了对讲手机，与综合指挥中心监控平台快速联系。四是成立综合指挥中心监控平台。该平台负责执法信息的上传下达，指挥中心监控平台设有电子拼接屏，与镇域内各企业、单位、社区、村庄、交通路口等安装的摄像头联结，与无人机、执法仪、对讲手机及执法过程中的拍照摄像对接，实行执法环节全过程实时监控。

乡镇的综合行政执法在全国各地都有探索，湖南省沅江市在其下辖的乡镇党政 7 个机构中就有 1 个是综合行政执法大队，并规定了乡镇综合执法大队的职责和权限。如"整合民政、人力资源与社会保障、国土、规划、生态环境、村镇建设与管理、水利、农业（含农机、畜牧水产、动物防疫）、文化旅游、广电、体育、卫生、计划生育、安全生产、林业等方面的行政执法职责、执法力量和资源。组建乡镇（街道）综合行政执法大队，为乡镇政府（街道办事处）管理的正股级机构，按照相关法律规定相对集中行使行政处罚权，以乡镇（街道）政府（办事处）名义开展执法工作，接受有关县级主管部门的业务指导和监督。健全乡镇（街道）综合行政执法大队与县级以上各类执法部门的协调机制，构建分工明确、责任到位、优势互补的执法联动保障体系，加强联合执法、联动执法。乡镇（街道）综合行政执法大队主要负责本辖区日常执法活动和重大案件线索巡查，县级以上执法部门主要负责重大案件查处和跨乡镇（街道）执法活动。"

在我国，乡镇一直都是"责大权小"，尤其是一般建制镇和集镇在各地的"扩权强县"和"扩权强镇"的进程中，一直无缘享有中心镇、城关镇、经济强镇、重点镇、特大镇的权限。再加上一般建制镇和集镇的区位大多比较偏远，经济社会发展基础也较薄弱，随着我国工业化、城镇化、农业现代化进入中后期发展阶段，一般建制镇和集镇也面临着人口向城镇集中、农业向第二三产业延伸的新要求,而其职责权限却仍然停留在农耕社会的境地。因此,根据一般建制镇和集镇经济社会发展需要,需要将县级职能部手中涉及乡镇人民群众生产生活的行政执法权、社区政务服务权乃至项目行政审批权,逐步下放给一般建制镇和集镇行使,这对促进一般建制镇和集镇的经济社会发展是至关重要的。

三、建立与一般建制镇和集镇事权相匹配的稳定财源

农业税,也称农(牧)业税,是最古老的税种之一,在我国可上溯至夏商周皇朝的"贡助初"这种农业税雏形。在我国传统的农业社会里,农业税是国家的主要税收收入。1996 年我国农业税为 313.06 亿元,占当年全国收入的 4.23%;1997 年,我国农业税达到 332.65 亿元,占当年全国财政收入的 3.85%。我国台湾地区乡(镇)级政府的收入约占各级政府总收入的 3%。① 尽管从 1997 年开始,随着我国工业化和城镇化发展,农业税占全国财政收入的比重逐年下降,到 2000 年只占全国财政收入的 2.23%,但从我国农业税征收期间的情况看,以农业为主的一般乡镇,农业税对其维持其日常人员开销和运转具有重要作用,况且在农业税征收期间以农业为主的一般乡镇还搭车收取了一些非税收入,尽管这种"搭车收费"的做法是不合理的,但对一般乡镇正常运行的维持是重要的。自 2006 年开始,在我国 31 个省(区、市)彻底停止了"农业税"征收,同时,国家加大了中西部农业型乡镇财政转移支付力度,东部地区地方各级政府也加强了辖区内农业型乡镇的财政扶持力度。但是,随着我国 10 多年经济社会发展,以农业为主的一般建制镇和集镇干部职工工资和保障水平提高,以及农业农村基础设施、公共服务、生态环境水平提高,一般建制镇和集镇的财政又陷入了新的困境。根据对赣东南某县的调研,该县所辖 12 个乡镇,2014 年,年终结算时,收支平衡并有节余的乡镇仅有 2 个,收不抵支往来欠款的乡镇有 10 个,往来欠款额为 1044.66 万元②。自 1982 年《宪法》实施以来,我国乡镇实行了"政社分离"制度,乡镇政权经费来源不再来自企业上交的利润,而是来自通常所说的"财政经费"。财政经费是乡镇兑付干部职工工资,维持日常运转和提高辖区基础设施、公共服务、生态环境以及其他民生公共需求的主要经费来源。因此,增强一般建制镇和集镇稳定的财政收入来源是增强其服务和治理乡镇辖区能力的重要基础。从我国一般建制镇和集镇当前的财政情况看,在短期内,应当进一步加强中央财政转移支付力度和全国各地普遍推行的"乡财县管"体制,同时,还是要立足于乡镇自身的资源禀赋和发展基

---

① 顾朝林、盛明洁:《县辖镇级市研究》,清华大学出版社 2017 年版,第 106 页。
② 宜黄慧昌:《新形势下乡镇财政的困境及对策》,http://blog.sina.com.cn/s/blog_6d0488710102wje5.html.

础，调动乡镇干部职工发展乡镇经济的积极性；从长远看，根据国内外各级政权组织财政经费保障的普遍做法，我国一般乡镇的干部职工工资和社会保障支出、日常运转经费支出、乡镇范围内城乡基本公共产品支出等，国家和地方各级政府应当在税收收入、非税收入、政府性基金收入以及国有资本经营收入等方面，逐步明确这部分农业型乡镇其所占的收入比例，以常态化保障乡镇干部职工的人员财政经费、日常运转财政经费、全国城乡基本公共产品（包括基础设施、公共服务、生态环境）均等化财政经费的稳定来源。

例如，上海市委市政府从 2003 年开始就明确其下属的上海市崇明区（2016 年前为崇明县）的发展目标是建设生态岛，由此，上海市崇明区自 2003 年开始，先后关停了 1000 多家工业企业，开展了多轮的生态岛环境建设。对此，自 2003 年开始，上海市委、市政府对崇明区的财政保障政策为"税收属地征管，地方税收全返，公共项目差补"。具体有：一是崇明区通过招商引资吸引企业在崇明区域范围内注册，企业产出的税收扣除上缴中央部分，属上海市地方所得部分的财政收入全额返还给崇明区；二是公共项目差补是指在崇明范围内实施的公共产品项目，包括基础设施项目，公共服务项目，生态环境项目，以及农业产业项目等大约 90% 工程费由市级财政承担。当然，上海崇明区的区位优势总体上优于我国内地大部分农业乡镇，还能利用紧邻上海市区区位招进注册型企业，从而产生一些税收收入及其财政收入，但即使如此，以农业和生态为主的崇明区也不足以解决区域内干部人员经费、运转经费及其公共设施的财政投入，绝大部分财政经费都来源于市级财政转移支付，但有一点是值得借鉴的，就是农业乡镇也不能完全没有发展经济的要求和目标。从某种角度讲，随着国家的经济社会发展，在城乡、区域缩小差距要求下，以农业和生态环境保护为主的乡镇地域内的公共产品供给应更多由上级政府财政承担，而乡镇本身的人头经费和基本运转经费应更多地通过乡镇干部职工发展经济来支撑。目前，一般乡镇的财政保障政策应该基于这一立场来制定，而不是由上级政府财政全部承担一般乡镇的人员经费和基本运转经费，也许这就是目前"乡财县管"财政保障政策绩效的边界。在当前一般乡镇财政保障政策中，首先应该激励乡镇干部发展经济的积极性，而不能以牺牲一般乡镇地域内公共产品供给为前提。以农业为主的一般乡镇，公共产品供给不足，既有一般乡镇区位资源禀赋、发展基础的原因，也与一般乡镇干部职工经济发展和各级政府城乡基本公共产品均等化转移支付力度不够有关。因此，不能由乡镇内人民群众承担城乡应当均等化的基本公共产品供给不足的后果。

再例如，我国台湾地区乡镇财政收入的来源主要包括：80% 的遗产及赠与税、30% 的地价税、100% 的田赋、40% 的房屋税、80% 的契税、临时税收，以及乡镇享有但由地区及县统筹分配的统筹分配税（包括独占及买卖收入、工程收益费收入、罚款及赔偿数额、规费收入、信托管理收入、财产收入、营业盈余及其事业收入、协作及其收入、捐献及赠与收入、自治税捐收入、其他收入);乡镇财政支出主要包括:政权行使支出、行政支出、民政支出、财务支出、教育文化支出、经济建设支出、交通支出、社会发展及环境保护支出、社会福利支出、债务支出、公务员退休及抚恤支出、损失赔偿支出、信托管理支出、协作支出、其他支出。①

本章参考文献

[1] 刘君德、范今朝:《中国市制的历史演变与当代改革》,东南大学出版社 2015年版。

[2] 夏征农、陈至立主编:《辞海》,上海辞书出版社 2009 年版。

[3] 万其刚、李晓霞:《中国乡镇政权建设的演进》,2014 年 8 月 25 日。

[4] 南翔镇志编纂委员会:《南翔镇志》,学林出版社 2016 年版。

[5] 中共中央办公厅、国务院办公厅:《中央机构编制委员会办公室关于深化乡镇机构改革的指导意见》的通知,2009 年 1 月 27 日。

[6] 贵州省委办公厅、省人民政府办公厅:《关于深化乡镇机构改革的指导意见》,2010 年 7 月 29 日。

[7] 广西壮族自治区中共田阳县委办公室:《乡镇机构综合配套改革试点工作指导意见》,http://www.docin.com/p-495262901.html。

[8] 李慧:《超过 41 万个村完成农村集体产权制度改革》,载于《光明日报》2020 年 7 月 11 日。

[9] 王民、冯维建:《乡镇有了执法新力量》,载于《新华每日电讯》2019 年 11月 29 日。

[10] 顾朝林、盛明洁:《县辖镇级市研究》,清华大学出版社 2017 年版。

---

① 顾朝林、盛明洁:《县辖镇级市研究》,清华大学出版社 2007 年版,第 101-106 页。

第四篇
特色小镇发展

　　本篇由特色小镇与特色产业、特色小镇与自然资源、特色小镇与社会资源三章构成。重点讨论了，特色小镇的概念和特征，特色小镇建设的目的和意义，特色小镇提出的历史背景和演进方向，特色小镇的产业类型；资源禀赋的内容、类型和特征，特色小镇与土地、气候、水资源、海洋资源、生物资源、森林资源、草原资源、矿产资源、能源资源等自然资源的关系；特色小镇与人口及人力资源（含人口、劳动力、人才等）、文化资源（含文物、历史建筑、物质文化遗产、非物质文化遗产等）、经济资源（含区位、劳动、技术、资本等）、管理资源（含战略、规划计划、制度、政策等）等社会资源的关系。

第十章

特色小镇与特色产业

特色小镇发展在我国尚属起步，至今仍存在诸多的理论问题和实践问题。特色小镇是小城镇地域内的一个非行政单元的极化发展区域或重点发展区域，特色产业是特色小镇建设的主导功能，也是特色小镇发展的生命力和竞争力。本章由特色小镇的概念及意义、特色小镇的特色产业、特色小镇的历史演进方向三节构成。

第一节　特色小镇的概念及意义

一、特色小镇的概念及特征

（一）专家文献中的特色小镇内涵

1. 特色小镇中的"特色"内涵

"特色一词是指事物所表现的独特的色彩、风格等，即一个事物或一种事物显著区别于其他事物的风格和形式，是由事物赖以产生和发展的特定的具体环境因素所决定的，是其所属事物独特的。"① 近几年来，我国许多专家就特色小镇中的特色内涵及其重要性发表意见。特色小镇是指依赖特色环境因素（如地域特色、生态特色、文化特色等）的某一特色产业。"'特色小镇'的首要属性是'特色'，包括历史、文化特色、资源特色、产业特色等。""特色是小镇的核心因素，产业特色是重中之重。"② "特色小镇的构建首选是要构造它与众不同的地方。它留给人们的印象一定是别的地方所没有的，""特色小镇的发展首先要在产业上形成特色，""中国有名的古镇，例如丽江、平遥、凤凰等，都留住当地居民，留住当地的特色文化。"③ "失去了特色，小镇就失去了生命力，就会丧失发展机遇。"④ "特色是生命，是生命力，是竞争力，如果找不

---

① 余池明：《特色小镇的起源和探索历程》，https：//www.sohu.com/a/123265155558426，2017 年 1 月 3 日。
② 田川：《特色小镇：中国经济转型升级的新阵地》，载于《社会科学报》2017 年 8 月 31 日第 1 版。
③ 倪浩：《特色小镇，应该"特"在哪》，载于《环球时报》2016 年 12 月 24 日第 4 版。
④ 李慧：《特色小镇如何"特"》，载于《光明日报》2008 年 1 月 24 日第 15 版。

到特色，宁可不建。特色小镇要建特色，显特色。这是根本。"① "千镇一面、万镇一体，没有特色的'特色小镇'，终有一天会在竞争中淘汰。"② "特色小镇的'特'在于特色产业和特色环境，保护当地的自然生态环境不受破坏，是其应有之意。"③ "当基金小镇在中国日渐升温之时，世界对冲基金之都、美国康涅狄格州的格林威治正努力维持自己的比较优势。……在'基金小镇'这个概念呈现高热度的情况下，地方政府还要考虑如何避免同质化竞争，突出自己的优势，最终杀出重围，形成聚焦效应，建成'中国版格林威治小镇'。"④ "在多项政策红利支持下，特色小镇建设成为各方关注的焦点。有些地方找准了自身优势，通过特色小镇建设找到了经济发展新动能；而有些地方则盲目跟风上项目，试图简单照搬其他地方或国外经验，存在一定风险" "特色小镇建设要'量体裁衣'，要找准特色、凸显特色、放大特色、防止内容重复、形态雷同、特色不鲜明和同质化竞争。"⑤ 综上所述，文献中特色小镇中的"特色"有四层含义：一是特色小镇中的"特色"是特色小镇的生命力、竞争力；二是特色小镇中的"特色"重点是特色小镇的"特色产业"，而特色产业又是建立在特色小镇所在区域"特色环境"基础上的；三是特色小镇中的"特色"与特色小镇所在区域的比较优势或者自身优势有关。四是在特色小镇建设中，要防止内容重复、形态雷同、特色不鲜明的同质化竞争。

2. 特色小镇中的"小镇"内涵

近几年，国内许多专家对特色小镇中的"小"提出了许多宝贵意见。"特色镇的'小'一定是规模小，一定要适度。"⑥ "特色小镇犹如在'螺蛳壳里做道场'，不求全不求大，着眼在'特'，避免乡镇建设走上以往城市建设中的求大求全的错误道路。" "建好特色小镇必须在空间、人口和文化着手。一是空间不能太大，也不能太小。太大跟城市没区别，甚至会出现城市化过度的问题；太小则和散乱的自然村差不多，缺市镇应有的集聚和服务功能。二是人口上不能太多，也不能太少。太多显得嘈杂拥挤，不够家居；太少混同于农村，缺乏市镇应有活力。三是文化上要'不古不今'和'不中不西'。所谓'不古不今'，是既要有一定的传统农业文明及其生活方式，又要有一定的现代工业文明，后工业文明的文化和生活方式；所谓'不中不西'，是指既要有地道的中国传统文化要素和功能，也要有已被现代人接受和认可的西方文化元素和功

① 冯奎：《如果找不到特色，宁可不建》，载于《新华每日电讯》2016年12月2日第6版。
② 高城：《特色小镇如何"特"起来》，载于《人民日报》2018年1月22日第13版。
③ 张芳：《特色小镇要有个性》，载于《生命时报》2017年5月16日第17版。
④ 王文：《格林威治的"特色"是怎样炼成的》，载于《新华每日电讯》2016年12月2日第6版。
⑤ 裴立华：《特色小镇如何点"特"》，载于《新华每日电讯》2016年12月2日第6版。
⑥ 倪浩：《特色小镇，应该"特"在哪》，载于《环球时报》2016年12月24日第4版。

能，让特色小镇在文化和生活方式上更多元化和多样性。"① "仔细看，国家层面和浙江的特色小镇还是略有差距。前者是镇，后者其实不是镇，而是严格限制在三平方千米的产业发展区域。"② "特色小镇所包含的内容无非是四个方面：产业、文化、旅游、社区。这四方面内容中，社区一定不能遗漏，小城镇里一定要有社区，因为小镇必须是有人居住，一定要把当地居民和社群留下来，才叫城镇。" "特色小镇要适合人居，公共设施一定要齐全。"③ "特色小镇的'特'，不只表现为特色文化，还表现为特色鲜明的产业形态，和谐宜居的美丽环境、便捷完善的设施服务和充满活力的体制机制等。专家认为，特色小镇具有产业'特而强'，形态'小而美'，文化'古而今'，功能'聚而合'和机制'新而活'的独特优势。"④ 综上所述，特色小镇中的"小镇"有两方面内涵：一是特色小镇中的规模不能太大，也不能太小，一定要适度，包括空间不能太大、人口不能太多，要严格限定在 3 平方千米左右范围内；二是特色小镇中的"小镇"要适合人居，要有良好环境、有公共设施配套、有特色文化、有充满活力的体制机制等。

（二）国家和地方文件中的特色小镇内涵

在我国，在国家和地方有关文件中，有特色小镇是"非镇非区"的物质空间、特色小城镇包括特色小镇和小城镇、特色小镇是建制镇或小城镇三种概念。（1）认为特色小镇是"非镇非区"的物质空间。有浙江、福建、山东、江苏、河北、云南等省份。例如，2015 年 4 月，由浙江省人民政府发布的《关于加快特色小镇规划建设的指导意见》中指出，"特色小镇是相对独立于市区，且有明确产业定位、文化内涵、旅游和一定社区功能发展的空间平台，区别于行政区单元和产业园区"。2017 年 12 月，浙江省质量技术监督局发布的《浙江省特色小镇评定规范》中明确，"特色小镇是指具有明确产业定位、文化内涵、旅游业态和一定社区功能的创新创业发展平台，相对独立于城市和乡镇建成区中心，原则上布局在城乡接合部。规划面积一般控制在 3 平方千米，建设面积一般控制在 1 平方千米。" 2016 年 6 月，福建省人民政府发布的《福建省人民政府关于开展特色小镇规划建设的指导意见》中指出，"特色小镇区别于建制镇和产业园区，是具有明确产业定位、文化内涵、兼具旅游和社区功能的发展空间平台"。2016 年 9 月，山东省人民政府发布的《关于印发山东创建特色小镇实施方案的通知》中指出，"特色小镇是区别于行政区划单元和产业园区，具有明确产业定位、文化内涵、旅游特色和一定社区功能的发展空间平台"。（2）认为特色小城镇包

① 张芳：《特色小镇要有个性》，载于《生命时报》2017 年 5 月 16 日第 17 版。
② 何鼎鼎、张永贵：《用特色小镇提升发展的品质》，载于《人民日报》2016 年 11 月 28 日第 5 版。
③ 倪浩：《特色小镇，应该"特"在哪》，载于《环球时报》2016 年 12 月 24 日第 4 版。
④ 刘坤：《特色小镇如何避免千镇一面》，载于《光明日报》2018 年 10 月 24 日第 15 版。

括特色小镇和小城镇。有国家发改委、湖北省等。例如，2016 年 10 月，国家发改委发布的《关于加快美丽特色小（城）镇建设的指导意见》提出，"特色小城镇包括特色小镇、小城镇两种形态。特色小镇主要是指聚焦特色产业和新兴产业，集聚发展要素，不同于行政建制镇和产业园区的创新创业平台。特色小城镇是指以传统行政区划为单元，特色产业鲜明，具有一定人口和经济规模的建制镇。"2020 年 6 月，国家发改委办公厅发布的《关于公布特色小镇典型经验和警示案例的通知》中提出，淘汰虚假特色小镇，将行政建制镇错误命名的"特色小镇"，包括第 1 批第 2 批 403 个"全国特色小镇"整体更名为全国特色小城镇。2016 年 12 月，湖北省人民政府发布的《关于特色小（城）镇规划指导意见》中提出，"特色小（城）镇包括特色小镇和特色小城镇两种形态。特色小镇主要指聚焦特色产业和新兴产业，集聚发展要素，具有明确产业定位，文化内涵，兼具旅游和社区功能的不同于行政建制镇和产业园区的创新创业平台，规划区域面积一般控制在 3 平方千米左右，建设用地规模一般控制在 1 平方千米左右。特色小城镇是指以传统行政区划为单元，特色产业鲜明、具有一定人口和经济规模的建制镇"。（3）认为特色小镇是建制镇或小城镇。有国家住建部、重庆市、四川省等。例如，2016 年 7 月，国家住建部发布的《关于开展特色小镇培育工作的通知》指出，"特色小镇原则上为建制镇（县城关镇除外），优先选择重点镇"。2016 年 6 月，重庆市人民政府发布的《关于特色小镇建设意见》指出，"特色小镇是指具有特色资源、特色产业、特色风貌、文化底蕴深厚、综合服务功能较为完善，生产生活生态融合发展的小城镇，是深入推进新型城镇化的又一载体和平台，是城乡联动的重要纽带"。

正因为存在多方面不同的认识，所以，当前我国特色小镇发展存在多方面的困惑：一是特色小镇是物质空间区域还是行政管理区域，产生了特色小镇所处空间范围的困惑。如果说特色小镇是物质空间区域，根据区域功能区划分原则，那么特色小镇发展的空间范围目前或未来一定是均质的，这就是上面所说的浙江、福建、山东等省份对特色小镇的空间范围认定标准。即"特色小镇规划面积一般控制在 3 平方千米左右，建设面积一般控制在 1 平方千米左右"；如果说特色小镇是行政管理区域，根据行政区划分原则，那么特色小镇发展的空间范围现在或者未来一定是非均质的，并且特色小镇的空间范围就是建制镇或小城镇的空间范围，这就是上面所说的国家住建部、重庆市等对特色小城镇空间范围的认定标准，即"特色小城镇原则上是建制镇，或者小城镇"。二是特色小镇是城市区域空间，还是小城镇区域空间，产生了特色小镇是支撑城市发展，还是支撑小城镇发展乃至乡村发展的困惑。根据浙江省发布的《关于加快特色小镇规划建设的指导意见》中提出的"特色小镇规划面积一般控制在 3 平方千米，建设面积一般控制在 1 平方千米"和《浙江省特色小镇评价规范》中提出的"特色小镇是相对独立城市和乡镇建成区中心"，以及国家住建部 2016 年 7 月发布的《关于开展特色小镇培育工作的通知》中指出的"特色小镇原则上县城关镇除外。"特色小镇是小城镇范围内的一个区位较优、发展基础较好的重点发展地区或极化发展地区。小城镇的特色发展是通过特色小镇的特色发展来实现的，离开特色小镇的特色发展也不存在小城镇的特色发展。既然"特色小城镇包括特色小镇、小城镇"，那么特色小镇就只能在小城镇地域范围内。可见，特色小镇不应该位于城市区域，而应该位于小城镇地域乃至乡村地域。因此，特色小镇只有"市郊镇""镇中镇"，不可能有"市中镇""园中镇"。实践中，我国一些部门和地方将城市中的一个经济功能区域（城市经济技术开发区、商务区、商业区、金融区、旅游区等）等申报为或列为特色小镇。这与浙江省针对以小城镇经济为特征的块状经济转型提出的特色小镇初衷有违。同时，城市空间中的工业区、经济技术开发区、商务区、旅游区、商业区等产业功能区是城市的有机组成部分，既然是城，就不是镇，在城市的同一个空间中，城和镇名称混用，也有违城和镇的名称规范。这就涉及特色小镇发展是城市发展的抓手，还是小城镇乃至乡村发展的抓手。国家发展改革委 2016 年 10 月发布的《关于加快美丽特色小（城）镇建设的指导意见》中提出，"发展美丽特色小（城）镇是推进供给侧结构性改革的重要平台，是深入推进新型城镇化的重要抓手，有利于推动经济转型升级和发展动能转换，有利于促进大中小城市和小城镇发展，有利于充分发挥城镇化对新农村建设的辐射带动作用。"国家发展改革委办公厅 2018 年 8 月发布的《关于建立特色小镇和特色小城镇高质量发展机制的通知》中提出，"特色小镇和特色小城镇是新型城镇化与乡村振兴的重要结合点，也是促进经济高质量发展的重要平台。"可见，国家发改委对特色小城镇、特色小镇、小城镇的实现路径和建设目的是不够明确的。国家发改委提出的"特色小城镇包括特色小镇、小城镇两种形态"更为正确的表达应该为"小城镇包含特色小镇，特色小镇是小城镇或者特色小城镇发展的抓手或实现方法"。特色小镇发展的区域在小城镇地域或者特色小城镇地域内，而不在城市地域内；特色小镇是小城镇或者特色小城镇以及乡村振兴的抓手，而不是城市发展的抓手。三是特色小镇是位于城市区域，还是小城镇区域，产生了特色小镇主要是"内生型"产业还是"外生型"产业的选择困惑。笔者在本书第 7 章"一般建制镇和集镇经济发展"中详细梳理了我国浙江、福建、山东、湖北等省份在其《特色小镇发展的指导意见》中所提出的产业选择主要是我国"战略性新兴产业"。实践表明，战略性新兴产业主要是超大、特大、大城市、小部分中小等城市的产业选择方向，而特色小镇和小城镇极大部分不具有发展战略性新兴产业的发展基础和产业生态，各地特色小镇的产业发展普遍选择战略性新兴产业这个情况，与特色小镇发展是位于城市发展区域，还是小城镇发展区域乃至乡村发展区域不明确有关，也与特色小镇是为城市发展服务，还是为小城镇发展服务乃至为乡村发展服务的定位不明确有关。

（三）特色小镇的概念及特征

从国内外特色小镇发展的实际看，特色小镇是指主要依托小城镇地域内的特色资源和特色优势发展起来的，以特色产业为基础的小城镇地域内的功能发展区。其基本特征有以下几点。

1. 特色小镇是小城镇地域内的一个非行政单元的功能区

未来的经济社会发展的水平应该是均质的，并且是相对较高的，正因为这个要求，所以在小城镇地域内的特色小镇规划的空间范围不宜过大，并且要选择资源禀赋和发展基础较好的区域。国内目前有些省份规定"特色小镇规划范围一般控制在 3 平方千米左右，建设面积一般控制在 1 平方千米左右"，是符合功能区域划分基本原理的，是正确的。这是因为，在小城镇地域内特色小镇发展的空间范围越大，空间范围内的经济社会发展水平差异就会越大，要素集聚水平和发展效果就会降低。国内有关省份和国家发改委提出的特色小镇发展要坚持"形态小而美"，都是以适度和适宜的空间范围为前提的，特色小镇规划建设中要力戒"求大"。同时，特色小镇还是小城镇范围内的极化发展区域或者重点发展区域。在我国，小城镇的空间范围一般都在 50 ~ 100 平方千米，在这么大的空间范围内经济社会发展的差异性是比较大的，因此就需要在小城镇范围内选择资源禀赋和发展基础相对较好的区域先行发展或者重点发展，通过先行发展区域或者重点发展区域的发展，带动小城镇范围内的其他区域的发展。从上面的讨论中也可以体会到，特色小镇是小城镇范围内的一个功能区域，小城镇中包含了特色小镇，小城镇中的特色是通过特色小镇来表现的。一般情况下"地域越大、特色越少"，物理空间太大，特色一般难以维持，因此，实践中，我们讲小城镇特色或者特色小城镇，也是指小城镇地域内的局部区域的特色，而这个小城镇地域内的局部特色区域就是指特色小镇区域。因此，从某种意义角度讲，在小城镇范围内有了特色小镇，才存在特色小城镇的概念。所以本书不专门研究特色小城镇，是通过特色小镇建设赋予一般建制镇和集镇特色化属性。从上面的讨论中还能体会到，由于特色小镇是小城镇范围内的一个均质、极化发展的功能区，基于我国小城镇的地域范围较大的实际，因此，在一个小城镇的地域内，从协调平衡发展的角度，应该有几个特色小镇才能带动整个小城镇地域的平衡充分发展。小城镇地域内，特色小镇可以位于小城镇镇区，也可能位于小城镇地域内资源禀赋和发展基础较好的村域，但不可能整个小城镇地域都成为特色小镇，从这个角度讲，以建制镇或者小城镇为特色小镇的发展范围是不正确的。这就是国内许多省份提出来的特色小镇有别于"行政区划单元"的真正要义。特色小镇可以是建制镇中的一块均质功能空间，如上海嘉定区安亭镇范围内，大约 2 平方千米的老镇区范围可以算是个特色小镇，不能说整个 80 多平方千米的安亭建制镇是特色小镇，因为安亭建制镇包括安亭、方泰、黄渡3个镇区和几十平方千米的乡村，如果说安亭镇整个建制空间是一个特色小镇，那么无异是说安亭镇所属三个镇区和全部村都是特色小镇。特色小镇不是行政建制或者行政区划概念，是功能区概念，并且特色小镇本质上是集镇概念。集镇概念在本书第五章中做了详细论述，读者可以参考。

2. 特色小镇是小城镇地域内以特色产业为主导的功能区

在区域发展中，每一个区域都由若干功能组成，在若干功能中，其中有一个起决定作用的功能叫主导功能，其他功能因主导功能的存在而存在。特色小镇发展区域一般由"产业、文化、旅游、社区、配套"等多种功能组成，其中，特色产业是特色小镇各项功能中起决定性作用的主导功能。没有特色产业，特色小镇的文化、旅游、社区等功能就没有存在的必要；没有特色产业，也就不存在特色小镇核心优势和核心竞争力，特色产业是特色小镇的生命。在国内有关省份和国家发改委提出的特色小镇发展要坚持"产业特而强、功能聚而合"要求中，关键是特色小镇要确立以特色产业为主导功能，特色小镇规划建设中要力戒要"求全"。2016年住建部牵头的全国小城镇抽样调查数据显示，在被调查的全国小城镇中大约只有1/3是依托城市发展的，是属于城市经济体系的；2/3依托小城镇地域内的资源禀赋和发展基础发展的，是我国农村经济体系的有机组成部分。[①] 特色小镇是小城镇地域内的一个功能区域，因此，应该有2/3左右的特色小镇是依托小城镇地域内的资源禀赋和发展基础发展的，属于"内生型"经济，主要特色产业包括特色农产品、特色制造、旅游业、商贸流通业等；小部分是依托周边城市发展的"外生型"经济，从我国特色小镇的规划和实践看，主要是发展新兴产业和金融服务业等。国内各个省份和国家有关部门普遍要求特色小镇发展"高大上"的"战略性新兴产业"，这是不切合实际的。从李季老师统计的我国住建部发布的第1批和第2批403个"特色小镇"名单看，旅游发展型特色小镇占38.5%，历史文化型特色小镇占24.1%，工业发展型特色小镇占17.1%，农业服务型特色小镇占12.7%，商贸流通型特色小镇占4.2%，民族居住型特色小镇占3.5%。[②] 以上数据，就算占17%的工业发展型特色小镇全部为战略性新兴产业小镇，在我国第1批第2批已公布的403个"特色小镇"名单中，也没有超过20%。可见特色小镇绝大部分是依托本地资源禀赋和发展基础发展起来的。国外的一些著名特色小镇极大部分也是利用小城镇资源禀赋发展起来的，例如，瑞士的达沃斯小镇、美国的纳帕谷小镇等；当然，国外也有一小部分特色小镇是依托城市经济发展起来的，例如，美国的

---

① 赵晖等：《说清小城镇》，中国建筑工业出版社2007年版，第81页。
② 李季：《大国小镇——中国特色小镇规划与运营模式》，中国建筑工业出版社2018年版，第27页。

格林威治小镇等。把特色小镇发展建立在小城镇地域内的资源禀赋和发展基础上，特色小镇发展的天地就相对广阔；相反，把特色小镇发展建立在城市经济发展的基础上，特色小镇发展的天地相对狭窄。

3. 特色小镇是小城镇地域内的一个以市场为导向的功能区

"建设特色小镇，政府部门主要在宏观层面合理指导并进行规划监督，建设主体应该主要依靠企业家，要充分发挥社会资本的作用。"① "培育特色小镇一定要注意几个原则，一是坚持有重点发展、有条件发展，不能'一哄而上'；二是坚持有特色发展，防止'千镇一面'；三是坚持以市场为主体、产业为动力，防止'只见新镇不见人'；四是防止打着特色小镇名义违法违规搞圈地开发。"② "目前走访西部某县的文旅小镇，民俗文化街上，灯笼高挂，清一色的仿古建筑，木雕花窗，青砖粉墙，两边的商铺生意却冷冷清清。当地商户说，民俗街刚开业时火过一阵，可小镇位置偏远，周边又没有什么大景点，聚不了人气，不少店家只好关门。打造文化小镇，当地政府投了不少，但是这种拔苗助长的人造特色何以为继，要打个问号。" "特色小镇用钱砸不出来，靠行政手段也造不出来。"③ "特色小镇建设政府究竟应扮演什么角色？政府要做好引导，管控者，在补救者，这个管控就是要拿规划去管控，拿着各种硬的约束手段去管控。同时，在基础设施，公共服务等方面，政府要做好补救工作，使特色小镇能够持续运营下去。政府不能大包大揽或过度举债，而是要营造一个市场主导、分工明确、政企有效合作的氛围。"④ 国家发改委发布的《加快美丽特色小（城）镇建设的指导意见》中提出，"坚持市场主导。按照政府引导、企业主体、市场化运作的要求，创新建设模式、管理方式和服务手段，提高多元化主体共同推进美丽特色小（城）镇发展的积极性。" "政府主要负责提供美丽特色小（城）镇制度供给、设施配套、要素保障、生态环境保护、安全生产监管等管理和服务，营造更加公平、开放的市场环境，深化'放管服'改革，简化审批环节，减少行政干预。" 在国家发改委等4部门联合发布的《关于规范推进特色小镇和特色小城镇建设的若干意见》中提出，"各地区要有企业为特色小镇和小城镇建设主力军，引导企业有效投资，对标一流，扩大高端供给，激发企业家创造力和人民消费需求。鼓励大中型企业独立和牵头打造特色小镇，培育特色小镇投资营运商，避免项目简单堆砌和碎片化开发。" "县级政府综合债务率超过100%的风险预警地区，不得通过融资平台公司变相举债立项建设。统筹考虑，综合债务率，现有财力、资金筹措和还款来源，稳妥把握配套设施建设节奏。"

---

① 裘立华：《特色小镇如何真"特"》，载于《新华每日电讯》2016年12月2日第6版。
② 邱玥、陈恒：《特色小镇建设如何，不违初衷》，载于《光明日报》2017年1月24日第5版。
③ 赵永平：《特色小镇莫拔苗助长》，载于《人民日报》2018年6月11日第17－19版。
④ 冯蕾：《警惕特色小镇从房地产开发》，载于《光明日报》2017年6月24日第2版。

二、特色小镇建设的目的和意义

特色小镇概念还可以从特色小镇建设的目的加深理解。特色小镇是小城镇地域范围内的极化发展地区或者是重点发展地区，通过特色小镇发展可以更好地勾连、协调城乡关系。特色小镇建设的目的和意义主要包括两大方面。

（一）探索小城镇如何发展和带动乡村发展

特色小镇是一个以产业为基础，辅以一定社区功能的功能空间。无论是小城镇镇区内的一个特色小镇功能区，还是小城镇镇域范围内的特色小镇功能区。均是利用特色小镇功能区内的资源禀赋和发展条件，在资源、资金、技术等生产要素有限的条件下，先将这个空间规模不大的特色小镇发展起来，形成增长点或增长级，从而带动辐射周边区块发展，实现先发展与后发展在时序上的联动，从而达到小城镇的快速发展。尤其是靠近乡村空间的特色小镇发展，还能带动周边乡村的就业、居住乃至基础设施、公共服务和公共管理水平的提升。从这个角度讲，特色小镇可以为如何发展小城镇、振兴乡村乃至发展小城市积累经验。但并不等于说特色小镇建设就是建制镇建设，极少数情况，特色小镇建设的空间规模正好与建制镇镇区重叠，这也并不等于说特色小镇就是建制镇概念。因为一个建制镇除镇区空间外，还有许多非镇区空间，而这些空间也可能列入特色小镇发展空间范围。在全球化和市场经济背景下，临近海洋，具有出海口或交通优势区位的城市，其生产贸易条件，要素配置条件一般比内陆、交通条件较差区位的城镇和乡村优越，吸纳生产要素的能力更强，再加上我国实行的等级制市制，等级越高的城市非市场配置资源的能力越强。在这种背景下，我国中小城市、小城镇、乡村的衰退既是客观的，也有主观人为成分。但小城镇和乡镇还有一些不可流动的生产要素，例如，不可搬动的自然资源、难以搬动的传统手工艺、非物质遗产、艺术传人以及各地几千年形成的文化精神，这些不可流动的或难以流动的当地资源禀赋、发展基础和生产条件，也是小城镇、乡村得以永远存在、获得新兴、制止衰退的宝贵资源或者优势。特色小镇建设乃至乡村振兴都是建立在这样一个基础上的。所以，在超大、特大、大城市发展到一定阶段时，特色小镇和乡村振兴就有了时代需要。此时，通过特色小镇建设就能为探索小城镇振兴积累经验和范式，还能带动特色小镇周边的乡村复兴。同样，正是因为小城镇和乡村中存在着这些不可流动资源和优势，才能形成我们小城镇建设和乡村振兴中的特色。特色，在某种意义上只存在于小城镇和乡村中，稍大一点的城镇都是"千城一面"，缺乏特色的，自古及今均是如此。

（二）疏解城市过于集聚的产业和居住功能

2014年《国家新型城镇化纲要（2014—2020）》提出，"按照控制数量，提高质量，节约用地，体现特色的要求，推动小城镇发展与疏解大城市中心城区功能相结合，与特色产业发展相结合，与服务'三农'相结合。"2016 年国家"十三五"规划提出，"完善设市设区标准，符合条件的县和特大镇可有序改市。因地制宜发展特色鲜明、产城融合、充满魅力的小城镇。"① 根据我国传统的城镇化，在开放以来，特别是20 世纪 80 年代城市经济体制改革以来，在全球化、市场经济、等级型市制背景下，我国的重大产业布局、主要生产要素和利好政策大多聚集于超大、特大、大城市，其后果是造成超大、特大、大城市的人口拥挤、交通堵塞、房价高涨、环境污染等"城市病"，我国大中小城市规模结构不合理，各类产业园区职住分离，中小城市和小城镇发展缓慢，乡村日渐衰退等，这一些都有待我国在新型城镇化中予以完善。随着互联网技术的发展，各地交通条件的改善以及人们回归自然、回归传统的需求，特色小镇建设有助于探索依托当地的良好生态环境、传统文化等不可流动的资源禀赋和发展基础，承接超大、特大、大城市的非核心功能，以特色产业为引领，建设产城融合的特色小镇。在社会主义市场经济条件下，其基础是要发挥市场在资源配置下的决定性作用。特色小镇选择什么样产业，都要基于市场供需要求，都需要基于当地的资源禀赋和发展基础，都需面对市场竞争。特色小镇首要的是找市场，而不是找"市长"，所以特色小镇发展不能用传统行政管理方式。无论是建制镇镇区范围内的特色小镇，还是镇区外特色小镇，在产业发展上，行政管理都要往后退半步，先让渡于市场作用的发挥。在市场充分发挥作用的基础上，对市场动力不足或失灵部分，加以行政管理范畴内的政策服务，特别是特色小镇空间范围内的基础设施、公共服务等。

第二节　特色小镇的特色产业

一、农业特色小镇

特色农业是指依托区域内的独特农业资源（包括气候、土地、水、特色种源等）的特色优势或比较优势，发展具有竞争优势或潜在优势、商品率高、开发前景广的特色农产品。我国农业部对 2007 年印发的《特色农产品区域布局规划（2006—2015年)》中对 10 类 114 个特色农产品进行了修正，于 2014 年 1 月 28 日重新印发的《特色农产品区域布局规划（2013—2020)》中提出，"特色花卉、特色纤维、道地中药材、特色草食畜、特色猪禽蜂、特色水产等 10 类 144 个特色农产品"。比 2007 版《特

---

① 中国城市经济学会中小城市经济发展委员会等：《中国中小城市发展报告》（2017），社会科学文献出版社 2017 年版，第 12 页。

色农产品区域布局规划》中"10 类 114 个特色农产品"多出 30 个特色农产品。

特色农业是休闲农业（又称观光农业或旅游农业）的基础，从某种角度讲，没有特色农业就没有休闲农业，休闲农业是建立在特色农业基础之上的，要想发展休闲农业，或者要想使第一产业农业与第三产业休闲农业相互融合，其前提是将第一产业农业发展为特色农业，这是发展休闲农业不可逾越的前提。我国台湾屏东教育大学教授段兆麟 2006 年提出，休闲农业是"一种具有生物特色且满足游客追求健康与知性的需求"。[①] 可见，特色农业才能满足发展休闲农业的要求。休闲农业形成的逻辑结构应该是"农业资源→筛选为特色农业资源或具有比较优势的农业资源→发展为具有竞争优势的特色农产品（特色农业）→延伸为具有观光或旅游功能的休闲农业。"通过上述转化，使特色农业资源优势转化为特色农业优势和休闲农业优势，从而实现农业的"第一产业与第三产业"融合，既满足观光游客的需求，又提高了农业附加值，实现了农业增收。在上述特色农业与休闲农业转化融会过程中，特色农业的价值与价格已经被休闲农业吸收了，也就是说特色农业的价值和价格是通过休闲农业的价格表现出来。据统计，到 2017 年，我国休闲农业共接待游客 28 亿人次，经营收入超 7400 亿元，从业人员超 900 万人，带动 700 万户农民受益。

特色农业和休闲农业还是我国县域内除城关镇、经济强镇、中心镇、重点镇、特大镇以外，近 1.8 万个一般建制镇的特色小镇的发展基础。据 2016 年住建部对全国 1.8 个一般建制镇的抽样调查显示，到 2015 年末，全国 1.8 个一般建制镇三次产业比为 32：41：27，与 1984 年改革开放初期三次产业比 31.5：42.9：25 相差无几。[②] 可见，至今农业仍然是我国一般乡镇的基础，根据第三次全国农业普查，到 2016 年末，我国还有 319259 个乡镇，扣除 3000 个左右城关镇、特大镇、中心镇、经济强镇、重点镇外，还剩近 2.9 万个一般建制镇和集镇。在这 2.9 万个一般建制镇和集镇因区位较偏僻、经济社会发展基础较弱，如何加入全国"特色小镇"创建行列是一个涉及面广的战略性问题，必须引起国家和各级地方政府的重视和关注。在国家 2016 年和 2017 年两轮 403 个特色小镇名单中，兼顾我国这 2.9 万个农业乡镇的特色小镇很少，还好各级地方政府近几年在特色小镇创建中，没有完全忘了这部分农业镇。浙江省 2018 年 1 月公布了第一批 21 个省级特色农业强镇，2019 年 10 月公布了第二批 29 个特色农业强镇，两批共 50 个特色农业强镇。具体行业涉及果品、中药材、盆景、茶叶、牧业、花卉、蔬菜、稻米、蜂业等（见表 10 - 1）。

---

① 陈红武、邹志荣：《休闲农业概论》，科学出版社 2014 年版，第 6 页。
② 赵晖等：《说清小城镇》，中国建筑工业出版社 2017 年版，第 16 - 77 页。

表 10 - 1　　　　　　　　　浙江省第一批和第二批特色农业强镇

序号	2018 年第一批	2019 年第二批
1	建德市场村桥草莓特色农业强镇	富阳区东洲果蔬特色农业强镇
2	淳安县临岐中药材特色农业强镇	桐庐县钟山水果特色农业强镇
3	宁波市江北区慈城果蔬盆景特色农业强镇	鄞州区横溪林特、水果特色农业强镇
4	宁波市奉化区萧王庙水蜜桃特色农业强镇	鄞州区咸祥渔业特色农业强镇
5	宁海县桑洲茶叶特色农业强镇	余姚市临山葡萄特色农业强镇
6	文成县二源高山蔬果特色农业强镇	慈溪市逍林果蔬特色农业强镇
7	泰顺县雅阳生态农牧特色农业强镇	慈溪市坎墩果蔬特色农业强镇
8	长兴县吕山湖羊特色农业强镇	象山县新桥枇杷、南美白对虾特色农业强镇
9	安吉县灵峰蔬果特色农业强镇	象山县定塘柑橘特色农业强镇
10	平湖市新埭果蔬特色农业强镇	瑞安市马屿稻菜特色农业强镇
11	海宁市长安花卉特色农业强镇	平阳县水头茶叶特色农业强镇
12	绍兴市上虞区丁宅四季仙果特色农业强镇	南浔区和孚渔业特色农业强镇
13	诸暨市同山水果特色农业强镇	安吉县孝丰竹产业特色农业强镇
14	金华市金东区源东蜜桃特色农业强镇	南湖区凤水果特色农业强镇
15	磐安县新渥中药材特色农业强镇	秀洲区油车港菱果特色农业强镇
16	开化县齐溪茶叶特色农业强镇	诸暨市东白湖茶叶、香榧特色农业强镇
17	舟山市普陀区展茅鱿鱼特色农业强镇	嵊州市甘霖果蔬特色农业强镇
18	台州市黄岩区北洋果蔬特色农业强镇	浦江县黄宅葡萄特色农业强镇
19	玉环市清港文旦特色农业强镇	武义县柳城宣莲特色农业强镇
20	三门县蛇蟠水产特色农业强镇	柯城区沟溪水果特色农业强镇
21		常山县青石胡柚特色农业强镇
22		江山市长台蜂业特色农业强镇
23		定海区马岙粮食、果蔬特色农业强镇
24		岱山县岱东果蔬特色农业强镇
25		临海市白水洋杨梅特色农业强镇
26		温岭市滨海葡萄特色农业强镇
27		青田县小舟山梯田创意特色农业强镇
28		缙云县新建茭白特色农业强镇
29		遂昌县新路湾种业特色强镇

资料来源：笔者根据浙江省农业农村厅发布的资料整理。

　　江苏省对特色农业小镇也十分重视。2017 年开始，江苏省农委启动"12311"创意休闲农业省级特色品牌培育计划，计划用 3～5 年时间培育 100 个农业特色小镇，200 个休闲农业示范村，300 个主题创意农园。江苏的特色农业小镇是江苏省特色小镇的一部分，是遵循创新、协调、绿色、开放、共享发展理念，具有明确的产业定位、文化内涵和优势资源，兼具产业、文化、休闲和社区的农业特色产业发展集聚区。农业特色小镇不受行政建制限制，也不同于一般的农业产业园区，规划面积一般控制在3~5平方千米，核心区在1平方千米左右。到2017年5月，江苏105个农业特色小镇已列入创建名单中，在这105个创建名单中，农业特色行业包括果品、蔬菜、蚕桑、苗木、花卉、药材、电商、稻米、休闲、民宿、茶叶、工艺品、畜禽、盆景、种源、茧丝、食用菌、水产、循环农业等。总体看，江苏105个特色农业小镇是以特色农业为基础的，特色农业与休闲农业为一体的农业特色小镇（见表10-2）。

表 10-2 江苏省 2011 年农业特色小镇名单

地区	农业特色小镇	地区	农业特色小镇
徐州	现代农业产业园区莓好田园小镇	淮安	和平镇生态文旅小镇黄码乡红椒小镇
	新区街道草莓体验小镇		丁集镇花海休闲仇桥镇水乡风情小镇
	大沙河镇果都风情小镇		蒋坝镇河工风情小镇岔河镇品稻小镇
	首羡镇洋葱文化小镇		保滩镇花海农博小镇闵桥镇荷韵小镇
	敬安镇辣椒科创小镇	南京	永宁街道莲香小镇
	桃园镇蚕桑文化小镇		盘城街道葡萄风情小镇
	时集镇蜜桃小镇		谷里街道大塘金香草小镇
	阿湖镇巴山葡萄小镇		横溪街道甜美西瓜小镇
	碾庄镇蒜香小镇		横梁街道 E 田园民宿小镇
	占城镇药旅小镇		龙池街道云厨小镇
	港上镇银杏博览小镇		白马镇蓝莓小镇
宿迁	新庄镇杉荷小镇		洪蓝镇草莓文旅小镇
	丁嘴镇金针菜小镇		桠溪镇慢城小镇
	洋北镇西瓜小镇	镇江	上党镇清茶小镇
	郑楼镇玫瑰苑小镇		白兔镇鲜果小镇
	颜集镇花木电商小镇		茅山镇葡萄小镇
	卢集镇生态休闲小镇		后白镇草毯绿波小镇
	石集乡稻米文化小镇		天王镇森林文化小镇
	郑陆镇太湖名猪小镇		镇丰镇金沙洲休闲养生小镇
常州	嘉泽镇花木小镇	苏州	锦溪镇水韵稻香小镇
	礼嘉镇葡萄文化小镇		望亭镇稻香小镇
	西夏墅镇草坪田园小镇		震泽镇蚕桑文化小镇
	薛埠镇茶香小镇		东山金庭枇杷小镇
	天目湖镇白茶小镇		甪直镇八仙小镇
	戴埠镇南山农旅小镇		凤凰镇蜜桃人文小镇

续表

地区	农业特色小镇	地区	农业特色小镇
无锡	东港镇红豆杉康养小镇	泰州	大泗镇中药养生小镇
	阳山镇蜜桃小镇		溱潼镇溱湖八鲜小镇
	洛社镇六次产业特色小镇		垛田镇香葱小镇
	雪浪街道杨梅小镇		生祠镇苑艺小镇
	胡埭镇花彩小镇		宜堡镇林果氧吧小镇
	璜土镇葡萄风情小镇	扬州	沙头镇蔬艺体验小镇
	张渚镇茶旅文化小镇		甘泉街道樱花爱情小镇
	湖镇深氧休闲小镇		瓜洲镇葵花园小镇
南通	大豫镇西兰花小镇		丁伙镇花木田园小镇
	如城街道盆景创意小镇		射阳湖镇荷藕文化小镇
	合作镇花海小镇	连云港	黑林镇蓝莓小镇
	启隆镇乐享有机小镇		厉庄镇樱桃创意小镇
	惠萍镇水果小镇		石梁河镇葡萄文旅小镇
	三厂镇山羊文化小镇		双店镇切花电商小镇
扬州	枣林弯园艺世博小镇		新安镇蘑菇文化小镇
	马集镇黑莓小镇		新集镇稻渔生态小镇
	卸甲镇好种源小镇		小伊乡藕虾休闲小镇
	界首镇芦苇风情小镇		南岗乡循环农业小镇
盐城	龙冈镇桃园休闲小镇张庄街道葡萄小镇		
	黄尖镇丹鹤小镇便仓镇牡丹小镇		
	新丰镇荷兰风情小镇草庙镇麋鹿风情小镇		
	黄圩镇森氧小镇滨海港经济区何首乌小镇		
	正好镇草柳工艺小镇郭墅镇瓜蒌康养小镇		
	洋马镇菊花小镇特庸镇蚕桑小镇		
	九龙口镇荷藕小镇富安镇茧丝绸小镇		
	五烈镇美丽田园小镇		

资料来源：笔者根据有关资料整理。

二、第二三产业特色小镇

（一）浙江特色小镇

在加工制造的特色小镇中，有优势特色产业特色小镇和战略性新兴产业特色小镇两大类。在我国特色小镇创建中，目前，从国家部委到地方发布的特色小镇建设名单中，主要热衷于节能环保产业、生物产业、新能源产业、新能源汽车产业、高端装备制造产业、新材料产业和信息产业等七大战略性新兴产业，而对县域或小城镇地域内具有资源禀赋、发展基础优势的农产品加工业不太关心。例如，到 2019 年 9 月，浙江省已命名的 110 家省级特色小镇中，信息产业有 20 家，占 18%，高端装备制造业有 30 家，占 25.27%；生物产业 5 家，占 4%；环保产业 7 家，占 6%；金融服务业（包括基金、互联网金融等）6 家，占 5%；旅游业 19 家，主要是文化、体育、温泉、度假、观光等（但基本不包括休闲农业），占 17%；时尚产业 10 家（包括服饰、美妆等），占 9%；历史经典类（包括家具、手工艺、工艺美术等）14 家，占 12%（见表 10－3）。上述 110 家已命名的浙江特色小镇基本没有包括农业特色小镇中的休闲农业，农产品加工业、纺织业、商贸流通业等浙江"块状经济"的特色优势产业，在浙江已命名 110 家特色小镇，在培育的 62 家特色小镇中体现并不多。

表 10－3　　　　　　　　浙江省 1~5 批已命名的特色小镇

地区	特色小镇名称	主导产业	地区	特色小镇名称	主导产业
杭州	上城玉皇山南基金小镇	金融	杭州	杭州医药港小镇	健康
	余杭梦想小镇	数字经济		拱墅智慧网谷小镇	数字经济
	西湖云栖小镇	数字小镇		西湖西溪谷互联网金融小镇	金融
	余杭艺尚小镇	时尚		萧山机器人小镇	高端装备制造
	西湖龙坞茶镇	历史经典		余杭人工智能小镇	数字经济
	西湖艺创小镇	时尚		杭州大创小镇	数字经济
	萧山信息港小镇	数字经济		萧山图灵小镇	数字经济
	建德航空小镇	旅游		西湖紫金众创小镇	数字经济
	江北膜幻动力小镇	高端装备制造	宁波	鄞州四明金融小镇	金融
	江干丁兰智慧小镇	数字经济		宁海智能汽车小镇	高端装备制造
	富阳硅谷小镇	数字经济		杭州湾滨海欢乐假期小镇	旅游
	桐庐健康小镇	健康		镇海设计小镇	数字经济
	临安云制造小镇	高端装备小镇		慈溪小家电智造小镇	时尚
	下城跨贸小镇	数字经济		海曙月湖金汇小镇	金融
	拱墅运河财富小镇	金融		江北前洋 E 商小镇	数字经济
	滨江物联网小镇	数字经济		余姚智能光电小镇	高端装备制造
	余杭梦栖小镇	高端装备制造		宁波杭州湾汽车智创小镇	高端装备制造
	桐庐智慧安防小镇	高端装备制造		象山星光影视小镇	旅游
	富阳药谷小镇	健康		鄞州现代电车小镇	高端装备制造
	上城南宋皇城小镇	旅游		余姚机器人智谷小镇	高端装备制造
	淳安千岛湖乐水小镇	旅游		慈溪息壤小镇	数字经济
	滨江互联网小镇	数字经济		宁海森林温泉小镇	旅游

地区	特色小镇名称	主导产业	地区	特色小镇名称	主导产业
温州	瓯海时尚智造小镇	时尚	嘉兴	南湖基金小镇	金融
	瓯海生命健康小镇	健康		海盐核电小镇	高端装备制造
	文成森林氧吧小镇	旅游		桐乡乌镇互联网小镇	数字经济
	乐清智能电气小镇	高端装备制造		嘉兴马家浜健康食品小镇	健康
	瑞安侨贸小镇	数字经济		海宁阳光科技小镇	高端装备制造
	永嘉教玩具小镇	时尚		嘉善归谷智造小镇	数字经济
	苍南印艺小镇	时尚		平湖国际旅游小镇	数字经济
	乐清湾电力科技小镇	高端装备制造		平湖光机电小镇	高端装备制造
	泰顺氡泉小镇	旅游		南湖云创小镇	数字经济
	瑞安智控装备小镇	高端装备制造		海盐集成家居时尚小镇	时尚
	平阳高端印包装备智造小镇	高端装备制造		桐乡毛杉时尚小镇	时尚
	洞头同心旅游小镇	旅游	绍兴	绍兴黄酒小镇	历史经典
	苍南台商小镇	数字经济		柯桥酷玩小镇	旅游
湖州	湖州丝绸小镇	历史经典		杭州湾花田小镇	旅游
	南浔善莲湖笔小镇	历史经典		诸暨环保小镇	环保
	吴兴美妆小镇	时尚		嵊州越剧小镇	历史经典
	德清通航智造小镇	高端装备制造		新昌万丰航空小镇	高端装备制造
	长兴太湖演艺小镇	旅游		诸暨珍珠小镇	时尚
	德清地理信息小镇	数字经济		嵊州领尚小镇	时尚
	长兴新能源小镇	高端装备制造	台州	定海远洋渔业小镇	健康
	南浔智能电梯小镇	高端装备制造		普陀沈家门渔港小镇	旅游
	吴兴世界乡村旅游小镇	旅游		朱家尖禅意小镇	旅游
金华	义乌丝路金融小镇	金融		黄岩智能模具小镇	高端装备制造
	武义温泉小镇	旅游		中桥吉利汽车小镇	高端装备制造
	磐安江南药镇	历史经典		台州无人机航空小镇	高端装备制造
	东阳木雕小镇	历史经典		玉环时尚家居小镇	时尚
	金华新能源汽车小镇	高端装备制造		椒江绿色药都小镇	健康
	义乌绿色动力小镇	高端装备制造		椒江智能马桶小镇	时尚
	兰溪光膜小镇	环保		天台山和合小镇	旅游
	东阳花园红木家居小镇	时尚	丽水	龙泉青瓷小镇	历史经典
	义乌光源科技小镇	环保		青田石雕小镇	历史经典
	义乌云驿小镇	数字经济		景宁畲乡小镇	旅游
衢州	婺城飞扬智能制造小镇	高端装备制造		龙泉宝剑小镇	历史经典
	龙游红木小镇	旅游		庆元香菇小镇	历史经典
	常山赏石小镇	旅游		缙云机床小镇	高端装备制造

续表

地区	特色小镇名称	主导产业	地区	特色小镇名称	主导产业
衢州	江山光谷小镇	环保	丽水	松阳茶香小镇	历史经典
	柯城航埠低碳小镇	环保		丽水绿谷智慧小镇	数字经济
	常山云耕小镇	高端装备制造		云和木玩童话小镇	旅游
	衢州锂电材料小镇	环保		遂昌汤显祖戏曲小镇	历史经典
	龙游超精密制造小镇	高端装备制造			

资料来源：笔者根据浙江省截至 2019 年 9 月已命名特色小镇名单整理。

（二）江苏特色小镇

江苏特色小镇也是"非镇非区"概念。"特色小镇不是行政区划单元，而是产业发展载体；不是产业园区，而是园区企业创新合作共赢的企业社区；不是政府大包揽的行政平台，而是企业为主体市场化运作、空间边界明晰的创新创业空间"。江苏特色产业创建，强调产业是特色小镇核心，是特色小镇的生命力、竞争力，特色小镇必须有自己的特色产业。江苏第一批 25 个省级特色小镇，高端制造类 7 家，占 28%；创意创业类 6 家，占 24%；新一代信息技术类 4 家，占 16%；历史经典类 4 家，占 16%；健康养老类 1 家，占 8%；农业类 1 家，占 8%。第二批 31 个省级特色小镇，高端制造类 15 家，占 48%；新一代信息技术类 4 家，占 12%；创意创业类 8 家，占 25%；健康养老类 3 家，占 9%；历史经典类 1 家，占 3%（见表 10 - 4）。与浙江类似，江苏的特色小镇主要还是聚焦于城市的"外生型"经济，而非依靠特色小镇所在区域自身的资源禀赋、发展基础的"内生型"经济，故江苏特色小镇也基本未涉及农产品加工业、纺织业、商贸流通业等。

表 10 - 4 　　　　　　　　　**江苏省第一批和第二批特色小镇名单**

地区	特色小镇名称	主导产业	地区	特色小镇名称	主导产业
南京	未来网络小镇	信息技术	常州	石墨烯小镇	高端制造
	高淳回瓷小镇	历史经典		段村职教小镇	创意创业
	江宁生命科技小镇	生物产业		智能信息小镇	信息技术
	溧水空港会展小镇	创意创业		别桥无人机小镇	高端制造
	江北设计小镇	创意创业		西夏墅工具制造小镇	历史经典
	栖霞山非遗文创小镇	创意创业		武建瑞青科技小镇	高端制造
无锡	鸿山物联网小镇	信息技术	苏州	苏绣小镇	历史经典
	太湖影视小镇	创意创业		东沙湖基金小镇	金融
	新桥时裳小镇	历史经典		昆山智谷小镇	高端制造
	官林超导新材小镇	高端制造		苏州金融小镇	金融
	广益家艺小镇	历史经典		常熟云裳小镇	历史经典

地区	特色小镇名称	主导产业	地区	特色小镇名称	主导产业
徐州	沙集电商小镇	信息技术	南通	吕四仙渔小镇	农业特色
	铜山云吞小镇	健康养老		海门足球小镇	体育
	大黄山硅科技小镇	高端制造		海门叠加桥家纺小镇	历史经典
	新沂智慧健康小镇	健康养老		如皋氢能小镇	能源
连云港	东海水晶小镇	历史经典	淮安	盱眙龙虾小镇	农业特色
	海州生物益苗小镇	生物产业		淮安智芯小镇	高端制造
	花果山丝路智能小镇	高端制造		施河智教乐享小镇	创意创业
盐城	亭湖环保科技小镇	环保产业	泰州	医药双创小镇	医药
	盐都智能终端小镇	高端制造		黄桥琴韵小镇	历史经典
	数梦小镇	信息技术		泰兴凤栖小镇	健康养老
	汽车小镇	新能源汽车		海陵智慧动力小镇	高端制造
扬州	头桥医械小镇	医疗器械	宿迁	电商筑梦小镇	信息技术
	武坚智能高压电气小镇	高端制造		宿迁保险小镇	金融
	曹甸教玩具小镇	历史经典		宿城激光智造小镇	高端制造
镇江	大路通航小镇	创意创业	省苏亭集团	汤山康养小镇	健康养老
	丹阳眼镜风尚小镇	历史经典			
	扬中智慧电气小镇	高端制造			
	镇江再生医学小镇	健康			
	句容绿色新能源小镇	新能源			

资料来源：笔者根据江苏第一批和第二批特色小镇整理。

三、特色小城镇

国家发改委在 2016 年 10 月发布的《关于加快美丽特色小城镇建设的指导意见》以及其与住建部门 2017 年 12 月联合发布的《关于规范推进特色小镇和特色小城镇建设的若干意见》和其 2018 年 9 月发布的《关于建立特色小镇和特色小城镇高质量发展机制的通知》等文件中均提出特色小镇和特色小城镇的概念，并认为特色小镇是"非镇非区"概念，而特色小城镇是行政建制镇概念。2016 年 7 月，国家住建部、国家发改委和财政部发布的《关于开展特色小镇工作的通知》中指出，"特色小镇原则上为建制镇（县城关镇除外），优先选择全国重点镇。"正是因为在国家部委层面有着特色小城镇概念，因此在我国的特色小镇建设中有两种形式：一是"非镇非区"的特色小镇建设方式，如前面讨论的浙江特色小镇和江苏特色小镇均属这一类；二是特色小城镇建设方式，如重庆、四川、湖北、国家住建部等属于这一类。

（一）四川特色小城镇

2017 年 1 月，四川省发展改革委员会发布的《四川省"十三五"特色小城镇发展规划》中提出，"十三五"期间培育旅游休闲、现代农业、商贸物流、加工制造、文化创意、科技教育等为主导产业特色鲜明 200 个左右特色小城镇，引领带动全省小城镇发展和建设。规划打造 47 个旅游休闲型小城镇，占 23%；45 个现代农业型小城镇，占 22%；31 个商贸物流型小城镇，占 15%；29 个加工制造型小城镇，占 14%；32 个文化创意型小城镇，占 16%；15 个科技教育型小城镇，占 7%。但整个规划最大的问题是对 200 个左右的小城镇没有办法细化规划到这些小城镇的主导产业或特色产业。旅游休闲、现代农业、商贸物流、加工制造、文化创意、科技教育在"国民经济行业"分类中均属于大类，就产业特色而言，最起码深入了小类，产品深度方可确定特色产业的内涵。因此，就实施中的特色小镇建设而言，笼统的大类乃至中类、小类的国民经济行业分类都能确定小城镇产业中的"特色"。而特色产业的选择与确定又是小城镇建设成败的关键，小城镇发展建设中离开了特色产业支撑，就等于断送小城镇发展的前途和生命。

（二）国家特色小城镇

从这些已经公布的列入国家层面培训的 403 个特色小镇名单看，从名称上很难让人识别这些特色小镇的主导产业或特色产业类型，这说明这些特色小镇在列入培育名单时，其主导产业的定位还不够明确。特色小镇最重要或最基础的是特色，而产业的特色来源于或植根于特色小镇所处区域的特色资源和特色优势。国内外成功的特色小镇无一不是植根于其所在区域资源禀赋和发展基础的，特色小镇很难"无中生有"的"打造"，必须建立在特色资源、特色优势、特色产业基础上"培育"。从某种角度上，特色小城镇离开特色小镇是不存在的。特色小城镇的"特色"是建立在特色小镇"特色"基础上的，没有特色小镇的"特色"就没有特色小城镇的"特色"，离开特色小镇的"特色"，特色小城镇就是小城镇。从这个角度讲，小城镇与特色小镇的关系不是并列关系，而是主从关系，即特色小镇在小城镇空间范围内，小城镇的特色来之于特色小镇，通过特色小镇建设才能形成小城镇的"特色"或特色小城镇。从这个角度讲，特色小镇是"非镇非区"概念，而小城镇是行政管理概念，不仅包括建制镇还包括集镇。一个小城镇范围内可以有多个特色小镇，特色小镇是小城镇范围内的资源禀赋较优、发展基础较好的重点发展地区或极化发展地区。特色小城镇与特色小镇有联系，但不是一个概念。

事实上，特色小城镇建设都是指建制镇概念，而不是现在讲的"非镇非区"的功能区概念。例如，2004 年 5 月，北京市通州区台湖镇面向世界征集规划设计方案，将把台湖中心区建设成融旅游观光、绿色生态、别致景观为一体的特色小镇。2005 年 5

月 12 日，《中国房地产报》报道上海宝山区罗店镇经营现代化特色小镇，计划用 5 ~ 10 年的时间，将罗店镇基本建成功能布局合理，特色风貌独特，经济、社会和生态协调发展的体现特色小城镇风情的绿色文明都市集镇。2005 年 9 月 27 日，云南省人民政府下发《关于加快旅游小镇开发建设的指导意见》，以各种资源和要素的有效聚集，促进小城镇建设，并通过旅游小镇的建设创新城镇建设和发展的模式，带动云南省各类特色城镇的建设，推动全省城镇化的快速发展。2006 年 7 月，中共云南省委副书记、云南省常务副省长秦光荣接受《城乡建设》杂志专访，谈"落实科学发展观打造特色小镇"，谈到特色小镇建设坚持规划先行、产业支撑、保护优先、市场运作和群众受益等原则。2007 年，江苏省昆山市淀山湖镇要建成集湖光、水乡、欧陆风情于一体，具有休闲娱乐、生态观光、现代时尚功能的新江南特色镇。2008 年 3 月，秦光荣接受《城乡建设》记者专访，谈以旅游名镇建设为先导推进特色小镇建设，通过建设内涵丰富的各类特色小镇，逐步形成特色小镇体系，提出除旅游小镇之外，进一步建设工业小镇、农业小镇、商贸小镇、生态园林小镇、历史文化名镇。2008 年 5 月 12 日，《济南日报》报道，杜绝千镇一面，提升发展能力，济南着力打造"特色小镇"，第一批展开的商河县怀仁镇、平阴县孔村镇、长清区万德镇，正分别规划营造"商贸特色""工业特色""绿色城镇"，第二批展开的城镇也将结合自身环境和文化特色进行城镇建设。2010 年 6 月，海南省发布《海南国际旅游岛建设发展规划纲要》（2010—2020），纲要确定规划建设 22 个特色旅游小镇。2011 年 5 月 5 日，云南省人民政府出台的《关于加快推进特色小镇建设的意见》提出，在"十二五"期间，争取建成一批镇区人口超过 1 万人、非农产业产售占 GDP 比重达到 50% 以上的重点特色小镇，省级重点开发建设 210 个。特色小镇分为现代农业、工业、旅游、商贸、边境口岸、生态园林六类，在旅游特色小镇的基础上形成特色小镇体系。2011 年 2 月 24 日北京市农村工作会议召开，郭金龙市长强调要积极推进小城镇建设，加快培育小城镇特色产业，打造一批园区经济强镇、特色农业名镇、旅游休闲名镇、商贸物流重镇等特色小镇。2011 年 6 月，北京市发改委明确，北京市正式设立总规模 100 亿元的小城镇发展基金，引导本市 42 个重点小城镇打造成旅游休闲特色镇、科技和设施农业示范镇、商务会议特色镇、园区经济特色镇和重点产业功能区配套服务特色镇五类特色小镇。2012 年 9 月，中共贵州省委贵州省人民政府《关于加快推进小城镇建设的意见》提出，到 2015 年，建成 100 个交通枢纽型、旅游景观型、绿色产业型、工矿园区型、商贸集散型、移民安置型等各具特色的示范小城镇；到 2017 年，每个县（市、区、特区）建成 3 ~ 5 个特色小城镇。2012 年 11 月 8 日，南昌市召开全市特色小镇建设座谈会，将实施特色带动战略，重点打造 17 个性特征突出、人居环境优美、发展潜力强劲、带动作用明显的特色小镇，力争用 2 年左右的时间实现城镇化率达到 70%，旅游等特色主导产业产销占 GDP 比重达到 50% 以上，使之成为引导区域和农村经济发展的示范点。2013年7月21日《成都日报》报道，邛崃市灾后重建工作全面启动，3 年建成邛崃特色小镇。①

四、特色小镇的产业类型

从本节前面有关第一、二、三产业特色小镇情况梳理看，浙江、江苏两地正在建设特色小镇主要产业有：第一产业的特色农业（主要行业包含果品、中药材、蔬菜、花卉、水产、苗木、牧业、蜂业、蚕桑、稻米、种源、食用菌、畜禽、循环农业等）。第二产业中的传统历史经典产品、时尚产品、创意创业产品制造（主要行业包括茶叶、药材、茧丝、服饰、美妆、家具、工艺美术品、酒精等）；战略性新兴产业（主要行业包括信息产业、高端装备制造、生物产业、环保产业等）。第三产业中的商贸流通业、旅游和金融服务业（主要行业包括电商、体验旅游、民宿业、文化旅游、体育旅游、观光旅游、度假旅游、互联网金融、基金管理、健康养老等）。

在特色小城镇中，因区域范围太广，国家和四川等各地具体的特色小城镇均未明确具体的产业发展方向，一般都是对特色小城镇提出总体的产业分类。如国家住建部在 2016 年发布的《关于开展特色小镇培育工作的通知》中提出，"休闲旅游、商贸物流、现代制造、教育科技、传统文化等"的产业发展要求。四川省"十三五"特色小城镇发展规划，对具体列入发展的每个建制镇都没有提出主导产业发展方向，也只是在面上将特色小城镇产业划分为"旅游休闲、现代农业、商贸物流、加工制造、文化创意、科技教育"六类。而浙江、江苏对每一个特色小镇的主导产业都具有个性化的定位。

根据对正在建设的特色小镇选择发展的第一、二、三产业的梳理结果，结合各地政府特色小镇规划建设要求，特色小镇的产业总体上可以归纳为以下三方面六类产业，主要包括第一产业中的特色农业；第二产业中的特色制造业（包括各地归纳的传统历史经典产品制造、时尚产品制造、创意产品制造等）和新兴制造业（主要指国家明确的七个战略性新兴行业）；第三产业中的商贸流通业、旅游业（包括休闲农业旅游、山地特色旅游和传统文化旅游等）和金融服务业（包括天使基金、私募金融、互联网金融等）。需要说明的，实践中的特色农业、农产品加工、休闲农业三者之间往往是"接二连三"融合发展的，三者在空间上是融合在一个空间内的。为更好引导推进特色小镇在空间上向小城镇腹地纵深发展和在行业上向小城镇地域内的上述六类产业纵深发展，结合 2014 年 1 月 28 日农业部发布的《特色农产品区域发展规划（2013—

---

① 余池明：《特色小镇的起源和探索历程》，https：//www.sohu.com/a/123265155 - 558426，2017 年 1 月 3 日。

2020年)》和2017年6月30日由国家质量监督检验检疫总局发布的《国民经济行业分类》，本书特别列举特色小镇产业类型选择（见表10-5）。

表10-5　　　　　　　　　　　　特色小镇产业类型选择

特色小镇类型	特色产业		典型特色小镇
	特色行业	特色产品	
内生型特色小镇	特色农业	**特色蔬菜**：莲藕、魔芋、莼菜、薤头、芋头、竹笋、黄花菜、荸荠、山药、黑木耳、银耳、辣椒、花椒、大料等	国外： 美国纳帕谷小镇集群，荷兰利瑟小镇等 国内： ①浙江已命名的，杭杭州湾花田小镇、庆无香蕉小镇、西湖龙坞茶镇等。以及浙江省农业农村委员会政府正在培育的50个特色农业强镇 ②江苏正在创建的吕四仙渔小镇，盱眙龙虾小镇、汤山康养小镇等。以及由于江苏省农业农林委员会正在创建的105个农业特色小镇 ③国家发改委推荐的吉林安图红丰矿泉水小镇、四川绵竹玫瑰小镇、天津津南小站稻米文化小镇等 ④由国家体育总局公布的全国96个体育特色小镇 ⑤由国家林业局提出的森林小镇 ⑥国内各地正在探索的养生养老小镇等
		特色果品：葡萄、特色梨、特色桃、樱桃、石榴、杨梅、枇杷、特色柚、猕猴桃、特色枣、特色杏、特色核桃、板栗、柿子、香榧、龙眼、荔枝、香蕉、橄榄、椰子、腰果、菠萝、芒果、番木瓜、槟榔等	
		特色粮油：芸豆、绿豆、红小豆、蚕豆、豌豆、豇豆、荞麦、燕麦、青稞、谷子、糜子、高粱、薏苡、啤酒大麦、啤酒花、芝麻、胡麻、向日葵、林油料等	
		特色饮料：红茶、乌龙茶、普洱茶、绿茶、白茶、咖啡等	
		特色花卉：鲜切花、种球花卉、盆栽花卉、园林花卉等	
		特色纤维：蚕茧、苎麻、亚麻、剑麻等	
		道地中草药：三七、川贝母、怀药、天麻、杜仲、枸杞、黄芪、人参、丹参、林蛙、鹿茸、当归、罗汉果、川五味子、浙贝母、川芎、金银花、白术、藏药、甘草、黄芩、桔梗、细辛、龙胆草、小茱萸等	
		特色草食畜：牦牛、延边牛、渤海黑牛、郏县红牛、复州牛、湘西黄牛、奶水牛、德州骟、关中驴、晋南驴、广灵驴、泌阳驴、福建黄兔、闽西南黑兔、九嶷山兔、吉林梅花鹿、东北马鹿、细毛羊、绒山羊、藏系绵羊中、滩羊、奶山羊等	
		特色猪禽蜂：金华猪、乌金猪、香猪、藏猪、滇南小耳猪、八眉猪、太湖猪、优质地方鸡、特色肉用水禽、特色肉鸽、特色蜂制品等	
		特色水产：鲍鱼、海参、海胆、珍珠、鳜鱼、鳟鲟鱼、长吻鮠、青虾、黄颡鱼、黄鳝、乌鳢、鲶鱼、龟鳖、海蜇等	
	特色制造业	**农副产品加工**：谷物磨制、饲料加工、植物油加工、制糖、宰肉类加工、水产品加工、蔬菜菌类、水果和坚果加工，其他副食品加工等	国外： 瑞士的朗根塔尔纺织品小镇、法国格拉斯香水小镇、美国好时巧克力小镇等

特色小镇类型	特色产业		典型特色小镇
	特色行业	特色产品	
内生型特色小镇	特色制造业	食品制造	焙烤食品制造，糖果、巧克力及蜜饯制造，方便食品制造、乳制品制造、罐头食品制造、调味品、发酵制品制造、其他食品制造等
		酒、饲料和精制茶制造	酒精、白酒、黄酒、啤酒、葡萄酒等酒制造；碳酸瓶（罐）装饮用水、果茶汁及果茶汁饮料、含乳饮料和植物蛋白饮料、固体饮料、茶饮料等饮料；精制茶加工等
		纺织业	棉纺织及印染精加工、麻纺织及染整精加工、丝绢纺织及印染精加工、化纤织造及印染精加工、针织或钩针纺织物及其制品制造、家用纺织制成品制造、产业用纺织制成品制造等
		纺织服装服饰	机织服装制造、针织或钩针编织服装制造、服饰制造等
		皮革皮毛和制鞋	皮革鞣制加工、皮革制品制造、毛皮鞣制及制品加工、羽毛（绒）加工及制品加工、皮鞋、塑料鞋、橡胶鞋、纺织面料鞋制鞋业等
		木竹藤棕草制品	木材加工、人造板制造、木质制品制造、竹制品制造、藤制品制造、棕制品制造、草制品制造等
		家具制造业	木质家具制造、竹藤家具制造、金属家具制造、塑料家具制造、其他家具制造
		印刷及记录媒介	书、报刊、本册、包装装潢等印刷，装订及印刷相关服务，记录媒介复制等
		工艺美术用品	文教办公用品，乐器制造雕刻、金属、漆器、花画、天然植物编织、抽纱刺绣、地毯挂毯、珠宝首饰、剪纸等工艺用品，陶瓷用品等
		造纸和纸制品	林竹浆、非木竹浆制造、机制纸及纸板、手工纸、加工纸、纸和纸板容器等纸制品制造
		烟草制品	烟叶复烤，卷烟制造，其他烟草制造
		橡胶和塑料制品	轮胎、橡胶板管带、橡胶零件、再生橡胶、日用医用橡胶、运动场地用塑胶等胶制品、塑料薄膜、塑料板管型塑料产、丝绳编织品、泡沫塑料、塑料人造革合成革、塑料包装箱及容器、日用塑料制品、人造草坪、塑料零件等

国内：
①浙江已命名的，桐乡毛衫时尚小镇、永嘉教玩具小镇、湖州丝绸小镇、南浔善链湖笔小镇、吴兴美妆小镇、海盐集成家居时尚小镇、绍兴黄酒小镇、诸暨珍珠小镇、嵊州领尚小镇、磐安东南药膳、东阳木雕小镇、东阳红木家居小镇、玉环时尚家居小镇、龙泉青瓷小镇、青田石雕小镇、龙泉宝剑小镇、松阳茶香小镇等
②江苏正在创建的高淳国瓷小镇、新桥时尚小镇、苏州苏绣小镇、东海水晶小镇、黄桥琴韵小镇、栖霞山非遗文创小镇、广益家艺小镇、常熟云裳小镇、海门叠石桥家纺小镇等
③国家发改委推荐的浙江诸暨林艺小镇、广州深圳大浪时尚小镇、广东佛山禅城陶谷小镇、江苏苏州苏绣小镇、重庆荣昌安陶小镇、山东泰山出版小镇、湖南醴五彩陶瓷小镇等

特色小镇类型		特色产业		典型特色小镇
		特色行业	特色产品	
内生型特色小镇	特色制造业	非金属矿采	石灰石、石膏开采，建筑装饰用研采、耐灶石开采、黏土及其他砂石开采、采盐等	
		化学制品	有机肥料及微生物肥料制造，生物化学农药及微生物农药制造，染料制造，化妆品制造，香料香精制造等	
		中药加工	中药饮品加工、中成药生产、兽用药品生产、药用辅料及包装材料等	
	商贸流通业	专业批发市场和无店铺零售	农、林、牧、渔产品批发，食品、饮料及烟草制品批发，编织、服装及家庭用品批发、文化、体育用品及器材批发、医药及医疗器材批发、矿产品建材及化工产品批发，机械设备、五金产品及电子产品批发、无店铺线上零售贸易与代理等	国家发改委推荐的安徽合肥三瓜公社电商小镇。江苏正在创建的沙集电商小镇、宿迁电商筑梦小镇、溧水空港会展小镇等
		物流和电商	铁路、公路、水路、航空货物运输、电商和快递服务，直播促销等	
		会议展览	农产品会展服务、旅游会展服务、文化会展服务、会议及相关服务等	
	旅游旅游业	旅游服务	向旅客提供咨询、旅行计划和建议，日程安排、导游、食宿和交通等服务	国外：瑞士达沃期小镇、英国的温莎小镇、奥地利的哈尔施特小镇、捷克的克鲁姆洛夫小镇、荷兰的羊角村等
		交通运输	向旅客提供铁路、公路、水路、航空旅运输服务	国内：①传统文化古镇。如江苏的周庄古镇、浙江的乌镇古镇等
		住宿	向旅客提供酒店民宿、露营地等住宿服务	②运动休闲小镇。如国家发改委2019年推荐的江西大条丫山休闲体育小镇
		餐饮业	向旅客提供正餐、快餐、饮料、茶饮、酒吧、咖啡馆、发饮配送及外卖送餐等服务	③休闲农业小镇，如浙江已命名的宁海森林温泉小镇、杭州湾花田小镇、文成森林氧吧小镇、普陀沈家门渔港小镇等
		娱乐	向旅客提供室内娱乐、歌舞厅娱乐、电子游戏娱乐、游乐园娱乐、休闲观光活动等	
		旅游商品	土特产品、传统手工艺品、户外体育用品、旅游用品等	
外生型	新兴产业	节能环保产业	高效节能产业、先进环保产业、资源循环利用产业等	国家发改委2019年推荐的福建宁德锂电新能源小镇、江苏镇江句容绿色新能源小镇、山东济南中欧装备制造小镇、吉林长春红旗绿色智能小镇等。2020年推荐的宁波膜幻动力小镇、河南洛阳新材料及智能装备科创小镇等
		生物产业	生物农业产业、生物医药产业、生物医学工程产业、生物制造产业类等	
		新能源产业	核能技术产业、太阳能产业、风能产业、生物质能产业等	
		新能源汽车产业	手电式混合动力汽车和纯电动汽车等	

特色小镇类型		特色产业		典型特色小镇
		特色行业	特色产品	
外生型	新兴产业	高端装备制造产业	卫生及应用产业、航空装备产业、海洋工程装备产业、轨道交通装备产业、智能制造装备产业等	
		新材料产业	新型功能材料产业、先进结构材料产业、高性能复合材料产业等	
		信息产业	下一代信息网络产业、电子核心基础产业、高端软件和新兴信息服务业等	
	金融服务业	货币金融服务	村镇银行、农村资金互助社服务、小额贷款公司服务等	国外：美国的格林威治基金小镇 国内：浙江已命名的上城玉皇山南基金小镇、西湖西溪谷互联网金融小镇等。江苏正在创建的苏州金融小镇、宿迁保险小镇等
		资本市场服务	创业投资基金、天使投资等	
		其他金融服务	金融信息服务、农业保险等	

资料来源：笔者根据 2014 年 11 月 28 日国家农业部关于印发《特色农产品区域布局规划（2013—2020 年）》的通知和 2017 年 6 月 30 日国家质量监督检验检疫总局发布的《国民经济行业分类》整理。

需要特别指出的是，特色小镇的特色产业选择要遵循地域性原则，特色小镇的物质生产基础是对其所在地域内的自然资源、人文资源和人力资源的转化，特色小镇离开其所在地域的自然资源、人文资源、人力资源基础，也就不存在特色小镇的物质生产基础及其特色产业基础，特色小镇的特色产业之所以"特"，就在于特色小镇的特色产业是植根于其所在地域内的自然资源、人文资源和人力资源基础上的。在我们前面所说的特色小镇 6 类产业中，特色农业、特色制造业、商贸流通业和旅游业都与其所在地域内的气候、土壤、生物、水、景观、产品、原材料、人、生活、生产等要素紧密相连，离开特色小镇所在地域就不存在特色小镇的特色产品。特色小镇特色产业不是城市中的高新技术产业、金融服务业，就产业本身而言，前者是不能招商引资的，后者可以"无中生有"通过招商引资来形成某个产业。当然，特色小镇特色产业发展所需的资金、技术、人才、管理等可移动性生产要素是可以招商引资的，而前面所说的自然资源和人文资源等不可移动性的生产要素是无法招商引资的，因此，特色小镇的特色产业本质上是城市经济无法替代的，是小城镇及其乡村地域内独有的。当然，特色小镇特色产业发展还需遵循市场性、效益性、优质性原则。这是因为，在现代社会，特色小镇的特色产业形成的特色产品，不是为了"自给自足"，而是为了"交换"而生产，特色小镇特色产业生产本身应以市场对产品的需求和规模、质量和价格要求而进行，特色小镇的特色产业发展也要遵循"价廉物美"、有销路、有效益要求，但这与特色小镇的特色产业选择应遵循来地域性原则并无矛盾。

第三节　特色小镇的历史演进方向

一、浙江"非镇非区"特色小镇的提出和推进

（一）浙江省特色小镇的提出和推进

据记载，2014 年 10 月 17 日，时任浙江省省长的李强在参观"云栖小镇"时提出，"让杭州多一个美丽的特色小镇，天上多飘几朵创新彩云。"这是"特色小镇"概念首次被提及。云栖小镇地处杭州西湖区南部，位于杭州之江国家旅游度假区核心区块。小镇规划面积 3.5 平方千米，是依托阿里巴巴云公司和转塘科技经济园区两大平台打造的一个以云生态为主导产业的产业小镇。转塘科技经济园区于 2002 年 8 月经杭州市政府批准成立，园区最初定为传统工业，2005 年园区高速为发展生物医药、电子信息、机电一体化、新能源等为主的高科技产业。2010 年 10 月，园区调整为"云产业"。2016 年 1 月，云栖小镇被命名浙江省第二批省级特色小镇名单，但云栖小镇没有被列入 2016 年 10 月和 2017 年 8 月由国家住建部公布的第一批和第二批特色小镇名单中。这是因为，国家住建部的"特色小镇"是建制镇概念，而云栖小镇是位于杭州西湖区的一个产业区块内，既不是建制镇，也不在小城镇地域内。2015 年 1 月，浙江省"两会"上提出了"特色小镇"概念，并作为 2015 年省重点工作。2015 年 4 月，浙江省人民政府发布了《关于加快特色小镇规划建设的指导意见》；2015 年 9 月，发布了《关于加快推进特色小镇建设规划编制工作的指导意见》；2015 年 10 月，发布了《浙江省特色小镇创建导则》；2015 年 10 月，发布了《关于金融支持浙江省特色小镇建设的指导意见》；2016 年 3 月，发布了《关于高质量加快特色小镇建设的通知》；2016 年 6 月，浙江省文化厅发布了《关于加快推进特色小镇文化建设的若干意见》；2016 年 11 月，浙江省人民政府办公厅发布了《关于旅游风情小镇创建工作的指导意见》；2018 年 1 月，浙江省质量技术监督局发布了《特色小镇评定规范》等文件、规范、标准。形成了"培育一批，创建一批，验收一批"的特色小镇推进格局。到 2019 年 9 月，省级特色小镇命名 110 个，正在培育 62 个。

（二）国家特色小镇的提出和推进

2015 年 9 月，中财办主任、国家发改委副主任刘鹤深入浙江调研特色小镇建设情况，刘鹤表示："浙江特色小镇建设是在经济发展新常态下发展模式的有益探索，符合经济规律，注重形成满足市场需求的比较优势和供给能力，这是'敢为人先'，特别能创业精神的又一次体现。"2015 年 12 月，习近平在中财办《浙江特色小镇调研报告》上做了重要指示。在 2015 年底召开的中央经济工作会议上，"习近平大段讲述了

浙江特色小镇，其中梦想小镇、云栖小镇、黄酒小镇等被提及。"[①]"2016 年 3 月，《国民经济和社会发展第十三个五年规划纲要》提出，加快发展中小城市和特色小镇，因地制宜发展特色鲜明、产城融合、充满魅力的小城镇。""2016 年 7 月，住建部、国家发改委、财政部发布的《关于开展特色小镇培育工作的通知》提出，到 2020 年，培育 1000 个左右各具特色、富有活力的休闲旅游、商贸物流、现代制造、科技教育、传统文化、美丽家居等特色小镇，引领带动全国小城镇建设。"2016 年 10 月，住建部发布的《关于公布第一批特色小镇名单的通知》，公布了北京市房山区长沟镇等 127 个建制镇为第一批中国特色小镇。2016 年 10 月，国家发改委发布的《关于加快美丽特色小（城）镇建设的指导意见》明确了特色小镇"非镇非区"，即不是"行政建制镇和产业园区"概念；而特色小城镇是以行政区划为单元的建制镇概念。2017 年 8 月，国家住建部公布了北京怀柔区雁栖镇等 276 个建制镇为第二批中国特色小镇。2017 年 7 月，住建部发布了《关于保持和彰显特色小镇特色若干问题的通知》，提出目前特色小镇培育尚处于起步阶段，部分地区存在不注重特色。要求各地保持和彰显特色小镇特色，"尊重小镇现有格局，不盲目拆老街区；保持小镇宜居尺度、不盲盖高楼；传承小镇文化、不盲目搬袭外来文化"。2017 年 12 月，中央经济会议上指出，要引导"特色小镇健康发展。"2017 年 12 月，国家发改委、国土资源部、环境保护部、住房城乡建设部联合发布的《关于规范推进特色小镇和特色小城镇建设若干意见》提出了准确把握特色小镇内涵，合理借鉴浙江经验、注重打造鲜明特色等 10 个方面举措。2018 年 9 月，国家发改委发布的《关于建立特色小镇和特色小城镇高质量发展机制的通知》提出，"以引导特色产业发展为核心，严格遵循发展规律，严控房地产倾向，严防政府债务风险为底线，建立规范纠偏机制、典型引路机制、服务支撑机制。"到目前为止，国家发改委办公厅分别在 2019 年和 2020 年上半年公布了全国特色小镇典型经验和警示案例。

我国特色小镇建设，近几年已在国家、省、市、县多个层面展开。"据统计，目前全国特色小镇总计划数量已超过 1500 个，加上住建部此前发布的 403 个特色小镇，今后全国将会出现近 2000 个特色小镇。"[②]住建部公布的 403 个特色小镇如图 10 - 1 所示。

二、浙江率先提出"非镇非区"特色小镇的原因

深入仔细探究浙江率先提出"非镇非区"特色小镇的原因，对厘清特色小镇概

---

① 李季著：《大国小镇——中国特色小镇规划与运营模式》，中国建筑工业出版社 2018 年版，第 26 页。
② 李慧：《特色小镇如何"特"》，载于《光明日报》2018 年 1 月 24 日第 15 版。

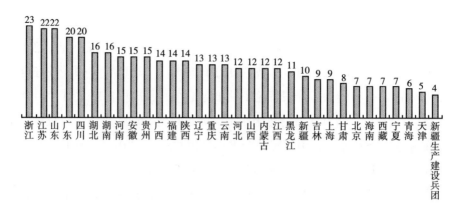

图 10 - 1　全国特色小镇地区分布示意（单位：个）

资料来源：国家住建部。

念，特色小镇建设与小城镇建设的关系具有十分重要的意义。其实在特色小镇的发源地浙江，特色小镇完全是个经济概念。"浙江省人民政府政策研究室副主任陈东凌说特色小镇的提出意在以产业的有效投资推进浙江的产业经济转型。"① "浙江拥有深厚的产业基础，形成众多块状产业，特色产业。据悉，自 1997 年开始，浙江全省 88 个县市区中有 66 个形成了块状经济，年产值超过亿元的区块达 306 个。例如，慈溪小家电、南浔木地板、桐乡蚕丝被、诸暨袜子、上虞伞区、义乌小商品等，这些块状特色产业规模不大，但市场占有率很大。曾经依靠粗放方式发展起来的'块状经济'前些年遇到了'瓶颈'：产业低端，如诸暨的袜业，一双袜子利润仅二三毛钱，往深层次追究，缺乏创新，转型升级。如何解决？" "由此，一批联胎于'块状经济'抢占优势产业中的高端制造业小镇，突破传统建制街镇的行政区划局限，成为新常态下产业转型升级和新型城镇的重要抓手。"② "以'块状经济'见长的浙江曾经遭遇转型的巨大压力，升级转型的前景在哪里？浙江创建特色小镇的提出，是化解'块状经济'的新招……"③ 首次提出"特色小镇"的原浙江省省长李强，在 2016 年 1 月初，绍兴宁波调研特色小镇建设后说道："在新常态下，浙江利用自身的信息经济、块状经济、山水资源、历史人文等独特优势，加快创建一批特色小镇，这不仅符合经济社会发展规律，而且有利于破解经济结构转化和动力转换的现实难题，是浙江适应和引领经济新常态的重大战略选择。"要全力推进特色小镇建设，把特色小镇打造成稳增长、调结构的新亮点，实体经济转型发展的新示范，体制机制改革的新阵地。

特色小镇创建之初，浙江的特色小镇大多位于临近城市的城乡结合区，有一些特

---

① 杨绍功：《特色小镇不能搞"圈地造城"老套路》，载于《新华每日电讯》2016 年 12 月 2 日第 6 版。

② 李刚殷：《特色小镇力避"跑偏"》，载于《工人日报》，2018 年 6 月 27 日第 5 版。

③ 陆健：《为特色小镇量身定做'成长秘籍'》，载于《光明日报》2018 年 5 月 14 日第 9 版。

色小镇还位于城市的城区中。也正是这个原因，使得浙江率先提出的特色小镇概念与国家部委提出的特色概念存在差异，前者侧重于功能区概念，后者侧重于建制镇概念。事实上，浙江特色小镇概念本质上是一种城市的"集聚经济"发展方式，是一种县域范围内传统的"前店后厂"分散布局的"块状经济"，借鉴城市集中布局的"集聚经济"的转型，经济的"空间集聚"就要求选择区位较优、发展基础较好的区域和行业先行发展，而这种要求一般需要跨越行政边界，且空间不宜过大。所以，浙江在 2015 年 4 月发布的《关于加快特色小镇规划建设指导意见》中就特别强调，"特色小镇规划面积一般控制在 3 平方千米左右，建设面积一般控制在 1 平方千米左右。特色小镇原则上 3 年内要完成固定资产投资 50 亿元左右（不含住宅和商业综合体项目）"。然而，国家住建部、国家发改委等部门希望通过特色小镇建设引领带动面广量大、一直没有找到发展路径的小城镇发展，从而逐步缩小城乡差距，促其城乡一体化发展，这种思想也是正确的。事实上，比较偏重于经济功能区概念的特色小镇和比较偏重于行政管理概念的小城镇是可以融合起来，特色小镇与小城镇在本质上，前者属于手段，后者属于目的，也就是说小城镇的发展需要通过特色小镇的建设来实现，小城镇建设是特色小镇建设的目的。需要强调的，经济始终是一种手段，而让小城镇中的人们通过经济发展过好日子才是目的。从这个角度，特色小镇是小城镇的经济发展方式，因此，特色小镇的产业发展是关键，有了特色小镇的产业发展，就有了小城镇的社会发展、人的发展。反过来也映衬出，正是因为浙江没有理清特色小镇与小城镇之间的关系，从而出现了一些已命名或在培育的特色小镇是位于城市城区内或者在临近城市的城乡接合部区域，这类特色小镇发展的结果也许是城市受益，而小城镇不受益或对小城镇发展构成竞争关系。浙江特色小镇发展需要深思特色小镇发展的目的、受益主体、区位选择、城乡一体等关系，最终找到特色小镇有利于小城镇、乡村发展的构建关系。当然，我国特色小镇发展尚属初期，是需要不断完善的。事实上，长期以来，浙江对县域及其小城镇的发展一直非常重视。近几十年来，浙江省的城乡统筹除特色小镇外，还在其他三方面持续展开。（1）扩权强县和扩权强镇。1992 年 6 月，浙江省政府下发《关于扩大十三个县市，部分经济管理权限的通知》，拉开了浙江扩权强县的序幕；1997 年浙江省政府下发《关于在萧山和余杭两市试行享受市部分经济管理权限的批复》，以批复的形式展开了第二轮扩权强县；2002 年 8 月，中共浙江省委办公厅、浙江省人民政府办公厅下发《关于扩大部分县市经济管理权限的通知》，第三轮扩权强县展开；2006 年 11 月，浙江省委办公厅、省政府办公厅下发《关于开展扩大义乌市经济社会管理权限改革试点工作的若干意见》，浙江启动了第四轮扩权强县；2008 年 12 月，浙江省委办公厅、省政府办公厅下发《关于扩大县市部分经济社会管理权限的通知》，进一步全面扩大县级政府管理权限。2010 年底，浙江省发展改革委员会、浙江省编制管理委员会、浙江省法制办出台了《浙江省强镇扩权改革指导意见》；2009年6月，中共温州市委、温州市人民政府发布了《关于推进强镇扩权改革的意见》。（2）推进中心镇和小城市培育。1995年，浙江有6个镇参加了全国小城镇改革综合试点；1998年浙江省自行确定了112个（其中28个是全国小城镇改革试点）小城镇进行综合改革试点；2000年，浙江省政府公布了136个省中心镇作为全省重点发展；2005年，浙江有11个小城镇参加了全国小城镇发展改革试点；2005年11月，浙江选择了5个省中心镇开展了中心镇培育试点。2007年4月，浙江省人民政府出台了《关于加快推进中心镇培育工程的若干意见》，全面启动了中心镇的培育工程，第一批确定了141个中心镇，第二批确定了14个中心镇。2010年10月，浙江省出台了《关于进一步加快中心镇发展和改革的若干意见》。2010年底，浙江省办公厅下发了《关于开展小城市培育试点的通知》，2010年12月底，确定了第一批27个中心镇列入小城市培育；2014年3月，确定了第二批9个中心镇和省级重点生态功能区范围内的7个县城列入小城市培育；2016年4月，确定了第三批24个中心镇和生省级重点生态功能区范围内的2个县城列入小城市培育。（3）推进美丽乡村建设。浙江省的美丽乡村建设始于2003年的"千村示范、万村整治"工程，此后，逐步深入到农村的"五水共治""三改一拆""四边三化"等。浙江省的美丽乡村建设经历过两个阶段：一是农村人居环境整治阶段（2003～2010年），7年里共有1181个建制村，完成了全面小康示范村整治，27586个建制村完成了村庄环境综合整治。从2011年开始，浙江省委省政府先后出台了《浙江省美丽乡村建设行动计划（2011—2015年)》《浙江省深化美丽乡村建设行动计划（2016—2020年)》。2011～2016年底，全省培育美丽乡村创建先进县58个、示范县6个，打造美丽乡村风景线300多条，培育美丽乡村精品村（特色村）2500多个。

三、特色小镇的发展方向

（一）正确处理特色小镇与小城镇、乡村的关系

特色小镇建设是小城镇发展和乡村振兴的抓手。小城镇发展的关键点是特色，要实现这一点，一是务必坚守特色小镇空间上的"小而美"，防止求大，空间上特色小镇是小城镇地域内的一个区位相对较优、产业发展基础较好的一个极化发展或重点发展的空间，在小城镇范围一般建设面积在1平方千米左右。特色小镇可以位于小城镇区，也可以位于镇域内的乡村空间，可以跨村也可以跨镇。二是务必大力发展特色小镇。一个几十上百平方千米的小城镇需要有多个特色小镇带动，特色小镇是小城镇和乡村发展的引擎，小城镇和乡村是通过多个特色小镇带动发展的，一个1平方千米建设面积的特色小镇的辐射半径大约是2～3平方千米。从实践看，一个小城镇范围最起

码需要 3~5 个以上特色镇才能带动小城镇地域整体发展。历史上中国地域内平原地区一般 3~5 千米自然形成一个集市，山区是 5~7 千米自然形成一个集市，[①] 就是我国小城镇经济空间布局的一种自然规律，"非镇非区"特色小镇的产生是小城镇地域内经济空间布局的自然要求，小城镇发展应该顺应这一要求。特色小镇既是一种经济要素集聚的区域发展方式，又是小城镇发展的经济要素集约的组织方式，与我国行政建制的小城镇相比，特色小镇既不是纯粹生产力组织，也不是纯粹生产关系组织，而是集生产力与生产关系于一体的生产方式。在工业化、城镇化、农业现代化背景下，我国自 20 世纪 80 年代以来，一直苦苦寻找的小城镇发展路径，特色小镇的推出基本给出了我国小城镇的发展路径，特色小镇是小城镇发展和乡村振兴的手段，小城镇发展和乡村振兴是特色小镇发展的目的，这一点我国学界、政界和企业界务必仔细琢磨、领会，并身体力行。三是特色小镇的选址必须走出城区，走进小城镇及乡村。特色小镇是小城镇及其乡村振兴的区域发展，不是城市区域发展，在发展特色小镇中，各地大多选择了"高大上"的战略性新兴产业，而对小城镇及乡村范围内的资源禀赋、发展基础、农产品加工、商贸流通建设不是很重视和关注，这是一种典型的"舍近求远""本末倒置"乃至是官僚主义、形式主义的政府计划经济运作方式。战略性新兴产业和金融业本质上是一种大城市经济，在中小城市乃至是小城镇周边及地域内，一般不是特色小镇的产业选择方向。在临近大城市周边的小城镇地域，从国内外小城镇发展的实践看，科技小镇、金融小镇会存在，但在特色小镇家庭中是极小数。特色小镇要走出大城市经济发展方向，而走进县域及小城镇、乡村经济发展方向。从国内外的实践看，特色小镇主导产业类型主要是特色农业、农产品加工、旅游业、商贸流通，小部分是科技产业和金融业。房地产业不是特色小镇的主导产业，在特色小镇建设面积中，可能需要配套一些企业职工宿舍、公共租赁房等，极小数还可能配置少量的商品房，在特色小镇中商品房配置量应该是极少的，并且是需要严格限制的。特色小镇本质上是小城镇地域内的经济发展重点功能区，特色小镇的社区居住功能主要是通过特色小镇建设面积以外的村或镇社区来配套，从某种角度讲，特色小镇社区居住功能是特色小镇的副产品或称附属产品，所以浙江在其 2015 年 4 月发布的《关于加快特色小镇规划建设的指导意见》中就明确，特色小镇的固定资产投资额不包括"住宅和商业综合体项目"。在特色小镇规划建设中严格控制"房地产项目"是特色小镇的应有之义。在小城镇地域中，社区居住功能从本质角度讲是镇区聚落及镇域村庄聚落的规划建设的功能，而不是特色小镇应有的规划建设功能。四是特色小镇要紧贴小城镇地域内的资源禀赋、发展基础，坚持走"内生型"发展道路。从国内外特色小镇的建设实

---

① 陈锡文：《读懂中国农业农村农民》，外文出版社 2019 年版，第 103 页。

践看，特色小镇中的"特色"主要表现为"特色产业"，而"特色产业"主要来源于小城镇地域内的资源禀赋（包括自然资源、人文资源和人力资源）以及"特色优势"。"特色优势"是建立在"特色资源"基础上的。可见特色小镇的"特色"按形成的逻辑顺序，包括特色资源→特色优势→特色产业。特色是特色小镇的生命，而特色资源和特色优势是特色产业的"内核"。离开特色小镇所在区域的资源禀赋和发展基础，特色小镇的"特色"将不复存在。从某种角度讲，特色小镇是"自然"形成的，人们只能"扬长避短、借势发挥"，而很难"无中生有、人为打造"，这是特色小镇建设与城市特色功能区（商业区、商务区、工业区、文化区等）的主要区别。由此可见，特色小镇建设中的"特色"发挥得越充分，势必与小城镇依托越充分，彰显特色小镇中的资源特色、优势特色、产业特色是妥善处理特色小镇与小城镇的重要内容。住建部2017年7月发布的《关于保持和彰显特色小镇特色若干问题的通知》，从本质角度讲，是小城镇发展对特色小镇发展的要求。

（二）正确处理政府与市场的关系

特色小镇建设的主体是企业尤其是非公企业，各级政府是特色小镇的配角。要实现这一点，一是务必坚守特色小镇产业上"特色强"和功能上"以产业功能为主导"，防止功能上"求全"。在特色小镇的"三生融合"（生产、生活、生态）上应以"生产"为基础，特色小镇发展区不能把三生并列而应有主次之分，特色小镇毕竟不是居住区，也不是生态区，只是在"生产、生活、生态"中不能形成互为冲突功能格局，需要"三生"协同，但这个"三生"协同不是"平铺直叙"的，而是有"主次"，这"主次"就是以"生产"功能为基础前提，特色小镇"生产"功能不成立，特色小镇本身就不成立，更谈不上"生活生态"功能了，这一点在特色小镇建设中是常犯的错误。同时，在特色小镇的"四位一体"（商业、社区、文化、旅游）功能结构中，产业仍然是"四位一体"功能的基础功能，特色小镇没有特色产业功能，其余社区、文化、旅游功能也就不存在或不需要。特色小镇建设不能在功能上"求全"，功能上"求全"是我国特殊小镇规划中常犯的错误。实践中，常常因特色产业确定不下来，而给特色小镇戴上多项"功能""帽子"，特色小镇建设中"商业、社区、文化、旅游"多功能并列，一般是特色小镇规划师、政府有关部门或领导、特色小镇开发商没有想清楚，在特色小镇规划建设上需要正确处理的第一方面是政府与市场的关系。二是在特色小镇规划建设中必须明确政府职能边界。特色小镇是以产业为基础、以市场为导向的发展区域，从实践看，在特色小镇的规划建设中，政府主要的职责是审批特色小镇的空间规划，配套政府财政职能的公共设施和特色小镇运行的体制机制配套，监管特色小镇规划空间和建设用地的使用，严控在特色小镇中的政府投资和违法用地（包括违法占用生态用地、农用地等）。从城市中商务区、工业区、商业区、文化区等功能区规划建设的实践经验看，特色小镇发展区域内凡是企业愿意承担的职能，政府都应让位于企业，只有企业不愿意承担的职能，政府才需要或可以由政府部门、国有企业等来承担。例如，2020 年 6 月由国家发改委办公厅发布的《关于公布特色小镇典型经验和警示案例的通知》中提到，江苏常州石墨烯小镇以常州烯望建设发展公司为主要投资运营商，承担土地整理开发和公共设施建设，构建"创业苗圃—众创空间—孵化器—加速器—产业园"集成化的企业培育生态链，吸引 100 多家企业（含 6 家上市公司）入驻发展。山东日照奥林匹克水上运动小镇以日照文化旅游公司为主要投资运营商，承担资源整合、设施建设和运营管理，并依靠社会力量办体育，吸引 20 多家体育企业入驻发展，举办 40 多项省级以上赛事，每年承接 2000 多名专业运动员驻训。辽宁沈阳永安机床小镇健全产业服务平台和智能制造应用示范平台，吸引 700 多家数控机床及零部件生产企业入驻发展。四川成都温江"三医"研发小镇建立医学、医药、医疗融合发展机制，探索海关特殊监管区外的保税研发模式，试点医疗器械注册人制度，探索临床急需新药审评审批、外资医疗机构设立和境外医生执业，吸引 62 个研发项目落地，拥有在研医药和医疗器械 800 多种。湖南醴陵五彩陶瓷小镇创新便企政务服务模式，依托醴陵经济技术开发区平台，承接自然资源、生态环境、市场监管、税务等部门的 100 多项行政审批权限，努力提供便捷高效的"一站式"综合政务服务。①

本章参考文献

［1］余池明：《特色小镇的起源和探索历程》，2016 年 10 月 24 日。

［2］田川：《特色小镇：中国经济转型升级的新阵地》，载于《社会科学报》2017 年 8 月 31 日。

［3］倪浩：《特色小镇，应该"特"在哪》，载于《环球时报》2016 年 12 月 24 日。

［4］李慧：《特色小镇如何"特"》，载于《光明日报》2018 年 1 月 24 日。

［5］冯奎：《如果找不到特色，宁可不建》，载于《新华每日电讯》2016 年 12 月 2 日。

［6］高城：《特色小镇如何"特"起来》，载于《人民日报》2018 年 1 月 22 日。

［7］张芳：《特色小镇要有个性》，载于《生命时报》2017 年 5 月 16 日。

［8］王文：《格林威治的"特色"是怎样炼成的》，载于《新华每日电讯》2016 年 12 月 2 日。

---

① 国家发展改革委员会办公厅：《关于公布特色小镇典型的经验和警示案例的通知》，2020 年 6 月 26 日。

［9］裘立华：《特色小镇如何点"特"》，载于《新华每日电讯》2016 年 12 月 2 日。

［10］何鼎鼎、张永贵：《用特色小镇提升发展的品质》，载于《人民日报》2016 年 11 月 28 日。

［11］刘坤：《特色小镇如何避免千镇一面》，载于《光明日报》2018 年 10 月 24 日。

［12］赵晖等：《说清小城镇》，中国建筑工业出版社 2007 年版。

［13］李季：《大国小镇——中国特色小镇规划与运营模式》，中国建筑工业出版社 2018 年版。

［14］邱玥、陈恒：《特色小镇建设如何，不违初衷》，载于《光明日报》2017 年 1 月 24 日。

［15］赵永平：《特色小镇莫拔苗助长》，载于《人民日报》2018 年 6 月 11 日。

［16］冯蕾：《警惕特色小镇从房地产开发》，载于《光明日报》2017 年 6 月 24 日。

［17］中国城市经济学会中小城市经济发展委员会等：《中国中小城市发展报告》(2017)，社会科学文献出版社 2017 年版。

［18］陈红武、邹志荣：《休闲农业概论》，科学出版社 2014 年版。

［19］杨绍功：《特色小镇不能搞"圈地造城"老套路》，载于《新华每日电讯》2016 年 12 月 2 日。

［20］李刚殷：《特色小镇力避"跑偏"》，载于《工人日报》2018 年 6 月 27 日第 5 版。

［21］陆健：《为特色小镇量身定做"成长秘籍"》，载于《光明日报》2018 年 5 月 14 日。

［22］陈锡文：《读懂中国农业农村农民》，外文出版社 2019 年版。

［23］国家发展改革委员会办公厅：《关于公布特色小镇典型的经验和警示案例的通知》，2020 年 6 月 26 日。

| 第十一章 |
特色小镇与自然资源

　　小城镇地域内的特色小镇依托的土地、矿藏、空气、水、生物、森林、能源等自然资源十分丰富。认真梳理和充分利用小城镇地域内的自然资源是特色小镇发展的关键。本章由资源禀赋的内涵与类型，自然资源的内涵与类型，自然资源的要素分析三节构成。

第一节　资源禀赋的内涵与类型

一、资源禀赋的内涵

　　资源禀赋一词语义，国内各类辞书没有具体的释义，但"资源"和"禀赋"两词在《辞海》中均做了解释。《辞海》中对"资源"一词解释为："生产资料和生活资料的来源。"① 资源是个历史的范畴，它的内涵与外延随着经济社会的发展而不断扩展、深化。在人类社会早期，自然物就是人类生产、生活的来源，这时候的资源指的就是自然资源。随着人类认识水平和能力的提高，除了自然资源种类日益增多和开发利用能力日益提高外，人类社会还产生了许多独立于自然资源以外的劳动产品，如文化、资本、技术、信息、管理、制度等，这些人工物质和精神与自然资源一道共同成为人类社会财富的来源。因此，资源既包括自然资源也包括社会资源，自然资源是指以天然物形式出现的有用物，包括自然界中的土地、气候、生物、阳光、矿产等；社会资源是指以人类劳动产品形式出现的一切有用物，包括人口、劳动、文化、资本、技术、信息、管理、制度等。资源既包括自然资源，也包括社会资源，历史上早有一些论述，英国威廉·配第曾经就指出"土地是财富之母，劳动是财富之父"。马克思在论述资本主义剩余价值产生时指出，"劳动力和土地是形成财富的两个原始要素，是一切财富的源泉。"而恩格斯进一步指出，"其实劳动和自然界一起才是一切财富的源

---

　　① 夏征农、陈至立主编：《辞海》，上海辞书出版社 2009 年版，第 3053 页。

泉，自然界为劳动提供材料，劳动把材料变为财富。"① 因此，人类社会财富的创造，不仅来源于自然界，而且还来源于人类社会本身。同时，资源不仅包括物质要素，也包括非物质要素。丁四保等老师在其编著的《区域经济学》一书中提出，"资源是经济学的一个基本概念，是指自然界及人类社会中一切对人类有用的物质。因此，资源既包括一切为人类所需要的自然物，如阳光、空气、水、矿产、土壤、植物及动物等，也包括以人类劳动产品形式出现的一切有用物，如房屋、设备、其他消费品及生产资料性商品，还包括无形资产、知识和技术及人类本身的智力和体力。故而，资源是为人类经济活动所必需，具有现时或潜在经济价值的自然物质和人类文明的产物。""从语义学角度看，资源即人类源泉，换一种表述，资源就是满足人类生产、生活需要的价值性因素，……随着人类可利用价值范围的扩大，资源概念的内涵和外延必将深化和拓展。""广义的资源是由自然资源、经济资源、人力资源、文化资源、政治资源、制度资源等既相互区别又相互联系的子资源构成的有机系统，包括所有支撑社会发展的价值要求。"②

"禀赋"一词指人所享受的天赋或体质。③ 这里所指的"人所享有的天赋和体质"放入资源禀赋一词语境中，其指向应该就是上面所述的自然资源和社会资源。因此，资源禀赋指的就是一个国家或者一个地区的人已经享有的自然资源和社会资源的总和。资源禀赋是过去时态，既包括自然界已经存在的自然资源，也包括人类社会已经存在的社会资源；同时，资源禀赋又是将来时态，是指人类社会已经存在的自然资源和社会资源又将是人类社会财富进一步增长的来源。人类社会的物质再生产、人口再生产、环境再生产，其本质都是某个时点已有的自然资源和社会资源的进一步转化。

需要说明的是，与资源禀赋最相关的概念是要素禀赋。要素禀赋，1919 年由瑞典赫克歇尔提出，后由其学生俄林进一步加以阐明，是经济学中关于国际分工和国家贸易的一种理论，其中所讲的要素包括劳动力、土地、资本、技术和管理。随着经济的发展，经济学中先后又加进了一些文化、行为等要素。要素禀赋包括了土地等自然资源，劳动力、技术、资本、制度、管理等社会资源。在使用"资本或资金"这个要素时，一般在要素禀赋语境中比较常用，而在资源禀赋语境中不太常用，原因也许是资源禀赋使用语境中一般比较偏重"地域性"特征，而要素禀赋使用语境中一般比较偏重于"经济性"特征。因本章讨论的是基于空间属性的特色小镇问题，故主要从资源禀赋角度进行讨论。

---

① 《马克思恩格斯全集》，人民出版社 2016 年版，第四卷第 373 页。
② 丁四保等：《区域经济学》，高等教育出版社 2012 年版，第 77－78 页。
③ 夏征农、陈至立主编：《辞海》，上海辞书出版社 2009 年版，第 169 页。

二、资源禀赋的分类

依据资源的形成条件，是否可移动、能否再生等标准，可将人类享有的资源禀赋分为自然资源和社会资源、可移动资源和不可移动资源。

（一）自然资源和社会资源

自然资源是指天然的资源，包括土地资源、水资源、生物资源、气候资源等。自然资源最主要的特征是非人工创造。一块土地即便附加了人类开垦、平整、施肥、治污等社会性劳动，但这块土地的位置也是自始就有的，不是人类能创造的，尽管人类可以围湖造田、围海造田，但这造田的湖底、海底位置是非人类创造的。人类对土地的附加劳动是合并到土地中去了，合并到自然中去了，与自然资源浑然一体了。这块附加人类劳动的土地只能说具有社会性因素，但不能说这块土地就是社会资源。同样，现在水资源也有人工降雨的情况，生物资源也有人工驯养的情况，在温室大棚种养植也能改善一些大棚内的温度和湿度，但这些与大自然赋予人类的生物资源、水资源、气候资源相比，仍然是局部的、微不足道的，总体上，水资源、生物资源、气候资源与土地资源一样具有社会性因素，但本质上是天然的，非人类创造的。社会资源是指人类在自然资源基础上，通过劳动而形成的与自然资源相对应的人口（人力）资源、文化资源、经济资源、管理资源等，包括城市和乡村聚落、建筑物、非物质文化遗产，人口、劳动力、人才、技术、资本、制度等。这一切都建立在特定的土地、生物种群、气候、降水等基础上，通过附加人类劳动而形成的相对独立的，并能为人类继续带来生产、生活资料的来源。并且，随着人类社会的发展，社会资源，尤其是劳动力、资本、技术、制度等可流动性资源，越来越占有主导性。

（二）可移动资源和不可移动资源

可移动资源是指进行空间"位移"而不影响其价值的资源。可移动资源大多属于社会资源，如劳动力、资本、技术等。这些资源的开发利用主要解决"如何使用"问题。不可移动资源是无法进行空间"位移"或空间位移后会影响其价值或增加成本的资源，如自然资源中的土地资源、矿产资源等，人文资源中的聚落格局、传统保护建筑、名城名镇名村等，人力资源中的体质、性格、气质等。不可移动资源大多与地域性关联度比较高。这些资源在开发利用中主要解决"在哪里使用"的问题。不可移动资源是构成一个国家、一个地区乃至一个区域的"独特性"基础和绝对优势基础，这种不可移动性资源构成了区域发展中落后区域或欠发达区域与先进区域或发达区域的错位发展和同时发展格局。可移动资源是可以通过招商引资实现"无中生有"的，不可移动资源只能在资源所在地或临近地开发利用。人类社会的经济技术发展可将不可移动资源变为移动资源。例如，通过管道基础设施实施天然气和自来水的生产地与消费地的位移，通过位移技术在一定距离内实现保护建筑移位，通过交通条件的改善实现矿物资源的位移等，但总体上不可移动资源转化为可移动资源是有成本的。

三、资源禀赋的一般特征

根据上述资源禀赋的分类，资源禀赋具有以下基本特征。

1. 资源禀赋的地域性

自然资源具有较强的地域性，人口资源、文化资源也深受自然资源地域性的影响，我国日常生活中所说的"一方水土养一方人"讲的就是自然资源与人口资源、文化资源之间的地域性关联。我国各地呈现的聚落布局、建筑物风格、非物质遗产、习俗、礼仪以及地域人群的性格、气质等也与其生活的自然环境及其社会环境高度相关。

2. 资源禀赋的整体性

"物以类聚，人以群分"。由于自然资源的形成与其所处的位置、气候、地形地势、地质构造等环境因素有着密切的关系。因此，不同种类的自然资源往往形成空间上的重叠，而部分社会资源又与其所处的自然环境形成空间上的重叠。从而形成自然资源之间、自然资源与社会资源之间、社会资源之间形成高度关联性，从而使各类资源联结成一个难以分割的整体。

3. 资源禀赋的多用途性

资源禀赋的整体性带来资源禀赋的多用性。从资源的形成看，一条川流不息的江河一定具有纵深且源远流长的山脉和良好的植被；从资源的使用看，一个较大水体的"水库"既可以用于供水、灌溉、航运，还可以用于旅游、养殖等。

第二节　自然资源的内涵与类型

一、自然资源的内涵

《辞海》对自然资源定义为："泛指天然存在的并有利用价值的自然物，如土地，矿藏、气候、水、生物、森林、海洋、太阳能等资源，是生产的原料来源和布局场所。"[①] 联合国环境规划署将自然资源定义为："在一定的时间、地点、条件下，能够产生经济价值，以提高人类当前和未来福利的自然环境因素和条件。""自然资源专指在当前经济技术条件下可以被人类利用的自然环境因素，而不能改变被人类利用的自

---

① 夏征农、陈至立主编：《辞海》，上海辞书出版社 2009 年版，第 3066 页。

然环境因素,如地震、泥石流、滑坡、台风等,则不属于自然资源范畴。"①

与自然资源相近的概念还有自然环境、自然环境因素、自然条件等。自然环境,是相对于社会环境或人文环境而言的,"是指人类生存和发展必需的自然条件和自然资源的总和。""是指由地球表层的大气圈、岩石圈、水圈和生物圈组成的相互渗透、相互制约和相互作用的庞大、独特、复杂的物质体系。"② 自然条件是指地球表层适宜人类生存的物理条件、化学条件和生物条件,具体指"大气圈供生物呼吸并防止外层空间各种宇宙射线的伤害;水圈供给生物予水分;土壤和岩石圈为生物提供了生存繁殖的基地。地球如果不具备这些物质条件,生物,特别是人类也就不可能出现和繁衍。"③ 人类所讲的自然环境是指人类生存的自然条件,包括气、水、土、生物、阳光等自然因素④。人类所讲的自然环境因素,狭义的自然环境因素包括大气圈、岩石圈、水圈、生物圈,广义的自然环境因素除包括狭义因素外,还应包括星际环境中的阳光。"地球是太阳系的成员,人类(自然)环境中的能量主要来之太阳辐射。太阳辐射到地面的各种射线及太阳活动的规律,都直接关系到人类的生存。有了太阳的光热作用,地球上才出现了生物的活动,江河的奔流,以及像煤和石油这样有用的矿产。"⑤ 综上所述,人类所讲的自然环境、自然条件、自然环境因素三者之间是等义的,都是指人类以外的不以人的意志为转移的未经人类改造过的自然界。人类所讲的自然资源与自然环境、自然环境因素、自然条件既有联系,又有区别;总体看,自然资源是自然环境、自然环境因素、自然条件的其中一部分;随着人类社会的发展,自然资源的内涵将逐步与自然环境、自然环境因素、自然条件内涵相接近,但一般不可能是完全等义。在讨论自然资源、自然环境、自然环境因素、自然条件时,还不能回避通常所说的生态环境概念。生态环境也是相对于社会环境或人文环境而言的,是指一切生物,尤其是人类生存与发展所需的自然条件,从这个角度讲,生态环境与自然环境、自然环境因素是等义的,在实践中,自然环境与生态环境两个概念在大多数语境下都可以混用。

二、自然资源的分类

按照一定标准可对自然资源进行不同分类。例如,按照自然资源用于不同国民经济部门可将其分为农业资源、工业资源和旅游资源等;按照自然资源能否再生可将其分为可再生资源、可更新资源和可耗竭资源;按照自然资源赋存的形态可将其分为土

① 崔功豪等:《区域分析与区域规划》,高等教育出版社 2018 年版,第 13 页。
② 崔功豪等:《区域分析与区域规划》,高等教育出版社 2018 年版,第 12 页。
③ 夏伟业:《人类生态学初探》,甘肃人民出版社 1984 年版,第 16 页。
④ 叶文虎、甘晖:《文明的深化》,科学出版社 2015 年版,第 2 页。
⑤ 夏伟业:《人类生态学初探》,甘肃人民出版社 1984 年版,第 16 页。

地资源、气候资源、水资源、生物资源、森林资源、草原资源、矿物资源、能源资源、海洋资源等。按照不同标准形成的自然资源的不同分类的内容是相互交叉的。例如，上述的水资源、气候资源是可再生资源，土地资源、生物资源、森林资源、草原资源、海洋中的生物资源是可更新资源，矿物资源、石化能源是可耗竭资源。

第三节　自然资源的要素分析

对不同类型的自然资源进行要素分析，有助于对不同类型自然资源的开发利用。

一、土地资源的要素分析

（一）土地的概念

《辞海》对"土地"的释义为："在经济学上，指大自然所赋予人们的，以陆地、水域等形式存在的资源。它既为人类提供活动基地，又为人类提供劳动手段和劳动对象，是生产活动中不可缺少的物质条件。如配策所说'劳动是财富之父，土地是财富之母'（转引自《马克思恩格斯命令》第23卷第57页）。按其用途可分为农用土地、矿山土地和建筑土地等。"[1]"土地资源是指目前经济技术条件下可以被人类利用的土地，是一个由地形、气候、土壤、植被、岩石和水文等因素组成的地域综合体。""土地首先即指空间，此外，土地可供人类利用的特点。还包括这样的一些属性，如某地点从地形、结构、农业利用和矿业利用等方面进行分析时所具有的性质，气候，洁净的水与空气和最后一点，即很多直接环境特征，如安静、幽雅、美观等。""土地是人类生产和生活的立足场所。……土地资源具有数量上的有限性和位置上的固定性，人们不能随意增加和移动它。土地资源还具有可更新性，并不因为人们的使用而损害其使用价值，相反使用得当还可以不断提高土地的生产力。"[2]

（二）土地资源的利用类型

根据我国第二次和第三次全国土地调查，我国按土地用途不同，将土地分为农用地、建设用地、未利用土地三大类和12个中类、127个小类。包括：（1）农用地。农用地是指直接或间接用于农业生产的用地，包括耕地（含水田、水浇地、旱地）、园林（含果园、菜园、其他园地）、林地（含有林地、灌木林地、其他林地）、草地（含天然牧草地、人工牧草地）、农村交通用地（主要指农村道路）、水域及水利设施用地（含坑塘水面、沟渠）、其他土地（含设施农用地、田坎）。（2）建设用地。建设用地

---

[1] 夏征农、陈至立主编：《辞海》，上海辞书出版社2009年版，第2291页。
[2] 埃德加·M.胡佛著，王翼龙泽：《区域经济学导论》，商务印书馆1990年版，第108页。

是指直接或间接用于建筑和构筑物的用地，包括住宅用地（含城镇住宅用地、农村宅基地）、商业服务用地（含批发零售用地、住宿餐饮用地、商务金融用地、其他商服用地）、工矿仓储用地（含工业用地、采矿用地、仓储用地）、公共管理和公共服务用地（含机关团体用地、新闻出版用地、科教用地、医卫慈善用地、文化娱乐用地、公共设施用地、公园与绿地、风景名胜设施用地）、特殊用地（含军事设施用地、使领馆用地、监教场所用地、宗教用地、殡葬用地）、交通运输用地（含铁路用地、公路用地、街巷用地、机场用地、港口码头用地、管道运输用地）、水域及水利设施用地（含水库水面、水工建筑用地），其他用地（空闲地）。（3）未利用土地。未利用土地包括水域及水利设施用地（含河流水面、湖泊水面、沿海滩涂、内陆滩涂、冰川及永久积雪）、草地（其他草地）、其他土地（含盐碱地、沼泽地、沙地、裸地）。

在我国，我国幅员广阔，各地区的气候、地形和土壤等自然条件差别较大，目前，我国在空间上有较大面积的沙质荒漠、戈壁、寒漠、永久性积雪和冰川、石骨裸山地，在当前的经济技术条件下尚难利用。需要说明的是，不同产业对土地资源的分类是不同的。例如，农业中的田间道路、设施农用地等是非建设用地；旅游业中土地资源被分为自然景观资源（包括山丘型景观、台地型景观、沟谷型景观、滩地型景观）、地质构造资源（包括断裂景观、褶曲景观、地层剖面景观、生物化石点）、地表形态资源（台丘地景、峰柱状地景、垄筒状地景、沟壑与洞穴、奇特和象形山石，岩土圈灾变遗迹）、自然标志与自然（奇异自然现象、自然标志地、重点自然带）等。[①]

（三）耕地的数量和质量

1. 耕地的数量

根据第三次全国国土调查公布的数据，到 2019 年末，我国耕地面积 127862 千公顷（19.18 亿万亩），灌溉耕地（包括水田、水浇地）占 49.67%，无灌溉耕地占 50.33%。已开垦耕地面积已占国土面积的 13.45%。根据《全国土地整治规划（2016—2020 年）》，"我国耕地后备资源总面积约 8000 万亩，其中集中连片的耕地后备资源仅 2800 多万亩，中低等耕地比例占 70%，有灌溉条件的耕地占 51%。"（见表 11 - 1）。

1949 年，我国人均耕地面积 2.7 亩，到 2019 年末，我国人均耕地面积为 1.36 亩，人均减少 1.34 亩，减少率为 49.63%。2015 年世界人均耕地面积为 2.85 亩，故我国人均耕地面积不到世界人均耕地面积的一半（见表 11 - 2）。

[①] 国家质量监督检验检疫总局：《旅游资源分类、调查与评价》，2017 年 12 月 29 日。

表 11 - 1   **1949～2019 年我国耕地及灌溉情况**

年份	耕地总量（亿亩）	水田和水浇地		旱地		占陆地国土面积比例（%）
		数量（亿亩）	占比（%）	数量（亿亩）	占比（%）	
1949	14.60	3.35	23.0	11.25	77.0	10.24
1958	16.80	4.03	24.0	12.77	76.0	11.78
1980	14.90	3.79	25.5	11.11	74.5	10.45
1996	19.51	7.76	39.8	11.75	60.2	13.68
2009	20.31	9.16	45.1	11.15	54.9	14.24
2019	19.18	9.53	49.67	9.65	50.33	13.45

资料来源：笔者根据何茂文著的《农村土地管理与经营》（中国展望出版社 1988 年版，第 122 页）和国家统计局 1996～2016 年 1～3 次全国农业普查公报数据整理。

表 11 - 2   **1949～2019 年我国人均耕地情况**

年份	人口总量（亿人）	耕地面积（亿亩）	人均耕地（亩）	国际比较
1949	5.40	14.60	2.70	2015 年世界人均耕地面积 2.85 亩，我国人均耕地面积不足世界人均耕地面积的一半。
1980	9.90	14.90	1.50	
1996	12.24	19.51	1.59	
2009	13.35	20.31	1.52	
2019	14.10	19.18	1.36	

资料来源：笔者整理。

1996 年，中国政府与联合国开发计划署、联合国粮农组织共同完成的"中国土地的人口承载力研究"提出，中国可以养活自己的人口，但前提必须保证耕地面积不低于 1.2 亿公顷（即 18 亿亩）。2020 年 9 月 15 日，国务院办公厅发布了《关于坚决制止耕地"非农化"行为的通知》，提出了严禁违规占用耕地绿化造林，严禁超标准建设绿化通道，严禁违规占用耕地挖湖造景，严禁占用永久基本农田扩大自然保护地，严禁违规占用耕地从事非农建设，严禁违规批地用地等六条禁令。

2. 耕地的质量

耕地质量是指耕地用于农作物种植的产出能力，包括耕地地力、耕地对农作物的适应性、耕地利用后的经济效益和耕地的人工生产环境。耕地地力和耕地对农作物适应性都与耕地所处的地理位置和土壤的矿物质构成有关，属耕地的自然属性；耕地利用后的经济效益和耕地的人工生产环境都与耕地产出所需的耕地平整度、交通条件、植被条件、农田水利设施、农药化肥使用、耕地经营方式有关，属耕地的社会属性。耕地质量由耕地的自然生产力和耕地的社会生产力两方面构成。耕地的自然生产力人类只能予以尊重、顺其自然。例如，耕地的土壤是可以搬动的，但地理位置是不能搬动的，即使土壤可以调换，但由于运输成本很高，耕地中少量的、短距离的土壤调换可以，大量的、长距离的耕地土壤调换也是不经济的。人类保护耕地质量更多的是对耕地社会生产力的保护，例如，通过交通设施改善耕地生产的农作物运输条件，通过农田水利设施建设改善耕地生产农作物时所需的水质和水量，通过经营方式和种植方式改善土壤的肥力等。2016 年 12 月 30 日开始实施的我国《耕地质量等级》，将我国耕地质量等级划分指标设置为：地形部位、有效土壤厚度、有机质含量、耕层质地、土壤容重、质地构型、土壤养分状况、生物多样性、清洁程度、障碍因素、灌溉能力、排水能力、农田林网化率、耕层厚度、田面坡度、盐渍化程度、地下水埋深、酸碱度、海拔高度等 19 个指标，并将全国划分为九个区域，将各个区域中的耕地质量，用上述 19 个指标划分为 1 ~ 10 等，1 等耕地最好，10 等耕地最差。上述 19 个指标均可归入耕地的自然生产力和耕地的社会生产力两大类。

（四）土地基准价格

当前，我国已经有城镇经营性建设用地基准地价、国有农用地基准地价、农村宅基地基准地价、农用地流转价格四类土地价格。

1. 城镇经营性建设用地基准地价

一般情况下 3 ~ 5 年调整一次，由市、县人民政府公布。公布的内容包括：（1）基准地价基准日：年 月 日；（2）基准地价内涵：各土地级别范围内达到"五通一平"（即宗地红线外通路、通电、通信、通上水、通下水，宗地红线内场地平整）土地开发程度下、法定最高使用年限、出让土地使用权的单位土地面积平均价格（包括国家土地所有权收益、土地取得费用和土地前期开发费用）；（3）基准条件界定：商服用地基准地价的容积率、建筑密度，住宅用地基准地价的容积率、建筑密度，工业用地基准地价容积率、建筑密度；（4）土地使用年期：商服 40 年，住宅 70 年，工业 50 年；（5）土地级别范围：具体范围一般由级别基准地价图来表示。例如，2017 年 1 月 1 日起实施的浙江省湖州市区级别基准地价，将湖州市市区基准地价划分为 1 ~ 6 个等级，每一土地等级又具体确定其涉及的空间范围和土地基准价格，如 I 级土地涉及的空间范围是外环东路—苕溪东路—吉山二路—东街—南园路—莲花庄路—车站路—环城西路—龙溪南路—西下塘—龙溪港—外环东路；土地基准价格，商服用地每平方米为 7830 元，住宅用地每平方米为 4480 元，工业用地每平方米为 900 元。II 级 ~ VI 级土地以此类推。

2. 国有农用地基准地价

农用地基准地价是指不改变农田地规划用途和转让年限前提条件下的农用地使用价格。农用地基准地价与农用地征地补偿费的区别在于：农用地基准地价受转让农用地的土地用途、肥沃程度、位置优势和土地所在区域经济社会发展水平影响，在同一区域的农用地基准地价有可能不一样；农用地征地补偿费是指农村集体农用地转变为建设用地且在转让无限期下的农用地补偿标准，农用地征地补偿费标准往往根据在一个县市区域乡镇经济社会发展水平设置统一的征地补偿费标准。从实践看，农用地基准地价涉及农用地有耕地（含水田和旱地）、园地、林地、坑塘水面、设施农用地、草地（人工牧草地）、内陆滩涂等。拟转让的农用地开发一般要求包括：农用地外的道路通达且水源保障、宗地内平整、形状规则、长宽尺度适宜机械化耕作、有基本的排水与灌溉设施和田间道路、宗地内通电等。实践中，农用地转让年限一般为50年。转让的农用地按农用地等级分别设置基准地价，50年期农用地基准地价计价一般按每亩或按每平方米多少元计。2018年10月29日，广东省江门市发布的《国有人民政府发布农用地标准地价的通知》规定了江门市2017年国有农用地基准地价（见表11-3）。

表11-3 江门国有农用地级别基准地价

级别			一级	二级	三级	四级
耕地	水田	元/平方米	72	58	50	45
		万元/亩	4.80	3.87	3.33	3.00
	旱地	元/平方米	64	55	48	43
		万元/亩	4.27	3.67	3.20	2.87
园地		元/平方米	63	53	46	42
		万元/亩	4.20	3.53	3.07	2.80
林地		元/平方米	29	23	21	—
		万元/亩	1.93	1.53	1.40	
坑塘水面		元/平方米	81	70	67	62
		万元/亩	5.40	4.67	4.47	4.13
设施农用地		元/平方米	86	76	—	—
		万元/亩	5.73	5.07		
草地（其他草地）		元/平方米	35	27	—	—
		万元/亩	2.33	1.80		
沿海滩涂		元/平方米	26	24	—	—
		万元/亩	1.73	1.60		
内陆滩涂		元/平方米	28	—	—	—
		万元/亩	1.87			

资料来源：笔者根据广东省江门市发布的《国有人民政府发布农用地标准地价的通知》整理。

3. 农村宅基地基准地价

2015年3月，浙江省义乌市被列为全国农村土地制度改革试点地区，承担宅基地改革试点任务。2016年9月，义乌市委托国土资源部经济研究院开展了农村宅基地基准地价理论研究，并于2017年10月10日由义乌市政府公布了《关于公布义乌市宅基地基准地价的通知》，率先在全国建立了科学评估、适时更新、动态调整的农村宅基地基准地价体系。义务宅基地基准地价评估基准日为 2016 年 12 月 31 日；开发程度设定为完成新农村建设"五通一平"（即宗地红线外通路、通电、通信、通上水、通下水，宗地红线内场地平整）；土地权利类型为宅基地使用权；容积率统一设定为 4；使用权年限为无限年期；宅基地基准地价以自然村为计价单位；基准地价的表达方式为：元/平方米。浙江省义乌市将其行政所辖范围内的农村宅基地基准地价分为九等。例如，一级宅基地基准地价计价为 25870 元/平方米，范围包括 1 个街道的 2 个村；二级宅基地基准地价为 18850 元/平方米，范围包括 4 个街道的 37 个村；三级宅基地基准地价为 13750 元/平方米，范围包括 5 个街道的 64 个村和 1 个镇的 15 个村；四级宅基地基准地价为 10290 元/平方米，范围包括 5 个街道的 77 个村和 2 个镇的 42 个村；五级宅基地基准地价为 7540 元/平方米，范围包括 5 个街道的 110 个村和 5 个镇 110 个村；六级宅基地基准地价为 6020 元/平方米，范围包括 3 个街道的 25 个村和 5 个镇的 135 个村；七级宅基地基准地价为 4630 元/平方米，范围包括 2 个街道的 7 个村和 3 个镇的 58 个村；八级宅基地基准地价为 3550 元/平方米，范围包括两 2 个街道的 11 个村和 3 个镇的 37 个村；九级宅基地基准地价为 2870 元/平方米，范围包括 2 个镇的 17 个村。

4. 农村农用地流转价格

农用地流转价格，也叫农用地流转费，实践中，一般按常规年份的不同类型农用地的农作物产量及价格按亩计算农用地流转价格，但由于各地经济社会发展水平和习惯做法不一，故土地流转价格也不一样。况且用途不同的承包地价格也不一样，如种粮食土地和种蔬菜、水果，一般后者略高，水产养殖面积一般又比粮食面积价格低。因此，土地流转市场中，各地往往会确定政府保护价、流转均价和浮动价。每年秋收前，由政府制定和发布本地区土地流转的指导价格。政府在制定和发布土地流转价格中，要与农业生产成本相衔接。一般情况下，就目前粮食收购价与农业生产成本而言，就水稻地讲，土地经营者能承受的土地租赁价格大约在每亩 700 元左右，超过部分在纯粹市场条件下，土地承包权出让就会发生困难。因此，土地流转价格也不能随心所欲确定。土地流转价格在某一地区、某一类农地应有上限，应有宏观土地流转控制价格，这也是农业生产的保护条件。

流转的农用地既涉及农用地的生产条件，还涉及农用地流出方的生活条件配套。流转农用地生产条件主要指流转农用地范围内的道路、供水、供电、土地平整度、适宜机械耕种收的田块长度和宽度等；农用地流出方的生活条件主要指农用地流出方已有就业或收入以及出让的土地经营权具有收益和权益保障等。

农用地流转价格与国有农用地基准地价的区别在实践中主要表现为：农用地流转价格是指土地承包期内的价格。我国第二轮土地承包期截止时间为 2025 年，根据国家有关规定，第二轮土地承包到期后再延长 30 年，也就说到目前为止，从 2021 年起始计算，土地经营权转让最长时限是 35 年，而前面所说的国有农用地基准地价转让时限一般为 50 年。实践中，地方政府一般会根据当地实际情况，对不同用途的流转农用地和对不同经营主体和种养殖面积提出农用地最高租赁期限和租赁面积。

二、气候资源的要素分析

（一）气候资源的概念和特征

气候资源是指大气圈中光、热、水、风和空气中的氧、氮以及负氧离子等可以通过开发利用为人类形成使用价值的气候条件。气候资源的利用也取决于人类经济技术水平以及决策管理能力。适宜的经济技术及正确的决策与管理措施，可以有效地利用气候资源，取得良好的经济社会、生态效益，反之，则会遭受经济损失，破坏气候资源，诱发气候灾害。因此，气候资源的因子是一个既包含许多自然因子，又包含许多社会因子在内的庞大系统。气候的自然因子主要指光、热、水、风、空气等；气候资源的社会因子是指人类社会有效利用气候资源取得良好经济社会和生态效益，免遭气候灾害的经济技术措施和管理措施等，如水利工程、避雨耐旱种养殖技术、防汛防台应急制度等。

气候资源属于可再生资源，能为人类提供生产、生活必不可少的物质条件，开发利用气候资源、需要一定的技术条件和资金投入。例如，南方的食用葡萄为防冻、防雨等需要避雨栽培，需要投入大棚设施等。与其他自然资源相比，气候资源是普遍存在的；气候资源是一种变化中的资源，有较大的变率，如光、热、降水都有周期性和非周期性变化。气候资源利用具有数值的要求，例如，农业生产对日照、温度、降水等气候自然因子有一定的数值要求；商品贮存乃至一些工业产品质量也对温度、湿度有一定适宜的数值要求。

（二）气候资源的自然因素分析

1. 空气

空气是指地球大气层中无色无味的气体，它主要由氮气、氧气、稀有气体（氦、氖、氩、氪、氙、氡）、二氧化碳以及其他物质（如水蒸气等）组合而成，其中氮气的体积分数约为 78%，氧气的体积分数约 21%，稀有气体的体积分数约为 0.934%，二氧化碳的体积分数约为 0.04%，其他物质体积分数约为 0.002%。空气是地球上的动植物生存的必要条件，没有空气，地球将是一片荒芜的沙漠，没有一丝生机。绿色植物利用空气中的二氧化碳以及阳光和水合成营养物质，在此过程中氧气被释放出来，人类和其他动物呼吸空气来获取氧气。一般来说，空气的成分是比较固定的。随着现代工业的发展，排放到空气中的有害物质主要有粉尘、金属尘、湿雾、有害气体等，当空气有害物质达到一定浓度后，就会改变空气成分，形成空气污染，损害人类健康和农作物生长等。根据国家规定，我国空气质量分为5级，当空气指数为0~50时为1级，51~100时为2级，101~200时为3级，201~300时为4级，300以上为5级。其中3级属于轻度污染，4级属于中度污染，5级属于重度污染。2012年，国务院发布了新修订的《环境空气质量标准》，增加了PM2.5监测指标。PM2.5是指大气中直径小于或等于2.5微米的颗粒物，也称为可入肺颗粒物。PM2.5指标表示每立方米空气中的这种颗粒的含量，这个值越高，代表空气污染越严重。

在我国有些旅游景区经常会看到景区空气负（氧）离子（NAI）空气质量评价指标。空气负（氧）离子是带负电荷的单个气体分子和氢离子团的总称。在自然生态系统中，森林和湿地是产生空气负氧离子的重要场所。空气负氧离子在空气净化、调节小气候等方面具有重要作用，其浓度水平是空气质量评价指标之一。空气负氧离子可以沉降空气中的悬浮颗粒物，破坏细菌病毒电荷的屏障及细菌细胞活性酶的活性。然而负离子浓度并非越高越好，当浓度超过10^6个/立方厘米时，负离子会对机体产生一定的毒副作用。

2. 光能

在我国农村地区，一般用太阳总辐射量和每日照射时数两个指标来表达。太阳总辐射是指地球表面某一观测点水平面上接受太阳直接辐射与太阳散射辐射的总和，一般可用单位兆焦/平方米来表达。太阳直接辐射是指太阳经过大气散射和吸收削弱之后，沿投向方向直接到达地表的太阳辐射，太阳散射辐射是指太阳辐射通过大气时，受到大气中气体、尘埃、气溶胶等的散射作用，从天空的各个角度到达地表的一部分太阳辐射。影响太阳总辐射有诸多因素。如纬度高低，纬度低则太阳高度角大，太阳辐射经过大气的路程短，被大气削弱的少，到达地面太阳的辐射就多；反之，则少。天气晴朗，云层少且薄，大气对太阳辐射的削弱作用弱，到达地面的太阳辐射就强；阴雨的天气，云层厚且多，大气对太阳辐射的削弱作用强，到达地面的太阳辐射就弱。又如海拔高低，海拔高，空气稀薄，大气对太阳辐射的削弱作用弱，到达地面的太阳辐射就强；反之，则弱。日照长短。日照时间长，获得太阳辐射强；日照时间短，获得太阳辐射弱。

年日照时数，是指太阳直接辐射地面时间的一年累计值，与日照时数有关。日照时数是指在任何无遮蔽条件下，太阳从某地东方地平线到进入西方地平线，其光线照射到地面所经历的时间。中国年平均日照时数是东南少而西北多，从东南向西北增加。秦岭淮河以北和青藏、云南高原东坡以西的高原地区年平均日照时数都在2200小时以上；青岛、兰州一线，即北纬36°以北地区，除了东北的北部和东部以外，日照时数都在2600小时以上，锡林浩特、呼和浩特、银川、西宁、拉萨一线以北的内陆地区，年平均日照时数普遍在3000小时以上，是中国日照最多地区，其中局部地区甚至可以达到3300~3500小时以上；淮河、秦岭以南，青藏和云贵高原东坡以东地区，年平均日照时数都在2000小时以下，是我国少日照地区。前面讲到的日照时数与太阳辐射量紧密相关（见表11－4）。

表11－4　　　　　　全国各地太阳能总辐射量与年平均日照时间的关联

地区	年总量（千焦/平方米）	年日照时数（小时）	标准光照下年平均日照时间（小时）
宁夏北部、甘肃北部、新疆南部、青海西部、西藏西部	（670~837）×10 相当于225~285千克标准煤燃烧所发出的热量	3200~3300	5.08~6.3
河北西北部、山西北部、内蒙古南部、宁夏南部、甘肃中部、青海东部、西藏东南部、新疆南部	（586~796）×10 相当于200~225千克标准煤燃烧所发出的热量	3000~3200	4.45~5.08
山东、河南、河北东南部、山西南部、新疆北部、吉林、辽宁、云南、陕西北部、甘肃东南部、广东南部、福建南部、江苏北部、安徽北部、台湾西南部	（502~670）×10 相当于170~200千克标准煤燃烧所发出的热量	2200~3000	3.8~4.45
湖南、湖北、广西、江西、浙江、福建北部、广东北部、陕西南部、江苏南部、安徽南部、黑龙江、台湾东北部	（419~502）×10 相当于140~170千克标准煤燃烧所发出的热量	1400~2200	3.1~3.8
四川、贵州	（335~419）×10 相当于115~140千克标准煤燃烧所发出的热量	1000~1400	2.5~3.1

资料来源：《全国各地太阳能点辐射量与年平均日照当量》，https//wenku. baidu. com/view/dbe9b2676037 ee06eff9aef8941ea76e59fa4ad6. html#。

3. 气温

气象学上把表示空气冷热程度的物理量称为空气温度，简称气温。国际上标准气温度量单位是摄氏度（℃）。天气预报中所说的气温是指在野外空气流通，不受太阳直射的情况下，在观测场离地面1.5米高的百叶箱中的温度表测得的空气温度。一日内的最高气温一般出现在14~15时，一日内的最低气温一般出现在日出前。平均气温是指一段时间内，每次观测气温值的算术平均值。根据计算时间长短，可以有某日平均气温，某月平均气温，某年平均气温等。年平均气温是指全年各日平均气温的算术平均值。通常，年平均气温用月平均气温来计算。即把一年中的平均气温累加在一起除以12。影响气温的主要自然因素有太阳辐射和大气运动，太阳辐射又受纬度、季度等天文因子影响，而大气运动又受云量多少、大气干湿程度影响。除自然因素外，气温还受下垫面性质、大气污染、人工热源等人类因素影响。例如，城市的建筑广场、道路增加，绿地、水体自然因素就减少，放热的多了，吸热的少了，缓解热岛效应的能力就削弱了。

在农业农村地区，衡量热量资源的一个重要指标是"无霜期"。无霜期是指地面出现白霜的春季终日至秋季初日期间持续日数。无霜期的长短因地而异，一般纬度、海拔高度愈低，无霜期愈长。据统计，我国南岭以南，台湾、云南南部、四川盆地无霜期均在 300 天以上，长江中下游地区为 250 ~ 275 天，华北地区为 175 ~ 225 天，东北北部、内蒙古、新疆北部为 100 ~ 150 天。对农作物生长真正有危害的是无霜冻期，在气象学上常用地面最低温度 0℃ 的春季终日至秋季初日的持续时间来表示无霜冻期。无霜期长意味农作物生长期长，热量资源丰富；反之，农作物生长期短，热量资源贫乏，因此，一个地区的"无霜期"长短可以称作是作物生长期的气候条件。在农业生产中，人们可以通过一切防霜冻措施，使实际的"无霜期"比气候上的"无霜期"时间长。

4. 降水量

降水量是指从天空降落到地面上的液态和固态（经融化后）降水，没有经过蒸发、渗透和流失而在水平面上的厚度，它的单位是毫米。一年中每月降水量的平均值的总和就是年降水量。把一个地区多年的年降水量平均起来，就称为这个地区的"平均年降水量"。一般来说，年降水量在 800 毫米以上地区，就是湿润地区；年降水量 400 ~ 800 毫米的地区，为半湿润地区；年降水量在 200 ~ 400 毫米的地区，为半干旱地区；年降水量为 200 毫米以下的地区，为干旱地区。按照我国 2010 年全国各地年降水量看，我国宁夏、新疆年降水量为 200 毫米以下，为干旱地区。

蒸发量是指在一定时间内，水分经蒸发而散布到空中的量，通常用蒸发掉的水层厚度的毫米数来表示，一般温度越高，湿度越少，风速越大，气压越低，则蒸发量就越大；反之蒸发量就越小。蒸发是地面的水分升到空气中，而降水是空气中的水分落到地面上，蒸发与降水是相互依存的，在河流的源头和上游区域，那里的降水量比蒸发量要大，降水量大于蒸发量的水在地势低洼处形成河流；反之，在半干旱、干旱区域，那里的降水量与蒸发量是相等的，降水量与蒸发量之间没有多余的水量，因此，半干旱和干旱地区就不存在河流。在任何一个自然区域，降水、蒸发与河水量都是平衡的。

三、水资源的要素分析

（一）水资源的概念

自然界中蕴藏的水体是多种多样的，包括地下水、海洋、冰川、江河、湖泊、大气水。水资源是指在目前经济技术条件下可为人类利用或有可能被利用的那一部分淡水资源。主要是陆地上的地表水浅层、地下水、海水淡化。包括陆地上湖泊、河水、湿地、水库中的地表水和浅层地下水。海水是咸水，将海水转化为淡水需要通过海水淡化过程，就当今来说，海水淡化的成本较高，而且提供的淡水量仅能满足极少数人的需求。水和水体是两个不同的概念。纯净的水由 H_2O 分子组成，而水体则含有多种物质，其中包括悬浮物、水生生物以及基底等，水体实际上是指被水覆盖的地表的自然综合体，包括河流、湖泊、沼泽、水库、冰川、地下水和海洋水等。水是可更新的自然资源，通过生态系统中的物质循环来实现。"地球 70% 被水所占据，包括海洋、湖泊、河川的水不断蒸发，变成水蒸气，进入大气层，大气层中的水蒸气遇冷凝结成雨、雪、雹、雾散落到地面，一部分流进河流、湖泊，重新返回海洋；另一部分渗入土壤或松散的岩层中，其中一部分成为地下水，一部分被植物吸收。被植物吸收的部分水量结合进植物组织外，大部分通过植物叶面蒸腾作用，又返回大气中。动物在生命过程中也从外界环境取得一定量的水，并通过身体蒸发把水分释放到外界环境中，但总量与通过植物的水相比很小。"[①] 随着科技发展，人类社会已出现了"人工催化降水"、非自然的物质循环降水方式，但这种非自然降水方式，目前仅适用于特定时间的极小部分地区，不是水资源的主要来源方式。

（二）淡水水量

按能否为人类直接饮用，水可划分为淡水和咸水。地球的 71% 为水覆盖，目前地球上的储水量共有 14.5 万亿立方米，其中淡水资源仅占总水量的 2.5%，咸水占 97.5%，而在这极小的淡水资源中，又有 70% 以上被冻结在南极和北极的冰盖中，加上难以利用的高山冰川和永冻积雪，有 87% 的淡水资源难以利用。人类真正能够利用的淡水资源是江河湖泊和浅层地下水，约占地球总水量的 0.26%。

我国水资源总量 2.8 万亿立方米，包括地表水年均径流总量 2.7 亿立方米，地下水 0.8 亿立方米，冰川年平均出水量 500 亿立方米，近海海水近 500 万立方米。低于巴西、苏联、加拿大和美国，居世界第五位。2014 年用水总量 6094.9 亿立方米，仅次于印度，位居世界第二位。由于人口众多，人均水资源占有量仅 2100 立方米左右，仅占世界人均水平的 28%。另外，中国属于季风气候，水资源时空分布不均匀，南北自然环境差异大，其中北方 9 省份，人均水资源不到 500 立方米，属水少地区。

（三）水质

1. 地表水水分类

根据国家环境保护总局 2002 年 4 月 26 日发布的《地表水环境质量标准》，地表水是指河流、湖或淡水湿地的水。依据地表水水域环境功能和保护目标，按功能高低依

---

① 夏伟生：《人类生态学初探》，甘肃人民出版社 1984 年版，第 29 页。

次划分为以下五类：

Ⅰ类 主要适用于源头水、国家自然保护区；

Ⅱ类 主要适用于集中式生活饮用水地表水源地一级保护区、珍稀水生生物栖息地、鱼虾类产卵场、仔稚幼鱼的索饵场等；

Ⅲ类 主要适用于集中式生活饮用水地表水源地二级保护区、鱼虾类越冬场、洄游通道、水产养殖区等渔业水域及游泳区；

Ⅳ类 主要适用于一般工业用水区及人体非直接接触的娱乐用水区；

Ⅴ类 主要适用于农业用水区及一般景观要求水域。

2. 地下水资源分类

地下水是指储存于包气带以下地层空隙，包括岩石孔隙、裂隙和溶洞之中的水。根据 1994 年 10 月 1 日实施的《地下水质量标准》以及我国地下水水质现状、人体健康基准值及地下水质量保护目标，并参照了生活饮用水、工业、农业用水水质的最高要求，将地下水质量划分为以下五类：

Ⅰ类 主要反映地下水化学组分的天然低背景含量。适用于各种用途。

Ⅱ类 主要反映地下水化学组分的天然背景含量。适用于各种用途。

Ⅲ类 以人体健康基准值为依据。主要适用于集中式生活饮用水水源及工、农业用水。

Ⅳ类 以农业和工业用水要求为依据。除适用于农业和部分工业用水外，适当处理后可作生活饮用水。

Ⅴ类 不宜饮用，其他用水可根据使用目的选用。

（四）水体

水体是指地表被水覆盖地段的自然综合体，包括河流、湖泊、沼泽、冰川、地下水和海洋等。这些水体是航运、灌溉、养殖、捕捞和旅游业发展的重要水资源。据统计，我国的河流总长度达 42 万千米以上，水体面积达 1.8 亿亩，流域面积在 100 平方千米以上的河流约有 5 万多条，其中流域面积在 1000 平方千米以上的有 1580 条，超过 1 万平方千米的巨江大川有 79 条。珠江、长江、淮河、黄河、海河、辽河、黑龙江等是注入太平洋的几大水系，怒江和雅鲁藏布江南流汇入印度洋，塔里木河是最大的内流河。

我国天然湖泊也很多，面积在 1 平方千米以上的有 2080 多个，水体面积达 1.2 亿亩。其中，面积 1000 平方千米以上的大湖有 13 个。鄱阳湖、洞庭湖、巢湖、洪泽湖和兴凯河等都是闻名全国的大淡水湖。大中小水库 86000 座，塘坝 640 万处，水体面积达 1 亿亩。

我国海域辽阔，渤海、黄海、东海和南海四大领海的总面积约 490 万平方千米，分布着大小岛屿 5000 多个，海岸线长达 1.8 万千米，海涂面积 2600 万亩。[1]

（五）水资源的利用

水资源开发利用的方式很多，包括农业灌溉、工业用水、生活用水、水能、航运、养殖、旅游等。不同的水资源开发利用方式对水资源的要素内容的要求是不一样的。例如，水资源用于农业灌溉，比较偏重于水资源数量上的使用，对水资源质量要求不是很高；而水资源用于生活供水，则对水资源数量和质量均有一定要求；水资源用于发电，主要对水资源的水量以及水流势能有一定要求；水资源用于航运，则对水量和水体深度和宽度有要求，对水质要求不高；水资源用于养殖主要对水体规模和水质有要求；水资源用于旅游，则对水体、水质及其水资源周边生态环境均有要求。

四、海洋资源的要素分析

（一）海洋资源的内涵

海洋资源是指形成和存在于海水或海洋中的有关资源，包括海水中生存的生物，溶解于海水中的化学元素，海水波浪、潮汐及海洋所产生的能量、贮存的热量，滨海、大陆架及深海海底所蕴藏的矿产资源以及海水所形成的压力差、浓度差等。海洋资源是相对于陆地资源而言的，海洋中也有水资源、生物资源、矿产资源、能源资源等。

海洋中的水资源包括淡化海水资源和海水化学资源。淡化海水资源在本章前面水资源中已有涉及。海水化学资源中，已发现海水化学物质有 80 多种，其中，11 种元素（氯、钠、镁、钾、硫、钙、溴、碳、锶、硼和氟）占海水溶解物质总量的 99.89% 以上，可提取化学物质达 50 多种。

海洋中的生物资源主要是鱼类、藻类、旅游等，世界水产品中 85% 左右来自海洋，其中鱼类水产品占世界水产品的 80% 以上，其余主要是藻类，近海自然生长的海藻能为人类提供蛋白质、多种维生素以及人类所需的矿物质。海洋中肉眼看不见的浮游生物加工成食品，也可满足人类食物需要。

海洋中的矿物资源中，人们已经发现海底有石油、天然气、煤铁等固体矿产，海滨砂矿、多金属结核富钴锰结壳、热液矿藏、可燃冰等大类矿产。中国临近各海域油气储藏量约为 40 亿~50 亿吨，中国大陆架浅海区广泛分布铜、硫、磷、石灰石等矿产，中国近海海域也有金、锆英石、钛铁矿、独居石、铬尖晶石等经济价值极高的砂矿。世界海洋 3500~6000 米深的洋底储藏多金属结核，多金属结核含有锰、铁、镍、钴、铜等几十种元素，中国已在太平洋调查 3200 多平方千米的面积，联合国已批准其中 15 平方千米海底区域分配给中国作为开发区。可燃冰是一种天然水合物的新型矿

---

[1]　中华人民共和国商业部教材编审委员会：《中国经济地理学》，中国商业出版社 1983 年版，第 16 - 17 页。

物，在低温高压条件下，由碳氢化合物与水分子组成的冰态固体物质，中国在南海和东海发现了可燃冰，据测算，仅中国南海可燃冰资源量就达 700 亿吨油当量，约相当于中国陆上油气资源量总数的 1/2。

海洋中还有丰富的能源资源。海洋中除前面所说的石油、天然气等海洋矿产资源外，还有来自地球和其他天体相互作用所产生的能量，如潮汐能，波浪能、海流能及海水因温差和盐差引起的温差能和盐差能，海水中还可以提取像汽油、柴油那样的燃料——铀和重水。

（二）海洋资源与种养殖业发展

海洋资源的开发利用潜力巨大。除了前面所列的海洋水资源、生物资源、矿产资源、能源资源的开发利用外，海洋资源还涉及海上交通、海滨旅游、海水种养殖、海洋空间资源等领域的开发利用。通过我国专项调查和研究，我国海岸线长度为 19057 千米，海岛数量为 10312 个。我国 20 米以内浅海养殖面积为 70 多万公顷，浅海滩涂已经养殖面积为 50 多万公顷。近几年，中国科学院与山东省合作建设海洋生态示范基地，通过"藻、贝、参、鱼"生态循环养殖模式，形成了海洋生态主体混养系统，将海水养殖、增殖放流、环境保护、生态修复、资源养护结合起来，不仅取得良好经济效益，还显著提升了养殖区域海水质量，促进了海洋生态环境改善。据新华社青岛2017 年 9 月 28 日电，"青岛海水稻研究发展中心实验基地首批耐盐碱水稻材料开始收割，评测产量最高达到亩产 620.95 公斤。……按照中国工程院院士袁隆平等专家测算，亩产能提高到 300 公斤以上，'种海水稻就划得来，农民种植的积极性就会提高。'"[①]

五、生物资源的要素分析

（一）生物资源的概念

生物资源是自然资源的有机组成部分，是指生物圈中对人类具有一定经济价值的动物、植物、微生物有机体以及由他们组成的生物群落。动物资源包括陆栖野生动物资源、内陆渔业资源、海洋动物资源等；植物资源包括森林资源、草地资源等。野生生物资源包括物种、基因以及生态系统三个层次，对人类具有一定的现实和潜在价值，它们是地球上生物性的物质体现。

（二）物种

物种是指一种动物或植物群，其所有成员在形态上极为相似，以致可以认为他们是一些变异很小的相同有机体，它们中的各个成员间可以正常繁育出有生殖能力的后代。物种是生物的基本单位，也是生物繁殖的基本单元。据估计，在自然界约有 2000

---

① 新华社青岛：《"海水稻"收获亩产 620 公斤！》，载于《新民晚报》2017 年 9 月 29 日第 16 版。

万~5000万个物种。据估计，中国的生物资源约48万种。其中高等植物3万余种、孢子植物20万种、昆虫15万种、其他动物5万余种。[①]

中国有丰富多彩的生物资源。中国是世界上野生动物种类最多的国家，仅脊椎动物就约有4880种，占世界总数的11%。其中有兽类410种，鸟类1180种，爬行类300种，两栖类190种，鱼类2800种。大熊猫、金丝猴、白鳍豚、白唇鹿、扭角羚、褐马鸡、扬子鳄、朱鹮等是中国独有的珍稀动物；东北的丹顶鹤、川陕甘的锦鸡、澳藏的蓝孔雀以及绶带鸟、大天鹅和绿鹦鹉等是名贵珍禽；昆虫中的蝴蝶在台湾、云南、四川等地也多有名贵种类。

中国是世界上植物资源最丰富的国家之一，仅次于世界植物最丰富的马来西亚和巴西，居世界第三位。中国植物种类繁多。种子植物（裸子植物和被子植物）约有2.5万种，其中裸子植物约有200多种，占世界的1/4，被子植物近3000种。木本植物有7000多种，其中乔木2800多种。水杉、银杏、金钱松等保存下来的中国特有的古生物种属为举世瞩目的"活化石"。在东部季风区有热带雨林、热带季雨林、中南亚热带常绿阔叶林、北亚热带落叶阔叶常绿阔叶混交林、温带落叶阔叶林、寒温带针叶林以及亚高山针叶林、温带森林草原等植被类型。在西北部和青藏高原地区有干草原、半荒漠草原灌丛、干荒漠草原灌丛、高原寒漠、高山草原草甸灌丛等植被类型。中国有5000年的农业史，中华民族先民培育更新了很多植物品种，如谷稷、水稻、高粱、豆类、桃、梨、李、枣、柚、荔枝、茶等，为人类农业发展作出了巨大贡献。多种栽培植物同繁多的原始天然植物一脉相承，使中国成为世界上植物资源最丰富的国家之一。按经济用途划分，中国用材林木约有1000种，淀粉植物300多种，油脂植物600多种，蔬菜植物90余种，药用植物4000多种，果品植物300多种，纤维植物500多种，还有世界著名的观赏植物梅、兰、菊、牡丹等。

2018年10月30日，《世界野生动物基金会（WWF）发布的地球生命力报告2018》指出，1970~2014年，人类已经'消灭'了六成的哺乳动物，鸟类、鱼类和爬行动物。[②]"在我国3万种高等级植物中，有3000多种处于受威胁或濒临天绝境地。"[③] 2020年6月19日，我国发布了新版《国家重点保护野生动物名录》，列入猴科的有15种，熊科的有7种，灵猫科的有8种，猫科有12种，鹿科的有14种，牛羊科的有30种，须鲸科的有8种，雉科的有47种，鸭科的有14种，鸠鸽科的有9种，鹤科的有9种，鸥科的有7种，鹰科的有31种，啄木鸟科的有8种，隼科的有2种等。2020年7

① 《中国生物资源状况》，https：//baike.com/doc/iteim/生物资源/5376911？fr=aladin。

② 赵鹏程：《金球六成野生动物消失》，载于《生命时报》2018年11月16日第15版。

③ 李慧：《野生植物亟待更好保护》，载于《光明日报》2020年8月7日第10版。

月 9 日，我国发布了《国家重点保护野生植物名录征求意见稿》，该名录共收录 48 种和 25 类野生植物，其中一级保护 53 种和 2 类，二级保护 415 种和 23 类。在"名录"第一批基础上，删除 55 种，增加 296 种和 17 类，由国家二级保护升列为国家一级保护的 2 种，由国家一级保护降列为国家二级保护 18 种和 2 类。

（三）种质资源

"种质库"是非原生境保存生物资源的一种方法。通过"种质库"内的保温隔湿的结构和空调仪器，常年保持低温干燥环境，减缓种子新陈代谢，延长种子寿命，使种子几十年乃至近百年仍不丧失原有的遗传性和发芽能力。

种质资源又称遗传资源。种质是指生物体亲代传递给子代的遗传物质，它往往存在于特定品种之中。在自然界，所有生物都表现自身的遗传现象，它是生命延续和种族繁衍的保证。农谚说，种豆得豆，种瓜得瓜，就是对生物遗传现象的生动描述。豆和瓜的繁衍就是由遗传物质决定的。自然界的动植物和微生物中蕴藏着丰富多样的基因资源，只要发掘和利用其中的一部分，就足以为培育农畜等新产品开辟广阔天地。随着现代科学发展，科学家已将大量的动植物基因收集起来，贮存在一个"仓库"中，这种"仓库"就称为动植物"基因库"，俗称"种质库"。迄今为止，全世界已建成各类"种质库"500 多座，收藏种质资源 180 多万份。对我国粮食增产丰收起重要作用的杂交水稻，是袁隆平率团队遍寻全国，在海南崖县找到的基因突破的野生稻雄性不育株（简称"野败"），从而开启了超级杂交时代。1954 年，孢囊线虫病使美国大豆产地遭遇毁灭性打击，科学家从 3000 多份种质资源中"翻箱倒柜"最终找到了 20 世纪初美国传教士从中国收集的独特地方品种——北京小黑豆，正是利用其特有抗病基因，最终培育出的新大豆品种令产业得以复苏。当时，这份来自中国的种质，已在美国保存了 47 年。生物种质中蕴含着生物遗传基因，当今，世界各国都非常重视生物种质资源建设。挪威政府在距离北极点约 1800 千米的挪威斯瓦尔巴群岛的一处山洞中，建立了被称为"植物界的诺亚方舟"的斯瓦尔巴全球种子库，仓库安装有防爆破门和密封舱，可以抵御地震和核武器，在这座被誉为世界上最安全的基因存储库里，有上亿份种子样品被永久保留，既有我们常规的水稻、小麦，也有大多数人从未见过的稀有物种。我国云南昆明的中国西南野生生物的种质资源库作为亚洲最大，世界第二的"末日科子库"也存有超过 4000 万份种子。① 2015 年，我国启动了"第三次全国农作物种质资源普查和收集行动"，截至 2018 年底，我国已建成种质资源长期库 1 座，复份库 1 座，中期库 10 座，种质圃 43 个，原生境保护 199 个，长期保存物种 2114

---

① 郭汝清：《保护生物多样性：中国与世界是命运共同体》，载于《光明日报》2019 年 5 月 22 日第 8 版。

个，种质资源保存总量突破 50 万份，位居世界第二[1]。2000 年 8 月 23 日，国家农业部公布了 78 个国家级畜禽保护种质资源。到 2016 年 11 月 19 日，由国家农业部发布的《全国畜禽遗传资源保护与利用"十三五"规划》指出，国家级畜禽种质资源由 2000 年的 78 个扩大为 159 个，其中猪从 19 个扩大到 42 个，牛从 15 个扩大到 21 个，羊从 14 个扩大到 27 个，家禽从 25 个扩大到 49 个，其他从 5 个扩大到 20 个；同时还增加了省级保护品种 260 个，其他保护品种 126 个（见表 11 - 5）。

表 11 - 5　　　　　　　　　　我国地方畜禽遗传资源数量　　　　　　　　　单位：个

畜种	地方品种数	国家级保护品种数	省级保护品种数	其他品种数
猪	90	42	32	16
牛	94	21	47	26
羊	101	27	52	22
家禽	175	49	97	29
其他	85	20	32	33
合计	545	159	260	126

资料来源：农业部发布的《全国畜禽遗传资源保护和利用"十三五"规划的通知》，2016 年 11 月 9 日。

（四）生物资源的原生境保存

生物资源的原生境保存是指在原来的生态环境中就地进行繁殖种质保存。从保存地点讲，可分为就地保存和迁地保存；从保存方法讲，可分为种质资源保护区和保护地。"截至目前，我国已设立三江源、东北虎豹、大熊猫、祁连山、海南热带雨林、神农架、武夷山、南山、钱江源、普达措 10 个国家公园试点，涉及 12 个省份，整合 157 处自然保护地（其中自然保护区 68 处。）""截至 2018 年底，我国各类自然保护地总数量已达 1. 18 万个，自然保护地面积超过 172. 8 万平方千米，占国土陆域面积 18% 以上和领海面积的 4. 6%。"[2]

自然保护地，世界自然保护联盟（IUCN）的定义是："它是一个明确界定的地理空间，通过法律或其他有效方式获得认可，得到承诺和进行管理，以实现对自然及其所拥有的生态系统服务和文化价值的长期保护。""设立自然保护地是为了维持自然生态系统的正常运作，为物种生存提供庇护所，具有保存物种和遗传多样性，保护特殊自然和文化特征，科学研究，提供教育，旅游和娱乐机会，持续利用自然生态系统内的资源等多重目的。"[3]"早在 19 世纪初，美国一些文学家、艺术家、探险等有志之士便已认识到资本主义开发对北美大陆的荒野造成的破坏，开始呼吁保护荒野。于是，

---

[1]　杨舒：《守护好我们的种质资源》，载于《光明日报》2019 年 6 月 22 日第 8 版。

[2]　张蕾：《我国保护生物多样性行动成效显著》，载于《光明日报》2020 年 5 月 22 日第 13 版。

[3]　唐芳林：《构建以国家公园为主体的自然保护地体系》，载于《光明日报》2017 年 11 月 4 日第 9 版。

用国家力量来保护自然的思想开始萌发，并逐步趋向实践。1932 年，边疆风景画家乔治卡特琳首次提出设立'能够展现原始自然之美的国家公园'设想。同年 4 月，'热泉保留地'在阿肯色州诞生，这是美国历史上第一个由政府设立的保护区。"① 1964 年，美国国会为了公共利用、度假和休闲娱乐，将约瑟蒂山谷列入受保护的地区，成为世界上首个自然保护地，此后，各种自然保护地在全球相继建立起来。受自然保护地的启发，1972 年美国国会批准建立了世界上第一个国家公园，即美国的黄石公园。据世界自然保护联盟统计，全球已经设立包括自然保护区、国家公园在内的约 22 万个自然保护地，其中陆地类型的超过 20 万个，覆盖全球陆地面积的 12%。"自 1956 年在广东设立鼎湖山自然保护区以来，我国建立了以自然保护区为主体的众多自然保护地，包括森林公园、湿地公园、风景名胜区、水源保护区等不同类型，面积约占陆地国土面积的 18%，超过世界平均水平。"② 据国家林业和草原局统计，到 2017 年底，我国已有"森林公园 3548 个，地质公园 650 个，国家级湿地公园 898 个，自然保护区 2750 个，风景名胜区 1051 个，国家公园体制试点区 10 个。"③ 其中 2750 个自然保护区"总面积约 14733 万公顷，约占陆地面积的 14.88%，其中国家级自然保护区 469 个。我国自然保护区范围内分布有 3500 多万公顷的天然林和约 2000 万公顷的天然湿地，保护着 90.5% 的陆地生态系统类型，85% 的野生动植物种类和 65% 的高等植物群落。"④

根据 2017 年 9 月 26 日中共中央、国务院印发的《建立国家公园体制总体方案》明确，"国家公园是我国自然保护地最重要类型之一，属于全国主体功能区规划中禁止开发区域，纳入全国生态保护红线区域管控范围，实行最严格的保护。""2015 年，国家公园体制试点正式实施，目前已有 10 个试点，涉及 12 个省区市，20 多万平方千米。"⑤ 2015 年 6 月，首批 10 个国家公园体制试点分别是三江源、东北虎豹、大熊猫、祁连山、湖北神农架、福建武夷山、浙江钱江源、湖南南山、北京长城和云南普达措。2017 年 9 月 26 日，我国《建立国家公园体制总体方案》正式对外发布。2019 年 6 月 26 日，我国《建立以国家公园为主体的自然保护地体系》对外发布。2020 年 8 月 19 日，我国第一届国家公园论坛在青海省西宁市召开，习近平向大会发的贺信中指出，中国实行国家公园体制，目的是保持自然生态的原真性和完整性，保护生物多样性，

---

① 高科：《美国国家公园体系是如何形成的》，载于《光明日报》2018 年 1 月 29 日第 14 版。

② 唐芳林：《构建以国家公园为主体的自然保护地体系》，载于《光明日报》2017 年 11 月 4 日第 9 版。

③ 顾仲阳：《自然保护地告别发九龙海水》，载于《人民日报》2019 年 7 月 12 日第 2 版。

④ 罗建武、王伟、朱彦鹏：《借助精准扶贫东风解自然保护区管理之困》，载于《光明日报》2018 年 5 月 5 日第 9 版。

⑤ 张建龙：《建国家公园既要生态美又要百姓富》，载于《光明日报》2019 年 3 月 13 日第 15 版。

保护生态安全屏障，给子孙后代留下珍贵的自然遗产。[①] 截至 2020 年 8 月 19 日，即青海西宁中国第一届国家公园论坛会议召开时，我国正在试点的国家公园为三江源、大熊猫、神农架、东北虎豹、钱江源、南山、普达措、武夷山、祁连山、海南热带雨林 10 个，此前列入首批试点的北京长城已不在其列。现在正在试点的 10 个国家公园，也涉及 12 个省份；试点总面积 22 万平方千米，占陆域国土面积的 2.23%（见表 11 - 6）。

表 11 - 6 　　　　　截至 2020 年 8 月我国正在试点的国家公园

序号	公园名称	试点区域	公园面积（平方千米）	主要植物种类	主要动物种类	生态系统类型
1	青海三江源国家公园	青海玉树藏族自治州杂多、治多、曲麻莱 3 县和果洛藏族自治州玛多 4 县的 12 个乡（镇）以及可可西里国家级的保护区管辖区域	12.3 万平方千米，包括冰川 883.4 平方千米，河湖湿地 29842.8 平方千米，草地 86832.2 平方千米，林地 495.2 平方千米等	公园内共有维管束植物 760 种，分属 50 科 241 属。野生植物形态以矮小的草本和垫状灌丛为主，高大乔木有大果圆柏等	公园共分布野生陆生脊椎动物 270 种，其中兽类 62 种，鸟类 196 种，两栖类 7 种，爬行类 5 种；共有国家重点保护的野生动物 69 种，省级保护动物 32 种	冰川雪山，高海拔湖泊，湿地，高寒荒漠，高寒草原草甸，中华水塔（长江水量的 25%，黄河水量的 49%，澜沧江水水量的 15%）
2	湖北神农架国家公园	湖北省西北部	1170 平方千米	珙桐、红豆杉等国家重点保护的野生植物 36 种，高等维管束植物 3684 种	金丝猴、金雕等国家重点保护野生动物 75 种，陆生脊柱动物 544 种	"地球之肺"的亚热带森林生态系统和"地球之肾"的泥崖藓湿地生态系统
3	大熊猫国家公园	四川、甘肃、陕西三省的成都、德阳、绵阳、广元、雅安、眉山、阿坝、西安、宝鸡、汉中、安康、陇南 29 个县（市、区）和图龙特别行政区	27134 万平方千米其中，四川省 20177 平方千米，占 74%；甘肃省 2571 平方千米，占 9%；陕西 4386 平方千米，占 17%	植物 2642 种，保护植物 12 种。脊椎动物 489 种，大熊猫、扭角羚、川金丝猴等国家保护动物 72 种	大熊猫保护区覆盖了中国 70% 特有哺乳类，31% 特有两栖类，70% 特有鸟类，脊椎动物 489 种，大熊猫、川金丝猴等国家保护动物 72 种	大熊猫栖息地廊道建设
4	东北虎豹国家公园	吉林和黑龙江交界的长白山区，包括吉林省珲春市、汪青县和黑龙江省的宁安市、穆棱市、东宁市部分区域	总面积 1.46 万平方千米	红松、落叶松、长白松、紫杉、黄檗、春榆、岳桦等	动物种类 1200 种左右，包括东北虎、东北豹、紫貂、黑熊、金雕、三门鸡。目前估计东北虎 27 只，东北豹 42 只	区域环境整治、廊道畅通、保留区能力提升、森林资源生态修复、重点区域移民、基础设施改造

---

① 习近平：《贺信》，载于《新华每日电讯》2020 年 8 月 20 日第 8 版。

序号	公园名称	试点区域	公园面积（平方千米）	主要植物种类	主要动物种类	生态系统类型
5	钱江源国家公园	浙江省衢州市开化县，包括苏庄、长虹、何田、齐溪4个乡镇及其19个行政村，72个自然村	面积252平方千米	高等植物244科897属1991种，其中国家一级重点保护植物1种，国家二级重点保护植物5种，三级重点保护植物12种，省级珍稀濒危植物14种	脊柱动物26目67科239种，其中6个新属164种，1个国家新记录亚科，3个新记录属，19个新记录种，30个以"古田山""安化"命名的昆种新种	亚热带常绿阔叶林、常绿落叶阔叶混交林、针阔叶混交林、针叶林、亚高山湿地
6	普达措国家公园	云南省迪庆藏族自治州香格里拉境内，涉及建塘镇、洛吉乡的红坡村、九龙村、尼汝村3个行政村23个自然村870户农户	面积602.1平方千米	云杉、冷杉、大果红杉、高山杉四种原生林，种子植物171属2275种，其中植物特有种1232种	中甸叶须鱼、小熊猫、水獭、灰鹤等268种珍稀动物	地质地貌：湖泊湿地、森林草甸、河谷溪底、珍稀动植物等
7	南山国家公园	湖南邵阳市城步苗族自治县南部山区（包括城步县境内的南山国家级风景名胜区、金童山国家级自然保护区、两江狭谷国家森林公园，白云湖国家湿地公园）	面积635.94平方千米	植物有265科943属2435种，属国家一类保护植物的有资源冷杉、南方红豆杉、伯乐树、银杉、水杉6种，二类保护植物有半枫荷、杜仲等22种	野生动物有199种790属1158种，属国家一类保护珍贵动物有白颈长尾雉、云豹、林麝、穿山甲5种，属国家一类保护动物有大鲵、虎纹蛙34种	常绿阔叶林、常绿阔叶林混交林、古田湿地、高海拔牧场
8	武夷山国家公园	位于福建省武夷山市建阳县等4个县（市、区）3万多人口	982.59平方千米（包括武夷山国家级自然保护区、武夷山国家级风景名胜区和九曲溪上游保护带、国家森林公园等）	植物3284种，其中有中国特有27属31种，还有38种珍稀濒危种	特有野生动物49种，包括崇安鲵螈、崇安地晰、崇安斜鳞蛇、桂墩雅雀等	中亚热带原生性森林生态系统
9	祁连山国家公园	甘肃片区为3.44万平方千米，占68.5%，青海省片区1.58万平方千米，占31.5%	面积5.02万平方千米	维管植物95科451属1311种，被子植物81科425属1274种。国家重点保护植物34种，二级保护植物32种	野生脊柱动物28目63科294种，国家一级保护野生动物15种，二级保护野生动物39种	冰缘高寒生态、山地草原、温带灌丛草原、亚高山灌丛草甸、高山亚冰雪样带等

续表

序号	公园名称	试点区域	公园面积（平方千米）	主要植物种类	主要动物种类	生态系统类型
10	海南热带雨林国家公园	位于海南省岛中部山区，涉及五指山、五京中、白沙昌征、东方保享、陵水、乐东万宁9个市县	面积4600平方千米（涵盖5个国家级自然保护区和4个省级自然保护区、4个国家级森林公园和6个省级森林公园）	野生维管有植物220科1142属3577种，国家一级保护植物6种，二级保护植物34种	有野生脊柱动物5纲38目145科414属627种，包括国家一级保护动物8种，国家二级保护动物67种	热带海洋性季风气候。是我国分布最集中，保存最完好，连片面积最大的岛屿型热带雨林

资料来源：笔者根据有关资料整理。

六、森林资源的要素分析

（一）森林资源的概念和作用

狭义的森林资源主要指木资源，尤其指乔木资源。广义的森林资源指树木、林地属其森林所在空间的一切植物、动物、微生物以及这些生命体赖以生存并对其有重要影响的自然环境和条件的总和。按物质结构层次划分，森林资源可分为林地资源、林木资源、林区野生动物资源、林区野生植物资源、林区微生物资源和林区环境资源等。总体看，林地资源属土地资源范畴，林区野生动物、植物、微生物属生物资源范畴，林区环境资源又与气候资源、水资源等环境要素相重叠，而唯有狭义的森林资源，即树木资源与水、生物、气候、矿产等自然资源相对独立。然而，从我国实践看，森林资源的内涵是随着我国经济社会发展不断改变的，一般情况，一个国家或一个地区经济发展的初期，森林资源的概念比较偏重于"林木资源"，一个国家或一个地区经济发展进入中后期，森林资源的概念逐步偏重于生物资源直至环境资源。自改革开放以来，我国神农架的开发与保护经历的"三个转弯"，"即由伐木人向护林人、'木头经济'向'生态经济'、深山穷区向生态旅游名区的转变"。[1] 20世纪50年代我国专门成立以生产木材为立职的"森林工业部"，到1998年我国启动了天然林保护工程，直至现在我国园林业已成为以生态保护为主的事业。[2] 也印证了森林资源内涵和使命的变迁。当下在我国，森林资源生物多样性保护和生态环境保护的作用越来越显著，森林不但能为人类生产生活提供木材原材料及其多种物品，更重要的是森林是天然的动植物园，哺育着各种飞禽走兽，生长着多种植物、药材，同时森林能够调节气候，保护水土流失、涵养水源、防止或减旱涝等自然灾害，还有净化空气、降低噪音等功能。

---

① 周宜正：《从"木头经济"走向"生态经济"》，载于《光明日报》2017年9月24日第10版。
② 唐芳林：《现代林业使命变迁》，载于《光明日报》2018年4月28日第9版。

森林是生物资源和生态环境保护的重要措施或抓手。

（二）森林资源的数量和结构

全球超过 50% 的森林资源集中分布在俄罗斯、巴西、加拿大、美国和中国，我国位列第五。据世界粮农组织报告，2010 年，世界森林面积 40 亿公顷，其中商品林近 12 亿公顷，占 30%，生物多样性保护林 4.6 亿公顷，占 12%，防护林 3.3 亿公顷，占 8%；从世界森林的权属看，80% 为公有林面积。

我国因国土辽阔、地形复杂、气候多样，森林资源的类型多种多样，有针叶林、落叶阔叶林、常绿阔叶林、针阔混合林、竹林、热带雨林。树种共达 8000 余种，其中乔木树种 2000 多种，经济价值高，材质优良的树种 1000 多种。珍贵的树种如银杏、银杉、水杉、水松、金钱松、福建柏、台湾杉、珙桐等为中国特有。我国经济林种繁多，包括橡胶、油桐、油茶、乌桕、漆树、杜仲、肉桂、核桃、板栗等。森林资源中，用材林面积占 73.2%，经济林面积占 10.2%，防护林占 9.1%，新炭林占 3.4%，竹林占 2.9%，特殊用途林占 1.2%。

我国木材的对外依存度接近 50%。由于生态环境无法进口，因此我国天然林保护被赋予生态环境保护的重任，同时，扩大森林面积、提升森林质量、增强生态服务功能也成为中国林业的最重要使用。1998 年，我国在长江上游，黄河中下游地区及东北、内蒙古等重点国有林区启动实施了天然林保护工程。"到 2018 年底，我国投入天然林保护资金达 4000 多亿元，建立了比较完备的森林管护体系，使天然林得以休养生息。将近 100 万靠森工采伐为生的职工转岗分流。"天然林保护工程的第一个重要任务是停伐，1998～2000 年天然林保护一期工程减少木材采伐 2.2 亿立方米；2011～2020 年二期工程，每年减少材料采伐 3400 万立方米，这两项总共减少采伐近 6 亿立方米。在此期间，天然保护的第二个重要措施是采用木材替代品。"现在我们的建筑，我们的门窗，很多不用木材了。过去我们修铁路的枕木基本都是木材，现在基本不用了。随着科技发展，要有更多替代品，这有利于天然木材的保护。""20 多年来，全国天然林面积净增 4.28 亿亩，天然林蓄积净增 37.75 亿立方米。"[1] 2019 年 7 月 23 日，中办国办印发了《天然林保护修复制度方案》提出，"到 2020 年，1.3 亿公顷天然乔木林和 0.68 亿公顷天然灌木林、未成林封育地、疏林地得到有效保护，基本建立天然林保护修复法律制度体系，政策保障体系、技术标准体系和监督评价体系。到 2035 年，天然林面积保有量稳定在 2 亿公顷左右，质量实现根本好转，天然林生态系统得到有效恢复，生物多样性得到科学保护，生态承载力显著提高，为美丽中国目标基本实现提供的有力支撑。"

---

① 杜鑫：《保护工程实施 20 余年，天然林利益休养生息》，载于《工人日报》2019 年 8 月 23 日第 4 版。

"1998 年，长江、松花江、嫩江流域发生特大洪灾。灾后，党中央、国务院果断作出了实施退耕还林还草工程的重大战略决策，把生态承受能力弱，不适宜耕种的坡耕地退耕，种上树和草。""自 1994 年以来，延安市率先在全国开展退耕还林工作，掀起了一场波澜壮阔的'绿色革命'。""20 年过去，全国累计实施退耕还林还草 5.08 亿亩，一片片贫瘠荒山，变成秀美山川。""20 年间，全国 4100 万农户参与实施退耕还林，1.58 亿农民直接受益，经济收入明显增加。截至 2018 年，退耕农户户均累计获得国家补助资金近 9000 元。""2018 年 2 月，美国《自然》杂志发表文章，对我国实施退耕还林，应对气候变化的举措做了详细介绍，呼吁全球学习中国的土地使用管理办法。美国航空航天局同一时间公布了一组研究数字，称世界新增的绿色中 1/4 来自中国，并且植树造林达 42%。"①

根据第 9 次森林资源清查，到 2018 年末，全国林地面积有 3.24 亿公顷，森林面积达到 2.2 亿公顷，森林覆盖率为 22.96%，人工林面积为 7954.28 万公顷，森林蓄积为 175.6 亿立方米，森林植被总碳储量为 91.86 亿吨，林木资源实物量为 185.05 亿立方米，林地林木资源总价值为 25.05 万亿元（见表 11-7）。

表 11-7　　　　　　　　1950~2018 年中国森林资源清查数据

年份	林地面积（亿公顷）	森林资源面积（亿公顷）	人工林面积（亿公顷）	天然林面积（亿公顷）	森林覆盖率（%）	森林蓄积（亿立方米）	活立木蓄积（亿立方米）
1950~1962	2.120	0.850	—	—	8.90	—	—
1973~1976（1）	2.576	1.220	—	—	12.70	86.56	95.32
1977~1981（2）	2.671	1.150	—	—	12.00	90.28	102.61
1984~1988（3）	2.674	1.250	—	—	12.98	91.41	105.72
1989~1993（4）	2.629	1.340	—	—	13.92	101.37	117.85
1994~1998（5）	2.633	1.589	0.4709	—	16.55	112.67	124.88
1999~2003（5）	2.849	1.749	0.5365	1.1576	18.21	124.56	136.18
2004~2008（7）	3.059	1.955	0.6169	1.1969	20.36	137.21	149.13
2009~2013（8）	3.126	2.077	0.6933	1.2184	21.63	151.37	164.33
2014~2018（9）	3.24	2.20	0.7954	—	22.96	175.6	185.05

注：（1）~（9）表示 9 次森林资源清查。
资料来源：《中国林业发展报告 2000—2015》（2016 年 12 月 20 日）和李慧著的《我国森林资源家底如何》（载于《光明日报》2021 年 3 月 15 日第 10 版）。

（三）森林公园

森林公园是指森林景观特别优美，人文景观比较集中，观赏、科学、文化价值高，

---

① 李慧：《退耕还林 20 年：山川披绿》，载于《光明日报》2019 年 9 月 12 日第 11 版。

地理位置特殊,具有一定的区域代表性,旅游服务设施齐全,有较高的知名度,可供人们游览、休息或进行科学、文化、教育活动的场所。森林公园是自然保护地的一种类型,由国家林业和草原局作出准予设立的行政许可决定,我国第一个由国家批准的是 1982 年设立的湖南省张家界国家森林公园。在我国,森林公园分为国家级、省级和市县级。截至 2016 年底,我国已建立各级森林公园 3392 处。① 到 2019 年 2 月,国家级森林公园已达 897 处。② 森林公园在空间上往往与其所属的国家公园重叠,例如,大熊猫国家公园中就包含了 13 个森林公园。2019 年达到 18 亿人次,全国森林旅游创造社会综合产值 1.75 亿万亿元。"2018 年通过森林旅游实现增收的建档立卡贫困人口达到 46.44 万户、447.5 万人,年户均增收 5526 元。"③

(四)森林特色小镇

2017 年 7 月 4 日,国家林业局办公室发布的《关于开展森林特色小镇建设试点的通知》中提出,"森林特色小镇是指在森林资源丰富、生态环境良好的国有材料和国有林区林业局的场部、局地、工区等适宜地点,重点利用老旧场地工区场房民居,通过科学规划设计,合理布局,建设接待设施齐全,基础设施完备,服务功能完善,以提供森林观光游览、休闲度假、运动养生等生态产品与生态服务为主要特色的,融产业、文化、旅游、社区功能的创新发展平台。"森林特色小镇"一般应选择在森林分布集中,森林覆盖率一般应在 60% 以上,森林景观优美,周边生态环境良好,具有较好文化底蕴、无重大污染源,规模较大的国有林场或国有林区林业局建设。"森林特色小镇主导产业"主要依托森林资源和生态优势。重点发展森林观光游览、休闲度假、运动养生,以及森林食品、森林药材等林产品培育、采集和初加工的特色产业。""建设地点原则要选择在距机场或高铁站 50~100 千米范围内。""在目前由中国林学会、光明日报社主办的'2017 森林中国大型公益系列活动'启动仪式上,2016 年'发现森林文化小镇'结果揭晓,江苏省镇江市句容市天五镇,吉林省延边州敦化市雁鸣湖镇、福建省泉州市聚龙小镇、江西省赣州市崇义县上堡镇、陕西汉中市宁强县香木川镇、浙江省湖州市安吉县鄣吴镇、甘肃省平凉市崆峒区崆峒镇、贵州省遵义市习水县土城古镇、云南省怒江州贡山县独龙江乡、安徽省宝城市泾县查济古镇荣获森林文化小镇称号。"④ 在 2018 年 8 月,四川、浙江、山东等省也公布了省级森林小镇名单,其中,四川省第一批省级森林小镇共 32 个,第二批共 35 个。

---

① 金旻宾:《我国已建立 827 座国家级公园》,载于《新民晚报》2017 年 9 月 27 日第 14 版。
② 王云娜:《第一个国家森林公园张家界》,载于《人民日报》2019 年 4 月 7 日第 6 版。
③ 李慧:《森林旅游市场迎来旺季》,载于《光明日报》2020 年 8 月 6 日第 11 版。
④ 李慧:《森林小镇如何建》,载于《光明日报》2017 年 5 月 16 日第 14 版。

七、草原资源的要素分析

（一）草原资源的概念及特征

草原资源是草原、草山及其他一切草类资源的总称，分为野生草类和人工种植的草类，是一种生物资源，它的实体是草本植物。草原资源的基本特征：

（1）资源分布的广泛性。草本植物的抗逆性和适应性很强，资源分布广泛而量大。

（2）资源结构的整体性。它是在气候、土壤等自然条件下形成的植物群落，并与环境因素成为一个整体。

（3）资源类型的地域性。地球上有多种多样的草地生态环境，从而形成了各种类型草资源的地域性特点。

（4）资源演变的不可逆性。草资源的演变常取决于环境因素的影响，但也改变着环境因素，从而形成了草资源演变过程的不可逆性。

（5）资源量的有限性和生产潜力的无限性。草资源及其利用是有限的，但科学技术的进步可不断提高草资源的量与质，因而生产潜力是无限的。

（二）草原的功能与作用

草原对人类具有生产功能、生态功能和休闲功能，草原是养殖业赖以发展的物质基础。草原畜牧业是草原地区的传统产业和优势产业。2016 年，西藏、内蒙古、新疆、四川、青海、甘肃六大草原省区共产牛肉 183.4 万吨、羊肉 225.5 万吨、奶类 1077.5 万吨，分别占全国25.6%、49.1%、29.9%；全国 268 个草原牧业及半牧业县的农业人口虽然只有全国农业人口的 2.5%，但其生产的牛肉、羊肉、奶类产量分别占到全国23%、35%、23%。草原是地球的"皮肤"，如果把森林比作立体生态屏障，那草原就是水平生态屏障。草原承担着防风固系、保持水土、涵养水源、调节气候、维护生物多样性等重要生态功能。中国草原从东到西绵延 4500 余千米，覆盖着 2/5 的国土面积，精心呵护着中华大地，保护着我们的生存环境。草原也是中国黄河、长江、澜沧江、怒江、雅鲁藏布江、辽河和黑龙江等几大水系的发源地，是中华民族的水源和"水塔"。黄河水量的 80%，长江水量的 30%，东北河流 50% 以上的水量直接源于草原。

草原也是人们旅游观赏的重要游憩地。我国呼伦贝尔草原、锡林郭勒草原、鄂尔多斯草原、甘南玛曲草原、金银滩大草原、巴音布鲁克草原、西藏羌塘草原、川西高原草原、伊犁大草原、辉腾锡勒草原是我国草原十大旅游观赏地。

（三）草原的数量和分布

中国是一个草原大国。有天然草原 3.928 亿公顷，占全球草原面积的 12%，位列世界第一。从我国各类土地面积看，草原面积为最大，占国土面积的 40.9%，是耕地面积的 2.91 倍，是森林面积的 1.89 倍，是森林与耕地面积之和的 1.15 倍。中国草原80% 分布在北方地区，20% 分布在南方，北方以天然草原为主，南方则主要是草山、草坡。西藏、新疆、四川、甘肃、内蒙古、青海六省区是中国最重要的草原省份，草原面积 2.93 亿公顷，占全国草原面积 73.35%。西藏、内蒙古、新疆草原面积位列前三。中国有草原面积比重较大的牧业县 108 个，半牧业县 160 个，这 268 个县共有草原面积 2.34 亿公顷，占全国草原面积的 59.7%。[①]

（四）草原资源与特色小镇

草原既是重要的生态屏障区又大多位于边疆地区，也是众多少数民族的主要聚集区和贫困人口的集中分布区。中国草原从东到西绵延 4500 余千米的边境线；中国 1.1亿少数民族人口中，70% 以上集中生活在草原区；全国 268 个牧业半牧业县中，有 152个县是国家扶贫开发重点县，占 57%。2016 年，108 个草原牧业县农牧民人均收入为7800 元，160 个半牧业县农牧民人均收入 8155 元，分别占全国农民人均收入的 63% 和66%。2017 年内蒙古、新疆、西藏、青海、甘肃、四川六大草原牧区省份农牧民人均收入为 11229 元，占全国农民人均收入 13432 元的 83.6%。草原是牧区人民赖以生存和发展的最基本生产资料，实现其经济社会发展，从根本上说还是要紧紧依靠草原，大力发展草原特色经济，走生态产业化发展之路。[②]

八、矿产资源的要素分析

（一）矿产资源的概念

矿产资源，又称矿物资源，是指经过地质成矿作用而形成的，天然赋存于地壳内部或埋藏于地表地下或出露于地表，呈固态、液态、气态，并且有开发利用价值的矿场或有用元素的集合体。世界上已知的矿物约有 3000 种左右，绝大多数是固态无机物，绝大部分属晶质矿物，极少数属非晶质矿物；固态有机物反数 10 种（包括油页岩、琥珀等）；液态的，如石油、自然汞等；气态的，如天然气、二氧化碳和氦等。目前，中国已发现矿种 168 个，可分为能源矿产（如煤、石油、地热）、金属矿产（如铁、锰、铜）、非金属矿产（如金刚石、石灰岩、黏土）和水产矿产（如地下水、矿泉水、二氧化碳气）等。根据 1997 年 1 月 1 日起实施的《中华人民共和国矿产资源法》第三条规定，"矿产资源属于国家所有，由国务院行使国家对矿产资源的所有权。地表或地下的矿产资源的国家所有权，不因其所依附的土地所有权或者使用权的不同而改变。"

---

① ② 《中国草原资源情况》，https://www.sohu.com/a/283180033 100260422。

（二）矿产资源的分类

根据划分标准的不同，矿产资源可进行多种分类。（1）按照矿产资源赋有的不同空间，矿产资源可分为陆地矿产资源、海洋矿产资源和外星矿产资源，来自地球以外其他天然的天然物质或化合物，称为外星矿物或宇宙矿物。（2）按照矿产资源的生成方式，可分为天然矿产资源和人工矿产资源，人工矿产资源是指由人工方法获得的某些与天然矿物相同或类同的单质或化合物，人工矿产资源也称人造矿物，如人造水晶。（3）按照矿产资源用途不同，可划分为10类（我国矿产资源统计中使用的分类）：能源矿产，包括煤、石油、油页岩、天然气、铀等；黑色金属矿产，包括铁、锰、铬等；有色金属矿产，包括铜、锌、铝、铅、镍、钨、铋、钼等；稀有金属矿产，包括铌、钽等；贵金属矿产，包括金、银、铂等；冶金辅助用料，包括溶剂用石灰岩、白云岩、硅石等；化工原料，包括硫铁矿、自然硫、磷、钾盐等；特种类，包括压电水晶、冰洲石、金刚石、光学萤石等；建材及其他类，包括饰面用花岗岩、建筑用花岗岩、建筑石料用石灰岩、砖瓦用页岩、水泥配料用黏土等；水气矿产类，包括地下水、地下热水、二氧化碳气等。（4）按矿产资源的性质，可划分为4类：无毒且必需元素，包括钾石盐、金刚石、石棉、石英；强烈毒性元素，包括红铊矿、毒重石、胆矾、毒砂、雌黄、雄黄、砷华、砷化氢、辰砂、方铅矿、光卤石等；含有毒元素但本身无毒矿物，主要是在冶炼和使用中可能会造成伤害，包括闪锌矿、绿柱石、铬铁矿、重晶石、萤石、自然金；放射性矿物，包括铀等。

（三）中国矿产资源的特点

（1）资源总量大，但人均占有量低，是一个资源相对贫乏的国家。2012年铜储量为3000万吨、铝土矿储量为8.3亿吨、铅储量为1400万吨、锌储量为4300万吨。需求量大的铜和铝土矿的保有储量占世界总量的比例很低，分别只有4.4%和3.0%，属于我国短缺或急缺矿产，因此，对外的储存度也就相对较大。中国有色矿产资源总量尽管很大，但由于人口众多、人均占有资源量却很低，是一个资源相对贫乏的国家。

（2）贫矿较多，富矿稀少，开发利用难度大。中国有色矿产数量很多，但从总体上讲贫矿多、富矿少。如铜矿，平均地质品位只有0.87%，远远低于智利、赞比亚等世界主要产铜国家。铝土矿虽有高铝、高硅、低铁的特点，但几乎全部属于难选治的一些水硬铝土矿，可经济开采的铝硅比大于7%的矿石仅占总量的1/3，这些特点决定了必然增大矿山建设的投资和生产经营成本。

（3）共生、伴生矿床多，单一矿床少。中国80%左右的有色矿床中都有共伴生元素，其中尤以铝、铜、铜、锌矿产多。例如，在铜矿资源中，单一型铜矿只占27.1%，而综合型的共生铜矿占了72.8%；在铅矿资源中，以铅为主的矿床和单一铅床的资源含量只占其总资源储量的32.2%，其中单一铅矿床只占4.46%；在锌矿产资源中，以锌为主和单一锌矿床所占比例相对较大，占总资源储量的 60.45%。但矿石类型复杂，而且不少矿石嵌布粒度细，结构构造复杂。中国有色矿产资源中，虽然共伴生元素多，若能搞好综合回收，可以提高矿山的综合经济效益，同时由于矿石成分复杂，势必造成选冶难度大、建设投资和生产经营成本高的现状。

（4）分布范围广，地域分布不均衡。中国有色矿产资源分布范围很广，各省（区、市）均有产出，但区域间不均衡。铜矿主要集中在长江中下游、赣东北和西部地区；铝土矿主要分布在山西、河南、广西、贵州地区；铅锌矿主要分布在华南的广西、湖南、广东、江西和西部的云南、内蒙古、甘肃、陕西、青海等地区；锡锑主要分布在湖南、云南、广西等地区。

需要说明的是，有一部分能源资源是矿产资源，如前面涉及的煤、石油、天然气、油页岩或页岩气、铀、地热能，但能源资源也不都是矿产资源，如太阳能、风能、生物质能、海洋能、水能等。同样，海洋资源也有一部分是矿产资源，如海洋中的石油、天然气、煤、铁、锰、镍、钴、铜、热液、可燃冰等，但海洋资源也不都是矿产资源，如淡化、海水、海水化学资源、海洋生物资源等。

（四）矿产资源与特色小镇

我国许多城镇都是依托矿产资源发展起来的，例如，四川的攀枝花市是依托铜、煤矿产资源，新疆的克拉玛依市是依托石油、天然气资源，江南德兴市是依托德兴铜矿、铅锌矿产资源，等等。在我国特色小镇中也有许多是依托矿产资源发展的，例如，2019 年 9 月命名的浙江省省级特色小镇依托矿产资源发展的有温州泰顺氡泉小镇、金华武义温泉小镇等。江苏省第一批特色小镇中的连云港东海水晶小镇、徐州大黄山硅科技小镇等，以及国家发改委的第一轮 16 个全国精品特色小镇中的吉林安图红丰矿泉水小镇。

九、能源资源的要素分析

（一）能源资源的概念及分类

能源资源是指为人类提供能量的天然物质，包括煤、石油、天然气、地热能、核能、水能、太阳能、风能、海洋能、生物质能等。能源资源来源于矿产资源、气候资源、水资源、生物资源，是一种综合性的自然资源。根据划分标准不同，能源资源可进行多种分类。

（1）按其形态、特性或转换和利用的层次，世界能源委员会将能源资源分为：固体燃料、液体燃料、气体燃料、水能、核能、电能、太阳能、生物质能、风能、海洋能和地热能。

（2）按形成可分为从自然界直接取得且不改变其基本形态的一次能源或初级能

源，如煤炭、石油、天然气、太阳能、风能、水能、生物质能、地热能等；经过人工加工转换成另一形态的二次能源，如电能、汽油、柴油、酒精、煤气、热水氢能等。

（3）按对环境影响程度可分为清洁型能源，如风能；污染型能源，如煤炭。

（4）按利用情况可分为在现有经济和技术条件下已经大规模生产和广泛使用的常规能源，如石油、天然气、水能和核裂变能等；目前正在推广使用的新能源，如太阳能、海洋能、地热能、生物质能等。新能源大部分是天然的可再生的，是未来世界持久能源系统的基础。

（5）按来源可分为四类：一是来自太阳的能量，包括太阳辐射能和间接来自太阳能的煤炭、生物质能等；二是蕴藏于地球内部的地热能；三是各种核燃料，即原子核能；四是月亮、太阳等的相互吸引所产生的能量，如潮汐能。

（6）按能否再生可分为能够不断得到补充供使用的可再生能源，如风能；须经漫长的地质年代才能形成而无法在短期内再生的不可再生能源，如煤、石油等。

（二）中国能源资源的特点

（1）总量比较丰富。化石能源和可再生能源资源较为丰富。其中，煤炭占主导地位。2006 年，煤炭保有资源量为 10345 亿吨，剩余探明可采储量约占世界的 13%，列世界第三位。油页岩、煤层气等非常规化石能源储量潜力比较大。水力资源理论蕴藏量折合年发电量为 6.19 万亿千瓦时，经济可开发年发电量约 1.76 万亿千瓦时，相当于世界水力资源量的 12%，列世界首位。

（2）人均拥有量较低。煤炭和水力资源人均拥有量相当于世界平均水平的 50%，石油、天然气人均资源量仅相当世界平均水平的 1/15 左右。因耕地资源不足世界人均水平的 30%，故生物质能源开发也受到制约。

（3）赋存分布不均。煤炭资源主要赋存在华北、西北地区，水力资源主要分布在西南地区，石油、天然气资源主要赋存在东、中、西部地区和海域。而我国主要能源消费区集中在东南沿海经济发达地区，资源赋存与能源消费地域存在明显差别。

（4）开发难度较大。与世界能源资源开发条件相比，中国煤炭资源地质开采条件较差，大部分储量需要井工开采，极少量可供露天开采。石油天然气资源地质条件复杂，埋藏深，勘探开发技术要求较高。未开发的水力资源多集中在西南部的高山深谷，远离负荷中心，开发难度和成本较大。非常规能源资源勘探程度低，经济性较差。

（三）能源资源与特色小镇

国内已有一些依托能源资源发展的特色小镇，例如，2019 年 9 月，浙江省已命名的省级特色小镇名单中的浙江湖州长兴的新能源小镇、嘉兴海盐的核电小镇、金华新能源汽车小镇、衢州锂电材料小镇等。江苏第一批和第二批特色小镇创建名单中有江苏句容绿色新能源小镇，如皋氢能小镇等。在国家发改委发布的第一批 16 个"精品特色小镇"中有宁德锂电新能源小镇以及上面提及的江苏句容绿色新能源小镇。

本章参考文献

[1] 夏征农、陈至立主编:《辞海》,上海辞书出版社 2009 年版,第 3053 页。

[2] 丁四保等:《区域经济学》,高等教育出版社 2012 年版,第 77 - 78 页。

[3] 崔功豪等:《区域分析与区域规划》,高等教育出版社 2018 年版,第 13 页。

[4] 夏传业:《人类生态学初探》,甘肃人民出版社 1984 年版,第 16 页。

[5] 叶文虎、甘晖:《文明的深化》,科学出版社 2015 年版,第 2 页。

[6] 埃德加·M. 胡佛著,王翼龙泽:《区域经济学导论》,商务印书馆 1990 年版,第 108 页。

[7] 国家质量监督检验检疫总局:《旅游资源分类、调查与评价》,2017 年 12 月 29 日。

[8] 新华社青岛:《"海水稻"收获亩产 620 公斤!》,载于《新民晚报》2017 年 9 月 29 日第 16 版。

[9] 赵鹏程:《金球六成野生动物消失》,载于《生命时报》2018 年 11 月 16 日第 15 版。

[10] 李慧:《野生植物亟待更好保护》,载于《光明日报》2020 年 8 月 7 日第 10 版。

[11] 郭汝清:《保护生物多样性:中国与世界是命运共同体》,载于《光明日报》2019 年 5 月 22 日第 8 版。

[12] 杨舒:《守护好我们的种质资源》,载于《光明日报》2019 年 6 月 22 日第 8 版。

[13] 张蕾:《我国保护生物多样性行动成效显著》,载于《光明日报》2020 年 5 月 22 日第 13 版。

[14] 唐芳林:《构建以国家公园为主体的自然保护地体系》,载于《光明日报》2017 年 11 月 4 日,第 9 版。

[15] 高科:《美国国家公园体系是如何形成的》,载于《光明日报》2018 年 1 月 29 日第 14 版。

[16] 顾仲阳:《自然保护地告别发九龙海水》,载于《人民日报》2019 年 7 月 12 日第 2 版。

[17] 罗建武、王伟、朱彦鹏:《借助精准扶贫东风解自然保护区管理之困》,载于《光明日报》2018 年 5 月 5 日第 9 版。

[18] 张建龙:《建国家公园既要生态美又要百姓富》,载于《光明日报》2019 年

3 月 13 日第 15 版。

　　[19] 习近平：《贺信》，载于《新华每日电讯》2020 年 8 月 20 日第 8 版。

　　[20] 周官正：《从"木头经济"走向"生态经济"》，载于《光明日报》2017 年 9 月 24 日第 10 版。

　　[21] 杜鑫：《保护工程实施 20 余年，天然林利益休养生息》，载于《工人日报》，2019 年 8 月 23 日第 4 版。

　　[22] 李慧：《退耕还林 20 年：山川披绿》，载于《光明日报》2019 年 9 月 12 日第 11 版。

　　[23] 金旻宾：《我国已建立 827 座国家级公园》，载于《新民晚报》2017 年 9 月 27 日第 14 版。

　　[24] 王云娜：《第一个国家森林公园张家界》，载于《人民日报》2019 年 4 月 7 日第 6 版。

　　[25] 李慧：《森林旅游市场迎来旺季》，载于《光明日报》2020 年 8 月 6 日第 11 版。

　　[26] 李慧：《森林小镇如何建》，载于《光明日报》2017 年 5 月 16 日第 14 版。

第十二章

特色小镇与社会资源

　　小城镇地域内的特色小镇依托的自然资源相对丰富，在社会资源中，就人地关系而言，人口资源、文化资源还是比较丰富的，经济资源和管理资源相对匮乏，需要通过我国农村的土地制度改革和宅基地制度改革以及城乡要素双向流动来解决。本章由社会资源的内涵、人口资源、文化资源、经济资源和管理资源五节构成。

第一节　社会资源的内涵

　　社会资源，也可称人文资源，是指人类社会物质生产和精神生产过程中或人类社会加工改造自然物过程中形成的能为人类进一步提供生产资料和生活资料的人工资源。人类社会物质生产的本质是一种能量转化，即将有效用的资源转化为有使用价值的产品和服务。人类社会初期所得的产品直接来自自然资源，随着人类社会的不断发展，人类通过自然资源加工转换形成的社会资源越来越广泛。而社会资源是相对于自然资源而言的，是指除自然资源以外的人类所创造的一切物质和精神的总和，包括语言文字、文化传统、思想道德、科学技术、文物、建筑群、遗址等文化资源；区位、劳动、技术、资本、数据等经济资源；权力、机构、体制、制度、法律、政策、规划等管理资源。社会资源和自然资源一样，也是指在目前经济技术条件下能够被人们利用的资源，那些在目前经济技术条件下难以被人们进一步转化为物质和精神产品的社会资源，只能说是潜在的社会资源，而非现实的。例如，葛剑雄老师在其《传统文化的"传"与"承"》一文中讲到，"我们知道，后人的智慧并不一定比前人强，比如金字塔的产生，玛雅文明的兴衰，今天我们仍然无法用科学进行解释。传统文化中包含了大量古人的智慧，这些智慧我们今天可能还无法理解，甚至以为是迷信，但并不代表我们永远无法理解。如果让传统文化匆匆消亡而不加保存，那么我们就永远失去了理解古人智慧的机会。"[①] 社会资源与自然资源最大的区别在于，自然资源是未经人类改造加工过的自然物，而社会资源是人类改造加工自然界中形成的人工物，而这些人工物可能

---

　　① 葛剑雄：《传统文化中的"传"与"承"》，载于《光明日报》2018 年 2 月 10 日第 5 版。

是物质的，如建筑等；也可能是精神的，如意识形态等。理解自然资源和社会资源还需要说明的是，人类有一些作用于自然界的"已经合并到自然中去，与自然资源浑然一体"的物质生产劳动不会改变自然资源的属性而成为社会资源，其仍然是自然资源。例如，通过农业生产中的土地深翻、施肥提高了的土地生产力，而这块经施肥的土地仍属自然资源而非社会资源。可见，社会资源是人类通过加工改造自然形成的且又是独立于自然资源以外的一种人工资源。前面所讲的人类施肥融入土地中的人工印记，只能说该土地资源具有社会性特征，但不能说这块土地已转化为社会资源。

第二节 人口及劳动力资源

一、人口

人口资源是指"一个国家或地区范围内作为一种资源看待的人口总体。有时专指人口的劳动资源，即一个国家和地区有劳动能力的人口。"[①] 包括人口、劳动力、人才和历史人物等。

（一）人口数量

目前在我国，人口一般可用户籍人口、常住人口、短期流动人口来表达。户籍人口是指以人口的户籍登记地为统计口径的人口数，常住人口是指以人口半年以上常住居住地为统计口径的人口数，短期流动人口是指以人口半年以下的短期居住地为统计口径的人口数。在人口流动条件下，各类公共设施或服务设施的规模设置总体上应根据常住人口数量或服务人口数量来配置。一个地域人口的数量主要受人口自然增长和机械增长两方面因素影响。人口的自然增长是指一个地域在一定期限内人口出生数减去人口死亡之数的数量，一般用人口出生率、人口死亡率和人口自然增长率指标来衡量。人口的出生和死亡受多种因素影响，包括育龄妇女的结婚率、生育率等。人口的机械增长是指一个地域内的人口因人口流动或人口迁移而发生的人口数量的增减。一个地域人口的机械正增长是指该地域人口在一定时间内迁入大于迁出，负增长是指迁出人口大于迁入人口。从实际看，一个地域人口机械正增长，一般该地区经济社会发展处于上升阶段，反之该地区经济社会发展处于下行或衰退阶段。引起人口机械负增长的因素主要是该地域中的人口外出学习、就业、参军、居住地迁移；引起人口机械正增长的因素主要是该地区第二三产业的发展，包括工业、商业、旅游业发展而带来的常住人口和短期流动人口的增长。在我国，当前由于农业领域人多地少，因此，农

[①] 夏征农、陈至立主编：《辞海》，上海辞书出版社 2009 年版，第 1881 页。

业领域的人口减少，包括劳动年龄段的人口减少，反而有助于农业劳动生产率及其职业农民收入提高，但这种现象是有极限的。可见，人口数量（包括常住人口和短期流动人口）也不是越多越好，当一个地域的人口数量与资源环境、经济、社会发展水平相匹配时，该地域的人口数量是适度的，是资源、环境、经济、社会可承载的，此时的人口数量对资源、环境、经济、社会发展是正向效应的，反之是负向的。对一个地域而言，人口既是经济社会发展的推动者，同时又是资源、环境的消耗者。就我国农村地区（包括乡镇和村）而言，根据不同地域的资源环境容量评定常住人口数量和短期流动人口，尤其是旅游人口数量，既考虑该地域经济社会发展可承受的人口数量，也考虑资源环境可承受的人口数量。

（二）人口质量

人口的质量主要包括人口的身体素质、文化技术素质和思想道德素质三部分。人口的身体素质指人的体质和智力，是人口素质的物质基础，受遗传和其他先天因素、营养及青少年身体发育阶段前的经历等影响。遗传因素决定着人口质量的基础，决定着人口质量发展的可能性。人口的身体素质一般用人口平均期望寿命、人口的平均身高和体重、儿童智力水平等指标来评价。从人口身体素质评价指标和实践看，人口身体素质既受遗传因素影响，更受经济发展水平、医疗卫生条件、青少年身体发育前的营养和经历、胚胎发展及孕妇优生以及学龄前儿童的优育等因素影响。例如，就人口身高而言，据研究，在同一遗传条件下，儿童青少年在身体发育阶段从事往上运动经历的，会比遗传因素身高高出 4 厘米左右，反之，会比遗传因素身高低 4 厘米左右。

人口的文化技术素质。人口文化技术素质是指人口的认知水平和技能。人口的认知水平主要受教育程度和实践经历影响。普遍认为，受教育的文化程度高低决定着认知水平。事实上，实践出真知，真正影响人口认知水平的既有教育程度，更有实践的经历，并且实践体验的认知更能将教育中形成的认知在大脑中予以巩固、生根，俗话说的"读万卷书"和"行万里路"讲的也是这个意思。因此，评价人口认知水平的指标应该是人口的受教育程度（即常用的人口文化程度）指标和工作经历及年限。一般而言，工作岗位或行业经历越多的人，对事物的认知能力及综合水平相对越高。人口的技能水平主要受人体器官训练的影响，尤其是受人手和脚训练的影响。一个司机驾驶技术如何，不是源自驾校考试如何，更多是来自复杂环境和行驶里程的训练；一个好的工匠，就技能而言，不是来自职校和技校的学历教育，而是来自一线的师傅带徒弟的规范训练和熟能生巧。在现代社会里，人口的技能水平评价指标可以是人口的岗位职务或技术等级，但更多的是实践中解决技术问题的能力以及其生产产品的品质和乡野的口碑。

人口的思想道德素质。决定人口身体素质和文化技能的、有益于人类社会的正能量因素来自人口的思想道德素质。人口的思想道德素质是指人口的忠诚、责任、担当、务实、苦干和节俭等精神因素。人口的责任精神是指对他人负责的精神，这里他人包括自己以外的家庭成员、同事战友、工作单位、民族国家，乃至世界，只有具备对他人负责的精神，才能更好地约束自己。当前，在我国公务员队伍中提倡的"忠诚、干净、担当"，其基础是人口的责任精神。人口的务实精神是指人的处事方式始终能做到"一切从实际出发，解放思想、与时俱进"，只有具备务实精神才能具备民主意识，才能做正确的事，才能具备为人民服务的能力。人口的苦干精神是指久久为功、永不止步、坚持到底的精神，努力比天赋重要，行动比目标重要，具有苦干精神才能克服人性懈怠、偷懒等惰性。故事中的"愚公移山"精神就是苦干精神的写照。人口的节俭精神是指对他人好客、对自己节制的精神，知足常乐，常怀感恩之心，饮水思源，如履冰薄，充满忧患意识，坊间常说的"富不过三代"往往都与奢侈有关。人口的思想道德素质往往通过一些具体事情来呈现的。与人口所处家庭的家风、家训密切相关，也与人口所生活地域群体意识有一定关系。人口的思想道德素质的形成是一个渐进过程，深受与其紧密接触人群的影响。因此，判断人的个体思想道德素质可以通过其深度接触的人群去判断，判断一个地域群体的思想道德素质可以通过家风、地域风气、校风等去判断。

（三）人口的自然结构

人口性别结构和年龄结构通称为人口的自然结构。持续大量的人口统计表明，在不受人工干扰条件下，每出生 100 个女婴，男婴出生数为 102～107 个。人口出生性别比基本上是恒定的，是生物学规律决定的。人口从出生到盛年，由于社会分工等原因，男性死亡率略高于女性，到婚配年龄时男女性别比基本持平。[①] 人口的性别结构影响人口的身体素质结构，人类长期以来形成的社会分工对人口的文化技能结构和人口的思想道德结构都具有一定影响。人类社会的商界、政界、学界三大分工中都存在人口性别的优化组合，三大行业中的不同部门、不同行业、不同学科也有着不同性别的优化组合。并且，凡群体组织都需要与相应人口性别结构相适应。

人口的年龄结构是指人类按照某一阶段经济社会发展需要，将一国或世界上的人口划分为不同年龄组而形成的不同年龄组人口数量与总人口的比例关系。国际上通常将全部人口划分为：0～14 岁为少年儿童组，15～64 岁划为成年组，65 岁以上为老年组。目前，我国劳动适龄人口男为 16～59 岁，女为 16～54 岁，因此，目前在我国养老保障制度和劳动适龄人口制未改之前，16 岁是劳动适龄人口起始年龄，以 16 岁为基准，参照我国现行人口年龄规划划分标准，与国际人口年龄组划分标准衔接，可将

---

① 崔功豪等：《区域分析与区域规划》，高等教育出版社 2018 年版，第 45 页。

男 16～59 岁、女 16～54 岁划为劳动适龄人口组，将 60 岁和 65 岁以上分为老年人口组和老年人口 2 组；根据社会发展需要，0～6 岁为学前儿童组，7～12 岁为小学适龄组，13～15 岁为初中适龄组，16～18 岁为高中适龄组。从一国经济社会可持续发展的实践看，只有劳动适龄人口与被抚养人口（0～16 岁少年儿童人口和 65 岁以上老年人口）数量比为 2∶1，即在一国的全部人口中 2/3 为劳动适龄人口，1/3 为被抚养的老人和少年儿童，才能实现人口生产作用和人口消费作用的均衡、劳动适龄人口与充分就业的均衡。

（四）人口的空间分布

特色小镇空间选址应遵循农村地区第二三产业就业"进厂不进城，离土不离乡"的职住平衡原则，以减少农村地区第二三产业的就业成本和生产经营成本，实现这一原则的前提是要研究农村第二三产业集中发展地域与就业人口在现行道路交通条件下的空间距离。农村地区第二三产业发展地域与就业人口的空间距离，以就业者上班通行半小时车程距离为相对合适距离。同时，人口分布与农村第二三产业基础空间距离不仅有助于职住分离下的生产成本和生活成本的降低，也有助于减少农村第二三产业发展区域公共设施的配套成本，减少企公办社会成本。

二、劳动力

（一）劳动力的概念及趋势

劳动力是指一国或一个地域内常住人口中具备从事社会劳动能力的人口，是适龄人口减去劳动适龄人口中丧失劳动能力的人口，加上劳动适龄人口以外的具有劳动能力的人口（当前在我国是指男 60 岁以上，女 55 岁以上的老年人口）。例如，2016 年住建部牵头的全国小城镇调研中，60 岁以上在机关事业单位上班的有 2%，在企业上班的有 2%，经商做生意的有 4%，打零工的有 6%，务农的有 3%。[1] 可见，60 岁以上在我国小城镇继续就业的已比较普遍。"日本总务省最近调查显示，日本 15～64 岁的劳动年龄人口占总人口的 59.3%，连续三年低于六成，刷新了历史最低纪录。日本政府为了维持经济增长，呼吁官民合作，共同构建延长退休年龄等让老年人能持续工作的环境。今年日本国会通过了《70 岁就业法案》，规定自 2021 年 4 月开始，允许企业雇用有意愿的员工工作到 70 岁。日本国会还通过了《国家公务员法》修正案，将国家公务员的退休年龄延长到 65 岁。而《检察厅法》修正案将日本检察官的退休从 63 岁推迟至 65 岁。"[2]

---

[1] 赵晖等：《说说小城镇》，建筑工业出版社 2017 年版，第 20－21 页。
[2] 张冠楠：《日本人口问题的"顽症"和"新症"》，载于《光明日报》2020 年 9 月 21 日第 12 版。

（二）劳动力总量计算

根据前述劳动力概念，可利用的劳动力资源包括：适龄劳动人口中正在从事社会劳动的劳动力；按现行制度已超过劳动年龄，而仍然从事社会劳动的劳动力；按现行制度未达劳动年龄但已从事社会劳动的人口；具有劳动能力并要求社会劳动的求职人口；处在劳动年龄段内正在学校学习的求学人口；处于劳动年龄段内在家从事家务劳动的人口；处于劳动年龄段内正在军队服役的人口等。随着我国高等教育的普及，以及硕士、博士等高学历的扩招，我国适龄劳动人口中参加社会劳动的劳动力占适龄劳动人口的比重在降低。一个博士毕业生最早参加社会劳动的年龄一般接近28岁左右，硕士生参加社会劳动的年龄一般在25岁左右，本科生参加社会劳动的年龄一般在22岁左右。随着国家经济社会发展和医疗保障水平的提高，人的身体素质也在提高。的确需要提高劳动适龄人口的上限以适应国家经济社会可持续发展，以及平衡高等教育就业者教育投入与收益的平衡。

（三）劳动力的质量

随着国家经济社会发展和人们收入水平的提高，劳动力，尤其是受教育年限较长的劳动适龄人口初始就业延迟了。随着国家社会保障和医疗水平提高，人口的身体素质及其寿命延长了。一般状况，在人口身体素质就业适应条件下，按照目前我国规定接近上限的这一部分具有社会劳动能力的人口，其文化认知水平、技能熟练程度以及实践积累的经验是一国或一个地区宝贵的人力资源。例如，近日，美国华盛顿大学一项针对记忆力的试验就提出，与年轻人相比，老人的大脑并没有变慢或不活跃。老年人与青年人大脑处理信息的方式存在差异，"看电影时，20岁的人注意到的是细节，比如人物在哪个房间，对话的确切内容；老人则关注范围更广阔、更宏观的内容，比如人物在什么样的房间，对话是否解决问题等。"[1] 尤其是接近现行适龄劳动上限的具有社会劳动能力的人口，经过岁月的磨炼，思想道德水平上也相对成熟，责任心、务实精神、苦干精神和节俭精神都相对坚持。

三、人才和历史人物

（一）人才资源

《辞海》中对"人才"的释义是："有才识学问的人；德才兼备的人。"[2] 连健生老师在其《人才的广泛意义》一文中提出，"人才，就是现今各行各业中出类拔萃的人物""各行各业中走在前面的人，当'排头兵'的英雄模范人物。""各行各业走在

---

[1] 楼林娜：《老人视角更宏观》，载于《生命时报》2020年9月25日第5版。
[2] 夏征农、陈至立主编：《辞海》：上海辞书出版社2009年版，第1878页。

前面的人，做出非凡成绩和有特殊贡献的人。"人才是人口和适龄劳动人口中的少数者。是经济社会发展中最重要的资源。清朝龚自珍诗："我劝天公重抖擞，不拘一格降人才。"任何一项事业的发展都需要各行各业的"领跑人""排头兵""尖子"去引领、组织、统筹。实践中，无论是一个家庭，还是一个单位、一个地区、一个国家，都有一个基本现象，即有人就有事，事是由人生出来的，也是由人去实现的，俗话所讲的"事在人为"就是这个意思。有人就有办法，有人就有事业，有人就有未来，这里的人既有广大人民群众，更关键的是引领或带领广大人民群众一起干的那些各行各业的"领跑人""排头兵""尖子"。

（二）历史人物

如果说人才是某区域现今可利用的人物，那么历史人物就是某区域历史发展中起过重要影响，在历史长河中留下足迹，且有明确记载，并对人类历史进程起到推动作用的人物。尽管区域历史人物已逝久远，但其对该区域发展历史进程的影响，在一定时间、地点、条件下，仍然能够产生经济价值，以提高人类当前和未来福利，区域历史人物对该区域经济社会发展仍然具有资源的价值。近几年来，我国各地抢占历史人物，也说明了历史人物对区域经济社会发展仍具有现实的经济文化价值。

第三节　文化资源

一、文化资源的概念

《辞海》对"文化"一词解释为："广义指人类在社会实践过程中所获得的物质，精神的生产能力的创造的物质、精神财富的总和。狭义指精神生产能力和精神产品，包括一切社会意识形态，自然科学、技术科学、社会意识形态。有时专指教育、科学、艺术、卫生、体育等方面的知识和设施。作为一种历史现象，文化的发展有历史的继承性；在阶级社会中，又具有阶级性，同时也具有民族性、地域性。不同民族、不同地域的文化，是一定社会的政治和经济的反映，同时又给予一定社会的政治和经济以巨大的影响。"《辞海》对"资源"一词解释为："生产资料或生活资源的来源。"[①] 综上所述，狭义的文化资源是指能转化为有使用价值的产品和服务的语言文字、文化传统、思想道德、科学技术、文物、建筑群、遗址等有效用的文化资源；权力、机构、体制、制度、法律、政策、规划、管理等政治资源。理解文化资源需要与文化资本、文化遗产进行辨析。辨析文化资源相关概念也有助于对文化资源概念的理解。

---

① 夏征农、陈至立主编：《辞海》，上海辞书出版社 2009 年版，第 1886 页。

　　文化资本是以财富形式表现出来的那一部分文化资源。法国现代思想家布迪厄在其《资本的形成》一书中提出了文化资本的概念，并将文化资本分为：具体的形式，即以精神或肉体"性情"的形式存在；客观的形式，即以文化产品的形式如图书、书籍、辞典、乐器、机器等存在；体制的形成，即以国家制度、政策的形式存在。澳大利亚经济学教授戴维·思罗斯比认为"文化资本是以财富的形式具体表现出来的文化价值的积累"，并指出"这种积累紧接着可能会引起物品和服务的不断流动。与此同时，形成本身具有的文化价值和经济价值的商品"。"在布迪厄看来，文化资本自身也可以看作是一种资本化的文化因素，也具有增值的属性。文化资本的增值是通过生产和再生产的形式实现，主要体现在文化资本及其他的资本形式相互作用的相互转换上。通过转化，文化资本使潜在的文化资源向文化资本转化，使可能性的文化资本向经济资本转换，实现了资源向资本的转换和转变。经过转换和交换，文化资本活化了文化资源，创造出新的价值，使文化资源实现了价值转换和促进文化资本发生增值，进而获取了更多、更大物质的象征的利润。"① 综上所述，从文化资源转化为经济资本机制上看，需要完成下列步骤：文化资源→根据法律由自然人、法人垄断性占有→文化资本→占有人行使文化资本的出租、出售行为→经济资本（可以带来增值的价值）。在这过程中，唯有那些作公共产品性质的文化资源难以转化为文化资本和经济资本。例如，国家制度、政策因不可由自然人和法人垄断占有，因此，这些具有公共产品性质的文化资源不能成为文化资本。

　　文化遗产是指列入国家、省、市县依法进行保护的那一部分历史文化资源。文化遗产是指历史上遗留下来的精神财富和物质财富，如敦煌石窟是祖先遗留下来的宝贵遗产。② 根据国务院《关于加强文化遗产保护的通知》，文化遗产包括物质文化遗产和非物质文化遗产。物质文化遗产是具有历史、艺术和科学价值的文物，包括古遗址、古墓葬、古建筑、石窟寺、石刻、壁画、近现代重要史迹及代表性建筑等不可移动文物；历史上各时代的重要实物、艺术品、文献、手稿、图书资料等可移动文物；在建筑式样、分布均匀或与环境景色结合方面具有突出普遍价值的历史文化名城（街区、村镇）。非物质文化遗产是指各种非物质形态存在的与群众生活密切相关、世代相传的传统文化表现形式，包括口头传统、传统表演艺术、民俗活动和礼仪与节庆、有关自然界和宇宙的民间传统知识和实践、传统手工艺技能等，以及与上述传统文化表现形式相关的文化空间。在我国，文化遗产是指列入国家级、省级、市县级依法进行保护

---

① 胡小海：《区域文化资源与旅游经济来耦合研究——以江苏为例》，东南大学出版社 2015 年版，第 34 - 35 页。

② 夏征农、陈至立主编：《辞海》，上海辞书出版社 2009 年版，第 2705 页。

的历史文化资源，是历史文化资源的典型代表，并不是历史文化资源的全部。这与我国列入世界保护文化遗产的仅仅是我国文化遗产中的一小部分的道理是一样的。

二、文化资源的要素分析

（一）文物

1. 文物的概念及范围

文物是指遗存在社会上或埋藏在地下具有历史、艺术、科学价值的人类文化遗物和足迹。其基本特征：一是由人类创造或与人类活动有关；二是已经成为历史的过去，不可能再重新创造。《中华人民共和国文物保护法》明确，在中华人民共和国境内，受国家保护的文物包括：（1）具有历史、艺术、科学价值的古遗址、古墓葬、古建筑、石窟等和石刻、壁画；（2）与重大历史事件、革命运动或者著名人物有关的以及具有重要纪念意义、教育意义或者史料价值的近现代重要史迹、实物、代表性建筑；（3）历史上各时代珍贵的艺术品、工艺美术品；（4）历史上重要的文献资料以及具有历史、艺术、科学价值的手稿和图书资料；（5）反映国历史上各时代、各民族社会制度、社会生产、社会生活的代表性实现。具有科学价值的古脊柱动物化石和古人类化石同文物一样受国家保护。

2. 文物的分类

文物按照其特点、历史文化背景、规模价值大小有许多分类，目前主要的分类法有：（1）时代分类法，是指以文物制作时代为标准对文物进行分类，如史前文物、古代文物、近现代文物等。（2）区域分类法，是指以文物所在地点为标准对文物进行分类，如北京文物、上海文物等。（3）移动和不可移动分类，是以文物空间位移是否导致文物物质和精神质变为标准对文物进行分类，如古建筑、古遗址、石窟寺、古墓葬、纪念地等一般被视为不可空间移动文物；石器、陶器、铜器、铁器、工艺品、书画、古文献等一般被视为可空间移动文物。（4）原产地分类法，是指以制作文物的材料为标准对文物进行分类，如黄花梨红木家具、紫檀红木家具、缅甸花梨木红木家具等。（5）功能分类法，是以文物的功用为标准对文物进行分类，如园林建筑、庙坛建筑、民居建筑等。（6）价值分类法，是以文物的价值为标准对文物进行分类，如国家、省、市县保护文物，一级、二级、三级保护文物等。（7）来源分类法，是以文物的来源渠道为标准对文物进行分类，如发掘、购买、捐赠、征集获得等。

3. 全国重点文物保护单位

1961年3月4日，国务院公布了第1批全国重点文物保护单位，其中革命遗址及革命纪念建筑物为33处、石窟寺14处、石建筑及历史纪念建筑物77处、石刻及其他11处、古遗址26处、古墓葬19处，合计180处。1982年2月23日，国务院公布了第

2 批全国重点文物保护单位，其中革命遗址及革命纪念建筑物 10 处、石窟寺 5 处、古建筑及历史纪念建筑物 28 处、石刻及其他 25 处、古遗址 10 处、古墓葬 7 处，共 62 处。1988 年 1 月 13 日，国务院公布了第 3 批重点文物保护单位，其中革命遗址及革命纪念建筑物 41 处、石窟寺 11 处、古建筑及历史纪念建筑物 111 处、石刻及其他 17 处、古遗址 49 处、古墓葬 29 处，合计 258 处。1996 年 11 月 20 日，国务院公布了第 4 批全国重点文物保护单位，其中，古遗址 56 处、古墓葬 22 处、古建筑 110 处、石窟寺及石刻 10 处、近现代重要史迹及代表性建筑 50 处、其他 2 处，共计 250 处，还有 12 处重点文物归入已公布的重点文物保护单位管理。2001 年 6 月 25 日，国务院公布了第 5 批全国重点文物保护单位，其中古遗址 144 处、古墓葬 50 处、古建筑 248 处、石窟及石刻 31 处、近现代重要史迹及代表性建筑 40 处，合计 518 处。与现有重点文物保护单位合并项目 23 处。2006 年 5 月 25 日，国务院公布了第 6 批重点文物保护单位，其中古遗址 220 处、古墓葬 77 处、古建筑 513 处、石窟寺及石刻 63 处、近现代重点史迹及代表性建筑 206 处、其他 1 处，合计 1080 处。与现有重点文物保护单位合并的项目 106 处。2013 年 5 月 3 日，国务院公布了第 7 批全国重点文物保护单位，其中古遗址为 516 处、古墓葬为 186 处、古建筑为 795 处、石窟寺及石刻为 110 处、近现代重要史迹代表性建筑为 329 处、其他为 7 处，合计 1943 处。与现有全国重点文物保护单位合并项目 47 处，其中古遗址 12 处、古墓葬 9 处、古建筑 9 处、石窟寺及石刻 3 处、近现代重要史迹及代表性建筑 14 处。2019 年 10 月 7 日，国务院公布了第 8 批全国重点文物保护单位，其中古遗址 167 处、古墓葬 30 处、古建筑 280 处、石窟寺及石刻 39 处、近现代重点史迹及代表性建筑 234 处、其他 12 处，合计 762 处。与现有全国重点文物保护单位合并的项目 50 处，其中古遗址 10 处、古墓葬 5 处、古建筑 3 处、石窟寺及石刻 7 处、近现代重点史迹及代表性建筑 25 处（见表 12 - 1、表 12 - 2）。从上述国务院公布的 1 ~ 8 批全国重点文物的内容看，包含了联合国《保护世界文化与自然遗产公约》中的文物和遗址两方面内容。

表 12 - 1　　　　　　　第 1 ~ 3 批全国（国家级）重点文物保护单位　　　　　　　单位：处

重点文物名称	1961 年 3 月	1982 年 2 月	1988 年 1 月	总计
	数量	数量	数量	
革命遗址及革命纪念建筑物	33	10	41	84
石窟寺	14	5	11	30
古建筑及历史纪念建筑物	77	28	111	216
石刻及其他	11	2	17	30
古遗址	26	10	49	85
古墓葬	19	7	29	55
合计	180	62	258	500

资料来源：中华人民共和国中央人民政府网站。

表 12 - 2 第 4 ~ 8 批全国（国家级）重点文物保护单位 单位：处

重点文物名称	1996 年 11 月数量（处）	2001 年 6 月数量（处）	2006 年 5 月数量（处）	2013 年 5 月数量（处）	2019 年 10 月数量（处）	总计
古遗址	56	144	220	516	167	1103
古墓葬	22	50	77	186	30	365
古建筑	110	248	513	795	280	1946
石窟寺及石刻	10	31	63	110	39	253
近现代重点史迹及代表性建筑	50	40	206	329	234	859
其他	2	—	1	7	12	22
与现有重点文物保护单位合并项目	12	23	106	47	50	238

注：与现有重点文物保护单位合并项目不计入重点文物保护单位。

资料来源：中华人民共和国中央人民政府网站。

从上述表 12 - 1 和表 12 - 2 可看出，自 1961 年 3 月 ~ 2019 年 10 月的近 60 年的时期里，我国公布了 1 ~ 8 批共 5053 个全国重点文物保护单位。从国务院公布的全国重点文物保护单位看，全国重点文物第 1 ~ 3 批分类科目的用词是一样的，第 4 ~ 8 批分类科目用词是一样的，而第 1 ~ 3 批和第 4 ~ 8 批分类科目的用词略有差异，但其内涵还是比较一致的，其中，第 1 ~ 3 批和第 4 ~ 8 批的古遗址、古墓葬、石窟寺、石刻用词是一致的，而第 1 ~ 3 批的古建筑及历史纪念建筑物、革命遗址及革命纪念建筑物与第 4 ~ 8 批的古建筑、近现代重要史迹及代表性建筑用词不一，但内涵基本相当；第 1 ~ 3 批石刻是单列的，第 4 ~ 8 批石刻与石窟寺合并为一类，而第 1 ~ 3 批其他与石刻合并在一起，第 4 ~ 8 批其他为单列；同时，第 4 ~ 8 批增加了与现有重点文物保护单位合并项目，以解决已公布的全国重点文物保护单位遗留的相关重点文物统一管理问题。同时，从表 12 - 1、表 12 - 2 也可看出，自 1996 年以来，国务院公布的全国重点文物保护单位已进入 5 年 1 次的常态化管理，并且其 5 年 1 次公布的全国重点文物数量从 21 世纪的 2001 年第一批开始增加迅速，在国务院已公布的 5053 个全国重点文物保护单位中，近 20 年公布数量占全部已公布数的 85%，而 1961 ~ 2001 年 40 年中，国务院公布的重点文物数为 15%，可见，我国各地文物保护和利用的意识逐步增强，当然这也与我国国力增强有关。

4. 文物与小城镇发展

在 1 ~ 8 批公布的全国 5053 个重点文物单位中，其中古遗址为 1188 处，占总数的 23%；古墓葬为 420 处，占总数的 8%；古建筑为 2162 处，占总数的 42%；石窟寺及石刻为 283 处，占总数的 5%；近现代重要古迹及代表性建筑和革命遗址及革命纪念建筑物为 943 处，占总数的 18%。在我国，文物分为国家级、省级、市级和县级，上述所说的全国重点文物为国家级文物。河南省文物大县上蔡县境内具有国家、省、市、县四级文物共 87 处，其中国家级为 2 处，占 2%；省级有 9 处，占 10%；市级有 3 处，占 3%；县级有 73 处，占 83%。我国是个历史悠久的农业大国，文物的空间分布极大部分在县域。河南上蔡是我国黄河流域的文物大县，尽管这是个案，但总体可估计，在我国现已公布的四级文物保护单位中，前面所述的第 1～8 批全国重点文物也许只占全国四级文物的 20% 左右，而县级文物可能占 80% 左右。也就是说，在我国已公布和未公布的四级文物中，国家、省、市级的文物保护单位占四级文物保护单位的 20% 左右，而县文物保护单位占四级文物保护单位的 80% 左右。而我国 2000 个左右的县总体上是由村和镇组成的，而县可能具有的 80% 文物保护单位，极大部分也是位于镇和村空间范围内。因此，县域内的文物对县域内的村、小城镇和特色小镇是一项重要的文化资源。充分利用县域内的文物资源，是村、小城镇、特色小镇经济社会发展的重要资源。

（二）历史建筑群落

1. 历史建筑群落的概念

联合国《保护世界文化与自然遗产公约》中规定，世界文化遗产主要包括：文物，即从历史、艺术或科学角度看，具有突出的普遍价值的建筑物、雕刻和绘画以及具有考古意义的成分或结构的铭文、洞穴、住区及种类文物的综合体；建筑群，即从历史、艺术或科学角度看，因其建筑的形式、同一性及其在景观中的地位，具有突出的普遍价值的单独或相互联系的建筑群；遗址，即从历史、美学、人种学或人类学角度看，具有突出、普遍价值的人造工程或人与自然的共同杰作以及考古遗址。在我国，也有类似联合国《保护世界文化与自然遗产公约》中有关古建筑群落的内容，我国古建筑群落保护与开发有关内容主要包含在 2008 年 7 月 1 日起实施的《历史文化名城各镇各村保护条例》和原国家住建部于 2014 年发布的《关于切实加强中国传统村落保护的指导意见》中。

在 2005 年发布的国务院《关于加强文化遗产保护的通知》中，将历史建筑群落包含在物质文化遗产中，是指"在建筑式样、分布均匀或环境景色结合方面具有突出普遍价值的历史文化名城（街区、村镇）。"2007 年 12 月 29 日第七届全国人大常务委员会通过的《中华人民共和国文物保护法》，将历史文化名城和历史文化街区、历史文化名镇名村列入不可移动文物中。国务院的《历史文化名城名镇名村保护条例》第七条明确，历史文化名城、名镇、名村的申报批准条件是："（1）保存文物特别丰富；（2）历史建筑集中连片；（3）保存传统格局和历史岁月；（4）历史上曾经作为政治、经济、文化、交通中心或者军事要地，或者发生过重要历史事件，或者其传统产业，历史上建设的重大工程对本地区的发展产生过重要影响，或者能够集中反映本地区建筑的文化特色，民族特色。申报历史文化名城的，在所申报的历史文化名城保护范围内还应当有 2 个以上的历史文化街区。"2012 年 9 月 28 日浙江省第十一届人大常委会第 35 次会议通过的《浙江省历史文化名城名镇名村保护条例》第十一条明确,"具备下列条件的街区,可以申报历史文化街区:(1)保存文物特别丰富;(2)历史建筑集中连片;(3)较完整和真实地保存着传统格局和历史岁月,规模达到国家规定的标准。"第十一条明确,"具备下列条件之一,未公布为文物保护单位或者文物保护点的建筑物、构筑物,可以确定为历史建筑:(1)建筑样式、结构、材料、施工工艺或者工程技术具有历史、科学、艺术价值的;(2)反映当地历史文化和民俗传统,具有特定时代特征和地域特色的;(3)在当地产业发展史上具有一定代表性的作坊、商铺、厂房和仓库;(4)与历史事件、著名人物有关的近现代建筑物、构筑物;(5)其他具有历史价值的建筑物、构筑物。"2012 年 12 月 12 日,由国家住建部 3 部门发布的《关于加强传统村落保护发展工作的指导意见》文中指出,"传统村落是指拥有物质形态和非物质形态文化遗产,具有较高的历史、文化、科学、艺术、社会、经济价值的村落。"贵州省人民政府《关于加强传统村落保护发展的指导意见》第二条第二款明确,"传统村落是指形成较早,拥有物质形态或者非物质形态遗产,具有历史、文化、科学、艺术、社会、经济等价值的自然村落。"与传统村落概念相近的是古村落和历史文化名村。通常认为,古村落是指民国以前的村,即建筑环境、建筑风貌、村落选址未有大的变动,具有独特的民俗民风,至今空间结构保护完整,留有众多的传统建筑遗迹,且包含了丰富的传统生活方式。普遍认为,传统村落既包括了已申报命名的国家级、省级的历史文化名村,也包括了具有历史文化价值的历史文化名村的古村落;历史文化名村是优秀的传统村落,但传统村落不一定是历史文化名村。

综上所述,历史建筑群落在我国大致包括历史文化名城、名镇、传统村落(含历史文化名村)三大类。三大类历史群落的共同特征为:一是传统历史建筑群落的位置、格局与建筑环境未有大的变动。我国传统历史建筑群落的建设位置选择、建筑群落的格局、建筑群落中各建筑的布局以及建筑群落与所处周边的"田水路林村""山水田林湖草"之间的组合关系都是在中国历史建筑群落"景观风水理论或建筑风水理论"乃至"天人合一"理论下形成的,集中反映了当时该地区的风俗风气、风情和地域特色。因此,历史建筑群落首要的标准就是其位置、格局以及与周边环境关系没有大的改变。二是历史建筑风貌或建筑样式没有大的改变。历史建筑群落风貌是指传统建筑群落的外在表现形式,对历史建筑而言,也许建筑内部的部分结构、功能可根据现代生活需要作些适当改变,但建筑群落的外在形式应该是"修旧如旧"。例如,原来的"村口"还应是原来的"村口",原来的"山水田村湖草"还是原来的格局,改动了历史群落的外在形式(包括传统建筑群落外部形式),意味着改变了建筑群落的风貌或样式。三是历史建筑群落的集中连片规模。根据 2003 年 10 月,国家住建部发布的

《中国历史文化名镇（村）评选办法》，要求"重点现存历史传统建筑的建筑面积须在5000平方米以上，村的现存传统建筑的建筑面积在2500平方米以上。"而贵州省和江苏省发布的本省传统村落保护范围都是指自然村落或自然村庄。因此，历史建筑群落基本内涵可概括为形成时间较早，拥有物质形态和非物质形态的文化遗产，历史建筑集中连片并达到一定规模，较完整和真实地保留着传统格局和传统风貌的历史建筑群。其中，历史文化名城、名镇、名村还需达到保有的文物特别丰富的要求。

2. 城镇村历史建筑群落评选

（1）历史文化名城。国务院于1982年、1986年和1994年先后公布了三批国家历史文化名城，共99座。此后，分别于2001年增补2座，2004年增补1座，2005年增补1座，2007年增补7座，2009年增补1座，2010年增补1座，2011年增补6座，2012年增补2座，2013年增补4座，2014年增补2座，2015年增补3座，2016年增补3座，2017年增补2座，2018年增补1座，截至2018年5月2日，总计135座国家历史文化名城。

（2）全国历史文化名镇名村。中国历史文化名镇，在2003～2018年评选了七批，共312个。按时间分布，2003年10月8日批准的第一批共10个，2005年9月16日批准的第二批共34个，2007年5月31日批准的第三批共41个，2008年10月14日批准的第四批共58个，2010年12月13日批准的第五批共38个，2014年3月11日批准的第六批共71个，2018年12月12日批准的第七批共60个。中国历史文化名村，在2003～2018年评选了7批共487个。按时间分布，2003年10月8日公布的第一批为12个，2005年9月16日批准第二批为24个，2007年5月31日批准的第三批为36个，2008年10月14日批准的第四批为36个，2010年12月13日批准的第五批为61个，2014年3月11日批准的第六批为107个、2018年12月12日批准的第七批共211个。

（3）全国传统村落。2012～2019年，评选了四批全国传统村落，共6819个村。按时间分布，2012年12月17日公布的第一批为646个，2013年8月16日公布的第二批为915个，2014年11月17日公布的第三批为994个，2016年12月9日公布的第四批为1598个，2019年6月6日公布的第五批为2666个。近几年，除国家在关部委外，各级地方政府对传统村落的保护也越来越重视。贵州、江苏等都发布了本省范围内的"传统村落保护和发展"规章制度。因此，传统村落在我国形成了列入全国名录的传统村落名单和列入省名录的传统村落名单。

3. 典型历史建筑群风貌

（1）厦门"鼓浪屿历史国际社区"。2017年7月8日，在波兰历史文化名城克拉科夫举行的联合国教科文卫组织世界遗产委员会第41届会议上，中国的"鼓浪屿历史国际社区"以符合世界遗产第二条和第四条的标准，成功列入《世界遗产名录》。世界遗产第二条的标准是："能在一定时期内或世界某一文化区域内，对建筑艺术、纪念物艺术、城镇规划或景观设计方面的发展产生过重大影响。"第四条的标准是："可作为一种建筑或建筑群或景观的杰出范例，展现出人类历史上一个（或几个）重要阶段。"鼓浪屿历史国际社区现留存有 931 座历史建筑和园林、自然有机的历史道路网络以及内涵丰富的自然景观，体现了现代人居理念与当地传统文化的融合。世界遗产委员会认为，"鼓浪屿是中国在全球化发展的早期实现现代化的一个见证，具有显著的文化多样性特征和 19 世纪中叶至 20 世纪中叶的现代生活品质；它突出地反映了多元文化在各个方面的广泛交流，保存完好的历史遗迹真实地完整地记录了其曲折的发展进程和生动的风格变化，真切地反映了激烈时代的历史；它的发展清楚地记录了不同国家的文化在鼓浪屿的交汇和传播，记录了我国早期近代建筑吸收南洋、西洋风格的基本特点。"国家文物局代表中国政府在发言中表示，"鼓浪屿历史国际社区"是中国一处独特的，见证了中国在全球化发展早期阶段实现现代化和中外多元文化交流与融合历程的活态文化遗产，反映出中国传统文化深厚而坚韧的文化根基和对世界不同文化价值观的包容、吸纳与发展。[①]

厦门鼓浪屿历史国际社区建筑群落是中国海派历史建筑的重要代表，与鼓浪屿历史建筑群相似，我国上海外滩建筑群，广东岭南建筑中的雕楼、骑楼，以及 2005 年 7 月列入世界文化遗产的"澳门历史城区"等都具有中西交融的历史建筑群落风格。

（2）安徽黟县西递村和宏村。2000 年 11 月，联合国教科文组织将中国安徽黟县的西递村、宏村列作为中国皖南古村落列入世界文化遗产名录。西递村位于黄山市黟县西递镇中心，村落面积 12.96 公顷，有 950 多年的历史。砖墙的木雕、石雕、砖雕丰富多彩，巷道和建筑的设计布局协调。村落空间变化灵活，建筑色调淡雅。西递村至今完好保存着典型的明清村落风格，有活的古民居博物馆之称。现有 14～19 世纪祠堂 3 幢、牌楼 1 座、古民居 224 幢。

宏村始建于南宋绍兴年间（公元 1190～1194 年），原为汪姓聚居之地，绵延至今已有 800 余年的历史。它背倚黄山余脉羊栈岭、雷岗山等，地势较高，经常云蒸霞蔚，有时如浓墨重彩，有时似泼墨写意，真好似一幅徐徐展开的山水长卷，因此被誉为"中国画里的乡村"。村内留有大量明清时期古建筑，其中明代建筑、清代建筑 102 幢，民国时期建筑 34 幢。南宋绍兴年间，古宏村人为未了防火灌田，独运匠心开了仿生学之先河，建造出堪称"中国一绝"的人工水渠，是当今"建筑史上一大奇观"：巍峨苍翠的雷岗为牛首，参天古木是牛角，由东而西错落有致的民居群宛如庞大的牛

---

① 李韵、万玛加：《鼓浪屿与可可西里同入世界遗产名录》，载于《光明日报》2017 年 7 月 9 日第 4 版。

躯；引清泉为"牛肠"，经村流入被称为"牛胃"的月塘后，经过滤流向村外被称作是"牛肚"的南湖；人们还在绕村的河溪上先后架起了四座桥梁，作为"牛腿"。这种别出心裁的科学的村落水系设计，不仅为村民解决了消防用水，而且调节了气温，为居民生产、生活用水提供了方便，创造了一种"浣汲未防溪路远，家家门前有清泉"的良好环境。世界遗产委员会评价，西递、宏村这两个传统的古村落在很大程度上仍然保持着 20 世纪已经消失或改变了的乡村面貌。其街道规划、古建筑和装饰以及供水系统等都是非常独特的文化遗产。

安徽黟县西递村农村古建筑群落是中国徽派历史建筑的典型代表。中国徽派历史建筑当今在我国主要分布在今安徽黄山市绩溪县、江西婺源县、浙江的金华市和衢州市等。其特征是，在布局上严格遵循中国传统风水规则进行，坐北朝南，依山傍水，注重聚落布局与周边环境相融合，自古就有"穷山穷水不成居"之说。建筑以砖、木、石为原材料，以木构架为主，注重建筑内外装饰。素有"三绝"（民居、祠堂、牌坊）和"三雕"（砖雕、石雕、木雕）之美誉。砖雕主要于民居的门楼、门套、门楣、屋顶等；石雕主要饰于寺庙的廊柱、门墙、牌坊等；木雕主要用于屏风、栏柱、桌椅、文房用品。徽派建筑源于徽商衣锦还乡之后，以豪华精致豪宅园林体现身份，整修祠堂光宗耀祖，立牌坊褒奖徽州女人守夫的风骨。

（3）开平碉楼与村落。2007 年 6 月 28 日，广东省开平市的开平碉楼与村落列入世界文化遗产，其中，赤坎镇三门里村落、塘口镇自力村村落与方氏灯楼、蚬冈镇锦江里村落和百合镇马降龙村落群为开平碉楼与村落申报世界遗产的四处提名地。

开平碉楼始建于清初，大量兴建是在 20 世纪 20～30 年代。碉楼的兴起与开平市的地理环境和过去的社会治安密切相关。开平市地势低洼，河网密布，而过去水利失修，每遇台风暴雨，常有洪涝之忧。加上其所辖之境，原为新会、台山、恩平、新兴四县边远交界之地，向来有"四不管"之称，社会秩序较为混乱。因此，清初即有乡民建筑碉楼作为防涝防匪之用。鸦片战争以后，清政府统治更为颓败，开平人民迫于生计，开始大批出洋谋生，经过一辈乃至数辈人的艰苦拼搏渐渐有些产业。到了民国战乱更为频繁，匪患尤为猖獗，而开平因山水交融，水陆交通方便，同时侨眷、归侨生活比较优裕，故土匪集中在开平一带作案。据粗略统计，1912～1930 年，开平较大的匪劫事件约有 71 宗，杀人百余，掳耕牛 210 余头，掠夺其他财物无数，曾 3 次攻陷当时的县城苍城，连县长也被掳去。1912～1926 年这 14 年中，匪劫学校达 8 次，掳教师、学生百余人。其中，1922 年 12 月众匪伙劫赤坎地区开平中学时，被鹰村碉楼探照灯照射，四处乡团及时截击，截回校长及学生 17 人。此事轰动全县，海外华侨闻讯也十分惊喜，觉得碉楼在防范匪患中起了作用，因此，在外节衣缩食，集资汇回家乡建碉楼。后来，一些华侨为了家眷安全，财产不受损失，在回乡建新屋时，纷纷建成各式各样碉楼式的楼宇。

世界遗产委员会评价，开平碉楼与村落以广东省开平市用于防卫的多层塔楼式乡村民居——雕镂而著称，展现了中西建筑和装饰形式复杂而灿烂的融合，表现了 19 世纪末及 20 世纪初开平侨民在几个南亚国家、澳大利亚以及北美国家发展进程中的重要作用，以及海外开平人与其故里的密切联系。至今仍保存完好的雕楼有 1833 座。这些建筑分为三种形式：由若干户人家共同兴建的众楼，为临时避难之用，现存 473 座；由富有人家独自建造的居楼，同时具有防卫和居住的功能，现存 1149 座；出现时间最晚的更楼，为联防预警之用，现存 221 座。也可分为石楼、土楼、青砖楼、钢筋水泥楼，反映了中西方建筑风格复杂而完美的融合。碉楼与周围的乡村景观和谐共生，见证了明代以来以防匪为目的的当地建筑传统的最后繁荣。

需要说明的是，开平碉楼与村落是中国历史建筑群落的一个特殊类型。中国八大历史建筑流派中的岭南建筑指的是广东镬耳屋，镬耳屋是广府民居的典型代表，分布于大珠江三角洲、粤南地区，多用青砖、石柱、石板砌成，外墙壁均有花鸟图案，因其在屋的两边墙上筑起两个镬耳一样的挡风墙而得名。

（三）文化遗产

1. 非物质文化遗产的内涵

《中华人民共和国非物质文化遗产法》第二条规定："本法所称的非物质文化遗产，是指各族人民世代相传并视为其文化遗产组成部分的各种传统文化表现形式，以及传统 文化表现形式相关的实物和场所。包括：（1）传统口语文学以及作为其载体的语言；（2）传统美术、书法、音乐、舞蹈、戏剧、曲艺和杂技；（3）传统技艺、医药和历法；（4）传统礼仪、节庆等民俗；（5）传统体育和游艺；（6）其他非物质文化遗产。"

2. 国家级非物质文化遗产

我国按国家、省、市、县建设非物质文化遗产保护体系，到目前四级共有非物质文化遗产达 10 万项，其中国家级共 1370 项，含 2014 年国家级非物质文化遗产名录。共发布了四批，2006 年 5 月 20 日第一批为 518 项；2008 年 6 月 14 日第二批为 510 项；2011 年 6 月 10 日第三批为 191 项，2004 年 7 月 16 日第四批为 151 项（见表 12 - 3）。另外，国家级非物质遗产项目从第二批开始增长扩展项目，扩展项目是指在公布的国家级非物质遗产项目中扩展其内容等，因此不能算作新增国家级非物质文化遗产项目；从第四批开始，国家级非物质遗产项目在原来的项目编号、项目名称基础上，增加了国家级非物质文化遗产项目的代表性传承人、申报地区或申报单位等指标，从而使国家非物质文化遗产上在保护责任人和责任单位上更为具体化。

表 12-3　　　　　　　　　　国家级非物质文化遗产　　　　　　　　　单位：项

遗产类型	发布时间及数量				合计
	2006年5月20日（第一批）	2008年6月14日（第二批）	2011年6月10日（第三批）	2014年7月16日（第四批）	
	数量	数量	数量	数量	
民间文学	31	53	40	30	154
传统音乐	72	67	16	15	170
民间舞蹈	41	55	15	20	131
传统戏剧	92	46	19	4	161
曲艺	46	50	17	13	126
传统体育、游艺、杂技	17	38	14	14	83
民间美术	51	45	12	12	120
传统技艺	89	97	25	28	239
传统医药	9	8	4	2	23
民俗	70	51	22	13	156
合计	518	510	191	151	1370
扩展项目	—	147	—	147	294

资料来源：笔者根据有关资料整理。

需要着重明示的是，2018年5月，由文化和旅游部公布的第五批国家级非物质文化遗产，主要是对国务院前四批已公布的国家非物质文化遗产进一步明确遗产项目的代表性传承人、申报地区或申报单位，并不是新增加国家级非物质文化遗产项目。2018年5月，文化和旅游部办公厅公布的1082名第五批国家级非物质文化遗产项目代表性的传承人，主要是对国务院已公布的前四批国家级非物质文化遗产项目代表性传承人和申报地区或申报单位的进一步明确或完善，其目的是"秉持见人见物见生活的理念，进一步加大对代表性传承人开展传习活动支持力度，完善代表性传承人履行传承义务情况考评和动态管理机制，营造良好传承环境，推动传承实践活跃开展，促进非物质文化遗产更好与现实生活相融合，在当代社会焕发新活力，实现创造性转化、创新性发展。"

3. 中国传统手工艺

中国是世界公认的手工艺大国。中国的传统工艺源远流长，成就辉煌。所有肇自人工的传世、出土的文物以及古建筑、古代工程，都是传统工艺的产物。按照中国传统工艺研究会拟定的分类方案，中国的传统工艺可分为器械制作、农畜矿产品加工、雕塑、营造、织染绣及服饰制作、陶瓷烧造、金属采冶和加工、纺织机制、髹饰、家具制造、造纸、印刷、剪刻印绘、特种工艺及其他 14 大类。大类下有门类，门类下有种类，如此构成三级分类体系。[①] 前面所述的由国务院发布的第 1~4 批国家级非物质论遗产中的传统工艺，2006 年 5 月~2014 年 7 月国务院共发布的国家级传统工艺非物质文化遗产共 239 项，占第 1~4 批国家级非物质文化遗产总数 1370 项的 17%，在 10 大类国家级非物质遗产中占比为首位。而在 23 项国家级传统工艺非物质遗产中，国家又将其划为 11 类，在这 11 类国家级传统工艺中，最多的为农产品加工工艺，为 53 项，占传统工艺总数的 22%；其次是陶瓷制作为 33 项，占总数的 13%；建筑营造技艺为 29 项，占总数的 12%（见表 12-4）。

表 12-4　　　　　　　　　　第 1~4 批国家级传统工艺　　　　　　　　　　单位：项

工艺类型	发布时间及数量				合计
	2006 年 5 月 20 日（第一批）	2008 年 6 月 14 日（第二批）	2011 年 6 月 10 日（第三批）	2014 年 7 月 16 日（第四批）	
	数量	数量	数量	数量	
陶瓷制作工艺	12	8	5	8	33
织造技艺	11	15	—	—	26
印染工艺	3	3	2	—	8
建筑营造技艺	6	13	5	5	29
音器制作技艺	2	3	—	—	5
锻制技艺	8	7	5	3	20
工艺品制作技术	15	4	3	—	22
农产品加工技艺	7	31	5	10	53
文化用品制作技艺	12	6	—	—	28
印刷技艺	4	3	—	—	7
日用品制作技艺	9	4	—	2	13
合计	89	97	25	28	239

资料来源：笔者根据第 1~4 批国家级非物质遗产中的传统工艺整理。

4. 中国传统文化中的规划与营造技术

事实上，表 12-4 中第 1~第 4 批国家级传统工艺所包括的中国传统技术并不全面。在联合国粮农组织（FAO）评选的农业文化遗产中还包括：涉及农业技术土地利用，如梯田等；世界灌溉工程，如我国都江堰水利工程等；农业种养殖技术，如浙江湖州的桑基鱼塘等。由于我国农业中的灌溉工程、农业梯田建设技术以及农业种养殖技术，在笔者 2019 年出版的《乡村发展导论》一书中已涉及，在此不再予以展开，重

① 华觉明：《传统工艺的现代价值》，载于《光明日报》2017 年 7 月 20 日第 13 版。

点阐述中国传统文化中的规划与营造技术。

（1）规划选址和建筑布局技术。中国传统城镇与村落建筑群落、单体建筑等所谓阳宅，也涉及墓地等所谓阳宅，规划选址技术主要是指阴阳宅建筑与所处自然环境和谐协调的方法和程序。我国留存丰富的古遗址、古建筑、古墓葬等，也证明了中国传统文化中的规划选址技术的历史价值和经济价值。在我国，传统上支配规划选址技术的理念及方法是"风水思想"。《辞海》中对"风水"一词的释义是："'风水'，亦称'堪舆'（'堪'为高处，'舆'为下处）。中国的一种迷信。认为住宅基地或坟地周围的风向水流等形势，能招致住者或墓者一家的福祸。也指相宅、相墓之法。"在"风水思想"下的阴阳宅规划选址技术主要包括以下三方面内容：一是与周边"山水田林湖草"等环境因素的协调关系的构建；二是单体建筑或构筑物与周边"田水路林"环境因素协调关系的构建；三是阴阳宅群落和单体建筑内外装饰因素的安排。例如，1994 年被联合国世界遗产委员会评定的中国世界文化遗产"武当山古建筑群"是根据中国传统的"风水"理论所建，在朝向、间距、体量、色彩上非常注重与周边环境保持协调，总体规划严密，选择建筑的位置注重山形水脉风向，顺势而为，聚气藏风，达到建筑与自然的高度和谐。武当山古建筑群是根据《真武经》中"真武修真"的神话来设计布局，突出真武信仰的主题。建筑群的整体布局是以天柱峰金殿为中心，以宫道和古神道为轴线向四周辐射。武当山古建筑群还体现了道教"崇尚自然"的思想。工匠们按照明成祖朱棣"相其广狭""定其规划""其山本身份毫不要修动的原则"来设计布局。营建武当山的材料不是就地取材，而是从陕西、四川等地采购运来。保持了武当山自然环境原始风貌。在营造时，充分利用峰峦的高大雄伟和岩洞的奇峭幽邃，使每个建筑单位都建造在峰、峦、岩、洞的合适位置上，其间距的疏密、规模的大小布置的恰到好处，使建筑与周围环境融为一体。

（2）中国传统榫卯结构连接技术。榫卯结构连接技术是指中国传统木结构建筑和木制家具中，用"锯"将木头的一端锯成凸出的"榫头"，用"凿"在木头划定的位置凿成凹进木头内的"卯眼"，建筑或家具装配时将事先划定的相对应凸出的榫头插入凹进的"卯眼"。从而形成纵横上下耦合的建筑和家具总体结构或框架。榫卯结构联结技术，无论是木条与木条的连接，还是木板与木条的连接多不使用任何铁钉、胶水。木板与木板的连接，也是将两块拟连接的木板立面钻成一个凹进的圆孔，大约 3 厘米左右深，其中一块木板凹进去的圆插进竹栓，在两块连接木板中形成"榫"与"卯"按顺序连接木板使其成块。木板与木条的连接主要通过在木条上用特定工具刨成可插木槽的相宜厚度，从而实现木板与木条的连接。榫卯结构连接技术涉及榫卯多种多样。"已故文物大家王世襄曾与夫人袁荃猷总结并手绘出的榫卯结构即多达 88 种，在关于榫卯的专著《中华榫卯》中，中国古典家具的榫卯构造被分为 81 种。"① 事实上，榫卯结构主要有雌雄榫卯结构、燕尾榫卯结构、槽板榫卯结构、45 度对角榫卯结构等四大类，四类榫卯结构又根据结构连接需要不断延伸，四类榫卯结构又相互组合，加上木板与木板之间连接的毛竹或硬木的圆形和方形钉榫、圆形木或方形木连接的木头明榫或暗榫，叠加起来，估计中国传统建筑或家具中的榫卯结构有 100 多种，这 100 多种榫卯结构主要依靠工匠根据木质结构实际连接的需要，从上述四大类总体榫卯结构中延伸和发挥创造，实现中国传统建筑和家具，除屋顶盖瓦的横条以外，一律不用任何铁钉、胶水的"完全自然"和"完全生态"。中国榫卯结构的伟大创举，并不在于它的"自然生态"的连接技术，更在于榫卯结构连接技术以外的宏观科学思维。笔者于 20 世纪 70 年代初到 80 年代初，从事了 10 多年的"木匠"工作，学徒 3 年，带徒近 10 年，在制作的建筑和家具中全部运用的是榫卯结构连接技术和木雕装饰技术。中国榫卯结构连接技术的宏观科学思想主要表现在：一是无论建筑还是家具，使用榫卯结构连接技术的，在建筑或家具制作过程中必须是考然建筑和家具的整体框架，再思考建筑和家具的某一具体的榫卯结构；二是在整栋建筑或整件家具下料和划线中，根据建筑或家具的总体框架一次完成，实现整栋建筑或家具各种榫和卯上下左右方向完全正确；三是待具体的各类榫卯单个部件完成后，整栋建筑或整件家具各类榫卯结构在一个时间一次性完成连接装配，实现上下左右的各种榫卯结构连接成一个整体。因此，中国传统的榫卯结构工匠往往具有先想大的，再想小的；先思考，后操作；一次性下线、一次性下料、一次性制作、一次性装配；十分缜密、细致的思维。"事不同，理相同"，从中国传统的榫卯结构延伸出来的宏观科学思维，对从事现代化进程中的各行业和各工种都有重要的指导意义。笔者后来在实践中从事地区发展和改革工作中，深受其影响，受益匪浅。

（四）中国世界物质文化遗产

世界物质文化遗产是指联合国教科文组织根据《世界文化和自然遗产保护公约》确认的人类罕见的、无法替代的具有突出意义和普遍价值的文物古迹及自然景观。根据遗产的内容，世界物质遗产可分为世界文化遗产、世界自然遗产、世界文化景观遗产、世界文化与自然双重遗产四类。截至 2019 年 7 月，经联合国教科文组织审核被批准列入《世界遗产名录》的中国世界物质遗产共有 54 项，其中世界文化遗产 31 项、世界自然遗产 14 项、世界文化景观遗产 5 项、世界文化与自然双重遗产 4 项。

1. 世界文化遗产

1972 年联合国教科文组织第十七届会议通过的《世界文化和自然遗产保护公约》明确了文化遗产的定义：（1）文物：从历史上，艺术或科学角度看具有突出的普遍价

---

① 范昕、钱雨彤：《榫卯，此汉字更早的华夏记忆》，载于《文汇报》2018 年 3 月 21 日第 10 版。

值的建筑物、碑雕和碑画，具有考古性质的成分或结构的铭文、洞窟以及联合体；
（2）建筑群：从历史、艺术或科学角度看，在建筑式样分布均匀或与环境景色结构方面具有普遍价值的单立或连接的建筑群；（3）遗址：从历史上、审美、人种学或人类学角度看，具有突出的普遍价值的人类工程或自然与人联合工程以及考古遗址等地方。其遴选条件有：（1）代表一种独特的艺术成就，一种创造性的天才杰作；（2）能在一定时期内或世界某一文化区域内，对建筑艺术、纪念物艺术、城镇规划或景观设计方面的发展产生很大影响；（3）能为一种已消逝的文明或文化传统提供一种独特的至少是特殊的见证；（4）可作为一种建筑或建筑群或景观的杰出范例，展示出人类历史上一个（或几个）重要阶段；（5）可作为传统的人类居住地或使用地的杰出范例，代表一种（或几种）文化，尤其在不可逆转之变化的影响下变得易于损坏；（6）与具特殊普遍意义的事件或现行传统或思想或信仰或文学艺术作品有直接或实质的联系。截至2019 年 7 月，我国被世界教科文组织世界遗产委员会确认的世界文化遗产已有 31 项（见表 12 - 5）。

表 12 - 5　　　　　　　　　　　　　　中国世界文化遗产

序号	遗产名称	入选时间（年、月）	涉及范围
1	长城	1987. 12	黑龙江、吉林、辽宁、河北、天津、北京、山东、河南、山西、陕西、甘肃、青海、内蒙古、新疆
2	莫高窟	1987. 12	甘肃
3	明清皇宫	1987. 12	北京故宫（北京）
		2004. 7	沈阳故宫（辽宁）
4	秦始皇陵及兵马俑坑	1987. 12	陕西
5	周口店北京猿人遗址	1987. 12	北京
6	布达拉宫（大昭寺、罗布林卡）	1994. 12	西藏
7	承德避暑山庄及周围寺庙	1994. 12	河北
8	曲阜孔府、孔庙、孔林	1994. 12	山东
9	武当山古建筑群	1994. 12	湖北
10	丽江古城	1997. 12	云南
11	平遥古城	1997. 12	山西
12	苏州古典园林	1997. 12	江苏
13	天坛	1998. 11	北京
14	颐和园	1998. 11	北京
15	大足石刻	1999. 12	重庆
16	龙门石窟	2000. 11	河南

序号	遗产名称	入选时间（年、月）	涉及范围
17	皖南古村落（西递、宏村）	2001.11	安徽
18	云冈石窟	2001.12	山西
19	明清皇家陵寝	2004.11	明显陵（湖北）
			清东陵、清西陵（河北）
		2003.7	明孝陵（江苏）十三陵（北京）
		2004.7	盛京三陵（辽宁）
20	高句丽皇城、王陵及贵族墓葬	2004.7	吉林、辽宁
21	澳门历史城区	2005.7	澳门
22	安阳殷墟	2006.7	河南
23	开平碉楼与村落	2007.6	广东
24	福建土楼	2008.7	福建
25	郑州天地之中历史建筑群（少林寺、东汉三阙）、中岳庙、嵩岳汉塔、会善寺、嵩阳书院、观星台	2010.8	河南
26	元上都遗址	2012.6	内蒙古
27	中国大运河	2014.6	北京、天津、河北、山东、河南、安徽、江苏、浙江
28	丝绸之路长安——天山廊道路网	2014.6	河南、陕西、甘肃、新疆
29	土司遗址	2015.7	湖南、湖北、贵州
30	鼓浪屿：历史国际社区	2017.7	福建
31	良渚文化遗址	2019.7	浙江

资料来源：笔者根据有关资料整理。

2. 世界自然遗产

《世界文化与自然遗产保护公约》明确，凡提名列入世界自然遗产名录的必须符合下列一项或几项标准方可获得批准：

（1）构成地球演化史中重要阶段的突出例证；

（2）构成生态和生物进化过程以及陆地、水生、海岸、海洋生态系统和动植物种群发展的突出例证；

（3）具有独特、稀有、绝妙的自然现象、地貌或具有罕见自然美的地带；

（4）具有尚存的珍稀或濒危动植物种的栖息地。

截至 2019 年 7 月，中国被联合国教科文组织遗产委员会确认的中国世界自然遗产共 14 项（见表 12 – 6）。

表 12 – 6 中国世界自然遗产

序号	遗产名称	入选时间 （年、月）	涉及范围
1	黄龙	1992.12	四川
2	九寨沟	1992.12	四川
3	武陵源	1992.12	湖南
4	三江并流	2003.7	云南
5	大熊猫栖息地	2006.7	四川
6	中国南方喀斯特	2007.6 一期，2014.6 二期	云南、贵族、重庆、广西
7	王清山	2008.7	江西
8	中国丹霞	2010.8	贵族、福建、湖南、广东、江西、浙江
9	澄江化石地	2012.7	云南
10	新疆天山	2013.6	新疆
11	神农架	2016.7	湖北
12	青海可可西里	2017.7	青海
13	梵净山	2018.7	贵州
14	黄渤海候鸟栖息地	2019.7	江苏

资料来源：笔者根据有关资料整理。

3. 世界文化景观遗产

世界文化景观遗产这一概念是 1992 年 12 月在美国圣菲召开的联合国教科文组织世界遗产委员会第 16 次会议时提出的，并纳入《世界遗产名录》中。世界文化景观遗产的评定采用文化遗产的标准，同时参考自然遗产的标准。为区分和规范文化景观遗产、文化遗产、文化与自然遗产的评选，《实施保护世界文化与自然遗产公约的操作指南》对文化景观的原则进行了规定：文化景观"能够说明为人类社会在其自身制约下、在自然环境提供的条件下以及在内外社会经济文化力量的推动下发生的进化及时间的变迁。在选择时，必须同时以其突出的普遍价值和明确的地理文化区域内具有代表性为基础，使其能反映该区域本色的、独特的文化内涵。"世界上第一项世界文化景观遗产产生于 1992 年，是新西兰的汤加里罗国家公园。截至 2019 年 2 月，我国已被联合国教科文组织联合国世界遗产委员会确认的世界文化遗产景观共有 5 项（见表 12 – 7）。

表 12 - 7   中国世界文化景观遗产

序号	遗产名称	入选时间（年、月）	涉及范围
1	庐山	1996.12	江西
2	五台山	2009.6	山西
3	杭州西湖	2011.6	浙江
4	哈尼梯田	2013.6	云南
5	花山岩画	2016.7	广西

资料来源：笔者根据有关资料整理。

4. 世界文化与自然复合遗产

世界文化与自然复合遗产，是指既符合自然遗产，也符合文化遗产评选条件的世界遗产。截至 2019 年 7 月，我国被联合国世界遗产委员会确认的文化与自然双重遗产共有 4 项（见表 12 - 8）。

表 12 - 8   中国世界文化与自然复合遗产

序号	遗产名称	入选时间（年、月）	涉及范围
1	泰山	1987.12	山东
2	黄山	1990.12	安徽
3	峨眉山——乐山大佛	1996.12	四川
4	武夷山	1999.12	福建

资料来源：笔者根据有关资料整理。

需要说明的是，上述所说的文化景观遗产和文化与自然复合遗产，总体上是依托地域内的自然资源加入较多的人工劳动的结果。从资源的开发利用角度，为人类社会带来经济价值的来源主要是人造物质则应调入文化遗产中，反之应归入自然遗产或自然资源中。

（五）中国的世界非物质文化遗产

联合国教科文组织的《保护非物质文化遗产公约》明确，"非物质文化遗产（intangible cultural heritage）指被各群体、团体、个人视为其文化遗产的种种实践、表演、表现形式、知识、体系和技能及其有关的工具、实物——工艺品和文化场所。"包括：（1）口头传统和表现形式，包括作为非物质文化遗产婚介的语言；（2）表演艺术；（3）社会网络仪式、节庆；（4）有关自然界和宇宙的知识和实践；（5）传统的手工艺技能。截至 2019 年 6 月，中国共有 32 项非物质文化遗产列入教科文组织的《人类非物质文化遗产代表作名录》，7 个项目被列入《亟须保护的非物质文化遗产名录》，1 个项目被列入《保护非物质文化遗产优秀实践名录》（见表 12 - 9、表 12 - 10）。

表 12 – 9 　　　　　　　　　中国的世界非物质文化遗产

序号	遗产名称	入选年份	序号	遗产名称	入选年份
1	昆曲	2001	17	西安鼓乐	2009
2	古琴艺术	2003	18	朝鲜族农乐舞	2009
3	蒙古族长调民歌（中国蒙古）	2005	19	藏能	2009
4	新疆维吾尔木卡姆艺术		20	书法	2009
5	中画蚕桑纺织技艺	2009	21	篆刻	2009
6	福建南音	2009	22	剪纸	2009
7	南京云锦	2009	23	雕版印刷	2009
8	安徽宣纸	2009	24	传统木结构营造技艺	2009
9	贵州侗族大歌	2009	25	端午节	2009
10	广东粤剧	2009	26	妈祖信俗	2009
11	《格萨尔》史诗	2009	27	京剧	2010
12	浙江龙泉青瓷	2009	28	中国针灸	2010
13	青海热贡艺术	2009	29	皮影文化	2011
14	新疆《玛纳斯》	2009	30	珠算	2013
15	蒙古族呼麦	2009	31	二十四节气	2016
16	甘肃花儿	2009	32	藏医药浴法	2018

资料来源：笔者根据有关资料整理。

表 12 – 10 　　　　　　中国七大世界级亟须保护的非物质文化遗产

序号	遗产名称	入选年份	序号	遗产名称	入选年份
1	羌年	2009	5	中国水密隔舱制造技艺	2010
2	黎族传统纺染织秀技艺	2009	6	中国活字印刷术	2010
3	中国木拱桥传统营造	2009	7	赫哲族伊玛堪说唱	2011
4	麦西热甫	2010			

资料来源：笔者根据有关资料整理。

第四节　经济资源

经济资源，也称经济要素，是指可将自然资源、人力资源、文化资源转化为人类社会财富的生产要素，包括区位、劳动、技术、资本管理、数据等因素。没有这一类经济资源，自然资源、人口资源和人文资源就难以转化大类社会的财富。英国经济学家威廉配第所说的，"土地是财富之母，劳动是财富之父"；马克思所说的，劳动和土地是形成财富的两个原始因素，是一切财富的源泉；恩格斯所说的，"其实劳动和自然界一起才是一切财富的源泉，自然界为劳动提供材料，劳动把材料变为财富。"讲的都是只有将经济资源与自然资源、人口资源、文化资源叠加在一起时，才能使其转化为人类所需的财富。平时我们所说的文化"创造性转化"和"创新性发展"，从某种角度讲就是要研究文化资源与经济资源的优化配置和资源效率的最大化问题。

一、区位资源

（一）区位资源的内涵

区位的概念在我国《辞海》等辞书中没有解释，而学者因研究需要在其相关著作中有些解释，在胡兆量等老师编著的《中国区域发展导论》中提出，"区位是地球表面上的地理位置，一事物对外在客观事物的相互关系，主体与客体的相互关系。……区位集中反映土地的自然属性的社会属性。"[①] 在郝寿义老师著的《区域经济学原理》一书中提出，"区位既是空间位置，也是种种经济性要素的有机结合体。"[②] 与区位比较接近的概念有位置、地段等。位置的含义大于区位，含义广泛，在空间上大至宇宙，小至人体器官都有位置；有时与空间无关的事物也可称为位置，如人的地位高低。地理学、经济学所讲的区位，首先指的是地壳的空间位置。地段的含义少于区位，并且主要用于房地产环境中，从空间角度讲，区位包括多尺度的空间位置，而地段往往只指小尺度的空间位置；并且，地段主要指的是平面位置，不涉及垂直空间位置。事实上区位既是自然资源，也是社会资源，区位是自然资源和社会资源的集合体，并且相对偏重于社会属性。按照美国埃德加·M. 胡佛在其《区域经济学导论》一书中所说，土地首先即指空间。[③] 从这个角度讲，区域自然资源属性首先指的就是土地的自然资源属性，从某种角度讲，区位的土地自然资源属性是区位自身的物质属性，但区位的土地资源本身并不一定就具有资源的价值，而区位的土地资源价值是通过区位土地资源以外的社会资源价值来表示的。例如，我国西部地区冰川覆盖的一块土地，该土地由于缺乏社会资源的组合，该冰川下面的那块土地并不具有资源价值，倘若这块土地的冰川处于融化状态，则具有水资源价值。所以区位资源的研究，除了研究区位的空间尺度外，主要研究该区位及其周边的社会资源。从实践看，区位资源价值取决于区位内土地"五通一平"或"七通一平"以及区位周边的交通道路等基础设施投入、经济社会发展、生态环境优化等。区位的资源性属性本质上是区位周边的资产性投入，包括公共产品投入。

（二）区位优势

区位优势，是指某区位在其经济社会发展方面已经存在的独特的有利条件。区位

---

① 胡兆量、韩茂莉：《中国区域发展导论》，北京大学生出版社 2008 年版，第 107 页。
② 郝寿义：《区域经济学原理（第二版）》，格致出版社 2016 年版，第 84 页。
③ ［美］埃德加·B. 胡佛：《区域经济学导论》，商务印书馆 1990 年版，第 108 页。

优势是综合性优势，单项优势往往难以形成区位优势；区位优势是现实性优势，是已经客观存在的区位优势；区位优势是一种比较优势，是相对周边区位比较而确定的优势；区位优势是个历史性概念，随区位资源禀赋变化而变化，今天具有的区位优势，随着区位内的自然资源和社会资源的变化可能成为区位的劣势，而今天的区位劣势，可能成为优势，区位优势与区位劣势相伴相成。在一个地区发展中，消除了现有的区位劣势，就同时增长了现实的区位优势，一个地区经济社会发展的总过程就是"扬长避短"的过程。"长板拉得更长"即把一个地区的现有区位优势充分发挥；"补短板"，即把一个地区的劣势或称不利条件逐步消解，就是不断创造区位新优势。例如，上海市长宁区在1993年编制《长宁区总体规划》时，就是把该区放到整个上海和长三角区域内比较，提炼出该区涉外条件优越、交通便利、绿化环境较好、高校和科研院所较多四条区位优势和经济实力薄弱、功能布局分散、基础设施与发展要求不相适应、人口导入与社会事业设施不相适应四条区位劣势。1993年编制的《长宁区总体规划》的全部内容都是围绕保持上述4条区位优势和解决上述4条区位劣势展开的。

（三）特色小镇的区位选择

区位选择是指经济社会发展主体为了追逐最大化的经济社会效益，根据需要和条件选择最佳区位的行为。区位是稀缺性资源、集合性资源和差别性资源。区位资源的稀缺性原生于地区位置的稀缺性，上海具有沿海、长江入海口、中国海岸线中点、河口三角洲地势平坦、亚热带季风气候、比较温暖湿润、自然灾害少、适宜人口居住和工农业生产、陆海空交通枢纽、交通极其发达等区位优势。上海这些区位优势是中国其他地区不具有的、独特的，是中国唯一的。区位资源的集合性原生于区位是自然资源和社会资源的集中反映。因此，区位选择本质上是资源禀赋的选择。由于小城镇地域范围较大，小城镇地域内资源的分布是不一样的，因此，特色小镇在区位选择时要选择那些自然资源优势明显，且周边社会资源优势独特的地域建设特色小镇。区位资源的差异性是指同一区位将其放入不同尺度区域中识别，得出来的区位优势是不一样的。例如，上海市长宁区将其放在整个上海市域范围看，长宁区是上海市对外开放和对外贸易的窗口；将其放入长江三角洲区域范围看，长宁区是上海吸引和辐射长三角的重要地区。特色小镇的发展从某种角度说，其首要问题就是特色小镇开发建设的区位选择，选好了区位就是选好了资源禀赋，也就是选好了发展基础。

二、劳动资源

（一）劳动的概念

我国《辞海》对"劳动"一词释义为："人们改变劳动对象使之适合自己需要的有目的的活动。即劳动力的支出和使用。""劳动力"一词释义为："个人的劳动能力。

即人所具有的能运用于劳动过程的体力和脑力的总和。"①劳动与劳动力是不一样的，劳动力是劳动的可能性，是劳动的潜在形态。马克思说："我们把劳动力或劳动能力，理解为人的身体即活的人体中存在的，每当人生产某种使用价值时运用的体力和智力的总和。"劳动是劳动力的支出和使用，是劳动力的消耗过程，马克思说："它是人类劳动力的消费。"② 严格角度讲，劳动力还不一定就是能制造财富的资源，因为劳动适龄人口中还存在一些丧失劳动能力的病残劳动适龄人口，以及就学、军队服役等未参加生产某种使用价值劳动的适龄人口和不愿参加劳动的劳动适龄人口。因此，真正称得上财富来源的是劳动而不是劳动力。

（二）劳动的数量和质量

1. 劳动的数量

美国理查德·M. 弗里曼在其《劳动经济学》一书中指出，"一个社会所能利用的劳动数量取决于下列因素：（1）人口的规模和构成；（2）愿意工作的人的比例；（3）工作周的长度；（4）工作周数与节假周数；（5）劳动强度；（6）劳动力的教育和训练水平。"③ 这里所说的由数个因素构成的所能利用的劳动数量是一个社会的劳动潜在数量，实际的劳动数量受就业机会、工资水平以及国家、单位家庭、个人对时间的分配有关。一般情况下，就业机会多和工资相对水平高，一国、一个地区、一个单位现实的劳动量就大，反之则小；一个国家、单位、家庭、个人将时间主要分配给生产某种使用价值上，被分配到时间的劳动量就大，反之则小。可见，人类社会的劳动量不仅与就业机会和工资相对水平有关，更重要的是与一个社会对时间价值的认识和时间在各领域的分配有关。也就是说，人口红利既有劳动力数量形成的劳动量，也有劳动力质量形成的劳动量，还有一个社会对时间价值认识和分配形成的劳动量。

2. 劳动的质量

潘金云老师在其主编的《劳动报酬学》中提出，"劳动的质量是指劳动的复杂程度、熟练程度和繁重程度和强度。"④ 而前面所说的美国理查德·B. 弗里曼认为，劳动繁重和强度属劳动数量范畴。笔者认为，劳动质量主要指劳动的复杂程度和熟练程度，而不应该包括劳动的繁重和强度。劳动的复杂程度和熟练程度一般可以用一个人的教育程度或技术水平来评价。通过劳动复杂程度和熟练程度形成的人口红利是人口质量红利或劳动力的质量红利。近几年来，我国武汉、西安、郑州、南京、上海、广州等城市参与的"城市人才争夺战"，从某种角度讲，是争夺劳动质量红利，国内学者将其

---

① 夏征农、陈至立主编：《辞海》，上海辞书出版社 2019 年版，第 1306 - 1307 页。
② 马克思：《资本论》，载于《马克思恩格斯全集》，人民出版社 2006 年版，第 23 卷第 57 页。
③ ［美］理查德·B. 弗里曼著，刘森一等译：《劳动经济学》，商务印书馆 1987 年版，第 18 页。
④ 潘金云：《劳动报酬学》，劳动人事出版社 1986 年版，第 29 页。

称为"第二次红利"。笔者认为，我国还有第三次人口红利，即"劳动时间价值"红利。

（三）不同质的劳动评价

不同质的劳动评价主要包括复杂劳动和简单劳动的评价以及熟练劳动和非熟练劳动的评价。

1. 复杂劳动与简单劳动的评价

复杂劳动是指需要经过一定专门的教育或训练才能从事的劳动。马克思提出，复杂劳动"是这样一种劳动的表现形式，这种劳动力比普通劳动力需要较高的教育费用，它的生产花费较多的劳动时间，因此它具有较高的价值。"[①] 简单劳动是指"每个没有任何专长的普通人的机体平均具有的简单劳动力的耗费。"[②] 劳动是创造财富的重要资源，凡资源都涉及优化配置问题，只有配对的资源才有效率或效益，劳动资源也具有这一特点。把一个复杂劳动力配置在简单劳动岗位上，也许还不如一个简单劳动力配置在简单劳动岗位上做得更好，产出的使用价值更高；同理，把一个简单劳动力配置在复杂岗位上，也许它根本不会做，从而效率或效益为零。因此，岗位的适配性，也许是复杂劳动与简单劳动效率或效益最大化的源泉。合适的就是最好的，最优化的。实践中的评价标准，就复杂劳动与简单劳动而言，也应该是生产某种使用价值最大化原则，以成败论英雄，劳动成果才是劳动报酬的唯一标准。

2. 熟练劳动与非熟练劳动的评价

复杂劳动与简单劳动是不同劳动岗位中的变量，熟练劳动与非熟练劳动是同一劳动岗位中的变量。是指同一个人在同一岗位上，生产或工作经验、技能积累的多少或强弱。因此，劳动熟练程度与劳动者劳动（或工作）时间长短和个人勤奋努力有关，与文化程度和训练水平关联不大。在同一岗位上，一般而言，劳动者劳动年限越长，劳动经验越多，劳动熟练程度越高；劳动者越勤奋努力，其文化程度发挥的越快越好，在恒定的时间里，其劳动的熟练程度越高。然而，需要强调的是，不一定劳动熟练程度越高，其劳动的贡献就越大。实践中，常有一种现象，劳动者起初工作，虽熟练程度不高，但注意力和努力往往很高，所以其完成的工作往往创新性高、成功率高、差错率小。而随着该人经验丰富和熟练程度提高，却马虎了、懈怠了，从而劳动效率和质量就下来了。因此，劳动熟练与非熟练的评价标准也是要看劳动成果。做到老学到老，而不能倚老卖老。熟练并不能成为劳动成果。

（四）劳动成果和劳动报酬

劳动成果是指物化在产品中的劳动凝结形态或物化形态。马克思说："在劳动过程

---

① 马克思：《资本论》，《马克思恩格斯全集》，人民出版社，第 3 卷第 223 页。
② 马克思：《资本论》，《马克思恩格斯全集》，人民出版社，第 3 卷第 57 – 58 页。

中，劳动不断由动的形式转变为存在形式，由运动形式转变为物质形式。"① "劳动成果在一定条件下或一定范围内，能够比较正确地反映劳动者实际提供的劳动数量和质量。当然，这里所讲的劳动成果是符合社会需要，被社会承认的劳动成果。否则，劳动者的劳动就没有实际意义。"② 劳动报酬是指劳动者付出一定劳动后，由劳动者的聘用单位支付给劳动者的报酬。当前在我国，一般情况下，劳动报酬支付形式有以下几种：一是当期即付给劳动者的货币工资或薪金；二是延期支付给劳动者的福利待遇，包括社会保障待遇、休假待遇等。事实上，实践中，除了上述所说的一般劳动报酬支付形式外，根据劳动岗位不同和不同劳动者的需求，劳动者聘用单位还会使用一些非物质性的劳动报酬支付方式，如劳动者的发展机会、信任、人际和谐环境等，并且这些非物质性的劳动报酬，对一些积极向上、勤奋努力的劳动者而言更具有劳动的激励性。

三、技术资源

（一）技术的概念

我国《辞海》对"技术"一词的释义为："泛指根据生产实践经验和自然科学原理而发展成的种种工艺操作方法与技能。如电工技术、焊接技术、木工技术、激光技术、作物栽培技术、育种技术等。除操作技能外，广义的还包括相应的生产工具和其他物资设备，以及生产的工艺过程或作业程序、办法。"③ 与"技术"最为关联的是"科学"，《辞海》对"科学"一词解释为："运用范畴、定理、定律等思维方式反映现实世界各种现象的本质和规律的知识体系。……科学来源于社会实践，服务于社会实践。它是一种在历史上起推动作用的革命力量，在现代，科学技术是第一生产力。"④ 可见，科学本质上是对客观对象本质和规律的揭示或反映，是一种认识活动；而技术本质上是在科学认识基础上将各种资源要素组合转化为能够满足社会需求的有用产品和服务，是一种操作活动，侧重于"动手"能力。科学是技术的基础，技术是科学的实现手段，科学的作用往往通过技术的作用来表现，科学与技术共同构成"第一生产力"，是将各种自然资源和社会资源转化为满足社会需求的有用产品和服务的重要人文资源。

（二）技术创新及扩散

1. 技术创新概念

《辞海》将技术创新的解释为："把一种或若干种新设想（新概念）发展到实际和

---

① 马克思：《资本论》，《马克思恩格斯全集》，人民出版社，第3卷第241页。
② 潘金云：《劳动报酬学》，劳动人事出版社1986年版，第36页。
③ 夏征农、陈至立主编：《辞海》，上海辞书出版社2009年版，第1032页。
④ 夏征农、陈至立主编：《辞海》，上海辞书出版社2009年版，第1234页。

成功运用的阶段，或一个从新产品或新工艺的设想的产生到市场应用的完整过程。包括新设想的产生、研究、开发、商业化生产到扩散等一系列活动。"① 从这个技术创新概念角度讲，技术创新包括"硬技术"的创新，即包括新设备、新工艺、新材料、新产品等，也包括"软技术"的创新，包括资源要素质量的提高、资源优化配置和利用水平的提高、资本使用效率的提高、劳动者知识经验技能的提高、政策管理水平的提高，直至经济社会发展质量的提高。美籍奥地利经济学家熊彼特于 1912 年在其《经济发展理论》一书中，将创新区别为五种类型：（1）引进新产品；（2）引进新技术；（3）开辟新市场；（4）获得原材料或半制成品的新的供应来源；（5）实现企业的重新组织。②

2. 技术创新中的技术扩散

（1）技术扩散与技术创新的关系及重要性。根据前面技术创新概念，技术扩散是技术创新整个过程中的有机组成部分。技术扩散是指技术创新成果从一家企业或一个领域扩大到其他企业或其他领域的传播过程。一般由扩散主体通过某些渠道向潜在接受者传递。扩散发生与否取决于企业成本与收益的期望。扩散过程中通过顾客对企业产品的选择来促进企业对创新技术的采用。技术创新的良好扩散需要一个竞争的市场。③ 从技术创新全过程角度讲，一种或若干种新设想的产生、研究、开发、商业化生产环节，一般是在一家企业或一个领域内进行的，从这个角度讲，一种新设想的产生到研究、开发、商业化生产这些环节均完成后，一家企业或一个领域的技术创新内部环节就都已完成了。因此，技术扩散是技术创新内部环节向外部环节的延伸或辐射，具有技术在企业外溢的特性。可见，技术创新环节可分为企业或领域内技术创新环节和企业外技术创新环节，故技术扩散是技术创新的有机组成部分。技术扩散与技术创新的关系，若如城市集聚与辐射的关系。现代社会，技术创新是城市的"专利"，这是因为，创新需要若干必要条件和充分条件，如人才、资本、基础设施、创新生态，甚至气候，不是每个地方都能够具备这些条件。这些要素和条件同时存在，均衡配置，要求几乎苛刻。创新集群和新兴产业集成一般生成于某个都市圈或中心城市，分布于世界为数不多的地方。④ 如果城市只有集聚没有辐射，城市是有缺陷的，集聚就只对城市本身有意义，而对城市以外的小城镇、乡村就没有意义；创新如果只有企业内部创新环节，而没有企业外的扩散环节，创新也只对企业内生产经营主体有意义，而对企业外生产经营主体就没有意义。

---

①② 夏征农、陈至立主编：《辞海》，上海辞书出版社 2009 年版，第 1032 页。
③ 夏征农、陈至立主编：《辞海》，上海辞书出版社 2009 年版，第 1033 页。
④ 陈宪：《国内大循环需要三块"基石"》，载于《社会科学报》2020 年 10 月 22 日第 2 版。

（2）技术扩散形式。一是技术梯度式扩散，是指以技术发源地为中心呈放射状向周边地区依次转移的技术扩散过程，技术梯度式扩散是技术扩散的一般方式。例如，20世纪80年代末～90年代中期前，江苏苏州、无锡、常州地区，浙江的杭州、嘉兴、宁波地区的星期六工程师就属于技术梯度式扩散。二是技术跳跃式扩散，是指技术发源地跳过空间上近距离的扩散地而直接扩散到另一距离较远的地方，跳跃式技术扩散方式一般是基于交通、通信条件改善和技术扩散地其他资源禀赋的特殊条件。例如，在2014年上海《统筹城乡规划，优化完善郊区城镇结构和功能布局》调研报告中提出，"在区域一体化的大背景下，上海市的新市镇在市镇网络中的职能不突出，难以发挥跨区域辐射带动作用。据统计，上海郊区人均地区生产总值仅为临沪县级市平均值的2/3，在临沪边界地区形成了经济断裂带和价值洼地。"凌岩老师在其《一个嘉定抵1.5个昆山到一个昆山抵2.3个嘉定》一文中也提到，1982年，江苏苏州、无锡两市8个县，其中4个县的社队工业总产值已达10亿元；而上海第一块牌子的嘉定县只有4.6亿元。据说他们（指江苏苏州、无锡8个县）的社队工业80%的业务是上海扩散去的，设备、技术也是上海过去的，原料也是上海过去的，收购也是上海负责的。[1]

（三）技术转让

1. 技术转让概念

技术转让是指一个国家或单位（包括企业）引进或转移国内外技术及必须附带的服务和产品，用于本国或本单位经济社会发展。实践中，技术引进一般是国与国之间的技术转让，技术转让一般是国内单位或个人之间的技术转让。技术转让也是技术扩散的实现方式，技术的梯度式扩散比较多的是通过生产力辐射来实现，而技术跳跃式扩散更多的是通过更适应生产力的生产关系来实现。例如，日本之明治维新以来，非常重视引进西方先进科学技术，我国自改革开放以来，也积极引进并消化吸收国外先进科学技术，这是与党的十一届三中全会以后的改革开放政策措施有关。

2. 技术转让类型

不同的技术转让目的形成不同的技术转让方式。具体包括：一是吸收型的技术转让，即技术转让的目的是消化、吸收甚至复制该项技术，这种技术转让从技术转让内容上包括基础科研成果的转让，从技术转让的阶段上包括技术的设想、研究、开发、产品中试等；这种技术转让要求技术受让方具有一定的经济技术能力，同时也需要承担风险。二是产品型技术转让，即技术转让的目的是为形成经济效益或生产某种市场需求的产品。这种技术转让在内容上是应用型技术或成熟型技术，在技术转让的阶段上包括技术产品化生产和技术创新等，这类技术转让更多地考虑转让技术的市场需求、

---

[1] 凌岩：《乡愁钩沉》，上海社会科学院出版社2014年版，第175页。

资本配套、资源组合等方面的适宜性。

（四）我国工业企业研究与试验发展（R&D）[①] 经费投入

据第四次全国经济普查，到 2018 年末，在我国 345.1 万个工业企业法人单位中，从事战略性新兴产业[②]规模以上的工业法人单位为 66214 个，占规模以上工业企业法人单位的 17.7%。其中，新材料产业 14068 个，占战略性新兴产业企业法人单位的 21.3%；生物产业 12223 个，占 8.5%；节能环保产业 11987 个，占 18.1%。开展 R&D 活动规模以上工业企业法人单位 104820 个，占全部规模以上工业企业法人单位的 28%。规模以上工业企业法人单位 R&D 人员经费支出 12954.8 亿元，R&D 经费支出占营业收入的 1.23%。其中采矿业，R&D 经费支出为 320 亿元，占营业收入支出的 6.69%；制造业 R&D 经费支出为 12514.4 亿元，占营业收入的 1.33%；电力、燃气等能源供应业 R&D 经费支出为 120.4 亿元，占营业收入的 0.17%。另外，根据第四次全国经济普查，到 2018 年末，全国共有规模以上的高新技术企业法人单位 33573 个，占规模以上制造业的比重为 9.5%。规模以上高新技术企业法人单位 R&D 经费支出为 3559.1 亿元，占营业收入的 2.27%（见表 12-11）。

表 12-11　　第四次全国经济普查规模以上工业企业法人单位 R&D 经费支出
及 R&D 经费与营业收入之比

产业	R&D 经费支出 （亿元）	R&D 经费与营业 收入之比（%）
合计	12954.8	1.23
采矿业	320.0	0.69
煤炭开采和洗选业	146.5	0.58
石油和天然气开采业	89.3	1.03
黑色金属矿采选业	12.0	0.37
有色金属矿采选业	31.7	0.84
非金属矿采选业	14.8	0.44
开采专业及辅助性活动	25.7	1.16
制造业	12514.4	1.33
农副食品加工业	261.1	0.56
食品制造业	161.0	0.86

---

① 研究与试验发展（简称 R&D），是指为增加知识存量（包括有关人类、文化和社会的知识）以及设计已有知识的新应用而进行的创造性、系统性工作，包括基础研究、应用研究和试验研究三种类型。

② 战略性新兴产业是指以重大技术突破和重大发展需求为基础，对经济发展全局和长远具有重大引领带动作用，知识密集、物质消耗少，成长潜力大、综合经济好的产业。包括新一代信息技术产业、高端装备制造产业、新材料产业、生物产业、新能源汽车产业、新源产业、节能环保产业、数字创意产业、相关服务业 9 大领域。

续表

产业	R&D 经费支出（亿元）	R&D 经费与营业收入之比（%）
酒、饮料和精制茶制造业	101.8	0.67
烟草制品业	26.6	0.25
纺织业	255.4	1.01
纺织服装、服饰业	103.0	0.60
皮革、毛皮、羽毛及其制品和制鞋业	59.0	0.49
木材加工和木、竹、藤、棕、草制品业	54.7	0.63
家具制造业	68.0	0.95
造纸和纸制品业	167.8	1.20
印刷和记录媒介复制业	66.7	1.01
文教、工美、体育和娱乐用品制造业	111.8	0.83
石油、煤炭及其他燃料加工业	145.5	0.31
化学原料和化学制品制造业	899.9	1.28
医药制造业	580.9	2.43
化学纤维制造业	112.1	1.30
橡胶和塑料制品业	318.9	1.25
非金属矿物制品业	415.9	0.83
墨色金属冶炼和压延加工业	706.9	1.05
有色金属冶炼和压延加工业	442.5	0.81
金属制品业	389.4	1.13
通用设备制造业	735.6	1.89
专用设备制造业	725.8	2.41
汽车制造业	1312.1	1.55
铁路、船舶、航空航天和其他运输设备制造业	400.8	2.64
电气机械和器材制造业	1320.1	2.03
计算机、通信和其他电子设备制造业	2279.9	2.06
仪器仪表制造业	223.2	2.89
其他制造业	38.7	1.82
废弃资源综合利用业	16.4	0.40
金属制品、机械和设备修理业	13.1	1.08
电力、热力、燃气及水生产和供应业	120.4	0.17
电力、热力生产和供应业	96.9	0.16
燃气生产和供应业	13.6	0.17
水的生产和供应业	9.9	0.36

资料来源：笔者根据《第四次全国经济普查公报（第六号）》整理。

据第四次全国经济普查，到 2018 年末，规模以上工业企业法人单位全年专利申请量为 95.7 万件，其中发明专利申请量为 37.2 万件，占比 38.8%；规模以上高新技术企业法人单位全年专利申请量为 26.5 万件，其中发明专利申请量为 13.8 万件，占高新技术企业发明专利申请的 52.0%[①]。

四、资本

（一）资本的概念

《辞海》对资本的释义为："在社会主义经济中，资本、资金、资产这三个范畴常常是通用的。""资金，财产物资的货币表现。""资本，是指某一主体由于过去的交易或事项而获得或控制的可预期的未来经济利益。包括各种财产、债权和其他权利。"[②] 从生产力层面讲，资本表现为一定的物，如货币、机器、厂房、原料、商品等。经济科学以及会计学中讲的资本主要是指生产力角度的资本，日常中所说的物质资本、人力资本、文化资本等都是资本生产力层面的概念。从生产关系层面讲，资本是一种人与人之间的经济关系，在商品经济条件下，资本是能够带来剩余价值的价值，或者用于投资能得到利润本金。

（二）资本的特性

在实践中，资本有以下三方面基本特性：一是资本的运动性。资本的运动表现为购买、生产和售卖三个阶段，依次表现为货币资本、生产资本和商品资本三种职能形式。资本只有顺利地通过购买、生产、售卖三个阶段和顺利地从一种职能形式转变为另一种职能形式，资本才能实现价值增值。资本这种不间断地运动是资本取得价值增值的必要前提和条件，资本运动一旦停止，实现资本价值增值的目的就会丧失，资本的生命就会停止。实践中，凡具有资本特性的资源，如不允许其流动，其资源也就不会转变为财富或增值。例如，改革开放前我国农村地区的劳动力、建设用地等，以及现存我国农村还不能流动的宅基地上的房产等都属于不流动的资本。二是资本的增值性。资本运动的目的是增值，实现利润的最大化，增值性是资本的本质属性，即资本的本质是获得利润。马克思在《资本论》中指出，"如果有 10% 的利润，资本就会保证到处被使用；有 20% 的利润，资本就能活跃起来；有 50% 的利润，资本就会铤而走险；为了 100% 的利润，资本就敢践踏一切法律；有 300% 以上的利润，资本敢犯任何罪行。"资本的增值性是资本运动性的前提，如果资本缺乏增值性渠道或途径，资本的

---

① 高新技术产业是指国民经济行业中 R&D 投入强度相对较高的制造业行业，包括医药制造，航空、航天器及设备制造，电子及通信设备制造，计算机及办公设备制造，医疗仪器设备及仪器仪表制造，信息化学品制造等 6 大类。

② 夏征农、陈至立主编：《辞海》，上海辞书出版社 2009 年版，第 3050 - 3052 页。

运动性也就停止。从这个角度讲，资本是商品经济条件下的产物，同时，也要求我们在实际经济工作中，不能人为阻断资本的增值空间，否则，资本就难以参与经济运行。三是资本的垫付性。在商品经济条件下，资本所有者或占有者要想获得资本的价值增值，必须先垫付一定的货币资本、生产资本和商品资本参与生产过程或流通过程，资本的垫付性决定着资本的市场风险性和盈利性，而资本的垫付性衍生的风险和盈利取决于资本所有人或占有人的资本经营能力或资本运作能力。

（三）资本的类型

在实践层面，资本存在微观层面的资本和宏观层面的资本。微观层面的资本主要指市场经济主体层面的资本，包括企业和个人的货币形式的资金和实物形式的资产，如法人企业和个体企业的注册资本金以及企业和个人的存款、有价证券和流动资金、法人企业和个人的不动产或固定资产等。宏观层面的资本主要是指一国或一个地区的经济总量及其产业结构、企业及其所有制结构、市场化水平和公共设施配置水平等。当然，上述讲的资本类型只是从生产力角度讲的。同样，从生产关系角度讲，也存在微观层面和宏观层面资本的生产关系。微观层面资本的生产关系主要涉及企业自身的治理体系和治理制度，而企业的治理体系和治理制度在不同行业、不同发展阶段、不同规模的企业也是不一样的；微观层面资本的生产关系还涉及个人及家庭内的父母子女、夫妻之间的经济关系等。宏观层面资本的生产关系，涉及国家和地方政府有关产权及所有制制度及产业政策、市场监管制度、公共财政和国有资产管理制度等。在小城镇和特色小镇发展或规划中重点需要研究地区层面已存在的资本形态及其数量、质量、结构等，从某种角度讲，就是这个地区的经济社会发展的基本现状或基础，既是一个地区的资本积累，也是一个地区进一步发展的本钱。

（四）我国第四次经济普查法人单位分析

1. 法人单位资产和负债分析

根据第四次全国经济普查的界定，法人单位是指有权拥有资产、承担负债，并独立从事社会经济活动（或与其他单位进行交易）的组织，包括企业法人、事业单位法人、机关法人、社团法人、其他法人。根据《中华人民共和国民法典》（以下简称《民法典》），企业法人属营利法人，包括有限责任公司、股份有限公司和其他企业法人等；事业单位、社会团体、基金会、社会服务机构等非营利法人；机关法人、农村集体经济组织、城镇和农村的合作经济组织、基层组织、自治组织等特别法人。第四次全国普查中的其他法人应该包括经济普查未列举的，而我国《民法典》已列举的营利、非营利、特别三类法人。据第四次全国经济普查公报，到 2018 年末，全国从事第二产业和第三产业的法人单位共 2178.9 万个，其中，企业法人 1857 万个，占 85.2%；机关和事业法人 107.5 万个，占 4.9%；社会团体 30.5 万个，占 1.4%；其他法人 183

万个, 占 8.4%。2178.9 万个法人单位, 共吸纳就业人员 38323.6 万人, 资产总额 914.2 万亿, 负债总额 624 万亿元。2018 年末, 1857 万个企业法人, 营业收入 294.6 万亿元 (见表 12 - 12)。

表 12 - 12 第四次全国经济普查按行业门类分组的法人单位资产和负债

行业	法人单位数量 (万个)	法人单位从业人员 (万人)	法人单位资产总计 (万亿元)	法人单位负债合计 (万亿元)	企业法人单位营业收入 (万亿元)
合计	2178.9	38323.6	914.2	624.0	294.6
采矿业	7.0	596.0	11.4	6.8	5.1
制造业	327.0	10471.3	106.7	58.9	105.6
电力、热力、燃气及水生产和供应业	11.1	466.9	21.4	12.8	7.9
建筑业	121.8	5809.1	34.6	22.5	25.6
批发和零售业	649.9	4008.5	53.4	36.4	88.2
交通运输、仓储和邮政业	57.7	1434.8	36.2	21.7	8.6
住宿和餐饮业	43.1	706.9	2.8	1.9	1.4
信息传输、软件和信息技术服务业	92.0	1010.7	15.7	7.3	7.0
金融业	13.8	1831.6	321.9	274.4	13.7
房地产业	74.5	1268.9	116.2	89.0	14.4
租赁和商务服务业	255.1	2290.1	113.2	59.3	8.5
科学研究和技术服务业	127.6	1182.9	18.2	9.3	4.5
水利、环境和公共设施管理业	14.9	353.2	18.1	9.9	1.0
居民服务、修理和其他服务业	49.7	432.9	1.1	0.6	0.7
教育	66.6	2230.5	9.6	1.6	0.5
卫生和社会工作	27.3	1147.8	5.6	2.3	0.5
文化、体育和娱乐业	56.7	419.8	4.3	2.0	1.1
公共管理、社会保障和社会组织	159.7	2508.7	23.1	7.0	—

资料来源: 笔者根据《第四次全国经济普查公报 (第 2 号)》整理。

2. 法人单位空间分布

到 2018 年末, 全国有 2178 个法人单位, 东部地区为 1280.2 万个, 占 58.8%; 中部地区为 492.9 万个, 占 22.6%; 西部地区为 405.8 万个, 占 18.6%; 2178 万个法人单位的 38323.6 万从业人员中, 东部地区为 21621 万从业人员, 占 56%; 中部地区为 9309.2 万从业人员, 占 24%; 西部地区为 7993.4 万从业人员, 占 19% (见表 12 - 13)。

表 12 – 13　　　**第四次全国经济普查按地区分组的法人单位空间分布**

地区	法人单位		法人单位从业人员	
	数量（万个）	比重（%）	数量（万人）	女性人数（万人）
合计	2178.9	100.0	38323.6	14446.7
东部地区	1280.2	58.8	21621.0	8103.1
北京	98.9	4.5	1380.2	563.7
天津	29.1	1.3	495.3	179.7
河北	115.1	5.3	1453.2	554.0
辽宁	60.0	2.8	902.2	349.4
上海	44.1	2.0	1204.4	498.6
江苏	205.4	9.4	3929.2	1360.2
浙江	154.5	7.1	2951.8	997.0
福建	70.3	3.2	1726.0	630.4
山东	180.1	8.3	2810.0	1056.7
广东	312.7	14.3	4610.9	1847.5
海南	10.0	0.5	157.9	66.0
中部地区	492.9	22.6	9309.2	3535.0
山西	46.2	2.1	775.5	276.7
吉林	18.7	0.9	417.6	164.7
黑龙江	25.6	1.2	478.2	189.6
安徽	81.3	3.7	1366.2	499.7
江西	45.4	2.1	986.2	385.0
河南	127.9	5.9	2384.8	921.5
湖北	85.3	3.9	1550.6	580.2
湖南	62.3	2.9	1350.1	517.6
西部地区	405.8	18.6	7393.4	2808.6
内蒙古	29.7	1.4	477.5	182.5
广西	49.0	2.3	750.9	305.5
重庆	51.3	2.4	979.2	366.2
四川	76.2	3.5	1754.4	657.5
贵州	34.8	1.6	587.3	224.8
云南	45.3	2.1	721.0	276.7
西藏	4.7	0.2	80.4	26.2
陕西	53.2	2.4	927.9	341.9
甘肃	23.0	1.1	395.1	145.2
青海	7.3	0.3	118.3	43.3
宁夏	6.9	0.3	136.0	53.7
新疆	24.3	1.1	465.5	185.1

资料来源：笔者根据《第四次全国经济普查公报（第七号）》整理。

3. 企业法人行业分析

根据第四次全国经济普查，到 2018 年末，全国第二产业和第三产业的企业法人单位①为 1857 万个，其中内资企业占 98.8%，港澳台投资企业为 11.9 万个，占 0.6%；外商投资企业为 10.3 万个，占 0.6%。在 1834.8 万个内资企业中，国有企业 7.2 万个，占 0.4%；集体企业 9.8 万个，占 0.5%；股份合作制企业 2.5 万个，占 0.1%；联营企业 0.7 万个；占 0%；有限责任公司 233.4 万个，占 12.6%；股份有限公司 19.7 万个，占 1.1%；私营企业 1561.4 万个，占 84.1%；其他企业 0.1 万个，占 0%。

到 2018 年末，全国企业法人单位总数为 1857 万个，从业人员 32967.5 万人，营业收入为 294.6 万亿元。第二产业企业法人单位数为 466.9 万个，占企业法人单位总数的 25%；从业人员 17329.5 万人，占企业法人单位从业人员总数的 52%；营业收入 143.16 万亿元，占企业法人营业收入的 48.8%。第三产业法人单位单位数 1499.1 万个，占企业法人总数的 75%；从业人员 15637.1 万人，占企业法人单位从业人员的 48%；营业收入为 150.84 万亿元，占企业法人营业收入的 51.2%。在第二产业中，工业企业法人为 345.1 万个，从业人员 11521.5 万人；建筑业企业法人 12.8 万个，从业人员 5808.9 万人。第三产业包括批发和零售等 14 个行业大类，企业法人单位为 1499.1 万个，从业人员 15637.1 万人。其中，批发和零售企业 649.9 万个，从业人员 4008.2 万人；交通运输、仓储和邮政业企业法人单位为 57 万个，从业人员 1396.7 万人；住宿和餐饮业企业法人单位为 43.1 万个，从业人员 706.4 万人；信息传输、软件和信息技术服务业企业法人单位为 91.3 万个，从业人员 995.1 万人；金融业企业法人单位为 13.7 万个，从业人员 1818 万人；房地产业企业法人单位为 74.2 万个，从业人员 1263.5 万人；租赁和商业服务业企业法人单位 250.6 万个，从业人员 2336.8 万人；科学研究和技术服务业企业法人单位 119.5 万个，从业人员 1029 万人；水利、环境和公共设施管理业法人单位为 11.6 万个，从业人员 239.4 万人；居民服务、修理和其他服务业企业法人单位为 47.9 万个，从业人员 414.8 万人；教育企业法人单位为 361.2 万个；卫生和社会工作、企业法人单位为 10.3 万个，从业人员 230.9 万人；文化、体育和娱乐业企业法人单位为 50.7 万个，从业人员 336.4 万人；公共管理、社会保障和社会组织企业法人单位为 50.4 万个，从业人员 501 万人（见表 12－14）。

---

① 第四次全国经济普公报中所称的企业法人单位包括机构类型为企业的法人单位、执行企业会计制度的事业法人单位，以及依照非企业法人单位执行的基金会、农民专业合作社、农村集体经济组织、除宗教活动场所以外的机构类型为其他组织机构的法人单位。

表 12 – 14　　　　　　　　　第四次全国经济普查企业法人行业分布

企业法人行业类型			企业法人单位		企业法人从业人员	
			数量（万个）	占比（%）	数量（万人）	占比（%）
第二产业	1	工业企业法人单位	345.1		11521.5	
	2	建筑业法人单位	12.8		5808.9	
第三产业	3	批发和零售企业法人单位	649.9		4008.2	
	4	交通运输、仓储和邮政业企业法人单位	57		1396.7	
	5	住宿和餐饮业企业法人单位	43.1		706.4	
	6	信息传输、软件和信息技术服务业	91.3		995.1	
	7	金融业企业法人单位	13.7		1818	
	8	房地产业企业	74.2		1263.5	
	9	租赁和商业服务业企业法人单位	250.6		2336.8	
	10	科学研究和技术服务企业法人单位	119.5		1029	
	11	水利、环境和公共设施管理业企业法人单位	11.6		239.4	
	12	居民服务修理和其他服务业企业法人单位	47.9		414.8	
	13	教育企业法人单位	28.9		361.2	
	14	卫生和社会工作企业法人单位	10.3		230.9	
	15	文化、体育和娱乐业企业法人单位	50.7		336.4	
	16	公共管理、社会保障和社会组织企业法人单位	50.4		501	
合计			1857		32967.5	

资料来源：笔者根据第四次全国经济普查公报数据整理。

（五）第四次全国经济普查我国个体经营户分析

《中华人民共和国民法典》规定，个体工商户是指自然人从事工商业经营，经依法登记，为个体工商户。个体经营户是指由个人投资，以个人或家庭从事经营活动，经依法登记，取得经营资格的经营者。个体经营户包括个体工商户和不具有法人资格的个人独资企业、合作企业、专业服务机构等。到 2018 年末，我国有个体经营户6295.9 万个，吸收就业人员 14931.2 万人，其中女性为 6909.9 万人，占 46%。个体经营户数量位居前三位的行业分别为：批发和零售业 3184.6 万个，占 50.6%；住宿和餐饮业 759.1 万个，占 12.1%；交通运输、仓储和邮政业 580.4 万个，占 9.2%（见表 12 – 15）。

表 12－15 第四次全国经济普查按行业门类分组个体经营户

行业大类	个体经营户		个体经营户从业人员（万人）	
	数量（万个）	比重（%）	总数量	女性人数
合 计	6295.9	100.0	14931.2	6900.9
采矿业	1.8	0.0	8.5	1.2
制造业	448.0	7.1	1637.4	780.9
电力、热力、燃气及水生产和供应业	8.9	0.1	14.9	4.5
建筑业	288.5	4.6	950.3	164.4
批发和零售业	3184.6	50.6	6443.2	3325.0
交通运输、仓储和邮政业	580.4	9.2	1173.0	192.1
住宿和餐饮业	759.1	12.1	2235.3	1223.2
信息传输、软件和信息技术服务业	21.1	0.3	44.8	22.5
金融业	—	—	—	—
房地产业	82.9	1.3	171.7	78.8
租赁和商务服务业	130.8	2.1	299.3	116.1
科学研究和技术服务业	18.3	0.3	48.9	17.0
水利、环境和公共设备管理业	3.1	0.0	7.7	2.8
居民服务、修理和其他服务业	547.6	8.7	1303.9	656.9
教育	32.4	0.5	138.2	106.4
卫生和社会工作	57.6	0.9	132.1	68.1
文化、教育和娱乐业	63.2	1.0	180.3	97.5
公共管理、社会保障和社会组织	—	—	—	—

资料来源：笔者根据《第四次全国经济普查公报（第2号）》整理。

第五节 管理资源

一、管理的内涵

管理的概念各有表达和理解。在周三多等老师编著的《管理学——原理与方法》一书中提到，现代管理理论的创始人法国实业家法约尔（Henri Fayol）于 1906 年提出，"管理是通过计划、组织、领导、控制等诸要素或诸过程来协调所有的资源，以达到既定的目标。""管理是在某一组织中，为完成目标而从事的对人与物质资源的协调活动。""管理就是由一个或更多的人协调他人活动，以使收到个人单独活动所不能收到的效果而进行的各种活动。"

美国哈罗德·孔茨、海因茨·韦里克在其著的《管理学》一书中提出，管理就是设计和保持一种良好环境，使人在群体里高效率地完成既定目标。管理由计划、组织、人事、领导和控制五种职能组成，作为群体组织的主管人员设计和实施群体目标时，既要考虑群体组织的内部环境，还要考虑群体组织的外部环境。管理的本质就是群体组织的主管人员采取一切措施使群体内的每个人有可能对集体的目标作出最佳贡献。在计划、组织、人事、领导、控制五项管理职能中，不同层级的管理人员所支付的时间是不一样的，高层管理人员在计划和组织管理职能中花费的时间较多，低层管理人员在领导职能方面花费的时间较多，各级管理人员在控制职能上花费的时间差不多。管理实践或管理工作是一种艺术，或管理是一种根据实际情况行事的"技术"。而将管理实践积淀的知识妥善、有条理地按概念、原则、理论的形式组合起来的这门学科叫管理科学，管理人员运用经过组合的管理知识，就能把管理工作做得更好，如果不掌握管理科学，管理工作只能是碰运气、凭直觉或者用老经验。信息交流既贯彻于计划、组织、人事、领导、控制管理工作的各环节中，也贯彻于群体组织内部环境与群体组织外部环境中。群体组织的主管人员可以去适应群体组织外部环境，但没有能力去改变外部环境。在该书对计划、组织、人事、领导和控制五项管理职能的分析如下：

计划是在现在所处的位置与将来预期目标之间架起的一座桥梁；在做出决策之前计划仅是一种计划研究、一种分析或一种建议，不是真正的计划；如果没有计划，工作往往陷于盲目，或者碰运气；如果要想使集体组织有成效，群体组织必须给出决策后的计划，以便于人们了解期待他们完成的工作任务是什么；计划包括任务、目标和完成计划的行动措施。

组织工作是管理工作的一部分，这部分工作旨在建立一个经过策划的角色结构，分配给机构中的每一个成员，所以，组织首先是有一个机构，其次是审定组织中的每一位成员在组织中所担任的角色；将组织目标中的每一项工作任务分配给组织内最能胜任这项任务的人，组织结构的宗旨是为了创造一种人们完成任务的环境，它是一种管理手段，而不是目的，组织工作不仅要确定完成工作的机构，而且还要物色最能完成工作任务的合格人选。

人事工作就是组织结构设置中的编制、人员配备。

领导工作是指对工作人员施加影响，使他们对集体目标作出贡献；有效的主管人员应该是位有作为的领导人，管理实践中大家往往愿意跟随那些能满足大家需要、愿望和要求的领导人，所以领导必须包含激励以及思想交流；协调个人目标，以达到集体目标，是主管人员的中心任务。

控制工作是衡量和纠正下属人员的各种活动，从而保证事态的发展符合计划的要求；虽然编制计划在前，控制工作在后，但计划不会自己实现；计划主管人员必须使用各种资源完成具体目标，促进事态发展与计划要求一致；查出工作进展与行动计划不符的人，并采取必要措施改进其工作。①

综上所述，结合作者长期从事管理工作实践，认为管理是群体组织为了实现群体组织预期目标的以人为核心的资源（包括人、财、物等）整合统筹协调活动。在前面所述的所有自然资源和社会资源中，人是最活跃的资源要素，其他所有资源肯定需要通过人这个资源要素将其激活，使各种资源优化组合和利用效率效益水平提高。管理就是围绕群体组织设定的预期目标，通过调动人的积极性、主动性、创造性，使其他组合在经济社会发展中的资源要素效率效益水平提高，来实现群体组织预期目标的最大化、最优化。如图 12 - 1 所示。

图 12 - 1　群体组织管理机理示意

资料来源：笔者绘制。

从中国管理实践看，管理的人事要素包含在管理组织要素中的，管理的决策和协调要素包含在管理领导要素中，创新要素不属于管理要素而属于发展要素。管理目的是"将有限的资源进行合理配置和利用，使其最大可能地形成有效的社会生产力"②这里的资源，包括自然资源、人口资源、文化资源、经济资源等。人只是这些资源中最活跃、最能动的因素，在管理中给予最核心的关注，使人成为各种资源组合的媒介。正如周三多等老师在其编著的《管理学——原理与方法》第三版序言中所述，"落后的管理体制、管理理念、管理方法不能使现有的经济资源和生产要素（尤其是技术和知识）得到有效的配置和利用。大量的财富被浪费了，大量的技术、知识和人才被埋没了。"③

二、管理制度

管理的内涵是群体组织通过对群体组织中的成员个人行为的干预和群体组织中的

---

① ［美］哈罗德·孔茨，海因茨·韦里克著，曹昌权等译：《管理学》，经济科学出版社 1993 年版，第 2 - 21 页。

② 周三多等：《管理学——原理与方法》，复旦大学出版社 1999 年版，第 7 页。

③ 周三多等：《管理学——原理与方法》，复旦大学出版社 1999 年版，（序）第 1 页。

资源整合来实现群体组织预期目标的。因此，管理需要群体组织的权力、机构、体制、规划计划、政策、法律等管理制度或者管理工具、管理方法来支撑，而这些日常管理中使用的管理制度或者管理工具、管理方法就是通常所称的管理资源。而这些管理资源具有很强的技术性因素或者专业性因素，所以实践中的管理既是艺术，也是技术。在管理的计划、组织、领导、控制等四要素中，绝大部分是可以通过管理制度来呈现的。例如，在计划管理中可以表现为战略、规划、政策、年度季度月度计划等制度；在组织方面可以表现为机构、职责分工、人员配置等制度；在领导管理中可以表现为奖惩、协调沟通、决策程序、权力监督等制度；在控制管理可以表现预算、审计、评估、督查、目标管理、绩效评估等制度。管理的制度化呈现，可以使管理具有稳定性、可预期性、公平性等特征。因此，在管理实践中，管理往往表现为制定制度和执行制度两大环节。这里讲的制度是广义的，其范围比较近似于美国康芒斯著的《制度经济学》中的制度的范围，即"包括的'无组织的习俗'，也包括家庭、股份公司、同业协会等，主要的则是法制。"① 从管理实践看，在上述两书中提及的计划、组织、人事、领导、控制等管理要素中，无论是"制定制度"还是"执行制度"都涉及五方面的管理要素。因此，管理的实践表现形式是"制定制度"和"执行制度"。因此，管理的目的是实现群体组织预期目标，实践中极大部分管理内容都是"事"而不是"人"。管理目的是通过制度使个体理想和目标与群体组织的理想和目标一致，实现单个个人难以达到的理想和目标。因此，美国康芒斯在其《制度经济学》一书中提出，"制度就是集体行动控制个体行动"。

本章参考文献

[1] 夏征农、陈至立主编：《辞海》，上海辞书出版社 2009 年版。

[2] 崔功豪等：《区域分析与区域规划》，高等教育出版社会 2018 年版。

[3] 赵晖等：《说说小城镇》，建筑工业出版社 2017 年版。

[4] 张冠楠：《日本人口问题的"顽症"和"新症"》，载于《光明日报》2020 年 9 月 21 日。

[5] 楼林娜：《老人视角更宏观》，载于《生命时报》2020 年 9 月 25 日。

[6] 人才学研究会筹备组：《论智力投资》，天津人民出版社 1980 年版。

[7] 葛剑雄：《传统文化中的"传"与"承"》，载于《光明日报》2018 年 2 月 10 日。

[8] 胡小海：《区域文化资源与旅游经济来耦合研究——以江苏为例》，东南大学

---

① ［美］康芒斯：《制度经济学》（上册），商务印书馆出版社 1962 年版，第 4 页。

出版社 2015 年版。

[9] 李韵、万玛加：《鼓浪屿与可可西里同入〈世界遗产名录〉》，载于《光明日报》2017 年 7 月 9 日。

[10] 华觉明：《传统工艺的现代价值》，载于《光明日报》2017 年 7 月 20 日。

[11] 范昕、钱雨彤：《榫卯，此汉字更早的华夏记忆》，载于《文汇报》2018 年 3 月 21 日。

[12] 胡兆量、韩茂莉：《中国区域发展导论》，北京大学生出版社 2008 年版。

[13] 郝寿义：《区域经济学原理》，格致出版社 2016 年版。

[14] [美] 埃德加·B. 胡佛：《区域经济学导论》，商务印书馆 1990 年版。

[15] 马克思：《资本论》，载于《马克思恩格斯全集》，人民出版社 2006 年版，第 23 卷。

[16] [美] 理查德·B. 弗里曼著，刘森一等译：《劳动经济学》，商务印书馆 1987 年版。

[17] 潘金云：《劳动报酬学》，劳动人事出版社 1986 年版。

[18] 陈宪：《国内大循环需要三块"基石"》，载于《社会科学报》2020 年 10 月 22 日。

[19] 凌岩：《乡愁钩沉》，上海社会科学院出版社 2014 年版。

[20] 周三多等：《管理学——原理与方法》，复旦大学出版社 1999 年版。

[21] [美] 哈罗德·孔茨海因茨·韦里克著，曹昌权等译：《管理学》，经济科学出版社 1993 年版。

[22] [美] 康芒斯著：《制度经济学》（上册），商务印书馆出版社 1962 年版。

第五篇

小城镇的规划与建设

　　本篇由镇（乡）域总体规划和小城镇投资建设两章构成。重点讨论了，规划的含义及特征，小城镇的研究范围和规划体系，镇（乡）域总体规划的编制依据、主体、原则、范围和期限，镇（乡）域总体规划的现状梳理与分析、发展战略、经济发展规划、社会发展规划、基础设施规划、公共服务设施规划、生态环境规划，镇（乡）域总体的功能分区、空间管制、土地利用，镇（乡）域总体规划的审批与实施；促进城乡要素双向流动的内涵、意义、条件、障碍和优化方向，扩大镇村财政投资、金融信贷规模、社会资本投资规模，扩大镇村有效投资的我国农村集体土地制度和政策的完善，城乡人口与人才的双向流动，小城镇投资管理体制机制的完善和优化。

| 第十三章 |

镇（乡）域总体规划

笔者于 2019 年在出版的《乡村发展导论》一书中已有"乡村发展规划"专章，在该章中已对我国农业农村的各类发展规划进行了较详细的梳理。笔者于 2018 年 7 月在上海社会科学院出版社出版的《城市学概论》一书中已有《城市规划》专章，在该章中已对城区常住人口 5 万人以上的城市规划进行较详细的梳理。基于上述两点，本章重点讨论小城镇的镇（乡）域总体规划，由小城镇研究范围和规划体系、镇（乡）域总体规划的编制要求、镇（乡）域总体规划的主要内容、镇（乡）域总体规划的审批与实施四节构成。

第一节 小城镇的研究范围和规划体系

一、规划的含义及特征

《辞海》中对规划一词的解释为："谋划、筹划，亦指较全面或长远的计划"，《辞海》对计划一词的解释为："人们为达到一定目的，对未来时期的活动所作的部署和安排。"① 综上所述，规划是指人们基于一定目的，对未来一定期限内的活动所作的全面、长远的部署和安排。其特征有：一是未来性。规划是人们基于一定目的，对将来的活动所作的一种部署和安排，人们对过去的活动梳理总结是历史。二是行动性。规划是对人们未来的活动所作的安排，这里的活动包括人们的种种工作和行为，规划是人们未来的行动纲领。三是操作性。规划是对人们未来的活动做什么、怎样做、谁去做、什么时候做等做出安排，因此规划不是讲为什么，而是讲做什么。四是全面性。规划是对人们未来特定一个时期段和一定范围的活动全面的安排，这里的全面，对一项具体活动而言，主要包括时间上、空间上、内容上的全覆盖。故规划追求同一主体或不同主体在同一活动中的互相衔接和系统协同，同时规划也追求规划范围内、规划期内已有的和未来追加资源的整合，包括人的行为整合。五是长远性。规划是人们对

---

① 夏征农、陈至立主编：《辞海》，上海辞书出版社 2009 年版，第 784 页和第 1028 页。

未来活动的一种长远安排。一般来说，一项几个月就能完成的具体活动，为了在操作上有步骤、有顺序、不遗漏也需要做个计划，但一般不叫规划，故工作中常有"短计划，长规划"的说法。六是期限性。规划是对人们未来一定期间内的工作或行为所做的安排，故规划有规划期，包括基期时间和期末时间。基期时间是指规划所有数据、现状、问题都是规划基期时间的时点情况，因此规划是需要描述现状的，没有现状描述的规划是没有起点的规划，也是难以评估及实施的规划，描述现状是为了对未来更正确的安排，而规划不具有对过去安排的特性。期末时间是指规划实施终点时间的数量、状态等。七是发展性。"发展性"是规划的特征，也就是说规划看重的是对人们未来发展活动做出安排。发展是事物的一种变化状态，在特定的时间里，若通过人们的工作或行动，该事物比昨天进步了，我们通常叫"发展"；没有进步也没有退步，我们叫"停滞"；而相对于事物起点是落后了，我们叫"退步"或"衰退"。规划是对人们未来一定期限的活动所做的安排，这种安排应当着眼于"发展"，因此"发展"应当是规划的应有特性。当然，有了规划不一定就有发展，但做规划目的是发展，不想发展就不需要做规划，想发展必须先做规划。

规划与战略有着千丝万缕的联系，尤其是经济社会发展规划，往往具有一定的战略性质或内容，或者制定规划应当以经济社会发展战略为前提。事实上，规划与战略既有联系又有区别，在未来性、全面性、长远性、发展性上，规划与战略几乎是共同的，但规划更强调行动性、操作性、期限性，而战略则强调思想性、方向性、原则性。规划只是强调做什么、怎样做；而战略不但要讲做什么、怎样做，还要讲为什么要这样做。当然，在市场经济条件下，应当既重视战略，又重视规划。在编制规划前，先进行战略研究，在战略研究后，将有条件可实施的内容上升到规划，这样就能使工作中的思想性和行动性更好衔接。

二、小城镇规划体系

(一) 小城镇的研究范围

根据本书第一章"小城镇研究对象"和《中华人民共和国乡村振兴促进法》第二条"本法所称乡村，是指城市建成区以外具有自然、社会、经济特征和生产、生活、生态、文化等多重功能的地域综合体，包括乡（镇）、村（含行政村、自然村）等。"本书小城镇的研究范围包括以下五个方面：

一是建制镇和建制乡行政所辖范围的镇（乡）域；

二是建制镇和建制乡政府所在地，即镇区；

三是经县级人民政府确定的作为农村一定区域的人居、经济、文化和生活服务中心的非建制镇（包括撤乡并镇后至今仍在运行的原建制镇和建制乡政府所在地）和历史上形成的为周边若干村（含行政村、自然村）居民服务的集镇；

四是经各级人民政府确定的建制镇和建制乡地域范围的各类特色功能区（包括各级政府确认的特色小镇、风景名胜区、休闲农业园区、现代农业园区、创新创业园区、田园综合体等）；

五是列入各级人民政府培育的中心镇和小城市（小城镇培育壮大为小城市过程属于小城镇研究范围，但特大镇改制设立为小城市后则不属于小城镇的研究范围）。

（二）小城镇的规划体系

根据上述小城镇研究范围，与之相应的小城镇规划应该由以下五个方面构成：

一是建制镇和建制乡所辖行政区域的镇（乡）域总体规划；

二是建制镇和建制乡政府驻地的镇区规划；

三是建制镇和建制乡所辖行政区域内服务性集镇规划包括撤乡并镇后目前仍在运行的原建制镇和建制乡政府驻地镇区规划和历史上形成的目前仍在运行的为周边若干村（含行政村、自然村）服务的集镇镇区规划；

四是经各级人民政府确认的建制镇和建制乡地域内的各类特色功能区规划；

五是列入各级政府培育的中心镇规划和小城市培育规划。

上述五方面规划，按照规划编制和实施逻辑，小城镇规划应形成的体系如图 13 – 1 所示。

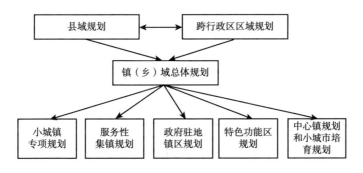

图 13 – 1　小城镇规划体系示意

资料来源：笔者绘制。

小城镇上述规划体系，本章将重点展开小城镇镇（乡）域总体规范和小城镇政府驻地镇区规划、服务性集镇规划、特色功能区规划。小城镇镇（乡）域总体规划带有区域规划性质，而小城镇政府驻地镇区规划、服务性集镇规划、特色功能区规划都带城镇性质的小城镇地域内的极化发展地区或集聚发展地区规划。

第二节　镇（乡）域总体规划的编制要求

一、镇（乡）域总体规划的编制依据

（一）法律法规文件依据

根据 2010 年原住建部发布的《镇（乡）域规划（试行）》"总则"部分的 1.2 "有条件的镇和乡，应依据本导则编制镇（乡）域规划。" 1.5 "镇（乡）域规划的组织编制和审批应当分别按照《中华人民共和国城乡规划法》对镇规划和乡规划组织编制和审批的要求执行。" 1.6 "编制镇（乡）域规划，应当遵循国家有关标准和技术规范。" 因此，2007 年 1 月由原建设部和国家质量监督检验检疫总局发布的《镇规划标准》也是镇（乡）域规划的编制依据。

（二）上位规划依据

2007 年 10 月由全国人大常委会发布的《中华人民共和国城乡规划法》第五条，"城市总体规划、镇总体规划以及乡规划和村庄规划的编制，应当依据国民经济和社会发展规划，并与土地利用规划相衔接。" 实践中，镇（乡）域规划编制最需求遵循的上位规划是与之相关的县域规划和与镇（乡）域地域相邻的跨行政区区域规划。

（三）会议决定和报告依据

镇（乡）域规划编制除遵循有关法律、法规、文件规定和上位规划外，还需遵循上级或本级的党代会、人代会、政府决议和报告以及本级以往已经编制并正在执行的各类规划。

二、镇（乡）域规划编制主体

《镇（乡）域规划导则（试行）》4.3 "镇（乡）域规划成果经镇（乡）人民代表大会审查同意后由镇（乡）人民政府报县、市级人民政府批准。" 4.4 "镇（乡）域规划成果批准后，镇（乡）人民政府应按法定程序向公众公布、展示规划成果，并接受公众对规划实施的监督。" 以及《中华人民共和国城乡规划法》（以下简称《城乡规划法》）第十五条规定，"县人民政府组织编制县人民政府所在地镇的总体规划，报上一级人民政府审批。其他镇的总体规划由镇人民政府组织编制，报上一级人民政府审批。" 但我国 2007 年的《城乡规范法》并没有明确乡规划、村规划编制主体由谁承担。从《镇（乡）规划导则（试行）》实施规定看，镇（乡）域规划编制主体应该是镇（乡）人民政府。

三、镇（乡）域规划的编制原则

根据《镇（乡）域规划导则（试行）》，镇（乡）域规划编制"应坚持全域统筹、注重发展、节约用地、因地的原则，突出对镇（乡）全域发展的指导，协调农村生产、生活和生态，统筹建设用地和非建设用地的合理布局。体现地域特色、乡村特色和民族特色，尊重农村地区的多样性和差异性。节约和信纸利用资源和能源，保护生态环境。"镇（乡）域规划编制应遵循以下原则。

（一）全域统筹

即镇（乡）域规划既要对镇（乡）域范围内的各类城镇性质的镇区包括镇（乡）政府驻地、镇（乡）域内还在运行的原建制镇和建制乡驻地以及为周边几个村服务的服务性集镇和镇（乡）域特色功能区进行规划，还需要将镇（乡）域内各类镇区与村庄经济社会发展、公共设施配置以及空间布局和管理作为一个整体，联动起来进行统筹规划。

（二）注重发展

镇（乡）域规划的核心内容是镇（乡）域内各类镇区和村庄的经济社会发展和公共设施配置，镇（乡）域的空间规划仅仅是镇（乡）域规划期内各类发展内容的空间载体。发展是镇（乡）域规划的主题内容，镇（乡）的空间规划仅仅是将镇（乡）域规划中明确的发展内容在空间上落地布局；镇（乡）域空间规划离开镇（乡）域规划中的发展内容，镇（乡）域空间规划将成为"无本之木"。

（三）节约用地

节约用地是指镇（乡）规划中的土地利用规划，应遵循集约、节约原则，用最小的土地资源配置实现最大的发展效果或效益。这就涉及镇（乡）域经济社会发展内容及项目和公共设施发展内容及项目在土地空间上的选址、布局、规模、土地供给方式、项目开发时间和土地供给时序等。

（四）因地制宜

因地制宜是指镇（乡）域规划中的经济社会与公共设施配置、土地利用、空间结构等规划，应从镇（乡）域资源禀赋、区域发展基础出发，尊重镇（乡）域内的各地域发展的多样性、差异性，发挥各地域独特优势，实现特色发展，避免"同质竞争"。

四、镇（乡）域规划的编制范围和期限

《镇（乡）域规划导则（试行）》1.2 明确镇（乡）域规划"规划区范围覆盖镇

（乡）行政辖区的全部。"1.4 中明确"镇（乡）域规划的期限一般为 20 年。"根据《城乡规划法》规定，规划区"是指城市、镇和村庄的建成区以及因城乡建设发展需要，必须实行规划控制的区域。"

需要提醒的是，《镇（乡）域规划导则（试行）》中所说的"镇（乡）域规划区覆盖镇（乡）行政辖区的全部。"应作两方面理解：一是镇（乡）域规划编制的内容，尤其是镇（乡）域规划的强制性内容以及镇（乡）域规划管理与实施的内容应当是镇（乡）域行政辖区。二是在市场体制条件下因交通条件变化和行政区划等原因导致镇（乡）域市场空间范围或资源配置空间范围的改变，镇（乡）域规划思考或谋划的范围不能局限于镇（乡）域行政区范围内，应该将与镇（乡）域行政区范围以外的资源要素配置范围纳入镇（乡）域规划思考范围或镇（乡）域资源要素配置范围。规划从某种角度讲是一种资源要素整合的方案，在市场经济各类要素自由流动条件下，镇（乡）域规划仅仅以其行政区为资源要素配置范围已越来越不符合我国镇（乡）域规划思考和谋划的实际情况，因此，镇（乡）域规划编制中应当将镇（乡）域行政区规划与镇（乡）域经济区规划有效地衔接起来，增强镇（乡）域规划对市场经济的适应性和资源配置的有效性。

第三节　镇（乡）域总体规划的主要内容

2010 年住建部颁布的《镇（乡）域规划导则（试行）》中明确，镇（乡）域规划编制的内容包括经济社会发展目标与产业布局，空间利用布局与管制，居民点布局，交通系统，供水及能源工程，环境卫生治理，公共服务设施，防灾减灾，历史文化和特色景观资源保护 9 大部分。而将规划范围内的现状分析放到镇（乡）域规划说明书中。根据笔者多年从事规划编制和实施的经验，规划范围内的现状分析应当放入规划文本中，作为未来规划内容设置的依据以及规划实施中的评估对象。

一、镇（乡）域发展现状的梳理与分析

做规划的功夫不在未来，而在深刻洞察规划范围内的过去和现在，只有更好地把握规划范围内的过去和现在，才能更好地展望规划范围内的未来。规划是指导未来的，但规划指导未来的基础是规划的过去和现在。一般来讲，做规划是"七分梳现状，三分做规划。"没有现状梳理的规划是没有根基的规划，也是无法对比、评价的规划，因此，也是一份偷工减料的规划。现状梳理包括以下内容。

（一）现状资料的收集

镇（乡）域规划编制涉及所需的资料是十分广泛的，其基本原则是按照规划所涉

及的内容，全面、精细收集。重点有以下几类：一是规划范围内的现状资料，包括经济、社会、资源、人口、环境等规划编制时点的资料，这里需要大量的统计调查和研究；二是规划涉及的文件资料，包括上位规划、关联规划、相关法律、法规、政策、会议决定、决议、领导讲话等。三是规划内容涉及的历史资料，这些历史资料对把握规划涉及的发展沿革、历史脉络十分重要，这部分资料往往大家不够重视。事实上，规划要做好继承与发展这篇"文章"，要做好开拓性和连续性这篇"文章"，规划的发展是顺势而为的发展，而不是割断历史的发展，是继承基础之上的创新，而不是割断历史的创新。这里需要强调的是，规划资料收集的全面性、精细性决定着规划的深度、操作性。实践中制定规划往往凭空想象，不注重过去的、现实的资料收集，造成规划割断一个地区的发展脉络，不合时宜，不具有操作性。

（二）现场踏勘

做规划应现场踏勘，即对规划范围内的逐个地块、逐条道路都现场踩过点，知道该地块、该区域昨天是怎样，现在怎样，未来应该怎样。做规划是未来发展的宏伟蓝图，而这个宏伟蓝图首先是要植根于规划人员的脑中、想象中，而规划人员脑中、想象中的未来发展宏伟蓝图既要有抽象的逻辑推导、环比的数据测算，更要有空间上的布局想象。而这种空间上的想象主要来源于现场地块、空间的踏勘，除此之外是没有任何来源途径的。因此，规划编制的现场踏勘是编制规划，尤其是项目空间布局落地的必要条件。没有经过这一阶段，规划要符合实际、具有操作性是不可能的。实践中的规划编制往往不注重或不舍得花力气去做好现场踏勘工作，因此，导致规划成为纸上画画，墙上挂挂的摆设，这就是缺乏现场踏勘或现场踏勘不细的结果。现场踏勘总的要求是每个地块、每条路、每条河等都要亲自看过，亲自算过，认真思考过。

（三）利益相关者的访谈与问卷

镇（乡）域规划编制会涉及规划区内一些单位或居民等相关人的切身利益，同时规划的实施也需要镇（乡）域中单位和市民的理解、支持、配合和遵守。所以，在镇（乡）域规划编制前，对规划涉及的土地利用、重大经济社会发展项目安排及其空间布局调整等相关的利益群体进行问卷或访谈，听取他们的诉求或好的建议，乃至批评，对编好一个可操作和实施的规划是必需的工作，是十分重要的规划起草的准备事项。

在梳理上述现状的基础上，在镇（乡）域规划起草时，要立足于未来镇（乡）域发展角度客观地进行有利条件和不利条件分析，提出镇（乡）域未来发展需要扬长避短的因素。镇（乡）域规划本质上是将梳理分析的"有利条件"充分发挥，而对现状梳理分析得出的"不利条件"在未来规划中予以解决或消除。镇（乡）域发展现状梳理很大成分就是为了推出镇（乡）域进一步发展的"有利条件"和"不利条件"。镇（乡）域未来发展的"有利条件"也可称镇（乡）域的"区域优势"，镇（乡）域未来发展的"不利条件"也可称镇（乡）域的"区域劣势。"[1]

二、镇（乡）域发展战略

《镇（乡）域规划导则（试行）》中提出，"分析自然条件、资源基础和发展潜力，提出镇（乡）域城乡统筹发展战略，确定镇（乡）域发展定位和社会经济发展目标。"镇（乡）域城乡统筹发展战略是指对镇（乡）行政辖区的城镇和乡村作为一个整体来进行通盘筹划，形成长远的、全局性的、方向性的安排。镇（乡）域城乡发展战略的确定，通常是在镇（乡）域发展现状梳理和分析及其镇（乡）域区域优劣势基础上，明确镇（乡）域发展的战略定位、主导功能、战略目标及指标、战略方针、战略重点、战略步骤等。

（一）镇（乡）域发展战略的基本特征

镇（乡）域发展战略与镇（乡）域规划相比，具有以下两方面基本特征：

1. 镇（乡）域发展战略的长远性

一般而言，发展战略是对发展对象的过去、现在的分析，提出发展对象未来的长远安排，而这个长远安排一般是没有具体明确终止时间的，仅仅是发展对象未来发展的方向，而发展规划不管是长远规划还是短期规划，一般都有规划截止期。

2. 镇（乡）域发展战略的全局性

发展战略通过对发展对象过去、现在、未来的分析，提出对发展对象未来的全局性安排。例如，重点行业、重点项目、重点企业、重点领域的重点发展方向需要在镇（乡）域规划中明确。

镇（乡）域发展战略的上述两方面特征决定着镇（乡）域发展战略是镇（乡）域发展规划的制定依据和战略先导。镇（乡）域发展战略是镇（乡）域发展规划的前置程序，有了镇（乡）域发展战略的引导，一般就能使有期限的、操作型的镇（乡）域规划更符合镇（乡）域长远的、全局的发展方向。

（二）镇（乡）域发展战略的基本内容

1. 战略定位

镇（乡）域发展战略定位是指在镇（乡）域独特的区位优势和发展条件下，镇

---

① 崔功豪等：《区域分析与区域规划》，高等教育出版社 2006 年版，第 167 页。

（乡）域在县域行政区中的分工和镇（乡）域在周边关联区域中的分工。

2. 主导功能

镇（乡）域主导功能是指在镇（乡）域若干功能中起决定作用的那项功能，镇（乡）域主导功能是镇（乡）域其他功能存在的基础和前提。特别需要提醒的是，镇（乡）域主导功能决定着镇（乡）域发展性质，镇（乡）域发展的主导功能是镇（乡）域功能结构中的核心环节，镇（乡）域规划是围绕主导功能展开的。镇（乡）域规划抓住主导功能，就抓住了镇（乡）域发展的"牛鼻子"，抓住了镇（乡）域发展的根本。

3. 战略目标及指标

镇（乡）域发展战略目标是指镇（乡）域按照县域行政区的分工和周边区域的分工，依据镇（乡）域主导功能而展开的镇（乡）域经济社会发展方向。战略指标是指在镇（乡）域战略目标下的某一时期的经济社会发展指标，一般包括镇（乡）域经济发展总量指标、城镇化发展指标、城乡居民可支配收入指标、人均居住面积指标、经济体制指标、环境质量指标和教科文卫体民政福利等社会事业指标等。

4. 战略方针

镇（乡）域发展的战略方针是指实现镇（乡）域战略目标及指标的总策略和总原则，是对实现镇（乡）域战略目标及指标的实现路径和行动方式的把握。镇（乡）域发展战略方针是镇（乡）域经济社会发展的行动指南，是从镇（乡）域发展现实中分析概括出来的，是镇（乡）域战略目标与战略指标实现的桥梁，在镇（乡）域发展战略中是必不可少的。

5. 战略重点

镇（乡）域发展的战略重点是指镇（乡）发展战略目标实现的战略突破口，是镇（乡）域发展战略目标实现的重点领域、重点产业、重点项目、重点企业。正确确定镇（乡）域发展战略重点，有利于在特定时间段中集中有限的资源解决镇（乡）域发展中的主要矛盾，"拉长板"或"补短板"，既发挥镇（乡）域中的发展优势，又弥补镇（乡）发展中的薄弱环节。没有重点就没有战略，战略重点是发展战略的重中之重。

6. 战略步骤

镇（乡）域发展的战略步骤是指镇（乡）域发展战略中确定的战略发展内容在不同时间段分期实施，一般包括战略近期（一般指5年），战略中期（一般指10年以上），战略远期（一般指20年以上）。每个战略发展期都要根据发展战略确定的轻重缓急，明确不同战略发展期的规划计划，明确重点建设项目、相应的投资规模和投融资政策以及建设目标。

三、镇（乡）域经济发展规划

2010年住建部颁布的《镇（乡）域规划导则（试行）》中规定，镇（乡）域规划应当"明确镇（乡）域产业结构调整目标，产业发展方向和重点，提出三次产业发展的目标和发展措施。""统筹规划镇（乡）域三次产业的空间布局，合理确定农业生产区、农副产品加工区、产业园区、物流市场区、旅游发展区等产业集中区的选址和发展措施。"

（一）镇（乡）域经济发展的基本原则

从目前情况看，镇（乡）经济发展的基本原则必须坚持以下两方面：一是我国绝大部分镇（乡）域，尤其是远离城市的纯农地区的镇（乡）域，经济发展应当依托当地及其周边区域的资源禀赋，发展"内生型"经济；二是我国绝大部分镇（乡）域经济发展都要坚持农村集体土地所有制条件下的多种经济共同发展方针，鼓励农业规模经营户、个体工商户、民营经济发展。

（二）镇（乡）域经济发展指标

镇（乡）域经济发展指标包括经济发展总量（GDP）及其增长率，财政收入总量及其增长率，第一二三产业社会总产值及其增长率，三次产业结构比例及第二三产业所占国内生产总值比重，镇村居民可支配收入及增长率等。

（三）产业结构

镇（乡）域产业结构是指镇（乡）域内各产业之间的相互关系和比例关系。

1. 产业发展内容

一是现代农业，包括现代农业的第一产业（含种养殖业、林业、牧业、渔业和农林牧渔服务业），现代农业的第二产业（含农用机械行业、农用化工行业、农产品加工业），现代农业的第三产业（含农业科教服务、农业旅游、农产品交易、政府农业服务等）。二是制造业，包括纺织服装与化纤、食品和烟草加工、木材加工和家具、非金属矿物制造、橡胶和塑料、纸制品和印刷品、中草药加工等。三是商业，包括农产品交易（含粮、油、棉、麻、丝、茶、糖、鱼、木材、畜禽、茶烟、果、药材等）和日用工业品交易（食品、饮料、烟草、纺织、服装化纤制品、竹藤棕草制品和家具、纸产品和印刷品、皮革家具、橡胶制品、家电汽配、五金化工等）；四是乡村旅游业，包括风景名胜区、农业休闲园区、古镇古村落等。

2. 产业结构调整

镇（乡）域产业结构是指镇（乡）域内各产业之间的比例关系和相互关系。产业结构调整是指通过对镇（乡）域内现有产业之间比例、结构的调整，使各产业协调发展并满足社会需求和经济增长的过程。就目前而言，镇（乡）域产业结构调整包括以下内容：一是要明确现代农业是镇（乡）域经济发展中的主导产业。我国绝大部分镇（乡）域，特别是远离城市的纯农地区镇（乡）域，可依托其独特的自然资源禀赋发展现代农业。现代农业始终是镇（乡）域第二三产业的主导产业，镇（乡）中的第二三产业绝大部分是从现代农业中延伸出来的。可以这样说，镇（乡）域内没有现代农业，绝大部分镇（乡）域的制造业、商业、乡村旅游业都将不复存在。二是要明确镇（乡）域产业发展中的第一二三产业发展次序和目标值。三是明确镇（乡）域第一二三产业发展中的重点行业的发展目标和发展措施等。

（四）产业布局

产业布局也称生产力布局，是指第一二三产业及其行业在生产条件适宜的地区或地点的选址。

1. 产业布局内容

（1）镇（乡）域第一产业布局。2007 年农业部发布的全国《特色农产品区域布局规划（2006—2015 年）》和 2014 年发布的《特色农产品区域布局规划（2013—2014 年）》中提出，特色农产品区域布局规划是发挥资源比较优势，形成优质特色农产品产区，推动农业综合开发，促进农民增收的重要抓手。国家《特色农产品区域规划》提出了 10 类 144 个特色农产品的优势区产业布局的确定的依据。一是生产条件：特色农产品原产地或区域，具备最适宜的自然生态条件，能生产品质优良、风味独特的特色产品；二是产业基础：生产传统、技术成熟、相对集中连片，市场半径和市场份额大，具备形成知名品牌、组成区域特色农产品产业体系的基础；三是区域分工：特色产品符合区域分工，有利于发挥比较优势，形成优势互补的农业区域格局。（2）镇（乡）域第二三产业布局。2016 年 12 月国务院办公厅发布的《关于进一步促进农产品加工上的意见》中提出，"支持特产农产品优势区重点发展菜篮子产品等加工，着力推动销售物流平台，产业集聚带和综合产业园区建设。支持大中城市郊区主食、方便食品、休闲食品和凉菜加工，形成产业园区和集聚带。支持贫困地区结合精准扶贫、精准脱贫，大力开展产业扶贫，引进有品牌、有实力、有市场的农业产业化龙头企业，重点发展绿色农产品加工，以县为单位建设加工基地，以村（乡）为单元建设原料基地。"2016 年 11 月，农业部发布的《全国农产品加工业与农村一二三产业融合发展规划（2016—2020 年）》中提出，"专业原料基地建设、农产品加工转型、休闲农业和乡村旅游、产业融合试点示范四大工程等。"

2. 产业布局方式

镇（乡）域地域广阔，各地域的资源禀赋、发展基础也不一样。从镇（乡）产业布局的实践看，镇（乡）域产业布局主要有多心组团式产业布局、成组轴线式产业布局和块线结合网络式产业布局。多心组团式产业布局是指镇（乡）域内块状的产业布局，包括农业生产区、农副产品加工区、产业园区、物流市场区、旅游发展区；成组轴线式产业布局是指镇（乡）域内沿着交通廊道形成的连续性或不连续性的产业项目的产业布局；块线结合网络式产业布局是指镇（乡）域范围内由多心组团块状产业布局与成组轴式产业布局形成的聚合与辐射相互连接的产业布局方式。产业布局方式是将前述产业布局内容在空间上连接为一体的重要措施和布局结构。

四、镇（乡）域社会发展规划

镇（乡）社会发展规划主要涉及的内容是镇（乡）域居住点布局、人口规模和建设用地规模、教科文卫体民政福利等公共服务设施配置等。

（一）镇（乡）域居民点的布局规划

2010年11月住建部发布的《镇（乡）域规则导则》要求，镇（乡）域规划编制要"提出镇（乡）域居民点集中建设、协调发展的总体方案和村庄融合的具体安排，构建镇区（乡政府驻地）、中心村、基层村三级体系；预测镇区（乡政府驻地）和镇（乡）域各行政村人口规模和建设用地规模；确定镇区（乡政府驻地）功能，划定镇区（乡政府驻地）建设用地范围。"2007年1月，由原国家建设部和质量监督检验检疫局发布的《镇规划标准》提出，镇区是指镇（乡）人民政府驻地的建成区和规划建设发展区，中心村是指镇（乡）域镇村体系规划中，设有兼为周边村服务的公共设施的村；基层村是指镇（乡）域镇村体系规划中，中心村以外的村。其实，在实践情况看，中心村和基层村只是指村在规划中的等级概念，实践中只有行政村（或叫建制村）和自然村的概念。中心村一般由行政村中村委会所在地的自然村担任，而行政村是指由若干个自然村组成的，由县级政府确认的村自治单元。需要说明的是，中心村不是我国历史上讲的"村镇"或乡以下镇①的概念，就是一个规划等级概念。因此，镇村体系应该由镇（乡）政府驻地镇区（包括县属镇或城关镇镇区、其他建制镇镇区、乡政府驻地镇区），服务性集镇镇区（包括还在运行使用的乡镇合并中形成的原镇乡政府驻地和为周边几个行政村服务的服务性集镇镇区，以及近几年发展起来的为周边几个村服务的特色小镇等），村委会（中心村）和自然村（基层村）四级镇村居住点组成。从镇（乡）政府驻地镇区和镇（乡）域服务性非建制镇镇区而言，既要明确已

---

① 在凌岩著的《乡愁钩沿》（上海社会科学院出版社2014年版，第165－170页）一书所讲的"村镇"和曹锦清等著的《当代浙北乡村社会文化变迁》（上海人民出版社2014年版，第358页）一书中"乡以下镇"指的都是镇（乡）镇区以外的"服务性集镇"，不是中心村的概念。

有的镇区建成区，还要明确镇区的规划建设发展区。从镇（乡）域行政村和自然村而言，还要明确镇（乡）域规划期末，镇（乡）域范围内的行政村和自然村哪些属于保留村，哪些属于撤并村，以及保留村和撤并村的建设用地范围和居住户数及人口数。

（二）镇（乡）域镇区建设用地规模和人口规模

1. 镇（乡）域镇区规划及建设用地规模和人口规模

根据《上海嘉定区安亭镇总体规划（2014—2040）》，镇区由镇政府驻地镇区、服务性集镇镇区（原建制镇镇区）和特色功能区构成（见表13–1）。

表13–1   上海市嘉定区安亭镇各类镇区规划

镇区构成		建设用地规模（平方千米）	人口规模（万人）
镇政府驻地镇区	安亭老镇区	4.1	7.1
	安亭新镇区	3.6	3.55
	伊南伊北社区	1	1
服务性集镇（原建制镇镇区）	方泰社区	4.3	3.43
	黄渡社区	3.8	8.1
产业特色功能性镇区	汽车核心区	7.2	4.4
	汽车零部件区	10.7	0.4
	汽车制造区	6.3	2.5
	大学园区	2	0.94
	体育休闲区	5.6	—
	环同济社区	2.2	0.62
	城防铁社区	1.7	1.35
	新兴智能产业区	1.9	—
合计		54.4	33.39

资料来源：根据上海市嘉定区人民政府安亭镇总体规划整理。

2. 镇（乡）域村庄布局规划及建设用地规模和人口规模

镇（乡）域规划除明确镇区构成外，还需要明确村庄布局规划及建设用地规模和人口规模。明确村庄规划布局重点是要明确镇（乡）域范围内现有村庄在镇（乡）域规划期末哪些村庄是保留的，哪些是要拆并的。在实践看，保留村庄是指规划镇区边界外在镇（乡）域规划期内保留的村庄，包括原地保留自然村、平移归并自然村、无法归纳镇区、村庄的保留农村居民集中居住区；拆迁村是在那些位于镇区规划范围内和镇区规划范围外，因环境因素不适宜居民居住的村庄或重大公共设施建设涉及的村庄或由于村庄自身原因难以进行公共配套的村庄。保留村庄和拆迁村庄在镇（乡）域规划中都需要明确建设用地规模、建筑面积规模和人口规模。建设用地规模、建筑面积规模、人口规模一般分别用 hm²、万平方米、户数来表示（见表 13 - 2、表 13 - 3、表 13 -4）。

表 13 - 2　　　　　　上海市嘉定区规划原地保留和平移归并村庄一览

乡镇和街道	原地保留村庄			平移保留村庄		
	用地面积（公顷）	建筑面积（万平方米）	户数	用地面积（公顷）	建筑面积（万平方米）	户数
工业区	191.8	106.9	4110	61.5	34.3	1318
外冈	73.7	41.1	1579	15.4	8.6	330
华亭	303.8	169.3	6511	48.6	27.1	1041
徐行	317.5	176.9	6803	81.0	45.1	1736
马陆	159.3	88.8	3414	53.0	29.5	1135
南翔	0.0	0.0	0	0.0	0.0	0
江桥	14.1	7.8	301	0.0	0.0	0
安亭	49.1	27.4	1052	8.4	4.7	180
菊园新区	0.0	0.0	0	0.0	0.0	0.0
嘉定街道	0.0	0.0	0	0.0	0.0	0.0
新成路街道	0.0	0.0	0	0.0	0.0	0.0
真新街道	0.0	0.0	0	0.0	0.0	0.0
合计	1109.3	618.0	23770	267.8	149.2	5739

资料来源：《上海市嘉定区村庄布点规划（2014—2040）》。

表 13 - 3　　　　　　上海市嘉定区规划保留农村居民集中居住区一览

乡镇和街道	用地面积（公顷）	建筑面积（万平方米）	户数
工业区	188.0	72.1	4245
外冈	10.1	12.0	880
华亭	2.7	3.7	158
徐行	24.9	10.80	451
马陆	223.1	156.3	9136
南翔	57.9	34.9	2155
江桥	94.0	25.2	1498
安亭	162.8	97.6	5052
菊园新区	25.5	12.4	223
嘉定街道	0.0	—	—
新成路街道	0.0	—	—
真新街道	0.0	—	—
合计	789.0	425.2	23798

资料来源：《上海市嘉定区村庄布点规划（2014—2040）》。

表 13 - 4 上海市嘉定区规划拆迁村庄一览

乡镇和街道	用地面积（公顷）	建筑面积（万平方米）	户数
工业区	255.0	142.1	5464
外冈	320.4	178.5	6866
华亭	65.7	36.6	1408
徐行	88.8	49.5	1903
马陆	94.0	52.3	2013
南翔	167.5	93.3	3589
江桥	189.5	105.6	4061
安亭	274.1	152.7	5874
菊园新区	68.0	37.9	1456
嘉定街道	0.0	0.0	0
新成路街道	11.1	6.2	238
真新街道	3.1	1.7	67
合计	1537.2	856.4	32940

资料来源：《上海市嘉定区村庄布点规划（2014—2040）》。

五、镇（乡）域公共设施配置

（一）镇（乡）域公共服务设施规划

镇（乡）域规划当完成了镇（乡）域镇区和村庄布局及其建设用地规模、人口规模后，就可以围绕镇（乡）域内的镇区和村庄布局规划镇（乡）域公共服务设施。按照 2010 年底住建部发布的《镇（乡）域规划导则》，镇（乡）域公共服务设施要按照镇乡基本公共服务均等化要求，按镇区（乡镇驻地）、服务性集镇（非建制镇）、行政村、自然村四个等级进行配置，配置内容包括行政管理、教育、文化科技、医疗保健、商业金融、社会福利、集贸市场等 7 大类（见表 13 - 5）。另外，在本书第八章第三节中的"表 8 - 7"中详细列举了镇区（包括镇乡政府驻地镇区、服务性集镇镇区和特色功能性镇区）常住人口 0.1 万人以上 5 万人以下镇区社会性设施（公共服务设施）的配置标准，也可供镇（乡）域各类镇区规划进行公共服务设施配置参考。

表 13 - 5 镇（乡）域公共服务设施项目配置

类别	项目名称	镇区（乡政府驻地）	中心村	基层村
一、行政管理	1. 党、政府、人大、政协、团体	●	—	—
	2. 法庭	○	—	—
	3. 各专项管理机构	●	—	—
	4. 居委会、警务室	●	—	—
	5. 村委会	○	●	●

类别	项目名称	镇区（乡政府驻地）	中心村	基层村
二、教育机构	6. 专科院校	○	—	—
	7. 职业学校、成人教育及培训机构	○	—	—
	8. 高级中学	○	—	—
	9. 初级中学	●	○	—
	10. 小学	●	●	○
	11. 幼儿园、托儿所	●	●	○
三、文体科技	12. 文化站（室）青少年及老年之家	●	●	○
	13. 体育馆	●	—	—
	14. 科技站、农技站	●	○	—
	15. 图书馆、展览馆、博物馆	○	—	—
	16. 影剧院、游乐健身场所	●	○	○
	17. 广播电视台（站）	●	—	—
四、医疗保健	18. 计划生育站（组）	●	○	—
	19. 防疫站、卫生监督站	●	—	—
	20. 医院、卫生院、保健站	●	●	●
	21. 休疗养院	○	—	—
	22. 专科诊所	○	○	—
五、商业金融	23. 生产资料、建材、日杂商品	●	○	○
	24. 粮油店	●	●	—
	25. 药店	●	○	—
	26. 燃料店（站）	●	—	—
	27. 理发馆、浴室、照相馆	●	○	—
	28. 综合服务站	●	○	○
	29. 物业管理	●	○	—
	30. 农产品销售中介	○	○	—
	31. 银行、信用社、保险机构	●	—	—
	32. 邮政局	●	—	—
六、社会保障	33. 残障人康复中心	●	—	—
	34. 敬老院	●	○	—
	35. 养老服务站	●	●	—
七、集贸设施	36. 蔬菜、果品、副食市场	●	○	—
	37. 粮油、土特产、市场畜禽、水产市场	●	○	—
	38. 燃料、建材家具、生产资料市场	○	—	—

注："●"表示必须设置；"○"表示可以选择设置；"—"表示可以不设置。

（二）镇（乡）域基础设施规划

在 2010 年住建部发布的《镇（乡）域规划导则》中提出，镇（乡）域规划编制中，在交通系统方面需要明确镇（乡）域内的道路等级和控制宽度，确定镇（乡）域交通线路走向，公交线路和公交站点位置；明确镇（乡）域内的航道等级和走向、港口布局、桥梁净空等；确定镇（乡）域汽车站、火车站、港口码头交通站点的等级和功能，提出规划布局和用地规模，确定加油站、停车场等静态交通设施、批发市场和物流点的规划布局和用地规模。在供水和能源工程方面，需要确定镇（乡）域供水方式和水源，预测镇（乡）域用水量，并按规范规划布置供水主干管网；根据地方特点确定主要能源供应方式，预测镇（乡）域用地负荷，规划变电站位置、等级和规模、布局输电网络；确定燃气供应方式，提倡利用沼气、太阳能、地热、水电等清洁能源。在防灾救灾方面，提出以中心村为防灾减灾基本单元，整合各类减灾资源，确定综合防灾减灾与公共安全保障体系，提供防洪排涝、防台风、消防、人防、抗震地质灾害防护等规划原则、设防标准及防灾减灾措施；迁建村庄和新建镇区必须进行建设用地适宜性评价。在历史文化和特色景观资源保护方面，提出存在自然保护区、风景名胜区、特色街区、各镇各村等历史文化和特色景观资源的镇（乡）应参照相关规范和标准编制相应的保护和开发利用规划。2007 年 1 月，建设部和国家质量监督检验检疫总局发布的《镇规划标准》中，在道路交通方面，提出了镇区道路规划技术指标和镇区道路系统；镇道路交通包括镇区道路交通、镇域内镇区和村庄之间的道路交通以及镇域内的对外交通。在市政工程设施规划中提出了供水、排水、供电、通信、燃气、供热等规划内容。在防灾减灾规划中，提出了消防、防洪、抗震防灾、防风减等规划内容。在历史文化保护规划中，提出应该包括历史空间格局和传统建筑风貌；与历史文化密切相关的山体、水系、地形、地物、古树木等因素；反映历史风貌的其他不可移动的历史文物、体现民俗精华的传统庆典活动场地和固定设施等。另外，在本书第八章第一节的表"8 – 4"中详细列出了镇（乡）域范围内常住人口 0.1 万人以上 5 万人以下镇区的道路交通、给排水、供电和通信、燃气、防火等农业基础设施配置标准，在镇（乡）域规划编制中可参考。

（三）镇（乡）域生态环境规划

在 2010 年住建部发布的《镇（乡）域规划（试行）》中，镇（乡）域规划编制中，对生态环境的要求比较少，主要包括三方面：一是在镇（乡）域规划编制中应提出垃圾处理目标，划定垃圾集中处理和分散处理的区域及方式；提倡垃圾分类和垃圾资源化处置方式；对垃圾集中处理设施和垃圾中转设施确定其位置和占地规模。二是在镇（乡）域规划编制中应提出污水处理目标，划定污水集中处理和分散处理的区域及方式；确定污水集中处理设施的选地和规模，并布置排水主干管网；缺水的镇

（乡）可实施生活污水和工业污水独立系统，提出污（废）水综合利用或资源化措施，并布置中水管网等。三是在镇（乡）域规划编制中应确定乡村粪便处理的方式和措施，鼓励粪便资源化利用，实施集中处理的要根据人口密度和运行管理能力等明确处理设施的位置和占地规模。2007 年，建设部和国家质量监督检验检疫总局发布的《镇规划标准》提出，"环境规划包括生产污染防治、环境卫生、环境绿化和景观"四部分内容。其中，生产污染防治包括空气质量、地表质量和地下水质量、土壤环境质量、固定废弃物处理、排放污染物治理等内容；环境卫生包括生活垃圾处理、粪便处理、公共厕所、环卫站设置等；环境绿化包括公共绿化、防护绿地、附属绿地、水源保护区等重点区域生态环境质量、栽植树木花草等内容；景观规划应包括镇区的自然环境、传统风格等地方特色；建筑物、构筑物、工程设施的群体和个体形象、风格、比例、色彩应相互协调；地名及其标志设备应规范化，道路、广场、建筑的标志与符号，杆线和灯具，广告和标语，绿化和小品应力求形式简洁、色彩和谐、易于识别。另外，在本书第八章的"表 8 - 8"中，详细列出了镇（乡）域内常住人口 0.1 万人以上到 5 万人以下区域的水环境设施、生活垃圾设施、土壤环境治理设施、大气环境治理设施、生物多样性环境维持设施等设置标准，在镇（乡）域规划编制中也可参考。

六、镇（乡）域空间规划

镇（乡）域空间规划是镇（乡）域规划中的镇（乡）发展现状规划、镇（乡）域社会发展规划、镇（乡）域基础设施和生态环境设施规划等规划内容的空间载体，其规划编制的逻辑顺序和规划使命是将上述规划内容在空间上落地。所以，镇（乡）域空间规划主要涉及三方面内容：镇（乡）域功能分区、镇（乡）域空间管制、镇（乡）域土地利用。

（一）镇（乡）域功能分区

我国集镇来源于集市，集市一般与若干村庄相对应。在隋代末期，集市的辐射半径，平原地区一般为 3 ~ 5 千米，山区则为 5 ~ 7 千米，也就说，小农往返集市一般可在半日内完成。根据中国人民大学 2012 年的"千人百村"抽样调查，就总体情况，村庄离最近的集镇平均距离为 5.1 千米，村庄离县城最近的城市平均距离为 28.5 千米。关于乡村与小城镇的空间结构，德国地理学家克里斯泰勒在《德国南部中心地理论》一书提出，按照市场原则、交通原则、行政原则设置村与小城镇空间结构的基本思路和数量框定，与我国传统上村庄与集市、集镇、一般建制镇、县城距离还比较接近。1993 年，本人负责上海一个城乡接合部地区的区域总体规划制定，该规划区域范围长 9.5 千米，宽 3.1 千米，规划时该区域经济发展在上海各区中居于后位，并且区域范围内 50% 以上是有待城镇化的农田。该规划期为 1993 ~ 2020 年。为了实现这个地区的经济快速发展和规划期内区域经济社会的均衡发展，规划采用在9.5千米的区域长度内，以3千米为半径，设置三个经济极化发展区域，通过这三个经济极化发展地区辐射带动长度9.5千米，宽度3.1千米的规划区域。该规划到2020年底已执行完毕，实现了区域内经济社会的快速发展和均衡发展，取得良好的效果。需要强调的是，在镇（乡）域范围内，仅靠单个镇区要实现带动近百平方千米的镇（乡）域是不切合实际的。只有将近百平方千米的镇（乡）域，根据资源禀赋、发展基础、区位条件等划分为若干个经济社会发展功能区，才可能充分利用极化效应，带动镇（乡）域范围内的经济社会快速发展和均衡发展。镇（乡）域功能分区构建如图13-2所示。

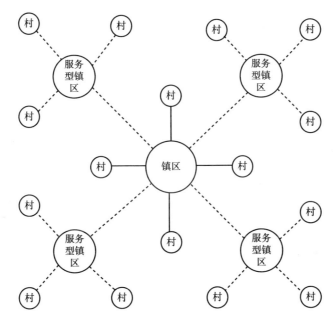

图 13-2 镇（乡）地域范围内的极化发展区域与周边村庄的规划空间结构

资料来源：笔者绘制。

图13-2中的镇区是指现建制镇和建制乡政府驻地，服务型镇区包括乡镇合并中形成的目前仍在使用的原建制镇和建制乡驻地镇区，以及为周边若干村服务的具有城镇化性质的历史"村镇"和近若干年发展形成的镇（乡）域内的特色功能区。实践中，常见的镇（乡）域规划空间结构中的"轴线、廊道、发展带、组团、中心、节点等"空间结构的构连或表达方式，都是连接镇村聚落及其功能分区的具体化。

（二）镇（乡）域空间管制

根据2010年由住建部发布的《镇（乡）域规划导则（试行）》和2019年11月由中共中央办公厅、国务院办公厅发布的《关于在国土空间规划中统筹划定落实三条控制线的指导意见》，镇（乡）域空间管制的主要内容是"三区三线"。"三区"是指镇（乡）域内的禁建区、限建区和适建区空间范围。禁建区是指各类建设开发活动禁止进入或应严格避让的地区，主要包括自然保护区、永久基本农田保护区、水源地保护区、生态公益林、水土涵养区、湿地等；限建区是指附有限制准入条件，可以建设开发的地区；适建区是指适宜进行建设开发的地区。禁建区、限建区的划定如表 13 – 6 所示。"三线"是指生态保护红线、永久基本农田红线、城镇开发边界线。生态保护红线是指在生态空间范围内具有特殊重要生态功能，必须强制性保护的区域，包括水源涵养、生物多样性维护、水土保持、防风固沙、海岸防护等极重要的生态功能区域；水土流失、沙漠化、石漠化、海岸侵蚀等生态极敏感脆弱区域；经评估目前虽然不能确定但具有潜在重要生态价值的区域。永久基本农田红线是为保障国家粮食安全和重要农产品供给，实施永久特殊保护的耕地；按照保质保量要求划定永久基本农田，保证适度合理的规模和稳定性，确保数量不减少，质量不降低；已划入自然保护地核心保护区的永久基本农田逐步有序退出，退出的永久基本农田在县级行政区域内同步补足，确定无法在县级行政区补划的在市级行政区域内补划；不得将达不到粮食作物种植和达不到质量要求的具有严重污染的耕地和低质耕地划入永久基本农田。城镇开发边界是指在一定时期内因城镇发展需要，可以集中进行城镇开发建设，以城镇功能为主的区域边界，涉及城市、建制镇以及各类开发区等。

表 13 – 6   镇（乡）域禁建区和限建区划定参照

要素	序号	要素大类	具体要素	空间控制分区	
				禁建区	限建区
地质	1	工程地质条件	工程地质条件较差地区	—	●
			工程地质条件一般及较好地区	—	—
	2	地震风险	活动断裂带	—	●
	3	水土流失防治	25 度以上陡坡地区	—	●
			泥石流危害沟谷	—	危害严重、较严重
			水土流失重点治理区	—	●
			山前生态保护区	—	●
	4	地质灾害	泥石流、砂土液化等危险区	—	●
			地面沉降危害区	—	危害较大区、危害中等区
			地裂缝危害区	所在地	两侧 500 米范围内
			崩塌、滑坡、塌陷等危险区	●	
	5	地质遗迹与矿产保护	地质遗迹保护区、地质公园	—	●
			矿产资源保护	—	●

续表

要素	序号	要素大类	具体要素	空间控制分区	
				禁建区	限建区
水系	6	河湖湿地	河湖水体、水滨保护地带	—	●
			水利工程保护范围	—	●
	7	水源保护	地表水源保护区	一级保护区	二级保护区、三级保护区
			地下水源保护区	核心区	防护区、补给区
	8	地下水超采	地下水严重超采区	—	严重超采区
			地下水一般超采及未超采区	—	—
	9	洪涝调蓄	超标洪水分洪口门	●	—
			超标浇水高风险区	—	●
			超标浇水低风险区、相对安全区和洪水泛区	—	—
			蓄滞洪区	●	—
绿地	10	绿化保护	自然保护区	核心区、缓冲区	实验区
			风景名胜区	特级保护区	一级保护区、二级保护区
			森林公园、名胜古迹区林地、纪念林地、绿色通道	—	●
			生态公益林地	重点生态公益林	一般生态公益林
			种子资源地、古树群及古树名木生长地	●	—
农地	11	农地保护	基本农田保护区	●	—
			一般农田	—	—
环境	12	污染物集中处置设施防护	固体废弃物处理设施、垃圾填埋场防护区、危险废物处理设施防护区	—	●
			集中污水处理厂防护区	—	●
	13	民用电磁辐射设施防护	变电站防护区	110千伏以上变电站	—
			广播电视发射设施保护区	保护区	控制发展区
			移动通信基站防护区、微波通道电磁辐射防护区	—	●
	14	市政基础设施防护	高压走廊防护区	110千伏以上输电线路的防护区	—

要素	序号	要素大类	具体要素	空间控制分区	
				禁建区	限建区
环境	14	市政基础设施防护	石油天然气管道设施安全防护区	安全防护一级区	安全防护二级区
	15	噪声污染防护	高速公路环境噪声防护区	—	两侧各100米范围
			铁路环境噪声防护区	—	两侧各350米范围
			机场噪声防护区	—	沿跑道方向距跑道两端各1～3千米，垂直于跑道方向距离跑道两侧边缘各0.5～1千米范围
文物	16	文物保护	国家级、市场文物保护	文保单位	建设控制地带
			区县级文物保护单位、历史文化保护区	—	●
			地下文物埋藏区	—	●

注："●"表示该项应列为禁建区或限建区；"—"表示空缺；文字说明表示该项相应内容应列为禁建区或限建区。
资料来源：《镇（乡）域规划导则（试行）》。

（三）镇（乡）域土地利用

镇（乡）域的土地利用本质上是镇（乡）域规划期内经济社会发展内容和公共设施内容的空间布局问题。美国埃德加·M. 胡佛著的《区域经济学导论》一书中提出，"土地首先即指空间"。[①] 因此，镇（乡）域土地利用应纳入镇（乡）域空间规划范围中。在《镇（乡）域规划导则（试行）》中提出，镇（乡）域规划应"划定镇（乡）域地面、水面、林地、农地、草地、城镇建设、基础设施等用地空间的范围，结合气候条件、水文条件、地形状况、土壤肥力等自然条件，提出各类用地空间的开发利用、设施建设和生态保育措施。"各类用地空间可能的开发利用途径、设施建设重点和生态保育要求可参考"镇（乡）域空间利用导则"（见表13 - 7）。

表13 - 7　　　　　　　　　镇（乡）域土地空间利用导则

用地类型	分类	开发利用	设施建设	生态保育
山区	植被覆盖	农林产品种植、旅游开发	山林管理设施、旅游服务设施	依据生态敏感度评价，实验分级保护
	裸岩砾石	旅游开发、矿藏采掘	旅游服务设施、矿产采掘设施	
水面	河流湖泊	水产品养殖、滨水旅游、农业灌溉	养殖设施、旅游服务设施、取水设施	严格保护水面范围
	水库坑塘	水产品养殖、滨水旅游、农业灌溉	养殖设施、旅游服务设施、取水设施、防渗设施	

[①] ［美］埃德加·M. 胡佛著，王翼龙译：《区域经济学导论》，商务印书馆1990年版，第108页。

续表

用地类型	分类	开发利用	设施建设	生态保育
水面	滩涂	水产品养殖、滨水旅游	养殖设施、旅游服务设施	
	沟渠	农业灌溉	沟渠疏浚、防渗设施	
林地	园地	林果种植、茶叶种植、其他经济林种植（橡胶、可可、咖啡等）采摘旅游	林业管理设施、林区作业路、旅游服务设施、防（火）灾设施	依据生态功能评估，实行较严格保护，园地与林地之间、林地与农田之间可进行一定的转用
	林地	用材林木、竹林、苗圃、观光旅游	林业管理设施、林区作业路、旅游服务设施、防（火）灾设施	
农地	水田	水生农作物种植、观光农业	排涝设施、节水灌溉设施、机耕路、旅游服务设施	严格保护田地范围，保育水土条件、进行土地整理
	水浇地	旱生农作物种植、采摘农业	灌溉渠网、灌溉设施、大棚等农业设施、机耕路、旅游服务设施	严格保护田地范围，保育水土条件、进行土地整理
	旱地	旱生农作物种植、采摘农业	节水灌溉设施、防旱应急设施、大棚等农业设施、机耕路	较严格保护，符合规划的条件下可转用为建设用地、进行土地整理
草地	牧草地	牲畜养殖、旅游开发	生产设施、防灾抗灾设施	实行以草定畜，控制超载过牧
村镇	镇区（乡政府驻地）	城镇建设	基础设施、公共服务设施、经营设施等	村镇绿化建设及矿区复垦等
	村庄	农村居民点建设	基础设施、公共服务设施、经营设施等	
	产业园区与独立工矿区	工业开发、矿产采掘	工矿基础设施、配套生活服务设施	
设施	基础设施用地	—	交通设施、公用工程设施、水利设施、生产通道	—

注："—"表示空缺。
资料来源：《镇（乡）域规划导则（试行）》。

七、镇（乡）域规划图纸

根据《镇（乡）域规划导则（试行）》，镇（乡）域规划的图纸有12个方面，其中必配的有11个方面（见表13－8）。

表 13－8 镇（乡）域规划图纸名称和内容

序号	图纸名称	图纸内容	必选/可选
1	区位图	标明镇、乡在大区域中所处的位置	必选
2	镇（乡）域现状分析图	标明行政区划、村镇分布、交通网络、主要基础设施、主要风景旅游资源等内容	必选
3	镇（乡）域经济社会发展与产业布局规划图	可选择绘制镇（乡）域产业布局规划图或镇（乡）产业链规划图，重点标明镇（乡）域三次产业和各类产业集中区的空间布局	必选
4	镇（乡）域空间布局规划图	确定镇（乡）域山区、水面、林地、农地、草地、村镇建设、基础设施等用地的范围和布局，标明各类土地空间的开发利用途径和设施建设要求	必选
5	镇（乡）域空间管制规划图	标明行政区划，划定禁建区、限建区、适建区的控制范围和各类土地用途界限等内容	必选
6	镇（乡）域居民点布局规划图	标明行政区划，确定镇（乡）域居民点体系布局，划定镇区（乡政府驻地）建设用地范围	必选
7	镇（乡）域综合交通规划图	标明公路、铁路、航道等的等级和线路走向，组织公共交通网络，标明镇（乡）域交通站场和静态交通设施的规划布局和用地范围	必选
8	镇（乡）域供水供能规划图	标明镇（乡）域给水、电力、燃气等的设施位置、等级和规模、管网、线路、通道的等级和走向	必选
9	镇（乡）域环境环卫治理规划图	标明镇（乡）域污水处理、垃圾处理、粪便处理等设施（集中处理设施和中转设施）的位置和占地规模	必选
10	镇（乡）域公共设施规划图	标明行政管理、教育机构、文体科技、医疗保健、商业金融、社会福利、集贸市场等各类公共设施在镇（乡）域中的布局和等级	必选
11	镇（乡）域防灾减灾规划图	划定镇（乡）域防洪、防台风、消防、人防、抗震、地质灾害防护等需要重点控制的地区，标明各类灾害防护所需设施的位置、规模和救援通道的线路走向	必选
12	镇（乡）域历史文化和特色景观资源保护规划图	标明镇（乡）域自然保护区、风景名胜区、特色街区、名镇名村等的保护和控制范围	可选

资料来源：《镇（乡）域规划导则（试行）》。

第四节　镇（乡）域总体规划的审批与实施

一、镇（乡）域规划审批

根据《镇（乡）域规划导则（试行）》和镇（乡）域规划编制实践，镇（乡）域规划编制草案完成后到镇（乡）域规划完成法定审批，还有规划草案的讨论和论证，规划草案的公告和公众意见公布，规划成果的审查审核和规划成果批准四个环节。

（一）规划成果的讨论与论证

根据《镇（乡）域规划导则（试行）》，镇（乡）域规划草案讨论论证的方式可采取座谈会、论证会等多种形式，征求意见的对象有村民、社会公众和有关专家。镇（乡）域规划的讨论论证过程是集中民智，凝聚民心，统一思想，熟悉规划的过程。集中精力、花点时间讨论规划，有助于规划的实施。事实上，镇（乡）域规划往往是通过讨论达成共识，让人记住，内化于每个人、每个部门自觉行动中的。通过规划的讨论，将讨论论证中提出的修改意见认真吸收，逐步将规划从起草人的思路上升到集体智慧，变成整个组织的行动纲领，规划讨论是必经的途径。

规划讨论有的时候是旷日持久的，十分费时，甚至是起草规划的几倍时间，但这是必需的。否则规划即使是正确的，但由于没有经过这个过程或这个过程不充分，也可能使规划成为几个人想法，成为"墙上挂挂、纸上画画"的内容。在规划讨论论证中，一方面考验参与讨论人的尽责态度和工作水准。需要提醒的是，在规划讨论论证中要求规划起草人认真虚心听取他人意见，最大限度地集中民智。同时，也需要起草人对某些事先考虑到或考虑不周的方面闻过则喜，对他人说得不对的或误判的也要豁达胸怀。因此，规划讨论论证过程还是锻炼规划起草人和规划起草单位民主意识的过程。

需要说明的是，镇（乡）域规划还需由规划起草单位邀请相应专家进行论证、听取意见，再进入有关决策程序讨论。需进行专家论证的规划，一般需在听取镇（乡）人大代表意见前进行。这样做的理由是，如果规划专家论证被否决的或需要做重大修改的，就不宜过早地听取人大相关人员意见，更不易进入相关的决策程序。

（二）规划成果和有关意见采纳情况的公布

《镇（乡）域规划导则（试行）》"4.2"中明确，"镇（乡）域规划成果报送审批前应当依法将规划草案予以公告，并采取座谈会、论证会等多种形式广泛征求村民，社会公众和有关专家的意见。公告时间不得少于三十日。对有关意见的采纳结果应当公布。"然而，当前在我国无论是《城乡规划法》《镇（乡）域规划导则（试行）》，还是国内各省市《村庄规划编制导则》等文件都没有明确各类规划的公告方式和社会公众、有关专家以及有关规划审核机关等意见采纳结果的公布形式。2016 年 7 月 25日，上海市嘉定区人民政府办公室发布的《嘉定区关于"上海市村庄规划编制与管理导则"的补充规定》中明确，"村庄规划由嘉定区规土局与镇（乡）政府组织编制，规划成果报批前应在区规土局网站和所在村现场公示，公示时间不少于 30 天。组织编制单位应在公示期满后 5 个工作日内，收集公示反馈意见，整理形成《公众意见汇总和处理建议》，并在规土局网站和现场进行公告公告时间不少于 5 天。"而××村的村庄规划《公众意见汇总和处理建议》中，收集、答复、处理的具体意见公布文件由区规划国土局和镇（乡）政府盖章鉴证。从而较好地实现了规划成果公告和有关意见采纳情况公布的硬约束和透明化。镇（乡）域规划成果的公告和有关意见的公布可以借鉴上述做法。

（三）规划成果的审查审核

《镇（乡）域规划导则（试行）》中的"4.3"明确，"镇（乡）域规则经镇（乡）人民代表大会审查同意后由镇（乡）人民政府报县、市级人民政府批准"，实践中，镇（乡）域规划报送镇（乡）人民代表大会审查前还需经过镇（乡）人民政府内设的职能科室和镇（乡）域规划有关的公用事业部门审核，这些镇（乡）政府内设业务科室包括经济发展办公室、社会事业发展办公室、规划建设和环境保护办公室等；镇（乡）规划有关的公用事业审核部门包括供电公司、燃气公司等。

（四）规划成果审批

根据《镇（乡）域规划导则（试行）》，镇（乡）域规划由县、市人民政府批准。我国的《城乡规划法》第十六条第二款规定，"镇人民政府组织编制的镇总体规划，在报上一级人民政府审批前，应当先经镇人民代表大会审议，代表大会的审议意见交由本级人民政府研究处理。"乡域规划审批在《城乡规划法》中没有明确，但《镇（乡）域规划导则（试行）》中规定乡域规划与镇域规划的审批均由上一级人民政府。实践中，在镇（乡）域规划报送县、市人民政府审批前，一般先报送县、市政府有关职能部门先行审核，镇（乡）域规划先行审核的县、市政府职能部门，一般包括农业农村部门、国土资源管理部门、道路交通管理部门、环境管理部门、经济社会管理部门等。并且，镇（乡）人民政府在向上一级县、市人民政府报批镇（乡）域规划时应附上县、市人民政府有关"职能部门审核意见和意见采纳结果报告"和镇（乡）"人民代表大会审查意见和意见采纳结果"报告。在此基础上，县、市人民政府一般通过政府常务会议方式审核后，发文批准并提出相应的规划修改完善意见。

二、镇（乡）域规划实施

镇（乡）域规划的实施是指镇（乡）规划确定的内容得以实现以及镇（乡）规划得以执行及修正，大致需要镇（乡）规划的公布展示、深化延伸，土地出让和项目建设，规划实施的体制政策建设，规划评估与修改，规划执行检查与处置等环节。

（一）镇（乡）规划的实施途径

1. 镇（乡）域规划的公布和展示

《镇（乡）域规划导则（试行）》中的"4.4"明确，"镇（乡）规划批准后，镇

（乡）人民政府应按法定程序向公众公布展示规划成果，并接受公众对规划实施的监督。"经镇（乡）人民代表大会审查和县、市级人民政府审批的镇（乡）域规划是镇（乡）域未来经济社会发展的一份法律文件，按规定应向公众公布、展示，这既是镇（乡）域人民政府应尽的义务，也是镇（乡）域人民政府及其相关政府职能部门以及镇（乡）域地域内的企业、居民自觉按已批准的镇（乡）规划办事的法律约束。未经规划修正程序而不执行规划设定内容的行为应得到公众、本级人大、上级政府等方面的监督和约束。

2. 镇（乡）规划的深化延伸

镇（乡）域规划是对镇（乡）域发展现状进行梳理的基础上，对镇（乡）域进一步发展的功能定位、经济社会发展、公共设施配置和空间布局等内容提出总体部署和实施措施，属城乡总体规划范畴，还没有明确建设用地的建设指标和建设项目的建设容量等。因此，在镇（乡）域规划审批完成后建设前，还需依据镇（乡）域规划设置的总体内容和实施措施，提出一些可在近期内实施的、具体的、带有建设性的镇（乡）域规划的延伸规划，包括近期建设项目规划、专项规划、镇（乡）域国民经济与社会发展五年规划以及镇（乡）域规划中可近期实施的镇区单元规划和乡村单元规划、镇区控制性详细规划和修建性规划等。没有上述短期内可实施的建设性规划延伸，镇（乡）域规划还是停留镇（乡）域发展总体方向上，难以落地实现。

3. 推进镇（乡）域土地供给和项目建设

（1）推进土地开发和出让。规划讲的是在一片特定土地上准备做什么。因此，实施规划的重要途径就是将规划范围内的土地出让给具体的建设者或经营者。只有通过土地出让，才能使规划的内容落实到具体单位或个人去实施，才使规划的实施落到实处。镇（乡）域土地是建设用地或农用地，从目前国家土地使用制度看，还要进行农用地转让、补偿、征用、建设用地增减挂钩等一系列土地开发工作后，才能按我国现在建设用地使用办法，用于公共服务和基础设施等公益性出让；经营性建设用地，按拍卖挂牌方式出让。通过土地出让，使土地具体落实到经营者或项目建设单位，从而使规划的微观实施主体得到落实，规划的实施有了具体的执行者。

（2）推进项目建设。"先规划、后建设"，编制项目建设规划或计划是将规划转化为建设的桥梁，是规划的具体化、可操作化。只有将规划设定的目标任务转化为具体的项目，通过实施项目也就实施了规划。由于规划是全面的，因此项目也是全面的，既包括镇（乡）政府投资项目、社会投资项目，也包括基础设施项目、公共服务项目、经济发展项目等。建设单位通过划拨或市场拍卖挂牌方式取得建设用地后，根据我国现行建设项目管理办法，需由镇（乡）政府相关职能部门进行项目审批、核准和备案等手续。办理项目立项、规划选址、攻克研究、扩初批复、规划许可、施工许可、预售许可、竣工验收、档案入库、办理房地产证等一系列手续。需要说明的是，我国政府现行的建设项目管理体制有两套：一套是通过市场拍卖挂牌取得经营性建设用地的建设项目，项目手续相对简化些；另一套是划拨土地的建设项目，一般都是镇（乡）政府投资项目，项目管理手续相对严格些。

4. 完善镇（乡）规划实施的体制政策

《镇（乡）域规划导则（试行）》中的"4.6"提出，"镇（乡）域规划成果经批准后，建议形成配套的规划实施管理条文。"在镇（乡）规划实施中，需要明确镇（乡）政府内设部门的规划管理职责，配齐配强规划管理人员，完善规划管理制度和流程来推进镇（乡）域规划的实施。如果这些方面存在问题，规划的实施是不可能的。另外一个问题，在规划实施中，项目推进、土地出让等都需要相应的政策予以引导和调节，才能使规划的实施沿着规划要求的方向走，才能提高规划实施的可能性和有效性，因此，在规划实施中制定相应配套政策也是十分重要的。要将规划落到实处，在行动上需要镇（乡）政府明确内设机构年度工作目标，并分解落实到相应责任人。围绕规划目标，将规划指标层层分解落实到责任单位和责任人，实行量化，明确工作要求和完成时间，这也是规划实施的具体途径。与目标分解相应的，要制定镇（乡）政府部门及其工作人员的奖惩制度，这种奖惩制度要与规划目标责任单位和责任人的切身利益挂起钩来，这样才能使公共的规划目标内化于个人的工作目标，公共的规划行为内化于个人的工作行为，使个人工作行为与公共规划行为统一，从而使规划落到实处。

（二）镇（乡）域规划的评估和修改

《镇（乡）域规划导则（试行）》中的"4.5"明确，"镇（乡）域规划根据当地的经济社会发展需要确需调整的，由镇（乡）人民政府提出调整报告，经审批机关同级的建设规划主管部门认定后方可组织调整。调整后的规划成果按前款程序报原审批机关审批并公示。"

1. 镇（乡）规划的评估

镇（乡）规划是对未来的工作安排，因此，规划实施进程中总会出现一些在制定规划时没有预见到的新情况和新问题，从而影响规划的操作性，影响规划的实施。为了更好地实施规划，使规划更贴近变化的情况，又维护规划的严肃性，避免规划随意改动，实践中，对规划提出修改调整意见时，需要对该规划进行评估，通过评估找出变化的情况，核实规划的实施成效和问题，提出相应的修改意见，并按程序听取有关部门人员意见，按层级进行上报决策。国家规定国民经济和社会发展五年规划执行期中，执行两年半时要评估一次，评估报告是调整规划的依据，报同级人大审议通过。其他规划目前还没有制度化的规划评估要求，从而让大家感到规划改动十分随意，往往实施的情况与规划的情况大相径庭。事实上，镇（乡）规划在实施中若需要进行修正调整的，也应建立先评估后调整的修改机制。

2. 镇（乡）规划的修改

实践中，根据规划实施的评估报告调整修改规划有两种：一是调整修改已通过且正在执行的镇（乡）域规划。这种情况是规划实施评估提出了对正在执行规划的调整修改内容，并且调整修改的内容是带有方向性、原则性、全局性的，需要对原规划进行较大幅度的调整修改，在这种情况下，一般采用对原规划文本进行全面修改，形成新的规划文本。例如，各地的国民经济和社会发展"六五"计划，由于编制和执行时间是 1991～1995 年，1992 年邓小平南方谈话后，全国的经济形势和发展方向有了较大调整，故 1990 年编制的"六五"计划大多已不能适应形势变化需要，于是各地政府在 1992 年后大多采取大幅调整修改"六五"计划，形成新的"六五"计划。二是通过镇（乡）规划调整修改审议意见或规划调整修正案方式补充原规划。这种情况适用于调整修改内容较少，且调整修改的是局部问题。此时，根据规划实施评估报告形成的规划调整修改意见或规划调整修正案与原规划一并执行，原规划中与修改意见有冲突的，以修改意见为执行依据。

3. 镇（乡）域规划修改的审批

根据规划实施评估报告提出的对原规划调整的修改意见，应当按原规划审批层级和程序报批，未经批准的应该仍然按原规划执行，经批准后再按经调整修改后的规划执行。实践中，有些地方政府专门成立规划委员会负责规划的修改，但规划委员会是一个政府非常设的议事协调机构，真正履行法定手续的规划修改机构还应是法定机构，规划委员会只是规划修改审批的议事机构，也就是说，凡要上报审批或同级审批的规划修改，先要经过规划委员会审议通过，再按程序向有关法定机构履行审批程序。地方政府在未设规划委员会的，其规划修改的议事协调机构应当是政府常务会议，也就是说，规划调整修改方案在履行审批和公示手续审批前，应先报政府常务会议审议通过。

（三）镇（乡）域规划的检查和处置

1. 检查重点

镇（乡）域规划执行中，常见的情况是未按程序擅自修改经过审批的规划或废除经过审批的规划，以及未按规划要求进行项目建设、土地改性、土地出让等违规行为。因此，政府规划实施中，检查的重点是是否严格按规定的规划评估修改程序修改规划，是否按规划要求进行土地出让和项目建设等。

2. 检查机构

按《镇（乡）域规划导则（试行）》，镇（乡）域规划检查执行机构应该是县、市人民政府下辖的建设（规划）主管部门，由其负责镇（乡）域规划违规检查。

3. 违规处置

镇（乡）域内未按政府已审批通过或已修改通过规划的用地性质调整土地出让和项目建设的应当予以纠正，并认定为违法用地和违法建筑。违法用地应当督促恢复原状并加以处罚；违法建筑应当予以拆除。

本章参考文献

［1］夏征农、陈至立主编：《辞海》，上海辞书出版社 2009 年版。

［2］崔功豪等：《区域分析与区域规划》，高等教育出版社 2006 年版。

［3］［美］埃德加·M. 胡佛著，王翼龙译：《区域经济学导论》，商务印书馆 1990 年版。

［4］国家住建部：《镇（乡）域规划导则（试行）》。

［5］国家建设部和国家质量监督检验检疫总局：《镇规划标准》。

［6］张晓明：《高速城镇化时期的村镇区域规划》，中国发展出版社 2016 年版。

| 第十四章 |
小城镇投资建设

本章的重点是讨论小城镇镇村投资建设，根据我国当前存在的城乡二元结构和要素仍然由乡村单向流向城市的实际情况，本章由促进城乡要素双向流动，扩大镇村有效投资，扩大镇村有效投资体制机制三节组成。

第一节 促进城乡要素双向流动

2019 年 5 月，由中共中央国务院发布的《关于建立健全城乡融合发展体制机制和政策体系的意见》中指出，"改革开放特别是党的十八大以来，我国在统筹城乡发展，推进新型城镇化方面取得了显著进展，但城乡要素流动不顺畅，公共资源配置不合理等问题依然突出。""坚决破除妨碍城乡要素自由流动和平等交换的体制机制壁垒，促进各类要素更多向乡村流动，在乡村形成人才、土地、资金、产业、信息汇聚的良性循环，为乡村振兴注入新能。"

一、要素流动的内涵和意义

要素流动也可称为生产经营要素（包括劳动力、土地、资本、技术、信息等）的现实生产力转化和价值增值。要素流动是经济社会发展的普遍现象。在经济社会发展中，要素转化为现实生产力（含财富、效率效益等）需要完成三方面转换或转化：一是必须将静态的要素纳入动态的人类社会物质生产经营过程中；二是必须将单一资源按照产品和服务生产经营所需与其他资源进行组合；三是将各地的要素通过交通或通信手段"位移"到产品和服务生产经营地。要素只有通过上述三方面转换才能转化为现实生产力或价值增值。要素这种多维度的转换是要素转化为现实生产力的基本方式和要素实现价值增值的必要前提和条件。要素转化现实生产力的过程一旦停止，要素实现价值增值的目的就会丧失，要素的生命就会停止。实践中，凡是可带来增值空间的要素不允许其流动，该要素也就不会转化为现实生产力或财富、效率效益。例如，改革开放前我国农村地区的人口及劳动力，因不允许其流入城市，农村地区的人口及劳动力就难以提高消费水平和就业收入水平；目前，我国农村地区的宅基地及其房屋因不允许在城乡之间、集体经济组织成员和非集体经济组织成员之间流动，我国农村地区的宅基地及其房屋就难获得更多的市场价值。要素的价值增值是要素转换为现实生产力或财富的前提，要素缺乏价值增值的渠道和途径，要素的转换也就停止，其后果是带来一国或一个地区的衰落、要素浪费和社会进步的停滞。从这个角度，要求我们在实际的经济社会发展中，不能人为地阻断要素增值空间，否则，要素就难于参与经济社会的运行。可见，要素流动的真正意义是实现要素的价值增值，促进个人、集体、国家的财富增长，效率效益提高，乃至社会的进步。事实上，一国或一个地区的现代化过程就是创造财富和分好财富的过程[①]。而创造财富是分好财富的前提，促进要素流动及效率效益提高又是创造财富的前提或手段。

二、要素流动的条件

中共中央、国务院发布的《关于建立健全城乡融合发展的体制机制和政策体系的意见》中指出，"坚持农业农村优先发展，以协调推进乡村振兴战略和新型城镇化战略为抓手，以缩小城乡发展差距和居民生活水平差距为目标，以完善产权制度和要素市场化配置为重点，坚决破除体制机制弊端，促进城乡要素自由流动，平等交换和公共资源合理配置。"所以，要素流动的前提条件一是完善的市场制度。根据我国当前乡村要素单向流向城市的实际和我国乡村要素产权制度的实际，实现城市资本、技术、产业、信息流向农村，必须优化我国农村土地产权制度，包括承包地、宅基地、集体建设用地等产权制度；二是进一步深化城市户籍制度改革和农村集体经济组织成员制度改革；三是进一步深化农村投资管理体制改革。

三、要素流动的障碍

从实践看，影响要素流动的障碍主要有生产力和生产关系两方面。

（一）阻碍要素流动的生产力因素

1. 自然因素的制约

例如，在缺乏灌溉水源地区难以发展水生农作物，没有特定资源禀赋就难以发展相应的工矿业和乡村旅游业等。

2. 经济社会发展水平的制约

例如，没有交通和通信条件的保障，我国僻远地区特色农产品就难以实现远程或线上销售；除极少数紧贴大中城市周边的镇村外，极大部分远离城市的纯农地区很难发展高新技术产业和战略性新兴产业等。

---

① 李庆余、周桂根等：《美国现代化道路》，人民出版社 1994 年版，"前言"第 1 页。

（二）阻碍要素流动的生产关系因素

1. 管理制度制约

例如，20 世纪 50 年代末，国家为了保护城市人口就业，出台了限制农村人口及其劳动力流向城市的户籍政策和就业政策，直至 1984 年中央一号文件允许务工、经商、服务业的农民可自带口粮到集镇落户；1986 年，国家允许国有企业招收农村劳动力，至此，我国农村地区人口及劳动力流入城镇才逐步形成。但目前，我国还有一部分超大、特大城市所辖范围（包括下辖的郊区镇村）通过设置当地的"积分落户"使绝大部分在这些城市务工、学习的农村地区人口及劳动力难以实现"市民"待遇，难以真正融入这些城市。至今，我国农村地区的宅基地及其住房，法律上仍然不允许在城乡之间、集体经济组织成员和非集体经济组织成员之间交易，因此，我国农村地区的宅基地及房屋财产收益及其价值就很难实现。

2. 行政区划限制

主要体现在国界、大区界、省界的限制上。例如，在国内，正在推进的区域一体化发展中，区际间的道路、交通、通信和生态环境中的大气、水系等偏重于生产力因素，区域一体化推进还较顺利，而涉及产业发展和民生保障中生产关系因素的，区域一体化推进就比较困难。主要原因是参与区域一体化的各级行政建制主体碍于行政区域的相应政策、制度、规划等行政权壁垒所致。城乡一体化推进之所以艰难，就是由于区域中不同等级行政建制主体及其领导对于城乡一体化的认识不同，而形成的不同要素分配的行政权壁垒所致。

四、要素优化配置

（一）要素配置方式

要素配置有政府配置、政府与市场共同配置、市场配置三种方式。

1. 政府配置

乡村道路、水利、渡口、公交和邮政等公益性强，经济性差的设施，建设投入由政府配置为主。

2. 政府配置与市场配置相结合

乡村供水、垃圾处理和农贸市场等有一定经济收益的设施，政府加大投入力度，积极引入社会资本，并引导农民投入。

3. 市场配置

乡村供电、电信和物流等经济性为主的设施，建设投入以企业为主，采用市场化配置。

总体看，要素配置范围的政府与市场职责边界划分，除了按收益水平划分外，还涉及在收益水平基础上的按时序划分。例如，要素前期的一次性投入或一次性投入的一部分由政府配置，而要素投入后的运营投入按市场化配置；或者要素投入和运营无盈利时由政府配置，有盈利时政府逐步退出，逐步过渡要素运营市场化配置，直到要素投入市场化配置主体赎买回购等。

（二）要素配置的适宜度及其效率

要素配置的适宜度是指要素纳入特定生产经营领域和特定的生产经营地点过程中的各类要素组合的匹配程度，以及要素转化为现实生产力或价值增值的程度。一般而言，要素转化为现实生产力或价值增值程度越大，说明要素纳入特定生产经营领域和特定生产经营地点及其各类要素组合的匹配程度越高。因此，要素配置效率可以用投入产出法来进行评价。投入产出法中的"投入"是指产品或服务生产所消耗的要素，包括土地、建筑、劳动力、矿产品、电力、煤气、供水、资金等；"产出"是指雇员收入、经营利润、折旧基金、各类税收等。当"产出"大于"投入"水平越高，说明要素的利用效率越高以及要素适宜度越高；当"产出"水平小于等于"投入"水平，说明要素利用效率低以及要素适宜度低。

第二节　扩大镇村有效投资

2020 年 7 月 3 日，由中央农村工作领导小组办公室、农业农村部、国家发展和改革委员会、财政部、中国人民银行、中国银行保险监督管理委员会、中国证券监督管理委员会 7 部门联合发布的《关于扩大农业农村有效投资，加快补上"三农"领域突出短板的意见》指出，"去年以来，受多种因素影响，我国农业农村投资增速大幅下滑，今年又叠加新冠肺炎疫情冲击，投资降幅持续扩大，给农业稳产保值和农民持续增收带来较大影响，也与脱贫攻坚和实施乡村振兴战略要求不相适应。"要"千方百计扩大农业有效投资规模，健全投入机制，拓宽投资渠道，优化投资环境，加快形成财政优先保障、金融重点倾斜，社会积极参与的投资格局。"投资是指国家、企业、个人以获得未来经济收益或社会效益为目的，投放一定量的货币或实物，以经营某种事业的行为。因此，从经济效益和社会效益角度，投资可分为盈利性投资（也称市场化投资或者企业和个人的投资）和公益性投资（也称政府投资或者公益性国有企业投资）。有效投资是指可以获得经济效益或社会效益的投资，是相对于无效、低效经济效益或社会效益投资而言的。因此，扩大乡村有效投资是指在乡村振兴中，无论是盈利性投资，还是公益性投资，都应当避免无效、低效的投资，在投资决策和投资过程中都应该遵循投入最小收益最大的投资原则，避免那些污染环境和牺牲资源为代价的投资，避免那些产能严重过剩的投资，避免那些缺乏足够消费能力的投资。具体的扩大乡村有效投资的类型和范围如下。

一、扩大镇村的财政投资

（一）镇村财政投资的范围

2019 年 5 月，由中共中央、国务院发布的《关于建立健全城乡融合发展的体制机制和政策体系的意见》中提出，财政投资范围确定的基本原则：一是公益性强的设施，建设投入以政府为主；二是有一定经济效益的设施，政府加大投入力度，积极引导社会资本和农民投入；三是以经营性为主的设施，建设投入以企业为主。基于上述财政投资范围的确定原则和《关于扩大农业农村有效投资，加快补上"三农"领域突出短板的意见》，结合本书第八章所讲的"基础性设施和服务、社会性设施和服务、生态性基础设施和服务"三类公共产品，镇村财政投资范围如表 14 - 1 所示。具体某类公共产品投资方式的确定，还要根据镇村公共设施项目建设以及当地的财政投资、金融投资和社会投资参与情况确定。

表 14 - 1　　　　　　　　　镇村公共产品政府与社会投资范围划分

项目类型		公共设施项目内容	投资方式		
			政府财政资金投资	政府引导社会资本投资	社会资本投资
镇域基础设施和服务	道路交通	镇村道路及桥梁、交通站点、路灯、四好农村路等	√		
		公共停车场		√	√
	给排水	饮用水			√
		排水	√		
	供电和通讯	供电（含电网）、移动机站等			√
		邮政局（所）、智慧农业和数字乡村等		√	√
	燃气	管道天然气、瓶装液化天然气	√	√	√
	防灾	消防站、防洪、地质和地震等	√		
	农业基础设施	农田水利	√	√	
		土地综合整治	√	√	
		高标准农田建设	√	√	
		现代农业园区	√	√	
		动植物保护、农技扩广、农产品质量安全等	√		
		农产品保鲜冷链物流		√	√
		沿海现代渔港		√	√

续表

项目类型		公共设施 项目内容	投资方式		
			政府财政 资金投资	政府引导社会 资本投资	社会资本 投资
镇域社会性基础设施和服务	社区政务设施	服务大厅建设	√		
	教育	幼儿园	√	√	
		小学、初中、高中	√		
	医院	卫生院、卫生站	√		
	文体活动	图书馆、信息苑、广场等	√		
		经营性文体活动		√	√
	养老服务	公益养老院、日间照料等	√		
		商业性养老社区等		√	√
	电商服务	电商服务站、快递点		√	√
	农贸市场	菜市场、集市等		√	√
镇域生态性设施和服务	水环境	生活污水、生产废水、卫生厕所		√	√
		河道管理	√		
	生活垃圾	生活垃圾集运处		√	√
	土壤环境	农业面源污染	√		
		重度污染地块修复	√	√	√
	大气环境	大气污染	√		
		植树造林	√	√	√
	生物多样化	动植物品种保护	√		
		防止外来生物入侵	√		

资料来源：笔者编制。

（二）公共财政投资

1. 公共财政预算科目

从 2012 年开始，我国政府的预算体系由一般公共预算、政府性基金预算、国有资本经营预算、社会保险基金预算四部分构成。目前，我国政府的一般公共预算支出有以下 29 类：基本建设支出、企业挖潜发行资金、简易建筑费、地质勘探费、科技三项费用、流动资金、支持农村生产支出、农林气象等部门事业费、工业交通等部门事业费、商业部门事业费、城市维护费、文教事业费、科学事业费、其他部门事业费、抚恤和社会福利救济费、国防支出、行政管理费、武装警察部队支出、公检法支出、政策性补贴支出、债务支出、对外援助支出、支持不发达地区支出、其他支出、总预备费、预算调拨支出、农业综合开发支出、卫生经费、行政事业单位离退经费。目前，纳入政府性基金预算的共有 40 多项，包括国有土地使用权出让基金、彩票公益金、住房基金、铁路建设基金、国家重大水利工程建设基金等。政府性基金一般通过建立专项基金方式进行支出预算。国有资金经营预算是指政府以所有者身份依法取得国有资本收益，并对所得收益进行分配而发生的各项收支预算。国有资本经营收入预算包括国家出资企业分得的利润、国有资产转让收入、国家出资企业的清算收入等。国有资本经营预算支出可以用于国有企业的结构调整，也可以纳入一般公共预算。社会保险基金预算是指社会基金的收支计划，社会保险基金的预算收入包括单位缴纳的社会保险费、职工个人缴纳的社会保险费、基金利息收入、财政补贴收入、转移收入、上级补助收入、下级上解收入等；预算支出包括社会保险待遇支出、转移支出、补助下级支出、上解上级支出等。

2. 公共财政投资的资金来源

从实践看，公共财政投资主要有土地出让收入、一般公共预算资金、地方债券资金三方面来源。

（1）土地出让收入。2020年9月24日，中办国办印发的《关于调整完善土地出让收入使用范围 优先支持乡村振兴的意见》提出，"长期以来，土地增值收益取之于农，主要用之于城，有力推动了工业化、城镇化的快速发展，但直接用于农业农村的比例偏低，对农业农村的发展的支持作用发挥不够。"并提出"按照取之于农，主要用之于农"的要求，明确"从'十四五'第一年开始，各省（自治区、直辖市）分年度稳步提高土地出让收入用于农业农村比例；到'十四五'末，以省（自治区、直辖市）为单位核算，土地出让收益用于农业农村比例达到50%以上。"明确原来从土地出让收益中计提的农业土地开发资金、农田水利建设资金、教育资金等，以及市县政府缴纳的新增建设用地土地有偿使用费实际用于农业农村部分计入土地出让收入用于农业农村的支出，但不得将与土地前期开发无关的基础设施和公益性项目建设成本纳入土地出让成本核算范围。

土地出让收入属政府性基金预算范围，"近几年全国土地出让收入一年可达六七万亿元，土地出让收入用于农业农村的比例能提高一个百分点，就相当于'三农'增加六七百亿元的投入。"[①] 2020年7月14日，中央农村工作领导小组办公室等国家7部门发布的《关于扩大农业农村有效投资，加快补上"三农"领域突出短板的意见》中提出，"扎实开展新增耕地指标和城乡建设用地增减挂钩节余指标跨省域调剂使用，调剂收益全部用于巩固脱贫攻坚成果和支持乡村振兴。"这也属于广义的土地出让收入筹资来源。

（2）一般公共预算资金。中办国办发的《关于调整完善土地出让收入使用范围优

---

① 姚亚奇：《我国将稳步提高土地出让收入用于农业农村的比例》，载于《光明日报》2020年9月25日第12版。

先支持乡村振兴的意见》中提出，"加强土地出让收入用于农业农村资金与一般公共预算支农投入之间的统筹衔接，持续加大各级财政通过原有渠道用于农业农村的支持力度，避免对一般公共财政支农投入产生挤出效应，确保对农业农村投入切实增加。"并明确"中央财政继续按现行统筹农田水利建设资金的20%，新增建设有偿使用费的30%，向粮食主产区、中西部地区倾斜。"中央农村工作领导小组办公室等7部门发布的《关于扩大农业有效投资，加快补上"三农"领域突出短板的意见》中提出，"中央和地方财政加强'三农'投入保障，优化支出结构，突出保障重点，中央预算内投资继续向'三农'补短板重大工程项目倾斜。扎实开展新增耕地指标和城乡建设用地增减挂钩节余指标跨省域调剂使用，调剂收益全部用于巩固脱贫攻坚成果和支持乡村振兴。优化涉农资金使用结构，继续按规定推进涉农资金统筹融合，加强对重点项目的支持力度。充分发挥财政资金引导作用，撬动社会资本投向农业农村重点项目。"

需要着重说明的是，这里讲的"中央预算的投资"和"中央和地方财政加强'三农'投入保障"等都是中央和地方一般公共预算中的投入。需要着重说明的是，提高土地出让收益用于农业农村的比例，其本意是指在原有中央和地方"一般公共预算支农资金"的基础上的做加法，即中央和地方原来的"一般公共预算支农投入"不减少。

（3）地方债券资金。2018年中央一号文件中提出，"稳步推进地方政府专项债券管理改革，鼓励地方政府试点发行项目融资和收益自平衡的专项债券，支持符合有条件、有一定收益的乡村公益性项目建设。"在《关于建立健全城乡融合发展体制机制和政策体系的意见》中提出，"支持地方政府在债务风险可控前提下发行政府债券，用于城乡融合公益性项目。"在《关于扩大农业农村有效投资，加快补上"三农"领域突出短板的意见》中提出，"地方政府应通过一般债券用于支持符合条件的乡村振兴项目建设。各地区要通过地方政府专项债券增加用于农业农村的投入，加大对农业农村基础设施等重大项目的支持力度，重点支持符合专项债券发行使用条件的高标准农田、农产品仓储保鲜冷链物流等现代农业设施、农村人居环境整治、乡镇污水治理等领域政府投资项目建设。地方可按规定将抗疫特别国债资金用于有一定收益保障的农林水利等基础设施建设项目。"

地方债券除债券发行项目收益用于债券还本付息外，不足部分在一般公共预算债务支出科目中支付。因此，地方债券极大部分的还本付息资金属一般公共预算资金。

二、扩大镇村金融信贷规模

（一）镇村金融信贷项目和信贷方式

根据《关于建立健全城乡融合发展体制机制和政策体系的意见》和我国镇村金融

服务实践，当前我国各地镇村金融信贷项目包括温室大棚、养殖园舍（含水产养殖）、大型农机、承包土地经营权、农村房屋财产权、林权、集体经营性用地使用权、集体经济组织股权、农业开发（含农用地整地、土地复垦、未利用地开发、土地综合整治、高标准农田建设）、农业基础设施建设（含农田水利工程设施）、农户和中小企业（包括农产品加工企业、乡村旅游企业等）、粮食生产保险、特产农产品生产保险等。信贷方式包括抵质押信贷、政策性信贷（含政府性融资担保信贷、财政资金补贴信贷等）、信用贷款（指根据县域农户、中小企业信用评估，不需要抵质押物而发放的借款）、农业保险（指具有完全成本的政策性的农业保险险种）、其他信贷（包括政府支持或出资设立的各种类型专用于"三农"投资的各类城乡融合发展基金等），具体如表 14-2 所示。

表 14-2　　　　　　　　　　　　镇村金融信贷项目和信贷方式

金融信贷项目	抵质押信贷	政策性信贷	信用信贷	农业保险	其他信贷
温室大棚	√				
养殖圈舍	√				
大型农机	√				
承包地经营权	√				
房屋财产权	√				
集体经营性用地使用权	√				
集体经济组织股权	√				
稻谷、小麦、玉米等粮食生产保险		√		√	
特色农产品生产保险		√		√	
农业开发	√	√			
农业基础设施建设	√	√			
农户和中小企业	√		√		
林权	√				

资料来源：笔者根据中央农村工作领导小组办公室等 7 部门发布的《关于扩大农村有效投资，加快补上"三农"领域突出短板的意见》和中共中央、国务院发布的《关于建立健全城乡融合发展体制和政策体系的意见》的有关内容整理。

（二）扩大金融机构涉农贷款规模

从实践看，扩大金融机构涉农贷款规模必须坚持涉农金融机构回归本源和完善加强涉农金融机构激励约束机制建设。

1. 涉农金融机构回归本源的含义

2018 年中央一号文件提出，"推动农村金融机构回归本源，把更多的金融资源配置到农村经济社会发展的重点领域和薄弱环节，更好地满足乡村振兴多样化金融需求。""普惠金融重点要放在农村"。2019 年中央一号文件中提出,"推动农村商业银行、农村合作银行、农村信用社逐步回归本源、为本地'三农'服务"。这里的涉农金融机构应该指凡是在农村地区吸收存款业务的金融机构,如中国农业银行、中国邮政银行、农村商业银行、村镇合作银行、农村信用社和农民资金互助合作社、涉农小额借款公司等存款性涉农金融机构,以及国家政策性涉农金融机构,如国家开发银行、国家农业保险机构、国家农业信贷担保机构等。普惠金融(inclusive finance)这一概念由联合国 2005 年在推广小额信贷时提出,是指以可负担的成本为有金融服务需求的社会阶层和群体提供适当、有效的金融服务。小微企业、农民、城镇低收入人群等弱势群体是其重点服务对象。普惠金融重视消除贫困、实现社会公平,其目的是让所有人平等享有金融服务,从而使每个人参与经济发展;普惠金融不是慈善和救助,而是帮助受益群体提升造血功能;普惠金融讲究市场化和政策扶持相结合,在发展普惠金融中,既要满足服务对象的需求,也要让供给方合理受益。2017 年和 2018 年,我国中央财政下达的普惠金融专项扶持资金分别为 72 亿元和 100 亿元,2018 年比 2017 年增长 28.85%。

中央一号文件要求的涉农金融机构回归本源的政策含义为:一是在农村地区吸收存款的金融机构应将农村地区吸收存款额全部信贷给农村地区;二是国家政策性金融机构给予农村地区的贷款规模,应该是涉农金融机构吸收存款而发放贷款规模的增加数;三是涉农金融机构和国家政策性金融机构在农村地区的贷款利率和费用应当是农村地区居民和企业可负担的具有普惠金融属性的普惠金融机构的普惠金融贷款,不完全按照城市信贷成本、经营收益、借款风险进行经营和核算,而实行市场化和政策扶持相结合的金融机构经营和核算考核评估。

2. 完善和加强涉农金融机构激励约束机制建设

2009 年中央一号文件就提出,"县域内的银行业金融机构吸收的存款主要用于当地发放借款。"2010 年 3 月 3 日,由中国人民银行、中国银行业监督委员会印发的《关于鼓励县域法人金融机构将新增存款一定比例用于当地借款的考核办法(试行)》中明确了县域内金融机构加大地区信贷资金投放的约束标准和激励政策,具体包括:"县域法人金融机构中可贷资金与当地借款同时增加且年度新增当地贷款占年度新增可贷资金比例大于 70% (含)的,或可贷资金减少而当地借款增加的,考核为达标县域法人金融机构。"和"达标县域法人金融机构,存款准备金率按低于同类金融机构正常标准 1 个百分点执行。达标且财务健康的县域法人金融机构,可按其新增贷款的一定比例申请再借款,并享受优惠利率。"从 2010~2014 年考核政策看,2010~2012 年,县域法人机构考核达标率较高,2013 年考核达标率逐步下降,2014 年为历史最低，仅为 49.5%，2014 年后又稍有回升，但整体维持在 63% 左右。[①] 总体上还是对增加了县域法人金融机构对农村地区的信贷资金投放，阻止农村地区存款资金外流具有重要作用。

2011 年、2012 年，四川省考核达标的 64 家县域法人金融机构因按低于同类金融机构正常标准 1 个百分点执行存款准备金率，其可贷资金分别增加 286 亿元、354 亿元，同时中国人民银行成都分行还分别向考核达标机构发放支农再贷款 26 亿元、23 亿元。可见，这一考核对于阻止农村区域资金外流，进一步提升"三农"金融服务水平起到重要作用。[②] 2010 年的鼓励县域法人金融机构增加农村地区贷款的考核办法，按照现今乡村振兴发展要求还存在以下需要完善的方面：一是县域法人金融机构年底新增当地贷款占年度新增可贷资金比例大于 70% 或可贷资金减少，而当地贷款增加的考核达标标准还比较低，且与县域法人金融机构在农村地区吸收存款没有直接挂钩，应该改为在县域农村地区具有吸收存款业务的法人金融机构，应将农村地区吸收存款的 100% 返贷给当地农村。二是列入考核的涉农金融机构不全，没有包括现行的农村全部涉农金融机构和国家涉农政策性金融机构。

2019 年中央一号文件再次提出，"打通金融服务'三农'各个环节，建立县域银行业金融机构服务'三农'的激励约束机制，实现普惠性小额贷款增速总体高于各项贷款平均增速。"在 2020 年 3 月 30 日，中共中央、国务院发布的《关于构建更加完善的要素市场化配置体制机制的意见》中也明确，"建立县域银行业金融机构服务'三农'的激励约束机制"。说明我国农村地区积累的存款资金还是通过存贷差逆向流入城市，我国涉农金融机构扩大农村地区贷款投放规模的激励约束机制的建设还有待完善和加强。

三、扩大镇村社会资本投资规模

（一）镇村社会资本的投资主体和投资领域

1. 社会资本的投资主体

社会资本的投资主体包括企业和个人。中共中央、国务院发布的《关于建立健全城乡融合发展体制机制和政策体系的意见》中提到，"对乡村供水、垃圾处理和农贸市场等有一定经济收益的设施，政府加大投入力度，积极引导社会资本，并引导农民投入；对乡村供电、电信和物流等经营性为主的设施，建设投入为主。"中央农村工作领导小组办公室等 7 部门发布的《关于扩大农业农村有效投资，加快补上'三农'领

---

① 张芳：《引导县域金融机构服务当地实体经济》，载于《金融时报》2019 年 6 月 10 日。
② 张学方：《64 家县域法人金融机构达标》，载于《四川日报》2013 年 5 月 24 日第 16 版。

域突出短板的意见》中提出，"充分利用和发挥政府投资基金作用，支持孵化型、成长型、创新型社会资本投资项目。在畜禽粪污资源化利用，农村生活污水垃圾处理等方面实施一批 PPP 项目。"2018 年中央一号文件中提出，"推广一事一议以奖代补等方式，积极鼓励农民对直接受益的乡村基础设施建设投工投劳，让农民更多地参与建设管护。"

2. 社会资本的投资领域

社会资本的投资领域主要是产业和建设领域。企业和个人等社会资本在农村地区的投资涉及政府引导社会资本投入领域，也涉及农村地区金融机构信贷项目的投资领域。社会资本投资农村地区更多涉及的是产业和建立领域的投资，并且主要包括农林牧渔业、工矿业、商贸服务业、乡村旅游业、镇村中的古镇古村、特色小镇等建设领域（见表 14 - 3）。从 2016 年住建部牵头的全国小城镇抽样调查数据看，小城镇工商资本主要投资的领域为农业、工业、商贸和旅游业等四个行业，工商资本来源于本镇的占 34%，来源于县域其他乡镇的占 30%，即 64% 的工商资本投资来自县域①。

表 14 - 3　　　　　　　　　　镇村社会资本投资的重点领域

重点产业	可投资的重点领域
农业	粮食、蔬菜、果品、粮油、饮料、花卉和苗木、纤维、中草药、畜禽、蜜蜂、水产等
工矿业	农产品加工、食品、茶酒、饲料、纺织业、服装服饰、皮革皮毛、制鞋、木纸和纸制品、橡胶塑料、工艺美术品、化学制品、中药加工、非金属矿采等
商贸服务业和乡村旅游业	专业批改市场和集贸市场、物流和电商、会议展览等商贸服务业；休闲观光园区、森林人家、乡村民宿、森林草原旅游、河湖湿地观光、冰雪和海上运动、山地极地运动、野生动物驯养观赏、健康养生等乡村旅游业
镇村建设	古镇古村建设、特色小镇建设、康养基地建设、城中村改造等

资料来源：笔者整理。

（二）镇村建设中的企业参与投资的案例

1. 村民企业把村变成"小城市"

2019 年 11 月，浙江省第 4 批"小城市培育"名单中有一个浙江东阳市南马镇花园村。南马镇花园村距东阳城区 18 千米，村域面积 12 平方千米，常住人口超过 6.5 万人，其中 5 万人以上为外来人口。2019 年，全村实现营业收入 602 亿元，村民人均年收入达到 13.5 万元。村里有一个本村人投资创办的维生素 D3 行业全球销量最大的生产企业——花园集团。到 2019 年，花园集团实现营业收入 306 亿元，占全村营业收

①　赵晖：《说清小城镇》，建筑工业出版社 2017 年版，第 75 - 81 页。

入的 50%，实现利润总额 15.5 亿元，名列胡润百富榜第 401 位。花园村还有一个全球最大的红木家具城。2010～2014 年，花园村凭借毗邻东阳市的区位优势和东阳木雕的传统技术优势，由花园集团投资建设了花园红木家具城。不产红木的花园村一跃成为"红木第一村"，产业衍生出了原木易、工艺品雕刻、红木家具生产、仓储物流、场地租金等，成为花园村财政收入最重要的来源之一。现在的花园村实际上已经是一座城市，"家家户户通自来水、通电、通天然气，就连电视点播台的节目也比城市里丰富。"① 还有按国际五星级酒店标准建设的高 99 米的花园雷迪森大世界。

2. 钢铁企业在镇投资文旅产业

始建于 1929 年的川威集团通过第二三产业互补并重，参与企业所在地四川内江威远县连界镇的文旅产业发展。按照连界镇"山—湖—镇—河—园"的规划，围绕足球、电竞、水上运动等体育项目展开布局"森林＋工业旅游"的特色文旅产业。2019 年，川威集团在威远县连界镇投资了占地 700 亩，旨在打造西南地区规模最大，集培训、赛事、运动休闲、体育旅游为一体的国际足球赛训中心。川威集团认为鉴于钢铁制造业具有明显的周期性，而文旅产业周期性不强，随着经济社会的发展，人们对运动、休闲、健康等方面的需求会越来越多，这是未来发展的一个趋势。"作为国内西南地区最大的建筑集成制造商，打造连界足球基地是企业通过第二三产业互补增强企业竞争力和实力的一个缩影，也是源自企业过去数年早已融入发展基因的'危机和意识'"，并提出川威集团通过第二三产业互补并重，"到 2028 年企业成立 100 周年时，实现年产值突破 1000 亿元，年利润突破 100 亿元，制造业与服务业发展齐头并进。"②

3. 矿业企业开展产业扶贫

江西铜业集团是江西德兴的老牌矿业国有企业。2015 年江西铜业集团定点帮扶江西省德兴市李宝乡宗儒村脱贫。利用宗儒村的文化古迹和自然资源，2016 年投入资金，对宗儒村与德兴市区、三清山景区和周边的婺源景区进村的公路全面整修，先后促进了宗儒村"一河两岸"水乡文化休闲区、千亩荷花产业基地等景观设施建设，开展扁担舞、快闪表演等活动。如今宗儒村已成为远近闻名的生态农业旅游观光地，游客数量的增加也带动了当地的多项消费和土特产销售。到 2020 年末，宗儒村贫困户人均年收入已由 3000 元增加到 15600 元，村子也彻底摘下了"贫困"标签。江西井冈山市曲江村也是江铜集团定点帮扶的贫困村。江铜也陆续投入 200 余万元，对曲江村的道路、医院、村庄等硬件进行改造；还出资金 20 万元，吸纳村民入股成立白莲合作社，打造"莲＋鱼＋虾"养殖模式；投入 30 万元成立农机合作社、养蜂专业合作社

---

① 于量：《"超级大村"孕育"小城市"》，载于《解放日报》2021 年 1 月 6 日第 9 版。
② 李娜：《老铜企缘何在深山中建起足球训练基地》，载于《工人日报》2021 年 1 月 5 日第 6 版。

发展养蜂产业。到 2017 年 1 月，通过评估曲江村已退贫困村序列，到 2019 年曲江村集体经济收入首次突破 100 万元。①

第三节　扩大镇村有效投资的体制机制

一、扩大镇村有效投资体制机制建设的重要性

促进城市要素流向镇村，扩大镇村信贷规模和社会投资的前提是我国农村地区的土地、人口及劳动力等要素的占有、使用、收益、处分等权能归属是清晰的，在法律或政策框架内的流转是自由、平等的，要素交换的通道是通畅的。因此，没有农村要素权能归属清晰、流动自由、交换平等，要吸引城市资本（包括金融资本和社会资本）、人才、技术、信息、管理等要素流入镇村，与镇村内的土地、人口及劳动力乃至其他资源组合，形成现实的镇村生产力是不可能的。然而，现阶段，我国城乡经济社会发展的现实状况是：一方面，改革开放以来的我国城乡经济社会获得了较快发展，我国已积累了一定的资本、技术、人才、管理等要素基础，而这些要素在我国社会主义市场经济条件下，客观上时时刻刻需要寻找投资机会。自 1984 年我国城市经济体制改革以来，我国的城市经济和社会已发展到一个较高的发展阶段，城市内的产业、建设等领域的投资机会也越来越小，拿工商业的话说就是"生意也越来越难做"；而我国商界普遍认为当前"农村是个未充分开发的大市场"，是金融资本和社会资本投资的"广阔天地"。近几年，国内许多房地产大佬都涉足农业领域和积极参与特色小镇建设等，就是已经积累的城市资本拓展农村市场的有力见证。并且，随着城乡居民生活水平的提高，我国城乡居民均有回归自然、回归故里、回归农业、回归农村的田园情结和冲动。我国改革开放中外出就学、就业、创业的许多少有成绩的人士都有返乡、下乡、回乡的冲动，参与中国农村地区的产业振兴、文化振兴、组织振兴、人才振兴等。而党中央、国务院也顺应时势，党的十九大提出，"乡村振兴"，党的十九届五中全会提出，"全面推进乡村振兴"，并且十九届五中全会还提出以扩大内需为着力点的，"构建国内大循环为主体，国内、国际双循环相互促进的新发展格局。"2020 年 12 月 16 日，中央经济工作会议上提出，"有序取消一些行政性限制购买的规定，充分挖掘县乡消费潜力"的要求。然而，当下，在我国，一边是到处涌流着返乡、下乡、回乡投资的冲动；而另一边是我国农村地区土地要素各项权属归属还不够清晰，城市要素流入镇村还有诸多的体制政策障碍，统一的城乡要素平等交换平台还没有建立，农

---

① 卢翔：《江铜集团开展产业帮扶助贫困村脱贫》，载于《工人日报》2021 年 1 月 28 日第 2 版。

村人口及其劳动力流入城市安家落户和享有公共服务还有诸多困难等。这一切都说明，当前，仅仅研究我国农村地区生产力层面的要素流动，扩大有效投资是不够的；还必须从生产关系，即体制机制和政策等层面建立起适应生产力层面的要素流动的生产关系，才有可能真正实现我国城乡要素的双向自由流动、平等交换和优化配置。

二、完善我国农村集体土地管理制度

（一）加快完成农村集体土地的确权登记颁证

农村集体土地的确权是对我国农村集体土地占用、使用、收益、处分等权能边界的划定；登记颁证是农村集体土地各项权能归属内容证明的法律形式和法律文件。因此，农村集体土地确权登记颁证涉及权能名称及边界、权能内容、权能内容的书面记录及其相应的法律文件。可见，土地确权登记颁证是农村集体土地权属的设立、变更、转让和消灭的前提条件。农村集体土地没有完成确权登记颁证这一特定过程，集体土地任何形式的流动或流转都没有可能。在社会主义市场经济条件下，如果农村集体土地各项权能无法流转，则农村土地与城市资本、人才、技术、管理等要素的组合或嫁接就没有可能，以及农村集体土地各项权能转化为现实生产力及其增值就不可能。因此，农村集体土地的确权登记颁证是镇村吸收本地和外地资本、技术、人才，乃至劳动力的基本条件。也就是，如果我国农村集体土地没有完成确权登记颁证，意味着金融资本和社会投资流入农村就不可能。因此，从某种角度，是否真正重视农村地区的发展或扩大有效投资，农村集体土地确权登记颁证是否真正落实是检验的标准之一。国家对农村集体土地的确权登记颁证非常重视。

2008 年 10 月，中共中央十七届三中全会通过的《中共中央关于推进农村改革发展若干重大问题的决定》中就提出，"搞好农村土地确权、登记、颁证工作。"2009 年中央一号文件提出，"强化对土地承包经营权的物权保护，稳步开展土地承包经营权登记试点，把承包地块的面积、空间位置和权属证书落实到农户，严禁借机调整土地承包关系，坚决禁止和纠正违法收回农民承包土地的行为。加快落实草原承包经营制度。"2010 年中央一号文件提出，把农村土地确权登记颁证的工作经费纳入财政预算，力争用 3 年时间把农村集体土地确认到每个具有所有权的农民集体经济组织。2012 年中央一号文件提出，"推进包括农户宅基地在内的农村集体建设用地使用权确权登记颁证工作。"2013 年和 2014 年中央一号文件提出，"加快包括农村宅基地在内的农村集体土地所有权和建设用地使用权地籍调查，尽快完成确权登记颁证。"2016 年中央一号文件提出，"加快推进房地一体的农村集体建设用地和宅基地使用权登记颁证，所需经费纳入地方财政预算。"2017 年中央一号文件提出，"全面加快房地一体的农村宅基地和集体建设用地确权登记颁证工作。"在此期间，国家相关部委和各省市也相继提出农村集体土地确权登记颁证工作的政策和规范。例如，2017 年 5 月 22 日，浙江省人民政府办公厅发布的《关于做好农村宅基地及住房确权登记颁证工作的通知》提出，"集中力量、加大工作力度，力争 2019 年底基本完成农村宅基地及住房历史遗留问题处理和确权登记发证工作。"2018 年 6 月山东省国土资源厅等部门印发的《关于做好农村房地一体不动产登记工作的通知》提出，在农村宅基地和集体建设用地确权登记基础上，对宗地上房屋等建筑物、构筑物开展补充调整，依法确定房屋所有权主体、面积等属性，按《不动产登记暂行条例》颁发房地一体不动产权证书。[①]

农村集体土地确权登记颁证涉及农村集体土地所有权、承包地经营权、宅基地使用权及房屋所有权、农村集体经营性建设用地使用权等四方面内容。农村集体土地所有权确权登记颁证进行得比较快，据统计，到 2013 年 5 月，全国农村集体土地所有权登记发证率达到 97%。土地承包经营权确权登记颁证预计全国也基本完成，如 2017 年，广东省土地承包经确权登记颁证率已达到 87.40%。宅基地及其房屋确权登记颁证相对缓慢，有的地方至今还没有起动该项工作，但浙江省义乌市因承担全国宅基地改革任务，到 2015 年 7 月已完成农村宅基地房地一体不动产登记证 2150 本，现在浙江省义乌市已基本完成该项工作。农村集体经营性建设用地确权登记颁证，全国各地完成进程更为不一，浙江省德清县因承担全国集体经营性建设用地入市改革，农村集体经营性建设用地确权登记颁证实施工作较快，到 2015 年 12 月底，德清县已查明全县约有集体经营性建设用地 1881 宗，面积为 10691 万亩。因此，在 2019 年 5 月，由中共中央国务院发布的《关于建立健全城乡融合发展体制机制和政策体系的意见》中再次提出，加快完成农村承包地确权及登记颁证，加快完成房地一体的宅基地使用及确权登记颁证，加快完成农村集体建设用地使用权确权及登记颁证。

（二）社会资本投资农业

社会资本投资农业涉及工商资本农业企业与农户的职能分工与组织分工、农用地流转和租赁、建立健全农业社会化服务体系等内容。

1. 工商资本农业企业与农户的职能分工与组织分工

随着我国城市经济的发展，工商企业等社会资本流转和租用农用地涉足或投资农业的越来越多。实践中，工商资本投资农业是指工商业者（包括法人、非法人组织或者自然人）投资开展农业生产经营。社会资本投资农业生产经营在 2013 年中央一号文件中提出，我国农村承包经营中的集体土地所有权和承包经营权"两权分置"进一步向集体土地所有权、土地承包权、土地经营权"三权分置"推进。2015 年 4 月 14 日，由原农业部等四部门发布的《关于加强工商资本租赁农地监管和风险防范的意见》中

---

① 杨学莹、赵小菊：《农村房地一体不动产登记启动》，载于《大众日报》2018 年 6 月 26 日第 2 版。

明确了工商资本流转和租用农用地（指农民承包耕地）的农业生产经营鼓励领域，包括良种种苗繁育、高标准设施农业、规模化养殖等适合企业化经营的现代种养业，开发农村"四荒"（荒山、荒沟、荒丘、荒滩）资源发展多种经营，投资开展土地整治和高标准农田建设，开展农业环境整治和生态修复；并鼓励"公司＋农户"共同发展，支持农业企业通过签订单合同，领办创办农民合作社，提供土地托管服务等方式，带动种养大户、家庭农场等新型农业经营主体发展农业产业化经营，实现合理分工，互利互赢，让农民更多地参与分配产业增值收益。事实上，社会资本流转和租赁农用地投资农业获得的是农地经营权，农地所有权仍属农村集体经济组织，农地承包权仍属于农村集体经济组成员。从实践看，社会资本投资农业比较好的农业领域是投资规模较大、技术含量较高的农业生产领域和品牌化经营的农产品市场领域；家庭农场和专业大户等适度经营规模主体比较适农业生产领域。资金、技术、标准、市场由社会资本掌握，农业生产由家庭农场、专业大户，乃至小农户负责，形成（公司＋农户）农业生产经营分工体系。农业龙头企业主要负责农业基础设施投资（包括为农业适度经营规模主体提供大棚等农业基础设施）、技术支持（包括为农户提供种子、栽培技术指导、植保管理等培训）、生产经营标准的制定、农产品市场营销（包括品牌建设、农产品线上线下推广等）和示范性农业生产基地的农产品生产。与农业龙头企业生产经营合作的农户（包括家庭农场、专业大户、农户等）按照农业龙头企业提供的种子、栽培技术、植保管理、产品标准、农产品品牌和营销要求等开展农业生产（见图14－1）。与上述"公司＋农户"农业生产经营分工体系相关的农业生产经营组织体系如图14－2所示。

生产经营主体分工	主要职能
农业龙头企业职能（工商资本）	农业基础设施投资、农业技术服务、生产经营标准、农产品市场营销、示范性生产基地农产品生产
农户（家庭农场、专业大户、小农户）	按照农业龙头企业的技术要求、生产标准、农产品营销要求和示范性生产基地农产品生产样式开展农业生产

图14－1 "公司＋农户"的农业生产经营分工体系示意

资料来源：笔者绘制。

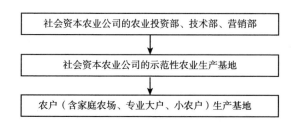

图14－2 "公司＋农户"的农业生产经营组织体系示意

资料来源：笔者绘制。

上述工商资本投资的农业龙头企业与我国众多的农业生产经营户的农业生产经营分工体系和组织体系，既可以比较有效地处理好工商资本农业企业与我国众多农业生产经营户的利益关系，也可以充分发挥工商资本投资农业与我国众多农业生产经营户各自优势的发挥，同时还可有助于减少工商资本农业企业以较小的农地流转和租赁规模，获得较大规模的实际可利用的农地及其农产品市场规模。本人在政府工作分管农业时，上海嘉定区的惠和种业、徐行湖羊、万金观赏鱼等工商资本投资的农业公司都是遵循上述"公司＋农户"农业生产经营分工体系和组织体系运作的，而这三家农业公司的产值都在亿元以上，但其流转和租赁的农用地都只有 300～500 亩。

2. 工商资本投资农业的农用地流转和租赁

从实践看，工商资本流转和租赁农用地都涉及在哪里流转和租赁农用地、租赁农用地价格怎样确定、流转和租赁农用地需要办理的法律体系以及工商资本租用农用地监管等问题。

（1）农用地流转和租赁平台。2021 年 1 月 26 日，农村农业部发布的《农村土地经营权流转管理办法》（以下简称《办法》）中第五条规定，"农业农村部负责全国土地经营权流转及流转合同管理的指导。县级以上地方人民政府农业农村主管（农村经营管理）部门依照职责，负责本行政区区域内土地经营权流转及流转合同管理。乡（镇）人民政府负责本行政区域内土地经营权流转及流转合同管理。"并且在《办法》中的二十二至二十四条详细规定了乡镇人民政府在农村土地经营权流转管理中的职责。《办法》第二十五条提出，"鼓励各地建立土地经营权流转市场或农村产权交易市场。"并没有明确土地经营权流转市场或农村产权交易市场覆盖的范围是乡（镇）还是县市域。从实践看，农用地流转和租赁平台各地规定不一，有村民委员会、村体念经济组织、乡（镇）土地流转管理中心，也有（县、市区）土地流转服务管理中心等。按照上述 2021 年 1 月 26 日发布，2021 年 3 月 1 日起施行的《农村土地经营及流转管理办法》规定，农用地流程和租赁平台是乡（镇）土地流转管理服务中心。也就是说，从 2021 年 3 月 1 日，工商资本投资农业的农用地流转租赁主要应通过乡（镇）流转管理服务中心来实现。

（2）农用地租赁价格的确定。在本书的第十一章第三节中提出，目前我国农用流转和租赁的地价有国有农用地流转价格和农村集体土地流转价格。实践中的国有农用地流转价格一般按租赁期 50 年一次性计价和付费，由竞价产生。农村农用地流转和租赁价格一般按年计价和付费，一般由当地县（市）人民政府制定和发布的土地流转指导价来确定；而当地政府发布的土地流转价格一般按当地的不同农用地类型及其农产品产量、市场价格以及政府农业补贴进行综合考虑后定出指导价。在某一特定地区，无论国有还是集体农用地流转价格都不是越高越好，而是既要有基准地价的下限，以保护土地承包方的利益，还要有流转土地价的上限，以保护土地经营方的利益。

（3）农用地流转和租赁合同。根据《农村土地经营权流转管理办法》，土地流转和租赁涉及承包方、发包方、受让方和中介组织。在土地流转和租赁合同中发包方应该是集体土地所有权人，一般是农村集体经济组织或村民委员会；承包方是土地承包权人，一般是集体经济组织成员；受让方是土地经营权受让人，可能是村民、工商企业、非法人组织和其他自然人；中介组织，按《办法》规定是乡（镇）土地流转管理服务中心或依法设立的土地经济权流转市场或农村产权交易市场。按《办法》规定，土地流转经营权合同签约的双方可以是土地承包权人和土地经营权受让人，也可以是土地承包权委托的土地发包方和土地经营权受让方，土地经营权流转合同的签证人是中介组织，即乡（镇）土地流转管理服务中心或土地经营权流转市场或农村土地产权交易市场。按《办法》规定，农村土地经营权流转合同的内容一般包括："双方当事人的姓名或者名称、住所、联系方式等；流转土地的名称、四至、面积、质量等级、土地类型、地块代码等；流转的期限和起止日期；流转方式；流转土地的用途；双方当事人的权利和义务，流转价款或者服务分红，以及支付方式和支付时间；合同到期后地上附着物及相关设施处理；土地被依法征收、征用、占用时有关补偿费的归属；违约责任。"

（4）工商资本租用农用地的监管。在最新颁布的《农村土地经营权流传管理办法》第二十九条明确规定，"县级以上人民政府对工商企业等社会资本流转土地经营权，依法建立分级资格审查和项目审核制度。"并提出在土地经营权受让双方及中介机构签证签订土地经营权合同之前，应向乡（镇）人民政府农村土地承包管理部门或县级以上地方政府农业农村主管部门提出审查审核申请，并提交流转意向协议、农业经营能力或资质证明、流转项目规划等相关材料。未按规定提交审核申请或审核未通过的，不得开展土地经营权流转活动。还在《办法》第三十条中提出，"县级以上人民政府依法建立工商企业等社会资本通过流转取得土地经营权的风险防范制度，加强事中事后监管，及时查处纠正违法违规行为。"在《办法》第十一条中规定，"受让方应当依照有关法律法规保护土地，禁止改变土地的农业用途，禁止闲置、荒芜耕地，禁止占用耕地建窑、建坟或者擅自在耕地上建房挖沙、采石、采矿、取土等。禁止占用永久基本农田发展林果业和挖塘养鱼。"

（三）完善农村宅基地及其房屋管理制度

立足扩大农村地区有效投资角度，研究我国农村宅基地管理制度的目的是促进城市生产要素能顺利下乡，使城市的资本、技术、人才、信息、管理等要素能与农村闲置或空闲宅基地及房屋资源有效组合，促进农村地区潜在的宅基地及房屋资源转化为现实的生产力，实现农村地区经济社会的快速发展。在我国农村"三权分置"要求下，我国农村的宅基地及其房屋管理制度，当前重点需要研究以下问题。

1. 宅基地"三权分置"及闲置宅基地的利用

我国农村居民宅基地所有权归农民集体所有，农民只有使用权，是在人民公社化中确立的。此后，在1981年《国务院关于制止农村建房侵占耕地的紧急通知》中进一步指出，"必须重申，农村社队在土地都归集体所有。分配给社员的宅基地、自留地（自留山）和承包耕地，社员只有使用权，既不能出租、买卖和擅自转让，也不能在承包地和自留地上建房、葬坟、开矿、堆砖瓦等。"2018年中央一号文件提出，"完善农民闲置宅基地和闲置农房政策、探索宅基地所有权、资格权、使用权'三权分置'，落实宅基地所有权、保障宅基地农户资格权、适度激活宅基地使用权，不得违规违法买卖宅基地，严格实行土地用途管制，严格禁止下乡利用农村宅基地建设别墅大院和私人会馆。"2018年2月底，安徽省发放了全国第1张宅基地"三权分置"证书，证书上明确了三个权利人，并印成一式三份，发给所有权人、资格权人和使用权人。[①]2018年4月24日，浙江省宁波市象山县发放了浙江首本农村宅基地"三权分置"不动产登记证，出租方和民宿开发方分别获得宅基地资格权证和使用权证。[②]2020年11月4日，中共中央发布的《关于制定国民经济和社会发展第十四个五年规划和2035年远景目标的建议》中提出，"探索宅基地所有权、资格权、使用权分置的实现形式。保障进城落户农民土地承包权、宅基地使用权、集体收益分配权，鼓励自愿有偿转让。"

《全国土地整治规划（2016—2020年）》中提出，至2015年底"全国农村居民点270万个，占地面积2.87亿亩。"在《国家新型城镇化规划（2014—2020年）》中提到，2000~2013年，农村居民点居住用地增加3045万亩。据国家1996~2016年三次全国农业普查的全国农户看，1996年为21400万户，2006年为22108万户，2016年为23027万户。而1996年、2006年、2016年3个时点，我国乡村的常住人口分别为85085万人、73160万人、57661万人。在2016年末的23027万户农户中，99.5%的农户拥有自己住房。其中，拥有1处住房的20030万户，占87.0%；拥有2处住房的2677万户，占11.6%；拥有3处及以上住房的为196万户，占0.9%；拥有商品房的1997万户，占8.7%。2013年据中科院测算报告，"全国废弃宅基地达到1.14亿亩"。[③]最近，有专家根据2020年全国农民工数量提出，"全国农村至少有7000万套闲置房屋，闲置宅基地面积达3000万亩左右。"[④]我国农村宅基地总面积到底是多少和我国农村宅基地及房屋闲置和空置面积到底是多少，目前，全国没有一个统一的权

① 林远、姜刚：《农村宅基地"三权分置"改革全面提速》，载于《经济参考报》2018年6月26日第A01版。
② 袁立华：《浙江省本农村宅基地"三权分置"不动产证在宁波象山颁发》，2018年6月30日。
③ 何秀荣：《农村宅基地改革将破冰起航》，载于《文汇报》2018年3月13日第6版。
④ 徐永德：《以农村宅基地改革推动乡村振兴》，载于《光明日报》2021年1月18日第2版。

威数据。但从上面罗列的相关数据看，以下几个结论是可以肯定的：一是我国乡村常住人口 1996～2016 年共减少 30424 万人，但农户数却增加 1627 万户。到 2016 年末，乡村户均常住人口为 2.5 人，此数还未含农户拥有 2 处乃至 3 处及以上住房的户均常住人口数。可见，当前我国农村宅基地及住房利用率是不高的，除城市周边的宅基地及住房外，全国大部分离城市距离较远的村庄宅基地及住房具有部分闲置和少量的空置。事实上，政界、学界、媒体界经常说的空壳村、空置房是对全国而言的，而且是极小部分，在城市周边的村庄根本就不存在空壳村和空置房。因为，那些距离城市较近的村庄中闲置、空置的农民住房，因租金较低，早已用于周边城市外来务工者下班后的居住房，并且那些大城市周边半小时车程内的村庄中违章建筑也已出租用作外来务工者的居住房。那些距离城市距离较远村庄中的农村居民住房，因全家外出务工、随迁照料子孙，才会产生整栋空置房。而这些村庄中的农村住房极大部分由老人、留守妇女儿童居住，这些农村住房利用率相对不足，具有部门闲置的住房面积。正是因为我国农村宅基地及住房的闲置、空置具有上述特征，因此决定了提高我国农村地区宅基地及住房利用效率的难度。

2. 逐步建立城乡住房同房同证同权制度

我国现在乡村住房一般颁发的是《农村宅基地使用证》，宅基地使用证由县人民政府颁发，证内记载户主及其人口数、宅基地坐落及附图、批准文号、建筑面积、建筑占地面积、宅基地面积。并在宅基地内附有须知内容，主要是"严禁买卖、出租、抵押和违法转让宅基地。如需改变宅基地使用权的，必须向原发证机关申请办理变更登记手续，经审查批准后，更换使用证。""在本证规定的宅基地范围内重建、改建、扩建房屋，需持本证申请建筑执照。"也有农村集体建房颁发集体土地房地产证的，该房地产证记载的内容与国有土地房地产证是一样的，只是没有规定土地使用年限。从上述叙述的内容看，我国乡村宅基地使用权及其住房现在已经是"房地一体"登记的，只是不叫房地产证而叫宅基地使用证。这天下没有哪一处房子是可以离开土地的，"房地一体"登记的目的不仅是证上注明，而是为了"房地一体"的流转，"地随房转"是"房地一体"登记的目的。特别是在城乡人口流动及城镇化背景下，农村大量人口迁居城镇，城镇占用大量建设用地，在乡村宅基地及住房闲置条件下，我国乡村村宅"房地一体"登记的真正用意是有效提高我国村宅及宅基地的使用效率，更好地为我国经济社会发展提供动力。当前，我国城镇住宅房地产证已具备"地随房转"的功能，从而促进了我国房地产证范围内住房需求的有效供给和优化配置，同时也促进了我国经济社会的发展。我国面广量大的乡村住房能否真正实现"房地一体"登记的真正功能，对我国乡村振兴及城镇化均至关重要。因此，乡村住房"房地一体"登记应该探索与城镇住房实行同样房地产证，但证中记载的内容可以标明国有土地还是集体土地以及转让时应交付的有关费用等，实现同房同证同权。

3. 逐步建立农村宅基地使用年限制度

无论新增宅基地还是存量宅基地，均应建立使用年限。因为我国宅基地所有权是集体的，农村居民只有宅基地使用权，如宅基地使用不规定使用年限，就可能理解为是永久的、无期限的，这样既不利于宅基地所有权的保护，又不利于村民宅基地使用权和农民房屋财产权的保护，因为这样也可理解为宅基地所有权人任何时候都可以收回宅基地使用权，村宅及其相应的宅基地是"房地一体的"，是种特殊的房地不可分离的物权。至于宅基地使用权年限如何确定，新增宅基地从初始取得应与国有土地使用权年限一样，即 70 年；存量宅基地使用年限的确定相对复杂，严格角度讲，在我国，宅基地收回归集体所有是从 1958 年人民公社化时期开始的，若从这时候开始计算存量宅基地的使用年限，就有个问题，即某幢村宅 1958 年前已存在，若宅基地使用权从 1958 年开始算，到现在为止，该幢宅基地使用权到已过了 60 多年，如果以宅基地使用年限为 70 年计，还剩 10 年不到。因此，接下来就马上面临着该宅基地 70 年到期该如何续期，续期该如何付费，若续期，与城镇住宅土地所有权 70 年到期如何平衡等一系列问题。从实践看，存量宅基地使用年限应该从最近一次经批准拆除重建或整栋翻建开始起算，或者所有农村宅基地使用年限一律从国家规定的农村宅基地使用年限发布之日起算。

4. 完善宅基地集体所有权实现制度

在我国，自宅基地所有权与使用权分离以来直至今日，"本村集体经济组织成员合法取得的宅基地户控面积内，不收取宅基地有偿使用费"，[①] 实践中，宅基地资格权、使用权具有取得、占用、使用、收益大部分权能，是真切的，而宅基地所有权只保留了没有实际利益的处分权，是虚设的，所有权人在宅基地配置、管理和服务中不但没有任何利益，而且还有许多支出。2006 年我国全面取消农业税征收后，如何落实集体土地所有权人权益，包括宅基地集体所有权应得权益，这不仅涉及农村自治组织的基层治理和服务能力，也涉及宅基地及其农民住房财产权服务能力，最终也涉及宅基地及其农民住房财产权的维护水平和利用效率的提高。从目前和发展方向看，我国农村宅基地集体所有权实现可以从以下几方面探索。

（1）逐步建立宅基地使用权有偿使用制度。按村或按镇或按县市逐步探索农村宅基地所有权人收取本村宅基地使用费，宅基地有偿使用费收取范围既包括新增宅基地，也包括存量宅基地。收取标准可依据按县制定的农村宅基地基准地价和农村宅基地使用年限的一定比例计算，按年设立逐步调整；收取对象是使用本村宅基地使用权的本

---

① 中共义乌市委办公室：《浙江省义乌市农村宅基地超标准占用有偿使用细则（试行）》（义委办发〔2016〕103 号）.

村集体经济组织成员和非集体经济组织成员，本村集体经济组织成员宅基地有偿使用费可以有所优惠，本村五保户、低收入户和住房困难户可以免收宅基地有偿使用费；宅基地有偿使用费收入极大部分应归本村集体经济组织，小部可按政府规定使用，大市政等公共设施配套费应当由当地政府统筹配置，村集体经济组织所得的宅基地有偿使用费收入部分，可用于村域内公共设施配置和公共福利支出。

（2）推进合法继承农民房屋财产权的宅基地收取有偿使用费。浙江省《义乌市农村宅基地超标准占用有偿使用细则（试行）》第十条规定，"非本村集体组织成员通过继承房屋等方式合法占有的宅基地，在90平方米（含）以内的，有偿使用费每年每平方米按基准地所的0.08%缴纳，超过90平方米以上部分，参照本村集体组织成员计收标准执行。"

（3）超标准宅基地使用及面积占用收取有偿使用费。浙江《义乌市农村宅基地超标准占用有偿使用细则（试行）》第六条规定，"超过按户控制面积的每年每平方米按农村宅基地基准地价的0.15%为基础价格，以36平方米为一档，超过面积36平方米（含）以内的按基础价格收取，每增加36平方米，收费标准按基础价格提高20%累进计收，但收费标准不超过基础价格的60%。"

（4）新增宅基地择位竞价收取宅基地有偿使用费。新增宅基地择位竞价是指在农村当年的新增宅基地中，由于符合申请新增宅基地条件的集体经济组织成员在二人以上的，对新增宅基地地块选择难以在合格申请人之间自行协商，宅基地发包人提出的一种宅基地有偿选择的方法。这种方法在浙江义乌市和江西余江县有关村的新增宅基地分配中都运用过。这不是一种宅基地使用权退出方式，而是一种宅基地使用权有偿分配方式。

5. 完善宅基地农户资格权制度

浙江《义乌市农村更新发行实施细则（试行）》第二十条规定，"农村宅基地分配取得对象为村级集体经济组织成员，按规定不能享受除外。下列农民可增计一人分配：（一）年满20周岁未婚的；（二）已婚未育或育有一子女的。"《义乌市农村集体经济组织成员资格界定指导意见》中的农村集体经济组织成员资格参照《浙江省经济合作社组织条例》第十七条、第十八条和第十九条规定。总体上，一是基于本村户籍：①现有本村户籍，如与本村社员有合法婚姻关系落户的，因社员依法收养落户的，政策性移民落户的；②原有本村户籍，如本村户籍迁出或注销的现役士兵和初级士官，全日制大、中专在校学生，服刑人员。二是本村社员，包括农村土地承包制以来的原生产队成员，父母双方或一方为本村经济合作社社员；2/3以上社员通过的，可以成为本村社员或保留本村社员。三是符合法律、法规、规章和国家、省有关规定的其他人员。

以逐步完善按农村户籍和务农职业为条件取得新增宅基地制度。在城镇里有住房和就业，只是户籍登记在农村就可以申请新增宅基地，在当下我国户籍制度改革条件下，在农村登记户籍还是城镇登记户籍已不再是居民身份和农民身份的分界线，而仅仅是人口登记地的概念。具有农村户籍不一定在农村务农，在农村务农不一定是农村户籍，按户籍作为申请新增宅基地的条件已与国家宅基地改革精神不符。同样，在户籍制度改革背景下，以后的农民仅仅是一种职业称号，已不是身份的标志，在农村务农也不是申请新增宅基地的条件。新增农村宅基地申请的资格权，可以考虑按照在农村落户、居住、就业、创业达到一定期限或一定条件，并依法经农村经济组织民主讨论确定。

6. 适度放活宅基地使用权和农民房屋财产权

（1）适度放活宅基地使用权和农民房屋财产权的有关规定。在 2019 年 9 月 11 日，中央农村工作领导小组办公室、农业农村部共同发布的《关于进一步加强农村宅基地管理的通知》中指出，"鼓励村集体和农民盘活利用闲置宅基地和闲置住宅，通过自主、合作经营、委托经营等方式，依法依规发展农家乐、民宿、乡村旅游等。城镇居民、工商资本等租赁农房居住或开展经营的，要严格遵守合同法的规定，租赁合同的期限不得超过二十年。合同到期后，可以另行约定。"并且规定"宅基地是农村村民的基本居住保障，严禁城镇居民到农村购买宅基地，严禁下乡利用农村宅基地建设别墅大院和私人会馆。严禁借流转之名违法违规圈占、买卖宅基地。""农村村民出卖、出租、赠与住宅后，再申请宅基地的，不予批准。"在 2019 年 9 月 3 日，农业农村部发布的《关于积极稳步开展农村闲置宅基地和闲置住房盘活利用的通知》中提出，"鼓励利用闲置住宅发展符合乡村特点的休闲农业、乡村旅游、餐饮民宿、文化体验、创意办公、电子商务等新产业新业态，以及农产品冷链、初加工、仓储等第一二三产业融合发展项目。""在充分保障农民宅基地合法利益的前提下，支持农村集体经济组织及其成员积极自营、出租、入股、合作等多种方式盘活利用农村闲置宅基地和闲置住宅。鼓励有一定经济实力的农村集体经济组织对闲置宅基地和闲置住宅进行统一盘活利用。支撑返乡人员依托自有和闲置住宅发展适合的乡村产业项目。引导有实力、有意愿、有责任的企业有序参与盘活工作。""突出乡村产业特色，整合资源、创建一批民宿（农家乐）集中村、乡村旅游目的地、家庭工场、手工作坊等盘活利用样板。""对利用闲置住宅发展民宿等项目，要按照 2015 年中央一号文件要求，尽快研究和推动出台消防、特种行业经营等领域便利市场准入，加强事中事后监管的措施。""要坚决守住法律和政策底线，不得违法违规买卖或变相买卖宅基地，严格禁止下乡利用农村宅基地建设别墅大院和私人会馆。"

（2）适度放活宅基地使用权和农民房屋财产权的有关案例。①闲置宅基地和闲置房使用权交易公司＋村集体＋农户运营模式。从北京首届民宿会议发布的信息看，截至 2020 年 12 月，全北京已有 2000 多个院子被开发成民宿。北京乡村民宿发展起于 2015 年，2015 年全北京的农村高端乡村民宿院子不超过 20 家，2016 年为 60 多家，2017 年为 150 多家，2018 年为 350 多家，2019 年为 1100 多家，到 2020 年底北京文旅局公布的数据是 2000 多个院子。专门出租农村院子的美丽新乡村网公布的数据显示，截至 2020 年 11 月份，网站已完成了北京 1200 套院子的出租。根据美丽新乡村网对平台 100 多位租赁农房经营民宿的投资者的调查，截至 2020 年 12 月份，还没有发现房主的租赁合同违约发生。"北京农村房违约少的原因有两个，一是民宿发展有政府介入，大量的农村院子由村集体统一租赁后再给到民宿投资者；二是现在民宿租赁合同越来越规范。"

②浙江省上虞区的"产权交易公司 + 农宅经营服务站 + 农户"的"闲置农房激活计划"运营模式。其运作特点是：由上虞供销合作社制定"闲置农房激活计划"，并由上虞供销总社与乡政府签订合作协议，对有意向流转交易的农屋进行规划改造，并按"供销合作社下设的闲置农房产权交易公司 + 村农宅经营服务站 + 拟出租的闲置农房农户"方式运营，该农村闲置农房激活运营方式出台不久，整个丁新乡就有 256 户农户签订了流转闲置房的意向，其中，带动与村农宅经营服务签订协议的袁兰娟"已经拿到第 1 笔一共 2 万元的租金，以后每年租金递增 5% 还能获得农房每年经营收入的分红。"①

③利用农村闲置房屋发展乡村休闲养老社区。北京市怀柔区按照农村闲置房屋所有权、使用权、经营权"三权分离"原则，采用"农户 + 合作社 + 公司"经营模式，建立起"农民、村集体、企业、区镇政府"四位一体的联动合作机制，利用农村闲置房屋发展乡村休闲养老社区，以满足城市高端休闲养老需求。将农民所有的闲置房屋流转到村集体成立的北京田仙峪休闲养老专业合作社，成为合作社社员后取得房屋租金收入，并参与收益分配，由合作社与社会资本开展合作。由区镇村通过招商引资，引进有意愿、有实力、有信誉的优质社会资本和专业管理团队，与合作社签约，负责闲置房屋的投入改造和经营管理。由区镇政府集成目前农村发展的各类扶持政策，对乡村休闲养老社区试点地域内的基础设施、公共服务、人居环境进行提升。到 2015 年 5 月，已完成了流转出来的 30 处闲置家宅的改造、配套，已接待了 62 家老人看房，6 家签约用房，2 家正式入住。为那些身体健康，拥有自理能力，具备中高收入，希望享受清洁空气、优美自然环境、绿色健康食品、清闲安逸生活的健康老人提供了"一家一户、独门独院"的私人休闲养老空间。进一步扩展了高端休闲养老市场，满足了城市老人对乡村休闲养老的愿望和需求。同时，也提高了闲置家宅的财产性收入，30

---

① 朱银燕等：《激活闲置农房！》，载于《浙江新闻客户端》2018 年 6 月 22 日。

处闲置家宅租金 20 年一次付清，达 1700 万元，每幢平均租金总额为 56.66 万元，年均租金为 2.83 万元；同时还带领合作社集体收入，养老社区租用了村委会办公楼建设集公共食堂、休闲酒吧、餐饮洗衣等服务功能的养老社区综合服务中心，按每年 24 万元租金流转农用地 60 亩，按每年获得养老社区 10% 的收益分红；另外，还带动了本地劳动力在养老社区中从事保姆、保洁、餐饮、务农等就业。

7. 逐步推进宅基地自愿有偿转让

2015 年 1 月中共中央办公厅和国务院办公厅发布的《关于农村土地征收、集体经营性建设用地入市，宅基地制度改革试点工作的意见》中提出，宅基地"转让仅限于本集体经济组织内部，限制城里人到农村买地建房，导致逆城市化问题"。事实上，从存量宅基地角度讲，农村要转让的是村宅，城镇住宅转让的也是房子，只不过是城镇住房"地随房转"，房转了地也就转了，没有任何一套城镇住宅是只转让土地使用权，不转让房子的，也没有任何一套城镇住宅只转让房子，而不转让土地使用权的。农村村宅也是这样，我们讲的转让村宅，同时也就转让了该村宅下面的那幅存量宅基地，但没有一个人说是转让存量宅基地的。而新增宅基地就可以只谈宅基地，因为此时宅基地没有房地一体的纠结。站在已有的村宅角度，该村宅下面的那幅存量宅基地仅在集体经济组织内部转让，将会产生以下问题：一是该村宅的宅基地使用登记人已全部逝世，而村宅法定继承人不是本集体组织成员，因为我们通常理解的本集体经济组织成员是指本村本组、农村户籍，且在本村本组务农的人员，随着户籍制度改革，农村务农人员仅仅是个职业符号，要符合本村本组、农村户籍，且又在本村本组务农这个条件的村宅法定继承人现在已越来越少，将来甚至会没有。村宅由出资建设人所有，其法定继承人有权继承的情况下，村宅及其相应附着的那幅存量宅基地在本集体经济组织内部转让是不可能的，最终会导致村宅法定继承人的继承权被变相剥夺，这和《中华人民共和国继承法》（以下简称《继承法》）是冲突的。基于《继承法》的规定，笔者认为，已有村宅及相应的那幅存量宅基地，现阶段应该可以在集体组织成员内部转让，也可以在法定继承人内转让，随着城乡融合发展方式的推进，也可以逐步扩大到村宅乡镇范围内、本区县范围内，乃至在全社会范围内转让；转让权能与城镇住宅转让权能一致，包括出售、出租、抵押、担保、有偿退出、继承、赠与等。正是基于上述考虑，笔者才认为，农村宅基地应该逐步建立房地产权确认、有偿使用、有偿退出、有期限使用、托底保障、房地一体等相应配套制度。

推进农村村宅及宅基地依法依规转让，对促进城乡要素自由流动、平等交换，实现城乡融合发展具有重要积极意义。一是促进农村村宅及宅基地有效配置。现在农村新增宅基地，只要户籍在农村本集体经济组织内，符合条件的均可申请，且无偿无期限使用，因此，农村村民申请新增宅基地的冲动、花样层出不穷，孩子长大要分户，为分户要离婚等，这种新增宅基地申请的福利体制，其后果是占用耕地多、新增宅基地使用不当、申请到宅基地有偿出租、建好的村宅用于经营等，新增宅基地的配置效率低下，且很不公平。存量宅基地由于在集体经济组织内部、代与代之间、本集体经济组织外部转让均发生困难，于是农村房屋空置现象（无人住、无法住）、违章搭建现象（为了出租）、房屋破旧现象、村庄破落现象到处可见，村宅更新、村庄更新得不到有效实现。二是促进城乡真正一体化。我国改革开放以来的最大进步是促进了农村人口流向城镇，进入第二三产业务工，这种农村人口流动，增加了农村村民经济收入和知识、技能，促进了城镇化、工业化的发展。但是这种人口流向至今为止总体是单向的，即农村人口流向城镇，而城镇人口无法流向农村，主要原因是城镇人口在农村居住无法实现。因此，在这种人口单向流动下，我国城乡二元结构越来越明显，城乡差距越来越大，有一些农村村民的居住水平比改革开放前还要差。造成这一问题的主要原因，本人认为，主要是城乡人口不互流，并且主要是城镇户口无法流向农村，从而使工业反哺农业、城镇反哺农村、城乡融合发展只能在国家政府层面实施，没有办法在社会公众层面实施，也就是说中国城乡一体化要逐步由政府实施的城乡一体化向政府和社会共同实施的城乡一体化迈进。只有这样，我国城乡二元结构、城乡差距才可能逐步缩小，城乡一体化才可能真正实现。纵观发达国家的城乡一体化都有这个特点。基于上述认识，若农村村宅不能在集体组织成员外转让，城镇人口要流转到农村居住是不可能的，从而真正实现城乡一体化也是不可能的。应该说逆城镇化是一个社会发展的进步，也是城乡一体化的标志，在我国经济发达的城市郊区周边地区，应该适时推动这一进程。三是促进基本公共设施城乡均衡配置。现在农村与城镇在基础设施、公共服务设施方面城乡间配置水平差距很大。随着农村人口的外流，连生态环境农村也比城镇差很多。造成这一情况的根本原因是农村的需求动力机制不足或需求向城镇转移。人口需求是第一推动力，由于农村人口单向外流城镇，而城镇人口又无法流向农村地区居住，从而使得基础设施、公共服务，乃至生态环境加强配置、均等配置的紧迫性、倒逼性不强，从而造成基础设施、公共服务，乃至生态环境城乡差距不断扩大。要改变这一情况，逐步实现城乡人口双向对流，尤其是城镇周边地区的城乡人口双向对流，对促进基础设施和公共服务等设施城乡均衡配置是十分重要的。

（四）推进农村集体经营性建设用地直接入市

1. 农村经营性建设用地同权同责同价

（1）同权同市。我国农村集体经营性建设用地包括规划确定的新增经营性建设用地和已办理经营性建设用地权证的存量建设用地。对这两部分农村集体经营性建设用地，党的十八届三中全会提出，"缩小征地范围，规划征地征收程序，完善被征地农民合理、规范、多元保障机制""建立城乡统一的建设用地市场，在符合规划和用途管制前提下，允许农村集体经营地建设用地出让、租赁和入股，实行与国有土地同等入市，同价同权。"按照党的十八届三中全会明确的上述意见，农村中的上述两类集体经营性建设用地不属国家土地征用范围的，农村集体经营性建设用地所有人可按法律规定要求直接入市。而当前，我国商业、旅游、娱乐、金融、服务业、商品房、工业及仓储等七类国有经营性建设用地应通过建设用地市场的招标、拍卖、挂牌等方式才能取得，故我国农村涉及上述七大类的集体经营性建设用地，不管是新规划的还是存量的，其集体经营性建设用地的所有权行使均应遵循上述规则，而不能例外。

（2）同权同责。首先，集体经营性建设用地直接入市交易后形成的土地出让收入，与国有土地出让收入一样，应扣除土地储备、征用补偿、整理修复等前期土地成本，再按规定提取各级政府土地收入比例和各类基金。国有土地与集体土地与国有土地同权同责，在土地出让收入分配上也应一样。其次，集体经营性建设用地在提取国家统筹部分外，应严格规定农村集体所得土地出让收入的使用，包括先归还出让土地成本，剩余部分应用于村公共设施和集体经济组织成员分配比例，分配的基本原则应有助于村集体经济组织及其成员的长远发展。

（3）同权同价。农村经营性建设用地直接入市减掉的主要环节是征地。这样原来征地环节所需的征地补偿费就不发生了，而原来农村集体建设用地征地补偿费收入分配一般按乡（镇）、村、组进行三级分配，分配的比例各地不一样。农村集体经营性建设用地直接入市，涉及征地范围的减少和乡镇、村、队征地收入分配减少，而上市土地扣除国家土地增值收益调节外和入市土地成本外，其村所得的土地收益增多。然而土地价格的确定，除入市同类土地自身的建设条件外，农村土地与国有土地的同权还涉及入市土地的土地使用年限、产业准入条件、环保条件、容积率和建筑覆盖率、出让方式，可能还涉及建设后的权证类型。因此，建立城乡统一经营性建设用地市场，就涉及国有和集体二元土地所有制，在规划和用途管制条件下，同是经营性建设用地出让，能否建立不分土地所有制的不动产权证登记制度，使我国经营性建设用地领域的土地所有制两元结构合为一元，建立起同权同证前提下的同价机制，否则，真正的同价也许还很难实现。这样，就涉及农村集体经营性建设用地所有权与使用权分离的研究。事实上，只要将出让后农村集体经营性建设用地权证冠以建设用地使用权证以及土地使用年限等后，农村出让的集体经营性建设用地与出让的国有经营性建设用地，具有同样格式权证在理论上是没有问题的。集体国有出让的经营建设用地都只是出让了经营性建设用地使用权，而所有权仍由国家和集体持有。

2. 集体经营性建设用地上市交易

（1）建立集体经营性建设用地出让的基准地价。基准地价应由以下几方面组成：一是零星拆旧地块上的房产和搬迁补偿；二是劳动力安置和社会保障费补偿；三是农用地青苗费、农作物等补偿；四是异地集中土地"三通"或"七通"一平支出；五是乡镇土地前期开发公司必要管理费；六是国家规定的土地出让规费等。基准地价也可以按收益法或市场比较法由市场评估确定。

（2）明确出让平台和出让程序。浙江省德清县专门制定了《德清县农村集体经营性建设用地入市管理办法》，明确将集体经营性用地出让纳入城乡统一的建设用地市场进行交易，并规定了集体建设用地的入市途径和范围、入市主体、入市方式、入市程序、收益管理、法律责任等七个方面。

（3）集体经营性建设用地上市后的收益分配。根据2016年由财政部、国土资源部联合发布的《农村集体经营性建设用地土地增值收益调节金征收使用管理暂行办法》，集体经营性建设用地入市交易后要征收土地增值收益的20%～50%，具体征收比例由集体经营性建设用地入市试点县综合考虑土地增值收益情况、土地用途、土地等级、交易方式等来确定。从参加集体建设用地入市试点县市的实际执行情况，土地增值收益提取大多为12%～32%。按照集体土地与国有土地实现"同地、同权、同价"的原则，集体经营性建设用地上市后收益分配中国家规费部分，也可以参照国有经营性建设用地的上市收益分配政策执行。其中，市区县所得土地出让收入规费部分的使用，尤其是区县所得部分应充分考虑集体建设用地建新区和零星地块拆旧区域的基础设施建设和公共服务的投入。集体经营性用地出让收益中扣除国家规费以外部分，所在区县政府应及时返还给乡镇人民政府，乡镇人民政府与乡镇集体建设用地前期开发公司按合同约定进行分配。

3. 浙江德清集体经营性建设用地直接入市案例

浙江省德清县是我国33个农村集体经营性建设用地入市改革的试点地区之一。德清国土资源建设（规划）局对全县12个乡镇（开发区）及151个行政村存量的集体经营性建设用地进行地毯式普查，对每宗地的坐落、四至、权属、利用现状等进行了调查，并上图入库，摸清了底数。共查明德清全县约有农村集体经营性建设用地共1881宗，面积10691万亩。截至2015年12月31日，德清共完成农村集体经营性建设用地入市41宗，面积373.02亩，成效总额9614.3万元。经德清相关部门数据表明，经初步测算，已入市的41宗土地，新建和追加投资将达到6亿元以上。《德清县农村集体经营性建设用地入市管理办法（试行）》第四十条规定，"集体经营性建设用地入市，应承担相应的基础设施建设开发成本，在试点期间向县人民政府缴纳土地增值收益调节金的方式履行义务。"第四十二条规定，"农村集体经济组织获得的集体经营性建设用地入市收益，归农村集体经济组织所有，纳入农村集体资产统一管理，严格按规定分配使用。""对入市的商业服务类用地征收的40%和工矿仓储类征收的20%收益调节金，安排给乡镇用于基础设施等民生类项目支出，通过直接、直接方式反哺给农村。"2015 年 8 月，浙江省德清县洛舍镇砂村直接入市出让一宗面积为 13295.35 平方米的集体经营性建设用地 40 年使用权，由其村民 1150 万元拍卖所得。出让收益按分配规定返给砂村后，砂村经济合作社每股权价值从 5500 元一下子增加到 8000 元，增长 45%，农民也得到较大实惠。

（五）建立农村建设用地配置标准

1. 我国农村建设用地的内涵和范围

2014 年 7 月 11 日，国家住房和城乡建设部发布了《村庄规划用地分类指南》，将村庄用地划分为村庄建设用地、非村庄建设用地、非建设用地三大类。村庄建设用地又划分为村民住宅用地（住宅用地、混合式住宅用地）、村庄公共服务用地（村庄公共服务设施用地、村庄公共场地）、村庄产业用地（村庄商业服务设施用地、村庄生产仓储用地）、村庄基础设施用地（村庄道路用地、村庄交通设施用地、村庄公用设施用地）、村庄其他建设用地等五大类。非村庄建设用地又划分为对外交通设施用地、国有建设用地两大中类。非建设用地又划分为水域（自然水域、水库、坑塘沟渠）、农林用地（设施农用地、农用道路、其他农用地）、其他非建设用地三大类（见表 14 - 4）。

表 14 - 4 　　　　　　　　　　村庄规划用地分类和代码

类别代码			类别名称	内容
大类	中类	小类		
			村庄建设用地	村庄各类集体建设用地，包括村民住宅用地、村庄公共服务用地、村庄产业用地、村庄基础设施用地及村庄其他建设用地等
	V1		村民住宅用地	村民住宅及其附属地
		V11	住宅用地	只用于居住的村民住宅用地
		V12	混合式住宅用地	兼具小卖部、小超市、农家乐等功能的村民住宅用地
V			村庄公共服务用地	用于提供基本公共服务的各类集体建设用地，包括公共服务设施用地、公共场地
	V2	V21	村庄公共服务设施用地	包括公共管理、文体、教育、医疗卫生、社会福利、宗教、文物古迹等设施用地以及兽医站、农机站等农业生产服务设施用地
		V22	村庄公共场地	用于村民活动的公共开放空间用地，包括小广场、小绿地等
			村庄产业用地	用于生产经营的各类集体建设用地，包括村庄商业服务业设施用地，村庄生产仓储用地

类别代码			类别名称	内容
大类	中类	小类		
	V3	V31	村庄商业服务业设施用地	包括小超市、小卖部、小饭馆等配套商业、集贸市场以及村集体用于旅游接待的设施用地等
		V32	村庄生产仓储用地	用于工业生产、物资中转、专业收购和存储的各类集体建设用地，包括手工业、食品加工，仓库、堆场等用地
			村庄基础设施用地	村庄道路、交通和公用设施等用地
		V41	村庄道路用地	村庄内的各类道路用地
	V4	V42	村庄交通设施用地	包括村庄停车场、公交站点等交通设施用地
		V43	村庄公用设施用地	包括村庄给排水、供电、供气、供热和能源等工程设施用地；公厕、垃圾站、粪便和垃圾处理设施等用地；消防、防洪等防灾设施用地
	V9		村庄其他建设用地	未利用及其他需进一步研究的村庄集体建设用地
			非村庄建设用地	除村庄集体用地之外的建设用地
N	N1		对外交通设施用地	包括村庄对外联系道路、过境公路和铁路等交通设施用地
	N2		国有建设用地	包括公用设施用地、特殊用地、采矿用地以及边境口岸、风景名胜区和森林公园的管理和服务设施用地等
			非建设用地	水域、农林用地及其他非建设用地
			水域	河流、湖泊、水库、坑塘、沟渠、滩涂、冰川及永久积雪
		E11	自然水域	河流、湖泊、滩涂、冰川及永久积雪
E	E1	E12	水库	人工拦截汇集而成具有水利调蓄功能的水库正常蓄水位岸线所围成的水面
		E13	坑塘沟渠	人工开挖或天然形成的坑塘水面以及人工修建用于引、排、灌的渠道
	E2		农林用地	耕地、园地、林地、牧草地、设施农用地、田坎、农用道路等用地
		E21	设施农用地	直接用于经营性三角的畜禽舍、工厂化作物栽培或水产养殖的生产设施用地及其相应附属设施用地，农村宅基地以外的晾晒场等农业设施用地
		E22	农用道路	田间道路（含机耕道）、林道等
		E23	其他农林用地	耕地、园地、林地、牧草地、田坎等土地
	E9		其他非建设用地	空闲地、盐碱地、沼泽地、沙地、裸地、不用于畜牧业的草地等用地

资料来源：国家住房和城乡建设部：《村庄规划用地分类指南》，2014 年 7 月 11 日。

需要着重说明的是，乡村中的设施农用地包括烘干房、晒场、农机房、林地看护房等也是硬化的用地，这些属农业生产的设施用地，不属农村建设用地。根据《第三次全国国土调查土地利用现状分类及工作分类》，在农村范围内，南方：1.0 米 ≤ 宽度 ≤ 8 米，北方：2 米 ≤ 宽度 ≤ 8 米，用于村间、田间的交通运输，并在国家公路网络体系之外，以服务于农村农业生产为主的农村道路（含机耕路）不属农村建设用地。乡村地域内国家公路网络体系中的对外交通设施用地、国有建设用地不属于乡村建设用地。

2. 我国农村建设用地配置标准

经查，至今为止，我国只有城镇建设用地配置标准，而乡村只有村庄用地分类而没有建设用地配置标准。根据《城市用地分类与规划建设用地标准》，"4.2.1 允许采用的规划人均城市建设用地指标为 65.0～110 平方米。4.2.2 新建城市的规划人均建城市建设用地指标应在 85.1～105.0 平方米内确定。4.2.3 首都的规划人均城市建设用地指标应在 105.1～115.0 平方米内确定。4.2.4 边远地区、少数民族地区，城市以及部分山地城市、人口较小的工矿业城市、风景旅游城市等，不符合表 4.2.1 规定，应专门论证确定规划人均城市建设用地指标，并不得大于 150.0 平方米。"城市的建设用地包括了城市内的居住用地、公共管理用地和公共服务用地、商业服务业设施用地、工业用地、物流仓储用地、道路分交通设施用地、公共设施用地、绿地广场用地。根据《镇规划标准》，镇区人均建设用地指标（平方米）分为小于 60 大于等于 80、小于 80 大于等于 100、小于 100 大于等于 120、小于 120 大于等于 140 四类。镇区的建设用地包括居住用地、公共设施用地、生产设施用地、仓储用地、对外交通用地、道路广场用地、工程设施用地和绿地 8 大类。

当前，我国农村建设用地没有全国配置标准，但各地因乡村建设需要有些零星的配置标准。如《上海市农村村民住房建设管理办法》中明确，"5 人户或者以下户宅基地面积不超过 140 平方米，建筑占地面积不超过 90 平方米，6 人户及 6 人以上户的宅基地面积不超过 160 平方米，建筑占地面积不超过 100 平方米。"公益性建设用地面积，目前各地政府也是在有关村庄规划编制或村公共服务设施配置规范中涉及此类用地。例如，《上海乡村振兴示范村建设指南》中明确，村主路宽度不超过 8 米，村支路宽度不超过 4 米，宅间路宽度不超过 3 米，桥梁宽度与道路一致；村公交始末站用地 400 平方米，每户不少于一个停车泊区，根据规划可公共停车场；人员活动集中区域可建公共厕所，公共厕所用地面积每座不应小于 70 平方米。村卫生室建筑面积 100～200 平方米，村多功能活动室建筑面积 350～500 平方米，室外健身点用地面积 400 平方米，便民商店建筑面积每处 50 平方米，垃圾收集站占地 110～150 平方米，综合文化站用地面积 50 平方米，村小学、幼儿园按人数或班数配置建筑面积和用地面积，日间照料中心建筑面积200～500平方米，为农服务站建筑面积250平方米，综合服务用房建筑面积不大于1000平方米等。而唯有乡村经营性建设用地或者产业用地各地都没有明确的配置标准。据上海嘉定区临近城区的徐行镇曹王村测算，2014年曹王村常住人口15375人，户籍人口3311人，村商业服务业用地4.6公顷，村公共设施用地19.73公顷。计算可得，按常住人口计算商业服务用地为人均2.89平方米，按户籍人口计算商业服务用地人均13.45平方米；按常住人口计算，公共设施用地人均12.81平方米，按户籍人口计算人均公共设施用地59.52平方米。据对上海嘉定区远离城区的华亭镇北新村的测算，2014年北新村常住人口5652人，户籍人口3956人，经营性用地为零，公益性用地为23.93公顷。按常住人口测算公益设施用地人均为42.29平方米，按户籍人口人均公益设施用地60.42平方米。2014年，曹王村村集体经济可支配收入为301.92万元，集体经济收支基本平衡；北新村2014年集体经济可支配收入为97万元，集体经济支出大于收入，列嘉定区经济薄弱村扶持。综上两个案例所述，曹王村和北新村户籍人口人均宅基地为45平方米，公共设施建设用地为65平方米。假定村庄无外来人口，且村域道路等设施略需增加，参照《镇规划标准》规定的镇区人均建设用地上限为140平方米，以及《城市用地分类与规划建设用地标准》的"4.2.4边远地区、少数民族地区城市，以及部分用地城市、人口较小工矿业城市、风景旅游城市等，不符合4.2.1规定时，应专门论证确定规划人均城市建设用地指标，且上限不得大于每人150平方米"的规定，乡村经营性建设用地人均标准可设定为140平方米或150平方米，即140平方米=45平方米宅基地+65平方米公共设施建设用地+30平方米经营性建设用地；150平方米=45平方米宅基地+65平方米公共设施建设用地+40平方米经营性建设用地。全国各地可以配置标准不一，我国中西部地区可以参照150平方米配置标准，东部地区可以参照140平方米配置标准。这样，乡村发展的建设用地配置基本达到起线公平。至于配置给村的经营性建设用地，使用时可以在所属的镇、县（市、区）范围内布置，以提高乡村经营性建设用地的产出能力。只有这样，才有可能使我国乡村产业和集体经济发展有经营性建设用地的支撑条件，从而逐步增强乡村产业和集体经济发展能力，并促进村民增收和乡村自治。

（六）建立农村建设用地"增存挂钩"机制

1. 建立我国城乡建设用地"增存挂钩"机制的必要性和意义

我国城乡建设用地占国土面积比重偏大，增加速度较快，利用方式仍然是摊大饼的外延性扩张。根据第三次全国国土调查主要数据公报，到2019年12月31日，全国建设用地总量为 6.13 亿亩①，比 2009 年增加 1.28 亿亩，增幅为 26.5%。② 2009~2019 年 10 年间，我国城乡每年增加 1280 万亩建设用地。扣除农村道路用地，到 2019 年 12 月 31 日，我国大陆建设用地总量已占国土面积已达 4.3%。2019 年经修订的我国城镇化率为 62.71%，城镇人口常住人口为 88426 万人，城镇建设用地为 1.55 亿亩，因此，到 2019 年 12 月 31 日，我国城镇常住人口人均占用建设用地面积为 175.29 平方米，按照《城市用地分类与规划建设用地标准建设用地指标》允许采用的规划人均城市建设用地指标为 65.0~110 平方米和《镇规划标准》人均建设用地指标为 60~140 平方米计算，城镇常住人口的人均占有的建设用地已大大高于我国城镇建设用地人均配置标准。与此相关的，到 2019 年 12 月 31 日，从我国常住人口城镇化率 62.71% 角度讲我国乡村常住人口为 52582 万元，村庄建设用地为 3.29 亿亩，因此，到 2019 年 12 月 31 日，乡村常住人口人均占有建设用地为 626 平方米；从 2019 年我国户籍人口城镇化率 45.4% 角度讲，到 2019 年末我国乡村户籍人口为 76990 万人，因此，到 2019 年 12 月 31 日，我国乡村户籍人口人均占用建设用地为 427 平方米。总体看，我国城乡建设用地使用均比较粗放。到目前，我国工业化、城镇化、农业现代化中城乡建设用地利用方式主要还是摊大饼式的外延性扩张，而没有走上存量建设用地节约集约再开发的内涵式发展，需要将我国城乡存量建设用地再开发利用与增量建设用地配置进行挂钩，促进我国城乡存量建设用地的盘活和增量建设用地的减少。

2. 我国农村建设用地"增存挂钩"机制建设

2021 年 1 月 31 日，由中办、国办印发的《建设高标准市场体系行动方案》中提出，加强对土地利用计划的管理和跟踪评估，完善年度建设用地问题调控制度，健全重大项目用地保障机制，实施'增存挂钩'，城乡建设用地指标使用应更多由省级政府负责。2018 年中央一号文件中提出，在符合土地利用总体规划前提下，允许县级政府通过村土地利用规划，调整优化村庄用地布局，有效利用农村零星分散的存量建设用地；预留部分规划建设用地指标，用于单独选址的农业设施和休闲旅游设施等建设。对利用收储农村闲置建设用地发展农村新产业、新业态的，给予新增建设用地指标奖励。进一步完善设施农用地政策。在 2019 年中央一号文件中指出，"允许在县域内开展全域乡村闲置校舍、厂房、废弃地等整治，盘活建设用地重点用于支持乡村新产业

① 根据第 3 次全国土地调查土地利用现状分类（GB/T21010 - 2017），建设用地包括城镇村及工矿用地（含城镇建设用地、乡和村建设用地、采矿用地、风景名胜及特殊用地、人工建筑用地和空闲地）和交通运输用地（含铁路用地、轨道交通用地、公路用地、城镇道路用地、交通服务场站用地、机场用地、港口码头用地、管道运输用地、不包含农村道路用地）。上述建设用地总量中，已扣除 0.71 亿亩农村道路用地，增加 0.12 亿亩水工建设用地。

② 新华社：《第三次全国国土调查主要数据成果发布》，2021 年 8 月 26 日。

新业态和返乡下乡创业。在 2020 年中央一号文件中提出，"完善乡村产业发展用地政策体系，明确用地类型和供地方式，实现分类管理。将农业种植养殖配套的保鲜冷藏、晾晒存贮、农机库房、分栋分装、废弃物处理、管理用房等辅助设施用地纳入农用地管理，根据生产实际合理确定辅助设施用地规模上限。农业设施可以使用耕地。强化农业设施用地监管，严禁以农业设施用地之名从事非农建设。开展乡村全域土地整治试点，优化农村生产、生活、生态空间分布。在符合国土空间规划前提下，通过村庄整治，土地整理等方式或节余农村集体建设用地优先用于发展乡村产业项目。新编县乡级国土空间规划应安排不少于 10% 的建设用地指标，重点保障乡村产业发展用地。省级制定土地利用年度计划时，应安排至少 5% 新增建设用地指标保障乡村重点产业和项目用地。农村集体建设用地可以入股、租用等方式直接用于发展乡村产业。……抓紧出台支持农村第一二三产业融合发展用地的政策意见。2021 年 1 月 28 日，由国家自然资源部、国家发展改革委和农业农村部三部门发布的《关于保障和规范农村第一二三产业融合发展用地的通知》中指出，盘活农村存量建设用地，腾挪空间用于支持农村产业融合发展和乡村振兴。"市县要优先安排农村产业融合发展新增建设用地计划，不足的由省（区、市）统筹解决。2020 年 3 月 30 日，由中共中央国务院发布的《关于构建更加完善的要素市场化配置体制机制的意见》中提出，鼓励盘活存量建设用地。充分运用市场机制盘活存量土地和低效用地，研究完善促进盘活存量建设用地的税费制度，以多种方式推进国有企业存量用地盘活利用。深化农村宅基地改革试点，深入推进建设用地整理，完善城乡建设用地增减挂钩政策，为乡村振兴和城乡融合发展提供土地要素保障。2019 年 5 月 6 日，由中共中央国务院发布的《关于建立健全城乡融合发展体制机制和政策体系的意见》中提出，在年度新增建设用地计划中安排一定比例支持乡村新产业新业态发展，探索实行混合用地等方式。严格农业设施用地管理，满足合理要求。

3. 完善我国"城乡建设用地增减挂钩"政策

在城乡常住人口人均占用建设用地面积相当的条件下，我国"城乡建设用地增减挂钩"政策已不具有现实基础。自 2005 年，国土资源部实施"城乡建设用地增减挂钩"政策，之所以还出现 2020 年的山东等地的不规范"合村并居"争议，是因为我国现行的"城乡建设用地增减挂钩"政策已不符合城乡融合发展要求。我国现行的"城乡建设用地挂钩"政策应该改为城镇规划集建区内的"存量建设用地开发利用与增量建设用地配置的增减挂钩政策"和农村地区"存量建设用地开发利用与增量建设用地配置的增减挂钩政策"，从而实现我国城镇建设用地和农村建设用地从"增量扩张"转向"存量优化"的土地节约集约利用制度和政策框架。我国东、中、西地区在发展阶段上存在较大差异，与我国东、中、西地区人均存量建设用地占用现状存在巨大关联。因此，我国城镇建设用地和农村建设用地从各自的"增量扩张"转向"存量优化"的政策配置中，需要与前面所述的建立我国乡村建设用地配置标准及其实施一并推进，否则会因我国东、中、西地区占有存量建设用地的起跑线差异，而带来我国东、中、西地区的不平衡、不充分发展的差距进一步扩大。

（七）完善设施农用地政策

1. 设施农用地的概念及特征

2018年中央一号文件提出，"进一步完善设施农用地政策。"2019年中央一号文件提出，"严格农业设施用地管理，满足合理需求，巩固'大棚房'整治成果。"2020年中央一号文件提出，"将农业种植养殖配建的保鲜冷藏、晾晒存贮、农机库房、分栋包装、废弃物处理、管理看护房等辅助设施用地纳入农用地，根据生产实际需要确定辅助设施用地规模上限。农业用地可以使用耕地。强化农业设施用地监管，严禁用农业设施用地为名从事非农建设。"中共中央、国务院发布的《关于建立健全城乡融合发展体制机制和政策体系的意见》中提出，"严格农业设施用地管理，满足合理需求。"明确设施农用地是个难题，但十分重要。难题是讲，设施农用地与建设用地常常混淆；十分重要是讲，由于设施农用地与建设用地没有一个明确的法律政策明界，不但大大阻碍社会资本和金融资本投资农业农村，而且还大大提高社会资本和金融资本投资农业农村的风险。

可见，区分建设用地与设施农用地的概念是界定设施农用地概念的前提。建设用地是指建造建筑物、构筑物的土地。而设施农用地中的看护房、农机具存放场所、烘干、保鲜存储等设施农用地也都建造了建筑物或构筑物。可见，用建筑物或构筑物来区分建设用地还是设施农用地是比较困难的。然而，国家和地方有关设施农用地政策和管理中使用的设施农用地概念是指"直接用于或者服务于农业生产，其性质属于农用地，按农用地管理，不需办理农用地转用审批手续。"似乎仍然词不达意。笔者认为，可以这样说，设施农用地是一种具有建筑用地表征的，但以取得动植物产品为目的的农用地，设施农用地与直接用于农林牧渔生产的农用地两者的共同点是用于人类社会所需的动植物产品生产。于是，我们在此可以将建设用地定义为：建筑用地是以人类社会第二三产业生产和人类居住为目的建筑物、构筑物用地。这样，我们就可以将农村宅基地、农村第二三产业中的产业用地、农村公共设施（包括公共服务设施、道路交通和市政设施、生态环境设施）用地划入农村建设用地。同时，也可将以农业为依托的休闲观光场所（含各类庄园、酒店、农家乐和各类农业园区中涉及建设永久性餐饮、住宿、会议、大型停车场、工厂化农产品加工、展销等永久性用地）划入农村建设用地。只有这样，设施农用地才可以使用耕地，才可以按农用地管理。因此，设施农用地的概念，其本质是指以取得动植物产品为目的的农用地。这样才可能将建设用地与设施农用地真正区别开来，才真正可能为设施农用地使用耕地及按农用地管理，找到理论依据和政策及管理依据。

2. 设施农用地的范围和配置标准

（1）设施农用地的范围。基于上述设施农用地的概念，我们就可以把以取得动植物产品为目的设施农用地列入其中，目前，我国设施农用地可以包括：工厂化作物栽培中有钢架结构的玻璃或 PC 板连栋温室用地等；规模化养殖中畜禽舍（含场区内通道）、畜禽有机物处置等生产设施及绿化隔离带用地；水产养殖池塘、工厂化养殖池和进排水渠道等水产养殖的生产设施用地；育种育苗场所、简易的生产看护房（单层，小于 15 平方米）用地等。设施农业生产中必需配套检验检疫监测、动植物病疫病虫害防控等技术设施以及必要管理用房用地；设施农业生产中必需配套畜禽养殖粪便、污水等废弃物收集、存储、处理等环保设施用地，生物质（有机）肥料生产设施用地；设施农业生产中所必需的设备、原料、农产品临时存储、分栋包装场所用地，以及以取得动植物产品为目的晾晒场、粮食烘干设施、粮食和农资临时存放场所、大型农机具临时存放场所等用地。

（2）设施农用地配置标准。进行工厂化作物栽培的设施用地规模原则上控制在项目用地规模的 5% 以内，但最多不超过 10 亩；规模化禽畜养殖的设施用地规模原则上控制在项目用地规模的 7% 以内（其中，规模化养牛、养羊的设施用地规模原则控制在项目用地规模的 10% 以内），但最多不超过 15 亩；水产养殖的设施用地规模原则上控制在项目用地规模的 7% 以内，但最多不超过 10 亩。南方从事规模化粮食生产种植面积为 500 亩、北方为 1000 亩以内的，设施用地控制在 3 亩以内；超过上述种植面积规模的，设施用地可适当扩大，但最多不得超过 10 亩。引导和鼓励农业专业大户、家庭农场、农民合作社、农业企业在设施农业和规模化粮食生产过程中，相互联合或者与农村集体经济组织共同兴建粮食仓储烘干、晾晒场、农机库棚等设施，提高农业设施使用效率，促进土地节约集约利用。

3. 设施农用地的取得

设施农用地的取得需要经过经营者申请、乡镇政府申报、县（市）政府备案三个环节。

（1）经营者申请。拟取得设施农用地，经营者应拟定设施建设方案。与乡镇政府和农村集体经济组织协调设施农用地使用条件，协商一致后，建设方案和土地使用条件通过乡镇、村组务公开等形式向社会公告不少于 10 天。公告期结束无异议的，乡镇政府、农村集体经济组织和经营者三方签订设施农用地协议。

（2）乡镇申报。用地协议签订后，由经营者向乡镇政府提出件办理设施农用地备案申请，并附上经公告的建设方案和用地协议，由乡镇政府审查同意后，由乡镇政府向县（市）政府有关职能部门申报设立农用地备案。

（3）县（市）政府备案。县（市）政府接到乡政府设施农用地申报备案申请后，应依职责到现场核查，并在 15 个工作日内完成审核和备案，告知乡镇政府、农村集体经济组织和经营者。

4. 设施农用地的监管

（1）设施农用地的用途管制。设施农用地使用者应按照用地协议使用土地，不得改变土地用途，不得扩大设施农用地规模。

（2）将设施农用地使用纳入土地巡查中。县（市）国土资源部门和乡（镇）国土所要将设施农用地使用纳入巡查范围，对不符合规定使用要求的，做到早发现、早制止、早报告、早查处。

（3）严肃查处设施农用地使用中的违法行为。县（市）国土资源部门，发现设施农用地违法使用的，应严肃查处。未经同意或不符合设施农用地使用规定的，应恢复土地原状。

（八）加快推进城乡统一建设用地市场建设

2019 年 5 月 6 日，由国务院发布的《关于建立健全城乡融合发展体制机制和政策体系的意见》中指出，到 2022 年城乡统一建设用地市场基本建成，到 2035 年城乡统一建设用地市场全面形成。2020 年 3 月 30 日，由中共中央国务院发布的《关于构建更加完善的要素市场化配置体制机制的意见》中提出，"建立健全城乡统一的建设用地市场。加快完善土地管理法实施条例，完善相关配套制度，制定出台农村集体经营性建设用地入市指导意见，全面推开农村土地征收制度改革，扩大国有土地有偿使用范围。建立公平合理的集体经营性建设用地入市增值收益分配制度。建立公共利益征收的相关制度规定。"2021 年 1 月 31 日，由国办印发的《建设高标准市场体系行动方案》中提出，"完善建设用地市场体系。在符合国土空间规划和用途管制要求前提下，推动不同产业用地类型合理转换，探索增加混合产业用地供给。积极探索实施农村集体经营性建设用地入市制度，加快推进城乡统一的建设用地市场建设，统一交易规划和交易平台，完善城乡基准地所、标定地价的制定与发布，形成与市场价格挂钩的动态调整机制。"从上述国家已经发布的三个文件看，目前，国家已经框定的我国城乡统一建设用地市场建设的目标和任务有以下几方面。

1. 我国城乡统一建设用地市场建设的目标和标准

我国城乡统一建设用地市场建设的时间目标是，到 2022 年，城乡统一建设用地市场基本建成；到 2035 年，我国城乡统一建设用地市场全面形成。我国城乡统一建设用地市场建设的标准是，促进城乡要素自由流动、平等交换和公共资源合理配置，加快形成工农互促、城乡互补、全面融合、共同繁荣的新型工农城乡关系，加快推进农业农村现代化。

2. 我国城乡统一建设用地市场建设的主要任务

（1）已有相关制度的修改完善。包括《中华人民共和国土地管理法实施条例》，城乡基准价和标定地价等。（2）城乡建设用地供给方式的创新。包括各级政府的国有空间规划编制、不同产业用地类型合理转换、混合产业用地供给探索、点状供地（相对于传统的国有建设用地的片状供地方式）探索等。点状供地方式是指按照建筑物和构筑物占地面积供地，点状报批的建设用地供地方式。浙江省德清县莫干山"裸心堡"项目采取了"点状供地、垂直开发"的方式，将项目用地分为永久性建设用地和生态保留用地，仅新增建设用地12亩，其余八成的建筑租用当地农房改造而成，园区内的200多亩山林从村民手中流转，保持原貌，大大节约了新增建设用地的占用。混合产业用地供给，也称建设用地的复合利用。如2021年2月8日，由自然资源部等三部门发布的《关于保障和规范农村一二三产业融合发展用地的通知》中提出，"在符合国土空间规划前提下，鼓励对依法登记的宅基地等农村建设用地进行复合利用，发展乡村民宿、农产品加工、电子商务等农村产业。"（3）完善和建立我国城乡统一建设用地市场建设的相关制度。包括农村集体经营性建设用地入市指导意见、集体经营性建设用地入市增值收益分配制度、建设用地使用权划拨供给和市场供给的范围，建立公益性征地相关制度规定以及城乡统一建设用地市场建设的统一交易规划和交易平台建设等。

三、推动城乡人口和人才双向流动

（一）试行以经常居住地登记户口制度

2020年3月30日，由中共中央国务院发布的《关于构建更加完善的要素市场化配置体制机制的意见》中提出，"放开放宽除个别大城市外的城市落户限制，试行以经常居住点登记地登记户籍制度。建立城镇教育、就业创业、医疗卫生等基本公共服务与常住人口挂钩机制，推动公共资源按常住人口规模配置。"2021年1月31日，由中办、国办印发的《建设高标准市场体系行动方案》中提出，"完善全国统一的社会保险公共服务平台，推动社保转移接续。加快建设医疗保障信息系统，构架全国统一多级互联的数据共享交换体系，促进跨地区、跨层级、跨部门业务协同办理。"2021年3月13日发布的《中华人民共和国国民经济和社会发展第十四个五年规划和2035年远景目标纲要》中提出，"放开放宽除个别超大城市外的落户限制，试行以经常居住地登记户口制度，全面取消城区常住人口300万以下的城市落户限制，确保外地与本地农村转移人口进城落户标准一视同仁。全面放宽城区常住人口300万至500万的一型大城市落户条件。完善城区常住人口500万以上的超大特大城市积分落户政策，精简积分项目，确保社会保险缴纳年限和居住年限分数占主要比例，鼓励取消年度入户名额限制。"

认真总结我国各地正在探索的各种人口经常居住地登记户籍制度，制定和完善全国统一的人口经常居住地户口登记办法。逐步建立起人口经常居住地与公共服务挂钩机制，逐步将人口经常居住地人口登记制度与人口迁移落户制度、超大和特大城市积分落户制度、居住证制度衔接和并轨。在我国城乡、地区协调发展过程中，放宽农村转移城镇常住人口经常居住地登记、申领居住证、迁移落户条件，促进农村人口转移城镇落户和人口市民化的实现，促进城镇居民在地区、城乡流动中享受公共服务，实现城乡居民"人住哪里，服务跟到哪里"。

（二）探索城镇人才加入农村集体经济组织机制

在 2019 年 5 月 6 日，由中共中央、国务院发布的《关于建立健全城乡融合发展体制机制和政策体系的意见》中提出，"允许农村集体经济组织探索人才加入机制，吸引人才、留住人才。"2021 年 2 月 23 日，由中办国办印发的《关于加快推进乡村人才振兴的意见》中提出，"坚持把乡村人力资本开发放在首要位置，大力培养本土人才，引导城市人才下乡。"2021 年 3 月 13 日发布的《中华人民共和国国民经济和社会发展第十四个五年规划和 2035 年远景目标纲要》中提出，"允许入乡就业创业人员在原籍地或就业创业地落户并享受相关权益"。

根据国外城镇化经验，在一国或一个地区的城镇化前中期，大约城镇化率为 20%～50%，乡村衰退在国外也是普遍现象，其主要原因是该阶段乡村地区因人地关系，就业机会相对少、收入水平相对低，与之相应的是乡村人口及劳动力及其他要素都大量集聚于城市，从而引起乡村地区在该阶段中的快速衰退。国外城镇化经验同时也表明，当一国或一个地区城镇化率超过 50%～75%，因已形成了一批具有一定知识、经验和技能的人才，而这些过去从乡村转移出来的劳动力及人才，随着年龄的增长，具备了一定的返乡、回乡的物质基础，并有在小时候形成的乡土情结，在城镇化发展中后期，的城市要素和功能在城市过渡集聚，从而产生城市的高房价、高消费、高拥挤等，再加上在城镇化率达到 20%～50%，由乡村集聚城市的劳动力能溢出和转移，要素由城返乡逆城镇化流动以及城市病等重要因素叠加，就产生了过去从乡村进城的劳动力和人才的返乡回流，从中也包括一些原本城市居民因喜爱田园生活或创业人士由城下乡。近几年，我国也出现了类似趋势。例如，从国家统计局发布的历年农民工监测报告看，近 10 来年，无论是增长规模还是增长比例，本地农民工均高于外出农民工，2019 年本地农民工达到 11652 万人，比 2011 年增加了 1727 万人，增长 23.76%；外出农民工为 17425 万人，比 2011 年增长了 1562 万人，增长 9.85%。根据农业农村部测算，预计 2020 年返乡入乡创新创业人员达到 1010 万人，比 2019 年增加 160 多万人，首次超

过 1000 万人，带动农村新增就业岗位超过 1000 万个。国家发改委等 19 个部门在 2020
年联合印发的《关于推动返乡入乡创业高质量发展的意见》中提出，到 2025 年全国各
类返乡入乡创业人员达到 1500 万人以上，带动就业人数达到 6000 万人左右。① 人社部
的相关调研数据显示，返乡创业人员中的 80% 为农民工，20% 为下乡回乡的城市人
员。从发达国家城镇化、工业化、农业现代化的进程看，乡村振兴乃至城乡融合就是
靠这些返乡、下乡、回乡人员及其所带的资本、技术、经验、信息、管理等要素注入
乡村中而获得了乡村振兴乃至城乡融合或城乡一体，从而实现了城乡、地区差距的缩
小。然而，这种城市要素逆城镇化流动，要得到城乡要素自由流动、平等交换的生产
关系及其相应制度、政策的支持或适应，否则这种城市要素逆城镇化流动的生产力要
求将被扼制在摇篮中，其结果是乡村生产要素仍然流向城市，城乡差距越来越大。我
国因历史原因，已形成了比较固化的城乡二元结构。在我国城镇化前中期，在我国乡
村人口及劳动力流入城市困难，现在又出现了城市人口及劳动力、人才、资本、技术
等要素流入乡村困难，而这些流动要素中，返乡、下乡、回乡的人是关键。随着上述
趋势的发展，近几年，国内有的农村地区也顺应这一趋势，尝试以招商引资吸引人才
的方式为那些愿意下乡、回乡的城市人口及人才创造条件。例如，湖南省长沙县开慧
镇板仓村探索了"市民下乡"试点。"2009 年 7 月 18 日，长沙县委、县政府下发了
《关于鼓励板仓小镇建设的若干意见》（以下简称《意见》），提出为进一步鼓励和吸收
城市资本与民间资本向枪仓小镇集聚，把板仓小镇作为两型社会先行先试的试验区，
将其打造为'中部名镇'和'新农村地标'。根据《意见》，板仓小镇规划区确定为全
县推行放宽城乡落户政策的试点区域，有条件的城镇居民可以来此迁户定居。凡迁户
定居者，经批准可享受当地村民建房待遇，同时需缴纳一定的公共设施配套费，此外，
在板仓镇固定资产投资超过 1000 万元的项目法人也可迁户定居，享受当地村民建房待
遇。""2010 年 6 月 10 日，县里在城乡一体化工作调研会议上将鼓励市民来长沙县迁
居落户具体化，允许长沙县全井镇和开慧镇各试点 100 户。"②

四、完善小城镇的投资管理环境

在促进我国农村地区有效投资和实现城乡资源有效配置中，当前除了推进土地、
人才、资本、技术等城乡要素自由流动、平等交换外，还需要进一步优化我国农村地
区的投资管理环境，按照 2020 年中央一号文件提出的"按照'放管服'改革要求，

---

① 田永波：《返乡入乡劳动力是乡村振兴重要的人力资本》，载于《工人日报》2021 年 3 月 1 日第 7 版。
② 综合开发研究院（中国·深圳）、中国国际城市化发展战略研究委员会：《改革就是创造》，中国城市出版社 2016 年版，第 61 - 75 页。

对农村集体建设用地审批进行全面梳理，简化审核程序、下放审批权限。推进乡村建设审批'多审合一，多证合一'改革。"2020 年 7 月 3 日，由中共农村工作领导小组办公室 7 部门发布的《关于扩大农业农村有效投资，加快补上'三龙'领域突出短板的意见》中提出，"各地区各有关部门要进一步深化'放管服'改革，依法依规简化项目审批程序，加快审批进度，规范行政执法，落实好减税降费政策，切实减轻涉农企业负担，有效保护各类投资主体合法权益，稳定投资信心，激发投资活力。"2021年 1 月 28 日，由自然资源部门等三部委发布的《关于保障和规范农村一二三产业融合发展用地的通知》中指出，"在村庄建设边界外，具备必要的基础设施条件，使用规划预留建设用地指标的农村产业融合发展项目，在不占用永久基本农田、严守生态保护红线、不破坏历史风貌和影响自然环境安全前提下，可暂不做规范调整，……办理用地审批手续时，可不办理用地预审与选址意见书；除依法应当以招标拍卖挂牌等方式公开出让的土地外，可将建设用地批准和规划许可手续合并办理，核发规划许可证，并申请办理不动产登记。"

从上述国家及有关部委涉及农村地区投资管理的内容和促进农村地区有效投资的需要看，小城镇范围内的投资管理具体涉及领域包括规划审批、建设用地审批、项目审批、证照审批、不动产登记、县（市）各乡镇在投资管理中的权责划分、乡镇行政执法体制建设、乡镇财政管理体制建设、投资主体的权益保护、乡镇营商环境和诚信制度建设等 10 多方面的内容。因此，小城镇投资管理环境是指影响小城镇范围内既存的和潜在的投资主体决策的各种管理因素或制度政策因素。这些可能促进或阻碍小城镇范围内各种要素流入、各类投资主体的投资管理因素、投资管理制度政策，总体上属于促进我国农村地区有效投资的非物质因素或非生产力因素，本质上是小城镇各类投资中的生产关系范畴。需要提醒的是，小城镇投资环境和小城镇投资管理环境不是一个概念，小城镇投资环境既包括小城镇内的投资软环境，也包括小城镇内的投资硬环境，包括小城镇内的自然因素、经济社会因素、基础设施和公共服务因素、劳动力和资本因素等；而小城镇投资管理环境，从抽象意义角度讲，主要包括小城镇投资中的政治、制度、政策、文化传统、人的思想和行为习惯等。小城镇投资环境中的这些非物质因素或软因素，如果不予以优化，就有可能阻碍小城镇内各类资本的有效投入和各类投资主体的投资决策。

本章参考文献

［1］李庆余、周桂根等：《美国现代化道路》，人民出版社 1994 年版。

［2］姚亚奇：《我国将稳步提高土地出让收入用于农业农村的比例》，载于《光明日报》2020 年 9 月 25 日第 12 版。

［3］张芳：《引导县域金融机构服务当地实体经济》，载于《金融时报》2019 年 6 月 10 日。

［4］张学方：《64 家县域法人金融机构达标》，载于《四川日报》2013 年 5 月 24 日。

［5］赵晖：《说清小城镇》，建筑工业出版社 2017 年版。

［6］于量：《"超级大村"孕育"小城市"》，载于《解放日报》2021 年 1 月 6 日。

［7］李娜：《老铜企缘何在深山中建起足球训练基地》，载于《工人日报》2021 年 1 月 5 日。

［8］卢翔：《江铜集团开展产业帮扶助贫困村脱贫》，载于《工人日报》2021 年 1 月 28 日。

［9］杨学莹、赵小菊：《农村房地一体不动产登记启动》，载于《大众日报》2018 年 6 月 26 日。

［10］林远、姜刚：《农村宅基地"三权分置"改革全面提速》，载于《经济参考报》2018 年 6 月 26 日。

［11］何秀荣：《农村宅基地改革将破冰起航》，载于《文汇报》2018 年 3 月 13 日。

［12］徐永德：《以农村宅基地改革推动乡村振兴》，载于《光明日报》2021 年 1 月 18 日。

［13］田永波：《返乡入乡劳动力是乡村振兴重要的人力资本》，载于《工人日报》2021 年 3 月 1 日第 7 版。

［14］综合开发研究院（中国·深圳）、中国国际城市化发展战略研究委员会：《改革就是创造》，中国城市出版社 2016 年版。

后 记

  本书是在 2019 年 6 月，我的那一本《乡村发展导论》一书交予经济科学出版社之后启动的，到 2021 年 3 月底，本书全部初稿完成时，已达 1 年零 9 个月。在这 1 年零 9 个月里，正值新冠肺炎疫情，我放弃了全部法定假期、社科院暑假和周末休息，每天去办公室忙于这本书的写作。在这长达 650 天左右的时间里，持续不断，非常辛苦，可以说完全是对信念和意志的考验。在上下班路上，为了避免乘坐公共交通可能带来的新冠肺炎疫情风险，不管刮风下雨，全是我爱人姜爱玲接送的，本书手写的书稿也是由她送给宣骏同志进行文字处理的，非常辛苦！本书手写书稿的文字处理工作仍然是由宣骏同志完成的，非常辛苦，他是个好同志、好兄弟，非常感谢！感谢本书引用参考文献中的所有作者、译者，以及我在政府工作时的许多同事，本书的有些思想也来自他们，在这本书里也能找到他们的影子！最后感谢经济科学出版社和本书责任编辑张蕾同志，从 2018 年我们开始合作，现在大家已经成为好朋友了，张蕾编辑非常认真，也非常辛苦！此外，还要感谢的是，本书的写作和出版得到了上海社会科学院创新工程的特别资助。

作 者

2021 年 3 月